HISTOIRE GÉNÉRALE
DE LA GUERRE
FRANCO-ALLEMANDE

Tous droits de traduction et de reproduction réservés pour tous pays, y compris la Suède et la Norwège.

1. Maréchal Lebœuf. 2. Maréchal de Mac-Mahon.
3. Maréchal Canrobert. 4. Maréchal Bazaine.

OUVRAGE COURONNÉ PAR L'ACADÉMIE FRANÇAISE

HISTOIRE GÉNÉRALE
DE
LA GUERRE
FRANCO-ALLEMANDE
(1870-71)

PAR

Le Lt-Colonel ROUSSET
DE L'ÉCOLE SUPÉRIEURE DE GUERRE

TOME DEUXIÈME

L'ARMÉE IMPÉRIALE
★★

Nouvelle édition, revue et corrigée

PARIS
MONTGREDIEN ET Cie, LIBRAIRIE ILLUSTRÉE
8, RUE SAINT-JOSEPH, 8

1900

Tous droits réservés

LA SECONDE CAMPAGNE DE FRANCE

HISTOIRE GÉNÉRALE
DE LA GUERRE
FRANCO-ALLEMANDE
(1870-1871)

LIVRE TROISIÈME
CAMPAGNE DE LORRAINE
(*Suite*)

CHAPITRE IV

BATAILLE DE REZONVILLE

Matinée du 16. — *Départ de l'Empereur*. — Le 16 août 1870, au lever du soleil, la majeure partie de l'armée du Rhin était concentrée sur le plateau de Gravelotte, occupant les bivouacs que voici :

Le 2ᵉ corps campait à l'ouest de Rezonville, au sud de la route de Mars-la-Tour, et face à ce village [1].
Le 6ᵉ corps se trouvait à droite du 2ᵉ, au nord de cette même route.
Le 3ᵉ corps, dont le maréchal Le Bœuf venait de prendre le commandement à la place du général Decaen, était établi plus au nord, entre Saint-Marcel et Verneville. Sa 3ᵉ division (Metman) ne l'avait pas encore rejoint, et quittait seulement à ce moment la Maison-de-Planches.

---

1. La division de Laveaucoupet, qui devait former la garnison de Metz, était restée dans la place.

Le 4ᵉ corps était encore à Woippy ; seule la division de **Lorencez** marchait sur Sainte-Marie-aux-Chênes.

La Garde et le quartier général se trouvaient à Gravelotte.

La division de cavalerie de Forton se trouvait, comme on l'a vu, à Vionville ; la division du Barail[1] couvrait, vers Bruville, le 3ᵉ corps.

Quant aux Allemands, tout heureux d'avoir accompli sans être inquiétés leur marche de flanc si longue et si dangereuse, ils commençaient l'exécution des prescriptions du prince Frédéric-Charles, et mettaient leurs différents corps en mouvement.

L'ordre expédié le 15 au soir par le maréchal Bazaine à son armée était ainsi conçu :

> La soupe sera mangée demain matin à quatre heures. On se tiendra prêt à se mettre en route à quatre heures et demie, en ayant les chevaux sellés et les tentes abattues. Les 2ᵉ et 6ᵉ corps doivent avoir 30,000 hommes devant eux ; ils s'attendent à être attaqués demain.

Par conséquent, le maréchal savait que l'ennemi cherchait à lui couper la route de Verdun. Il ne donne cependant aucun renseignement sur la situation, se borne à cette indication vague, et s'empresse d'aller assister au départ de l'Empereur. Celui-ci était déjà en voiture avec le Prince impérial et le prince Napoléon, devant la mauvaise auberge où il avait passé la nuit. « Son visage fatigué portait l'empreinte du chagrin et de l'inquiétude ; les larmes semblaient y avoir tracé de profonds sillons ; son regard était plus voilé encore que d'habitude ;... dans son entourage, on voyait la tristesse sur tous les visages, la désillusion dans toutes les pensées[2]. » Bazaine, traversant l'escorte des chasseurs d'Afrique, s'approcha au galop de la voiture impériale et salua le souverain : « Je me décide à partir pour Verdun et Châlons, dit celui-ci d'une voix triste ;

---

[1]. La brigade Margueritte (1ᵉʳ et 3ᵉ chasseurs d'Afrique) resta à Gravelotte pour servir d'escorte à l'Empereur dans sa route sur Verdun. Elle ne put jamais rejoindre l'armée de Metz. On envoya pour la remplacer, le 16, au général du Barail, la brigade de France (dragons de l'Impératrice et lanciers de la Garde).

[2]. *Metz, Campagnes et négociations*, par un officier supérieur de l'armée du Rhin. Paris, Dumaine, 1871, page 27.

mettez-vous en route pour Verdun dès que vous le pourrez. » Puis il tendit la main au maréchal et s'éloigna au grand trot, choisissant, par une intuition heureuse, la route d'Étain de préférence à celle de Mars-la-Tour, où il eût été infailliblement pris par la division allemande bivouaquée à moins de dix kilomètres plus loin.

Le commandant en chef le regardait s'éloigner ; telle était sa joie d'être débarrassé de cette tutelle gênante qu'il ne put s'empêcher de la manifester à haute voix [1]. Retournant ensuite à son quartier général, il se hâta de contremander le départ de l'armée et d'ordonner qu'on fît les distributions de vivres et de munitions.

Dès que les reconnaissances seront rentrées, *prescrivait-il*, et que tout indiquera que l'ennemi n'est pas en force à proximité, on pourra dresser de nouveau les tentes.

Mais, comme il ne voulait vraisemblablement pas avouer trop nettement son projet de ne pas quitter Metz, il eut soin d'ajouter :

Nous partirons probablement dans l'après-midi, dès que je saurai que les 3ᵉ et 4ᵉ corps sont arrivés à notre hauteur en totalité. Des ordres, du reste, seront donnés ultérieurement.

Pour expliquer ces contradictions fatales, le maréchal Bazaine a prétendu qu'elles lui avaient été dictées par une observation du maréchal Le Bœuf, lequel jugeait préférable d'attendre l'ennemi sur place, jusqu'à ce que les troupes en arrière aient rejoint, plutôt que d'aller à lui. Cette excuse ne peut être acceptée, parce que d'abord un commandant en chef est maître et responsable de ses actes ; parce qu'ensuite le maréchal Le Bœuf, tenu dans l'ignorance de la situation et n'en connaissant que le peu qu'en disait l'ordre du 15, croyait la route de Verdun déjà occupée par l'ennemi, tandis que Bazaine savait au contraire que cette route restait libre [2], et que le danger pour nous (il le disait lui-même) était du côté de Gorze, sur la gauche du 6ᵉ et du

---

1. *Metz, Campagne et négociations*, page 66.
2. En réalité, la route de Mars-la-Tour était bien, depuis le 15 au soir, barrée par la 5ᵉ division de cavalerie allemande. Mais ce n'était certes pas là une force suffisante pour nous empêcher de passer.

2ᵉ corps[1]. Cette situation lui imposait donc l'obligation de continuer sans retard une retraite déjà trop tardive, et d'éviter tout nouveau délai. Mais l'attraction que la place de Metz exerçait sur son faible caractère était si grande qu'il ne pouvait, en réalité, résister au désir de ne pas s'en éloigner. A l'abri de forts et de murailles, il se croyait probablement sauvé, maître de ses actions et libre d'agir à sa guise ; il pouvait dégager son sort de celui du souverain, dont le trône chancelant paraissait près de s'abattre, et attendre les événements, sans s'exposer aux difficultés d'une campagne dont la conduite dépassait de beaucoup ses moyens. Ces tristes calculs n'ont réussi qu'à le perdre, et nous avec lui.

Début de l'action en avant de Rezonville. — Il était neuf heures et quart environ. Les hommes mangeaient leur soupe, et les cavaliers de la division de Forton, bien que placés en avant-garde de toute l'armée, conduisaient leurs chevaux à l'abreuvoir[2], quand tout à coup une assez vive canonnade éclata sur les hauteurs situées au sud de Vionville, et une pluie d'obus s'abattit dans le camp de cette division. C'était la 5ᵉ division de cavalerie allemande, qui, s'étant avancée pour surveiller nos mouvements, avait constaté notre quiétude et jugé à propos de la troubler. Quatre batteries, soutenues par quelques escadrons de hussards, avaient pu venir s'établir à l'est de Tronville, sans rencontrer une seule patrouille française, ouvrir le feu à 12 ou 1,300 mètres, et porter le désordre dans le personnel de convoyeurs civils qui, suivant l'usage d'alors, conduisaient les bagages de la division de Forton. Ces hommes, saisis de frayeur, se mirent à fuir dans une inexprimable cohue, laissant leurs voitures se débander au hasard, et coururent pêle-mêle jusqu'à Rezonville, derrière les bivouacs

---

1. Voir le rapport du général de Rivières (*Procès Bazaine*). — « Nous pouvons affirmer que des émissaires français furent envoyés à Rezonville par le maire de Gorze, dans la journée du 15, pour annoncer l'occupation de ce village. » (Colonel Canonge, *loc. cit.*, tome II, page 111.)

2. Les avant-postes de la division de Forton avaient été placés *en deçà* du bois de Tronville, à 500 mètres à peine des bivouacs, et dans une position d'où ils ne pouvaient rien voir.

du 2ᵉ corps. A la faveur de cette surprise, les batteries ennemies gagnèrent du terrain, se portèrent jusqu'à Vionville, et de là tirèrent sur les camps même qu'occupaient vers Rezonville les 2ᵉ et 6ᵉ corps. Aussitôt ceux-ci coururent aux armes. Le général Frossard, plaçant ses troupes sur deux lignes, les conduisit, sous le feu, à leurs positions de combat, et les forma ainsi qu'il suit : 1° dans la division Bataille, la brigade Pouget s'étendait entre Vionville et Flavigny, tenant ces deux points par le 12ᵉ bataillon de chasseurs et le 23ᵉ de ligne, le 8ᵉ déployé en arrière ; la brigade Fauvart-Bastoul était en bataille à gauche de la brigade Pouget ; — 2° dans la division Vergé, la brigade Letellier-Valazé prolongeait vers le bois de Vionville la ligne, formée par la division Bataille ; la brigade Jolivet et la brigade Lapasset formaient, à gauche de la ligne, un crochet défensif sur la hauteur cotée 311[1], face au bois de Vionville, la première à droite, la deuxième à gauche, celle-ci ayant en première ligne le 84ᵉ et une batterie, en deuxième le 97ᵉ et le 3ᵉ lanciers. Toute l'artillerie divisionnaire se trouvait en avant de la ligne, devant ses troupes respectives ; l'artillerie de réserve avait pris position en arrière, à l'est de Flavigny, près de la route.

Le maréchal Canrobert avait en même temps disposé son corps d'armée à droite, mais un peu en arrière du 2ᵉ corps ; la division Lafont de Villiers, formée sur deux lignes, entre la route et la voie romaine, avait à sa droite le 9ᵉ de ligne, seul régiment de la division Bisson ayant pu atteindre Metz. La division Tixier s'était portée à Saint-Marcel, pour former liaison avec le 4ᵉ corps aussitôt qu'il arriverait. Enfin la division Levassor-Sorval formait réserve, au nord-est de Rezonville, et s'était déployée parallèlement à la route, pour surveiller notre gauche. Toute l'artillerie s'était mise en batterie, dans les lignes mêmes. Quant aux deux divisions de cavalerie de Forton et de Valabrègue elles s'étaient réfugiées derrière le 6ᵉ corps, près de la route

---

[1]. Carte de l'état-major.

de Rezonville à Villers-aux-Bois, leur droite au Bois-Pierrot.

Le terrain sur lequel allait se dérouler cette lutte mémorable est circonscrit par la route de Gravelotte à Jarny, par une ligne brisée allant de Gravelotte à Mars-la-Tour à travers Gorze et Buxières, enfin par le cours du *Fond de la Cuve*, petit affluent de l'Orne. Incliné d'une façon générale de l'est à l'ouest, il est assez fortement mamelonné et coupé de ravins profonds, dont la partie inférieure, vers les pentes qui donnent accès de Gorze sur Rezonville et Gravelotte, est bordée de bois épais, ceux de Vaux, des Oignons, de Saint-Arnould, de Vionville et des Prêtres ; la prudence eût conseillé d'exercer sur ces bois une surveillance rigoureuse, mais on n'en fit malheureusement rien. A partir des crêtes sud du plateau, le terrain est assez découvert, sillonné de chemins nombreux, et traversé, de l'ouest à l'est parallèlement à la grande route, par une ancienne voie romaine qui vient se perdre un peu à l'ouest de Gravelotte. Le fort de Saint-Quentin, par ses vues étendues, pouvait apporter à la défense de nos positions l'appoint de sa grosse artillerie, et, en outre, l'offensive allemande devait, pour se produire, franchir au préalable des défilés encaissés. Elle eût donc été assez facile à contenir, pourvu toutefois qu'on fit occuper par des avant-lignes les crêtes sud des plateaux, afin d'avoir des vues dans les ravins boisés qui offraient aux Allemands les moyens de se dissimuler, entre Tronville et Gorze. L'attaque ne pouvait, en tout cas, se développer que successivement, et dans des conditions assez dangereuses. Tout concourait donc à favoriser nos efforts, le terrain, la supériorité numérique et les conditions d'impossibilité où allait se trouver l'armée ennemie de se porter tout entière au secours de ceux de ses corps qui seraient engagés. Voyons quel parti le maréchal a su tirer de cette occasion inespérée de revanche, que la fortune venait si généreusement lui offrir.

Combat sur le front du 2ᵉ corps. — Aussitôt déployé, le 2ᵉ corps avait ouvert une violente fusillade sur les cavaliers du général de Rheinbaben ; malgré le renfort qu'apportait à ceux-ci, dans le même moment, la 6ᵉ division de cavalerie accompagnée de sa batterie à cheval, ils furent rapidement obligés de reculer jusqu'à la ferme de Saulcy ayant leur artillerie presque désorganisée. Fort heureusement pour eux, les têtes de colonnes de la 5ᵉ division d'infanterie, qui suivait la 6ᵉ division de cavalerie, ne tardèrent pas à déboucher du ravin de Gorze[1].

Croyant seulement avoir affaire à une arrière-garde, le général de Stülpnagel dirigea sa division vers Flavigny et essaya de se déployer pour nous couper la route ; mais la fusillade qui l'accueillit était si intense qu'il reconnut bien vite son erreur. Il lui fut impossible de prendre position et il dut sans tarder reculer vers la ferme d'Anconville. Son avant-garde, formée de troupes de la 9ᵉ brigade, réussit cependant à gagner les bois de Vionville et de Saint-Arnould, et, à la faveur des couverts, put soutenir le feu ; en même temps l'autre brigade, la 10ᵉ, s'établissait à Anconville et dans le bois des Prêtres, tandis que l'artillerie de la 5ᵉ division venait se mettre en batterie à l'angle nord-ouest du bois de Vionville. Une lutte extrêmement violente s'engagea alors entre la division Vergé, soutenue par huit batteries (dont deux de la réserve et deux de mitrailleuses), et la division de Stülpnagel, qui n'avait avec elle que cinq batteries (une batterie à cheval de la 6ᵉ division de cavalerie et son artillerie divisionnaire). Les Allemands subirent là des pertes considérables et restèrent, malgré tous leurs efforts, impuissants à déboucher ; à leur droite, la brigade Lapasset leur opposait, de son côté, « une résistance acharnée[2] » et seule, la supériorité sinon numérique, du moins matérielle, des batteries prussiennes leur permettait de se maintenir. Un bataillon du 48ᵉ voulut essayer de gagner notre flanc droit ;

---

1. On se rappelle que le IIIᵉ corps (général d'Alvensleben II) avait ordre de marcher sur Vionville et Mars-la-Tour. La 5ᵉ division quitta Novéant à sept heures et demie du matin et se dirigea sur Gorze. La 6ᵉ division, avec laquelle se trouvait le commandant du corps d'armée, partit d'Arnaville à cinq heures et marcha sur Mars-la-Tour, par Onville et Buxières. Elle n'atteignit le champ de bataille qu'après la 5ᵉ.

2. *La Guerre franco-allemande*, page 531.

il ne réussit qu'à se faire tourner lui-même, et éprouva des pertes telles qu'il dut reculer, complètement désorganisé, jusqu'au bois de Gaumont[1]. Un autre bataillon du même régiment se jeta alors au-devant de nos troupes lancées à la poursuite du premier; il vit à cet instant tomber mort un officier supérieur[2], et eut *tous* ses officiers, y compris son chef, hors de combat; ses débris gagnèrent à grand'peine l'abri d'un petit vallon[3]. Le général de Dœring, commandant la 9ᵉ brigade, s'était porté vers la gauche, pour reformer ses bataillons et parer aux dangers de la situation; à peine était-il arrivé sur le mamelon situé au sud de Flavigny, qu'il reçut une balle en pleine poitrine, et fut emporté expirant.

Le général de Schwerin, commandant la 10ᵉ, chercha alors à grouper autour de lui ce qu'il put; quelques renforts lui arrivèrent, grâce auxquels il s'établit sur le dos de terrain au sud de Flavigny; il prit position, avec ce qu'il avait de troupes, à cheval sur le chemin de Buxières à ce dernier village. D'ailleurs, si les efforts de l'infanterie prussienne n'aboutissaient point à des résultats bien sensibles, l'intervention de plus en plus efficace d'une artillerie qui grossissait d'instant en instant, causait dans nos rangs des ravages sanglants. Déjà les batteries de la 6ᵉ division et toute l'artillerie de corps, devançant la colonne de gauche du IIIᵉ corps, étaient venues se joindre à celle de la 5ᵉ et des deux divisions de cavalerie; une puissante ligne de bouches à feu couronnait ainsi, du bois de Tronville à celui de Vionville, la série des hauteurs, et, comme l'a dit la *Relation allemande,* frayait la voie à l'infanterie qui s'avançait aux deux ailes. Sous cette avalanche de projectiles, les soldats du 2ᵉ corps commençaient à perdre de leur force de résistance et à reculer insensiblement. Il était plus de onze heures, et depuis neuf heures trois quarts ils soutenaient seuls la lutte. le 6ᵉ corps n'ayant

---

1. *La Guerre franco-allemande*, page 532.
2. Le 5ᵉ officier supérieur du régiment. Il n'a pas de commandement spécial, et reste à la disposition du colonel. Son titre officiel est « *Etatsmässige Stabsoffizier* ».
3. *La Guerre franco-allemande*, page 532.

pas encore terminé son déploiement; à la vérité, ils empêchaient encore l'ennemi de déboucher des bois de Vionville et de Saint-Arnould, et lui faisaient subir des pertes telles que presque tous ses officiers supérieurs étaient hors de combat[1]. Mais, plus à l'ouest, les effets de l'artillerie allemande avaient été assez meurtriers pour provoquer quelques flottements et rejeter dans Flavigny les troupes déployées en avant du hameau. Bref, il était temps de secourir le 2ᵉ corps.

Dispositions prises par le maréchal Bazaine. — Mais le maréchal Bazaine ne paraissait pas se soucier de cette situation; uniquement préoccupé de protéger sa ligne de retraite sur Metz et de parer, le cas échéant, à une attaque sur sa gauche, il massait de ce côté tout ce qu'il avait de forces disponibles. C'était d'abord la division Levassor-Sorval, maintenue, nous l'avons déjà dit, au nord de Rezonville ; c'était ensuite la Garde, qui occupait les abords de Gravelotte, et que le maréchal disposait de la façon suivante :

Entre Gravelotte et le bois des Oignons, la division de grenadiers.

A la Malmaison, en arrière, la division de voltigeurs.

L'artillerie en position en avant de Gravelotte, face au ravin de la Jurée et aux débouchés du sud. Elle avait pour soutien le régiment de zouaves.

Enfin la cavalerie au nord-ouest de Gravelotte, dans le vallon qui court au sud du bois Leprince.

Rassuré de ce côté, le commandant en chef expédia au maréchal Le Bœuf l'invitation de se porter à la droite du 6ᵉ corps ; quant au 4ᵉ corps, il fut laissé sans ordres et aux seules inspirations de son chef.

Arrivée des premiers renforts ennemis. Prise de Vionville et de Flavigny. — Cependant un premier renfort venait d'arriver à l'ennemi. Le colonel de Lyncker[1], commandant un détachement du Xᵉ corps

---

[1]. « Le général de Stülpnagel s'était placé à la droite de ses batteries (à l'angle du bois de Vionville); c'est de là qu'il dirigeait l'action, tout en se portant fréquemment jusque sur la première ligne de ses troupes, *privées de leurs principaux chefs*, afin de les soutenir par ses encouragements. » (*La Guerre franco-allemande*, page 534.)

[2]. Commandant le régiment d'infanterie de la Frise orientale, nᵒ 78.

laissé en observation à Novéant, le 15, avait reçu, le 15 au soir, l'ordre du prince Frédéric-Charles qui prescrivait à toutes les troupes de ce corps d'armée de se rallier au général de Voigts-Rhetz, à Thiaucourt[1] ; il partit le 16 au matin, mais entendant de Gorze le bruit de la canonnade, il renonça à rejoindre sa brigade (la 37e) qui était alors à Chambley, et se porta directement sur le champ de bataille. Le général de Stülpnagel le chargea aussitôt de servir de soutien à son artillerie, durement éprouvée, et mit en ligne, à côté de celle-ci, la batterie qu'il lui amenait[2].

Mais d'autres secours plus importants ne devaient pas tarder à se présenter à leur tour sur le théâtre de la lutte. La 6e division d'infanterie avait en effet atteint Buxières vers neuf heures ; on n'a pas oublié que son artillerie, ainsi que l'artillerie de corps, qui l'accompagnait, avaient pris les devants pour venir s'établir devant la division Bataille, et ouvrir le feu contre les villages de Flavigny et de Vionville, que protégeaient quatre batteries françaises seulement. Après quelques instants de repos, la 6e division s'était portée sur Tronville, mais reconnaissant bientôt que c'était faire fausse route, son chef, le général de Büddenbrock, rabattit vers dix heures et demie ses deux brigades à droite, et les dirigea sur Vionville et Flavigny. Puis il lança immédiatement un régiment de la 11e brigade contre nos positions, un bataillon attaquant Vionville, un autre le cimetière et le bouquet d'arbres qui, au sud-est, entoure l'abreuvoir, enfin le troisième prenant Flavigny pour objectif. En même temps, la 12e brigade se déployait à gauche de la 11e, pour tourner Vionville par le nord.

A ce moment (vers midi), la division Lafont de Villiers (du 6e corps) était venue se déployer entre la voie romaine et la route de Mars-la-Tour, et elle se prolongeait à droite par le 9e de ligne (division Bisson) Le mouvement tournant de la 12e brigade allait donc se heurter à ces troupes, tandis que l'attaque de front

---

1. Voir tome Ier, page 389.
2. Le détachement du colonel de Lyncker comprenait deux bataillons, deux escadrons et une batterie.

rencontrerait devant elle les 12ᵉ bataillon de chasseurs et 23ᵉ de ligne qui occupaient les villages, ainsi que le 8ᵉ de ligne, qui gardait l'intervalle entre les deux.

Le général de Büddenbrock, aussitôt le déploiement de sa division à peu près terminé, lance la première ligne en avant : mais le feu dirigé sur celle-ci par la brigade Pouget est tellement violent que son offensive est arrêtée net. Il faut, avant de tenter une nouvelle attaque contre nos positions, les écraser à coups de canon ; et c'est ce que font 20 batteries allemandes, sur lesquelles 17, soit 102 pièces, prennent pour objectif les deux villages[1]. Bientôt ceux-ci deviennent intenables ; les régiments de la brigade Pouget, cruellement éprouvés, diminuent progressivement l'intensité de leur feu ; se glissant alors par les bois de Tronville et le ravin qui remonte vers Vionville, quatre régiments ennemis abordent à la fois le village par le sud, l'ouest et le nord, et forcent enfin les nôtres à l'évacuer, après avoir subi, eux aussi, des pertes énormes[2].

Cependant la gauche de la 12ᵉ brigade, en arrivant au bois de Tronville, avait été accueillie par les feux nourris du 6ᵉ corps, qui maintenant était en majeure partie arrivé[3]. Cette brigade formait une ligne très mince, et par suite très exposée à être culbutée au moindre mouvement offensif des troupes du maréchal Canrobert. Heureusement pour elle, le général de Büddenbrock s'aperçut aussitôt du danger qu'elle courait, et la fit soutenir par un bataillon, tandis qu'il transportait à Vionville toute son artillerie divisionnaire, jusque-là maintenue à l'aile droite. Mais il ne restait plus une

---

[1]. Le 2ᵉ corps ne disposait, pour répondre à cette masse d'artillerie, que de 72 pièces et 18 mitrailleuses. Le feu des batteries allemandes, qui avaient pour elles plus de portée et de précision, pouvait donc prendre sans difficulté le dessus. Au surplus, le 2ᵉ corps, diminué de la division Laveaucoupet, ne comptait que 23,000 hommes, contre les 29,000 Prussiens du IIIᵉ corps et du détachement Lyncker.

[2]. C'est là que fut grièvement blessé le colonel de Bismarck, commandant la 12ᵉ brigade, confondu, par quelques journaux de Paris, avec le chancelier lui-même.

[3]. La division Tixier venait de se poster sur la lisière du bois situé au sud de Saint-Marcel. Mais la division Levassor-Sorval était toujours en réserve.

seule réserve au III° corps, déployé sur un front démesuré. Le général d'Alvensleben dut faire appel à la cavalerie ; et les deux divisions de cette arme qui se trouvaient sur le champ de bataille (5° et 6°) se formèrent alors en deux groupes, qui vinrent respectivement se placer, en se défilant à l'abri des plis du terrain, derrière les 5° et 6° divisions d'infanterie (aux environs de la statue de *Sainte Marie*).

Vionville était pris, mais il fallait en déboucher maintenant. Notre artillerie, repliée le long de la *voie romaine*, avait ouvert son feu et suppléait par une vigoureuse énergie à l'insuffisance de son matériel. Le village de Vionville, qu'elle avait pris pour objectif, était tellement écrasé de projectiles « *que le seul moyen de s'y maintenir était de pousser de l'avant*[1] ». Le général de Büddenbrock ordonna donc à ses troupes de déborder Vionville et de s'emparer de Flavigny; or il fallait pour cela traverser un plateau découvert, et à peine ses soldats s'y étaient-ils montrés qu'ils devaient engager avec le 3° de ligne une action dont les péripéties sanglantes annihilaient rapidement l'action de leurs officiers. *Fractionnés en ligne de colonnes de compagnie*, ils cherchaient en vain à gagner du terrain; mais leurs unités se confondaient pêle-mêle, et devaient se rallier au hasard pour coordonner un peu leurs efforts. « C'est en vain, dit la *Relation allemande*, qu'on tenterait une description fidèle de cet engagement furieux[2] ». De notre côté, le général Bataille, l'épée à la main, encourageait par son exemple l'héroïque résistance de ses soldats, et s'acharnait, malgré les vides énormes qui se produisaient dans leurs rangs, à les maintenir dans le malheureux hameau de Flavigny, transformé par les projectiles allemands en un monceau de ruines, à travers lesquelles couraient des bestiaux épouvantés. Mais, vers midi et demi, le général, grièvement atteint, était emporté du champ de bataille; ses hommes décimés et assaillis par trois régiments qui

---

1. *La Guerre franco-allemande*, page 543.
2. *Ibid.*, page 544.

cherchaient à les envelopper, fléchirent. A la faveur des trouées sanglantes qu'avait faites son artillerie, l'ennemi put enfin s'emparer de l'abreuvoir, pénétrer dans le village en cendres et en refouler sur Rezonville les courageux défenseurs. La brigade Valazé, déployée à l'est de Flavigny, essaya bien de tenir tête au flot des assaillants ; mais menacée d'être tournée par sa droite, et privée de son chef, que venait d'atteindre une grave blessure, elle dut suivre dans sa retraite la division Bataille. Seules les brigades Jolivet et Lapasset réussirent à garder leurs positions.

Retraite du 2ᵉ corps. — Ainsi, trois sur cinq des brigades du 2ᵉ corps étaient en retraite. Ce résultat était dû uniquement à la supériorité de l'artillerie prussienne, car, de l'aveu même des Allemands, le feu de notre infanterie avait creusé dans leurs rangs des vides considérables, et leurs batteries, en particulier, étaient très durement éprouvées. Mais il n'en était pas moins acquis, et l'ennemi pensa aussitôt à en tirer tout le parti possible en lançant sur notre infanterie en retraite deux de ses régiments de cavalerie. Il ne réussit qu'à les faire maltraiter sérieusement, car nos troupes « conservaient assez d'attitude pour continuer leur mouvement en bon ordre[1] ». Les dragons de la Garde et les hussards de Brunswick, qui avaient tenté cette audacieuse attaque, durent se replier sans délai.

La perte de la ligne Flavigny-Vionville, avec son bouquet de bois central, nous privait d'un point d'appui précieux, et donnait à l'offensive ennemie une base sérieuse. Cependant l'armée française disposait encore de ressources importantes, et rien n'était compromis. Nous tenions en effet, par les brigades Lapasset et Jolivet, les crêtes situées à l'est de Flavigny, la lisière nord du bois de Saint-Arnould et le débouché des défilés de Gorze. Le 6ᵉ corps était maintenant déployé au nord de Rezonville ; le 3ᵉ arrivait se placer à la droite du 6ᵉ. Déjà, vers Doncourt, apparaissaient les têtes de

---

1. *La Guerre franco-allemande,* page 544. Un seul escadron des dragons de la Garde avait perdu 70 chevaux.

colonnes de la division Legrand, avant-garde du 4ᵉ corps. Enfin, la Garde tout entière était massée vers Gravelotte, et la division du Barail couvrait notre extrême droite en avant de Bruville. Le maréchal disposait donc de masses très imposantes, capables, si on les eût poussées de l'avant, de rétablir aisément les affaires du 2ᵉ corps, et de refouler en désordre un adversaire numériquement beaucoup plus faible, très éloigné encore de ses soutiens, et épuisé par une lutte opiniâtre qui lui avait coûté fort cher. La dispersion des corps allemands, occupés à franchir la Moselle à des distances assez considérables les uns des autres, créait pour l'armée du prince Frédéric-Charles une situation pleine de périls, et la défaite du IIIᵉ corps, en le rejetant dans les ravins où cette armée allait chercher à déboucher, devait fatalement amener un désastre. Il y avait là pour nous une occasion merveilleuse de la mettre hors de cause et d'infliger aux hasardeuses combinaisons de l'état-major prussien un échec décisif. Cette occasion unique dans toute la campagne, le maréchal la laissa échapper, pour ne pas abandonner la place de Metz. Il ne pensa qu'à rester sur la défensive, et chercha seulement à arrêter le mouvement de recul qui venait de se produire. Pour cela, il fit donner l'ordre à la division des grenadiers de la Garde de se porter de Gravelotte à Rezonville, et de se déployer en avant de ce village, face à Flavigny. Mais les progrès de l'ennemi augmentaient sans cesse ; le 3ᵉ lanciers, qui avait essayé de les contenir, venait d'être refoulé sans avoir pu même dessiner une charge, et les grenadiers n'étaient pas encore là ! Le général Frossard, désespéré, allait donner l'ordre de la retraite définitive, quand il vit venir à lui le régiment de cuirassiers de la Garde, que son colonel amenait au grand trot. S'approchant de cette magnifique troupe, le commandant du 2ᵉ corps demanda à son chef de se dévouer pour sauver sa propre infanterie.

Charge des cuirassiers de la Garde. — Le brave colonel Dupressoir, un géant bardé de fer, ne se le fit pas répéter deux fois. Il envoya immédiatement un officier demander à son chef direct, le général Desvaux, l'autorisation nécessaire, puis il se tourna vers ses escadrons, et d'une voix de stentor, dont l'éclat strident dominait le bruit de la bataille, il leur lança l'ordre de charger. « Spontanément et d'un seul mouvement, a écrit un témoin oculaire, toutes les lames de sabre se trouvèrent en l'air et les cris de « Chargez! » et de « Vive l'Empereur! » partirent de tous côtés. »

Le régiment s'était formé en trois échelons ; le premier, qui comprenait les 4e et 6e escadrons, était conduit par le lieutenant-colonel Letourneur et le commandant de Sahuqué, qui tomba presque aussitôt mortellement atteint[1] ; il perdit la majeure partie de ses officiers et fut en un instant désorganisé. Le second, qu'entraînaient le commandant de Vergès et le général du Preuil[2], s'avança à soixante mètres des tirailleurs ennemis et parvint même à jeter sur eux quelques hommes ; mais il ne put les arrêter. Quant au troisième échelon, avec lequel marchait le colonel Dupressoir, il fut désorganisé autant par la mousqueterie et les débris dont le terrain était jonché que par les courses furibondes des chevaux démontés qu'aveuglaient le feu et la fumée ;... son intervention ne fut pas plus efficace que celle des deux précédents. « Il ne restait plus qu'à se rallier ; les débris des cinq escadrons, 200 hommes à peine, arrivent au point de départ, harcelés par les 11e et 17e hussards prussiens, qui achèvent les blessés et courent sus aux hommes démontés ; le 77e de ligne dégage enfin nos cuirassiers par une salve qui arrête les cavaliers allemands[3]. »

1. Le commandant de Sahuqué, frappé d'une balle à la mâchoire et d'une autre au genou, mourut de cette seconde blessure le 16 octobre, à l'ambulance du Grand Séminaire de Metz, deux mois, jour pour jour, après la bataille de Rezonville.
2. Le général du Preuil, commandant la brigade de grosse cavalerie de la Garde, avait couru après les cuirassiers pour les conduire au feu lui-même. Il chargeait la canne à la main. (*Historique du 12e cuirassiers*, ancien *Cuirassiers de la Garde*.)
3. « Pendant cette retraite, le cheval du colonel Dupressoir, frappé d'une balle dans l'avant-train, s'abat en entraînant son maître sous lui ; le lieutenant d'état-major Davignon, resté à côté du colonel, le relève ; un brave garçon, le cuirassier Puiboulot, qui se repliait de ce côté, vient lui donner son cheval et emmène tranquillement l'animal

Les pertes éprouvées par ce brave régiment étaient de 22 officiers, 208 sous-officiers et soldats, 243 chevaux tués, blessés ou disparus. (Il comptait au départ 47 officiers et 651 hommes.) Le général Desvaux rendit hommage à sa bravoure, dans un ordre ainsi conçu :

> Les cuirassiers de la Garde, sous les ordres du général du Preuil, ont fait preuve d'une grande intrépidité à l'attaque des carrés prussiens soutenus par une nombreuse artillerie, en avant du hameau de Flavigny. Un grand nombre d'officiers, de sous-officiers et de soldats ont péri dans ces luttes sanglantes. La division de cavalerie de la Garde conserve précieusement le souvenir de ces braves.

Le maréchal Bazaine est entouré. — Cependant le lieutenant-colonel de Caprivi[1], chef d'état-major du X⁰ corps, avait suivi, des environs de Flavigny en flammes, les péripéties de cette charge mémorable. Voyant les cuirassiers repoussés, il eut l'idée de lancer à leur poursuite la brigade de Redern, qui se trouvait là, avec ce qui restait des dragons de la Garde. C'était juste le moment où le maréchal Bazaine venait d'arriver sur le terrain de la lutte et s'occupait à placer lui-même une batterie à cheval de la Garde en avant de Rezonville, entre les deux chemins de Buxières et de Flavigny, afin de remplir le vide laissé par la retraite du 2⁰ corps et permettre aux grenadiers d'arriver[2]. Le lieutenant-

---

blessé sous le feu de l'ennemi. (Il fut médaillé pour cet acte de dévouement, et le lieutenant Davignon cité à l'ordre de l'armée.) Le cuirassier Dormayer, démonté et resté pris sous son cheval, voit à côté de lui son capitaine grièvement blessé. Le brave soldat parvient à se dégager, et malgré le feu terrible de l'ennemi, au lieu de songer à sa propre vie, il court à son officier qu'il parvient à traîner dans un fossé à l'abri des balles : il est cité à l'ordre du jour du 5 octobre. Le brigadier Gardebled, du 3⁰ escadron, rapporte sa main droite coupée par le sabre d'un hussard prussien; il la tient dans sa main gauche comme un objet ramassé sur le champ de bataille. Il meurt à l'hôpital des suites de sa blessure. » (Lieutenant R. DE PLACE, *Historique du 12⁰ cuirassiers*.)

1. Depuis général de l'infanterie et chancelier de l'empire allemand.
2. L'attitude du maréchal pendant toute cette bataille ne fut jamais celle d'un général en chef. Il n'arriva à Rezonville qu'après onze heures et demie, lorsque la lutte avait déjà duré plus de deux heures et que la ligne de Flavigny-Tronville était au pouvoir de l'ennemi. Son absence prolongée fut cause de l'indécision du 6⁰ corps, lequel attendait, pour s'engager à fond, des instructions qui ne vinrent pas. (Voir *Procès Bazaine*, interrogatoire et déposition du maréchal Can-

colonel de Rauch, du 17ᵉ hussards, jette son régiment sur le flanc de cette batterie, pendant que le 1ᵉʳ escadron du 1ᵉʳ hussards l'attaque de front. Les canonniers, pris ainsi au dépourvu, ont à peine le temps de faire feu et sont obligés de se défendre à coups d'écouvillon ; en même temps, les conducteurs essayent d'emmener les attelages ; mais le désordre de cette fuite entraîne avec elle le grand état-major lui-même qui, tout entier, y compris le maréchal, a mis l'épée à la main. Un sous-officier prussien galope à côté du commandant en chef jusqu'à la route et manque de le prendre ; là, les deux escadrons d'escorte et le 3ᵉ bataillon de chasseurs, accouru au pas gymnastique, font tourner bride aux cavaliers ennemis qui s'arrêtent, tourbillonnent et s'enfuient derrière le hameau de Flavigny. Bazaine était sauvé ! Mais la dispersion du grand état-major était telle que ce fut seulement après plusieurs heures qu'il fut possible de le reconstituer.

Il est difficile assurément de rappeler cet épisode sans songer aux conséquences qu'auraient entraînées pour l'armée et pour le pays la prise du maréchal Bazaine. Lui disparu, le commandement en chef revenait par droit d'ancienneté au noble et vaillant Canrobert, au soldat sans peur et sans reproche dont le nom était déjà synonyme de loyauté et d'honneur, et qui devait, deux jours après, se couvrir, à Saint-Privat, d'une gloire immortelle. Et alors c'en était fait des compromissions louches, des hésitations funestes, des négociations criminelles où devait sombrer la fortune de la France ! C'était la lutte dégagée de toute préoccupation personnelle et ambitieuse, la lutte franche et sans l'arrière-pensée fatale de mettre entre l'ennemi et soi les murs

---

robert.) Il se montra d'une bravoure admirable, toujours en première ligne et au plus fort du feu, mais il ne dirigea rien, laissa chaque corps se défendre sur place et borna son action aux détails tactiques les plus infimes. « Il surveillait tout, indiquait aux batteries les emplacements à prendre, aux bataillons les points à occuper, et il se multipliait dans une activité qui ne se démentit pas un moment, semblant oublier souvent ses fonctions de commandant en chef pour le rôle plus modeste d'un général ou d'un simple colonel. » (*Metz. Campagnes et négociations*, page 72.)

II.

d'une forteresse et la protection d'un rempart. Peut-être ce jour-là même eussions-nous jeté dans la Moselle l'armée du prince Frédéric-Charles et puni enfin les Allemands d'une témérité que condamnaient tous les principes et toutes les leçons de l'expérience. Peut-être eussions-nous, à brève échéance, donné la main à l'armée de Châlons, et présenté à l'envahisseur une muraille de poitrines que ses efforts eussent été impuissants à renverser... En tout cas, il n'est pas un soldat en France qui hésite à se porter garant de ceci, que jamais le maréchal Canrobert n'aurait signé la capitulation de l'armée de Metz !

Entrée en ligne des grenadiers de la Garde. — Sur ces entrefaites, la division Picard (grenadiers de la Garde) s'était déployée au sud-ouest de Rezonville[1]. Comme elle finissait de prendre position, la 6e division de cavalerie prussienne surgit devant elle, croyant pouvoir sabrer les débris du 2e corps ; les escadrons allemands, formés en ligne de colonne (afin de ne pas masquer l'artillerie), cherchaient à se former en bataille. Reçus par une énergique fusillade, bousculés par les fuyards de la brigade Redern, ils ne réussirent point à se déployer et durent se replier derrière Flavigny, laissant sur le champ de bataille le général-major de Rauch[2], grièvement blessé, et le colonel de Ziethen, des hussards de ce nom, mortellement atteint. Les grenadiers purent alors prendre pour objectif les lignes d'infanterie elles-mêmes et mettre un terme à leurs progrès. Plus à droite, au nord de Vionville, la division de Büddenbrock se trouvait de même arrêtée par le 6e corps ; celui-ci avait opéré un changement de direction à gauche et se déployait maintenant sur une ligne droite, face au sud, le dos tourné à la voie romaine ; la division Péchot, placée à l'extrémité ouest de cette ligne, menaçait

---

1. Le régiment des zouaves, qui faisait partie de cette division, était resté en soutien de l'artillerie. Le 3e grenadiers se porta au secours de la brigade Lapasset. Il ne se trouva donc exactement, devant Rezonville, que le 1er et le 2e grenadiers.

2. Le général de Rauch ne doit pas être confondu avec le lieutenant-colonel du même nom qui, à onze heures et demie, avait chargé l'état-major général. (Voir tome Ier, pièce n° 2.)

même de déborder la gauche de la 6ᵉ division allemande et l'obligeait à se placer le long de la grande route, en crochet défensif, au lieu de continuer son mouvement dans la direction de l'est. L'artillerie du 6ᵉ corps, accourue au débouché des bois de Saint-Marcel, enfilait le ravin qui monte vers Vionville, et la situation de l'ennemi commençait, vu l'éloignement de ses renforts, à devenir singulièrement risquée [1].

Il était deux heures à peu près, et à voir la tournure des affaires, le succès définitif semblait s'annoncer en notre faveur. Le 3ᵉ corps arrivait à la droite du 6ᵉ ; déjà les avant-gardes du 4ᵉ étaient signalées entre Jouaville et Doncourt, et la gauche prussienne, serrée de près par le 4ᵉ de ligne (colonne Vincendon), reculait vers la route. L'ennemi, dont les forces commençaient à s'épuiser, ralentissait son feu. « Il n'avait plus en réserve ni un fantassin ni un canon, et la 20ᵉ division d'infanterie, sur laquelle il pouvait compter en premier lieu, se trouvait encore bien éloignée [2] ». Avec son coup d'œil de vieux soldat, le maréchal Canrobert vit que le moment était venu de foncer de l'avant, et il appela à lui la division Levassor-Sorval pour la jeter avec tout son corps d'armée sur Vionville. Si cette attaque réussissait, et tout faisait prévoir qu'elle devait réussir, c'en était fait du IIIᵉ corps, et probablement aussi de la IIᵉ armée... Le général d'Alvensleben comprit toute l'étendue du danger, et comme le général Lartigue à Frœschwiller, comme Frossard le matin même, il demanda à la cavalerie de se sacrifier pour le sauver.

Charge de la brigade Bredow (7ᵉ cuirassiers et 16ᵉ uhlans). — La brigade Bredow, restée seule à sa portée, se dirigeait vers le débouché ouest de Vionville, quand le chef d'état-major du IIIᵉ corps lui apporta en

---

1. *La Guerre franco-allemande*, page 559.
2. *Ibid.*, page 561. — Cependant le maréchal craignait toujours pour sa gauche ; il avait envoyé à Gravelotte les troupes du 2ᵉ corps, refoulées dans la matinée, afin de surveiller le débouché des ravins ; le bataillon des chasseurs de la Garde occupait le bois des Oignons. Enfin, la division Montaudon avait été distraite du 3ᵉ corps en marche de Saint-Marcel vers la chaussée de Verdun, et placée à la maison de poste de Gravelotte, toujours pour renforcer la gauche !

personne l'ordre de charger. Son chef, la jetant alors dans le ravin au nord du village, lui fait aussitôt gagner quelque distance, puis, la déployant sur le rebord oriental de ce ravin, se lance avec elle sur les batteries du 6ᵉ corps, qui sont placées entre les divisions Lafont de Villiers et Levassor-Sorval. Conduits avec vigueur et impétuosité, les escadrons prussiens traversent notre artillerie, sabrent servants et attelages, passent à travers l'infanterie et franchissent le chemin qui joint, à l'est de Vionville, la voie romaine à la chaussée de Verdun. Mais voici que tout à coup, nos troupes, revenues de leur stupeur, font pleuvoir sur ces hardis cavaliers une grêle de balles et de mitraille ; la division de Forton, jalouse de « venger l'affront du matin », se jette sur eux et les enveloppe, tandis que les régiments du général de Valabrègue accourent de Rezonville. Entourés de toutes parts, sentant leurs chevaux fléchir entre leurs jarrets, les Allemands sont obligés de se replier en hâte et de traverser une seconde fois nos lignes qui les criblent de tous côtés. Ils ne sont plus que débris et comptent juste en tout 13 officiers et 150 hommes quand ils se rallient enfin au sud du hameau de Flavigny[1]. Cette charge désespérée coûtait à la brigade Bredow 16 officiers, 363 hommes et 409 chevaux ; ce sont les chiffres qui figurent sur le monument élevé à la mémoire des deux régiments au lieu même où ils ont combattu. Le commandant du 16ᵉ uhlans restait entre nos mains. Quant au souvenir de ce sanglant sacrifice, il demeure douloureusement célèbre en Allemagne sous le nom de *Todtenritt* (chevauchée de la mort)[2].

---

1. « Nos pertes furent insignifiantes, comparativement à celles de l'ennemi, parce que nos cavaliers, frappant avec la pointe, trouvaient un passage aux entournures des cuirasses et aux couvre-nuques des casques, tandis que les Prussiens, se servant du tranchant ou du pistolet, blessaient les chevaux, mais peu les hommes protégés par les cuirasses. (*La Cavalerie française*, par le lieutenant-colonel BONIE, Paris, Amyot, 1871, page 68.)

2. Dans la ligne d'artillerie traversée par les cavaliers allemands, une pièce dont tous les servants avaient été tués allait être emmenée. Six uhlans, dont deux montés sur les porteurs de l'attelage, cherchaient à l'entraîner, quand leur manège fut aperçu, au milieu de la fumée et du tourbillonnement des escadrons, par le lieutenant Boutal,

Malheureusement pour nous, il ne devait pas rester stérile. Tout d'abord, la poursuite exercée par notre cavalerie fut très molle, et opérée seulement par quelques flanqueurs. En second lieu, un ordre du maréchal vint arrêter l'offensive du 6ᵉ corps et entraver l'action si brillamment commencée du maréchal Canrobert. Et pourtant jamais occasion plus propice ne s'était offerte de remporter un éclatant succès ! La fatigue de l'ennemi devenait visible, et nul secours n'était en vue pour soutenir ses efforts défaillants ! De notre côté s'affirmait, par l'entrée en ligne prochaine du 4ᵉ corps, une énorme supériorité numérique qui, jointe à la valeur et à l'entrain de nos soldats, promettait à court délai une victoire décisive !... Pourquoi donc le maréchal ne voulut-il pas vaincre ? Pourquoi s'obstina-t-il jusqu'à la fin à renforcer sa gauche et à mettre toutes ses réserves sur une partie du champ de bataille qui, « moins que toute autre, devait être l'objet d'une attaque sérieuse » ? Toujours pour la même raison, hélas ! Le maréchal Bazaine craignait avant toute chose d'être séparé de Metz ; son idée maîtresse, que sa conduite vis-à-vis de l'Empereur, le matin même, eût déjà pu faire deviner, s'affirmait maintenant par des actes déterminés, qui devaient, tous les jours suivants, avoir pour épilogue des mesures plus inexcusables encore. Que lui importait de battre l'ennemi, si le lendemain il lui fallait continuer la lutte en rase campagne, courir la chance de retomber en sous-ordre, et renoncer à l'ambition de devenir, quand les affaires seraient compromises partout, l'homme providentiel qui aurait su conserver la seule armée intacte ? Évidemment, le meilleur moyen

---

du 12ᵉ dragons. Aussitôt le brave officier prit avec lui quelques hommes, qui se trouvaient sous sa main, et fondit sur les uhlans. Après une minute de chaude lutte, cinq de ceux-ci étaient tués, le sixième blessé, et la pièce, dont les munitions avaient été laissées à une batterie en train de faire feu, ramenée à son régiment. En recompense de cette action d'éclat, le lieutenant Boutal reçut la croix de la Légion d'honneur, et ses cinq compagnons furent décorés de la médaille militaire. C'étaient les nommés Laguerret et Daubresse, du 12ᵉ dragons, le brigadier Borgne et le cavalier Leymat, du 15ᵉ chasseurs. En outre, l'officier et les quatre hommes furent l'objet d'une citation à l'ordre de l'armée.

de se mettre à l'abri des hasards était de s'enfermer dans les murailles d'une forteresse, pour y attendre les événements. Et voici pourquoi, le 16 août, à trois heures de l'après-midi, quand il n'aurait fallu qu'un mince effort pour exterminer tout un corps d'armée ennemi, le commandant en chef de l'armée du Rhin répondit par un refus à celui de ses lieutenants qui, jugeant les choses uniquement en soldat, lui demandait l'autorisation de le faire[1].

Ce qui prouve péremptoirement que la volonté de vaincre à tout prix n'était pas celle du maréchal, c'est que l'occasion perdue ainsi au milieu de la journée ne devait pas tarder à se reproduire, dans des conditions moins décisives à coup sûr, mais cependant encore très favorables. L'arrivée du 4e corps allait bientôt en effet infliger à la gauche allemande un nouvel et sanglant échec, et jeter l'angoisse dans le cœur des généraux ennemis. Pas plus alors qu'il ne l'avait fait dans la journée, le maréchal ne consentit à laisser ses troupes s'engager à fond !

Arrivée du 4e corps. — Le général de Ladmirault avait en effet, dès neuf heures du matin, et sans avoir reçu aucun ordre[2], mis les deux divisions de Cissey et Grenier en marche de Woippy sur Doncourt-en-Jarnisy[3]. Vers une heure, la division de cavalerie Legrand, qui précédait la colonne, arrivait, avec le commandant du corps d'armée, à Bruville, exécutait une reconnaissance dans la direction de Mars-la-Tour, et s'assurait que ce point n'était pas occupé. Le général de Ladmirault

---

1. « Le moment était venu de frapper un grand coup et de prendre en main l'offensive pour rejeter victorieusement au loin cette armée qui avait tenté de nous interdire le passage... La chose était d'autant plus facile que nous n'avions devant nous que des forces très inférieures... Ou bien le maréchal Bazaine ne comprit pas cette situation, puisqu'il n'essaya pas d'en profiter, ou il ne voulut pas la comprendre, *parce qu'il avait d'autres projets.* » (*Metz, Campagnes et négociations*, page 73.)

2. Le général de Ladmirault a déclaré lui-même devant le conseil d'enquête présidé par le maréchal Baraguey d'Hilliers que, dans toutes les journées du 16 et du 17, il ne vit pas un seul officier de l'état-major du maréchal.

3. On se rappelle que la division **Lorencez** avait été dirigée, la veille, sur Sainte-Marie-aux-Chênes.

attendit alors l'arrivée de la division Grenier, qui marchait en tête, et dès que celle-ci fut à hauteur de Bruville, il la déploya à la droite des divisions Nayral[1] et Aymard, du 3ᵉ corps, lesquelles prolongeaient elles-mêmes, au sud de Saint-Marcel, la division Tixier, du 6ᵉ. Juste devant elle se trouvait à ce moment la brigade de cavalerie Barby, chargée de couvrir l'extrême gauche allemande, et qui patrouillait dans la direction de Bruville[2]. Les régiments de la division Grenier dirigent immédiatement sur elle une vive fusillade qui l'oblige à se retirer vers Tronville, puis, de concert avec les deux divisions du 3ᵉ corps, marchent contre le bois du même nom, et cherchent à gagner, par les ravins qui courent vers le *Fond de la Cuve*, le plateau qui s'étend à l'ouest du bois. Devant cette vigoureuse attaque, la gauche allemande recule; les soldats du général d'Alvensleben, exténués de fatigue et moralement épuisés, ne tiennent encore que grâce à l'appui de leur artillerie, dont le tir lui-même est obligé de se ralentir faute de munitions[3]; quant au général allemand, dont l'énergie et la ténacité sont admirables, il se résout à périr avec tout son corps d'armée, plutôt que d'abandonner les deux villages conquis.

Encourageant ses bataillons de la voix et du geste, il les adjure de résister encore et de tenir jusqu'à l'arrivée des autres corps. Il ne réussit cependant pas à les maintenir dans leur position, et doit assister, le cœur dévoré d'inquiétude, à la retraite de la 6ᵉ division ; le 24ᵉ, auquel il ne restait que quelques cartouches, s'enfuit *au pas de course*[4] ; le 20ᵉ le suit, ainsi que les troupes du colonel de Lyncker. Tout le terrain au nord de la route est évacué, et seule une minime parcelle du bois de Tronville, adjacente à la chaussée de Verdun, reste au pouvoir des Allemands. En vain l'artillerie massée à

---

1. Ancienne division Castagny.
2. La brigade Barby, avec deux régiments de dragons, occupait la longue croupe cotée 277 sur la carte d'état-major.
3. *Les Opérations de l'artillerie allemande dans les batailles livrées aux environs de Metz*, par le capitaine Hoffbauer; 2ᵉ partie : *Bataille de Vionville*, page 96.
4. *Ibid.*, page 91.

l'ouest de Vionville recueille-t-elle les fuyards; elle est bientôt elle-même prise à revers par trois batteries de la division Grenier, accourues sur le plateau, vers la cote 257, et fusillée par l'infanterie postée dans le bois; d'ailleurs, elle n'a presque plus de munitions, et ne riposte qu'avec peine. Une plus longue résistance devenant impossible, elle bat en retraite à son tour, et vient se mettre à l'abri derrière les hauteurs au sud-ouest de Vionville.

A cette heure si critique pour lui, l'ennemi était arrivé à la limite extrême de ses forces; les bataillons du colonel Lehmann[1] avaient perdu 20 officiers et 600 hommes, le 24e, 52 officiers et 1,000 hommes, et les autres régiments étaient tous également maltraités. « Eu égard à l'évidente supériorité numérique des Français, on pouvait s'attendre à tout instant à les voir déboucher en avant de la grande route[2]... » Dans nos rangs, où l'on venait de si vaillamment combattre, le sentiment d'une victoire bientôt définitive échauffait les cœurs et exaltait les courages; on n'attendait qu'un ordre pour se jeter en avant et accomplir le dernier sacrifice, que l'espérance faisait paraître léger... L'ordre ne vint pas.

Il était quatre heures du soir. Jusqu'à présent, les seules troupes étrangères au IIIe corps qui eussent encore pris part à l'action étaient, avec la 5e division de cavalerie momentanément aux ordres du général de Voigts-Rhetz, la 37e brigade d'infanterie[3], le 9e régiment de dragons et un escadron de dragons de la Garde, enfin cinq batteries (dont trois à cheval) du Xe corps. Ces diverses fractions, amenées par des raisons diverses sur la route de Metz-Verdun, avaient depuis le matin suivi la fortune des 5e et 6e divisions d'infanterie, et, comme elles, se sentaient épuisées. Mais à ce moment

---

1. Voir le paragraphe suivant.
2. *La Guerre franco-allemande*, page 568.
3. C'était la brigade à laquelle appartenait le détachement de Lyncker. Le colonel Lehmann, qui la commandait, avait suivi ce détachement et, depuis midi environ, renforçait la gauche allemande, devant Tronville.

commencèrent à déboucher sur le champ de bataille les têtes de colonnes du X° corps, qui, si elles ne donnèrent pas à l'ennemi la supériorité numérique, lui apportèrent du moins un secours dont le besoin devenait absolument urgent.

Arrivée du X° corps. — On se rappelle que ce corps d'armée, chargé de nous couper la route entre Mars-la-Tour et Verdun, avait été dirigé, dès la matinée du 16, sur Saint-Hilaire et Maizeray ; pour couvrir sa marche vers la droite, le 5° division de cavalerie, soutenue en arrière par la 37° brigade, s'était portée vers Tronville, le 15, et c'était elle qui, en canonnant la division de Forton, avait engagé la lutte à neuf heures du matin. Pendant ce temps, la 38° brigade, restée seule de la 19° division, quittait Thiaucourt à sept heures, et, précédée par la brigade de dragons de la Garde, marchait vers les points indiqués. A peine était-elle en route, que le bruit du canon se fit entendre ; le général de Voigts-Rhetz pensa tout d'abord qu'il ne s'agissait que d'une rencontre de la 5° division de cavalerie avec une de nos arrière-gardes, mais voulut cependant en avoir le cœur net. Piquant des deux avec un escadron de dragons, il s'avança de sa personne jusqu'à Jonville, où il reçut les rapports adressés du champ de bataille par son chef d'état-major, le lieutenant-colonel de Caprivi, poussa ensuite jusqu'à Tronville, et là put s'assurer *de visu* de la chaleur de l'action où était engagé tout le III° corps. L'hésitation n'était plus possible ; c'était bien une bataille qui se livrait, et le général de Voigts-Rhetz jugea qu'il était temps d'intervenir. Il se hâta donc d'expédier à toutes ses troupes l'ordre d'accourir au plus vite, en abandonnant séance tenante tous les objectifs qui leur avaient été désignés.

Ce fut la 20° division (général-major de Kraatz-Koschlau) qui déboucha la première. Partie le matin de Pont-à-Mousson, elle avait, aux premiers bruits du canon, lancé vers le nord, pour se renseigner, des patrouilles d'officiers ; à son arrivée à Thiaucourt, vers onze heures et demie, elle recevait une note du colonel de Caprivi, qui lui signalait la situation périlleuse du

III⁰ corps. Sans attendre d'autres ordres, le général de Kraatz la dirigea aussitôt sur Charey, Saint-Julien-lès-Gorze, Chambley, et de là sur Tronville, tandis que le groupe de l'artillerie de corps qui avait fait route avec elle prenait les devants et venait s'établir à l'ouest de ce dernier village, afin de tenir tête au mouvement débordant des Français. Le général de Kraatz, pendant que son infanterie continuait à marcher, envoya son chef d'état-major reconnaître la position, et se porta lui-même à hauteur de Flavigny.

La première chose qui le frappa fut la faiblesse de la ligne occupée par le III⁰ corps, sur son centre; il fit donc immédiatement parvenir à sa 39⁰ brigade l'ordre de porter un de ses régiments sur la gauche de la 5⁰ division, disposa son artillerie divisionnaire sur la route, près de Vionville, et prescrivit au reste de sa division de marcher dans la direction du bois de Tronville, pour le réoccuper. Au moment où elle atteignit le champ de bataille, la 20⁰ division venait de parcourir tout d'une traite, en neuf heures de temps, l'énorme distance de 45 kilomètres.

L'intervention de la puissante artillerie du X⁰ corps eut pour effet immédiat de paralyser les efforts des batteries du général Grenier. Ecrasées par un feu d'une violence extrême, celles-ci étaient bientôt condamnées à quitter leur position et à reculer jusqu'au nord du ravin qui conduit de Saint-Marcel à la ferme Grizières[1]. Le bois de Tronville, balayé par les obus, fut à son tour évacué par nos soldats, qui se pelotonnèrent dans la partie nord-ouest, tandis que des fractions de la 20⁰ division y pénétraient par le sud et l'est. La division Grenier, ne laissant dans les fourrés que des tirailleurs, se massa alors sur le plateau coté 277 et se borna à interdire aux Allemands la faculté de déboucher des bois, reprenant ainsi une attitude passive qui annihilait ses succès antérieurs.

Causes du recul de notre droite. — Certes, ce mou-

---

[1]. Cette ferme était occupée par un régiment de la brigade Pradier, le 98⁰, qui s'y était retranché et formait ainsi un solide point d'appui à notre droite.

vement de recul de la division Grenier, que suivit d'ailleurs la droite du 3ᵉ corps, avait pour excuse l'entrée en ligne de nouvelles masses d'artillerie, et l'infériorité de la nôtre. Cependant la bravoure montrée jusque-là par nos soldats devait faire espérer de leur part une attitude plus ferme et une résistance un peu plus prolongée. Si donc ils ont montré à ce moment de la journée une irrésolution qui pourrait être taxée de faiblesse, c'est qu'une action déprimante a dû les influencer. Cette retraite si rapide de soldats pleins de courage et d'énergie devant un adversaire encore très inférieur en nombre n'était pas due à l'arrivée de quelques troupes nouvelles, harassées par la longue étape qu'elles venaient de parcourir, et l'état-major allemand lui-même a jugé, avec le juste sentiment qu'ont les militaires de ces sortes de choses, « qu'elle ne pouvait s'expliquer que par le concours simultané d'autres causes[1]. » Or, ces causes, il est aisé de les déterminer. C'est d'abord l'absence du commandant en chef, toujours préoccupé pour sa gauche, et y demeurant à poste fixe, bien qu'aucun mouvement ne se passe de ce côté. C'est ensuite l'ignorance où le général de Ladmirault est laissé de la situation générale et le manque absolu d'instructions qui lui indiquent le but à atteindre et les moyens d'ensemble à employer pour cela. C'est enfin et surtout la volonté bien établie, chez le maréchal Bazaine, de ne pas profiter de la situation pour prendre l'offensive, et l'ordre reçu, à deux heures, par le maréchal Le Bœuf, de se maintenir sur place[2]. Dans ces conditions, il est bien évident que personne ne songeait à entraîner les troupes, puisque le commandement supérieur semblait, au contraire, chercher à les retenir, et le mouvement offensif déjà entamé contre Tronville devait fatalement s'arrêter de lui-même sinon se terminer par un recul.

---

1. *La Guerre franco-allemande*, page 576.
2. « Complètement rassuré par l'entrée en ligne (à deux heures) des premières troupes du 3ᵉ corps, *je fis dire à M. le maréchal Le Bœuf de maintenir fortement ses positions avec la division Nayral*, et de se relier au 6ᵉ corps. » (Rapport officiel du maréchal Bazaine sur la bataille de Rezonville.)

Rien, en effet, ne déprime davantage le moral du soldat que la passivité. Quelle que soit sa valeur, il ne surmonte pas facilement la défaillance qui suit infailliblement la compression d'une ardeur trop longtemps réprimée, et si, au bout d'un certain temps, il n'est pas poussé de l'avant, le plus faible choc a bien vite raison de sa résistance. Quand des troupes braves sont chargées de défendre à outrance une position, soit pour couvrir une retraite, soit pour favoriser un mouvement latéral, elles y restent jusqu'au dernier homme, et il n'y a qu'à feuilleter l'histoire de France pour y trouver maints exemples d'un aussi héroïque dévouement. Mais quand un commandement trop mou ou volontairement inerte, et c'était malheureusement ici le cas, use toute son influence à les maintenir sur place, au moment où un seul bond en avant leur assurerait la gloire et la joie de vaincre, alors c'est sans conviction qu'on les voit se résoudre au sacrifice, et si le flottement qui se produit dans leurs rangs trahit quelque moment l'indécision ou la lassitude, il ne faut en accuser que le commandement suprême, parce que lui seul a éteint le feu sacré qui brûlait dans l'âme de ses soldats !

La 38ᵉ brigade atteint Mars-la-Tour. — Cependant le reste du Xᵉ corps arrivait à son tour en ligne. Le général de Schwartz-Koppen, commandant la 19ᵉ division, avait poursuivi sa route vers Saint-Hilaire avec la 38ᵉ brigade, malgré la persistance de la canonnade qu'il continuait à prendre pour le bruit d'un combat d'arrière-garde. Il arrivait dans ce village, après une marche de 29 kilomètres en moyenne, quand l'ordre lui parvint du général de Voigts-Rhetz de se remettre en route et de revenir immédiatement sur Chambley. Le général obéit, mais entre temps il recevait des nouvelles de la bataille et était informé de la situation critique où sa 37ᵉ brigade se débattait ; immédiatement la 38ᵉ brigade déboîta à gauche pour se porter sur Ville-sur-Yron. A trois heures, elle arrivait à Suzemont, épuisée de fatigue ; mais la situation ne permettait pas de lui donner un long repos bien qu'elle eût laissé derrière elle un nombre incalculable de traînards[1]. On la lança sur Mars-la-Tour, à cause de l'impossibilité où l'on se trouvait de tenter un mouvement tournant plus étendu sur notre droite, et on la forma en bataille en avant du village, sur un arc de cercle face au nord-est, avec ordre d'attaquer les hauteurs au sud de Bruville, où des bataillons nombreux venaient d'apparaître tout à coup. Il était cinq heures du soir.

Arrivée du prince Frédéric-Charles. — Depuis quelques instants le prince Frédéric-Charles avait fait son apparition sur le champ de bataille, et dès lors il prenait en personne la direction des opérations. Son arrivée tardive s'expliquait par ce fait que lui aussi avait cru jusqu'à une heure avancée de l'après-midi qu'il s'agissait uniquement d'un combat d'arrière-garde, et les premiers rapports reçus à Pont-à-Mousson du général d'Alvensleben l'avaient d'ailleurs confirmé dans cette appréciation. C'est à deux heures seulement, et après réception d'un exprès du général de Kraatz, que le prince partit avec son état-major pour le théâtre de l'action. Parcourant à franc étrier les 22 kilomètres qui le séparaient de Vionville, il y arriva à peu près au moment où le X° corps apportait au III°, complètement épuisé, l'appoint de ses 25,000 hommes, et il jugea que, pour en profiter, il fallait, là où débouchaient ceux-ci, passer à l'offensive, tandis que le reste de la ligne chercherait simplement à garder les positions occupées déjà. Cette combinaison, bien que hasardeuse, eu égard à la supériorité des forces que le X° corps, très fatigué, allait rencontrer devant lui, était cependant la seule rationnelle, si l'on ne voulait pas se décider à une retraite immédiate. Pour la faire réussir, il fallait par exemple que l'artillerie y jouât le rôle principal, et, dans ce but, 42 pièces de canon appartenant aux batteries du III°, du X° et même du VIII° corps (celles-ci ayant pris les devants pour accourir sur le théâtre de la lutte) dirigèrent aussitôt sur nos troupes un feu nourri et

---

1. Général prince DE HOHENLOHE-INGENLFINGEN, *Lettres sur l'infanterie*, page 217.

continu. Elles formaient une ligne courbe allant de Flavigny au bois de Vionville[1].

Positions françaises vers cinq heures du soir. — Mais avant de pousser plus loin le récit de la lutte, il n'est peut-être pas inutile de rappeler quelle était, à ce moment, la disposition générale des forces françaises. A gauche, autour de Gravelotte et de la *maison de poste*, étaient groupés les zouaves, deux brigades de cavalerie (Halna du Frétay et du Preuil) et la 2ᵉ brigade de voltigeurs de la Garde impériale, ayant, en arrière, les divisions de Forton et de Valabrègue. Une brigade de la division Montaudon occupait la partie nord du bois des Oignons, tandis que l'autre s'étendait entre la *maison de poste* et Rezonville, donnant la main à la brigade de voltigeurs qui occupait ce dernier village, ayant devant elle la brigade Lapasset. Les grenadiers, toujours en position au sud-ouest de Rezonville, et appuyés par la réserve d'artillerie, soutenaient bravement la lutte engagée contre la 5ᵉ division allemande, et avaient à leur droite les batteries de la Garde, à cheval sur la chaussée de Verdun. Plus loin, les divisions Levassor-Sorval, Lafont de Villiers et Tixier, ainsi que le 9ᵉ de ligne, prolongeaient la ligne vers le nord-ouest, et tenaient les bois qui longent la voie romaine, entre la route de Rezonville à Villers-aux-Bois, et celle de Flavigny à Saint-Marcel. La division Aymard, déployée face au bois de Tronville, s'étendait de son côté jusqu'au plateau coté 227, sur lequel combattait la division Grenier; enfin la brigade de cavalerie de Juniac occupait Saint-Marcel, tandis que la division de Cissey arrivait en avant de Bruville[2], et que la cavalerie des généraux Legrand (4ᵉ corps), de

---

1. La Relation allemande fait remarquer à ce sujet que, dans la journée du 16, notre artillerie a fait preuve, au contraire des batteries prussiennes, d'une grande mobilité (page 587). C'est précisément cette tactique adroite qui, en réduisant sensiblement nos pertes, a permis à nos pièces, quoique inférieures en justesse et en portée, de tenir tête, mieux que dans toute autre bataille, au puissant matériel de l'ennemi.

2. Elle accourait à travers champs au bruit du canon, en devançant un convoi qui se dirigeait, après avoir été dépassé par elle, sur Doncourt.

Clérembault (3ᵉ) et de France (dragons et lanciers de la Garde) se massait vers la ferme de Grizières. La division Nayral, du 3ᵉ corps, venait d'être appelée par le maréchal, pour renforcer, vers Gravelotte, notre gauche pourtant déjà si encombrée.

Le sentiment qui poussait nos soldats à profiter des succès obtenus et de l'avantage du nombre pour foncer de l'avant était si vif que, malgré les efforts du commandant en chef pour les retenir, ils se « laissaient partout aller à tenter des mouvements offensifs plus ou moins importants[1] ». Mais ces efforts spontanés et décousus n'étant ni encouragés ni soutenus, n'aboutissaient à rien ; de son côté, l'infanterie ennemie se laissait entraîner à poursuivre nos bataillons, quand ils battaient en retraite, et il en résultait de sa part « une série d'entreprises partielles peu conformes à l'attitude généralement expectante, recommandée par les ordres relatés plus haut, et qui venaient se briser contre les fortes positions de l'adversaire[2] ». C'est ainsi que deux bataillons du 78ᵉ prussien (de la Frise orientale), ayant voulu se lancer contre le 2ᵉ grenadiers qui occupait le mamelon coté 311 (entre la route de Gorze et celle de Rezonville à Buxières), furent repoussés avec de lourdes pertes. « Le colonel (de Lyncker), les majors et tous les commandants de compagnie étaient blessés dans cette audacieuse mais stérile tentative[3]. » De même, un peu plus à gauche, le 12ᵉ prussien, appuyé par deux batteries, essayait de débusquer le 1ᵉʳ grenadiers, sans y réussir davantage. Enfin, vers cinq heures, le 56ᵉ allemand, en débouchant sur le champ de bataille, s'était porté contre ce même mamelon 311 où les bataillons de l'Ost-Frise avaient, peu d'instants auparavant, été si maltraités. Il y perdit en un instant deux de ses commandants de bataillon[4].

Ainsi, la situation générale restait sensiblement la même, notre ligne demeurait inébranlable, et le sort de

---

1. *La Guerre franco-allemande*, page 587.
2. *Ibid.*
3. *Ibid.*, page 588.
4. *Ibid.*

l'ennemi était à la merci du moindre mouvement offensif de notre part. C'est l'instant même que choisit le prince Frédéric-Charles pour entamer le sien.

Offensive de la gauche allemande. Écrasement de la brigade Wedell. Prise d'un drapeau ennemi. — Nous avons vu la brigade Wedell se déployer en avant de Mars-la-Tour, au nord du ravin qui va de Grizières au bois de Tronville, au moment précis où la division de Cissey débouchait de Bruville. A peine ont-ils aperçu l'ennemi que nos braves soldats, malgré leur fatigue visible[1], se lancent sur lui au pas de course jusqu'à une distance de 60 mètres et le saluent d'une décharge générale qui fait dans ses rangs une affreuse trouée. Au bout de quelques minutes à peine, le 16ᵉ prussien est le premier contraint à la retraite, et ses débris essayent de franchir à nouveau le ravin. Mais alors les bataillons du général de Cissey accourent jusqu'à la crête, foudroient de leurs feux les fuyards et, se jetant à leur suite, engagent avec eux un furieux corps-à-corps. On se larde à coups de baïonnette ; on se tue à coups de revolver. L'acharnement est tel que personne, à ce moment, ne serait capable de remettre un peu d'ordre dans cette masse confuse qui s'agite, grouille, tourbillonne, et sur laquelle semble planer une buée sanglante. — Enfin, les Allemands, aux trois quarts détruits, cèdent la place ; leurs débris remontent péniblement le revers du ravin et s'enfuient dans un inexprimable désordre, privés de la presque totalité de leurs officiers[2]. La brigade Wedell, qui comptait 95 officiers et 4,546 hommes, laissait sur le terrain 72 officiers (dont le général grièvement blessé) et 2,542 soldats. Comme l'a écrit l'état-major prussien, « elle était anéantie presque totalement[3] ».

---

1. Ils marchaient depuis neuf heures du matin, par une chaleur torride.
2. « Cet engagement terrible, dit la Relation allemande, succédant à une marche de 45 kilomètres, avait épuisé nos soldats, dont beaucoup se trouvaient à bout de forces. Plus de 300 hommes, hors d'état de remonter l'escarpement du ravin, tombèrent aux mains de l'ennemi »
3. *La Guerre franco-allemande*, page 591. — La proportion des tués aux blessés était des 3/4.

Les Prussiens attaquant le cimetière de Saint-Privat.

C'est dans le cours de cette lutte si chaude que fut conquis un des drapeaux du 16⁰ régiment prussien [1]. Le sous-lieutenant Chabal, du 57⁰ de ligne, pour l'arracher à l'officier ennemi qui le portait, dut en briser la hampe, dont le tronçon resta seul aux mains de son défenseur, comme pour attester de sa courageuse résistance. Le glorieux trophée, d'abord remis au général de Cissey, resta longtemps exposé sur l'esplanade de Metz, réconfortant les blessés qui gisaient là, sur leur lit d'ambulance, et donnant aux vieux soldats de Crimée et d'Italie comme une vision de leur ancienne gloire. Celui-ci au moins avait été pris sur le champ de bataille, les armes à la main, et non pas traîtreusement arraché à des gens désarmés, victimes du plus odieux subterfuge ! Il est aujourd'hui suspendu à la voûte des Invalides, plus précieux certainement à lui seul que les 45 drapeaux livrés aux Allemands, le 27 octobre, par un soldat indigne dont cet acte suffirait seul à justifier la terrible condamnation[2].

Charge du 1ᵉʳ dragons de la Garde prussienne. — Cependant le désastre essuyé par la brigade Wedell avait jeté l'alarme dans l'état-major allemand, qui voyait sa gauche enfoncée et son centre à bout de résistance. Il fallut donc, pour la seconde fois de la journée, faire appel à la cavalerie, et lui demander « de sauver ses frères d'armes en danger[3] ». Le général de Voigts-Rhetz ordonna à toute la cavalerie disponible, et en particulier à la 5ᵉ division de cette arme, qui se trouvait près de Mars-la-Tour, de *charger à outrance*, pour arrêter un moment l'élan de nos bataillons, car ceux-ci,

---

1. Chaque régiment d'infanterie prussienne possède trois drapeaux, un par bataillon.
2. La perte du drapeau du 16⁰ est expliquée par l'état-major allemand comme suit : « Du drapeau du 2⁰ bataillon du 16⁰, on n'avait pu sauver que le bas de la hampe, fracassée par un projectile ; les Français emportaient à Metz la partie supérieure et la flamme, *probablement arrachées par un éclat d'obus.* » Page 600, *en note*). Mieux eut valu avouer franchement la vérité que chercher à atténuer par des suppositions aussi invraisemblables un malheur qui n'entache en rien la bravoure des troupes prussiennes, étant données surtout les circonstances dans lesquelles il s'est produit.
3. *La Guerre franco-allemande*, page 592.

obéissant à leur instinct, marchaient hardiment de l'avant et menaçaient de culbuter les quelques régiments épuisés que seuls les Allemands pouvaient encore nous opposer de ce côté. En attendant, comme il avait dès maintenant sous la main le 1er dragons de la Garde, massé au sud-est de Mars-la-Tour, il le lança sans perdre une minute contre les troupes du général de Cissey, en le faisant appuyer par deux escadrons du 4e cuirassiers, placés jusque-là en soutien de batteries. Une décharge de mitrailleuses et de mousqueterie arrêta net ces derniers et les empêcha de se déployer. Quant aux dragons de la Garde, ils parvinrent à aborder nos lignes ; mais, fusillés à petite distance par nos régiments pelotonnés autour de leurs drapeaux, ils ne tardèrent pas à être forcés à la retraite, après avoir subi des pertes effrayantes. Le colonel, un officier supérieur, trois capitaines (dont un prince de Reuss), étaient morts ; 7 autres officiers, 125 cavaliers et 250 chevaux hors de combat. Le régiment se trouvait, jusqu'à la fin de la bataille, hors d'état de reprendre part à l'action. De notre côté, nous avions à regretter la perte du général comte Brayer, commandant la 1re brigade de la division de Cissey, tué, avec son aide de camp, le capitaine de Saint-Preux, au premier instant de la charge. Celle-ci n'avait malheureusement pas été inutile à l'ennemi. A la faveur du temps d'arrêt qu'elle avait imposé à nos troupes, l'infanterie allemande encore postée en avant de Mars-la-Tour pouvait se dégager ; une batterie qui avait suivi le 16e jusqu'au « fatal ravin » et se trouvait singulièrement compromise, rétrogradait jusqu'à la route, où elle rejoignait les autres. Enfin nos bataillons, indécis et retenus plutôt qu'enlevés par des chefs qui, ne recevant aucune instruction, craignaient de s'engager trop à fond, nos bataillons pourtant si braves et si disposés à tous les sacrifices, regagnaient la berge nord du ravin et reprenaient, pour la troisième fois de la journée, la défensive.

Ce n'était certes pas sans regret ni répugnance que le général de Ladmirault acceptait le rôle passif que les circonstances faisaient jouer à ses troupes. Le vaillant commandant du 4ᵉ corps, qui s'était sans ordre porté au canon et amenait, au prix d'une marche si pénible, ses régiments sur le champ de bataille, ne leur avait certainement pas demandé cet effort pour les laisser ainsi face à face avec un adversaire aux trois quarts désorganisé, et ne pas profiter mieux des avantages dus à leur premier élan. Mais il faut convenir que sa situation était singulière ; le maréchal ne lui avait pas expédié un seul ordre, ou, quand il en avait demandé, lui avait fait répondre de tenir sur ses positions. Ignorant absolument la situation générale, ne connaissant rien de ce qui se passait à sa gauche, et craignant, s'il prenait une offensive contraire aux desseins du commandant en chef, de faire avorter des projets qu'on ne lui avait pas communiqués, il se trouvait en proie à une perplexité douloureuse, qui l'obligeait pour ainsi dire à abdiquer son rôle de chef de corps d'armée, et à assister, sans s'y mêler ou à peu près, aux péripéties de la lutte. Ces considérations expliquent suffisamment comment un homme de cette trempe n'a pas, par deux fois, enfoncé la gauche prussienne, exténuée et haletante devant lui [1]. Les généraux allemands avaient sur les nôtres cet avantage précieux de posséder toujours une ligne de conduite toute tracée par le précepte nettement formulé *de battre l'ennemi partout où on le rencontrerait*. Ils savaient d'autre part, par les ordres journaliers, quelle était la situation générale, et quel but particulier était poursuivi dans le moment ; par suite, s'ils engageaient leur initiative, et ils l'engageaient presque toujours, plutôt trop que pas assez, ils ne le faisaient qu'à bon escient, escomptant d'ailleurs le secours de leurs voisins, pénétrés comme eux du principe absolu et sans limite de toujours marcher au canon. Enfin, ils étaient guidés par une direction

---

1. « Dans cette journée, a dit un écrivain allemand, la situation de notre armée s'était trouvée, plus d'une fois, fort critique, notamment dans la soirée, alors que l'artillerie et la cavalerie prussienne furent jetées en avant ; si, à ce moment, l'armée française avait fait donner les réserves intactes, elle culbutait le IIIᵉ corps dont les caissons étaient presque vides, et le Xᵉ corps qui déjà n'en pouvait plus. » (Major von der Goltz, *Causeries militaires*.)

unique, ferme, souveraine, poursuivant logiquement un plan nettement défini, et cherchant avant tout à faire à l'adversaire le plus de mal possible. Nos généraux n'avaient rien de tout cela. Presque toujours livrés à leur seule inspiration, dans des conditions où ils devaient craindre sans cesse de compromettre, en lui obéissant, des combinaisons dont ils ignoraient la tendance, attendant constamment des ordres qui ne venaient pas ou qui se contredisaient les uns les autres, habitués d'ailleurs à réprimer chez eux comme chez les autres une initiative que de funestes traditions réprouvaient, ils ne sortaient guère d'une hésitation trop explicable, qui finissait par paralyser les plus énergiques et les plus vaillants. Certains écrivains, étrangers à l'armée, se sont crus en droit de la leur reprocher, parfois même en des termes dont il est permis de regretter la violence. Ils avaient tort et dans la forme et dans le fond, car si les généraux prussiens, tant vantés, s'étaient trouvés aux prises avec des difficultés semblables, il est fort douteux qu'ils aient su, mieux que n'ont fait les nôtres, en triompher.

Terrible mêlée de cavalerie en avant de Mars-la-Tour. — Mais revenons à la bataille. Le général de Ladmirault, voyant le mouvement de recul qui s'opérait sur son front, et apercevant d'autre part les masses de cavalerie qui se préparaient, sur l'ordre du général de Voigts-Rhetz, à charger sa droite, ordonna à la cavalerie massée vers la ferme Grizières (division Legrand, brigade de France et 2ᵉ chasseurs d'Afrique) de s'opposer à tout mouvement de ce côté. Il voulait ainsi préparer l'offensive définitive dont il n'avait pas abandonné l'espoir.

Le 2ᵉ chasseurs d'Afrique, qui se trouvait prêt le premier, s'élança aussitôt, à la voix du général de Lajaille, contre une batterie prussienne en position entre Ville-sur-Yron et la ferme Grizières, et l'assaillit sur sa gauche. Fort heureusement pour celle-ci, le 1ᵉʳ dragons de la Garde prusienne accourut à son secours et put repousser les chasseurs d'Afrique avec l'aide d 13ᵉ dragons que le colonel des dragons de la Garde était allé chercher en toute hâte. Mais comme tous deux se jetaient à la poursuite des nôtres, ils virent devant eux les escadrons des généraux Legrand et de France[1]. Ils n'eurent que le temps de se replier.

La division Legrand s'avançait, en effet, aux grandes allures, tandis que de son côté « toute la cavalerie allemande réunie entre Tronville et Puxieux se mettait en mouvement ». En tête de celle-ci marche le 13ᵉ dragons, sur la route de Mars-la-Tour à Jarny ; derrière vient la brigade Barby, qui passe à l'ouest du village, entraînant avec elle le 16ᵉ dragons (attaché à la 20ᵉ division d'infanterie) et le 10ᵉ hussards (de la brigade Redern).

A ce moment, le général Legrand reçoit une seconde fois du général de Ladmirault l'ordre d'attaquer de suite. *Il est trop tard, le moment est passé*, lui dit le général du Barail. En même temps, comme la distance était très grande, un des colonels de hussards demande à ébranler par ses feux l'ennemi qui est arrêté sur la crête du terrain. Le général Legrand, n'écoutant que son courage et brûlant d'aborder l'ennemi, répond : *Non, au sabre !* et il donna l'ordre au général de Montaigu d'enlever sa brigade, qui s'élance au galop[2].

Les 2ᵉ et 7ᵉ hussards (brigade Montaigu) se précipitent donc sur le 13ᵉ dragons prussien, et le traversent. Mais aussitôt la brigade Barby accourt à la charge et les deux lignes « s'abordent sur tout leur front, avec la plus grande impétuosité. Vainqueurs sur un point, rompus sur un autre, les escadrons des deux partis s'efforcent, chacun pour son compte, de gagner le flanc de l'adversaire. Un épais nuage de poussière s'élève bientôt et voile cette furieuse mêlée de plus de 5,000 cavaliers[3] ». A peine la lutte a-t-elle duré quelques minutes, que le général de Montaigu tombe, grièvement blessé, aux mains de l'ennemi. Le général

---

1. Le 2ᵉ chasseurs d'Afrique était le seul régiment de la brigade Lajaille, l'autre (le 4ᵉ) n'ayant pu gagner Metz. La brigade Margueritte (1ʳᵉ de la division du Barail) ayant été accompagner l'Empereur, était remplacée par la brigade de France qui avait escorté le souverain seulement jusqu'à Doncourt et y était restée. Enfin, dans la division Legrand, le 11ᵉ dragons venait d'être détaché avec l'infanterie.
2. Lieutenant-colonel BONIE, *loc. cit.*, page 76.
3. *La Guerre franco-allemande*, page 598.

Legrand se précipite à son tour, à la tête du 3ᵉ dragons, au secours de sa 1ʳᵉ brigade. Il est presque immédiatement frappé à mort et foulé aux pieds des chevaux.

C'est maintenant au tour de la brigade de France, sur laquelle la masse des escadrons, emportée comme dans un ouragan, s'est dirigée en tourbillonnant. A cent cinquante pas de l'ennemi, les lanciers de la Garde fondent avec une irrésistible impétuosité sur le 19ᵉ dragons (d'Oldenbourg) et le percent; mais, par une fatale erreur, voici que les cavaliers du général Legrand, aveuglés par la poussière, entraînés par la chaleur de cette action furibonde, et confondant l'habit bleu céleste avec la tunique des dragons prussiens, se mettent à sabrer les lanciers. En vain les dragons de l'Impératrice, qui viennent de se déployer, se précipitent au milieu de cette cohue désordonnée et y jettent leurs cinq escadrons intacts; en vain le brave 2ᵉ chasseurs d'Afrique revient-il à la charge; nos cavaliers, enveloppés par plus de 21 escadrons qui les pressent, sont ramenés vers le ravin, dans un indescriptible désordre, et au bruit de clameurs inhumaines, auxquelles répond le fracas des sabres et des cuirasses qui se heurtent désespérément.

Cependant le général de Clérembault, « apercevant, de l'endroit qu'il occupait, la poussière soulevée par les charges de la division Legrand, se porte rapidement en avant pour prendre part au combat et nous assurer la victoire[1] ». Mais sa 1ʳᵉ brigade vient très malheureusement se heurter aux cavaliers en retraite de la division Legrand, et est entraînée par eux avant d'avoir pu donner. En même temps une sonnerie de « ralliement » part de la brigade de France et, comme elle est mal comprise, augmente encore la confusion. Il faut que la brigade Maubranche se déploie à son tour à l'est du ravin de Griziéres pour faire tourner bride aux escadrons allemands, que peuvent alors fusiller les tirailleurs du 98ᵉ embusqués dans la ferme, et des pelotons

---

1. Lieutenant-colonel BONIE, *loc. cit.*, page 80.

du 2ᵉ chasseurs d'Afrique, réfugiés dans le petit bois de Ville-sur-Yron.

La terrible mêlée était terminée; la cavalerie prussienne se replia vers Ville-sur-Yron, Mars-la-Tour et Tronville, tandis que la nôtre regagnait Bruville. C'était, depuis les grands chocs de cavalerie du premier Empire, la plus rude rencontre qu'on ait encore vue; et pourtant elle n'eut, de part et d'autre, que des résultats médiocres; car malgré tout, si le 4ᵉ corps avait marché de l'avant, aussitôt la plaine déblayée, la gauche prussienne eût été certainement enfoncée, quoi qu'en aient dit les Allemands[1]. Ce dernier effort, le général de Ladmirault voulait le faire; il en fut empêché, non pas par la cavalerie ennemie, mais par l'ordre donné de se borner à tenir sur les positions, et aussi par le manque de troupes fraîches :

Il était alors sept heures du soir, a-t-il dit à Trianon, je voulais poursuivre cet avantage; j'avais eu près de 2,000 hommes mis hors de combat! je n'avais que deux divisions en ligne, la division de Cissey qui avait pris part à cette attaque, et la division Grenier, qui avait toujours été engagée[2]. Ma troisième division, général de Lorencez, partie le 15, n'arrivait pas; j'envoyai aide de camp sur aide de camp pour presser sa marche; *elle n'arriva qu'à dix heures du soir!...*[3]

Dans ces conditions, attaquer était difficile, surtout à cette heure tardive, et sans espoir d'être soutenu. Le commandant du 4ᵉ corps garda donc purement et simplement les positions que la cavalerie ennemie n'avait pas réussi à lui enlever, et fit bivouaquer ses troupes sur la croupe qui s'étend à l'est de Grizières. Quant au Xᵉ corps, entraîné par la retraite des escadrons, il avait dû replier au sud de la route tous ceux de ses éléments qui se trouvaient encore au nord. Il s'établit alors sur deux lignes, entre Tronville et le chemin de Buxières à

---

1. « Cette rencontre de cavalerie, la plus importante de toute la campagne par ses vastes proportions, avait définitivement écarté le pressant danger qui menaçait encore la gauche prussienne quelques instants auparavant. » (*La Guerre franco-allemande*, page 600.)

2. Il ne faut pas oublier non plus que les deux divisions, en route depuis neuf heures du matin, avaient parcouru 32 kilomètres pour atteindre le champ de bataille.

3. *Procès Bazaine*, au 73.

Mars-la-Tour, mettant en arrière les deux brigades (37ᵉ et 38ᵉ) les plus maltraitées, et plaçant près de Tronville son artillerie de corps. Dans ce mouvement, la 20ᵉ division évacuait le bois de Tronville, dont nous eûmes le tort de n'occuper que la lisière nord; aussi, une fois la nuit venue, l'ennemi s'empressa-t-il d'y renvoyer du monde et de jeter ses avant-postes dans tous les taillis où nous n'étions pas.

La nuit tombait déjà sur le champ de bataille abreuvé de tant de sang. A notre droite, la lutte pouvait être considérée comme terminée, et le silence s'étendait sur les sillons où des centaines de cadavres étaient entassés pêle-mêle. Si nous n'avions pas tiré de la situation tout le parti désirable, cependant nous étions restés incontestablement les maîtres du champ de bataille, abandonné par la totalité du Xᵉ corps prussien. Mais, malgré l'heure avancée et les ténèbres grandissantes, le centre et la gauche de notre ligne continuaient encore à se battre avec acharnement.

Situation du centre. — Là, depuis deux heures de l'après-midi, les grenadiers de la Garde et la brigade Lapasset opposaient une invincible résistance aux tentatives réitérées que faisait l'ennemi pour atteindre la chaussée. En dépit de la supériorité marquée de ses pièces, celui-ci subissait, du fait de la mousqueterie, des pertes énormes, et s'épuisait petit à petit, au point d'éteindre presque complètement par instants sa fusillade; seule, la longue ligne d'artillerie, postée entre Flavigny et le bois de Vionville, réussissait à soutenir l'action. Nos soldats, énervés par cette défensive improductive, cherchaient à s'échapper en avant, et espéraient toujours voir arriver enfin l'ordre d'une attaque générale, appuyée par cette sonnerie de la charge, qui trouve toujours tant d'écho dans leurs cœurs. Loin de songer à les pousser, le maréchal semblait au contraire s'ingénier à les retenir!

En face des forces prussiennes, dit la *Relation allemande*, les Français occupaient les hauteurs d'une pente douce qui avoisinent Rezonville. Défendues les unes et les autres par une infanterie armée de fusils à tir rapide, ces positions étaient tellement fortes que, selon toute apparence, elles devaient défier toute offensive directe. D'autre part, du côté des Prussiens, on ne disposait pas de forces suffisantes pour tenter des mouvements latéraux d'une certaine étendue, et quant aux Français, *nous avons déjà fait ressortir que leur commandant en chef, regardant comme sa tâche principale d'assurer contre toute attaque tournante ses communications avec Metz, s'abstenait d'utiliser ses nombreuses réserves pour frapper un coup décisif contre la gauche prussienne*[1].

Tentatives des Allemands sur notre gauche. — La situation resta telle jusque vers cinq heures, moment où des renforts arrivèrent à la droite des Allemands. La 16ᵉ division (du VIIIᵉ corps), qui, par suite d'ordres dont il sera question plus tard, avait quitté son cantonnement vers midi, et franchi la Moselle au pont de Novéant, arrivait en effet à Gorze vers trois heures et demie et débouchait, à cinq heures, de la lisière nord du bois de Saint-Arnould. Là se trouvaient deux bataillons du régiment des *grenadiers du corps*, à bout de forces, manquant de cartouches et privés de tous leurs officiers supérieurs ; le 72ᵉ se déploie aussitôt en avant d'eux, à cheval sur la route de Rezonville et se lance à l'attaque des hauteurs, que défendait le 3ᵉ grenadiers français ; il est en un instant désorganisé, perd son colonel tué et un major blessé, et doit reculer en désordre vers le bois, où il est recueilli par le 40ᵉ qui arrive derrière lui.

Ce régiment veut alors essayer à son tour de gravir les pentes ; il se dirige vers une ferme, dite la *Maison-Blanche*, qui domine le plateau, et réussit à y entrer, mais un retour offensif des grenadiers le débusque, tue son colonel et le rejette dans le bois. Le colonel de Rex, commandant la brigade, demande à un régiment du IXᵉ corps[2] (le 11ᵉ), qui est encore dans le bois, d'arriver à son secours ; or, ce régiment venait juste de recevoir de son commandant de corps d'armée (général de Manstein), lequel ignorait qu'une affaire sérieuse fût engagée devant Gorze, l'ordre de rejoindre ses bivouacs. Son colonel n'hésite pas, cependant ; faisant demi-tour, il

---

1. *La Guerre franco-allemande*, page 584.
2. Ce régiment, chargé de garder le pont de Novéant, pendant que le IXᵉ corps exécutait le mouvement prescrit par le prince Frédéric-Charles, avait été mis à la disposition du VIIIᵉ corps.

rentre sous bois, remonte la grande route (vers six heures), déploie ses trois bataillons en avant du bois de Saint-Arnould et se porte en avant. Mais cette troisième tentative n'est pas plus heureuse que les précédentes ; le 11ᵉ perd son colonel et un major tués ; la brigade Delebecque (1ʳᵉ de la division Montaudon), qui est venue renforcer les grenadiers, bouscule toute la ligne ennemie, et la rejette définitivement dans le bois, avec des pertes effroyables. Cette fois, il n'y a plus à songer à attaquer ; les Prussiens se bornent désormais à nous fusiller de la lisière, qu'on leur laisse occuper bien qu'il eût été si facile de la leur enlever, et à parer au ralentissement du tir de leur artillerie, qui n'en peut littéralement plus [1] !

De ce côté aussi, on pouvait supposer que la lutte allait bientôt prendre fin, quand tout à coup, à sept heures et demie, débouche, du bois des Oignons et du ravin de la Jurée, la tête du IXᵉ corps allemand. La brigade hessoise de Wittich, s'avançant avec des difficultés inouïes à travers les taillis plongés dans l'obscurité, essaye de se déployer et d'attaquer notre gauche ; elle est reçue par le bataillon de chasseurs de la Garde impériale qui la contient sur la lisière du bois. Un combat traînant s'engage de ce côté et dure, sans effets bien sensibles, jusqu'à dix heures du soir, moment où le général de Manstein, dont toutes les troupes ont achevé le passage de la Moselle et cantonnent à Gorze et Arnaville, donne l'ordre de cesser le combat. La brigade Wittich s'établit au bivouac, sur place, et y passe la nuit « l'arme au bras [2] ».

Le prince Frédéric-Charles se décide à une offensive générale contre Rezonville. — Cependant, en voyant arriver ces maigres renforts, le prince Frédéric-Charles, qui probablement ne se doutait pas du degré d'épuisement où étaient arrivées ses troupes, songeait encore à

---

1. « Cette lutte acharnée, a écrit le capitaine Hoffbauer, qui pour certaines batteries avait duré neuf et même dix heures, avait profondément épuisé les hommes et *plusieurs d'entre eux étaient devenus sourds et aveugles*. La plupart des pièces étaient très encrassées et plusieurs appareils de fermeture s'étaient calés. » (*Loc. cit.*, page 127.)

2. *La Guerre franco-allemande*, page 609.

prendre une offensive générale. La nuit était déjà presque complète, quant tout à coup, à huit heures du soir, la canonnade reprend avec la plus violente intensité; toutes les batteries allemandes encore en état de tirer se groupent, et bien que plusieurs d'entre elles ne puissent plus avancer qu'au pas, elles dessinent contre Rezonville un vaste mouvement, en venant occuper, sur l'ordre du prince, la hauteur de la cote 311, si longuement disputée dans la journée. Le fracas de cette nouvelle décharge est terrifiant, et la flamme de plus de cent bouches à feu qui brûlent leurs dernières gargousses allume dans l'obscurité de la nuit une immense et sinistre lueur ; sur Rezonville, déjà aux trois quarts consumé, s'abat une pluie d'obus et de mitraille [1], et le commandant en chef, croyant l'attaque suffisamment préparée, lance alors contre le malheureux village les débris de la 6° division. Mais le général Bourbaki a disposé au sud et contre Rezonville une batterie de 54 pièces de la Garde ; en même temps la division Levassor-Sorval, les grenadiers, tout ce qui se trouve d'infanterie autour de ce point central de notre ligne, dirige sur les assaillants une fusillade infernale. L'ennemi, arrêté net, subit de lourdes pertes ; bientôt son artillerie ne peut plus riposter, et la démonstration sur laquelle comptait tant le prince Frédéric-Charles, pour « montrer qu'il avait la ferme volonté de sortir vainqueur de cette lutte encore indécise », se termine par une brusque retraite sur les anciennes positions.

Échec de cette tentative et dernière charge de la 6° division de cavalerie. — Échauffés par ce succès et n'écoutant que leur ardeur, les bataillons de la Garde et du 6° corps veulent se lancer sur Vionville ; déjà leurs lignes s'approchent du village et le prince Frédéric-Charles, qui vient d'être avisé de l'état lamentable de sa gauche [2], comprend qu'au lieu de prendre l'offensive,

---

1. Au dire du capitaine Hoffbauer, l'artillerie allemande a consommé, dans cette journée de Rezonville, l'énorme quantité de 19,638 obus et 19 boîtes à mitraille.
2. Le général de Voigts-Rhetz avait fait dire qu'il était dans l'impossibilité de mettre à exécution le moindre mouvement offensif,

il lui faut, au contraire, parer aux dangers d'un assaut de toutes nos colonnes. Il appelle alors à lui la 6ᵉ division de cavalerie, seule troupe encore disponible, et malgré l'obscurité, à travers laquelle servent seuls de repère les éclairs des pièces ou de la mousqueterie, il lui ordonne de charger. Aussitôt la brigade de uhlans se jette en avant, suivie de la brigade de hussards venant de Flavigny. Toutes deux sont fusillées à courte distance par le 6ᵉ corps et la Garde, perdent le général de Grüter, seul qui reste debout [1], et ne peuvent qu'avec une peine infinie ramener sur Vionville leurs chevaux brisés de fatigue et de besoin. La nuit arrêta les bataillons français.

Il était alors tout près de dix heures du soir; la bataille se terminait enfin, après ce dernier succès de nos soldats.

Un profond silence s'étendait alors sur ce large plateau où, depuis neuf heures du matin, la mort avait fait une si riche moisson. Une nuit froide succédait à cette brûlante journée d'été, et, après des efforts presque surhumains, les combattants prenaient quelques instants de repos dans leurs bivouacs. La ligne des avant-postes prussiens, formant un vaste arc de cercle sur ce plateau de Rezonville, si chèrement acheté, s'étendait du bois des Oignons aux bois de Tronville. Au lever de la lune, la cavalerie de l'aile gauche prolongeait la chaîne des grand'gardes jusqu'à l'Yron, à travers cette plaine de Mars-la-Tour abreuvée de tant de sang [2].

Quant aux troupes françaises, elles bivouaquaient sur leurs positions.

Pertes [3]. — La bataille du 16 août 1870 est une des

mais qu'il tiendrait jusqu'à la dernière extrémité dans ses positions entre Mars-la-Tour et Tronville.
1. Le général de Rauch avait déjà été blessé dans la journée.
2. *La Guerre franco-allemande*, page 613.
3. *Français :* Tués............ 147 officiers et 1,220 hommes.
   — Blessés........... 597 — 9,523 —
   — Disparus......... 93 — 5,379 —
   (Ceux-ci étaient, pour la plupart, des blessés laissés dans les ambulances du champ de bataille.)

Allemands : Tués .... 236 — 4,185 hommes.
   — Blessés.......... 470 — 9,932 —
   — Disparus......... 5 — 962 —

Le IIIᵉ corps allemand avait perdu 21.5 0/0 de son effectif. Le 2ᵉ corps français, le plus éprouvé, 20.8 0/0.

plus meurtrières du siècle. Pas une, dans toute la guerre, n'a coûté autant de sang. Nous avions perdu 16,122 hommes et 837 officiers; les Allemands comptaient 15,320 hommes et 711 officiers hors de combat. C'était donc un total de 32,749 hommes restés sur le carreau; la population d'une ville !

Parmi nos morts figuraient les généraux Legrand, Brayer et de Marguenat; les colonels Cousin, du 3e grenadiers, et Amadieu, du 75e de ligne, 147 officiers de toutes armes et de tout grade. Les généraux Bataille, Letellier-Valazé et de Montaigu étaient grièvement blessés, ainsi que sept colonels. Quant aux Allemands, ils avaient perdu les généraux de Dœring et de Grüter, avec onze colonels tués et une énorme proportion d'officiers supérieurs blessés. Le IIIe corps comptait à lui seul 202 officiers et 6,749 hommes hors de combat; et certains régiments avaient perdu jusqu'à 1,200 hommes. Quant aux effectifs engagés, ils ont subi des variations assez sensibles par suite de l'entrée en ligne, chez les Allemands, du Xe corps et des fractions du VIIIe et du IXe, chez les Français, du 4e corps. Mais les premiers ont toujours été inférieurs aux seconds. A la fin de la journée, les forces en présence étaient de 91,000 Allemands, appuyés par 222 pièces, contre 136,000 Français, qui disposaient de 364 canons et 66 mitrailleuses.

Résultats de la bataille de Rezonville. — En présence d'une supériorité numérique aussi marquée, on est en droit de s'étonner que le succès de l'armée du Rhin n'ait pas été plus décisif; car en définitive les résultats tactiques de cette longue et sanglante journée étaient purement négatifs : les Prussiens n'avaient pas plus réussi à nous chasser de nos positions que nous à les débusquer des leurs. La cause en était-elle dans le manque d'énergie de nos soldats? Assurément non, et les pertes subies par certains corps sont là pour témoigner du dévouement et du courage absolus des troupes françaises [1]. Fallait-il y voir encore l'effet d'une infé-

---

Le 93e de ligne comptait 27 officiers et 614 hommes hors de combat; le 9e bataillon de chasseurs, 10 officiers sur 23 et 156 hommes

riorité déjà constatée de notre matériel d'artillerie ? Pas davantage, puisque, cette fois, le nombre et la mobilité de nos pièces leur avaient permis de lutter avec avantage contre les batteries allemandes, très rapprochées et souvent à court de munitions. D'où venait donc cette passiveté si peu conforme au tempérament ardent de notre nation ? Hélas ! nous avons eu déjà plusieurs fois l'occasion d'en montrer l'origine, et le jugement du conseil de guerre de Trianon a d'ailleurs fixé définitivement l'opinion sur ce triste sujet. Ce n'est point par des considérations militaires qu'il est possible d'expliquer la fatale obstination du commandant en chef à repousser toutes les occasions qui s'offraient à lui de battre son adversaire, et nous croyons en avoir assez dit à cet égard. Ce qui est certain, c'est que n'intervenant pas dans la direction générale de la bataille, si ce n'est pour arrêter tout mouvement en avant, il finit par rendre hésitants ses lieutenants les plus résolus et les plus énergiques. Ceux-ci, comme l'a écrit le colonel Canonge, « s'exagérèrent les forces de leurs adversaires, et, désorientés par une offensive sans cesse renouvelée, ils en vinrent peu à peu à se résigner à une défensive qui ne pouvait donner une victoire véritable ».

Mais si, au point de vue tactique, la bataille pouvait passer pour indécise, il n'en était malheureusement pas de même au point de vue stratégique. Des différentes routes énumérées plus haut, par lesquelles aurait dû s'opérer la retraite de l'armée française, la plus importante, celle où se trouvait engagée toute cette armée, était interceptée. Par suite, l'armée du Rhin « n'était plus en relation avec la capitale et avec l'intérieur du pays que par sa droite, et, pour lui assurer le libre passage de ses communications naturelles, eu égard à la position des Allemands, *une nouvelle bataille était inévitable*[1] ».

---

sur 750; le 12ᵉ de ligne, 25 officiers et 655 hommes, etc. Ces régiments devaient, le surlendemain, combattre avec une bravoure aussi complète. Le 93ᵉ, par exemple, perdit encore, à Saint-Privat, 18 officiers et 518 hommes, soit, en deux jours, 45 officiers et 1,132 hommes, presque les 2/3 de son effectif. Est-il possible de suspecter la valeur de pareilles troupes ?

1. *La Guerre franco-allemande*, page 640.

Est-ce à dire qu'il nous fût desormais impossible de gagner Verdun? Non, certes, puisque les routes d'Etain et de Briey demeuraient encore libres, et qu'il nous était facile de les atteindre par une marche relativement courte. Une attaque décidée, faite le 17 de grand matin, par les divisions françaises intactes (Lorencez, Metman, voltigeurs de la Garde), contre les débris des III° et X° corps, cramponnés à Vionville, mais hors d'état de tenter le moindre mouvement, nous aurait certainement permis de nous dérober, d'autant plus que les autres troupes des I'° et II° armées allemandes se trouvaient encore assez loin. L'ennemi n'avait donc pas atteint entièrement son but, qui était de nous couper la retraite, et avec de la décision et de la vigueur tout pouvait encore se réparer. Mais le maréchal ne voulait rien réparer; la marche sur Verdun n'avait été commencée par lui que pour obéir aux ordres de l'Empereur, et, celui-ci parti, il s'était hâté de la contremander. L'affaire du 16, bien qu'elle augmentât, au point de vue du succès définitif, les difficultés de notre situation, servait donc ses propres projets, et nous allons voir qu'il prit soin, par ses mesures ultérieures, d'en accentuer les conséquences dans le sens de ses détestables combinaisons.

Considérations générales. — Envisagée dans un ordre d'idées plus abstrait et plus spécial, la bataille de Rezonville présente cette particularité intéressante que, pour la première fois, l'action des différentes armes s'y est exercée dans toute sa plénitude et avec la variété de péripéties que fait naître le développement du combat moderne.

Tout d'abord, il nous faut constater la différence sensible qui existe dans le mode d'utilisation des deux cavaleries. Tandis que les escadrons allemands couvrent la marche de flanc de l'infanterie, observent avec soin ce qui se passe, attaquent au besoin l'ennemi qui ne se garde pas, les nôtres, au contraire, restent inertes, à quelques pas des colonnes, et n'envoient pas une patrouille pour s'éclairer du côté de Gorze, d'où l'on attend l'attaque; ils ne pourvoient même pas à leur propre sécurité; puis, une fois la bataille engagée, ils se massent en arrière des lignes et n'interviennent presque plus. (Il n'est question ici que des divisions arrivées sur le plateau en même temps que le gros de l'armée. Le général de Ladmirault, avec un sens très judicieux du rôle de la cavalerie sur le champ de bataille, avait, au contraire, posté celle dont il disposait du côté de son flanc découvert.) Depuis le début de l'action jusqu'à la fin, la cavalerie allemande, toujours en quête d'une occasion d'intervenir, supplée, par son activité, à la faiblesse de l'infanterie et charge intrépidement pour donner à celle-ci le temps de respirer. A cet égard, le dévouement héroïque des cuirassiers à Frœschwiller et des cuirassiers de la Garde dans cette journée même n'a pas été dépassé, car, sous le rapport du courage, nos cavaliers n'avaient à recevoir de leçon de personne; d'ailleurs, le chiffre des pertes éprouvées de part et d'autre dans ces actions mémorables a montré qu'en face de fusils à tir rapide, il ne pouvait plus s'exercer utilement que dans des cas extrèmement rares, on pourrait dire désespérés, et contre une infanterie déjà ébranlée et non en position. Mais quand le général de Voigts-Rhetz, sentant sa gauche perdue, demande à ses escadrons de sauver leurs frères d'armes, alors nous voyons ces escadrons se grouper au préalable et agir en une seule masse, tandis que les divisions Legrand, Clérembault et la brigade de France ne s'engagent que successivement et, pour ainsi dire, régiment par régiment. C'était là une cause d'infériorité qui n'a pu être compensée par la plus éclatante bravoure.

De même l'artillerie allemande agit toujours par masses et, grâce à la rapidité avec laquelle elle devance ses colonnes, facilite le débouché de celles-ci. Inférieure en nombre, mais supérieure à la nôtre en précision et en portée, elle a été véritablement le facteur principal de la lutte, préparant les mouvements offensifs, soutenant les actions partielles, déterminant la ligne de bataille et entretenant l'action quand l'infanterie épuisée la laissait tomber. A la vérité, la nôtre a réussi, comme on l'a vu, à parer, par une grande mobilité, à la mauvaise qualité de son matériel; malgré tout elle n'a jamais pu réussir à éteindre le feu de l'adversaire, et si celui-ci a été si durement éprouvé, c'est parce que notre fusil possédait des qualités contre lesquelles il était impossible à ses batteries, si entreprenantes qu'elles fussent, de soutenir une lutte prolongée. Rappelons-nous toutefois que le soir, le feu de neuf batteries de la Garde, réunies par le général Bourbaki à l'ouest de Rezonville, a eu raison de l'effort désespéré que le prince Frédéric-Charles tenta pour nous refouler. Ce fait, à défaut des succès que l'ennemi dut tant de fois à la façon dont il employait son artillerie, suffirait à montrer la nécessité absolue d'agir par masses de batteries, et non par unités isolées, comme nous étions alors coutumiers.

Enfin, l'infanterie allemande a montré que son instruction technique était en tous points remarquable, particulièrement au point de vue de l'utilisation des couverts. Sa manière d'aborder le champ de bataille, en profitant des ravins, des abris et des pentes défilées, témoigne d'une expérience du terrain que la nôtre, confinée en garnison dans le méthodisme de la place d'exercice, ne possédait certainement pas à un degré égal. En outre, quand, pour tâcher d'enfoncer notre droite, le général de Voigts-Rhetz lança en avant la brigade de Wedell, celle-ci adopta une formation encore inusitée, mais qui semblait s'inspirer des nécessités du combat actuel. Ce n'était pas encore *l'ordre dispersé*, mais ce n'était plus l'ordre compact, et si le succès n'a pas répondu à ses efforts, c'est parce que les troupes du général de Cissey l'ont abordée avec un entrain qui, cette fois, n'était pas refréné, et l'ont accablée ensuite sous une fusillade d'enfer. Une semblable intuition des nécessités de la guerre est toute à l'honneur des officiers allemands et prouve leur connaissance approfondie du métier.

Conclusion. — Ainsi, tout était contre nous : l'attitude du haut commandement, dévoyé dans les combinaisons tortueuses, tandis qu'au contraire il se manifestait chez l'adversaire par une spontanéité surprenante et une remarquable ténacité, et l'infériorité professionnelle des troupes, qui ne possédaient que leur courage pour suppléer à ce qui leur manquait d'expérience et d'instruction. Il est hors de doute cependant que, sous un autre général, ce courage eût suffi pour nous assurer la victoire, étant donné les circonstances du moment. On savait que 30,000 hommes s'avançaient sur notre gauche; il était bien facile de les battre avec 150,000. Mais, pour cela, il fallait se couvrir sérieusement de ce côté, hâter l'arrivée de tous les corps sur le plateau, c'est-à-dire employer toutes les routes disponibles, tenir par de fortes avant-lignes les débouchés du sud, enfin s'assurer la possession solide des points d'appui de la route, tels que Mars-la-Tour, Vionville et Flavigny. Même après avoir négligé ces précautions élémentaires, il était encore possible, comme l'étude des faits en est la preuve[1], d'anéantir le III° corps avant l'arrivée de tout secours, et de bousculer successivement les têtes de colonnes des IX° et X° corps. C'était porter le désordre dans la II° armée et assurer le succès de notre retraite sur Châlons.

Mais, pour agir ainsi, il eût fallu au maréchal Bazaine la ferme volonté d'exécuter cette retraite ou seulement celle de vaincre. Sa conduite ultérieure a malheureusement montré qu'il n'était imprégné ni de l'une ni de l'autre et que son seul but, but criminel et indigne d'un soldat, était de se réserver pour l'avenir.[2]

---

1. Et comme en conviennent les Allemands avec une complète unanimité. En faisant opérer une reconnaissance sur la route de Verdun par deux corps d'armée que ne pouvaient pas soutenir les autres, beaucoup trop éloignés encore, le prince Frédéric-Charles avait commis une faute qu'il aurait dû payer bien cher.

(2) Voir, pour le combat livré aux environs de Mars-La-Tour, notre ouvrage « *Le 4° corps de l'Armée de Metz* ». Paris, Ch. Lavauzelle, 1899.

CHAPITRE V

LES PRÉLIMINAIRES DE SAINT-PRIVAT

Mouvements de l'armée française. — Quand il vit terminée, à la nuit close, cette bataille qu'il avait si mal dirigée, le maréchal Bazaine quitta les environs de Rezonville, où il était resté jusqu'à la fin au milieu de la ligne des tirailleurs, et rentra à Gravelotte, dans l'auberge où avait couché l'Empereur. Là, il dicta l'ordre suivant, qui parvint, dans la nuit, aux commandants de corps d'armée :

> Le défaut de vivres et de munitions, après cette journée, nous empêche de continuer la marche qui avait été tracée. Nous allons nous reporter sur le plateau de Plappeville. Le 2ᵉ corps occupera la position entre le Point-du-Jour et Rozerieulles ; le 3ᵉ à sa droite, à hauteur de Châtel-Saint-Germain ; le 4ᵉ, prolongeant le 3ᵉ jusqu'à Montigny-la-Grange ; le 6ᵉ à Vernéville. La cavalerie du Barail suivra le mouvement de ce dernier corps ; la division de Forton ira s'établir en arrière du 2ᵉ ; la Garde à Lessy et à Plappeville, où sera le quartier général. Le mouvement devra commencer le 17, à quatre heures du matin, et sera couvert par la division Metman, qui tiendra la position de Gravelotte et ira ensuite rallier le 3ᵉ corps.

Ainsi, sous un prétexte dont nous montrerons bientôt l'inanité, le maréchal abandonnait ses positions et livrait à l'ennemi un terrain sur lequel celui-ci s'était efforcé, au prix de sanglantes hécatombes, de prendre pied, sans pouvoir y réussir de toute une journée. Il donnait aux Allemands le droit strict de s'attribuer la victoire, et la possession des lignes de communication avec l'intérieur, dont, comme on l'a dit si justement, dépendait le salut de l'armée ! C'était à n'y plus rien comprendre, et tous, depuis les généraux jusqu'aux soldats, furent frappés de stupeur. Pendant cette nuit glacée qu'ils passèrent sans nourriture, sans eau, sans abri sur le plateau de Gravelotte, ces hommes qui venaient de montrer un si brillant courage, et qui s'attendaient tous à compléter le lendemain leur succès, sentirent comme un frisson de révolte passer dans leur chair ! Un moment il sembla que cette masse d'êtres humains, dans l'intuition qu'elle était conduite à sa perte, allait refuser de tourner honteusement le dos à ceux qu'elle avait si durement traités... mais la discipline, à laquelle cette belle armée devait jusqu'à la fin demeurer rigoureusement fidèle, reprit le dessus. Tristement, les régiments s'ébranlèrent aux premiers rayons du soleil. Puis on chercha des excuses... le maréchal devait avoir ses raisons... c'était pour attirer les Prussiens dans un piège qu'on reculait ainsi... on se retrouverait probablement le lendemain, et cette fois ce serait la bonne... On se retrouva, en effet, mais ce fut pour voir tendre autour de l'armée de Metz la dernière maille d'un filet dont elle ne devait jamais se délivrer.

Quant aux Allemands, qui, ils l'ont dit et écrit maintes fois, s'attendaient à une nouvelle attaque, dont les suites ne leur paraissaient rien moins que rassurantes[1], ils constatèrent avec joie, au jour naissant, qu'ils « étaient maîtres du champ de bataille et que les Français avaient évacué leurs positions[2] ».

Immédiatement après avoir dicté au général Jarras l'ordre de mouvement donné ci-dessus, le maréchal adressait à l'Empereur le rapport que voici :

Gravelotte, 16 août, 11 heures soir.

Sire,

Ce matin, à neuf heures, l'ennemi a attaqué la tête de nos campements à Rezonville. Le combat a duré depuis ce matin jusqu'à

---

1. Le prince Frédéric-Charles avait appelé à lui tous ses corps en arrière ; mais, quelque diligence qu'ils fissent, ceux-ci ne pouvaient le rejoindre qu'assez tard dans la journée.
2. *La Guerre franco-allemande*, page 614.

huit heures du soir. Cette bataille a été acharnée ; nous sommes restés sur nos positions après avoir éprouvé des pertes sensibles. La difficulté aujourd'hui gît principalement dans la diminution de nos parcs de réserve et nous aurions peine à supporter une journée comme celle d'aujourd'hui avec ce qui nous reste dans nos caissons. D'un autre côté, les vivres sont aussi rares que les munitions, et je suis obligé de me reporter sur la ligne de Vigneulles à Lessy pour me ravitailler. *Les blessés ont été évacués ce soir sur Metz*[1]. Il est probable, selon les nouvelles de la concentration des armées des princes, *que je me verrai obligé de prendre la route de Verdun par le nord.*

Ainsi l'idée d'attaquer vivement l'ennemi pour le rejeter sur la Moselle ne se présente pas à l'esprit du maréchal ; du moins il n'en dit mot. Bien plus, la seule solution qui puisse encore intervenir, si on ne doit pas prendre une offensive hardie, à savoir la marche rapide, immédiate, sans hésitation ni délai vers Briey, afin de dérober l'armée et de recouvrer la ligne de communications compromise, cette solution qui ne comporte aucun retard, le commandant en chef semble ne pas même l'entrevoir. Il se reporte en arrière et laisse le champ libre aux Allemands. « *Nous n'avons plus ni vivres ni munitions*, écrit-il, *et il est nécessaire de procéder, avant toute chose, à un ravitaillement.* » Voyons donc, d'après les pièces officielles apportées devant le conseil de guerre de Trianon, quel est le degré d'exactitude de ces allégations.

Le matin du 16, l'armée française, qui s'était réapprovisionnée après Borny, traînait dans ses coffres 106,493 coups de canon de 4 et de 12, sans compter les boîtes à mitraille et les munitions de canons à balles, qui étaient surabondantes. La bataille de Rezonville n'ayant exigé qu'une consommation inférieure à 26,000 obus, il restait, le 16 au soir, pour le moins 80,453 coups disponibles ; la consommation avait été de moins du quart de l'approvisionnement total. Mais, en outre, l'arsenal de Metz était en mesure de livrer, *dans la nuit même*, si on l'eût voulu, 12,400 coups,

---

1. Le maréchal ne paraît pas se douter ici que plus de 5,000 blessés, laissés dans les ambulances de Rezonville et de Gravelotte, restaient aux mains de l'ennemi.

chargés sur coffres et placés sur roues, et cela sans préjudice pour la sécurité de la place, car ces munitions, empruntées aux batteries mobiles de celle-ci, pouvaient être immédiatement remplacées par l'arsenal qui, les 19, 20 et 21, livra 23,000 coups de canon [1].

Voilà pour l'artillerie. D'autre part, le chiffre total des cartouches d'infanterie, qui, au début de la bataille, se montait à 17,580,000 [2], s'élevait encore, dans la soirée du 16, à 16 millions au moins. La journée de Rezonville n'en avait absorbé qu'un million, et d'ailleurs on peut voir à quel point les allégations du maréchal étaient peu sérieuses, quand on pense que depuis le début de la guerre jusques et y compris la bataille de Saint-Privat, le nombre total des cartouches consommées n'atteignit pas le chiffre de trois millions et demi. Notre infanterie pouvait donc, sans courir le danger de manquer de munitions, être exposée encore à livrer plus d'une grande bataille [3].

Il est juste de dire que c'était le général Soleille, commandant de l'artillerie de l'armée, qui le premier avait jeté l'alarme ; rendant compte au maréchal de la consommation faite durant la journée du 16, il évaluait celle-ci *au tiers ou à la moitié* de l'approvisionnement total. Or, nous avons vu de combien en réalité elle était inférieure à ce chiffre, et, si le général Soleille, comme l'a dit le général de Rivières, avait, avant de faire son rapport, consulté les commandants de l'artillerie des différents corps d'armée, les indications transmises par lui eussent été tout autres. D'ailleurs, le commandant de l'artillerie de l'armée était si peu renseigné sur la situation générale des approvisionnements que, dans son évaluation des ressources existantes, il négligeait

---

1. Ces chiffres, ainsi que les suivants, sont extraits intégralement du rapport de M. le général de Rivières sur la capitulation de Metz. (*Procès Bazaine.*)

2. Onze millions environ sur les hommes, six millions et demi dans les coffres.

3. Le maréchal n'ignorait pas, au surplus, que deux divisions entières n'avaient pas donné, et que, pour plusieurs autres, la consommation des cartouches s'était trouvée très faible. Il pouvait donc, comme pis aller, faire exécuter, pendant la nuit du 16 au 17, une répartition rapide entre les différents corps.

de faire entrer en compte, pour l'artillerie, les livraisons journalières de l'arsenal de Metz[1], pour l'infanterie, les munitions que les hommes portaient sur eux! Mais, cette circonstance admise, le maréchal ne manquait certes pas d'autres moyens d'investigation, et il est infiniment regrettable qu'il ait cru devoir s'en tenir au renseignement, très invraisemblable par son exagération même, que lui a fourni le général Soleille.

Si maintenant nous examinons la question des vivres, nous nous trouvons en présence de faits d'une gravité telle que le ministère public a pu, lors du procès de 1873, relever en eux une des charges les plus accablantes qu'il ait portées contre le maréchal. « A sa sortie de Metz, a dit le général de Rivières, l'armée emmenait avec elle 3,390 voitures qui contenaient 750,000 rations (pain, biscuit et farine), pour les hommes, et 200,000 rations d'avoine, soit *quatre jours et demi de vivres*. De grands approvisionnements avaient été préparés, en outre, par l'intendant général, sur les plateaux fertiles qui séparent Metz de Verdun. » Mais, comme au lieu de faire filer les convois en avant, ainsi qu'il est prescrit dans toute retraite, on les avait laissés au Ban-Saint-Martin, une partie seulement de leurs voitures put arriver le 16 sur le plateau de Gravelotte, encore non sans peine et non sans avoir considérablement gêné la marche des colonnes qui suivaient le même chemin. Cette fraction, qui comprenait les convois du 2ᵉ corps et du grand quartier général, portait 173,000 rations de pain ou biscuit, 136,000 rations de farine et 3 jours de vivres de campagne *pour toute l'armée*. En comptant les vivres de sac portés par les soldats, celle-ci possédait donc des subsistances assurées pour un laps de temps très supérieur à celui que nécessitait la marche sur Verdun, où l'on savait d'ailleurs devoir trouver de nouvelles ressources.

Mais ce n'était pas tout. Le maréchal, voyant le convoi réuni autour de Gravelotte le 16 au soir et igno-

---

1. Ces livraisons étaient assez considérables, puisque, le 18, elles purent atteindre le chiffre de 21,059 obus, et, le 25, celui de 54,077 obus.

rant sa contenance, avait demandé à cet égard des renseignements à l'intendant de Préval, qui, nouvellement investi du service, n'avait pu lui en donner, mais s'était offert pour aller chercher à Metz ce qui y était resté. Le maréchal ayant accepté, l'intendant avait immédiatement gagné le Ban-Saint-Martin, réuni les voitures laissées là, requis tout ce qui se trouvait disponible dans les magasins de la place, et ramené, dès l'aube, 500 voitures chargées sur le plateau de Gravelotte. Par conséquent, non seulement les vivres ne manquaient pas, mais ils étaient surabondants ; malheureusement, l'intendant de Préval ayant rencontré à son arrivée le capitaine Fix, de l'état-major général, qui lui apprit le mouvement de retraite, dut faire arrêter le convoi et, dans l'impossibilité où il se trouvait de lui assigner une destination régulière, distribua aux troupes qui passaient les vivres dont il était chargé[1].

Pressé de questions par le président du conseil de guerre, le maréchal est revenu en partie sur ses affirmations relatives au défaut de vivres. « Dans ma pensée, a-t-il dit, ce n'était pas les vivres qui manquaient, mais il fallait les distribuer de façon à ce que les hommes aient deux ou trois jours de vivres dans le sac, de manière à nous débarrasser de notre immense convoi[2]. » Or rien n'était plus facile que de procéder, pendant la nuit, à cette distribution ; il suffisait de le vouloir et d'en donner l'ordre. Mais ce qui démontre surabondamment que la question n'était même pas celle-là, c'est le fait extraordinaire qui s'est produit dans la matinée du 17. Au moment où l'armée commençait son mouvement rétrograde, on s'aperçut qu'un amas considérable de denrées de toute espèce était déposé autour du village de Gravelotte ; c'étaient des vivres déchargés, la veille au soir, du convoi du quartier général, dans le but d'opérer le licenciement des voitures civiles, prescrit par le maréchal, et aussi d'évacuer les blessés sur Metz. La seule chose à faire,

---

1. *Procès Bazaine*, Audience du 24 octobre 1873. — Déposition de M. de Préval.
2. *Ibid.* Interrogatoire.

ce semble, eût été, plutôt que de perdre ces vivres, de les distribuer aux soldats, même hâtivement, même sans régularité. Mais, comme aucun ordre n'avait été donné à cet égard et que les troupes abandonnaient déjà la position, *il fallut y mettre le feu,* pour les empêcher de tomber aux mains de l'ennemi. Du procès-verbal de perte dressé à cette occasion, il résulte que *2,063,000 rations de vivres de toute espèce, dont 5,000 rations de biscuit et 625,000 rations de sel,* furent ainsi détruites [1] !

De tout cela on peut conclure que les raisons données par le commandant en chef, pour expliquer sa retraite, n'avaient aucune base sérieuse, pas plus en ce qui concerne les vivres qu'en ce qui concerne les munitions. En tout cas, si l'on voulait bien réellement se ravitailler, rien n'était plus aisé que de le faire immédiatement. Le général Soleille, pour ce qui le regardait, l'avait proposé ; le maréchal crut pouvoir remettre l'opération au lendemain, comme si ce n'était pas là s'interdire toute reprise de la marche sur Verdun.

Cependant le général Coffinières, gouverneur de Metz, avait fait observer que la place, en fournissant si largement au ravitaillement de l'armée, s'appauvrissait singulièrement, dans le moment même où, celle-ci devant l'abandonner, elle avait besoin de toutes ses ressources. Le maréchal savait à quoi s'en tenir là-dessus ; il rédigea néanmoins, dans la matinée du 17, un rapport au ministre, et le remit à 2 h. 15 de l'après-midi à M. Bell, secrétaire d'ambassade attaché au grand quartier général, pour que celui-ci le portât à destination. Or M. Bell quitta Metz, non pas par le chemin de fer de Longwy, qui était encore parfaitement libre, mais *par la route de Verdun,* si dangereuse à ce moment. Le résultat de cette coupable insouciance fut malheureusement fort grave ; car, lorsque le ministre put ordonner les expéditions nécessaires au ravitaillement de la place, il était trop tard; les voies étaient coupées et ses convois n'arrivèrent point à destination.

Comme bien on pense, les débats publics et contradictoires du procès de Trianon n'ont pas laissé dans l'ombre des faits d'une importance aussi exceptionnelle ; mais le maréchal, sommé de s'expliquer à leur sujet, n'a présenté que des arguments dilatoires et des raisons embarrassées qui n'ont pas trouvé grâce devant ses juges et ne réussiront point à sauver sa mémoire de la juste réprobation qui la poursuit. Il avait oublié l'existence de la ligne des Ardennes, a-t-il dit ; le télégraphe lui paraissait trop peu sûr pour être utilisé ; enfin, l'ignorance où il avait été laissé, en prenant son commandement, de l'état des ressources existantes ne lui permettait pas de prendre une décision à coup sûr. Puis, pour expliquer son mouvement rétrograde, ordonné dans un moment où la conservation, coûte que coûte, de la ligne de communication avec l'intérieur était pour l'armée une question de salut, il a ajouté que le véritable motif de sa décision résidait dans la dissémination où se trouvaient, le soir du 16 août, les différents corps d'armée, et dans la nécessité de tout remettre en ordre avant de reprendre la marche. Il a ajouté que le mouvement en arrière n'était, à ses yeux, qu'une *rectification de la ligne de bataille*, et qu'il l'avait opéré uniquement pour pouvoir recevoir l'ennemi dans des conditions plus favorables, le cas échéant. Les considérations que nous avons développées précédemment suffisent à montrer quelle mince importance de tels arguments, fussent-ils tous exacts, prenaient en présence de la situation de l'armée française, ou obligée de reprendre l'offensive pour culbuter les III° et X° corps, ou de se dérober par une marche rapide vers le nord-ouest, marche qu'une arrière-garde aurait dû protéger. Mais ce que le maréchal n'a pas dit, et qui cependant résulte aussi bien des débats que des faits, c'est qu'il voulait, avant tout, rentrer à Metz. La preuve la plus convaincante en est dans cette phrase, adressée par lui aux officiers de son état-major, après qu'eurent été dictés les ordres de retraite : « Si quelqu'un d'entre vous voit quelque chose **de mieux** à faire, je suis prêt à l'écouter. *Du reste, il faut sauver l'armée, et pour cela revenir sous Metz*[1] »

Cependant, bien qu'il eût annoncé à l'Empereur son intention de s'établir sur la ligne Vigneulles-Lessy, c'est-à-dire sous les murs de Metz, le commandant en chef comprit qu'une reculade aussi prononcée, alors qu'aucun motif plausible ne semblait pouvoir la légitimer, produirait dans l'armée et dans le pays un effet désastreux, et c'est pourquoi il fit choix des positions énoncées dans l'ordre cité plus haut qui fut seul communiqué aux commandants de corps d'armée. En exécution des prescriptions que cet ordre contenait, les troupes se mirent en marche, le 17, dès l'aube, au milieu d'un morne silence et avec une tristesse visible. Comme aucun itinéraire n'avait été fixé, les différentes unités ne tardèrent pas à s'entre-choquer, et bientôt le désordre devint extrême.

Notre interminable convoi, dont j'étais chargé de surveiller la marche, a écrit un des acteurs de ce drame lamentable, suivait la route qui, de Gravelotte, descend dans le ruisseau de la Mance, puis remonte sur le plateau de Rozerieulles ; bagages régimentaires, caissons de munitions, voitures d'administration, transports de blessés, pièces d'artillerie et troupes se pressaient sur cette voie, presque sans issue à droite et à gauche, tout cela au milieu d'une confusion indescriptible[2].

Néanmoins le mouvement finit par s'exécuter tant bien que mal, grâce à l'impossibilité matérielle où était l'ennemi de l'entraver, et, dans l'après-midi, l'armée occupa les emplacements qui lui avaient été assignés.

Mais à peine avait-il gagné Vernéville que le maréchal Canrobert fut frappé des dangers que faisait courir à son corps d'armée une position aussi en l'air, environnée de bois et très facilement abordable. Le 6ᵉ corps était, nous le savons, sans cavalerie, et ne disposait que d'une artillerie tout à fait insuffisante. Son chef crut devoir adresser des observations motivées en ce sens au colonel Lamy, de l'état-major général, lequel les

---

1. *Procès Bazaine*, audience du 25 octobre. — Déposition du commandant Fix.
2. *Journal d'un officier de l'armée du Rhin*, page 99.

transmit immédiatement au maréchal Bazaine ; a quatre heures du soir, celui-ci répondait par la lettre suivante :

Au grand quartier général à Plappeville, 17 août 1870.

D'après les observations qui m'ont été transmises par le colonel Lamy, au sujet de votre position à Vernéville, je vous autorise à quitter cette position et à aller vous établir sur le prolongement de la crête occupée par les autres corps. Vous pourriez occuper Saint-Privat-la-Montagne et vous relier, par votre gauche au 4º corps établi à Amanvilliers. Je vous prie de me faire connaître la détermination que vous aurez arrêtée et de me dire, en même temps, le point choisi pour votre quartier général, afin qu'il n'y ait pas de retard dans la correspondance.

P.-S. — Cette position de Vernéville avait été indiquée pour protéger la retraite du général Ladmirault qui est encore à Doncourt.

Le maréchal Canrobert, usant sans plus tarder de la permission, se remit en marche dans la direction de Saint-Privat. Mais tout à coup parurent devant lui les têtes de colonnes du 4º corps, qui, prévenu très tard des ordres du maréchal, ne s'était mis en route qu'après les autres. Le 6º fut obligé de s'arrêter pour laisser défiler le 4º, de sorte que quand il arriva à son nouveau bivouac, il était nuit et les troupes durent s'installer *à l'aveuglette*[1]. Un autre fâcheux résultat, celui-ci plus grave, de ce changement de position, était que le flanc droit de notre ligne allait être occupé par celui de nos corps qui se trouvait le plus faible en artillerie. Or il est de principe absolu que lorsque aucun obstacle naturel ou artificiel ne protège une aile de bataille, on doit y suppléer en accumulant sur cette aile de fortes masses d'artillerie. Par suite, il eût été bien préférable, et aussi beaucoup plus simple, de changer la destination du 4º corps, encore en marche, de le diriger sur Saint-Privat, et de mettre en son lieu et place, entre Amanvilliers et Montigny-la-Grange, le 6º corps ; cette idée ne paraît pas être venue au maréchal Bazaine. Plus tard, il a écrit que sa concession aux instances du maréchal Canrobert *était une faute*[2], et allégué qu'il ne l'avait

---

1. *Procès Bazaine*, Déposition du maréchal Canrobert.
2. Ex-maréchal BAZAINE, *Épisodes de la guerre de* 1870, page 96.

commise que parce que *ce dernier avait dix années de grade de plus que lui*[1]. La faute consistait réellement non pas à avoir retiré le 6ᵉ corps d'une position très dangereuse, mais à l'avoir placé dans une situation beaucoup plus difficile encore, étant donnée sa composition.

Une fois son armée en mouvement, le maréchal, sans plus se préoccuper de l'éventualité d'une attaque sur ses colonnes en retraite, s'était retiré à Plappeville où il avait établi son quartier général. Les vigies, placées sur le fort Saint-Quentin et dans le clocher de la cathédrale de Metz, signalaient de gros mouvements de troupes et l'afflux d'épaisses colonnes vers Vionville, Mars-la-Tour et Ville-sur-Yron ; ces rapports étaient corroborés par les dires des paysans qui, fuyant leurs villages dévastés et envahis, venaient chercher un asile dans la ville. « Pas un avis n'est envoyé aux commandants de corps, pas un ordre n'est donné, pas une disposition n'est prise pour le cas d'une attaque de l'ennemi ; on se repose sur les instructions générales de la veille, dans lesquelles on engageait les généraux à faire faire des travaux défensifs de campagne pour couvrir leurs hommes et leurs pièces[2]. » Le commandant en chef se bornait à adresser à l'Empereur et au ministre, *par le télégraphe*, cette fois, les deux dépêches que voici :

1° *A l'Empereur, au camp de Châlons.*

J'ai eu l'honneur d'écrire à Votre Majesté, hier soir, pour l'informer de la bataille soutenue, de neuf heures du matin à huit

---

1. Dans son ouvrage paru à Madrid en 1883, ouvrage dont, entre parenthèse, la douleur d'une vie brisée et les regrets d'une ambition déçue peuvent seuls faire excuser l'aigreur vis-à-vis des principaux chefs de l'armée française, l'ex-maréchal Bazaine raconte l'épisode suivant, cependant assez peu glorieux pour lui : « Le président du conseil d'enquête, maréchal Baraguey d'Hilliers, dit-il, auquel j'avais dit qu'il était à regretter que Vernéville eût été évacué par le 6ᵉ corps, se crut autorisé à dire au maréchal Canrobert que je rejetais sur lui la perte de la bataille du 18 août, par suite de l'abandon de Vernéville. Le maréchal Canrobert tira alors de sa poche la lettre ci-dessus, ce qui fit dire au maréchal président, avec ce ton de raillerie qu'on lui connaissait : *Verba volant, scripta manent.* » (*Épisodes, etc.*, page 97.)

2. Metz, *Campagnes et négociations*, page 84.

heures du soir, contre l'armée prussienne, qui nous attaquait dans nos positions *de Doncourt à Vionville*. L'ennemi a été repoussé et *nous avons passé la nuit sur les positions conquises*. La grande consommation qui a été faite de munitions d'artillerie et d'infanterie, *la seule journée de vivres qui restait aux hommes*, m'ont obligé à me rapprocher de Metz pour réapprovisionner le plus vite possible nos parcs et nos convois.

J'ai établi l'armée du Rhin sur les positions comprises entre Saint-Privat et Rozerieulles. *Je pense pouvoir me remettre en marche après-demain*, en prenant la direction plus au nord, de façon à venir déboucher sur la gauche de la position d'Haudiomont, dans le cas où l'ennemi l'occuperait en force pour nous barrer la route de Verdun, et *pour éviter des combats* inutiles qui retardent notre marche.

Le chemin de fer des Ardennes est toujours libre jusqu'à Metz, ce qui indique que l'ennemi a pour objectif Châlons et Paris. On parle toujours de la jonction des armées des deux princes. Nous avions devant nous hier le prince Frédéric-Charles et le général Steinmetz.

2° *Au Ministre de la guerre, Paris.*

Nous avons été attaqués, le 14, dans nos lignes devant Borny, au moment où une partie de l'armée était déjà sur la rive gauche de la Moselle. Hier, 16 août, une bataille a été soutenue de neuf heures du matin à huit heures du soir sur la position que nous occupions entre Doncourt et Vionville, contre les corps réunis du prince Frédéric-Charles et du général Steinmetz. L'ennemi a été repoussé dans les deux rencontres, en subissant des pertes considérables. Les nôtres sont sensibles.

Il est facile de remarquer dans ces deux télégrammes un certain nombre d'erreurs, involontaires ou non. Mais on ne peut pas ne pas être frappé du laconisme du second, surtout en ce qui touche la question vitale des approvisionnements. Le maréchal, qui vient d'expédier un exprès au ministre pour lui exposer la situation de la place à ce point de vue particulier, n'en souffle plus mot maintenant. Craint-il de s'exposer à des invitations trop pressantes de reprendre sa marche? C'est ce qu'a supposé plus tard le ministère public près le conseil de guerre de Trianon, et il est assez difficile, après examen, de ne pas partager cette manière de voir. En outre, il y a incompatibilité manifeste entre le parti déjà adopté de prendre position sur la ligne Rozerieulles-Saint-

Privat[1] et le projet de reprendre la marche sur Verdun, que le maréchal communique à l'Empereur. Car il est bien évident que l'abandon de la ligne de bataille, si glorieusement défendue le 16, a pour première conséquence de laisser à l'adversaire la faculté de s'établir non seulement sur la route de Mars-la-Tour, mais encore sur celles d'Etain et de Briey. Donc, il faudra forcément livrer une seconde bataille pour se rouvrir le chemin. Cette bataille, le maréchal prétend qu'il a voulu la livrer défensivement, sur des positions choisies par lui, afin de pouvoir déboucher plus à son aise quand l'ennemi, affaibli par de lourdes pertes, ne serait plus en état de lui disputer le passage; il faut convenir que s'il a raisonné ainsi, c'est qu'il avait une étrange conception des choses, et qu'il envisageait d'une façon singulièrement erronée la situation réciproque des deux belligérants. Il est permis de supposer, au contraire, que s'il avait eu bien réellement l'intention de continuer la marche sur Verdun, il n'aurait pas hésité, le 17 au matin, à lancer sur les faibles troupes qu'il avait devant lui et qui n'étaient pas encore remises de la secousse de la veille, toute son armée, dont une bonne partie n'avait pas encore donné. Les Allemands, qui faisaient la guerre avec un esprit dégagé de toute préoccupation étrangère à son exécution, n'envisageaient cette éventualité qu'avec des craintes justifiées, et le recul des forces françaises, dans la matinée du 17, est resté longtemps pour eux un profond sujet d'étonnement[1].

En définitive, le mouvement que le maréchal Bazaine a, dans cette journée, fait exécuter à son armée, constitue, malgré son peu d'étendue, l'acte décisif de la guerre. Il a amené l'investissement de Metz, la chute de cette place, la destruction de la principale armée du

---

1. Le maréchal a dit au procès que c'était par suite d'une erreur de copie que la ligne de Vigneulles-Lessy avait été indiquée dans sa première lettre à l'Empereur.

2. « Le jour où les troupes furent livrées aux mains des Prussiens, après la capitulation, un colonel de la Garde impériale causa quelques minutes avec le prince Frédéric-Charles, qui avait tenu à assister à ce triste défilé, dans la conversation, le prince lui demanda quel motif avait pu avoir le maréchal Bazaine pour ne pas l'attaquer de

pays, et, par répercussion, le désastre subi plus tard à Sedan par celle du maréchal de Mac-Mahon. On ne saurait donc jamais assez regretter la funeste puissance d'une opinion désorientée qui, parmi tant de chefs valeureux et loyaux, désigna impérativement au choix du souverain, pour guider nos efforts, le général le moins digne assurément de ce périlleux honneur.

MOUVEMENTS DES ARMÉES ALLEMANDES. — Examinons maintenant les mesures prises par l'état-major allemand pour tirer parti d'une situation qui ne laissait pas de l'inquiéter. Nous avons vu que le prince Frédéric-Charles ne se faisait, sur le danger qu'il courait, aucune illusion, et qu'il s'attendait à soutenir, le 17, une nouvelle lutte. « L'épuisement des troupes engagées dans la journée du 16, dit à ce sujet la *Relation prussienne*, commandait impérieusement de se préoccuper de réunir sur le champ de bataille, le plus tôt possible, des forces fraîches en quantité suffisante pour faire face à l'attaque qu'on prévoyait. » N'y a-t-il pas, dans cette constatation, comme l'aveu implicite d'un insuccès, et en même temps une indication nette du parti qu'aurait dû prendre le commandant en chef de l'armée française? Cependant celle-ci, dès le point du jour, a abandonné ses positions ; le prince Frédéric-Charles, revenu dès quatre heures du matin à son poste d'observation, près de Flavigny ; le roi lui-même, que la gravité de la situation a déterminé à venir l'y rejoindre[1], voient nos bivouacs se dégarnir progressivement et la masse de nos corps se replier vers le nord. Comme leurs reconnaissances, craignant quelque piège, n'osent s'aventurer trop avant, on ne saisit pas d'abord la portée de notre mouvement, et les deux princes demeurent en proie à une anxiété continue. Mais, bientôt, il n'y a plus de doute possible ; l'armée française est définitivement partie ; elle n'atta-

---

nouveau le 17 et compléter ainsi ses avantages de la veille; il avoua qu'il l'avait craint toute la matinée, et qu'il ne fut rassuré qu'après avoir été certain de notre retraite; ses renforts, ajouta-t-il, étaient encore trop éloignés pour qu'il pût compter sur leur coopération. » (*Metz, Campagnes et négociations*, page 75, en note.)

1. *La Guerre franco-allemande*, pages 630 et 631.

quera pas ; l'inquiétude fait alors place à une joie qu'il est facile de s'expliquer, et rien n'empêche plus d'expédier à Berlin, *à deux heures du soir*, un bulletin de victoire. « L'ennemi, y est-il dit, malgré sa supériorité numérique, a été rejeté sur Metz après une lutte très vive de douze heures. Sa Majesté le Roi a félicité aujourd'hui les troupes sur le champ de bataille, *sur lequel elles se sont victorieusement maintenues.* »

Malgré tout, l'état-major allemand ne croyait pouvoir négliger aucune précaution, et, par un ordre expédié immédiatement, il se hâta d'appeler à lui toutes les troupes en situation d'arriver autour de Rezonville dans un court délai. Déjà, dans la journée même du 16, M. de Moltke avait ordonné aux VIIe et VIIIe corps (de la Ire armée) de franchir la Moselle à la suite du IXe, au moyen des ponts jetés sur la rivière[1]. A son tour, le prince Frédéric-Charles assignait à ses troupes, pour la journée du 17, les objectifs suivants :

IXe corps (dont une partie était déjà sur place), le terrain au nord de Gorze ;

XIIe corps, de Pont-à-Mousson à Mars-la-Tour (par Thiaucourt) ;

Garde, à la gauche du précédent[2] ;

IIe corps, à Pont-à-Mousson (ce corps, cantonné à Buchy, était à deux journées de marche du champ de bataille) ;

Le IVe corps, trop éloigné, recevait l'ordre de continuer son mouvement vers la Meuse, mais de voir, en passant, s'il ne serait pas possible de tenter un coup de main sur Toul ;

Enfin, le Ier corps (de la Ire armée) était laissé par M. de Moltke sur la rive droite pour couvrir le mouvement, surveiller les abords de la place, et servir de masque à cette concentration. Dans ce dernier but, le général de Manteuffel, portant son artillerie sur les collines de Laquenexy, Mercy-le-Haut et Peltre, fit diriger,

---

1. Trois à Corny ou environs, deux à Arry. Le VIIe corps devait, après le passage, se diriger sur Gravelotte, le VIIIe sur Rezonville.
2. La garde, arrivée le 16 à Bernecourt et Beaumont, était à 38 kilomètres de Mars-la-Tour. Le XIIe corps en était à 30 kilomètres.

le 17, de cinq heures à six heures et demie de l'après-midi, un feu violent contre le fort Queuleu et les remparts de Metz. Etant donnée la position déjà prise par l'armée française, tout entière sur la rive gauche, et le parti bien arrêté de son chef de tout laisser faire plutôt que d'abandonner la place, cette précaution était bien inutile. Il n'entrait nullement en effet dans les combinaisons du maréchal de gêner en quoi que ce soit les mouvements que faisait l'ennemi pour se grouper, et il ne prenait même pas la peine de les faire surveiller ou seulement signaler. Mais l'état-major allemand ne pouvait pas supposer chez son adversaire une tactique aussi extraordinaire, ni admettre que l'armée française, « pour accepter une deuxième bataille, s'établirait le dos tourné à Metz et à la rive gauche de la Moselle tourmentée par des ravins abrupts et boisés..., les conditions normales, les décisions justes de l'adversaire étant toujours la base la plus solide sur laquelle on peut édifier ses propres projets[1]. »

Combat dans le bois de Vaux. — Quoi qu'il en soit, les deux corps du général de Steinmetz (VIIe et VIIIe) exécutèrent leur mouvement à la faveur de cette diversion. L'avant-garde du VIIe corps gagna Ars, vers midi, et s'engagea dans le ravin qui remonte sur Gravelotte, entre les bois de Vaux et des Oignons ; mais, arrivée près du Moulin de la Mance, elle fut accueillie par une fusillade qui lui blessa quelques hommes. Son chef, le général de Woyna, la déploya alors de chaque côté du ravin, sur l'ordre même du général de Steinmetz, qui prescrivait d'attaquer, et engagea une lutte assez vive avec les troupes du général Metman qui n'avaient pas encore quitté Gravelotte. Mais celles-ci, rappelées en arrière par les ordres du maréchal, ne tardaient pas à rétrograder peu à peu et à se diriger sur les autres divisions du 3e corps, établi au Point-du-Jour. D'autre part, le roi, qui savait par expérience où pouvait mener une attaque inconsidérée, et ne voulait livrer bataille

---

1. *Opérations de la IIe armée*, par le baron VON DER GOLTZ, capitaine au grand état-major (inédit en France).

que le lendemain, avec toutes ses forces réunies, envoyait au commandant de la Ire armée l'ordre formel de rompre le combat. Le général de Woyna continua donc sans encombre sa marche sur Gravelotte. Apercevant de là les campements français de Vernéville, il eut un moment l'envie de les faire canonner ; le général en chef l'en empêcha, et, pour couper court à toute velléité de passer outre aux ordres royaux, il fit même « rebrousser chemin, sur-le-champ, à une batterie en marche par la route du ravin d'Ars et presque sur le point d'atteindre le débouché supérieur du bois [1] ».

Pendant ce temps, les généraux de Steinmetz, de Zastrow et de Kameke s'en allaient en reconnaissance, escortés de leurs états-majors. Ils assistaient, des environs de Gravelotte, à l'établissement de nos troupes sur les hauteurs du Point-du-Jour, et se rendaient un compte exact de nos positions, jalonnées de ce côté par des épaulements et des ouvrages de campagne. Mais bientôt leur présence parut à nos soldats avoir suffisamment duré ; les mitrailleuses en position au Point-du-Jour entamèrent sur leur groupe un « feu aussi vif que bien dirigé [2] » et les obligèrent à disparaître au plus vite, au milieu d'une grêle de projectiles qui venaient s'abattre autour d'eux. Ils étaient néanmoins fixés sur ce qu'ils voulaient savoir ; bien évidemment, nous ne montrions aucune tendance offensive, et nous paraissions même avoir renoncé à nous dérober par le nord. En tout état de cause, M. de Moltke pouvait déjà, dans l'après-midi, disposer de *sept corps d'armée et de trois divisions de cavalerie* ; par conséquent il ne redoutait plus une attaque. Mais quand il fut bien sûr que, loin d'y songer, nous reculions au contraire, quand il vit que nous lui laissions « le temps et les moyens de se préparer à tête reposée pour l'action décisive, momentanément ajournée, et particulièrement d'établir tout le concert désirable entre les mouvements des deux armées allemandes [3] », alors il se décida à livrer bataille, et choisit

---

1. *La Guerre franco-allemande*, page 637.
2. *Ibid.*, page 636.
3. *Ibid.*, page 639.

la date du lendemain, 18 août. Naturellement, cette détermination une fois prise, il songea à se précautionner contre les conséquences de la bouillante ardeur que manifestaient certains de ses généraux, car il lui importait surtout « d'éviter que la manœuvre de flanc dessinée par la Ire armée amenât, le jour même, une affaire sérieuse, *l'expérience des précédentes rencontres ayant appris que l'on ne saurait en calculer la portée*[1] » C'est pourquoi il fit interdire formellement à la Ire armée de donner prétexte à tout engagement prématuré, et prit les mesures que nous avons relatées ci-dessus. Après quoi, il adressa aux deux commandants en chef, vers deux heures de l'après-midi, l'ordre de mouvement que voici :

> Demain 18, à cinq heures du matin, la IIe armée rompra en échelons par la gauche pour s'avancer entre l'Yron et le ruisseau de Gorze (direction générale entre Ville-sur-Yron et Rezonville). Le VIIIe corps appuiera ce mouvement à l'aile droite de la IIe armée.
> Le VIIe corps aura pour première mission de couvrir la marche de la IIe armée contre toute tentative venant du côté de Metz. Les instructions ultérieures de Sa Majesté dépendront des dispositions prises par l'adversaire. Les communications adressées au Roi devront être dirigées, au début, sur la hauteur au sud de Flavigny.

C'était, en résumé, une immense manœuvre de l'ensemble des forces allemandes, groupées sur les abords du plateau, qui avait pour pivot le VIIe corps et devait amener ces forces sur toutes nos lignes de retraite à la fois. Si, après avoir gagné du terrain droit vers le nord, l'armée allemande trouvait nos troupes en retraite vers l'ouest, elle les obligeait à s'arrêter, puis à accepter la bataille dans des conditions stratégiques très défavorables, puisqu'elles auraient eu à dos la frontière belge, distante de deux marches à peine. Si, au contraire, l'armée du Rhin s'était déjà repliée sur Metz, la manœuvre projetée, exécutée par échelons, l'aile gauche en avant et le VIIe corps demeurant immobile à l'aile droite, préparait, dans l'idée de M. de Moltke, le chan-

---

1. *La Guerre franco-allemande*, page 639.

gement de front qui deviendrait nécessaire pour faire face à la place et nous y enfermer[1].

A première vue, cette combinaison paraît habile ; mais si l'on réfléchit à tout ce qu'elle présente de hasardeux, on se demande comment elle a pu si complètement réussir. Un mouvement enveloppant d'une portée aussi considérable, exécuté à une distance insignifiante de forces ennemies en position, un aussi brusque changement de ligne d'opération, quand la ligne de retraite n'est assurée que par des ponts situés loin en arrière, enfin une marche de flanc opérée à découvert, pendant plusieurs heures, sans diversion pour occuper l'adversaire ailleurs, tout cela constitue assurément une des opérations les plus scabreuses dont l'histoire de la guerre fasse mention. Il fallait, pour la tenter, ou que M. de Moltke possédât en son étoile une foi bien robuste, ou qu'il eût une bien piètre idée des talents militaires de son adversaire du moment. Certes, le succès absout toutes les audaces ; il serait toutefois singulièrement dangereux de prendre exemple sur de tels modèles, et d'y chercher des règles pour la guerre à venir ; car on ne se trouvera pas toujours en présence d'un ennemi qui pousse aussi loin que le maréchal Bazaine la théorie de l'abstention, et laisse exécuter devant lui, à bonne portée de canon, la manœuvre qui doit fatalement aboutir à sa mise hors de cause. Que serait-il donc resté de la stratégie tant vantée de M. de Moltke, si le gros de notre armée s'était jeté sur le flanc des colonnes prussiennes en marche et les eût bousculées les unes sur les autres, sans leur laisser le temps de se déployer ? Comment les corps battus auraient-ils fait pour regagner les ponts de la Moselle, seul débouché de leur ligne de communication ? La réponse à ces questions a été faite par les juges de Trianon, d'une façon au moins implicite, quand ils ont déclaré solennellement que le commandant en chef de l'armée du Rhin n'avait pas, avant de succomber, *fait tout ce que lui prescrivaient le devoir et l'honneur.*

---

1. *La Guerre franco-allemande*, page 642.

Mais revenons au récit des événements. A la suite des mouvements exécutés dans la journée, les différents corps allemands réunis pour l'affaire du lendemain occupaient, le 17 au soir, les positions suivantes :

VII⁰ corps. Ars-sur-Moselle et bois de Vaux.
VIII⁰ — Gorze (à la disposition de la II⁰ armée).
III⁰ — Vionville et Buxières.
IX⁰ — Flavigny.
X⁰ — Tronville.
XII⁰ — Mars-la-Tour et Puxieux.
Garde... Hannonville.

Divisions de cavalerie. { Saxonne... Parfondrupt, sur la route d'Étain.
de la Garde. Hannonville et Tronville.
5⁰..... Flavigny.
6⁰..... Tronville.

En arrière le II⁰ corps était à Pont-à-Mousson.

C'est-à-dire que les forces allemandes occupaient une véritable position de combat, longue de 19 kilomètres, profonde de 6, et couverte, sur son aile gauche, par la division de cavalerie saxonne, sur son aile droite, par le VII⁰ corps, qui était chargé de servir de pivot au mouvement ultérieur, et de protéger celui-ci contre les entreprises de la place. Ce rôle un peu effacé ne parut pas être du goût du général de Steinmetz, qui se plaignit à M. de Moltke que le VII⁰ corps manquât de soutien, et se trouvât dans une situation hasardée, par suite du rattachement provisoire du VIII⁰ corps à la II⁰ armée. Mais le chef d'état-major général, qui avait contre le commandant de la I⁰ armée quelque rancune, répondit, le 18, à quatre heures du matin, par une dépêche assez sèche, qui coupait court à toute nouvelle remontrance. « Dans le principe, y était-il dit, l'attitude du VII⁰ corps doit être défensive. La liaison avec le VIII⁰ corps *ne peut se faire qu'en avant.* S'il vient à être démontré que l'armée ennemie se replie sur Metz, nous aurons à exécuter un changement de front à droite. En cas de besoin, la I⁰ armée sera soutenue par la seconde ligne de la II⁰ [1]. » Le général de Steinmetz se le tint pour dit; néanmoins, il jugea à propos d'appeler à Vaux une

1. C'est-à-dire par le II⁰ corps.

brigade du Ier corps, laissé, comme on l'a vu, sur la rive droite, afin de se garantir contre une action de ce côté, qui d'ailleurs ne se produisit pas.

Tels sont les préludes de la bataille gigantesque qui a décidé du sort de l'armée du Rhin. Il est juste de reconnaître que si les combinaisons de M. de Moltke pouvaient passer pour aventurées, rien n'avait été négligé cependant pour les faire réussir. D'ailleurs la fortune, qui depuis le commencement de la guerre semblait vouloir combler les Allemands, devait, dans cette journée mémorable, leur donner un témoignage plus éclatant encore de sa faveur, en stérilisant comme à plaisir les efforts désespérés que tentaient avec tant de bravoure nos pauvres et valeureux soldats, abandonnés par un chef dont l'indifférence alla, cette fois, jusqu'au crime.

Tentative avortée contre Toul (16 août). — Mais avant d'entamer le récit de cette terrible lutte, il nous faut revenir un moment en arrière, et signaler une tentative exécutée, dans la même journée du 16 août, contre la place de Toul, par le IVe corps allemand. On se souvient que ce corps, commandé par le général d'Alvensleben Ier, avait reçu l'ordre de continuer sa marche vers la Meuse et de tâter la place en passant. Le 16 au matin, des patrouilles de cavalerie purent s'avancer dans le faubourg du Nord (Saint-Mansuy) et se renseigner sur le nombre, très restreint, des défenseurs de la ville. Sur leur rapport, l'avant-garde du corps d'armée, appuyée de trois batteries, se rassembla à Francheville, et fit au préalable ouvrir le feu par son artillerie, postée sur les hauteurs du Nord[1]. Mais celle-ci, bien que contre-battue seulement par six pièces, ne produisait dans les murailles que des dégâts insignifiants, et tout à fait insuffisants pour amener la reddition de la place. Le général d'Alvensleben voulut alors procéder par intimidation et fit diriger le tir sur la ville elle-même, tandis que l'infanterie tenterait de franchir

---

1. Une batterie était placée à 1,000 mètres de l'enceinte, sur une hauteur à l'est de la route de Pont-à-Mousson ; l'autre était dans les vignes, sur les pentes sud du Mont-Saint-Michel ; enfin la troisième n'engageait que deux pièces, placées auprès de la précédente

le fossé de vive force. A cet effet, il lança d'abord en avant la compagnie de pionniers, dont quelques hommes réussirent, malgré la fusillade, à s'approcher du front nord, et reconnurent que la place était inattaquable de ce côté. Néanmoins le 93ᵉ essaya de l'assaillir ; il franchit le pont du canal, et quelques-unes de ses compagnies arrivèrent jusqu'aux fossés ; mais il perdit en un instant un de ses chefs de bataillon, un capitaine et un nombre d'hommes suffisant pour être forcé de s'arrêter. « Pousser plus loin était impraticable, dit la Relation allemande, car les ponts-levis étaient remontés et, sur tout le front nord et nord-ouest, il n'existait pas de point où l'on pût franchir les fossés du corps de place pleins d'eau et larges presque de 40 pieds. »

Pendant ce temps, un autre bataillon (du 27ᵉ) avait marché, le long de la voie ferrée, sur le faubourg ouest. Avec des difficultés considérables et au prix de très lourdes pertes, il gagna les abords de la gare, puis poussa deux compagnies jusqu'aux hauteurs du faubourg Saint-Èvre. A ce moment, la place était presque complétement enveloppée, car outre l'infanterie qui l'enserrait au nord et à l'ouest, la brigade de uhlans bavarois la canonnait de Dommartin avec sa batterie à cheval[1]. Cependant, aucun symptôme de lassitude ne se manifestait parmi les défenseurs.

Le général d'Alvensleben essaya de rapprocher son artillerie ; une batterie vint s'établir dans le faubourg Saint-Mansuy, et une pièce s'approcha à moins de 100 mètres de l'enceinte pour démolir le pont-levis. Toutes ces tentatives échouèrent, et cette pièce, après huit coups tirés, se vit forcée de revenir en arrière. On chercha alors une autre position plus favorable, mais, sur ces entrefaites, l'ordre arriva au général d'Alvensleben de cesser le combat. Il avait duré depuis une heure de l'après-midi jusqu'à près de quatre heures du soir.

La retraite générale s'exécuta donc sans plus tarder, mais ce ne fut ni sans difficultés ni sans sacrifices.

---

1. Voir tome 1ᵉʳ, page 271.

Quand elle fut terminée, le IV⁰ corps avait perdu 6 officiers et 44 hommes tués, 11 officiers, 1 médecin et 129 hommes blessés, enfin 9 disparus, Quant à la garnison, elle ne comptait que 8 tués et 16 blessés.

En arrivant aux Saizerais, où était son quartier général, le général d'Alvensleben trouva une dépêche du prince qui l'engageait à tenter une nouvelle attaque. Mais la fâcheuse expérience qu'il venait de faire lui suffisait. Il répondit qu'un assaut de vive force n'avait aucune chance de réussir et que le mieux était d'attendre. Frédéric-Charles se rangea à cette décision sage, et ordonna au IV⁰ corps, comme nous l'avons vu, de reprendre, le lendemain, sa marche vers la Meuse.

CHAPITRE VI

BATAILLE DE SAINT-PRIVAT[1]

Positions de l'armée française. — Le 18 août 1870 au matin, l'armée du Rhin formait, sur les collines situées à l'ouest de Metz, une ligne presque droite, s'étendant de Sainte-Ruffine à Roncourt. Ses différents corps, disposés du sud au nord dans le sens de l'ordre de bataille, occupaient les positions que voici :

a) 2ᵉ Corps (général Frossard)[2]. — La *1ʳᵉ division* (Vergé), formée sur deux colonnes d'une brigade chacune, tenait les deux fermes de *Bellevue* et du *Point-du-Jour*, face à la route de Gravelotte.

La *2ᵉ division* (Fauvart-Bastoul) avait sa 1ʳᵉ brigade le long de la voie romaine, sa 2ᵉ en avant du bois de Châtel-Saint-Germain, face au sud.

La *brigade Lapasset*, tout à fait à l'extrême gauche de la ligne de bataille générale, occupait la pointe ouest de la croupe de *Rozérieulles*. Elle avait des détachements à *Sainte-Ruffine* et à *Jussy*, pour assurer, de ce côté, les communications avec Metz.

La *division de cavalerie Valabrègue* se tenait en arrière, campée dans le ravin de *Châtel*.

b) 3ᵉ Corps (maréchal Le Bœuf) s'étendait entre le *Point-du-Jour* et *Montigny-la-Grange*. — La *1ʳᵉ division* (Montaudon) occupait *la Folie* et la partie nord-est du bois des *Genivaux*.

La *2ᵉ division* (Nayral) tenait le reste de ce bois par sa 2ᵉ brigade et avait sa 1ʳᵉ brigade en deuxième ligne, à la ferme de *Leipsick*.

---

1. Officiellement désignée par le maréchal Bazaine sous le nom de « *Défense des lignes d'Amanvillers* », la journée du 18 août est appelée par les Allemands « *Bataille de Gravelotte-Saint-Privat.* »
2. La 3ᵉ division du 2ᵉ corps (Laveaucoupet) formait la garnison de Metz.

La *3ᵉ division* (Metman) se déployait sur la crête entre les deux fermes de *Leipsick* et de *Moscou*.

La *4ᵉ division* (Aymard) allait de cette dernière ferme au *Point-du-Jour*.

La *division de cavalerie Clérembault* bivouaquait derrière la crête du ravin de *Châtel*, à l'est de Leipsick.

c) 4ᵉ Corps (général de Ladmirault). — La *2ᵉ division* (Grenier) était établie entre *Montigny-la-Grange* et *Amanvillers*. La *1ʳᵉ division* (de Cissey) entre ce dernier village et *Jérusalem*, à l'est et près de la grande route.

La *3ᵉ division* (de Lorencez) campait en deuxième ligne le long de la route de *Moulins* à *Saint-Privat*.

La *division de cavalerie* était stationnée en arrière d'*Amanvillers*.

d) 6ᵉ Corps (maréchal Canrobert)[1]. — La *1ʳᵉ division* (Tixier) appuyait sa droite à la *forêt de Jaumont*, sa gauche à *Roncourt*.

La *2ᵉ division* (Bisson), qui ne comptait que le 9ᵉ de ligne, occupait ce village.

La *3ᵉ division* (Lafont de Villiers) était déployée entre *Roncourt* et *Saint-Privat*.

La *4ᵉ division* (Levassor-Sorval) occupait ce village et le hameau de *Jérusalem*.

e) La Garde impériale, formant réserve, campait au col de Lessy, entre les deux forts de *Saint-Quentin* et de *Plappeville*; elle était à 8 kilomètres des positions du 6ᵉ corps.

f) La réserve générale d'artillerie était à côté de la Garde.

g) La réserve générale de cavalerie, fractionnée en deux groupes, se tenait derrière chacune des ailes : la *1ʳᵉ division* (du Barail)[2], derrière le 6ᵉ corps ; la *3ᵉ division* (de Forton), au moulin de *Longeau*, derrière le 2ᵉ.

h) Enfin, le grand quartier général était installé à *Plappeville*, dans une maison particulière.

Description du champ de bataille. — A ne la considérer qu'au point de vue tactique, et abstraction faite, bien entendu, de toute idée concomitante, la position occupée par l'armée française était réellement très forte et bien choisie pour y livrer une bataille défensive. Son flanc gauche se trouvait abrité par les escarpements boisés qui viennent de la Moselle, couvert en avant par le fossé du ravin de la Mance et protégé en arrière par

---

1. L'effectif du 6ᵉ corps se montait, en tout, au chiffre de 26,000 hommes, avec 48 pièces de canon. Il n'y avait pas une seule mitrailleuse à Saint-Privat. (*Procès Bazaine*, Déposition du maréchal Canrobert.)

2. La brigade Margueritte avait été remplacée dans cette division par la brigade de Bruchard (du 3ᵉ corps) et le 2ᵉ chasseurs d'Afrique.

les grosses pièces du fort Saint-Quentin. Son front possédait des vues étendues, dominait assez fortement le terrain des attaques et donnait à l'infanterie et à l'artillerie, vers le nord et vers l'ouest, des champs de tir exceptionnellement favorables. D'une longueur totale de 12 kilomètres, elle concordait bien avec l'effectif de l'armée qui l'occupait, et son seul défaut était de ne pas offrir à nos lignes, resserrées en arrière par des hauteurs boisées ou des ravins abrupts, une profondeur tout à fait suffisante. Mais sa force avait été encore augmentée, sur le front des 2e et 3e corps, par une série d'ouvrages de campagne et des travaux d'appropriation qui faisaient des fermes du Point-du-Jour, de Saint-Hubert, de Moscou, de Leipsick et de la Folie de véritables petites forteresses [1].

Quant à la position de notre droite, son importance capitale et l'impérissable souvenir qui s'attache à son nom méritent une description spéciale. Le village de Saint-Privat, immortalisé par une des plus glorieuses défenses qu'enregistre notre histoire, forme le point culminant d'une région découverte qui s'étend à plusieurs kilomètres vers l'ouest et le nord, et qui comprend les villages d'Amanvillers, Saint-Ail, Sainte-Marie-aux-Chênes, Montois et Roncourt. Il est bâti sur le côté droit de la route de Metz à Briey et possède une annexe, dite Jérusalem, qui borde cette route, à la croisée de celle qui vient de Moulins ; sa lisière ouest est formée de jardins clos de murs qui lui constituent une sorte d'enceinte, excellente au point de vue défensif. A trois ou quatre cents mètres à l'ouest, se trouve une crête, véritable rebord de plateau, d'où descendent des pentes douces, allongées et nues qui courent jusqu'à un long ravin peu profond, serpentant à travers la plaine, d'Amanvillers à Auboué. Crête et pentes douces constituaient pour nos troupes un avantage précieux, car si à la faveur du ravin l'ennemi pouvait s'avancer à couvert, il lui fallait, pour aborder ensuite la position, franchir de longs espaces en glacis, balayés par nos

---

[1]. Général FROSSARD, loc. cit., page 103.

projectiles. En outre, les villages de Sainte-Marie, Saint-Ail, Habonville constituaient une avant-ligne, où des postes avancés avaient chance de tenir tête longtemps aux colonnes assaillantes. La position du 6ᵉ corps eût donc été particulièrement forte si sa droite se fût trouvée mieux appuyée. Mais là était le village de Roncourt, qui n'offre par lui-même aucune force de résistance et peut être aisément tourné à l'abri des couverts dont il est entouré vers le nord; le faible effectif du 6ᵉ corps ne lui permettait pas de pousser jusqu'à Montois, afin de parer à un semblable danger. En outre, les troupes du maréchal Canrobert ne possédaient pas un outil, point de parc ni de compagnie du génie, et, bien entendu, le commandant en chef n'avait pas songé à suppléer à cette situation défectueuse au moyen du grand parc d'armée ou de la réserve du génie; en sorte qu'aucun ouvrage ne protégeait le flanc découvert de notre ligne. Enfin, le 6ᵉ corps était, de tous, le plus faible en artillerie, alors qu'en raison de sa situation à l'aile de bataille, il aurait dû être le plus fort. Toutes ces circonstances diminuaient sensiblement la valeur de ses positions dominantes et rendaient sa mission d'autant plus périlleuse. Par suite, il semble que c'est derrière lui qu'auraient dû être placées les réserves tactiques; toute l'artillerie massée sur les pentes de Plappeville n'eût pas été trop nombreuse ni trop puissante pour renforcer ce point extrême, qui, en raison des efforts manifestes des Allemands pour nous envelopper, allait devenir évidemment la clef de la position ; et même il n'eût pas été hors de propos d'y ajouter, derrière des épaulements solides, quelques pièces de gros calibre empruntées aux forts de Metz. Au lieu de cela, le maréchal Bazaine, hanté par son idée fixe de ne pas abandonner les murailles qu'il a derrière lui, accumule sur sa gauche, qui ne craint rien, tout ce qu'il possède de troupes disponibles. La Garde, troupe d'élite dont la moitié n'a point encore été engagée, la réserve d'artillerie, tout cela est groupé à deux heures de marche du point le plus important et aussi le plus exposé du champ de bataille, et va rester jusqu'à la fin, inoccupé et inutile, pour protéger contre des dangers imaginaires une position presque inattaquable, tant elle est forte naturellement !

D'ailleurs, pas plus à droite qu'au centre ou à gauche, les généraux ne connaissaient le premier mot de la situation stratégique où se trouvait l'armée française. Le commandant en chef, resté fidèle à ses tristes habitudes, s'était bien gardé de communiquer aux commandants des corps d'armée le moindre renseignement relatif à la portée du mouvement du 17 ou à ce qu'il savait de ceux de l'ennemi. L'ordre donné par lui ne spécifiait nullement l'occupation d'une position défensive, mais contenait seulement l'indication d'une série d'emplacements, avec l'invitation de s'y fortifier sur place. L'initiative de ses lieutenants n'avait donc pas à se donner carrière pour les dispositions tactiques à adopter, et le rôle du commandement local se trouvait réduit à celui de simple agent d'exécution. Le résultat fut, pour nous, la continuation de cette attitude passive qui nous avait été déjà si fatale ; nulle part on ne chercha à se préparer une liberté d'action plus grande par l'occupation des postes avancés qui jalonnaient le front des lignes à moins de deux kilomètres en avant, et auraient demandé à l'assaillant un effort préparatoire et coûteux avant d'aborder la position principale. Saint-Ail, Habonville, Vernéville, la Malmaison, Gravelotte furent laissés inoccupés, tout comme le bois de la Cusse et la majeure partie du bois des Genivaux. Seul le village de Sainte-Marie-aux-Chênes reçut un régiment, et nous verrons, par le rôle qu'a joué ce poste avancé, quelle aurait pu être l'importance des autres.

Mais le fait le plus grave est *que nous n'avions pas même d'avant-postes*. Déjà, dans la marche du 17, on avait négligé de faire couvrir le mouvement par la cavalerie, oubli qui aurait eu certainement des conséquences funestes, si l'ennemi ne s'était trouvé lui-même dans une situation morale et matérielle qui le maintenait sur place. Une fois les troupes arrivées à leurs emplacements, la cavalerie se retira tout entière en arrière des lignes, et quelques grand'gardes d'infanterie, dont les plus éloignées se trouvaient à 800 mètres, les plus rapprochées à 100 mètres des bivouacs, furent seules chargées d'assurer la sécurité de 150,000 hommes qui avaient marché toute une journée, après s'être battus toute une autre. Il y en eut même qui furent placées avec tant de négligence *qu'elles tournaient le dos à l'ennemi;* d'autres prirent position *entre Metz et l'armée!*

Un régiment qui avait combattu le 16 août devant Mars-la-Tour vint camper le 17 au soir à Montigny-la-Grange, en passant par Doncourt, Batilly, Habonville. Amanvillers, et reçut l'ordre de placer une grand'garde sur le mamelon situé au nord-ouest de la ferme de la Folie. Or, cette hauteur était déjà occupée par un poste du 3e corps. Deux régiments établissaient donc leurs avant-postes, non dans la direction de l'ennemi, mais face à face, sur le prolongement même de la ligne de bataille. D'où venait l'erreur ?... De ce fait qu'aucun renseignement n'avait été donné aux commandants de troupe ; après tous les détours que le régiment avait faits, il avait perdu la notion de la direction dangereuse, et, finalement, le dernier élément de sa marche allant du nord au sud, d'Amanvillers à Montigny-la-Grange, il se couvrait vers le sud, comme les troupes du 3e corps venant du sud se couvraient vers le nord [1].

Un service de protection organisé d'aussi étrange manière ne pouvait certainement pas assurer aux soldats fatigués le repos dont ils avaient tant besoin. Aussi, vers trois heures du matin, quelques cavaliers ennemis étant venus patrouiller sur les avancées de nos lignes, produisirent-ils par leur simple apparition une panique qui se répercuta d'un bout à l'autre de l'armée.

D'abord lointain, confus et faible, a écrit un officier supérieur du 2e corps, le cri : *Aux armes!* parti d'Amanvillers, se rapprochait du Point-du-Jour, où il était arrivé à être formidable, poussé par chacun avec violence. Les hommes, sortant de leurs tentes, se précipitaient sur leurs faisceaux dans les tenues les plus incorrectes. Quelques coups de fusil se firent entendre, puis, peu à peu, le calme se rétablit, les hommes replacèrent leurs armes où ils les avaient trouvées en répétant les uns aux autres : «*Il n'y a rien, il n'y a rien!*» Ce nouveau cri, fort à la gauche, alla en se perdant peu à peu et successivement jusqu'au point de départ du premier cri : *Aux Armes!* On ne saurait mieux comparer ce

---

1. Colonel MAILLARD, *Éléments de la Guerre*, Paris, Baudoin, 1891, page 389.

effet, la nuit, qu'à une vague qui, partie du large, vient échouer à la plage pour retourner à son point de départ et disparaître[1].

Pendant ce temps, que faisait le maréchal Bazaine ? Tranquillement installé à Plappeville, il ne se préoccupait en aucune façon de ces divers incidents et n'avait pas même envoyé un officier de son état-major pour se faire rendre compte de la manière dont les différents corps étaient installés sur leurs positions. Sa pensée n'était pas avec son armée et ses préoccupations tendaient non pas à s'assurer la victoire, mais à atteindre un autre but que nous connaissons déjà et qu'indiquent suffisamment les deux incidents qu'on va lire. Le 17 dans l'après-midi, craignant probablement d'avoir trop formellement promis à l'Empereur, dans les dépêches citées plus haut, une reprise de la marche sur Verdun, il expédia au souverain le commandant Magnan avec une nouvelle lettre et la note du général Soleille relative aux approvisionnements de la place en munitions. La lettre contenait ces deux phrases significatives :

... Nous allons faire tous nos efforts pour reconstituer nos approvisionnements de toutes sortes, afin de reprendre notre marche dans deux jours, *si cela est possible*. Je prendrai la route de Briey ; nous ne perdrons pas de temps, *à moins que de nouveaux combats ne déjouent mes combinaisons*[2].

Le commandant Magnan était, en outre, chargé de demander le remplacement du général Jarras par le général de Cissey. L'Empereur répondit à cela que le maréchal avait tout pouvoir pour les mutations, et chargea le commandant de porter au maréchal une approbation complète de ses résolutions, *en l'engageant à ne pas compromettre l'armée qui était le dernier espoir de la France*[3]. Or, tandis qu'il réitérait au souverain l'assurance d'une reprise de la retraite sur Verdun, il envoyait un officier de son état-major, le colonel Lewal, reconnaître des emplacements sous la protection des canons

---

1. Général DE WALDNER, *Saint-Privat, le Point-du-Jour.* (*Spectateur militaire*, n° du 1ᵉʳ septembre 1892.)
2. Maréchal BAZAINE, *L'Armée du Rhin*, page 67.
3. *Procès Bazaine*, audience du 29 octobre 1873. — Déposition du commandant Magnan.

de Metz, pour y immobiliser l'armée, aussitôt que les événements qui s'annonçaient lui permettraient de le faire[1]. Cette précaution extraordinaire aurait-elle eu sa raison d'être, sans l'idée préconçue et arrêtée de ne pas quitter la place? Personne, en vérité, ne le croira.

Manœuvre de l'armée allemande. — Cependant, les corps d'armée allemands se préparaient à exécuter la manœuvre prescrite par M. de Moltke. Dès cinq heures et demie du matin, le prince Frédéric-Charles avait convoqué ses commandants de corps à Vionville et, là, il leur donnait des instructions verbales qui peuvent se résumer ainsi :

La mission de la IIe armée, qui va se porter en avant, est toujours de couper l'adversaire de Verdun et de Châlons et *de l'attaquer partout où elle le trouvera.*

A cet effet, le XIIe corps (saxon) formera l'extrême gauche, ayant en arrière et à droite la Garde, suivie elle-même, en arrière et à droite, du IXe corps. Le XIIe corps se dirigera sur Jarny, la Garde sur Roncourt; le IXe corps, passant entre Vionville et Rezonville, laissera Saint-Marcel immédiatement sur sa gauche.

Le IIIe corps suivra le IXe, en se tenant entre lui et la Garde. La 6e division de cavalerie recevra des ordres du général commandant le IIIe corps. L'artillerie de corps de ce dernier demeure à la disposition du commandant de la IIe armée, comme réserve générale d'artillerie.

Le Xe corps, auquel on a adjoint la 5e division de cavalerie, suivra le XIIe de manière à maintenir son itinéraire entre celui-ci et la Garde.

L'ennemi paraissait être, hier soir, en retraite sur Conflans. Les trois divisions qui bivouaquaient hier autour de Gravelotte se sont aussi probablement repliées. S'il en était autrement, le général de Steinmetz les attaquerait, et, dans ce cas, le IXe corps pourrait être appelé à s'engager le premier[2].

---

1. « Dès le 17, le colonel Lewal avait reçu l'ordre d'étudier une position plus en arrière, où les troupes devaient se trouver en partie sous l'appui des forts et des ouvrages de la place. Le 18 au matin, avant que la bataille ne s'engageât, le colonel Lewal avait réuni en conséquence les sous-chefs d'état-major généraux sur le terrain, et ils y avaient pris connaissance des points que leurs corps d'armée auraient à occuper. Cette série de circonstances, en nous dévoilant la pensée du commandant en chef, nous laisse voir combien le projet de continuer la retraite était, en réalité, loin de son esprit. » (*Procès Bazaine*, audience du 3 décembre 1873. — Réquisitoire.)

2. Le IIe corps, de la IIe armée, ne reçut pas d'instructions spéciales. Le prince ne comptait sur son arrivée que vers deux heures de l'après-midi.

On ne peut préciser encore si tout cela amènera, pour la II° armée, un changement de front à droite ou à gauche. Pour le moment, il ne s'agit que d'une marche en avant de 8 kilomètres à peine. Elle devra s'exécuter, *non pas en colonnes de marche, longues et minces, mais par divisions massées, l'artillerie de corps entre les deux divisions de chaque corps d'armée.*

De semblables mesures étaient fort habiles, parce qu'elles donnaient à la II° armée la faculté de se déployer dans toutes les directions et d'agir efficacement, quelle que soit la situation où serait rencontrée l'armée française. En les adoptant, le prince Frédéric-Charles tenait compte de la situation initiale, supprimait toute perte de temps dans la mise en marche, et prenait ses précautions contre l'imprévu. Son armée, concentrée dans un rectangle de 8 kilomètres de front sur 8 kilomètres de hauteur, était prête à faire face, le cas échéant, aussi bien au nord qu'à l'est ou à l'ouest, avec des éléments bien disposés pour s'appuyer réciproquement, et susceptibles, en raison même de leur formation de marche, de disposer immédiatement de tous leurs moyens. Il est juste d'ajouter que le terrain n'offrait aucun obstacle sérieux au mouvement et que la température, au contraire, s'y prêtait. Mais il y a lieu de constater aussi que l'ordre du prince obligeait la Garde, postée à Hannonville, à couper la direction de marche du XII° corps, qui cantonnait à Mars-la-Tour et Puxieux, circonstance qui pouvait amener de graves désordres. La remarque, paraît-il, en fut faite, sans que Frédéric-Charles consentît à revenir sur sa décision première. Il en résulta, comme c'était à prévoir, une rencontre à Mars-la-Tour, et un retard assez sensible dans la marche de la Garde. Ce fut là, d'ailleurs, le seul incident à signaler dans cette manœuvre remarquable. Voici, d'autre part, les dispositions de détail qui furent adoptées. Chaque corps de première ligne porta en avant sa cavalerie divisionnaire, se fit précéder à 2 ou 3 kilomètres d'une avant-garde forte d'un régiment et d'une batterie, quelquefois aussi d'un bataillon de chasseurs, puis se forma avec ses deux divisions, l'une derrière l'autre, par brigades accolées, chaque brigade sur deux lignes, l'artillerie entre les brigades, l'artillerie de corps entre les deux divisions ; ou bien encore par divisions accolées, l'artillerie de corps entre les divisions[1].

Pendant ce temps, dans la Ire armée, le VIIIe corps se portait sur Rezonville avec son avant-garde à Villers-aux-Bois. Quant au VIIe, il demeurait à Gorze, en position d'alerte, et ses avant-postes engageaient avec nos grand'gardes une fusillade, d'ailleurs insignifiante, qui dura toute la matinée.

A six heures du matin, le roi, qui voulait assister à l'acte décisif qui se préparait, était arrivé avec le grand quartier général sur la hauteur au sud de Flavigny, et prenait en mains, au moins officiellement, la direction supérieure des opérations. Quant à la liaison avec les différents corps en mouvement, elle devait être assurée par des officiers supérieurs d'état-major, qui avaient pour mission de demeurer auprès de chacun des commandants de corps d'armée, et de faire connaître immédiatement à M. de Moltke tout événement important.

Aussitôt que les généraux eurent rejoint leurs troupes, celles-ci se mirent en mouvement. Successivement, les différents corps d'armée s'ébranlèrent pour gagner leurs positions et, à onze heures environ, les forces allemandes, disposées en échelons sur deux lignes, occupaient le terrain compris entre Jarny et le bois de Vaux. Cette première partie de la manœuvre n'avait nullement été inquiétée par nous ; seule, l'avant-garde du VIIIe corps s'était trouvée un instant exposée à des coups de fusil partant du bois des Genivaux, sans pour cela être obligée d'interrompre sa marche. Mais, pendant que s'exécutait celle-ci, le général de Steinmetz, attribuant à un commencement de retraite sur Briey certaine animation qui régnait dans nos corps, avait adressé au quartier général un rapport dans ce sens, et M. de Moltke s'était un instant laissé prendre à ces indices trompeurs. Bientôt de nouveaux renseignements, plus précis, arrivèrent, et, dès lors, on sut que l'armée française non seule-

---

1. La Garde et le XIIe corps durent rompre la formation massée pour s'écouler à travers Mars-la-Tour, puis reprendre cette dernière formation à la sortie du village.

ment ne se retirait pas, mais paraissait, au contraire, se préparer à la lutte; seulement on ignorait encore jusqu'où s'étendait sa droite, et on restait convaincu qu'elle ne dépassait pas Amanvillers. Or, la connaissance exacte du point où s'arrêtait notre ligne de ce côté avait pour les Allemands une importance capitale, puisque de sa situation devait dépendre le plus ou moins d'étendue de leur mouvement enveloppant. Croyant donc notre ligne de bataille arrêtée bien en deçà de Saint-Privat, M. de Moltke adressa, à dix heures et demie, l'ordre suivant au prince Frédéric-Charles :

> D'après les divers renseignements recueillis, tout fait supposer que l'ennemi veut se maintenir entre le Point-du-Jour et Montigny-la-Grange. Quatre bataillons français ont pénétré dans le bois des Genivaux. Sa Majesté estime qu'il convient de porter le XIIe corps et la Garde dans la direction de Batilly, de manière à joindre l'adversaire à Sainte-Marie-aux-Chênes, s'il se retire sur Briey, ou à l'aborder par Amanvillers, s'il reste sur les hauteurs. L'attaque aura lieu simultanément, savoir : pour la Ire armée, par le bois de Vaux et Gravelotte, pour le IXe corps, contre le bois des Genivaux et Vernéville, pour l'aile gauche de la IIe armée par le nord.

La Ire armée, elle, ne devait donc entamer l'action que quand, à la gauche, la IIe aurait gagné assez de terrain pour pouvoir s'engager aussi.

Le prince Frédéric-Charles n'était pas, pour l'instant, mieux au courant que le chef d'état-major général, de notre position exacte; les patrouilles de cavalerie[1], qui précédaient l'armée, avaient bien signalé la présence des troupes françaises à Saint-Privat et Sainte-Marie-aux-Chênes; mais leurs renseignements étaient assez vagues et ne contenaient, en tout cas, aucune donnée sur la force de ces détachements. Le prince se borna donc à diriger ses corps sur les objectifs indiqués par M. de Moltke, et fit commencer, vers onze heures et demie, le mouvement de conversion à droite : trois corps devaient marcher en première ligne, le XIIe corps

---

1. On remarquera que, bien que les Allemands disposassent d'une nombreuse cavalerie, ils n'avaient lancé devant leurs avant-gardes que la seule cavalerie divisionnaire. Il est assez difficile de s'expliquer les motifs qui, en cette circonstance, ont pu les guider.

contre Sainte-Marie, la Garde contre Amanvillers, le IXe corps contre la Folie ; deux corps formaient la seconde ligne, le Xe corps dirigé sur Saint-Ail, et le IIIe sur Vernéville. Enfin le IIe, encore en marche, était destiné à former réserve à Rezonville.

Constatons pour la seconde fois que tous ces mouvements, parfaitement vus des hauteurs que nous occupions, ne furent pas plus entravés que ceux qui les avaient précédés. Le maréchal, toujours à Plappeville, n'avait pas l'air de s'en soucier le moins du monde, et personne dans notre armée, où l'esprit d'initiative était si soigneusement étouffé, n'osait prendre sur lui une détermination qui paraissait cependant naturelle à tout le monde. En sorte que, suivant une expression typique, l'armée française assista, *l'arme au bras*[1], pendant la matinée du 18, à la manœuvre qui allait consommer sa perte.

I. Attaque du IXe corps. — Il était onze heures et demie. Les masses ennemies, groupées par grandes unités et tenues entre les mains de leurs chefs, semblaient sur la plaine dénudée les taches noires d'un échiquier immense. Elles se trouvaient, à cette heure précise et mémorable, en des points que nous allons énumérer, parce qu'il est indispensable, pour l'étude des événements ultérieurs, de les connaître exactement.

Ire Armée. — *VIIe corps*, à Gravelotte. (Une brigade, la 26e, gardait le pont d'Ars-sur-Moselle.) — *VIIIe corps*, Villers-aux-Bois. — *Ier corps*, sur la rive droite, mais en marche vers la Moselle.

IIe Armée. — *XIIe corps*, en marche sur Sainte-Marie-aux-Chênes. — *Garde*, entre Doncourt et Vernéville. — *IXe corps*, à hauteur de Vernéville. — *Xe corps*, vers Doncourt. — *IIIe corps*, vers Saint-Marcel.

Les divisions de cavalerie marchaient avec les corps, auxquels elles avaient été attachées.

A ce moment, le prince Frédéric-Charles reçut de ses patrouilles l'avis que notre droite dépassait très probablement Amanvillers et que, en tout cas, un camp français était établi à Saint-Privat. Il modifia alors ses

---

1. E. J., ancien élève de l'École polytechnique, *Les Vaincus de Metz*; Paris, A. Lacroix, Verboeckhoven et Cie, 1871, page 120

premiers ordres, et expédia au IX° corps l'invitation formelle de différer son attaque sur la Folie jusqu'à ce que la Garde ait débouché à gauche et soit en mesure de marcher contre Amanvillers. Mais, avant que ces nouvelles instructions fussent partout arrivées à destination, l'action s'engageait devant Vernéville, par une canonnade intense, et la bataille commençait avec une violence qui ne permettait pas de l'arrêter.

Voici, en effet, ce qui s'était passé. L'avant-garde de la 18° division prussienne (IX° corps), forte de 4 bataillons, dont un de chasseurs, 4 escadrons et 1 batterie, avait, en débouchant de Vernéville, dirigé 7 compagnies sur la ferme Chantrenne, afin de l'occuper tout d'abord et de s'assurer un point d'appui avant d'attaquer la Folie[1]. En même temps, le commandant du corps d'armée, qui était arrivé à Vernéville vers onze heures et demie et n'était encore en possession que des premiers ordres du prince, remarquait, près d'Amanvillers, un camp dans lequel semblait régner une insoucieuse quiétude[2]. Il jugea l'occasion bonne pour nous surprendre et ordonna en conséquence à tout ce qu'il avait d'artillerie sous la main (artillerie de la 18° division et artillerie de corps) de se porter face à nos positions, pour entamer énergiquement l'action sur Amanvillers et Montigny-la-Grange. A onze heures trois quarts, ces 9 batteries se déployaient sur la longue croupe (cotée 326 sur la carte d'état-major) qui descend d'Amanvillers vers Vernéville, et ouvraient le feu contre ce qu'on croyait toujours être l'extrême droite de notre ligne de bataille. L'absence d'avant-postes nous mettait encore une fois à la merci d'une attaque brusquée; cependant, à défaut d'avant-postes, la vue des masses prussiennes signalées depuis le matin aurait dû suffire à prémunir le 4° corps contre la surprise dont il était l'objet. Mais telle était l'apathie qui, sous la pernicieuse influence d'un commandement inerte, avait gagné de

---

1. Cette avant-garde avait ordre de « s'avancer dans la direction de la Folie, d'occuper le bois et la ferme, mais de ne pas dépasser ces points, pour le moment ».
2. *La Guerre franco-allemande*, page 674.

proche en proche officiers et soldats, qu'on ne se donnait même plus la peine de voir et de réfléchir. Cette pointe aventurée de l'artillerie allemande témoignait assurément d'une grande hardiesse de sa part; étant donnée toutefois la distance à laquelle se trouvait encore à ce moment son infanterie, elle ne laissait pas d'être singulièrement périlleuse et faillit, comme nous allons le voir, la conduire à un désastre.

Dispositions prises par les corps français. — Le 4ᵉ corps cependant, dans les rangs duquel étaient tombés les premiers obus, avait couru aux armes, en renversant les marmites juste au moment où la soupe allait être mangée. Les régiments, abandonnant instantanément leurs bivouacs qu'ils ne devaient plus revoir[1], se formèrent avec une régularité et une précision qui montraient bien quelle était leur valeur, et gagnèrent des positions voisines où ils se déployèrent en formation de combat. La division Grenier, la plus directement en butte aux projectiles ennemis, porta la brigade Bellecourt (1ʳᵉ) au sud-ouest d'Amanvillers ; avec cette brigade se trouvait la batterie de mitrailleuses qui prenait ainsi d'écharpe la longue ligne des batteries du IXᵉ corps. La brigade Pradier, précédée d'une ligne de tirailleurs qui ne poussa malheureusement pas jusqu'aux fermes de Champenois et de l'Envie, se déploya entre Montigny-la-Grange et Amanvillers. La division de Cissey se plaça au nord-ouest d'Amanvillers : le 6ᵉ de ligne à cheval sur la tranchée du chemin de fer alors en construction, la 2ᵉ brigade à droite de ce régiment. Le 20ᵉ bataillon de chasseurs servait de soutien à l'artillerie et formait deux groupes, l'un au sud de la tranchée, l'autre au nord, près de la Mare. Le 1ᵉʳ de ligne (de la 1ʳᵉ brigade) formait réserve. Quant à la division Lorencez, elle était placée en réserve générale à Mon-

---

1. Ces troupes, pendant les trois journées des 16, 17 et 18 août, ne purent manger la soupe qu'une fois, le 17 au soir. Après la bataille du 18, les bivouacs ayant été abandonnés dans la retraite, elles perdirent tous leurs bagages, et rentrèrent à Metz, le 19, sans aucun objet de campement. Les officiers avaient également perdu tout ce qui leur appartenait.

tigny-la-Grange ; mais on n'avait pas pris soin de la défiler, en sorte qu'elle était aussi exposée que si elle eût été engagée dès le début.

Voyons maintenant quelles étaient les dispositions prises par les autres corps de l'armée du Rhin, sauf le 6°, dont il sera question plus loin.

A la gauche du 4° corps, la 1re division (Montaudon) du 3°, avait en ligne le 18° bataillon de chasseurs, au sud de Montigny, puis le 51° de ligne, disposé de la façon suivante : un bataillon dans la ferme de la Folie, un autre dans les tranchées, le 3° dans le bois des Genivaux. La brigade Clinchant occupait les lisières ouest et nord de ce bois, dans la partie qui s'étend entre les fermes de la Folie et de Chantrenne. Le 62° (de la 1re brigade) était en réserve derrière.

Continuant la ligne vers la gauche, la 2° division du 3° corps (Nayral) avait le 15° bataillon de chasseurs et le 19° de ligne à hauteur de la ferme de Leipsick dans les tranchées, et le 41° en réserve derrière ; la 2° brigade (69° et 90°) occupait les parcelles de bois qui longent la rive gauche du vallon venant de la Folie.

La 3° division (Metman) avait placé sa 1re brigade entre les fermes de Leipsick et de Moscou. Toutefois, on avait envoyé dans le bois dont il vient d'être question le 7° bataillon de chasseurs, un bataillon du 29° et une compagnie du 7° de ligne[1]. Dans la 2° brigade, deux compagnies du 59° occupaient la ferme de Moscou, tandis que le reste du régiment se tenait dans les tranchées construites au nord de cette ferme. Le 71° formait la réserve de la division.

La 4° division (Aymard) formait la gauche du 3° corps ; sur la lisière du bois des Genivaux, au pied des pentes du ravin, elle avait sa 1re brigade, un bataillon du 60° à droite et le 44° à gauche. Un autre bataillon du 60° occupait la ferme de Moscou, autour de laquelle se trouvait l'artillerie ; le 3° bataillon formait une seconde ligne à 300 mètres en arrière. La 2° brigade

---

[1]. Ces troupes restèrent sur la lisière du bois. Seules, deux compagnies (une de chasseurs et une du 7° de ligne) descendirent jusqu'au ruisseau.

était postée dans des tranchées-abris à cheval sur la voie romaine; un bataillon du 80° occupait depuis la veille l'auberge de Saint-Hubert, avec une grand'garde au pont sur lequel la route de Gravelotte franchit le ravin de la Mance; un autre bataillon de ce régiment tenait par deux compagnies l'auberge du Point-du-Jour. Au sud de cette auberge, la division Vergé (du 2° corps) avait sa 2° brigade (76° et 77°) déployée le long de la route, dans les fossés, avec des tirailleurs dans les carrières en avant, et sa 1re brigade en seconde ligne. La division Bataille était formée sur deux lignes, dont la première occupait des tranchées. Enfin, la brigade Lapasset, déployée à l'extrême gauche, avait envoyé des compagnies de grand'garde dans Rozérieulles et Sainte-Ruffine.

Nos batteries, restées avec leurs divisions respectives, avaient pris position autour des différentes fermes qui jalonnaient la ligne; quant à la réserve générale d'artillerie, elle n'avait pas quitté Plappeville, où la maintenait le maréchal.

La rapidité avec laquelle toutes ces troupes avaient gagné leurs emplacements de combat plaçait les batteries du IX° corps, si aventurées, dans une situation critique. Bien que leur feu ait rapidement atteint un degré formidable d'intensité et qu'elles aient pu, comme dans les affaires précédentes, prendre presque tout de suite le dessus dans la lutte directe d'artillerie, le tir meurtrier de notre infanterie ne tarda pas à leur infliger des pertes considérables. Dirigé de haut en bas, sur des pentes légèrement inclinées, par de vigoureux soldats pourvus d'une arme excellente, il était d'une efficacité complète, qui mettait « les servants allemands à une rude épreuve [1] ». En même temps, certaines de nos batteries, placées dans une situation dominante et généralement abritées derrière des murs, prenaient d'écharpe les pièces ennemies et suppléaient au défaut de précision par un tir rapide et continu. Le général de Manstein, justement inquiet, essaya de dégager ses pièces en

---

[1]. *La Guerre franco-allemande*, page 678.

portant en avant d'elles deu escadrons de dragons, ils ne purent pas tenir. Il lança alors sur la ferme de l'Envie deux compagnies qui y pénétrèrent sans difficulté, aucune force française ne s'y trouvant, et la mirent aussitôt en état de défense[1]. Puis, au fur et à mesure de l'arrivée à Vernéville des divers éléments de la 18e division, il envoya des troupes pour garnir le bois de la Cusse, afin de protéger le flanc gauche de sa ligne d'artillerie.

Cependant la fusillade dirigée sur celle-ci par les fantassins des généraux Grenier et de Cissey continuait avec une violence extrême. Exposés à des feux croisés, pris à revers par le tir de la batterie de mitrailleuses dont il a été question plus haut, les canonniers ennemis subissaient des pertes énormes; la batterie qui tirait à l'extrême gauche de la ligne, plus particulièrement exposée que les autres, voyait tomber en quelques minutes plusieurs officiers, 5 chefs de pièce, 40 canonniers et presque tous ses chevaux; bientôt même il lui fallait cesser son feu et se retirer en toute hâte. Un brave soldat, le nommé *Hamoniaux*, de la 2e compagnie du 5e bataillon de chasseurs, s'apercevant que les pièces étaient abandonnées, courut jusqu'à elles, accompagné d'un caporal et d'un clairon du 13e de ligne, et s'assura qu'elles étaient en bon état. Les trois courageux soldats allèrent immédiatement prévenir l'artillerie; un lieutenant, M. Palle, accourut avec des attelages et, un quart d'heure après, deux pièces capturées sous une grêle de balles étaient triomphalement ramenées à Amanvillers[2]. Mais, tandis que se passait cet incident glorieux, l'infanterie ennemie avait tenté de progresser vers nos lignes. Les compagnies qui occupaient le bois de la Cusse faisaient de vains efforts pour en déboucher,

---

1. La Relation allemande (page 678) donne à cette occupation une importance qu'elle n'a jamais eue. La ferme de l'Envie n'était pas occupée par nous; elle n'a donc pas été défendue, et les prétendues tentatives pour la reprendre, dont parle la narration officielle, n'ont jamais existé que dans l'imagination de son auteur. On n'en trouve trace nulle part dans les historiques des régiments français.

2. M. Palle et le chasseur Hamoniaux furent faits chevaliers de la Légion d'honneur.

sans pouvoir y réussir, et les pertes qui leur étaient infligées devenaient très sensibles. A droite, des fractions de la 35ᵉ brigade avaient occupé Chantrenne et envahi la partie du bois des Genivaux qui borde la rive droite du ruisseau de la Mance ; arrêtées là par les feux de la brigade Clinchant, elles n'avaient cependant pu franchir celui-ci. Le commandant de la brigade essaya alors d'attaquer la Folie en partant de Chantrenne ; il échoua complètement, et dut rassembler dans cette dernière ferme tout ce qu'il avait de troupes aux alentours, afin de conserver au moins ce point d'appui. Sur ce point, les Français ne passant point à l'offensive, et les Allemands demeurant impuissants à déboucher, le combat dégénéra en une « fusillade incessante et opiniâtre[1] », qui n'amena pas de résultat. Il était une heure en ce moment.

Ainsi c'est toujours le même et triste refrain. Nous nous défendons avec un grand courage, mais toujours passivement ; jamais nous ne profitons du désarroi que produit l'insuccès dans les rangs de l'assaillant pour reprendre à notre tour l'offensive et le culbuter. Quand il s'arrête, nous ne le poursuivons pas et, par suite, nous n'obtenons jamais que des succès négatifs, ou tout au moins inféconds. Déplorable conséquence de l'oubli des vrais principes de la guerre, et de l'incroyable apathie du temps de paix ! Il est certain qu'à ce moment, et la Relation officielle allemande ne se fait pas faute de le répéter à plusieurs reprises, la situation de l'artillerie allemande était des plus périlleuses et des plus aventurées ; la seule brigade qui fût encore arrivée sur le champ de bataille ne luttait qu'avec peine et sans pouvoir faire le moindre progrès. L'autre brigade de la 18ᵉ division se trouvait encore loin en arrière, et ne devait arriver à Vernéville *qu'à deux heures*[2]. La division hessoise (2ᵉ du IXᵉ corps), en marche entre Annoux-la-Grange et Habonville, n'avait encore dans le bois de la Cusse que quelques troupes d'avant-garde, et, d'ail-

---

1. *La Guerre franco-allemande*, page 682.
2. *Ibid.*, page 685.

leurs, elle se trouvait forcée de répondre au feu que dirigeaient sur elle les défenseurs de Saint-Privat. Par conséquent, rien n'eût été plus facile que de jeter le désordre dans toutes ces troupes, surprises en flagrant délit de manœuvre, de faire un trou dans la masse des forces ennemies et d'interrompre ainsi l'exécution des combinaisons ingénieuses assurément, mais non moins risquées, du grand état-major prussien. On ne fit rien, parce que le commandement supérieur ne voulait rien faire. A proprement parler d'ailleurs, ce commandement n'existait pas. La lutte continua donc, sans autre but que de garder les positions réciproques. Les batteries du IX⁰ corps, horriblement maltraitées, entretenaient péniblement la canonnade. « Mais la physionomie du combat et la configuration du terrain rendaient difficile de réapprovisionner les pièces en temps utile, de sorte que, vers deux heures, c'était à peine si l'artillerie de corps était encore en mesure de combattre[1]. » Fort heureusement pour elle, la 25ᵉ division (hessoise) débouchait maintenant d'Habonville et allait se déployer face au front de la division de Cissey.

Sur ces entrefaites arrivait au général de Manstein l'ordre dont il a été question ci-dessus (voir page 85), et que le prince Frédéric-Charles avait donné un peu avant midi. D'après ses termes, le IXᵉ corps devait, de concert avec la Garde, attaquer *notre droite*. Or, le général de Manstein savait maintenant que notre droite n'était pas en face de lui ; mais bien plus au nord, et que, par conséquent, il lui fallait faire remonter ses troupes de ce côté, ce qui n'était pas chose facile, étant données la violence de notre feu et la position critique des batteries que le moindre changement de position exposait à une catastrophe. Le commandant du IXᵉ corps se borna donc, pour l'instant, à prolonger sa ligne vers Saint-Ail, en plaçant la division hessoise au nord du bois de la Cusse. En même temps, il disposait les cinq batteries de cette division à l'est d'Habonville, sur la

---

1. *La Guerre franco-allemande*, page 684.

croupe allongée que traverse la tranchée du chemin de fer, et faisait ouvrir le feu sur Amanvillers.

L'entrée en ligne de cette nouvelle artillerie, en obligeant les pièces du général de Cissey à lui répondre, donna un peu de répit à celle qui soutenait la lutte depuis près de deux heures déjà, dans les conditions que l'on sait. Un instant après, l'artillerie du corps de la Garde, devançant son infanterie, arrivait à son tour près de Saint-Ail, et attirait sur elle le feu des batteries du 6ᵉ corps, qui abandonnaient par suite leur objectif primitif de Vernéville. La situation générale de l'ennemi s'améliora donc un peu, sans pour cela devenir toutefois très brillante ; car si les batteries placées en avant de Vernéville se trouvaient, pour le moment, moins exposées, les progrès de l'infanterie restaient nuls, et la lisière des bois constituait une limite que les Allemands ne réussissaient à dépasser d'aucun côté. Le IXᵉ corps demeurait toujours à la merci d'un mouvement offensif, et le général de Manstein le comprenait si bien qu'il faisait mettre en état de défense, « à toute éventualité, les bâtiments de Vernéville les plus propres à la résistance, et surtout le cimetière[1] ». Malheureusement, cette offensive se bornait à des efforts de détail, absolument incohérents, dus uniquement à une détente spontanée du tempérament français, et nullement à une direction supérieure. Des groupes d'infanterie, énervés par l'immobilité, avaient gagné du terrain, face à la ligne des batteries, et occupé la ferme Champenois. Les Allemands crurent voir dans ce mouvement isolé un nouveau danger pour leurs pièces, et lancèrent en avant un bataillon qui, après avoir rapidement perdu son chef, 12 officiers et 400 hommes, dut se replier en désordre. C'en était fait de l'artillerie allemande, si on l'eût voulu ; mais si grande est l'influence du commandement que quand celui-ci disparaît, les qualités naturelles du soldat elles-mêmes s'émoussent et se paralysent. Personne ne donnant d'ordre, on ne poussa pas de l'avant, en sorte que les batteries de Vernéville,

---

1. *La Guerre franco-allemande*, page 690.

qui ne pouvaient absolument plus tenir, eurent le loisir d'effectuer leur retraite. Celle-ci cependant ne s'exécuta pas sans difficultés ni pertes ; il fallut abandonner un certain nombre de pièces et de voitures, et n'emmener en arrière que des débris. Des neuf batteries qui, depuis onze heures trois quarts, tenaient la croupe 326, il n'en restait, vers trois heures, que trois en position, et encore étaient-elles fortement éprouvées. Bientôt augmentées d'une batterie à cheval hessoise, qui, après avoir été obligée de se retirer aussi du feu, s'était reconstituée et réparée de son mieux, mais n'avait plus que 5 pièces, elles prirent pour objectif la ferme de Champenois et réussirent à l'incendier, en dépit des pertes nouvelles que leur faisait éprouver le feu terrible de mousqueterie dirigé sur elles par nos soldats.

Aussitôt le bataillon hessois, profitant des abris du terrain, se glisse à l'est de Vernéville, gagne la ferme de l'Envie, que l'ennemi occupait déjà et à laquelle nos obus avaient mis le feu, et marche contre Champenois. Mais l'incendie nous avait déjà chassés de ce point ; quand les Hessois y arrivèrent, ils n'y trouvèrent plus personne et purent y entrer sans coup férir. Toutefois, la possession de cette ferme, acquise vers quatre heures et demie, donna à la ligne d'artillerie allemande un peu plus de sécurité ; quelques instants plus tard, le bataillon de chasseurs hessois parvenait à s'installer sur le versant nord-est de la croupe où gisaient les débris des batteries allemandes retirées du combat[1]. L'occu-

---

1. Ici comme pour l'occupation de la ferme de l'Envie, la Relation prussienne donne des détails inexacts. Elle parle d'une vigoureuse attaque, accompagnée de péripéties brillantes sans doute, mais moins rapprochées de l'histoire que du roman. Les Hessois n'ont pas eu à prendre d'assaut Champenois, par la raison que cette ferme, occupée primitivement par très peu de monde, n'a pas été défendue. L'incendie nous en a chassés et, si les Allemands ont subi des pertes pour y arriver, c'est par le seul fait des soldats français qui occupaient les lignes plus élevées de Montigny-la-Grange à la Folie. De même, la Relation allemande parle un peu plus loin (page 698) de colonnes françaises qui se seraient, à trois reprises, lancées infructueusement contre le bataillon de chasseurs hessois installé à la gauche des batteries encore en position à l'est de Vernéville. Ni les souvenirs des acteurs de ce grand drame, ni les historiens des corps ne viennent confirmer cette assertion.

pation de ces deux positions permit, comme on va le voir, à une nouvelle artillerie de se déployer plus nombreuse, au lieu même où les pièces du IX⁰ corps avaient été si près de subir un désastre sans précédent.

Pendant que ces divers incidents se déroulaient sur le front et la gauche de ce corps, la lutte continuait à droite contre les troupes placées dans le bois des Genivaux. Là aussi, les pertes étaient lourdes, et l'ennemi ne se maintenait qu'à grand'peine dans ses positions. Le bataillon qui occupait Chantrenne était en butte à des feux convergents qui le malmenaient fort, et il souffrait beaucoup du tir continu que dirigeait sur lui la brigade Clinchant, embusquée dans le bouquet de bois qui s'étend de Chantrenne à la Folie. Vers deux heures trois quarts, le général de Blumenthal, commandant la 35⁰ brigade, voulut essayer de s'emparer de ce point d'appui ; mais, accueilli par une fusillade terrible, il dut replier à grand'peine ses troupes, avec des pertes énormes, sur la lisière des fourrés de la Mance[1]. Un bataillon, qui, un peu plus au sud, avait franchi la Mance, fut bousculé par le 90⁰ et le 69⁰, de la brigade de Courcy. Tout ce terrain devenait le théâtre d'une lutte meurtrière, où les Prussiens épuisaient sans résultat leurs forces et leurs munitions. Bientôt le colonel des fusiliers de Magdebourg tombe mortellement frappé ; le général de Blumenthal est blessé ; les troupes, qui n'ont plus de cartouches, abandonnent successivement la lutte ; finalement, il ne reste là, à partir de quatre heures, que quatre compagnies. Et cependant, nous ne prenons pas l'offensive !

Le général de Manstein, en proie à une anxiété qui s'explique, suivait, de l'angle nord du bois de la Cusse, la marche de la Garde, dont les progrès importaient tant à son salut. Les batteries hessoises tenaient toujours, ainsi que les quatres batteries de Vernéville ; la division du prince de Hesse, blottie derrière le bois de la Cusse, essayait vainement de déboucher et devait finalement se mettre à l'abri des fourrés, pour attendre

---

1. *La Guerre franco-allemande,* page 700.

là que la Garde se montrât enfin. Tout ce monde était épuisé et n'aurait certainement pas tenu tête à une attaque, si elle s'était produite. Mais, de notre côté aussi, les batteries commençaient à ralentir leur feu ; certaines d'entre elles, très durement éprouvées, se voyaient contraintes de quitter le champ de bataille ; d'autres manquaient de munitions ; fort peu demeuraient intactes. Quant à l'infanterie, dont les chefs ignoraient la raison d'être de cette bataille, et ne possédaient ni *directive*, comme disent les Allemands, ni renseignements sur la situation tactique, elle se contentait de rester sur place et de repousser victorieusement tous les assauts.

Cependant, un puissant renfort venait d'arriver au général de Manstein. C'était l'artillerie de corps du IIIe corps (quatre batteries montées), qui, devançant son infanterie sur l'ordre direct du prince Frédéric-Charles[1], accourait renforcer le IXe corps, s'établissait, à trois heures et demie, entre le château de Vernéville et le bois des Genivaux, et de là écrasait l'artillerie du général de Ladmirault. C'était ensuite la 3e brigade de la Garde qui atteignait le champ de bataille, et se déployait à la gauche du IXe corps, tandis que le reste du corps de la Garde continuait à avancer vers le nord et marchait, comme nous le verrons plus tard, contre Sainte-Marie-aux-Chênes. C'était enfin le IIIe corps tout entier qui arrivait à deux kilomètres au sud-ouest de Vernéville, et restait là jusqu'à nouvel ordre, constituant une réserve imposante avec laquelle, malgré l'affaiblissement résultant des énormes pertes de l'avant-veille, nous étions obligés de compter.

La situation générale, à partir de ce moment, était donc la suivante sur le front d'attaque du IXe corps : au centre une formidable ligne de 15 batteries[2] qui

---

1. Le Prince Frédéric-Charles, arrivé vers une heure trois quarts sur la hauteur du télégraphe, à l'ouest de Vernéville, se porta un peu après deux heures, par Annoux-la-Grange, vers la cote 281, à l'ouest d'Habonville, afin de reconnaître en personne le point exact, encore inconnu, où s'arrêtait notre droite.

2. 5 batteries du IXe corps, 4 du IIIe, 5 hessoises et 1 de la Garde ;

ARMÉE FRANÇAISE. — Zouaves.

tiraient sur le 4ᵉ corps et la droite du 3ᵉ; aux deux ailes, deux groupes d'infanterie fournis par le IXᵉ corps et la 3ᵉ brigade de la Garde; en arrière, le IIIᵉ corps. Suffisamment protégée maintenant et rapidement venue à bout de la nôtre, l'artillerie allemande prenait pour objectif les lignes de l'infanterie française, auxquelles elle infligeait, en raison même de leur persistante immobilité, des pertes considérables. Bientôt le général de Ladmirault se vit obligé de faire relever la brigade Bellecourt (1ʳᵉ de la division Grenier) par une brigade de la division Lorencez. Imaginant voir dans ce mouvement un prélude de retraite, les Hessois tentèrent alors un mouvement offensif, que la fusillade de notre infanterie arrêta net. De même, la 3ᵉ brigade de la Garde, qui avait essayé de déboucher au nord-est d'Habonville, fut refoulée avec perte, et obligée de regagner les abris qui bordent le bois de la Cusse au nord. La situation, malgré l'entrée en ligne, du côté de l'ennemi, des renforts dont il a été parlé, n'était donc pas sensiblement modifiée, et les positions réciproques des deux adversaires demeuraient les mêmes ; la lutte se prolongeait sans résultat, soutenue d'un côté par une artillerie puissante, de l'autre par une infanterie solide et bien armée. Mais, ainsi que l'ont écrit les Allemands, « tandis que l'on s'occupait ainsi de renforcer le IXᵉ corps, déjà fort éprouvé, *mais dont le rôle consistait d'ailleurs à demeurer provisoirement dans l'expectative*, la Garde préparait un mouvement tournant contre les positions ennemies, *dont on supposait alors que Saint-Privat formait l'extrême droite*[1] ».

Une chose est à remarquer en effet, dans cette première partie de la bataille : c'est la difficulté qu'éprouvent les Allemands à se renseigner exactement sur la limite extrême de nos emplacements vers le nord. Les reconnaissances successives opérées par la cavalerie, par les avant-gardes, par les généraux eux-mêmes, sont impuissantes à déterminer ce point si important pour

---

certaines de ces batteries, durement éprouvées par le combat dont il a été question ci-dessus, n'avaient plus leur complet de pièces.

1. *La Guerre franco-allemande*, page 710.

l'ennemi, qui a basé toutes ses combinaisons sur leur connaissance précise. Il croit d'abord que c'est Amanvillers, puis Saint-Privat ; et c'est seulement à cinq heures du soir qu'il s'aperçoit que nous nous étendons bien réellement jusqu'au village de Roncourt. On peut juger de la série des tâtonnements par lesquels les Allemands ont dû passer, avant d'agir d'une façon certaine, et quel long espace de temps il leur a fallu pour les franchir. Il est vraiment bien coupable, le commandant en chef qui n'a même pas cherché à « contrarier le moins du monde ce délicat déploiement compliqué d'une marche de flanc[1] » !

Quoi qu'il en soit, la situation tactique du IX° corps, l'expectative du mouvement décisif qui commençait à se dessiner à la gauche, enfin la persistante passivité de nos troupes amenèrent entre cinq et sept heures du soir une sorte de détente dans le premier acharnement de la lutte, et aux furieux engagements du début succéda, pour ainsi dire spontanément, une accalmie que les acteurs de ce grand drame subirent presque sans s'en rendre compte. Le feu se ralentit, les mouvements cessèrent, et les deux adversaires restèrent face à face, ripostant assez faiblement l'un à la canonnade, l'autre aux coups de fusil. Nous les retrouverons tout à l'heure, avec leur ardeur première, quand sonnera l'heure du dénouement. Nous allons, pour l'instant, revenir un peu en arrière et suivre les péripéties de la bataille devant le front des 2° et 3° corps.

II. — Attaque de la Ire armée.

Si l'on se reporte aux dispositions adoptées respectivement par les deux adversaires, dispositions qui ont été données au précédent chapitre, on voit que, déjà dans la matinée du 18, les troupes de notre aile gauche et celles de la Ire armée (VII° et VIII° corps) se trouvaient au contact. Par suite, la surprise dont avait été victime, à onze heures et demie, l'infanterie du général de Ladmirault ne s'était pas étendue aux corps placés plus à

---

[1]. Colonel Canonge, *loc. cit.*, tome II, page 134.

gauche, car ceux-ci, outre que leurs grand'gardes tiraillaient depuis l'aube avec les postes avancés de l'ennemi, avaient pu reconnaître à certains indices l'imminence d'une action. Aussi, tandis que les forces ennemies se massaient vers Gravelotte, au vu de nos lignes disposées sur les hauteurs, chaque régiment français gagnait peu à peu sa position de combat et garnissait les tranchées qu'il avait construites la veille.

A midi, le général de Steinmetz, entendant le bruit du canon de Vernéville, avait fait entamer l'action par l'artillerie de la 14ᵉ division (VIIᵉ corps), postée entre Gravelotte et le bois des Oignons. Mais les batteries du 3ᵉ corps ayant aussitôt riposté avec vigueur, il avait fallu un peu plus tard faire prolonger les ailes de la ligne déjà établie par les trois batteries de la 13ᵉ division. Le duel d'artillerie dura, sans incident remarquable, jusque vers trois heures de l'après-midi. A ce moment, M. de Moltke qui, des hauteurs de Flavigny, suivait, avec le roi de Prusse, le développement de la bataille, et redoutait les effets de l'entraînement dont le général de Steinmetz était coutumier, lui expédia l'ordre suivant, afin de prévenir un engagement prématuré des deux corps qui, d'après ses projets, devaient former le pivot du mouvement général :

> Le combat partiel qu'on entend en ce moment en avant de Vernéville n'exige pas que la Iʳᵉ armée s'engage tout entière. Elle évitera de montrer des forces considérables, et se bornera, le cas échéant, à faire agir son artillerie pour préparer l'attaque ultérieure.

Le chef d'état-major général entendait que la Iʳᵉ armée se bornât « à tenir sans cesse en haleine le front des fortes positions » de l'aile gauche française, tandis que la IIᵉ armée attaquerait notre droite « de front et de flanc[1] ». Mais, pour cela, il n'aurait pas fallu engager tout de suite l'artillerie des deux corps d'armée, car il était dangereux, si on ne voulait pas pousser l'action à fond, de l'entamer avec cette énergie. Or, à une heure à peine de l'après-midi, l'artillerie du VIIIᵉ corps était

1. *La Guerre franco-allemande*, page 668.

venue prendre position au nord de Gravelotte, protégée par des troupes d'infanterie qui, descendant les pentes du ravin de la Mance, entamaient le feu avec nos postes avancés. Il y avait là en tout 18 batteries (108 pièces), en ligne de la Malmaison à Gravelotte, qui balayaient de leurs projectiles les hauteurs de Moscou, écrasaient les pièces des divisions Vergé et Fauvart-Bastoul, et nécessitaient l'entrée en action de l'artillerie de réserve des 2ᵉ et 3ᵉ corps[1].

Une action aussi vigoureusement commencée ne pouvait se borner longtemps à une simple canonnade, et l'infanterie ne tarda pas à s'en mêler, plus tôt certainement que le généralissime allemand ne l'eût désiré[2]. Ce fut d'abord la 15ᵉ division prussienne qui se lança de l'avant, en se glissant dans le ravin de la Mance. Au sud de la route de Gravelotte, le général-major de Wedell[3] réussit à pousser sa brigade (la 29ᵉ) jusqu'au bord oriental du ravin; le 33ᵉ gagna même, en repoussant devant lui les quelques tirailleurs que nous avions placés là, la lisière orientale du bois de Vaux. Mais alors son bataillon de gauche fut accueilli par des feux meurtriers, perdit son chef, la majeure partie de ses officiers, et fut si rapidement et si rudement éprouvé qu'il dut se jeter dans les carrières à gravier qui bordent la route en avant de Saint-Hubert; celles des fractions du régiment qui combattaient un peu plus au sud, face au Point-du-Jour, ne réussissaient pas mieux à débou-

---

1. On lit dans la Relation allemande, page 748 (en note) : « Depuis le 16, la ferme de Mogador avait été convertie en ambulance et un grand drapeau indiquait sa destination. Des obus français, qui l'atteignirent accidentellement dans ce moment du combat, y déterminèrent un incendie et il ne fut plus possible d'arracher aux flammes les nombreux blessés, tant allemands que français, qui y avaient été transportés. » Il est permis de se demander si les Allemands n'auraient pas pu éviter cet accident douloureux en adoptant d'autres positions de batterie. Le fait de se poster à proximité d'une ambulance semble établir l'intention de profiter de sa sauvegarde pour se mettre à l'abri des ripostes de l'ennemi. En tout cas, celui qui agit ainsi assume toute la responsabilité des malheurs qui peuvent se produire.

2. COLMAR VON DER GOLTZ, La Nation armée, page 116.

3. Il ne faut pas confondre le général de Wedell, commandant la 29ᵉ brigade du VIIIᵉ corps, avec son homonyme, commandant la 38ᵉ du Xᵉ corps, qui fut si rudement traitée, le 16, par les troupes de la division de Cissey.

cher du bois et finalement étaient rejetées dans le ravin par le 76ᵉ de ligne et le 3ᵉ bataillon de chasseurs (de la division Vergé), inébranlables sous les obus qui les décimaient. « La batterie de mitrailleuses du capitaine Dupré, postée un peu trop en avant sur la route, avait perdu en quelques minutes un grand nombre de canonniers et de chevaux. Un bataillon du 23ᵉ et le 12ᵉ bataillon de chasseurs, qui l'appuyaient, aidèrent le commandant de cette batterie à la dégager et à ramener ses pièces[1] ».

Au nord de la route, la 30ᵉ brigade avait gagné, au prix de lourdes pertes, quelque terrain dans les bois qui bordent le ravin ; mais les feux du 7ᵉ de ligne et du 7ᵉ bataillon de chasseurs, embusqués sur la lisière orientale, réussissaient à la maintenir dans les fourrés. Le seul résultat obtenu par les assaillants était la retraite de la compagnie du 80ᵉ de ligne primitivement placée en grand'garde entre la ferme de Saint-Hubert et le ravin. Quant au 2ᵉ bataillon de ce régiment qui occupait la ferme, il se maintenait toujours dans son poste et opposait une résistance vigoureuse à toutes les tentatives faites pour le déloger.

Mais la puissance de l'artillerie allemande allait, malheureusement pour nous, sans cesse en croissant. De nouvelles batteries étaient venues renforcer la ligne déjà si formidable de celles qui tiraient sur Moscou et le Point-du-Jour. Grâce à l'occupation du ravin, toute cette masse de bouches à feu avait pu se porter en avant et prendre position, entre deux et trois heures, à l'est de la grande route qui va de Gravelotte à Doncourt, en sorte qu'il y avait là maintenant 22 batteries[2], comprenant 132 pièces, qui écrasaient de projectiles nos positions. Quant à notre artillerie, elle comprenait 100 bouches à feu à peine, réparties en groupes divisionnaires et forcées par conséquent de diviser leurs efforts ; un de ces groupes même, placé à l'extrémité de l'éperon de Rozérieulles, occupait une position trop

---

1. Général FROSSARD, *loc. cit.*, page 108.
2. 10 batteries du VIIᵉ corps, 11 du VIIIᵉ, 1 de la 1ʳᵉ division de cavalerie.

excentrique pour participer avec quelque efficacité à ce grand duel de canons. En outre, la manière vicieuse dont nous avions l'habitude d'utiliser les batteries de réserve, engagées seulement quand les autres ne pouvaient plus tenir, diminuait encore l'intensité et l'efficacité de notre tir. La riposte n'était donc pas, à beaucoup près, aussi vigoureuse que l'attaque, et, malgré la bravoure éclatante des canonniers français, notre ligne d'artillerie s'affaiblissait peu à peu par le retrait successif de celles de ses batteries qui étaient trop éprouvées pour continuer la lutte.

Cette situation ne pouvait échapper longtemps aux Allemands. Jugeant que le feu de nos pièces ne devait plus se prolonger beaucoup, ils prirent pour objectif du leur les quelques points d'appui auxquels s'accrochait notre infanterie, et dirigèrent sur les fermes, ainsi que sur les tranchées-abris, un tir concentrique. La ferme de Moscou prit feu, et les deux compagnies du 59e qui l'occupaient durent en évacuer en hâte les bâtiments en flammes. A ce moment, toute la 15e division prussienne, n'ayant plus même de réserve[1], était blottie dans les fourrés qui bordent le ravin, dans les excavations des carrières, dans les plis du terrain, et chaque fois qu'une de ses fractions apparaissait à découvert, elle était « ravagée à son tour par le feu de l'adversaire[2] ». La 30e brigade (général de Strubberg) tenta néanmoins de prendre l'offensive et déboucha de la partie du bois des Genivaux qui s'étend à l'ouest de la ferme de Moscou. Ses troupes avaient à peine débordé la lisière que les fusils de la division Metman les contraignaient à y rentrer précipitamment, dans un inexprimable désordre. « Les compagnies, déjà fort affaiblies par des pertes considérables, se confondaient à maintes reprises dans l'épaisseur des bois, et les débris de ces groupes, sans chefs, finissaient par redescendre, çà et là,

---

1. Le 60e prussien, d'abord gardé en réserve à Gravelotte, avait dû venir s'engager près du pont de la grande route de Gravelotte à Saint-Hubert, pour boucher la trouée existant entre les deux brigades de la 15e division.

2. *La Guerre franco-allemande*, page 766.

au fond du ravin[1]. » En même temps, les portions des 29ᵉ et 30ᵉ brigades qui occupaient, au sud de la route, les fourrés, les escarpements du ravin et les carrières de sable, tentaient de s'emparer du Point-du-Jour; alimentés sans cesse par des renforts qui gagnaient peu à peu les abris, ces groupes comptaient maintenant près de trente compagnies, appartenant à toutes les unités de la 15ᵉ division, et formant une masse de plus de 5,000 hommes. La position de nos postes du Point-du-Jour et de Saint-Hubert devenait critique et le moment approchait où ils ne pourraient plus tenir.

Prise de Saint-Hubert. — Tout à coup, les bâtiments de cette dernière ferme s'effritèrent sous les obus allemands. Elle se composait d'une maison d'habitation, bâtie en bordure de la route, et de deux bâtiments en équerre, attenant à un grand jardin clos de murs. La garnison, placée sous les ordres du commandant Molière, comptait sept compagnies du 80ᵉ de ligne, environ 750 hommes, qui luttaient depuis plus de deux heures et commençaient à manquer de munitions; en outre, les attaques des Allemands contre le Point-du-Jour menaçaient son flanc gauche; enfin, elle comptait déjà plus de 300 hommes hors de combat. Les progrès accomplis par l'infanterie allemande plaçaient dans une situation fort dangereuse les défenseurs du mur d'enceinte, exposés, s'ils prolongeaient encore leur résistance, à être pris à revers. Le commandant Molière, blessé lui-même, jugea qu'il ne pouvait plus tenir, fit évacuer la ferme, en bon ordre, par échelons et reporta ce qui restait de son bataillon sur la crête en arrière, à hauteur de la ferme de Moscou. L'ennemi se précipita alors, et occupa le poste, où il chercha à s'installer solidement[2].

1. *La Guerre franco-allemande*, page 767.
2. Fidèle à ses habitudes, la Relation allemande (pages 764 et suivantes) donne à l'occupation de Saint-Hubert la couleur d'un enlèvement de vive force. Sans doute l'affaire a été très chaude, mais la prise de possession de la ferme n'a nullement nécessité un assaut. Les historiques français et les souvenirs des témoins oculaires sont formels à cet égard. La retraite du bataillon Molière nous coûta malheureusement quelques pertes. Le capitaine *Lamarle*, blessé deux

Mais le 80ᵉ de ligne avait vu ce qui venait de se passer. Des tranchées où il était établi, il dirigea aussitôt sur les masses prussiennes engouffrées dans les jardins de la ferme une fusillade intense. Il avait à ce moment son 1ᵉʳ bataillon (commandant Bertrand) disposé de la façon suivante : deux compagnies près du Point-du-Jour ; trois compagnies entre cette ferme et le coude de la route où se trouvait la 6ᵉ, ayant elle-même à sa droite le 1ᵉʳ bataillon du 85ᵉ (commandant Luccioni). Toutes ces troupes échangeaient avec l'ennemi posté dans la ferme un feu rapide et serré ; mais, si elles maintenaient l'adversaire sur place, elles subissaient des pertes cruelles qui les diminuaient peu à peu. Le commandant Bertrand venait d'être mortellement frappé quand une batterie allemande essaya de venir prendre position à côté de Saint-Hubert ; nos braves soldats vengèrent sur elle la mort de leur chef et la forcèrent à se retirer dans le plus déplorable état.

Cependant les munitions devenaient rares. Le successeur du commandant Bertrand, le capitaine Apchié, en fit demander au colonel qui amena en personne sous une grêle de projectiles le 3ᵉ bataillon, jusque-là tenu en réserve. Un grand nombre d'officiers, dont le lieutenant-colonel de Langourian et le commandant Maréchal, grièvement blessés, étaient à terre. A côté du brave régiment, la ferme du Point-du-Jour formait un brasier gigantesque, dont le crépitement sinistre se mêlait au fracas des obus. Notre artillerie, à peu près tout entière hors de combat, ne tirait presque plus, et les courageux soldats du colonel Jamin restaient seuls pour contenir le flot d'assaillants qui grossissait sans cesse devant eux.

Ceux-ci toutefois étaient durement éprouvés. Refoulés dans toutes leurs tentatives « par un feu écrasant[1] »,

---

fois, tomba entre les mains de l'ennemi avec plusieurs hommes qui n'avaient pas été prévenus du mouvement rétrograde, et dont certains ne laissèrent aux assaillants qu'un cadavre. C'est ainsi que l'adjudant *Lequien*, le sergent-major *Palat*, les sergents *Grès* et *Jaumet* se faisaient tuer plutôt que de se rendre. (*Historique du 80ᵉ de ligne.*)

1. *La Guerre franco-allemande*, page 767.

ils reconnaissaient « l'impossibilité *momentanée* de pousser plus loin dans la direction de l'est, et, à partir de trois heures et demie, se bornaient à maintenir opiniâtrement le terrain déjà conquis[1] ». D'ailleurs, pour se faire une idée de l'état lamentable où se trouvaient à ce moment les troupes du VIIe corps, il suffit de citer le passage suivant de la *Relation allemande*.

> Dans les luttes qu'elle venait de soutenir, y est-il dit, la 15e division avait dû faire œuvre de toutes ses forces dans la plus extrême limite et jusqu'à complet épuisement ; ses bataillons, cruellement éprouvés, avaient la moitié de leurs officiers tués ou blessés. En outre, il n'avait pas été toujours possible de conserver une ligne de bataille continue et de maintenir rigoureusement la liaison entre les divers groupes tactiques. Postée dans la zone immédiate des feux de la défense, la division se trouvait dans une situation déjà très pénible par elle-même, mais que chaque instant pouvait aggraver encore, *si l'adversaire*, profitant de sa supériorité numérique, *venait à tenter un vigoureux retour offensif*[2]. »

En effet, à ce moment (3 h. 1/2), ce retour offensif eût été certainement décisif ; l'ennemi avait pris possession à la vérité de deux de nos postes avancés, Saint-Hubert à droite et Sainte-Marie-aux-Chênes à gauche (voir plus loin) ; mais les deux corps qu'il avait prématurément engagés tenaient à peine, et entre eux existait un espace vide, long de plus de deux kilomètres. Les autres corps, encore en marche vers le nord, ne pouvaient pas intervenir. Par suite, une poussée énergique dans la trouée existant au centre coupait en deux la ligne de bataille ennemie, impuissante à entamer notre gauche et pas encore en force pour menacer notre droite. Mais pour faire cette poussée, il eût fallu un inspirateur à la bataille, et un inspirateur qui voulût vaincre. Or, le maréchal Bazaine n'avait pas encore quitté Plappeville, et à ceux qui appelaient son attention sur l'intensité toujours croissante de la canonnade : « *Ce n'est rien!* répondait-il négligemment. *Une simple affaire d'avant-postes !* »

Le commandant du VIIIe corps, général de Gœben, qui ne partageait pas cette indifférence, avait déjà, sur

---

1. *La Guerre franco-allemande*, page 768.
2. *Ibid.*, page 769.

ces entrefaites, envoyé la 31ᵉ brigade au secours de l'aile gauche de la 15ᵉ division ; l'un de ses régiments (29ᵉ) s'était déployé contre la route, près de Saint-Hubert, tandis que l'autre (69ᵉ) se portait un peu au nord afin de riposter au feu toujours écrasant des défenseurs de Moscou. Mais l'attaque attendue ne se produisait toujours pas, et nous nous bornions à riposter à coups de fusil. Frappés de cette immobilité persistante, les généraux allemands conclurent que nous en étions arrivés à la limite extrême de la résistance et que le moment était venu de tenter contre nous un effort décisif. Assumant donc sur lui la responsabilité d'une attaque qui allait à l'encontre des instructions de M. de Moltke, le général de Steinmetz ordonna un mouvement général en avant. La 15ᵉ division, appuyée par la 27ᵉ brigade (du VIIᵉ corps), qui arrivait de Gravelotte, reçut l'ordre de marcher à l'assaut de nos positions ; la 26ᵉ brigade, qui se trouvait à Ars, fut lancée contre notre extrême gauche à Rozérieulles, et la 1ʳᵉ division de cavalerie fut envoyée par Gravelotte jusqu'au ravin de la Mance, afin d'être prête à entamer une poursuite qui semblait ne pouvoir beaucoup tarder. Pour compléter cet ensemble de mesures préparatoires, l'artillerie du VIIᵉ corps amena des batteries sur la route, quelques-unes même à l'est du défilé et à hauteur de Saint-Hubert.

Ces dispositions étaient à peine prises qu'un brusque changement de théâtre se produisit. Tout ce qui restait de pièces disponibles de notre côté fut remis en batterie ; l'infanterie qui garnissait les tranchées redoubla la violence de sa fusillade ; les batteries de réserve du 3ᵉ corps, placées près de Moscou, dirigèrent leur tir vers le défilé de Gravelotte ; en sorte que « au moment où, du côté des Prussiens, chefs et soldats se prenaient déjà à croire qu'il ne s'agissait que d'un dernier effort contre un adversaire en retraite, l'attaque commencée se heurta à une résistance aussi vigoureuse qu'inattendue[1] ». Les deux premières batteries qui se présentè-

---

1. *La Guerre franco-allemande*, page 774.

rent à hauteur de Saint-Hubert furent écrasées et mises « dans une situation désespérée[1] » ; les autres perdirent en un instant la majeure partie de leur monde, et l'une d'entre elles compta jusqu'à 37 hommes et 75 chevaux hors de combat.

Pendant ce temps, la cavalerie avait essayé de déboucher au sud de Saint-Hubert, pour venir charger l'adversaire « qu'on supposait en retraite[2] ». Le 4e uhlans, qui marchait en tête, ne put pas se déployer et fut rejeté violemment en arrière, tandis que la batterie à cheval qui l'accompagnait devait, « complètement désemparée, se laisser glisser dans le ravin de la Mance[3] ». Le reste de la division fit demi-tour, avant même de déboucher, et rejoignit, à quatre heures et demie, ses positions primitives, entre Gravelotte et la Malmaison.

Cette retraite était trop précipitée pour ne pas se répercuter sur l'infanterie. « Harcelés par des essaims de tirailleurs ennemis, les groupes de troupes prussiennes établis en rase campagne ne pouvaient tenir devant les attaques exécutées des lignes du Point-du-Jour. Les trois compagnies du 1er bataillon du 60e, déjà fort affaiblies, redescendent à travers bois vers la gorge. Les détachements du 33e, embusqués dans les trous à gravier, au sud du Point-du-Jour, craignant d'être coupés, disposent une partie de leur monde en repli sur la lisière du couvert ; mais le gros de la troupe se maintient néanmoins à son poste. Déjà la grêle des balles qui accompagne le mouvement offensif de l'ennemi arrive jusqu'au point où se tient le commandant en chef de la Ire armée. Des officiers, des chevaux de son état-major tombent à ses côtés, morts ou blessés. Le prince Adalbert de Prusse a sa monture tuée sous lui, sur la ligne des batteries du VIIe corps[4]. » C'est-à-dire que l'attaque sur laquelle on comptait tant avait complètement échoué. Malheureusement, et quoi qu'en dise

---

1. *La Guerre franco-allemande*, page 776.
2. *Ibid.*, page 777.
3. *Ibid.*, page 778.
4. *Ibid.*, page 779.

la Relation prussienne, aucune offensive ne se produisait de notre côté. Notre infanterie, comme toujours, restait sur place, et usait sa bravoure en une défensive improductive, qui arrêtait l'ennemi, mais n'avançait pas nos affaires. Elle gardait ses positions avec une opiniâtreté admirable, mais personne ne la jetant en avant, elle n'empêchait pas l'adversaire de demeurer sur les siennes. Si les mouvements offensifs dont parlent les Allemands s'étaient produits, ils auraient eu des conséquences autrement graves que l'échec dont il vient d'être question, et l'on peut affirmer que le général de Steinmetz aurait payé cher son indépendance de caractère et les effets de sa trop bouillante ardeur.

Quoi qu'il en soit, le roi Guillaume, M. de Moltke et tout leur état-major qui formait « une suite nombreuse[1] », étaient arrivés, vers quatre heures et demie, à Gravelotte. Depuis une heure de l'après-midi, ils recevaient du commandant en chef de la Ire armée des rapports triomphants, qui peignaient sous des couleurs brillantes la situation des affaires de ce côté ; à vrai dire, le dernier de ces rapports, expédié à quatre heures et quart, était beaucoup moins rassurant et ne laissait pressentir rien moins qu'un échec. Mais le grand quartier général n'en avait pas encore connaissance, et il arrivait tout confiant, croyant augmenter l'éclat de la victoire par la présence du roi. C'était juste l'instant où la 1re division de cavalerie se repliait en désordre, emmenant avec elle les batteries désemparées du VIIe corps. On peut imaginer que la rencontre entre le général de Steinmetz et ses illustres visiteurs dut être assez froide, en particulier de la part de M. de Moltke, et que ceux-ci prirent assez mal leur déconvenue. Le commandant de la Ire armée avait une revanche à prendre, et il paraît y avoir songé sur-le-champ.

Justement, à ce moment, la lutte semblait près de s'éteindre ; nos batteries, à court de munitions et aux trois quarts démolies, ne tiraient plus qu'à de longs intervalles ; nos tirailleurs, immobiles et n'ayant plus

---

1. *La Guerre franco-allemande*, page 787.

rien devant eux à bonne portée, cessaient progressivement de faire feu. Naturellement, le général de Steinmetz mettait cette accalmie sur le compte de l'épuisement, et même, comme nos soldats s'étaient couchés dans les tranchées et paraissaient, par endroits, les avoir désertées, il supposait qu'une partie de nos forces avait été déplacée pour aller au secours de l'aile droite[1]. Il était à ce moment six heures passées ; le IIe corps, mis à la disposition de la Ire armée, arrivait de Rezonville aux abords de Gravelotte[2]. Le jour baissait, et il fallait se hâter, si l'on voulait s'assurer du succès avant la chute du jour. Le roi de Prusse, sur les instances du général de Steinmetz, se décida à ordonner une offensive générale, et aussitôt, toutes les dispositions furent prises pour la pousser à fond.

Tout d'abord, une colonne, composée d'un bataillon du 40e et du 72e prussiens, marche contre les tranchées occupées par le 80e de ligne. Elle est repoussée avec pertes. Le général Frossard, pressentant alors un nouvel assaut, prend ses précautions pour le recevoir, et, quand l'ennemi vient derechef escalader les pentes, il est accueilli par une pluie de projectiles qui rompt ses lignes et détruit sa cohésion. Ici encore nous laisserons la parole aux Allemands :

Il était sept heures du soir environ, et nos troupes se disposaient à ce dernier effort, quant tout à coup l'adversaire se ranima. Ses lignes se voilent subitement d'un épais nuage de fumée ; les batteries françaises encore en état de combattre venaient de reprendre leur feu depuis longtemps interrompu, et criblaient les bois, ainsi que le plateau de Gravelotte, de projectiles de toute espèce, qui portaient jusqu'au point où se tenait Sa Majesté. Sur tout le front du corps Frossard et probablement aussi à l'aile gauche du corps Le Bœuf, toutes les réserves viennent en première ligne... En même temps, des tirailleurs débouchant en lignes épaisses, poussent vers Saint-Hubert et surtout vers le bois au sud de la grande route, chassent devant eux les hommes isolés, les petits groupes, le plus souvent sans chefs, épars en

---

1. A. von Schell, major au grand état-major, *Opérations de la Ire armée, sous les ordres du général de Steinmetz*.
2. La 3e division avait quitté Pont-à-Mousson à deux heures du matin ; la 4e, cantonnée au sud de cette ville, s'était vue forcée de partir *avant minuit*.

rase campagne, et les culbutent jusque dans le ravin de la Mance. Une batterie, toujours en position derrière le jardin de Saint-Hubert, se voit également menacée par l'attaque de cette infanterie ; elle parvient cependant à s'en préserver, et, bien que quelques-unes de ses pièces fussent un instant entraînées dans le torrent des fuyards, elle tient bon dans cette position si longtemps et si bravement conservée [1].

C'est une panique véritable qui se répercute jusqu'aux derrières de l'armée. En vain la 32ᵉ brigade accourt-elle pour soutenir cette retraite affolée, la crise s'étend « jusqu'aux abords de Gravelotte et de la Malmaison [2] ». L'entourage du roi lui-même s'émeut, et l'ordre est envoyé de débarrasser sans délai les ponts d'Ars et de Corny, pour permettre la retraite sur la rive droite [3]. L'état-major allemand, qui, pour couper les communications de l'armée française, a si aventureusement découvert les siennes, songe au péril qui menace les Iʳᵉ et IIᵉ armées si la gauche ennemie profite de l'incontestable succès qu'elle vient d'obtenir. Toutes les réserves disponibles sont jetées en avant ; le IIᵉ corps, dont les colonnes défilent devant le roi lui-même et reçoivent ses encouragements, arrive au pas de course ; quatre nouvelles batteries, postées à cheval sur la route, ouvrent contre nos positions un feu désespéré... « Le général de Fransecky (commandant le IIᵉ corps) se tenait aux abords de la chaussée, sur la berge occidentale du ravin, pour diriger de là le passage des troupes. Le commandant de la Iʳᵉ armée suivait, avec son état-major, le mouvement des colonnes le long du défilé, et le général de Moltke s'y était porté lui-même, avec les officiers du grand quartier général. Les bataillons, tambours battant, fanfares en tête, franchissent vivement le ravin, sous les yeux de ces hauts personnages, et,

---

1. *La Guerre franco-allemande*, page 801.
2. *Ibid.*
3. L'existence de cet ordre a été contestée. Cependant, outre que presque tous les auteurs en font mention, elle a été confirmée par un hussard du 8ᵉ régiment prussien qui avait été chargé de porter l'ordre en question, et qui, depuis, fut fait prisonnier ; c'était un commerçant de Cologne, rappelé par la guerre sous les drapeaux. (*Metz, Campagnes et négociations*, page 93.)

répondant à l'appel de leur général en chef, s'élancent pleins d'ardeur au combat.

« L'ennemi tenait sous son feu la chaussée et tout le terrain adjacent. La mitraille, les balles même pleuvaient de nouveau jusqu'auprès de Gravelotte ; mais la lutte était particulièrement furieuse du côté de Saint-Hubert et des groupes nombreux refluant pêle-mêle semblaient annoncer le début d'une nouvelle crise [1]. »

La 3ᵉ division prussienne passe la première le redoutable défilé. Elle trouve devant elle le 66ᵉ qui est venu relever le 80ᵉ à bout de forces et de munitions [2], et est déployé du Point-du-Jour au coude de la route ; le bataillon du commandant Luccioni (85ᵉ de ligne) qui prolonge la droite du 66ᵉ, enfin les 76ᵉ, 77ᵉ de ligne et 3ᵉ bataillon de chasseurs (division Vergé) embusqués dans les carrières béantes au sud du Point-du-Jour. Plusieurs de ces régiments n'ont plus de chef : le colonel Février, du 77ᵉ, le commandant Petit, du 3ᵉ bataillon, sont déjà grièvement atteints ; les deux chefs de bataillon du 80ᵉ sont morts. Mais ce qui reste d'officiers valides se prodigue avec une bravoure superbe et un admirable mépris de la mort ; debout hors des tranchées, ils dirigent la résistance et donnent leurs ordres d'une voix haute et claire que le tumulte de la bataille ne réussit pas à étouffer. Les bataillons prussiens, fauchés par les balles, sont arrêtés sur place et viennent s'entasser autour de Saint-Hubert. En vain leurs officiers s'épuisent-ils en efforts surhumains pour pousser sur les tranchées quelques tirailleurs. Nos soldats, quand ils n'ont plus de cartouches, se servent de leur baïonnette ; les cadavres s'amoncellent aux abords des épaulements, mais ceux-ci demeurent imprenables, et quand la nuit vient couvrir de ses voiles cette affreuse boucherie, les Français n'ont pas perdu un pouce de terrain, tandis que les Prussiens, décimés, reculent en désordre, pour-

---

1. *La Guerre franco-allemande*, page 804.
2. Quatre compagnies de ce régiment (1ᵉʳ bataillon) furent, dans la précipitation du mouvement, oubliées dans les tranchées, où elles se battaient depuis plus de sept heures. En l'absence de tout officier supérieur encore debout, le capitaine Raynal de Tissonnière en prit alors le commandement.

suivis par les volées de mitraille que leur envoient nos pièces encore en état de faire feu.

De ce côté, la bataille prenait fin, sur un insuccès bien caractérisé de l'ennemi. Notre gauche avait défié toutes les attaques, car, pas plus à Saint-Hubert qu'à Rozérieulles, l'ennemi n'avait pu déloger nos soldats de leurs abris improvisés. Voyons donc ce qui s'était passé sur ce dernier point.

Attaque de Rozérieulles. — On se rappelle qu'au moment où le général de Steinmetz avait ordonné l'attaque générale de nos positions (vers quatre heures et quart), il prescrivait en même temps à la 26ᵉ brigade, qui était à Ars, de se porter contre notre extrême gauche, à Rozérieulles et à Jussy. Là se trouvait, comme nous le savons, la brigade Lapasset, réduite à moins de 4,300 hommes par la journée du 16, et ne comptant que 17 ou 1,800 combattants pour chacun de ses régiments d'infanterie. Le 84ᵉ occupait Rozérieulles, trois de ses compagnies tenant la croupe escarpée qui borde le côté sud de la route de Gravelotte et s'étend à l'ouest de Jussy, face au bois de Vaux. Le 97ᵉ était à Sainte-Ruffine[1]. Vers quatre heures et demie, l'avant-garde de la 26ᵉ brigade, qui atteignait Vaux, se porta contre la croupe occupée par les trois compagnies du 84ᵉ; celles-ci, bien que n'ayant que 250 fusils contre 1,000, arrêtèrent néanmoins par leur feu le bataillon qui les menaçait; mais bientôt d'autres groupes ennemis, profitant des abris et des couverts fournis par les pentes rapides, débouchèrent à leur tour, semblant vouloir aborder la croupe de Jussy par son flanc gauche. Le 2ᵉ bataillon du 97ᵉ, qui formait la réserve, accourut de Sainte-Ruffine sur l'éperon de Rozérieulles; en même temps les pièces de Rozérieulles et du fort Saint-Quentin dirigèrent leur tir contre une batterie allemande qui avait pris position au sud-ouest de Jussy. Tout cela n'empêcha pas l'infanterie ennemie d'entrer, grâce aux couverts, dans ce dernier village et de s'y maintenir.

---

1. Ce régiment, qui avait perdu le 16 son colonel et son lieutenant-colonel, était commandé par un chef de bataillon.

La lutte entre cette avant-garde et nos postes avancés devint en un instant très vive ; s'appuyant sur le village de Jussy, le gros de la 26ᵉ brigade vint se masser au pied des pentes et aborda le plateau par l'est, dirigeant sur nos soldats un feu extrêmement violent. Devant cette supériorité numérique, force fut alors à nos grand'gardes de se replier ; mais le mouvement, exécuté dans un ordre parfait, démasqua les lignes postées plus en arrière, de sorte que l'assaillant fut maintenu sur place, et borna ses progrès à l'occupation de la crête extérieure du plateau. Le feu se prolongea, sans grande intensité désormais, jusqu'à la nuit close. En présence de l'insuccès des attaques contre le Point-du-Jour et Moscou, le général von der Goltz ne jugea pas à propos de pousser cette tentative plus loin.

Ainsi, le résultat final de l'offensive obstinée que, malgré des instructions formelles, le général de Steinmetz n'avait pas craint de tenter avec toutes ses forces, était tout autre chose qu'une victoire. Le grand état-major rentra à Gravelotte la mort dans l'âme, tandis que les troupes, épuisées et fortement réduites, s'établissaient au bivouac sur place, en face des positions qu'elles avaient si péniblement essayé de conquérir et où nos soldats passaient la nuit, fiers d'avoir bravé d'aussi rudes assauts. A la fin de cette dure journée, M. de Moltke savait que sur le front du IXᵉ corps, comme sur la partie du champ de bataille où il s'était trouvé en personne, ni la puissance d'une artillerie formidable, ni l'écrasante supériorité du nombre n'avaient eu raison de l'opiniâtreté de nos soldats ; quant à ce qui avait pu se passer à l'extrême gauche, il l'ignorait absolument. On peut donc juger de ses angoisses, car si, comme l'a écrit un officier prussien, « on ne se rendait pas compte le moins du monde, dans l'armée allemande, que ce jour-là on livrait une grande bataille avec le front renversé et *qu'on avait renoncé à toutes les communications en évoluant pour envelopper l'armée française*[1] », le chef d'état-major

---

1. Baron COLMAR VON DER GOLTZ, *La Nation armée,* page 345.

général, lui, ne pouvait ni ignorer cette situation délicate ni s'en dissimuler les dangers. Cet homme, si heureux d'ordinaire, et si habitué jusque-là aux sourires de la fortune, a entrevu un instant, le 18 août, les amertumes de la défaite ; aussi ne voulut-il jamais pardonner au général de Steinmetz la terrible émotion par laquelle celui-ci venait de le faire passer.

Malheureusement, cette émotion allait bientôt faire place à une joie sans mélange, car au moment même où la Ire armée subissait le sanglant échec qu'on vient de voir, la IIe écrasait notre droite, abandonnée sans secours aux coups d'un adversaire démesurément supérieur, et changeait en une victoire décisive pour les armes allemandes le résultat de cette grande journée qui, sans la criminelle inertie du maréchal Bazaine, aurait dû voir leur déroute. C'est le dénouement du drame que nous allons raconter maintenant ; si douloureux qu'il ait été par ses conséquences, il évoque d'assez nobles souvenirs de grandeur et de gloire pour qu'il soit permis de le rappeler avec orgueil.

III. — Attaque de Saint-Privat.

Il était environ deux heures quand le prince Frédéric-Charles, arrivé de sa personne à Habonville, s'aperçut que l'extrême droite de l'armée française s'étendait jusqu'à Saint-Privat, et peut-être même plus loin. A ce moment, la Garde était déjà arrivée au nord d'Habonville, et le corps saxon (XIIe) s'avançait à sa gauche. Dans ces conditions, le prince jugea que le meilleur parti à prendre était de tout simplement engager la Garde contre Saint-Privat, à la gauche du IXe corps, tandis que les Saxons exécuteraient la marche nécessaire pour envelopper notre droite. Seulement, comme on ne savait pas exactement jusqu'où s'étendait celle-ci, le XIIe corps reçut l'ordre de diriger la 24e division sur Sainte-Marie-aux-Chênes et la 23e sur Coinville, pour rabattre ensuite cette dernière dans la direction de Roncourt. Le Xe corps, qui marchait en arrière sur Batilly, était désigné pour servir de réserve de ce côté.

Le 6e corps français, dont les forces étaient si réduites, allait donc subir le choc de deux corps d'armée ennemis encore intacts, soutenus en arrière par un troisième. A la vérité, la droite du 4ᵉ corps (division de Cissey) pouvait lui prêter son concours, mais, somme toute, c'était une masse de 110,000 hommes, appuyée de 290 pièces de canon, qui se portait à l'assaut de positions défendues par 33,000 hommes à peine, ne disposant que d'une artillerie insuffisante ou déjà désorganisée.

Positions de combat du 6ᵉ corps. — En entendant, vers onze heures et demie, le canon retentir devant Verneville, le maréchal Canrobert avait fait prendre à ses troupes des positions choisies de façon à garnir tout l'espace que le 6ᵉ corps avait à défendre. Il fallait en même temps donner la main au 4ᵉ corps, qui ne dépassait pas sensiblement la tranchée du chemin de fer à Amanvillers, et occuper Roncourt, seul point d'appui de notre droite. La ligne de défense se trouvait donc forcément assez étendue et ce n'était pas trop de trois divisions pour l'occuper solidement. Le maréchal adopta donc les dispositions suivantes :

La 1ʳᵉ division (Tixier) se déploya entre le 4ᵉ corps et Jérusalem. Elle avait à gauche la brigade Leroy de Dais, et à droite le 4ᵉ de ligne, de la brigade Péchot ; l'autre régiment de cette brigade (le 10ᵉ de ligne) ayant été envoyé à Roncourt. En avant, sur la crête du promontoire allongé qui descend vers le bois de la Cusse, se tenait la division Levassor-Sorval, formée sur deux lignes, la brigade Gibon en tête. La division Lafont de Villiers et le 9ᵉ de ligne, seul régiment de la division Bisson, occupaient le terrain entre Saint-Privat et Roncourt.

Toute l'artillerie était en batteries sur le bord occidental des crêtes, y compris les deux batteries à cheval de la division du Barail, qui s'étaient postées au sud de Saint-Privat, à la gauche de la ligne. Quant à la cavalerie elle-même, elle demeurait massée derrière le village de Saint-Privat, bien que son rôle tactique eût été de couvrir et d'éclairer le flanc droit de la position générale, si dangereusement découvert.

La faiblesse numérique du 6ᵉ corps ne lui permettait pas

de constituer de réserve. La brigade Leroy de Dais remplit cependant ce rôle un instant, mais elle fut bientôt obligée de s'engager et il n'y eut alors plus rien de disponible.

Le poste avancé de Sainte-Marie-aux-Chênes était occupé par deux bataillons et demi du 94° (colonel de Geslin), soit 1,450 hommes environ [1] : l'un s'était placé dans la partie ouest ; l'autre, face au sud, s'étendait à la gauche du premier, ayant des hommes jusque dans les fossés de la route. Le demi-bataillon restant formait réserve, dans le village. Par malheur, l'occupation de Sainte-Marie avait été trop tardive, en sorte qu'on n'avait pu faire dans ce poste aucun préparatif pour en augmenter la valeur ; les entrées n'en étaient même pas barricadées, et ni les haies ni les clôtures nombreuses qui entouraient les murs n'avaient été organisées défensivement.

Attaque et prise de Sainte-Marie-aux-Chênes. — A peine les différents corps étaient-ils installés sur les emplacements énumérés ci-dessus, que les obus de l'artillerie hessoise tombaient dans leurs rangs. Moins de trois quarts d'heure après, vers midi et demi, la 1re division de la Garde prussienne, arrivée, ainsi qu'on l'a vu, au sud d'Habonville, ouvrait le feu de ses quatre batteries sur le 6° corps, dont l'artillerie, si réduite qu'elle fût, ripostait aussitôt avec énergie. Puis, comme la position des pièces allemandes ne paraissait pas suffisamment bonne, les batteries de la Garde la quittaient au bout de quelques instants pour venir s'établir au sud de Saint-Ail, sur un plateau où ne tardaient pas à venir les rejoindre les cinq batteries de l'artillerie de corps. C'en était trop pour permettre à notre faible artillerie, à laquelle les munitions étaient parcimonieusement mesurées [2], de soutenir la lutte ; elle ne put pas tenir et se reporta presque immédiatement en arrière,

---

1. Le 94° avait été très éprouvé à Rezonville, où il avait perdu 24 officiers et 540 hommes. En outre, le chef d'état-major du 6° corps garda auprès de lui à Saint-Privat 3 compagnies de ce régiment.

2. Les munitions consommées le 16 ne furent pas remplacées dans les coffres du 6° corps. A peine l'action du 18 commencée, il fallut en faire demander au commandant en chef ; mais celui-ci n'en envoya pas.

se bornant à entretenir un feu très ralenti. Toutefois, les batteries allemandes, exposées à une fusillade meurtrière[1], étaient clouées sur place, et tous leurs efforts pour se rapprocher de Saint-Privat, placé à plus de 3 kilomètres, restèrent infructueux.

La conquête de Sainte-Marie-aux-Chênes devenait donc une nécessité absolue, avant de tenter tout mouvement contre la hauteur de Saint-Privat, et le commandant de la Garde, prince Auguste de Wurtemberg, donna l'ordre d'enlever le village, aussitôt que le XII° corps serait en état de prêter son concours. Le général de Pape, commandant la 1re division de la Garde, dirigea alors sur lui son avant-garde ; des compagnies du régiment de fusiliers s'avancèrent de Saint-Ail sur Sainte-Marie, tandis que le bataillon de chasseurs, prenant à gauche dans un ravin boisé, se déployait au sud-ouest du village ; ces troupes furent arrêtées presque immédiatement par notre feu. A ce moment arrivait en arrière le gros de la division, engagée dans le ravin boisé dont il vient d'être question ; de nouveaux éléments se portèrent en ligne, et bientôt le village se trouva presque enveloppé au sud et au sud-ouest par 4 bataillons, que soutenaient 11 autres bataillons en arrière. Malgré tout, le général de Pape ne voulait pas tenter une attaque sans l'avoir fait complètement préparer par l'artillerie ; sur son invitation, 10 pièces de l'artillerie de corps dirigèrent leur feu sur le malheureux village, dont les défenseurs restaient inébranlables sous cette pluie de fer. Mais ce n'était pas encore assez. « Le général, constatant bientôt la nécessité d'une action plus puissante de l'artillerie[2] », demanda le concours de la 24° division saxonne qui approchait ; les 4 batteries de celle-ci vinrent immédiatement se joindre aux pièces prussiennes, et l'infanterie se massa au nord de Batilly. Bien plus, l'artillerie de corps des Saxons et 3 batteries de la 23° division entrèrent en ligne à leur tour, en sorte que le seul 94° de ligne eut à soutenir l'assaut de

---

1. Le tir du 94° en particulier, qui les prenait de flanc, les faisait beaucoup souffrir.
2. *La Guerre franco-allemande*, page 718.

2 divisions tout entières appuyées par la masse formidable de 94 pièces (plus de 15 batteries).

Le général Collin, commandant de la brigade à laquelle appartenait le 94ᵉ, et qui avait tenu à accompagner le régiment dans son poste de dévouement et d'honneur, le colonel de Geslin, le lieutenant-colonel Hochstetter, les chefs de bataillon Horcat et Froidevaux[1] se mirent à la tête de leurs soldats et cherchèrent à faire face à cette situation périlleuse. Donnant l'exemple de la bravoure la plus éclatante et du plus admirable sang-froid, ils portèrent tout leur monde en ligne et dirigèrent la défense tant qu'ils eurent des munitions. Les pertes infligées ainsi à l'artillerie allemande grossissaient sans cesse; mais les nôtres devenaient d'autant plus cruelles qu'aucun secours n'était à espérer. A trois heures, jugeant que l'effet produit par le tir convergent de leur artillerie était suffisant, et voyant que notre feu se ralentissait, les généraux de Pape et de Nehroff (commandant de la 24ᵉ division saxonne) lancèrent leurs troupes à l'assaut.

La 1ʳᵉ division de la Garde devait opérer par le sud et le sud-ouest; la 24ᵉ, par le nord et le nord-ouest. Nous avons vu ce que la première avait déjà en ligne; du côté des Saxons, toute la 47ᵉ brigade (7 bataillons) s'apprêtait à déboucher. En outre, « les fractions de la 23ᵉ division qui, à ce moment, approchaient aussi du théâtre de l'action se mettaient en mesure de concourir à l'opération. » Toutefois un seul bataillon de cette dernière division fut engagé devant Sainte-Marie, l'ordre étant arrivé pendant l'action de reprendre la marche sur Auboué.

A peine ces masses énormes se mettaient-elles en mouvement, que la poignée de braves enfermés dans Sainte-Marie dirigeaient sur elles un feu plus violent encore que celui dont l'artillerie avait eu tant à souffrir. Mais la disproportion des forces était vraiment trop considérable pour que la résistance eût quelque chance

---

1. Celui-là même qui trouva la mort en qualité de colonel des pompiers de Paris, dans le terrible incendie de Charonne.

de se prolonger. Bientôt le village fut complètement débordé vers le sud-ouest; le général Collin tomba grièvement atteint. Déjà 13 officiers et plus de 300 hommes étaient hors de combat. Le colonel de Geslin estima que prolonger la lutte dans ces conditions serait folie, et il donna l'ordre d'évacuer Sainte-Marie. La retraite s'effectua sur Roncourt, protégée par les trois compagnies de réserve ; elle ne fut d'ailleurs nullement inquiétée par l'ennemi. Deux bataillons du 91e, qui se portèrent en avant, sur la route, suffirent à tenir celui-ci en respect, malgré l'effectif considérable qu'il avait mis en action [1].

Le premier soin des Allemands, aussitôt leur conquête assurée, fut de remettre de l'ordre dans leurs unités confondues, bien plus à cause de leur grand nombre que des difficultés d'une action entreprise à vingt contre un. Les 30,000 hommes des deux divisions prussienne et saxonne s'engouffraient dans le village et le désordre était bientôt à son comble. Les deux généraux eurent beaucoup de peine à reformer leurs troupes et à rallier les bataillons. Quand ils y eurent réussi, ils se séparèrent, et la Garde occupa le village, tandis que la division saxonne se portait vers le nord. L'artillerie déborda Sainte-Marie et vint se poster près de la sortie orientale, d'où elle canonna le village de Saint-Privat, sans que la nôtre, aux trois quarts éteinte, pût la contre-battre avec efficacité.

Cependant, le maréchal Canrobert distinguait maintenant la marche du corps saxon vers Auboué N'ayant pas assez de monde pour protéger sa droite menacée, il voulut essayer de gêner le mouvement de l'ennemi en l'attaquant droit devant lui, et fit appuyer le mouvement offensif que le 91e venait de dessiner contre Sainte-Marie. L'artillerie du 6e corps se reporta en

---

1. Toutes les fois que, dans cette bataille, les Allemands ont occupé un village, il semble, au dire de leur rédacteur officiel, que ce soit par un véritable assaut. Ici encore (page 724) il est question d'une attaque brusquée, accompagnée de *retentissants hourrahs!* Les détails donnés ci-dessus sont extraits de l'historique du 94e, revu par le colonel de Geslin lui-même, et mettent les choses à leur véritable point.

avant, pour quelques instants à peine malheureusement, car les obus prussiens en eurent bientôt raison ; seule une batterie placée au sud de Saint-Privat put prolonger son feu. Quant aux efforts de l'infanterie pour se lancer contre Sainte-Marie, ils restèrent infructueux, en raison de l'action toujours plus violente de l'artillerie de la Garde, qui prenait en écharpe les troupes portées de ce côté. Les Allemands subissaient bien de ce fait quelques pertes, mais Sainte-Marie leur restait. Il nous fallut renoncer à toute nouvelle tentative pour reconquérir le terrain perdu, et comme, de son côté, l'ennemi désormais fixé sur la position exacte de notre droite, attendait, pour reprendre l'offensive, que le mouvement du XII° corps fût assez avancé, il se produisit là, comme en face d'Amanvillers et de Montigny-la-Grange, une accalmie très sensible qui dura jusqu'à cinq heures environ. Seule, l'artillerie se faisait entendre, et encore à des intervalles assez espacés.

Mais, pendant ce temps, les Saxons avaient marché. Vers quatre heures un quart, les têtes de colonnes de la 24° division se montraient devant Roncourt et cherchaient déjà à s'en emparer ; les feux du 9° de ligne arrêtèrent cette tentative, et le général de Nehroff, jugeant que l'offensive était à éviter jusqu'à ce que le mouvement enveloppant fût plus nettement dessiné, envoya à son avant-garde l'ordre de rallier le gros de la division, à Sainte-Marie. Quant à l'artillerie, un instant gênée par ces mouvements, elle se porta alors au nord du village et joignit son action contre Saint-Privat à celle des 10 batteries de la Garde, postées au sud-est de Saint-Ail. Le 6° corps fut ainsi soumis au feu de 144 pièces, auxquelles ses batteries se trouvaient hors d'état de riposter.

Le prince royal de Saxe (commandant du XII° corps), placé près de Sainte-Marie, avait cru distinguer de l'artillerie française au nord de Montois. Pensant que notre droite s'étendait jusqu'à ce village, il envoya à la 23° division qui, on s'en souvient, devait marcher directement d'Auboué sur Roncourt, l'ordre de s'élever plus au nord, « afin d'arriver réellement au mouvement tournant projeté[1] », et il la renforça de la 48ᵉ brigade pour donner à son action, qui devait être décisive, une plus grande puissance. A ce moment (4 h. 1/4), la tête de colonne de cette division s'engageait déjà dans le bois situé à l'est d'Auboué, bois qui est formé d'épais taillis broussailleux, et à la lisière orientale duquel se tenaient des tirailleurs français détachés de Roncourt. Elle ne put progresser qu'au prix de pertes sérieuses, mais réussit cependant, bien que fortement éprouvée[2], à traverser les fourrés. Le maréchal Canrobert, a qui ces mouvements n'avaient pas échappé, essaya d'y mettre un terme en lançant sur les Saxons la cavalerie du général du Barail; malheureusement celle-ci, qui, au lieu de déborder notre flanc droit, avait été tenue jusque-là en arrière des lignes, derrière Saint-Privat, fut écrasée d'obus avant d'avoir pu seulement se déployer, et dut renoncer à intervenir. Il fallut donc parer par d'autres mesures au danger dont semblait menacé le flanc droit du 6ᵉ corps, et le maréchal se vit obligé de prescrire, sans perdre un moment, des dispositions nouvelles. Un bataillon du 9ᵉ de ligne gagna Montois au pas de course; la brigade Péchot fut appelée à Roncourt, qu'elle gagna en passant à l'est de Saint-Privat, et le général Le Roy de Dais mit en ligne, pour la remplacer, son deuxième régiment, le 100ᵉ, jusque-là tenu en réserve. Le 12ᵉ de ligne appuya à droite et jeta dans Saint-Privat ses 2ᵉ et 3ᵉ bataillons.

Mais, tandis que ces mouvements, d'ailleurs aperçus par l'ennemi, s'exécutaient, le prince Georges de Saxe, commandant la 23ᵉ division, recevait l'ordre suivant de son commandant de corps d'armée :

Le colonel de Schulz, ayant avec lui la 48ᵉ brigade[3], renforcée du 1ᵉʳ régiment de cavalerie et de 3 batteries de la 1ʳᵉ *abtheilung* montée, continuera par la vallée de l'Orne jusqu'à hauteur de Jœuf et de Montois, puis se portera de ce dernier point sur Roncourt.
Le général de Craushaar, avec la 45ᵉ brigade d'infanterie, fera

---

1. *La Guerre franco-allemande*, page 731.
2. *Ibid.*, page 733.
3. Mise comme on l'a vu plus haut, à la disposition de la 23ᵉ division.

évacuer complètement le bois et marchera sur Roncourt par l'ouest, dès que le colonel de Schulz s'engagera au nord.

La destination à donner à la 46ᵉ brigade reste provisoirement réservée.

Par suite, un peu après cinq heures du soir, les forces qui allaient attaquer notre 6ᵉ corps se trouvèrent disposées comme suit :

La 47ᵉ brigade, au nord de Sainte-Marie-aux-Chênes, ayant à côté d'elle la majeure partie de l'artillerie saxonne[1] ;

La 45ᵉ brigade, dans les bois situés entre Auboué e Roncourt ;

La 46ᵉ brigade, à l'ouest de Coinville, avec une batterie ;

La 48ᵉ brigade, avec deux batteries[2] et deux régiments de cavalerie, au sud de Jœuf et se dirigeant sur ce village, pour de là se rabattre sur Montois ;

La 4ᵉ brigade de la Garde[3], à Saint-Ail, l'artillerie divisionnaire avec l'artillerie de corps en batterie entre Saint-Ail et Habonville et tirant contre Saint-Privat ;

La 1ʳᵉ division de la Garde à Sainte-Marie-aux-Chênes ;

En même temps, deux escadrons de cavalerie se portaient au nord, vers la Moselle, pour couper les communications entre Thionville et Metz, et deux régiments de uhlans battaient l'estrade entre les routes de Briey et d'Etain, vers l'ouest.

Si donc l'action de l'infanterie ne se dessinait pas encore, celle de l'artillerie, par contre, se poursuivait avec une redoutable intensité : 180 bouches à feu lançaient contre Saint-Privat un ouragan de projectiles, contre lesquels les deux malheureuses batteries à cheval, restées seules en position au sud du village, ne pouvaient certes pas protéger les lignes d'infanterie. Les munitions demandées au maréchal Bazaine n'arri-

---

1. Artilleries du corps et de la 23ᵉ division.
2. Malgré l'ordre cité ci-dessus, la brigade de Schulz n'avait emmené tout d'abord que 2 batteries ; une autre, qui était restée un moment avec la ligne d'artillerie au nord de Sainte-Marie, la rejoignit peu après.
3. En arrivant sur le champ de bataille, la 2ᵉ division de la Garde avait envoyé sa 3ᵉ brigade renforcer le IXᵉ corps à Vernéville.

vaient pas et, pour avoir quelques gargousses disponibles au moment où la masse formidable des troupes qui se groupaient devant lui prendrait l'offensive, le commandant du 6ᵉ corps était obligé de faire appel à la camaraderie du général de Ladmirault. La situation devenait donc grave, et ne laissait pas de donner de sérieuses inquiétudes au maréchal Canrobert.

Sanglant échec de la Garde prussienne devant Saint-Privat. — Cependant, nos mouvements avaient fait supposer aux généraux ennemis que la manœuvre enveloppante des Saxons était assez avancée pour devenir opportune, avant que nous puissions nous y opposer. Le prince Auguste de Wurtemberg, commandant en chef de la Garde, donna, en conséquence, et avec l'autorisation du prince Frédéric-Charles, l'ordre d'attaquer Saint-Privat. En vain, le général de Pape fit-il observer que cette offensive lui paraissait prématurée, et que le mouvement des Saxons était beaucoup moins avancé qu'on ne le croyait; le prince, pressé de finir en raison de l'heure tardive autant que de la position critique du IXᵉ corps, maintint sa décision. Les deux divisions de la Garde[1] furent donc portées en avant, et s'apprêtèrent à assaillir les troupes du 6ᵉ corps qui étaient déployées à l'ouest du village[2].

La 4ᵉ brigade (général de Berger) prit sa formation de combat, et fut dirigée de Saint-Ail sur la ferme de Jérusalem. La 1ʳᵉ brigade (général de Kessel) reçut pour objectif le village même de Saint-Privat; quant à la 2ᵉ brigade (général de Medem), elle fut laissée en réserve à Sainte-Marie; toutefois, le 2ᵉ régiment à pied suivit la 1ʳᵉ brigade à 500 mètres en arrière, pour lui servir de soutien[3].

A cinq heures un quart environ, le général de Berger avait déployé ses régiments à l'est de la route de

---

1. Moins la 3ᵉ brigade laissée avec le IXᵉ corps.
2. C'étaient: la brigade Becquet de Sonnay (75ᵉ et 91ᵉ), la brigade Gibon, ancienne brigade Marguenat (25ᵉ et 26ᵉ), et le 93ᵉ de la brigade Collin.
3. La 2ᵉ brigade de la Garde est à trois régiments, savoir: 2ᵉ régiment à pied, régiment de fusiliers de la Garde, 4ᵉ régiment à pied.

Saint-Ail à Sainte-Marie, et à gauche de la grande ligne d'artillerie. Ils étaient formés sur deux lignes en formations épaisses et profondes, avec un rideau de tirailleurs en avant ; à droite le 4ᵉ grenadiers (Reine Augusta), à gauche le 2ᵉ grenadiers (Empereur François). A peine commençaient-ils à se mettre en marche qu'une grêle de projectiles s'abattait sur eux, produisant dans leurs rangs des « effets terribles [1] ». En un instant, le 2ᵉ grenadiers perdait son colonel et ses deux chefs de bataillon. Ses compagnies essayent cependant de poursuivre leur mouvement offensif; désorganisées par une fusillade intense, elles se jettent en désordre vers la route, se blottissent dans les fossés et s'arrêtent à 500 mètres de nos lignes, « privées de presque tous leurs officiers et réduites à des groupes insignifiants [2] ». Le 4ᵉ grenadiers a tenté pendant ce temps de marcher contre Jérusalem. Une épouvantable fusillade le cloue sur place à son tour ; « en un clin d'œil, ses rangs sont décimés, et les officiers surtout payent un large tribut... Là encore, l'attaque directe échoue devant la grêle de balles des défenseurs [3]. » Le régiment n'a plus d'officiers supérieurs debout, si ce n'est son colonel, comte de Waldersee [4]; un officier, ancien aide de camp de l'empereur du Mexique Maximilien, le capitaine Vogel de Falkenstein, rallie ce qu'il peut de ces troupes complètement désorganisées, appelle à lui une compagnie du 1ᵉʳ grenadiers (Empereur Alexandre de Russie) qui, appartenant à la 3ᵉ brigade, est à gauche d'Habonville, et se met en devoir, à l'aile droite de la ligne, de riposter à notre feu. En même temps, deux batteries de la Garde accourent, et font des efforts désespérés pour écraser les défenseurs de Saint-Privat. Inutile dévouement ! La moitié des pièces peut seule se mettre en

---

1. *La Guerre franco-allemande*, page 822.
2. *Ibid.*, page 823.
3. *Ibid.* — La *Relation allemande* suppose que les défenseurs de Saint-Privat avaient reçu des renforts. On sait ce qu'il en est de la réalité de cette assertion.
4. Le colonel de Waldersee, blessé, était resté jusqu'à la fin à la tête de son régiment. Une fois le mouvement de celui-ci arrêté, il dut abandonner son commandement et se retirer du champ de bataille.

batterie, et les grenadiers de la Garde, dont il ne reste que quelques groupes épars, doivent demeurer sur place, cramponnés au terrain, mais absolument hors d'état de pousser en avant.

Les débris de la 4ᵉ brigade de la Garde s'arrêtèrent, toujours sous le feu, sur un mamelon intermédiaire entre Saint-Ail et Saint-Privat; il ne restait, de tous les officiers supérieurs de cette brigade, qu'un major. Le général de Berger les maintint en place, sur l'ordre reçu du prince de Wurtemberg de ne pas tenter un nouvel assaut.

Mais tandis que les grenadiers subissaient cet échec si meurtrier, la 1ʳᵉ brigade avait, au nord de la route, tenté, elle aussi de s'emparer de Saint-Privat. Une demi-heure après la mise en mouvement de la brigade de Berger, c'est-à-dire vers cinq heures trois quarts, le général de Kessel était parti de Sainte-Marie et avait essayé de franchir le glacis découvert qui le séparait de nos positions. Or ce glacis est couronné, nous l'avons déjà dit, par une sorte de terrasse qui s'étend jusqu'à 4 ou 500 mètres à l'ouest de Saint-Privat et « dont les faces ouest et nord sont précédées, à peu de distance, de quelques enclos échelonnés, entourés de murs à hauteur d'appui; sur certains points, les Français avaient établi en outre des tranchées-abris. Des tirailleurs très serrés garnissaient ces lignes étagées, en arrière desquelles s'élevait sur la crête, semblable à une forteresse naturelle, le village de Saint-Privat, groupé comme une ville, presque complètement entouré de murs, et dont les solides maisons de pierre étaient garnies de défenseurs jusque sur les toits[1]. »

Le général de Kessel, en débouchant de Sainte-Marie, s'était porté à 500 mètres environ vers le nord, afin de ne pas confondre ses unités avec celles de la 4ᵉ brigade qui, déjà désorganisées, refluaient sur la grande route. De là, par un changement de direction à droite, il s'était rabattu vers Saint-Privat; mais, comme le mouvement ne se faisait que successivement, les compa-

---

1. *La Guerre franco-allemande*, page 827.

gnies placées à l'aile droite se trouvèrent engagées presque tout de suite. Le bataillon de fusiliers du 3ᵉ régiment à pied, qui se trouvait aussi en ligne le premier, s'avança sous un feu épouvantable, jusqu'à 600 mètres du village; il perdit en route son chef broyé par un obus, le colonel du régiment, presque tous ses officiers, et bientôt il ne resta plus de lui que des « débris complètement dispersés[1] ». Le 2ᵉ bataillon, qui s'était déployé à sa gauche, ne fut pas plus heureux; il vit tomber, là aussi, presque tous ses officiers et un simple lieutenant dut en prendre le commandement. Plus à gauche encore, le bataillon de fusiliers du 1ᵉʳ régiment vint prolonger au nord la ligne des deux premiers. « Ses compagnies fondirent à vue d'œil sous le feu meurtrier des chassepots; son chef, dont le cheval avait été tué, était lui-même grièvement blessé, et, peu à peu, ce bataillon perdait, comme les deux autres, *tous ses officiers*[2]. »

Cependant, les bataillons de la deuxième ligne voulurent alors tenter de porter secours à la première, si durement éprouvée; ils réussirent à jeter à sa hauteur quelques compagnies; mais, décimées à leur tour par la violence de notre feu, que favorisaient à la fois et l'inclinaison et la nudité des pentes, celles-ci durent arrêter leurs débris, complètement à bout de forces, à côté des survivants de cette épouvantable hécatombe. « Toute cette action de la 1ʳᵉ brigade de la Garde, dit la *Relation allemande*, n'avait pas pris plus d'une demi-heure environ. Vers six heures et quart, quatre bataillons et demi de cette brigade (dont quelques-uns, il est vrai, ne comptaient que bien peu d'hommes) étaient en position à une distance de 600 ou 800 pas de la face ouest du point d'attaque[3]. »

A ce moment, le général de Pape, voyant la large trouée qui existait entre la 1ʳᵉ et la 4ᵉ brigade, venait d'ordonner au 2ᵉ régiment à pied, lequel, on s'en souvient, avait suivi les troupes d'attaque à 500 mètres en

---

1. *La Guerre franco-allemande*, page 829.
2. *Ibid.*, page 830.
3. *Ibid.*, page 832.

arrière, de venir la boucher. Le régiment s'avança
« tambour battant, sous une pluie de mitraille[1]. » A
peine était-il en vue que le général de Medem, le colonel et le chef du 1ᵉʳ bataillon tombaient grièvement
blessés ; c'est privé *de tous ses officiers* que les débris
de ce bataillon atteignaient la ligne de bataille. Quant
aux deux autres, tout aussi maltraités, ils étaient obligés
de s'arrêter sur un terrain littéralement couvert de
blessés et de morts.

L'élan de cette troupe courageuse était brisé ; les
magnifiques régiments de la Garde royale, corps d'élite
qui ont pour colonels des têtes couronnées et où les
princes héritiers de la couronne des Hohenzollern font
leur apprentissage du métier des armes, presque complètement anéantis : 6,500 hommes et 240 officiers
gisaient à terre, morts ou mourants ; et avec tous les
bataillons mélangés dans le plus affreux désordre, il ne
restait pas de quoi constituer un régiment ! On voyait
de loin s'agiter, sur le sol traversé par des chevaux
sans cavaliers, des essaims confus et tourbillonnants
qui offraient l'image d'une fourmilière dans laquelle on
aurait plongé un bâton ; et dans cette masse éparpillée,
les balles françaises sifflant sans relâche venaient
achever leur œuvre de destruction ! Rien ne manquait
à l'horreur de ce tableau funèbre, pas même la redoutable menace d'un anéantissement total, car les Allemands devaient s'attendre, à tout instant, « à voir les
Français prononcer un vigoureux retour offensif et culbuter sur Sainte-Marie leurs lignes sans consistance[2]. »
Dévorés d'inquiétude, le général de Pape et le prince de
Wurtemberg font appel au 4ᵉ régiment à pied, qui est
à Sainte-Marie ; celui-ci accourt et parvient à grand'peine, après avoir vu tomber son colonel, à se rapprocher de l'extrême gauche, mais il ne peut déterminer
une reprise de l'action[3]. Le général de Pape avait raison ;

---

1. *La Guerre franco-allemande*, page 833.
2. *Ibid.*, page 834.
3. « On pourra se faire une idée de l'effet destructeur des feux
auxquels fut exposée l'infanterie de la Garde par le fait suivant : un
troupeau de moutons effarouchés, venant de Sainte-Marie, avait passé

l'artillerie seule était capable de venir à bout de l'opiniâtreté des soldats de Canrobert, en les écrasant derrière leurs abris. Alors, toutes les batteries de la Garde se mettent à tonner à la fois ; vers sept heures, 84 bouches à feu, fractionnées en deux groupes, prennent pour objectif les unes Saint-Privat, les autres Jérusalem, et les embrasent. Nos rangs hachés par la mitraille, se serrent entre les maisons qui s'écroulent et les murs qui s'abattent, tandis que les restes de la Garde royale se reconstituent tant bien que mal et que le XIIe corps achève le mouvement décisif qui doit triompher enfin de l'admirable bravoure de l'infanterie française, gardienne du dernier boulevard de l'armée du Rhin.

Des hauteurs de Saint-Privat, où il se tenait au milieu de ses héroïques soldats, le maréchal Canrobert avait assisté au massacre de la Garde prussienne. Il aurait voulu lancer sur ses épaves désorganisées une troupe compacte qui achevât d'y porter le désordre et en terminât la destruction. Mais il ne disposait d'aucune réserve et ne pouvait même plus faire soutenir ses troupes de première ligne, ravagées, elles aussi, par les projectiles de l'artillerie ennemie. Un des régiments de la division du Barail, ayant essayé de charger la gauche allemande, fut repoussé sans même avoir pu se déployer. A ce moment, d'ailleurs, les têtes de colonnes du corps saxon débouchaient sur Roncourt, et le maréchal songeait avec angoisse qu'il n'allait plus avoir personne à opposer à cette redoutable attaque de flanc. Depuis le commencement de l'action, il expédiait au commandant en chef officier sur officier pour lui demander des munitions et des secours. Il était sept heures du soir et rien encore ne se montrait. Ses émissaires n'étaient-ils pas parvenus à destination ? Hélas ! si, et c'est ici que commence véritablement l'abominable série des manœuvres criminelles qu'a si justement flétries

---

à toute vitesse devant l'infanterie prussienne, et les ennemis, prenant probablement les bêtes pour de la cavalerie, avaient ouvert le feu sur elles et les exterminèrent jusqu'à la dernière. » (Général prince DE HOHENLOHE, *Lettres sur l'infanterie*, page 45.)

le jugement solennel de Trianon. Quelque douleur qu'il y ait à les rappeler, il le faut cependant, ne serait-ce que pour expliquer comment tant de bravoure, de dévouement et de vaillance ont abouti à l'un des plus complets désastres dont l'histoire fasse mention !

Inertie du maréchal Bazaine. — A dix heures et quart du matin, le maréchal Canrobert avait signalé au commandant en chef, d'ailleurs prévenu d'autre part, que des mouvements de troupes se dessinaient vers l'ouest ; à midi et demi, il lui envoyait le capitaine de Bellegarde pour lui annoncer le début de l'attaque, ainsi que la pénurie de ses munitions et le besoin qu'avait le 6ᵉ corps d'être le plus tôt possible doté d'une réserve. Le commandant en chef répondit à M. de Bellegarde :

Vous direz au maréchal Canrobert que je donne l'ordre au général Bourbaki de lui envoyer une division de la Garde pour le cas où l'attaque dont il est l'objet deviendrait plus sérieuse ; que je donne l'ordre, en outre, au général Soleille de lui envoyer une batterie de 12. Vous direz au maréchal d'envoyer remplir ses caissons au parc de réserve qui est ici.

Cependant, comme vers deux heures et demie les secours promis n'arrivaient pas, le maréchal Canrobert, après avoir une première fois rappelé au commandant en chef sa demande de munitions[1], se décida à envoyer auprès de lui le capitaine d'artillerie de Chalus, qui arriva à Plappeville une heure après. Le maréchal était dans son salon, tandis que les chevaux de l'état-major général, que le général Jarras faisait tenir prêts depuis onze heures du matin, se morfondaient à la porte. Le capitaine de Chalus expliqua, *sur une carte*, la situation du 6ᵉ corps, et le commandant en chef parut alors se décider à expédier les renforts promis, auxquels aucun ordre n'avait encore été donné d'ailleurs. Mais, sur ces entrefaites, on remit au maréchal un papier, venu on ne sait d'où, et annonçant, paraît-il, que tout allait bien au 6ᵉ corps.

---

1. Par un officier du grand état-major général que le maréchal Bazaine lui avait expédié à dix heures, pour le prévenir *qu'en cas d'attaque sérieuse, l'aile droite viendrait occuper des positions en arrière.*

Bazaine mit le billet dans sa poche et dit à M. de Chalus qu'il ne voyait plus la nécessité de faire partir la division de grenadiers, mais qu'il l'autorisait à aller prendre quatre caissons au fort de Plappeville. Ainsi, sur la foi d'un renseignement dont on n'a jamais connu la provenance, mais qui ne venait en tout cas certainement pas du principal intéressé, le commandant en chef, sans même chercher à s'assurer s'il est exact, revient sur sa décision et renonce à soutenir le 6ᵉ corps ! C'est apparemment, comme l'a dit le commissaire du gouvernement, qu'il ne tenait pas beaucoup à ce que le 6ᵉ corps fût soutenu [1].

Lorsqu'il eut ainsi congédié le capitaine de Chalus, le maréchal se décida enfin à monter à cheval ; il était à ce moment près de quatre heures et la lutte devant le front du 4ᵉ corps et la gauche du 6ᵉ avait déjà acquis une intensité formidable. Ce n'est cependant pas de ce côté qu'il se dirigea, mais bien sur le plateau en avant de Plappeville, d'où il ne pouvait rien apercevoir de notre droite, mais d'où il surveillait la gauche, objet, malgré la force presque inexpugnable des positions, de ses préoccupations apparentes. Là, il reçut du maréchal Canrobert un nouveau billet au crayon, dans lequel étaient signalées la situation désespérée de nos batteries et l'imminence du danger que faisait courir au 6ᵉ corps le mouvement enveloppant des Saxons. Il ne fit à ce billet aucune réponse. Bien plus : comme à ce moment passait auprès de lui un des officiers d'ordonnance du général Bourbaki, commandant de la Garde impériale, il l'appela et le chargea d'aller dire à son général de ne pas bouger. « La journée est terminée, dit-il un instant après à MM. de Lacale et de Sancy, tous deux également officiers d'ordonnance du général Bourbaki, la Garde va rentrer dans ses campements [2]. » Le seul secours que reçut le maréchal Canrobert fut donc constitué par

---

1. *Procès Bazaine*, audience du 3 décembre 1873. — Réquisitoire.
2. Vers dix heures et demie du matin, le maréchal avait envoyé au général Bourbaki, par le capitaine de Mornay-Soult, l'autorisation de se mettre en route *quand il le jugerait convenable*. Étrange conception et du rôle du général en chef et de l'emploi des réserves, qui constituent, d'après tous les principes et les données de l'expérience,

les quatre caissons emmenés par le capitaine de Chalus et par deux batteries de la réserve générale expédiées, vers trois heures et demie, par le général Soleille sur l'ordre de Bazaine. Comme nous le verrons tout à l'heure, ces batteries n'arrivèrent pas à temps pour sauver le 6ᵉ corps et ne servirent qu'à protéger sa retraite. Et pendant ce temps-là, la Garde, la réserve générale d'artillerie et 10 régiments de la cavalerie de réserve restaient immobiles en rongeant leur frein d'impatience dans les bivouacs où le commandant en chef les avait confinés! L'intendant général de l'armée n'était même pas informé qu'une bataille terrible était engagée, et l'ambulance du quartier général demeurait à Plappeville, tandis que des milliers de blessés agonisaient sans secours dans les fermes éventrées par les obus prussiens! Pour ces soldats qui se battaient avec un courage surhumain, sans illusion et sans espoir, le maréchal aux mains duquel avaient été remises les destinées de la France n'avait que des paroles de dédain et de mépris : « Que faire avec de pareilles troupes? » s'écriait-il, en voyant, vers cinq heures et demie, des convoyeurs et des blessés revenir en désordre de Saint-Privat. « S'il se fût trouvé sur le champ de bataille, il eût promptement reconnu son erreur; il eût pu constater que le 6ᵉ corps tenait toujours et que ses soldats abandonnés par lui sans secours dans la lutte désespérée qu'ils soutenaient contre un ennemi trois ou quatre fois supérieur en nombre et appuyé par près de 300 pièces de canon, méritaient d'autres remerciements que ces paroles injustes et cruelles. Pendant que, du plateau de Plappeville, le maréchal portait sur ses troupes un jugement si sévère, le souverain ennemi, présent, lui, sur le terrain du combat, exprimait hautement son admiration pour leur héroïque ténacité. [1] »

A sept heures du soir, après être passé au fort Saint-Quentin où il s'amusa à pointer lui-même quelques pièces sur Jussy, le maréchal rentrait à son quartier

---

une ressource suprême dont seul peut disposer le commandement supérieur.

1. *Procès Bazaine*, audience du 3 décembre 1873. — Réquisitoire.

général. C'était le moment précis où une attaque décisive, exécutée par plus de 100,000 hommes, se dessinait contre le 6° corps. Des habitants de Plappeville, M. de Bouteiller, député de la Moselle, des officiers de son état-major lui signalent le fracas toujours croissant de la canonnade et insistent pour le convaincre de la gravité de la situation. Le télégraphe lui transmet, lui-même en a convenu, les renseignements de l'observatoire établi sur le clocher très élevé de la cathédrale de Metz[1]. Aux uns, il répond : « *Ce n'est rien ! je sais que ce n'est rien !*[2] » — Aux autres : « *C'est bien, le maréchal Canrobert a de fortes positions, qu'il les garde !*[3] » Et il se refuse obstinément à donner un ordre, quel qu'il soit.

Dans tout le cours de cette mémorable journée, qui a décidé du sort de la guerre, l'intervention du commandant en chef s'est bornée à la promenade inutile mentionnée ci-dessus, et à l'envoi de trois dépêches au maréchal de Mac-Mahon et à l'Empereur. Dans la première, partie à deux heures, il était dit : « *Le corps Canrobert pourrait bien être attaqué à Saint-Privat.* » Dans la seconde, expédiée à quatre heures, on lisait : « *Attaque générale sur toute la ligne, dirigée par le roi de Prusse en personne. Les troupes tiennent bon, mais des batteries ont été obligées de cesser le feu.* » Enfin la troisième, datée de Plappeville à sept heures cinquante du soir, était ainsi conçue : « *J'arrive du plateau, l'attaque a été très vive. En ce moment, sept heures, le feu cesse ; nos troupes sont constamment restées sur leurs positions.* » — « Or, le plateau d'où arrivait le maréchal n'était pas celui où se livrait la bataille, et, à l'heure où, selon lui, le feu avait cessé, les troupes restant dans leurs positions, l'aile droite de l'armée, formée du 6° corps, était débordée, tournée et rejetée en désordre sur Metz, tandis que le 4° corps se voyait contraint de suivre ce mouvement[4] ».

---

1. Maréchal BAZAINE, *L'Armée du Rhin*, page 70.
2. Lieutenant-colonel DE MONTLUISANT, *La Chute de Metz*, page 110.
3. *Metz, Campagne et négociations*, page 22.
4. *Procès Bazaine*, Réquisitoire.

Tentatives avortées contre Amanvillers. — Cependant, le feu s'était rallumé, vers cinq heures et demie, devant Amanvillers, en raison de l'arrivée de la 3ᵉ brigade de la Garde, envoyée par le prince Frédéric-Charles au secours du IXᵉ corps. Le général de Manstein, voyant nos troupes aux prises avec l'attaque qui, dans le moment, se dessinait contre Saint-Privat, avait jugé l'instant propice pour pousser contre les positions du 4ᵉ corps, et donné aux troupes de renfort qu'il venait de recevoir, l'ordre de se porter sur le village d'Amanvillers, principal point d'appui de notre centre. Le colonel de Knappstœdt, commandant la 3ᵉ brigade de la Garde, se déploya donc en avant du bois de la Cusse, ayant en première ligne six bataillons [1]. Mais, arrivées à 500 mètres des positions françaises, ces troupes se trouvèrent soumises à une fusillade tellement violente, qu'il leur fut impossible de pousser plus avant. « Une grêle de balles criblait le bataillon de tirailleurs de la Garde (qui attaquait directement) sur son front comme sur les flancs; déjà son chef, le major de Fabeck, avait été tué; la plupart des commandants de compagnie gisaient morts ou blessés. Dans l'action de mousqueterie qui succédait à cette première attaque, le bataillon achevait de perdre successivement *tous ses officiers*, jusqu'à ce qu'un enseigne [2] finît par prendre le commandement des hommes encore en état de combattre [3] ». Les deux bataillons du 1ᵉʳ grenadiers (Empereur Alexandre), qui prolongeaient la ligne à droite et avaient tenté d'aborder la position par son flanc gauche, n'étaient pas plus heureux; ils perdaient plus de la

---

1. 1° Le bataillon des tirailleurs de la Garde; 2° 2 bataillons du 1ᵉʳ grenadiers (Empereur Alexandre); (on se rappelle que le 1ᵉʳ bataillon de ce régiment coopérait, au nord d'Habonville, à l'attaque de Saint-Privat); 3° 2 bataillons et demi du 3ᵉ grenadiers (Reine Élisabeth). Les deux compagnies restantes de ce régiment accompagnaient la brigade de uhlans de la Garde, chargée, depuis le 17 août, de patrouiller dans la direction de la Meuse; 4° 2 compagnies de pionniers.

2. On désigne, dans l'armée allemande, sous le nom *d'enseigne porte-épée* (*fœhnrich*) un candidat officier, ayant un rang équivalent à celui qu'occupent, dans notre marine, les aspirants de 2ᵉ classe.

3. *La Guerre franco-allemande*, page 811.

moitié de leur monde, au point qu'une compagnie était commandée par un sergent. Quant au commandant de la brigade, colonel de Knappstœdt, il était obligé de quitter le champ de bataille, la main fracassée par une balle de chassepot.

Restaient les deux bataillons et demi du 3ᵉ grenadiers (Reine Élisabeth), qui jusqu'à ce moment avaient été tenus en réserve. Le colonel de Zenner, investi du commandement provisoire de la brigade, les appelle à lui, et les lance entre les deux bataillons du régiment Empereur Alexandre, séparés par les hasards du combat. A leur tour, ils sont décimés par la fusillade et voient tomber presque tous leurs officiers. La ligne formée par la 3ᵉ brigade de la Garde restait donc arrêtée tout entière, sur la crête qui s'étend à 60 mètres à l'ouest d'Amanvillers, et ses pertes étaient telles, qu'elle se trouvait hors d'état de dépasser cette position [1].

Mais ce mouvement offensif de la 3ᵉ brigade de la Garde avait été appuyé, à gauche, par la 49ᵉ brigade (hessoise), qui avait essayé d'attaquer Amanvillers en s'avançant des deux côtés du chemin de fer en construction. Débouchant du bois de la Cusse, elle avait cherché à s'emparer, au nord, du mamelon coté 325 (carte de l'état-major), au sud, de la maison du garde-barrière à moitié construite au passage à niveau du chemin d'Habonville à Amanvillers. Au nord, ses efforts échouèrent ; au sud, la maisonnette fut un instant occupée, et les Hessois songèrent alors à opérer, grâce à ce point d'appui, une diversion en faveur de la 3ᵉ brigade de la Garde, si cruellement éprouvée : leur tentative échoua « devant le feu, réellement écrasant, sous lequel le défenseur (division de Cissey) tenait toute la pente en forme de glacis qui descend vers l'ouest. Les contingents, fort maltraités, de la 49ᵉ brigade, furent rejetés jusqu'à la hauteur de la maison du garde et ramenés en partie vers le bois de la Cusse [2] ». Toutefois ces différents mouvements, bien qu'avortés, avaient

---

1. *La Guerre franco-allemande*, page 813.
2. *Ibid.*, page 816.

permis à l'artillerie, mieux couverte par les troupes à mesure qu'elles s'avançaient vers l'est, de reprendre un rôle actif. Les obus s'abattaient maintenant sans interruption sur Amanvillers, rendu intenable, et la violence de ce feu mettait obstacle à toute tentative analogue à celle dont les batteries du IX° corps avaient eu, au début de la bataille, tant à souffrir. Au surplus, cette intervention si puissante du canon n'était rien moins qu'inutile, car, à ce moment, la situation des troupes prussiennes engagées aux abords de Chantrenne ne laissait pas de présenter de graves périls. Il y avait là, dans le bouquet de bois situé entre cette ferme et la Folie, un parti du 3° corps, qui, appuyé de deux mitrailleuses, résistait victorieusement à tous les efforts tentés par l'ennemi pour le débusquer, et imposait à celui-ci de lourdes pertes, avec la menace d'un retour offensif que l'épuisement du IX° corps rendait particulièrement dangereux. En vain l'artillerie du III° corps, amenée de Vernéville, avait-elle, à sept heures du soir, ouvert sur le petit bois une terrible canonnade qui ouvrait dans « les taillis de larges trouées ». En vain ce corps lui-même s'avançait-il jusqu'au bois de Genivaux, faisant ainsi contre nos lignes si minces une démonstration assez sérieuse. Le courage des soldats du 3° corps, comme celui des soldats du 2° et du 4°, restait inébranlable, et les Allemands, complètement battus à leur aile droite, se voyaient condamnés, sur toute l'étendue du front de bataille, à renoncer définitivement à entamer nos positions. C'est à peine si, avec le concours incessant d'une artillerie formidable, ils pouvaient même se maintenir sur les leurs.

IV. Prise de Roncourt et de Saint-Privat. — Tandis que ces événements se déroulaient devant nos lignes toujours défendues avec la même bravoure, mais malheureusement avec la même passivité, le XII° corps avait à peu près terminé son grand mouvement enveloppant. Les 45° et 48° brigades (général de Craushaar et colonel de Schulz) arrivaient d'Auboué près de Montois; la 47ᵉ (colonel de Léonhardi) se massait sur la lisière sud du bois de Roncourt; la 46ᵉ (général de Montbé) venait de dépasser la route de Metz à Briey, à l'est de Coinville. Enfin l'artillerie de corps, prenant position près du bois de Roncourt, achevait d'éteindre le feu de nos pièces, presque toutes démolies ou à bout de munitions.

L'intention du prince royal de Saxe était d'attaquer Roncourt avec toutes ses forces, avant de marcher contre Saint-Privat; mais, pendant qu'il prenait ses dispositions dans ce but, un officier était venu aviser la 48ᵉ brigade, première troupe qu'il avait rencontrée, de la situation critique où se débattait la Garde royale, et demander aux Saxons d'entrer en ligne le plus vite possible, pour dégager celle-ci. Une fraction du XIIᵉ corps abandonna donc l'objectif primitivement fixé, et se jeta plus au sud, afin de coopérer à un nouveau mouvement sur Saint-Privat, de concert avec les débris que la Garde pouvait encore lancer à l'assaut.

Le maréchal Canrobert, voyant cette masse redoutable qui s'avançait, sous la protection de plus de 200 pièces de canon vomissant la mitraille et la mort, et n'apercevant aucun indice de l'arrivée des secours qu'il avait itérativement implorés, le maréchal Canrobert comprit qu'il était perdu. A sa gauche, Saint-Privat et Jérusalem n'étaient plus que des brasiers incandescents, et leurs murs crépitants s'écroulaient dans un fracas lugubre. A sa droite, le village de Roncourt, occupé par un seul régiment, était déjà presque cerné par une nuée d'Allemands et écrasé par le tir convergent des 78 pièces saxonnes. Derrière, il n'existait plus un homme en réserve, et pas le moindre renfort n'apparaissait à l'horizon. Mais l'illustre soldat de Zaatcha, de l'Alma et de Magenta n'était pas homme à abandonner la partie sans avoir dépassé les extrêmes limites de la résistance ni sans avoir lutté jusqu'à son dernier soldat; son âme était à la hauteur du péril. Il se porta **au premier rang, devant les murailles croulantes du village, et communiqua à tous son intrépidité sereine, doublée d'une énergie que rien ne pouvait ébranler.**

Puis, comme pour faire comprendre au commandant en chef qu'il allait succomber par sa faute, il lui adressa, au crayon, un dernier billet où il était dit : « Les attaques de l'ennemi redoublent ; son artillerie a dominé la mienne à tel point que je ne pourrai plus tenir[1]. »

A ce moment (sept heures du soir), quatre bataillons saxons occupaient Montois, avec trois batteries, et venaient d'en chasser les cinq compagnies que le 9ᵉ de ligne y avait portées. Ce régiment, qui occupait Roncourt, tentait vainement de s'opposer au flot montant des Saxons et était déjà, malgré son courage et les efforts du général Bisson, sur le point de se replier dans la direction de Saint-Privat, quand la brigade Péchot, appelée, on s'en souvient, par le maréchal, arriva à son secours. Le 4ᵉ de ligne se déploya, face au nord-ouest, entre Roncourt et la forêt de Jaumont ; le 9ᵉ bataillon de chasseurs entra dans le village, et le 10ᵉ se plaça au sud-ouest de celui-ci. Il y avait là en tout 7,000 hommes à peine, contre lesquelles marchaient 22 bataillons allemands !

Une terrible fusillade éclate ; les premiers rangs saxons, fauchés par les balles, s'arrêtent et tourbillonnent. Mais d'autres arrivent en arrière et poussent devant eux la ligne des tirailleurs décimés. Bientôt Roncourt, croulant sous les obus, devient intenable ; le 4ᵉ de ligne s'y jette cependant à son tour et réussit à arrêter, pour la seconde fois, l'offensive allemande. Alors, le tir de l'artillerie devient véritablement infernal ; sous sa protection, les Saxons débordent le village au nord-est, et la brigade Péchot se voit menacée d'un enveloppement complet. Son chef fait avertir de cette

---

1. *Procès Bazaine*, audience du 21 octobre 1873. Déposition du maréchal Canrobert. « J'envoyai un de mes aides de camp, dit le maréchal en rappelant les faits qui ont précédé l'attaque décisive, prier Ladmirault de me donner quelques gargousses ; il m'envoya trois ou quatre caissons dont je lui ai été d'autant plus reconnaissant qu'on lui recommandait, au contraire, de ne pas m'en envoyer et de les garder pour lui. Il les envoya en bon camarade... Comme j'avais affaire à de braves soldats, à des officiers pleins de dévouement, nous avons tenu jusqu'à sept heures. »

situation désespérée le maréchal, qui soutient à ce moment la défense devant Saint-Privat, et se décide à abandonner Roncourt, en y laissant une arrière-garde, pour protéger la retraite de ses troupes épuisées, auprès des carrières de Jaumont. Ce mouvement est exécuté, de l'aveu même de la Relation allemande, avec une incontestable habileté[1], et quand les Saxons, après avoir, grâce à leur nombre, refoulé notre arrière-garde, veulent déboucher du village, ils sont accueillis par une fusillade qui les maintient sur place jusqu'à ce que l'attaque de Saint-Privat ait fait de nouveaux progrès[2].

Pendant ce temps, le général de Craushaar, avec les troupes saxonnes qui, pour le motif donné plus haut, s'étaient dirigées directement sur Saint-Privat, avait procédé à l'attaque de ce village. Là se trouvaient des hommes qui combattaient depuis huit heures, sous la plus épouvantable avalanche de projectiles qui soit tombée sur aucun champ de bataille. Leurs rangs, où s'étaient creusés des vides cruels, n'avaient plus aucun abri qui ne fût transformé en un amas de décombres. Le colonel Amadieu, du 75e, était mort ; le colonel Daguerre, du 91e, grièvement blessé ; des centaines d'hommes, mis hors de combat, s'empilaient dans les granges, transformées en ambulances, qui s'écroulaient sur eux. Le spectacle était terrifiant, la lutte sans espérance, le dévouement sans autre mobile que l'honneur. Seul, à pied, ses longs cheveux tombant sur le col, et des larmes sillonnant parfois son rude visage, le maréchal Canrobert parcourait les lignes clairsemées de ses soldats, et encourageait leur résistance par un mot, par une poignée de mains, par un geste d'affectueuse protection. Il était vraiment admirable, cet homme chargé d'honneurs, d'illustration et de gloire, ce soldat investi de la plus haute dignité militaire, devenu

---

1. *La Guerre franco-allemande*, page 842.
2. Les batteries à cheval de la Garde impériale, que le général Bourbaki avait pris sur lui de mettre en marche avec la division de grenadiers, débouchaient à ce moment du bois de Saulny. Elles ouvrirent aussitôt le feu sur Roncourt et contribuèrent à y maintenir les Saxons.

simple combattant pour donner du cœur à tous, et risquant mille fois son existence pour communiquer aux autres sa mâle énergie et son opiniâtreté superbe ! Certes, la défense de Saint-Privat est un fait admirable entre tous, une page sublime parmi toutes les pages de l'histoire étincelante de ce pays. Le maréchal Canrobert en fut l'âme irrésistible, et cela seul, à défaut de tant de glorieux souvenirs, justifierait l'auréole qui s'attache à sa noble mémoire.

Le terrain qui s'étend à l'ouest de Saint-Privat était coupé de murs en pierres sèches, s'élevant à hauteur d'appui et formant clôture de jardins et de petits vergers. Derrière ces faibles remparts, que les obus rendaient plus précaires de moment en moment, les tirailleurs français s'abritaient tant bien que mal, et dirigeaient de là leur feu sur les assaillants. Ceux-ci étaient obligés d'enlever ces obstacles l'un après l'autre, quand le canon n'avait pas complètement achevé la besogne, et cette série de petits assauts successifs leur coûtait un monde énorme. Renforcés par le 4ᵉ régiment de la Garde, qui arrivait de Sainte-Marie, ils réussirent cependant à s'avancer jusqu'à 300 mètres du village en flammes, en sorte qu'à cet instant suprême, nos malheureux soldats se virent assaillis à la fois du sud, de l'ouest et du nord. Cependant leur courage, exalté par l'exemple de leur commandant en chef et de leurs officiers, ne se démentait point ; leur tir, toujours aussi violent, décimait les Saxons dont presque tous les officiers étaient hors de combat[1], et Saint-Privat ruiné, but de si coûteux efforts, semblait une inviolable forteresse, dont on ne pouvait approcher sans courir à la mort.

Le prince royal de Saxe, ému de cet affreux carnage, recourut encore une fois à la puissance destructive du canon. Quatorze batteries vinrent s'établir sur une ligne concave qui, partant de Roncourt, aboutissait à la route de Sainte-Marie à Saint-Privat, et dirigèrent sur le terrible village un feu concentrique qui acheva de le détruire et de l'incendier. Toutes les réserves d'infanterie

---

1. *La Guerre franco-allemande*, page 846.

disponibles furent rapprochées des premières lignes, et la 20ᵉ division, du Xᵉ corps, tenue jusque-là en réserve à Batilly, reçut l'ordre de marcher sur Saint-Privat. C'était en tout 100,000 hommes, aidés par 26 batteries (y compris celles de la Garde en position au sud de la route), qui se ruaient sur le corps Canrobert et une fraction de la division de Cissey, soit 22 ou 23,000 hommes tout au plus, qui n'avaient plus un canon !

Il était près de huit heures du soir, et le jour commençait à s'éteindre. Sur le champ de bataille, couvert de morts et de mourants, les flammes jaillissant des villages jetaient seules leurs sanglantes lueurs, tandis que les points plus éloignés de la fournaise s'estompaient dans les ombres étalées peu à peu. Les généraux allemands voulurent en finir, et donnèrent l'ordre de l'assaut. Aussitôt Prussiens et Saxons « fondent, aux derniers rayons du soleil couchant, sur ce boulevard de l'adversaire si longtemps et si opiniâtrement défendu. Sur toute la ligne, les tambours battent, les clairons sonnent le pas de course. Les troupes, drapeaux au vent — quelques-uns avaient déjà changé de mains jusqu'à cinq fois — s'élancent sur les traces de leurs officiers, et d'un commun élan, les Saxons au nord et au nord-ouest, la Garde à l'ouest et au sud atteignent, à peu près en même temps, Saint-Privat en flammes [1] ».

Atteignent, mais ne s'en emparent pas. Chaque muraille, chaque maison encore debout, l'église, le cimetière [2] nécessitent un nouveau siège et un nouvel assaut. Les derniers défenseurs se défendent à coups de crosse, à coups de baïonnette, et luttent encore avec une énergie décuplée par le désespoir ! L'ennemi doit payer cher son triomphe, et ses soldats tombent encore par centaines dans les décombres fumants. Le général de Craushaar est tué. Enfin, à huit heures passées, « le vainqueur, cruellement éprouvé lui-même, se trouve en possession incontestée de cette clef de la position, défen-

---

1. *La Guerre franco-allemande*, page 849.
2. Cet épisode a servi de sujet à un des plus émouvants tableaux d'A. de Neuville.

due avec tant d'acharnement[1] ». Nos soldats, décimés, épuisés, à bout de munitions et de forces, abandonnent alors, la rage au cœur, ce monceau de ruines où sont tombés tant des leurs. L'héroïque Canrobert, qui ne veut pas s'avouer vaincu, est entraîné presque de force par son état-major. La brigade Péchot, ralliée près des carrières de Jaumont, soutient la retraite, avec le 94e et la réserve d'artillerie qui vient de se mettre en batterie, trop tard, hélas ! en avant d'Amanvillers. Quand la cavalerie ennemie veut essayer de poursuivre, elle est accueillie par une telle fusillade, qu'elle doit se replier en toute hâte. Le général de Pape et le prince de Saxe essayent alors de remettre un peu d'ordre dans leurs troupes désorganisées, mais ils constatent bientôt que tout nouveau mouvement en avant est devenu impossible, et ils se bornent à s'installer dans Saint-Privat et Jérusalem, tandis que les soldats du 6e corps se dirigent sur Woippy, mornes et abattus, mais avec la conscience d'avoir fait tout leur devoir. La brigade Péchot, le 94e, le 4e, qui s'était reporté vers Jaumont pour soutenir aussi la retraite, quittèrent ensemble à la nuit close ces lieux illustrés par tant de bravoure, et rejoignirent, dans la nuit, le 6e corps à Woippy.

Retraite du 4e corps. — Cependant la chute de Saint-Privat et de Jérusalem rendait fort critique la position du 4e corps. Complètement découvert maintenant sur sa droite, il était pris d'écharpe, surtout la division de Cissey, par une longue ligne de batteries ennemies déployées sur la croupe au sud-ouest de Saint-Privat, lesquelles étaient accourues aussitôt le village aux mains des Allemands. Il y avait là 134 pièces[2], de la Garde du Xe corps et de la division hessoise, qui tiraient avec une vigueur d'autant plus redoutable qu'elles étaient elles-mêmes moins exposées, et écrasaient de projectiles le village d'Amanvillers et ses abords. La division de Cissey, en butte à leurs coups et menacée en outre sur son flanc droit par les troupes ennemies qui occu-

---

1. *La Guerre franco-allemande*, page 853.
2. 23 batteries, dont une n'avait pu mettre que deux pièces en position.

paient Jérusalem, exécuta un changement de front pour se mettre face au nord ; mais elle fut obligée, malgré la fermeté de son attitude, de reculer insensiblement jusqu'à la tranchée du chemin de fer en construction. Là, elle continua la résistance dans une obscurité devenue complète et contint par ses feux les tentatives faites par les Prussiens pour la déborder. A ce moment tardif arrivaient enfin les renforts que le maréchal Canrobert avait demandés avec tant d'insistance, et que le commandant en chef n'avait jamais voulu lui envoyer. C'était une brigade de grenadiers et la réserve d'artillerie de la Garde impériale que le général Bourbaki avait pris sur lui d'expédier en toute hâte vers la droite, quand il avait appris la situation critique du 6ᵉ corps. Les batteries avaient, on s'en souvient, devancé l'infanterie, et ouvert le feu, dès sept heures et demie, à l'ouest des carrières d'Amanvillers. Quant aux grenadiers, ils se déployèrent au nord de ce village, leur droite à la route de Saint-Privat, et permirent ainsi au 6ᵉ corps d'effectuer sa retraite, ainsi qu'au 4ᵉ de se replier, suivant l'ordre qu'il venait de recevoir, sur la lisière du bois de Saulny. Quand ces mouvements furent terminés, les grenadiers se replièrent à leur tour, avec l'artillerie de la Garde ; les Prussiens purent alors s'approcher d'Amanvillers évacué par nous et presque réduit en cendres mais cependant ils n'y entrèrent point.

Voyant Amanvillers au pouvoir de la Garde prussienne, le IXᵉ corps avait essayé, à la faveur de l'obscurité, de s'emparer de Montigny-la-Grange. Celles de ses fractions qu'il lança contre cette position furent vigoureusement refoulées par le 41ᵉ de ligne (colonel Saussier) qui, aidé d'un bataillon du 15ᵉ de ligne (4ᵉ corps) et appuyé par deux batteries de la réserve du 3ᵉ corps envoyées par le maréchal Le Bœuf, les chargea à la baïonnette et les rejeta jusqu'à la ferme Champenois, assurant ainsi la possession des abords de Montigny-la-Grange, au nord et à l'ouest.

Ce fut là le suprême épisode de la bataille. La nuit était complète et, aux dernières lueurs des incendies, les 2ᵉ et 3ᵉ corps s'établissaient au bivouac dans leurs positions inviolées, tandis que le 4ᵉ se repliait sur Woippy et que la brigade de grenadiers de la Garde restait à l'est du village d'Amanvillers. Bientôt le calme et le silence prirent possession de ce champ de bataille, témoin, quelques heures auparavant, de si furieux engagements, et des coups de fusil éclatant inopinément aux avant-postes en troublèrent seuls l'imposante sérénité. Des deux côtés on s'occupa des blessés, qui jonchaient le sol, mais ils étaient en si grand nombre qu'on ne put, pendant cette nuit, en relever qu'une minime partie. Le lendemain matin, dès l'aube, l'ordre arrivait de se mettre en retraite sur Metz, pour venir occuper les positions qui, le 18 au matin, avaient été reconnues par le colonel Lewal. Ces positions, où l'armée arriva dans l'après-midi du 19, étaient les suivantes :

Pour le 2ᵉ corps, Longeville-lès-Metz ;
— 3ᵉ — Plappeville ;
— 4ᵉ — Le Sansonnet ;
— 6ᵉ — Woippy ;
— la Garde, entre Plappeville et le fort Saint-Quentin ;
— la réserve générale, dans l'île Chambière.

Pertes. — Telle fut cette lutte de géants, dans laquelle 125,000 Français soutinrent le choc de 284,000 Allemands [1]. L'admirable bravoure de nos soldats et l'acharnement avec lequel, malgré le manque absolu de direction supérieure, ils avaient défendu leurs positions, se traduisaient par des pertes sanglantes. Celles qu'ils avaient infligées à l'ennemi étaient bien plus considérables encore ; elles atteignaient le chiffre énorme de 20,159 hommes hors de combat, se décomposant comme suit :

Tués......	328 officiers,	4,909 hommes.	Total :	5,237
Blessés....	572 —	13,858 —	—	14,430
Disparus...	» —	493 —	—	493

[1]. L'armée du Rhin comptait environ, le 18 août, 150,000 hommes ; mais la Garde et la réserve générale n'ayant pas été engagées, on peut défalquer de ce fait 25,000 hommes du chiffre total. Quant aux Allemands, ils avaient mis en ligne 73,000 hommes de la Iʳᵉ armée et 211,000 de la IIᵉ, soit en tout 284,000 hommes, plus du double de notre effectif. Leur artillerie comptait 726 pièces (121 batteries).

Dans le nombre, la Garde royale entrait à elle seule pour 7,923 hommes hors de combat[1] ! Le lendemain, en parcourant au pas de son cheval la route qui monte doucement de Sainte-Marie-aux-Chênes à Saint-Privat, le vieux roi Guillaume ne put s'empêcher de laisser couler une larme sur tous les braves qui gisaient, là, de chaque côté de cette *voie sacrée*. Et plus tard, quand on discutait les préliminaires de paix, il exigea de la façon la plus formelle que le village de Sainte-Marie-aux-Chênes fût livré à l'Allemagne afin que le terrain qu'il appelait « le tombeau de sa Garde » restât tout entier sur le territoire allemand ! « Ainsi se sont trouvés arrachés à la France Sainte-Marie-aux-Chênes qui porte son deuil d'une façon si touchante et Saint-Privat-la-Montagne qui a plus facilement courbé la tête[2]. »

De notre côté, les pertes se chiffraient par 12,275 hommes, sur lesquels on comptait 4,420 disparus[3].

Tués......	88 officiers,	1,058 hommes.	Total : 1,146
Blessés....	396 —	6,313 —	— 6,709
Disparus...	111 —	4,309 —	— 4,420

Les 4ᵉ et 6ᵉ corps, les plus éprouvés, comptaient, le premier, 4,807 hommes, le second 4,687 hommes hors de combat. Le 2ᵉ corps, embusqué dans des positions formidables d'où il avait défié les attaques de toute la Iʳᵉ armée, n'en comptait que 621.

Le total général des pertes était donc de 32,434 hommes, sensiblement le même que celui (32,749) de la bataille de Rezonville. Comme là, comme à Wissembourg, à Frœschwiller, à Spicheren, comme dans toutes les batailles livrées depuis le début de cette funeste guerre, nos soldats avaient déployé un héroïsme dont la France

---

1. Tués : 127 officiers et 2,313 hommes ; blessés : 180 officiers et 5,431 hommes ; disparus : 179 hommes.
2. Colonel CANONGE, *loc. cit.*, tome II, page 150 (en note).
3. Le chiffre élevé des disparus s'explique ici, comme à Rezonville, par le nombre des blessés laissés dans les ambulances qui tombèrent aux mains de l'ennemi. Quelques-uns aussi étaient des hommes violemment séparés de leur corps pendant la retraite et qui rejoignirent deux ou trois jours après. De fait, et les Allemands en conviennent, nous n'avons laissé entre leurs mains que **très peu de prisonniers non blessés**.

1. Prince Frédéric-Charles.   2. Prince Auguste de Wurtemberg.
3. Prince Louis de Hesse.   4. Prince héritier de Saxe.

a le droit d'être fière, parce qu'il laisse à nos drapeaux leur auréole ineffaçable de gloire et à nos cœurs cette suprême consolation que sous un autre chef nous n'eussions pas été vaincus !

Résultats. — Quant aux résultats, ils étaient immenses pour les Allemands ; mais, à l'heure où prenait fin la bataille, ceux-ci n'en connaissaient pas eux-mêmes toute l'étendue. Les tâtonnements prolongés auxquels ils s'étaient livrés avant de savoir où se trouvait l'exacte position de notre droite, le fractionnement de leurs forces en deux grandes masses, livrant deux batailles distinctes, l'une à gauche, l'autre à droite, avec un seul corps d'armée au centre, le IXe, pour opérer la liaison, enfin l'effacement forcé auquel avait été réduit, dans ces conditions, leur commandement supérieur, tout cela avait à ce point disjoint leur offensive que, devant Saint-Privat, le prince Frédéric-Charles ignorait l'échec de la Ire armée, tandis que M. de Moltke et le roi de Prusse ne connaissaient rien, à Gravelotte, du triomphe si chèrement payé de la IIe. La *Relation allemande* ne laisse aucun doute à cet égard : « On ignorait encore dans la soirée, dit-elle, le succès de la IIe armée ; c'est seulement pendant la nuit et dans la matinée du lendemain qu'arrivaient de tous côtés des indications plus précises. Dans la matinée du 19, la situation étant parfaitement tirée au clair, on s'occupait des dispositions à prendre[1] ». Le grand état-major allemand était d'autant plus inquiet qu'il se rendait parfaitement compte de ce que le mouvement de flanc exécuté par son armée avait de hasardeux. Certes, il ne pouvait supposer que le maréchal Bazaine non seulement n'essayerait pas de l'entraver, mais ne se préoccuperait même pas de soutenir sa propre droite ; il connaissait au surplus l'esprit d'initiative de ses généraux

---

1. *La Guerre franco-allemande,* page 883. Cette particularité est assez étrange, surtout si l'on se rappelle que des officiers supérieurs du grand état-major avaient été détachés auprès de chaque commandant de corps d'armée « pour maintenir, dit la Relation allemande, le grand quartier général en rapport constant avec ceux-ci, et lui faire connaître immédiatement **tout événement important** ».

et la judicieuse utilisation des différentes armes qui était dans les habitudes de chefs en pleine possession de la science de la guerre. Il ne pouvait cependant se dissimuler qu'une offensive hardie de l'armée française aurait mis les Allemands dans une situation presque désespérée, et le rédacteur de la relation officielle en a fait l'aveu explicite... une fois le danger passé :

> Il est certain que le 14, comme le 16 août, des moments se produisirent, au cours du combat, où, du côté des Français, une volonté ferme, pénétrée de la situation et dirigeant avec ensemble, *aurait pu se ménager bien des succès.* Ces conditions se représentèrent d'ailleurs dans la journée du 18 [1].

Quoi qu'il en soit, M. de Moltke s'attendait à livrer, le 19, une nouvelle bataille, et, malgré l'épuisement de ses troupes, il prenait déjà des dispositions en conséquence. La retraite générale des Français, si prématurément ordonnée, lui évita de recourir encore une fois au sort des armes. Bazaine se hâtait en effet, après avoir laissé écraser sa droite en toute connaissance de cause, de profiter du mouvement de recul opéré par celle-ci, pour y associer les autres corps intacts et mettre toutes ses forces à l'abri des murailles de Metz, dont l'attraction sur lui était si puissante. Voici dans quels termes singuliers il rendait compte de ses mouvements à l'Empereur, dans la journée du 19 [2] :

> L'armée s'est battue hier toute la journée sur les positions de Saint-Privat-la-Montagne à Rozérieulles, *et les a conservées. Les 4ᵉ et 6ᵉ corps ont fait, vers neuf heures du soir, un changement de front, l'aile droite en arrière,* pour parer à un mouvement tournant par la droite, que des masses ennemies tentaient d'opérer à l'aide de l'obscurité. Ce matin, j'ai fait descendre de leurs positions les 2ᵉ et 3ᵉ corps, et l'armée est de nouveau groupée sur la rive gauche de la Moselle, de Longeville au Sansonnet, formant une ligne courbe passant derrière les forts de Saint-Quentin et de Plappeville. Les troupes sont fatiguées de ces combats incessants qui ne leur permettent pas les soins matériels et il est indispensable de les laisser reposer deux ou trois jours. Le roi

---

1. *La Guerre franco-allemande*, page 879.
2. La ligne télégraphique de Metz à Thionville ayant été coupée dans la matinée du 18, par la cavalerie allemande, la dépêche du maréchal fut confiée à un courageux émissaire, le garde forestier *Braidy*, qui la porta à Verdun en traversant les lignes ennemies.

de Prusse était ce matin à Rezonville, avec M. de Moltke, *et tout indique que l'armée prussienne va tâter la place de Metz*. Je compte toujours prendre la direction du nord, et me rabattre ensuite par Montmédy sur la route de Sainte-Menehould à Châlons, *si elle n'est pas trop fortement occupée;* dans le cas contraire, je continuerai sur Sedan et même Mézières pour gagner Châlons.

On voit que le maréchal voulait paraître ne pas avoir complètement renoncé au mouvement sur Châlons. En ce qui concerne la possibilité de son exécution, il était difficile, comme l'a dit M. le colonel Canonge, de pousser plus loin, volontairement ou non, l'illusion. Combien malheureusement les Allemands ont eu une plus saine appréciation de la situation générale amenée par la retraite du 19, quand ils ont écrit ces lignes, si terribles dans leur concision, et implacables comme un arrêt de mort :

Les batailles des 14, 16 et 18 août forment réellement par leur connexion et par leurs conséquences, comme la préparation, le prologue et le dénouement d'une seule et grande opération dont le résultat final était d'enfermer la principale armée française dans un cercle de fer, qu'elle ne pouvait désormais franchir qu'en mettant bas les armes [1].

Le 19, en effet, nous étions investis. Toute communication avec la France était coupée et l'agonie commençait avec ses désespérances, ses angoisses, ses efforts impuissants et convulsifs auxquels devait seule mettre un terme la capitulation fatale qui enlevait à la patrie ses meilleurs défenseurs ! Mais il ne faudrait pas voir seulement dans ce résultat prodigieux le fruit des savantes combinaisons de l'état-major ennemi, et, comme les Allemands le laissent volontiers entendre, le triomphe nécessaire d'une stratégie impeccable. La fécondité des dispositions de M. de Moltke ne saurait assurément être mise en doute, mais il est juste d'ajouter que la fortune a singulièrement aidé à leur heureuse réalisation. Sans parler, en effet, de notre infériorité numérique, il est certain que la divergence entre les vues du souverain et du commandant en chef de l'armée, dont l'un considérait comme seule ressource le

---

1. *La Guerre franco-allemande*, page 877.

groupement de toutes les forces à Châlons, tandis que l'autre ne songeait qu'à se maintenir dans le camp retranché de Metz, a puissamment favorisé le développement progressif du mouvement enveloppant conçu par le chef d'état-major prussien, et singulièrement facilité sa réussite. Cela est si vrai que les Allemands, pénétrés de l'urgence qu'il y avait pour nous à marcher sur Verdun, sont restés convaincus le 16, le 17 et le 18 dans la matinée, que les troupes postées devant eux n'étaient que des masques. Tous leurs efforts tendaient primitivement non pas à nous refouler sur Metz, mais uniquement à nous couper la route ; et c'est seulement quand ils ont vu que bien décidément l'armée du Rhin restait tout entière cramponnée à la forteresse, qu'ils se sont décidés à l'y enfermer. Sans cela, leurs erreurs du 16 et les tâtonnements du 18 seraient inexplicables et en contradiction formelle avec leur répugnance habituelle et justifiée pour les petits paquets.

La cause principale, on pourrait presque dire l'unique cause de leur triomphe, réside donc dans la passivité où nos lignes ont été maintenues par un commandement qui n'avait d'autres vues que l'accomplissement de ses projets ténébreux. Si l'on ajoute à cette attitude inféconde l'effet destructeur d'une artillerie formidable précédant les troupes et toujours employée par l'ennemi en grandes masses, afin de préparer les attaques de l'infanterie et d'écraser nos batteries qui ne s'engageaient que les unes après les autres et par groupes insignifiants[1] ; si on songe que les généraux allemands étaient toujours tenus au courant de la situation générale comme du but poursuivi, et que, par suite, ils pouvaient engager, sous leur responsabilité, une initiative, encouragée d'ailleurs, pour « l'accomplissement de ce que, à leur point de vue, ils jugeaient le plus utile » ; si enfin on se rappelle que personne, dans notre armée, ne se doutait le moins du monde ni de la position respective des deux adversaires, ni de leur

---

[1]. On sait, par le sanglant échec de la Garde prussienne devant Saint-Privat, ce qu'il en a coûté aux Allemands pour avoir, une fois, négligé leurs habituelles précautions.

force, ni des circonstances concomitantes à l'action, ni même du résultat qu'on voulait obtenir en se battant, on conviendra que la partie n'était pas égale et que, les Français eussent-ils remporté un succès partiel, celui-ci aurait été annihilé aussitôt par l'incohérence du commandement qui, pendant cette première quinzaine d'août, fut constamment ou affolé, ou coupable.

Ces tristes choses, on ne les verra plus. Nous sommes heureusement revenus, en France, aux saines idées qui ont fait autrefois notre puissance et notre gloire, et nous savons maintenant que pour se défendre, il faut, avant tout, savoir attaquer[1].

---

1. Voir « *Le 4ᵉ corps de l'Armée de Metz* ».

LIVRE QUATRIÈME

CAMPAGNE DES ARDENNES

―

CHAPITRE PREMIER

L'ARMÉE DE CHALONS

Constitution de l'armée dite de Châlons. — Le premier soin du ministère Palikao, aussitôt après son arrivée au pouvoir, avait été d'organiser de nouvelles forces pour résister à l'invasion. Un vote du Corps législatif, nous l'avons vu, appelait sous les drapeaux tous les citoyens de 25 à 35 ans, célibataires ou veufs sans enfants; le gouvernement, de son côté, décréta la création de deux nouveaux corps d'armée, les 12ᵉ et 13ᵉ[1]; la formation, à Châlons, d'une deuxième armée, et l'appel à Paris de 100,000 gardes mobiles des départements.

On disposait, pour la constitution de l'armée de Châlons, des 1ᵉʳ, 5ᵉ et 7ᵉ corps d'armée, un peu ébranlés par la désastreuse campagne d'Alsace et la retraite qui l'avait suivie; des 12ᵉ et 13ᵉ corps, et d'une division d'infanterie de marine. Les deux corps nouveaux devaient comprendre les régiments de ligne encore disponibles (notamment ceux qui n'avaient pas pu re-

---

1. Les numéros de 8 à 11 étaient réservés pour les formations qu'on entendait faire à Paris, Lyon, Toulouse et Alger.

joindre le 6ᵉ corps à Metz) et des **régiments dits de marche** que l'on constituait avec les 4ᵉˢ bataillons laissés dans les dépôts. En outre, les gardes mobiles de la Seine étaient expédiés au camp de Châlons, au nombre de 18 bataillons groupés en 6 régiments, sous le commandement du général de division Berthaut.

Mais la tâche déjà si lourde qui incombait au ministère, et se compliquait de la nécessité de pourvoir à la défense de Paris dans l'éventualité du siège, était rendue plus ardue encore par suite d'un état politique profondément troublé, et de la surexcitation des esprits, portée à son paroxysme par la déception des premiers revers. L'Impératrice régente, en rentrant à Paris, avait, dans une énergique proclamation, fait appel aux bons citoyens pour les adjurer de maintenir l'ordre[1] ; il fallait malheureusement autre chose que des paroles pour comprimer l'effervescence que déjà on voyait sourdre dans les quartiers excentriques, et dont la première manifestation fut la déplorable affaire de la Villette. Le 14 août, une bande d'émeutiers, conduite par un personnage qui devait conquérir depuis une fâcheuse célébrité, l'ouvrier Eudes, se rua sur la caserne des pompiers de ce quartier, et chercha, après avoir assommé les soldats qui la défendaient, à s'emparer des armes et des munitions qu'elle contenait. Cette échauffourée put être assez rapidement réprimée, mais n'eut aucune sanction judiciaire. Elle montra à la fois et l'audace des bas-fonds révolutionnaires et la faiblesse du pouvoir. Quelques jours auparavant, les mobiles de la Seine, en arrivant au camp de Châlons, avaient témoigné de la plus complète indiscipline et outragé le maréchal Canrobert, qui cherchait à les faire rentrer dans le devoir. Ce n'étaient pas là des symptômes rassurants pour l'avenir, et le ministère, pas plus que le souverain ne pouvaient se défendre d'une grave inquiétude au sujet des complications qu'un semblable état des esprits risquait d'amener à tout instant.

Conseil de guerre du 17 août. — Sur ces entrefaites,

---

1. Voir pièce nº 1.

le 16 août, l'Empereur avait rejoint, au camp de Châlons, les troupes qui s'y organisaient; mais il s'en fallait de beaucoup, à cette date, que tous les corps désignés pour former la nouvelle armée s'y trouvassent réunis[1]; cependant, comme le général Trochu, commandant le 12ᵉ corps, était arrivé le 16 au soir, et le maréchal de Mac-Mahon le 17 au matin, un conseil de guerre fut tenu ce jour-là, sous la présidence de l'Empereur, pour décider ce qu'il y avait à faire. Il comprenait, outre les trois hauts personnages dont il vient d'être question, le prince Napoléon, le général Berthaut et le général Schmitz, chef d'état-major du 12ᵉ corps.

Tout d'abord, on reconnut que le camp, inutilisable en tant que position défensive, n'était pas un lieu propice pour la réunion des troupes à organiser. Les éléments du désordre qu'il semblait contenir alors, la menace d'une attaque possible, la difficulté de couvrir le rassemblement qui s'opérait, tout cela nécessitait une solution prompte, qui pût soustraire aux hasards d'une surprise ou d'une mutinerie l'armée qu'on cherchait à former. Le général Berthaut, interrogé le premier par l'Empereur, insista sur ces différents points; le prince Napoléon agita le spectre de la révolution et demanda que, pour la prévenir, l'Empereur rentrât à Paris, dont le général Trochu serait nommé gouverneur : « Sire, dit-il, voici l'heure des grandes décisions. Placez le maréchal de Mac-Mahon à la tête de l'armée de Châlons : revenez à Paris, nommez le général Trochu gouverneur de la capitale; nous prendrons toutes les dispositions nécessaires à la défense et si, par malheur, nous tombons, nous tomberons au moins comme des hommes ! » Quant au général Schmitz, qui était du même avis, il signala l'étrange position où l'Empereur se mettait par son effacement volontaire : « La situation que vous vous faites ne peut durer, dit-il. Votre Majesté n'est pas sur son trône ! » — « Oui ! j'ai l'air d'avoir abdiqué », répliqua tristement l'Empereur[2].

---

1. Voir tome Iᵉʳ, pages 255 et suivantes.
2. Procès *Trochu-Vitu-Villemessant* devant la cour d'assises de la Seine. Dépositions du général Schmitz et du maréchal de Mac-Mahon.

Le résultat de cette conférence fut tel qu'on le pouvait prévoir. Dans l'après-midi, le général Trochu était investi des fonctions de gouverneur de Paris, et le maréchal Bazaine nommé généralissime des armées françaises. Le maréchal de Mac-Mahon, placé à la tête de l'armée de Châlons, recevait l'ordre de ramener cette armée sous les murs de Paris. Ce même jour, le capitaine de frégate Duperré, officier d'ordonnance de l'Empereur, partait pour la capitale, avec mission de communiquer au gouvernement les décisions du souverain : les mobiles étaient embarqués en chemin de fer, à destination du camp de Saint-Maur, et le maréchal de Mac-Mahon télégraphiait au maréchal Bazaine, sous les ordres duquel il se trouvait placé désormais, pour lui demander ses instructions. L'Empereur avait annoncé son départ pour le lendemain.

Il n'y avait en ce moment au camp de Châlons, avec divers éléments des 12e et 13e corps, que les débris du 1er corps, arrivés dans la matinée[1]. Les 5e et 7e corps étaient encore en route. Le maréchal de Mac-Mahon ne pouvait donc savoir à quelle date précise il lui serait possible de diriger ses troupes sur Paris. Il commençait néanmoins à prendre ses dispositions dans ce but, quand arriva, le 17 au soir, une dépêche du ministre de la guerre, qui remit tout en question. La nouvelle apportée par le commandant Duperré avait en effet causé dans le gouvernement une vive émotion, et effrayé à la fois l'Impératrice et les ministres. On redoutait le retour de l'Empereur à Paris, à cause de l'état des esprits ; le général de Palikao croyait, en outre, que la seule solution à adopter était de voler au secours de l'armée de Bazaine, afin de prendre les forces allemandes entre deux feux. Il télégraphia donc, à dix heures vingt-cinq du soir, ce qui suit :

L'Impératrice me communique la lettre par laquelle Votre Majesté annonce qu'elle veut ramener l'armée de Châlons sur Paris. Je la supplie de renoncer à cette idée qui paraîtrait l'abandon de l'armée de Metz qui ne peut faire, en ce moment, sa jonction a

---

[1]. Le maréchal adressa aussitôt à son ancien corps d'armée une proclamation que nous donnons aux pièces justificatives (pièce n° 2).

Verdun. L'armée de Châlons sera, avant trois jours, de 85,000 hommes, sans compter le corps de Douay, qui rejoindra dans trois jours, et qui est de 18,000 hommes. Ne peut-on pas faire une puissante diversion sur les corps prussiens déjà épuisés par plusieurs combats? L'Impératrice partage mon opinion.

Ce document était l'exact reflet des sentiments du gouvernement, en ce qui concerne le côté militaire, mais il ne disait pas à quel point le conseil des ministres redoutait le retour de l'Empereur à Paris. L'Impératrice fut moins réservée, quand, recevant le lendemain matin le nouveau gouverneur de Paris, elle lui dit, d'un ton animé : « Général, les ennemis seuls de l'Empereur ont pu lui conseiller ce retour à Paris. Il ne rentrerait pas vivant aux Tuileries[1] ! » Quoi qu'il en soit, la dépêche du général de Palikao suffit à influencer le souverain, puisque dès neuf heures du matin, le 18, celui-ci y répondait par ces mots : « Je me rends à votre opinion. »

En conséquence, le ministre invita, le 19, le maréchal de Mac-Mahon à se porter sur Metz et lui adressa même des ordres de marche, qui fixaient Suippes, Sommepy et Béthenyville comme premiers gîtes d'étapes à atteindre le 21. Le duc de Magenta y répondit par ce télégramme :

Veuillez dire au conseil des ministres qu'il peut compter sur moi et que je ferai tout pour rejoindre Bazaine.

Cependant, malgré cette affirmation, il paraît n'avoir accepté qu'avec une certaine répugnance l'abandon des projets primitifs. Il savait, en effet, depuis le 18 au soir, par les dépêches de Bazaine lui-même, que la bataille de Rezonville avait interrompu la retraite de l'armée de Metz sur Verdun ; il craignait également de découvrir Paris, et ses perplexités se traduisaient dans la dépêche qu'il adressait, le 19, au commandant en chef de l'armée du Rhin :

---

1. *Discours du général Trochu à l'Assemblée nationale*, le 13 juin 1871. L'Impératrice redoutait à ce point la surexcitation populaire qu'elle ne voulut pas consentir à ce que le nom de l'Empereur figurât dans la proclamation que le général Trochu adressa à la population, pour annoncer sa prise de possession du gouvernement de Paris.

Si, comme je le crois, écrivait-il, vous êtes forcé de battre en retraite très prochainement, je ne sais, à la distance où je suis de vous, comment vous venir en aide *sans découvrir Paris.* Si vous en jugez autrement, faites-le-moi savoir.

Il est vrai que, de son côté, le maréchal Bazaine s'était empressé de rendre à son subordonné toute liberté d'action, et qu'il ne semblait même pas se soucier beaucoup de le voir accourir à son secours. Voici, en effet, ce qu'il lui avait télégraphié, le 19 :

Je suis trop éloigné du centre de vos opérations pour vous indiquer les mouvements à exécuter. Je vous laisse libre d'agir comme vous l'entendrez.

Dans ces conditions, le maréchal de Mac-Mahon, qui voyait son armée encore à peine constituée (les 5° et 7° corps n'ayant pas encore rejoint en entier) et s'avouait l'impérieuse nécessité de la soustraire au danger imminent d'un nouveau contact avec l'ennemi jusqu'à ce qu'elle ait repris sa cohésion, le maréchal penchait pour le retour à Paris. Mais l'Empereur, qui n'était pas parti, devenait maintenant un des plus chauds partisans de la marche vers l'est. D'autre part, il répugnait à la nature loyale du maréchal de Mac-Mahon d'abandonner ainsi Bazaine, son camarade et son chef. Sa perplexité allait donc en augmentant, en raison même de l'indépendance qui lui était laissée, et de la nécessité de prendre rapidement un parti.

Départ de l'armée pour Reims. — Sur ces entrefaites, le colonel Stoffel, chargé à l'état-major général du service des renseignements[1], reçut, dans l'après-midi du 20, un avis émanant du maire d'une localité située à une quarantaine de kilomètres, et signalant l'arrivée de coureurs ennemis. A ce moment, le maréchal paraissait décidé à attendre sur place des renseignements.

1. La situation du colonel Stoffel à l'état-major général n'était pas très nettement définie. Il y était chargé *d'un service spécial et personnel qui consistait à recueillir des renseignements sur la force et les mouvements de l'ennemi ; il n'avait aucun rapport avec l'état-major général, il ne dirigeait ni section ni bureau de renseignements; il n'était qu'un officier isolé, n'ayant sous ses ordres que M. de Waru, lieutenant de cavalerie.* (Colonel Stoffel, *La Dépêche du 20 août.* Paris, Lachaud et Burdin, 1874, page 9.)

plus précis sur la situation de l'armée de Bazaine, et avait même télégraphié en ce sens, dans la matinée, au ministre de la guerre[1]. Cette nouvelle, en lui faisant craindre une attaque prochaine, modifia immédiatement ses projets ; il considéra comme imposé par la prudence le départ du camp de Châlons, et ordonna aux troupes qui s'y trouvaient de se porter, le lendemain 21, sur Reims. C'était là un moyen terme et qui paraissait ne pas devoir engager l'avenir ; l'armée, en exécutant ce mouvement, se rapprochait, il est vrai, de Paris, mais elle ne s'éloignait pas sensiblement de la Meuse moyenne, qu'il faudrait gagner pour rejoindre Bazaine, si celui-ci se dérobait par le nord. En tous cas, on gagnait ainsi le temps nécessaire pour attendre, avant toute opération, les fractions de l'armée qui n'avaient pas encore rejoint[2].

Dans la matinée du 21, les 1er, 5e et 12e corps se mirent en marche de Mourmelon sur Reims. Le temps était mauvais, la route boueuse et défoncée ; on laissa en arrière une énorme quantité de traînards, des convois et des vivres ; la désertion exerça ses ravages dans les unités de nouvelle formation, et le maréchal put s'apercevoir que la discipline, fortement ébranlée par la démoralisation de la défaite, faisait place à des symptômes fâcheux de faiblesse et de désorganisation[3].

Conférence du 21 août à Courcelles. — Il était près de sept heures du soir quand le duc de Magenta put

---

1. « Châlons, 8 h. 45 matin. — Les renseignements parvenus semblent indiquer que les armées ennemies sont placées de manière à intercepter à Bazaine les routes de Briey, de Verdun et de Saint-Mihiel. Ne sachant pas la direction qu'il peut prendre, bien que je sois dès demain prêt à marcher, je pense que je resterai en position jusqu'à connaissance de la direction prise par Bazaine, soit au nord, soit au sud. — Mac-Mahon. » — A ce télégramme, le ministre répondit, dès 3 h. 40 du soir, par celui-ci : « J'ai reçu votre dépêche de 8 h. 45 ; le seul renseignement que je puisse vous donner est le suivant : le 18 au soir, Bazaine occupait comme position la ligne d'Amanvillers à Sussy. »

2. On se souvient que la division Goze, la brigade Maussion et le 7e corps arrivèrent à Reims le 22.

3. Quand le maréchal passait devant ses soldats, certains affectaient de ne pas le saluer et prenaient même une attitude grossière. (*De Fræschwiller à Sedan*, journal d'un officier du 1er corps, page 40.)

arriver à son quartier général, à Courcelles. Apprenant là que l'Empereur, installé dans le même village, l'avait fait demander à plusieurs reprises, il se hâta de se rendre auprès de lui, et le trouva en conférence avec M. Rouher, alors président du Sénat. Celui-ci, venu de Paris tout exprès pour obtenir que l'armée de Châlons se portât au secours de Bazaine, demanda avec la plus grande insistance au maréchal de renoncer définitivement à toute idée de retraite sur la capitale. « L'abandon de Bazaine, dit-il, aura à Paris les plus graves inconvénients, tandis que le mouvement vers l'est protégerait la capitale dans des conditions de victoire qui sauvegarderaient tous les intérêts. » Mais le maréchal, qui depuis la veille au soir était en possession de renseignements très précis sur la force et la position des armées allemandes[1], semblait maintenant tout à fait résolu à ne pas se risquer au milieu d'elles. « En me portant vers l'est, répondait-il, je puis me trouver dans une position très périlleuse et *éprouver un désastre que je veux éviter.* » Et il ajoutait, avec une fermeté indiquant une volonté bien arrêtée : « Je vais me diriger sur Paris, dès après-demain 23, *à moins que je ne reçoive, dans l'intervalle, de nouvelles instructions du maréchal Bazaine.* » En présence d'une affirmation aussi nette, M. Rouher crut devoir ne pas insister. Toutefois, il demanda à l'Empereur la nomination du maréchal de Mac-Mahon comme commandant en chef de « toutes les forces militaires composant l'armée de Châlons, ainsi que de toutes celles qui sont ou seront réunies sous les murs de Paris ou dans la capitale », et la promesse que le souverain ne rentrerait dans celle-ci qu'escorté de ses soldats. Puis, le maréchal ayant accepté, M. Rouher rédigea séance tenante différents documents, entre autres un projet de proclamation pour le maréchal, et une note, dictée par l'Empereur, qui

---

1. « Je dois supposer, dit-il, que le maréchal Bazaine est entouré par une armée de 200,000 hommes. En avant de Metz, dans la direction de Verdun, se trouve l'armée du prince de Saxe, estimée à 80,000 hommes. Enfin, le Prince royal est près de Vitry-le-François à la tête de 150,000 hommes. »

indiquait les mesures de défense à prendre dans l'éventualité d'un siège. Après quoi, la nuit étant déjà assez avancée, le président du Sénat repartit pour Paris[1].

Le conseil des ministres attendait impatiemment son retour. Quand M. Rouher lui eut fait part de l'échec de sa mission, ce fut, pour la majorité de ses membres, un désappointement réel ; plus que personne, le général de Palikao en témoigna sa violente contrariété, et, développant encore une fois son projet de marche sur Metz, fit décider l'envoi d'une nouvelle dépêche, plus pressante encore, à l'Empereur.

GUERRE A EMPEREUR, à *Reims.*

Paris, 22 août, 1 h. 5 du soir. — Le sentiment unanime du conseil, en présence des nouvelles du maréchal Bazaine, est plus énergique que jamais. Les résolutions prises hier soir devraient être abandonnées. Ni décret, ni lettre, ni proclamation ne devraient être publiés. Un aide de camp du ministre de la guerre part pour Reims avec toutes les instructions nécessaires. Ne pas secourir Bazaine aurait à Paris les plus déplorables conséquences. *En présence de ce désordre, il faudrait craindre que la capitale ne se défendît pas.* Votre dépêche à l'Impératrice nous donne la conviction que notre opinion est partagée. Paris sera à même de se défendre contre l'armée du prince royal de Prusse. Les travaux sont poussés très promptement, une armée nouvelle se forme à Paris. Nous attendons une réponse par télégraphe.

La marche vers l'est est décidée. — Mais, sur ces entrefaites, la dépêche de Bazaine annonçant la bataille de Saint-Privat était parvenue, à neuf heures du matin, au quartier impérial. Elle se terminait, on s'en souvient, par ces mots : « Je compte toujours prendre la direction du nord et me rabattre ensuite, *par Montmédy,* sur la route de Sainte-Menehould à Châlons..., etc.[2]. » Elle semblait donc indiquer, chez le généralissime, le désir bien arrêté de se soustraire à l'investissement. Dans ces conditions, le maréchal de Mac-Mahon ne crut pas pouvoir, sans manquer aux devoirs de la camaraderie et de la solidarité des armes, se dérober à l'appel

---

1. *Enquête parlementaire sur les actes du gouvernement de la Défense nationale.*
2. Voir page 147.

implicite qui semblait lui être adressé, et, bien que les ordres fussent déjà donnés pour le retour à Paris, il en suspendit immédiatement l'exécution et indiqua Stenay comme nouvel objectif de la marche à entreprendre le lendemain. Puis il s'empressa d'informer le ministre de ses nouvelles dispositions, par un télégramme daté de 11 h. 30 du matin, qui se croisa avec la dépêche citée ci-dessus, laquelle était adressée, seulement une heure et demie plus tard, par le gouvernement à l'Empereur[1].

Courcelles, 22 août 1870, 11 h. 30 matin. — Le maréchal Bazaine a écrit du 19 qu'il comptait toujours opérer son mouvement de retraite par Montmédy. Par suite, je vais prendre des dispositions. — *Mac-Mahon.*

En même temps, il expédiait au maréchal Bazaine cet autre télégramme, pour le prévenir de ses mouvements :

Reçu votre dépêche du 19. Suis à Reims; me porte dans la direction de Montmédy. Serai après-demain sur l'Aisne, d'où j'agirai selon les circonstances pour vous venir en aide.

Enfin, ce même jour, à quatre heures du soir, l'Empereur adressait au ministre un troisième télégramme, en réponse à celui qu'il venait de recevoir :

Reçu votre dépêche. Nous partons demain pour Montmédy. Pour tromper l'ennemi, faire mettre dans les journaux que nous partons avec 150,000 hommes pour Saint-Dizier. Supprimez les décrets que vous a portés Rouher.. J'accepte Wimpffen à la place de Failly[2].

Voilà à la suite de quelles péripéties fut entrepris le mouvement qui devait aboutir à la catastrophe de Sedan. Est-ce à dire que ce mouvement fût d'avance condamné

---

1. Cette particularité a son importance, parce qu'elle démontre que ce n'est point sur les dernières instances du général de Palikao que la marche sur Sedan a été entreprise, mais bien en raison des intentions que Bazaine semblait manifester.
2. Après la défaite de Frœschwiller, dont l'opinion publique rendait en grande partie responsable le général de Failly, le remplacement de celui-ci à la tête du 5ᵉ corps avait été décidé en principe. Dès son arrivée au pouvoir, le général de Palikao proposa pour son successeur le général de Wimpffen, alors commandant de la division d'Oran.

à l'insuccès et que, en s'y décidant, le maréchal de Mac-Mahon ait voué son armée à une destruction fatale? Les dangers qu'il présentait étaient-ils de nature à en imposer le rejet sans discussion, ou bien son avortement déplorable tient-il à des causes indépendantes de sa conception même, causes qu'il eût été possible d'éviter? Ces questions si délicates ont déjà donné lieu à de nombreuses polémiques, presque toujours entachées de parti pris ou de passion, et dans lesquelles, entre la violence des personnalités et l'amertume des souvenirs, il est bien difficile de distinguer la vérité. Un temps viendra où, grâce à leur reculée historique, ces douloureux événements se montreront peut-être sous leur vrai jour; ils sont encore trop rapprochés de nous pour pouvoir être jugés avec sérénité. Nous voulons donc nous borner à exposer, avec tout le respect dû à d'illustres vaincus, les circonstances particulières au milieu desquelles ils se sont déroulés, et apporter ainsi à l'histoire des documents puisés aux sources sûres, mais exempts de toute appréciation qui puisse en dénaturer la portée ou la valeur.

Le plan primitif du général de Palikao, celui qui avait été communiqué dès le 20 août au maréchal de Mac-Mahon, pouvait, dans ses grandes lignes, se résumer ainsi: — L'armée était partagée en trois groupes: la gauche (5ᵉ corps), sous le commandement du général de Failly; le centre (7ᵉ corps), sous les ordres du général Douay; la droite (1ᵉʳ et 12ᵉ corps), sous les ordres du général Ducrot. Partie du camp de Châlons le 21, elle devait atteindre successivement les lignes suivantes, fixées par le ministre lui-même dans les ordres expédiés le 19:

DROITE.	CENTRE.	GAUCHE.
21 août: Suippes;	Sommepy;	Béthenville.
22 août: Sainte-Menehould;	Ville-sur-Tourbe;	Vouziers.
23 août: Clermont-en-Argonne;	Sainte-Menehould;	Grandpré.
24 août: Verdun;	Clermont-en-Argonne;	Varennes.
25 août: Concentration, autour de Verdun, de l'armée prête à livrer bataille.		

C'était, pour la droite, une moyenne de 19 kilomètres ; pour le centre et la gauche, une moyenne de 21 kilomètres à parcourir par jour. Un pareil effort n'avait rien d'excessif, à la condition qu'on y apportât une énergie constante et une activité qui ne comportait aucune perte de temps. L'armée de Châlons, composée d'éléments si disparates, en était-elle capable? Voilà la question.

A la date du 25, l'armée du Prince royal se trouvait tout entière au sud de la ligne Saint-Dizier-Vitry-le-François, c'est-à-dire trop loin pour arriver en temps opportun au secours de celle du prince de Saxe[1], qui, ce jour-là précisément, occupait les environs de Verdun. Il est vrai d'ajouter que M. de Moltke, avisé à temps du péril, avait pris pour y parer des dispositions spéciales, dont il sera question plus loin. Mais on peut voir par là, sans rien préjuger des résultats subséquents, que le projet du général de Palikao n'était nullement chimérique, et que son auteur se trouvait, au moins théoriquement, en droit de fonder sur lui quelque espoir.

Les circonstances relatées plus haut modifièrent malheureusement le plan primitif à ce point que, lorsqu'il fut mis à exécution, il n'en restait plus rien que l'idée fondamentale de secourir l'armée de Metz. Au lieu de partir du camp de Châlons, on partit de Reims ; au lieu de se diriger sur Verdun, on marcha sur Montmédy. La situation était donc bien différente, et les chances de succès réduites considérablement. Car on prenait ainsi une route beaucoup plus longue, qui présentait le grave danger d'amener l'armée de Châlons en un point très rapproché de la frontière de Belgique, pays neutre, et par suite interdit à toute espèce d'opération. Si donc la réussite d'un mouvement de Châlons sur Metz était subordonnée à une activité dont on n'était pas assuré que l'armée de Châlons fût capable, combien le succès d'une marche de Reims sur Montmédy était-il plus aléatoire encore, puisqu'il aurait fallu, pour l'exécuter dans le même temps, une rapidité presque double ! De

1. Formée, après la capitulation de Metz, avec les éléments de la IIe armée. Le détail de sa constitution sera donné plus loin.

fait, l'armée de Châlons allait entreprendre une marche de flanc, à deux journées de marche environ de masses allemandes importantes (l'armée du prince de Saxe). Celles-ci, occupant par rapport à elle une position centrale, avaient la faculté, soit de se porter rapidement sur un des points de son parcours, soit de la devancer, soit de menacer ses lignes de communication avec Paris, que la marche en avant découvrait chaque jour davantage sans pour cela menacer celles de l'ennemi[1]. Enfin, la plus petite perte de temps permettait à la III° armée d'accourir, et de joindre ses efforts, pour nous accabler, à celle du prince royal de Saxe. C'est, hélas! ce qui devait se produire à bref délai.

La dépêche du 20 août. — Nous venons de voir le maréchal de Mac-Mahon poussé à cette détermination si grave par la conviction que Bazaine ne devait pas tarder à quitter Metz pour marcher vers Montmédy. La dépêche qu'il avait reçue de celui-ci, dans la journée du 22, paraissait tellement affirmative à cet égard, que dans sa loyauté le duc de Magenta dut considérer l'apport de son concours, si problématique qu'il pût être, comme un impérieux devoir. Une circonstance mystérieuse et absolument insolite venait, en effet, de le priver du seul document qui aurait pu jeter dans son esprit quelque doute sur la sincérité des intentions de son chef.

En effet, le lendemain du jour où il expédiait à l'Empereur la dépêche précitée sur la bataille de Saint-Privat, c'est-à-dire le 20 août, le maréchal Bazaine avait rédigé les trois autres télégrammes que voici :

I. *A l'Empereur :* — « Mes troupes occupent toujours les mêmes positions. L'ennemi paraît établir des batteries qui doivent lui servir à appuyer son investissement; il reçoit constamment des renforts. Le général Marguenat a été tué le 16. Nous avons dans la ville de Metz au delà de 16,000 blessés. »

II. *Au Ministre de la Guerre* (par la voie du quartier impérial) : — « Nous sommes dans Metz, nous ravitaillant en vivres et en

---

1. Celle de l'armée de la Meuse (prince royal de Saxe) passait, comme celle de la II° armée, par Pont-à-Mousson. Celle de la III° armée passait par Nancy.

munitions. L'ennemi grossit toujours et paraît commencer à nous investir. J'écris à l'Empereur qui vous donnera communication de ma dépêche. J'ai reçu la dépêche de Mac-Mahon auquel j'ai répondu ce que je crois pouvoir faire dans plusieurs jours. »

III. *Au maréchal de Mac-Mahon :* — « J'ai dû prendre position près de Metz pour donner du repos aux soldats et les ravitailler en vivres et en munitions. L'ennemi grossit toujours autour de moi, et je suivrai très probablement, pour vous rejoindre, la ligne des places du Nord, *et vous préviendrai de ma marche*, SI TOUTEFOIS JE PUIS L'ENTREPRENDRE SANS COMPROMETTRE L'ARMÉE. »

Ces trois dépêches furent confiées, en double, à une madame veuve Imbert, jeune femme de 26 ans qui avait déjà, le 10 août, rempli une mission analogue, et à un agent de police nommé Flahaut. Ce dernier arriva, le 21, à Thionville, et remit les documents en question au colonel Turnier, commandant de place, lequel chargea M. Guyard, commissaire de police, de les porter au colonel Massaroli, commandant la place de Longwy. Là se trouvaient deux agents de la sûreté, les sieurs Miès et Rabasse, envoyés par le colonel Stoffel pour avoir des renseignements sur les mouvements de l'armée de Metz. Ils furent mis en possession des trois pièces et les portèrent au télégraphe, où on les expédia immédiatement, la première à l'Empereur, la seconde au ministre, *la troisième au colonel Stoffel, pour le maréchal de Mac-Mahon.*

Or cette troisième dépêche ne fut communiquée ni au maréchal, ni à son chef d'état-major, le général Faure, ni à ses aides de camp, les colonels d'Abzac et Broye ; du moins aucun d'eux ne s'est souvenu de l'avoir vue[1]. Elle avait cependant une bien haute importance, dans sa forme dubitative, et le maréchal de Mac-Mahon a affirmé « qu'il était impossible qu'elle lui ait échappé, *car elle aurait certainement modifié ses mouvements sur Metz.* »

---

1. L'agent Miès a dit en avoir remis l'original au colonel d'Abzac, le 26 août, à une heure du matin, en arrivant à Rethel. Mais cet officier supérieur a affirmé, devant le conseil de guerre de Trianon, qu'il n'avait aucun souvenir de l'incident et qu'il ne se rappelait pas avoir reçu la moindre nouvelle du maréchal Bazaine, bien qu'on attendît avec impatience ses communications.

Que s'était-il donc passé ? Le colonel Stoffel a-t-il, comme l'a cru le ministère public du conseil de guerre de Trianon, intercepté la dépêche dans le but, dicté par des considérations politiques, d'éviter tout ce qui pourrait faire renaître le projet de retour à Paris ? A-t-il tout bonnement supposé qu'elle n'était qu'une nouvelle édition, sans intérêt, de celle de la veille, et ne méritait pas d'être mise sous les yeux du maréchal ? La question n'a jamais été élucidée, même après le procès retentissant auquel elle a donné lieu, et il est douteux qu'elle le soit jamais. Mais il n'en existe pas moins, dans ce fait extraordinaire, une des manifestations de l'étrange fatalité qui a présidé, dans le cours de cette guerre, à toutes nos opérations, et réduit à néant tous nos efforts.

Quoi qu'il en soit, le mouvement fut ordonné le 22 dans l'après-midi, et commencé le 23. La distance qui sépare Reims de la Meuse, par Vouziers et Buzancy, est de 100 kilomètres environ ; elle pouvait donc être franchie en cinq jours, à raison de 20 kilomètres par jour, et l'armée serait alors arrivée à Stenay le 27. C'est sur quoi comptait le ministre de la guerre, qui estimait à deux jours pleins l'avance que le maréchal de Mac-Mahon avait sur le Prince royal. Mais il fallait aussi tabler sur les difficultés inhérentes à un mouvement de cette nature, exécuté par une masse énorme de soldats, entravé par des convois interminables, et retardé par des conditions climatériques peu favorables en général. A côté d'éléments excellents, l'armée de Châlons, si hâtivement constituée, en contenait d'autres dont la valeur ne comportait pas une épreuve aussi rigoureuse que cette marche de cinq jours, en une seule masse, sans repos ni détente ; ceux-là n'auraient pas résisté, le cas échéant, à une marche forcée. Par suite, le succès de l'opération n'était rien moins qu'assuré, et les événements ont prouvé combien en tout cas elle était difficile. Plusieurs écrivains cependant ayant cru pouvoir, après coup, blâmer énergiquement la mollesse de son exécution, il ne nous semble pas inutile d'examiner jusqu'à quel point sont fondées leurs récriminations.

Dans son ouvrage sur Sedan, le général de Wimpffen

estime que l'armée de Châlons pouvait arriver sur la Meuse le 27 ou le 28, au plus tard, et se jeter sur l'armée du prince de Saxe avant que la III⁰ armée soit en état de prendre part à la lutte. La défaite du prince de Saxe aurait eu, suivant lui, pour conséquence d'obliger les troupes du prince Frédéric-Charles, chargées du blocus de Metz, à se replier pour éviter de se trouver dans une position aussi fausse que le fût la nôtre à Sedan [1]. Voici, d'autre part, ce que le colonel Rüstow a écrit sur ce sujet :

> Après que Mac-Mahon se fut décidé à marcher au secours de Bazaine, il devait chercher, avant tout, que le Prince royal n'en fût point informé. Pour cela, il pouvait former un rideau autour du camp de Châlons avec une partie de sa cavalerie ; il devait ensuite *faire marcher le plus rapidement possible la masse de ses troupes*, pour avoir la probabilité de ne combattre, de concert avec Bazaine, que la Ire et la IIe armée allemande, sans avoir affaire en même temps à la IIIe et à la IVe armée. Dans ces circonstances, *il fallait exiger des troupes des marches forcées* [2]...

On voit combien sont vagues ces argumentations, puisque les deux auteurs ne sont même pas d'accord sur le but à atteindre. Le général de Wimpffen assigne comme objectif l'armée du prince de Saxe. Le colonel fédéral estime qu'il fallait arriver assez tôt pour que celle-ci ne puisse même pas intervenir. Dans de pareilles conditions, il est assez difficile d'attribuer quelque valeur à des combinaisons dont le premier élément de succès était un tour de force absolument impossible, à savoir l'exécution des marches forcées, et de discuter sérieusement des critiques échafaudées sur des bases aussi peu sérieuses. Aussi bien, pour les éliminer d'un mot, il suffit d'observer que, le 23 août, des masses ennemies, supérieures en nombre, et surexcitées par la victoire, se trouvaient déjà, comme on le verra plus loin, entre les deux armées de Metz et de Châlons, et que la jonction de ces deux armées ne pouvait plus s'opérer que par un miracle.

Il semble donc que la pression exercée dès le début

---

1. *Sedan*, par le général DE WIMPFFEN, page 149.
2. W. RUSTOW, *loc. cit.*, page 306.

par le gouvernement sur le maréchal de Mac-Mahon, en s'ajoutant à des scrupules honorables, mais basés sur une correspondance incomplète, ait été la cause déterminante du désastre de l'armée de Châlons. Cette armée n'était pas en état de supporter la rude épreuve qu'on lui imposait, et les circonstances actuelles donnaient absolument raison à la répugnance qu'éprouvait le commandant en chef à exécuter une opération aussi dangereuse. A cet égard, on ne peut qu'être frappé des considérations suivantes, exposées par l'état-major allemand :

> « La solution la plus simple et la plus sûre était assurément de rétrograder jusque dans le voisinage de la capitale ; puis, appuyé sur ses ouvrages et sur les immenses ressources qu'elle présentait, d'offrir la bataille dans les conditions les plus avantageuses. Dans l'hypothèse même d'un revers, l'armée française demeurait en mesure de se soustraire promptement à la poursuite du vainqueur ; quant à un investissement rigoureux ou à un blocus de Paris, il était à peine nécessaire d'y songer, devant la concentration sous ses murs de plus de 100,000 hommes de troupes de ligne [1]. »

La conclusion de tout ceci est que la politique est une mauvaise conseillère, et qu'un pays est bien près de sa perte, quand il la laisse se substituer aux seules considérations auxquelles ait, en principe, à obéir un général en chef. C'est la politique seule qui nous a conduits à Metz et à Sedan ; il faut espérer que la leçon si chèrement payée portera ses fruits dans l'avenir.

La composition de l'armée de Châlons, le 23 août, au moment où elle se mettait en marche, était la suivante (voir pièce n° 3) :

1er *corps d'armée* : général de division DUCROT (4 divisions d'infanterie) : 26,000 fantassins, 2,500 cavaliers, 84 pièces, 22 mitrailleuses.

5e *corps d'armée* : général de division DE FAILLY (3 divisions d'infanterie) : 18,000 fantassins, 1,496 cavaliers, 61 pièces, 18 mitrailleuses.

7e *corps d'armée* : général de division DOUAY (3 divisions d'infanterie) : 25,000 fantassins, 2,400 cavaliers, 78 pièces, 18 mitrailleuses.

---

1. *La Guerre franco-allemande*, page 905.

12ᵉ corps d'armée : général de division LEBRUN (3 divisions d'infanterie) : 36,000 fantassins, 4,200 cavaliers, 150 pièces, 18 mitrailleuses.

Réserve de cavalerie : 4,113 cavaliers, 14 pièces.

Réserve d'artillerie : 6 pièces (la majeure partie de la réserve était avec le 12ᵉ corps).

L'effectif total de cette armée se montait donc à 105,000 fantassins, 14,709 cavaliers, 393 pièces et 76 mitrailleuses, en chiffres ronds[1]. Nous verrons bientôt combien il était dépassé par les forces allemandes qui allaient lui être opposées.

MOUVEMENTS DES ARMÉES ALLEMANDES DU 17 AU 25 AOUT.

Devant Metz, le 19 août. — Constitution de l'armée de la Meuse. — La bataille de Saint-Privat, en consommant l'isolement de l'armée de Metz et en achevant de couper les communications du maréchal Bazaine, donnait aux opérations des armées allemandes un premier résultat d'une incontestable valeur. La principale force française, en se retirant sous les murs de Metz, « s'était momentanément enlevé toute faculté de coopérer directement à la défense du pays[2] » et se trouvait condamnée à livrer une nouvelle bataille pour s'ouvrir un passage que les Allemands étaient fermement disposés à lui disputer. Ceux-ci devaient donc, s'ils voulaient rendre fécond ce premier et important succès, laisser devant elle une force suffisante pour la tenir immobile; mais ils devaient aussi songer à la nouvelle armée qui se formait en arrière, et chercher à l'écraser à son tour.

Aussitôt donc qu'il fut suffisamment éclairé sur la portée de la victoire inespérée de la veille, c'est-à-dire le 19 dans la matinée, M. de Moltke s'occupa sans perdre de temps des nouvelles opérations à entamer, et adressa aux commandants d'armée, dès onze heures du

---

1. Y compris des régiments de marche qui ne rejoignirent que les 27 et 28. Il est d'ailleurs impossible de donner de cet effectif une évaluation exacte, les documents précis faisant absolument défaut.
2. *La Guerre franco-allemande*, page 883.

matin, les instructions suivantes, qu'il faut citer dans leur entier :

A la suite des succès de ces derniers jours, il est devenu à la fois nécessaire et possible de donner aux troupes le repos dont elles ont besoin et de faire arriver des renforts pour réparer les pertes. Il importe aussi que, dans la continuation du mouvement sur Paris, les armées s'avancent à la même hauteur, afin de pouvoir se mesurer en forces suffisantes avec les troupes de nouvelle formation en voie de concentration à Châlons. D'autre part, il faut encore prévoir le cas où l'armée française, rejetée sous Metz, viendrait à tenter de se faire jour vers l'ouest. *Six corps d'armée* seront donc conservés sur la rive gauche de la Moselle, où, établis sur la ligne de hauteurs enlevées hier, ils pourront s'opposer à toute entreprise de cette nature. *Un corps d'armée* et la division de réserve resteront sur la rive droite, et devront, si cela devient nécessaire, éviter de s'engager devant un assaillant numériquement supérieur.

Sa Majesté le Roi affecte au blocus la Ire armée, la 3e division de réserve, plus les IIe, IIIe, IXe et X^e corps.

Sa Majesté confie à Son Altesse Royale le prince Frédéric-Charles le commandement de toutes les troupes chargées de cette opération, et décide, en outre, que la Garde, les IVe et XIIe corps, ainsi que les 5e et 6e divisions de cavalerie, passeront sous les ordres de Son Altesse le prince royal de Saxe, pour y demeurer jusqu'à ce que les circonstances permettent de revenir à la répartition primitive en trois armées. L'état-major de Son Altesse le prince royal de Saxe sera immédiatement constitué.

La chaîne de hauteurs destinée à former la position défensive sera retranchée ; les troupes pourront d'ailleurs se cantonner en arrière jusqu'à l'Orne. Les trois corps provisoirement détachés de la IIe armée prendront des cantonnements au delà de l'Orne et de l'Yron.

La IIIe armée fait halte momentanément sur la Meuse.

Le quartier général de Sa Majesté reste provisoirement à Pont-à-Mousson, où le IIe corps laissera un bataillon.

C'est-à-dire que l'ordre de bataille primitif des armées allemandes se trouvait modifié d'une façon sensible, par : 1° la constitution d'un groupe de forces chargé de bloquer Metz, et formé de la Ire armée, de quatre corps de la IIe et d'une division de troupes fraîches qui comptait 3 brigades et 6 batteries [1] ; 2° la formation d'une subdivision d'armée, composée de trois corps et de quatre divisions de cavalerie[2], et destinée à opérer

---

1. Voir pièce n° 4.
2. 5e et 6e divisions de cavalerie, division de cavalerie de la Garde, division de cavalerie saxonne.

de concert avec la IIIᵉ armée. Cette subdivision d'armée (*armee-abtheilung*) est habituellement désignée sous le nom d' « *Armée de la Meuse* ». Par suite de sa création, l'armée de Châlons allait avoir à lutter contre deux groupes de forces comprenant ensemble huit corps d'armée, une très forte division (wurtembergeoise)[1], et six divisions de cavalerie, c'est-à-dire l'effectif énorme de 188,123 fantassins, 35,814 cavaliers, 813 pièces[2].

Au moment où ces instructions étaient dictées, le prince Frédéric-Charles se trouvait au grand quartier général, à Rezonville. Il put donc en prendre immédiatement connaissance, et donner ses ordres sans retard. Dès une heure et demie de l'après-midi, il faisait diriger sur Ville-sur-Yron et Briey les corps destinés à former l'armée de la Meuse, et compléter l'investissement de Metz. Le lendemain, celui-ci était terminé et les forces allemandes, disposées suivant le nouveau plan d'opérations, se trouvaient prêtes à en entreprendre l'exécution.

Marche du Prince royal du 16 au 22 août. — Pendant que ces événements se passaient, la IIIᵉ armée, que nous avons laissée, le 16 août, sur la Moselle (voir livre II, chap. III), avait continué son mouvement vers la Marne dans la direction de Paris. Mais ses premiers mouvements s'exécutèrent un peu à l'aveugle. Sa cavalerie, en effet, n'avait pas repris le contact.

On manquait encore d'indications précises sur le 5ᵉ corps français, *on se croyait seulement fondé à admettre que sa retraite avait eu lieu vers le sud*. D'autre part, toutes les nouvelles, tous les renseignements recueillis ne laissaient aucun doute sur la concentration de forces sérieuses à Châlons. Enfin, en ce qui concernait les masses ennemies qui avaient repassé la Moselle devant la Iʳᵉ et la IIᵉ armée, on les supposait toujours en voie de poursuivre leur mouvement rétrograde vers ce point[3].

---

1. La division wurtembergeoise comptait 3 brigades d'infanterie, 1 brigade de cavalerie et 9 batteries (voir pièce n° 2).

2. D'après l'état-major allemand. Il est à remarquer que les états d'effectifs allemands ne tiennent compte que des seuls combattants, tandis que les nôtres comprennent *tous* les rationnaires (train, troupes d'administration, infirmiers, etc.). La différence des forces en présence est donc encore plus considérable que ne l'indique la simple comparaison des chiffres donnés ci-dessus.

1. *La Guerre franco-allemande*, page 895.

Par suite, le mouvement en avant ne pouvait être repris qu'en s'éclairant avec grand soin sur le front et l'aile gauche, et en essayant encore une fois de prendre la place de Toul, qui commandait une voie ferrée de la plus grande importance. Le Prince royal se décida donc à gagner la Marne, dans la partie comprise entre Saint-Dizier et Joinville, sur deux lignes, couvertes à une ou deux journées de marche par la 4° division de cavalerie, en avant, par la 2° vers le flanc gauche. Le II° corps bavarois, le V° corps accompagné de la division wurtembergeoise, enfin le XI° corps formaient la première ligne ; le Ier bavarois et le VI° corps la seconde.

De cette manière, et avec le peu d'étendue du front embrassé par le mouvement (20 à 22 kilomètres seulement), le commandant en chef comptait être sans cesse en mesure, si une rencontre se produisait, de concentrer ses forces en temps utile sur le point décisif [1].

Le mouvement commença le 17. Il devait amener pour le 20 les troupes de première ligne sur l'Ornain.

Les divers corps étaient invités à se maintenir soigneusement reliés entre eux, à faire toujours bivouaquer leurs avant-gardes et à établir le reste de leur monde dans des cantonnements aussi resserrés que possible. En cas de rencontre de l'adversaire, les avant-gardes avaient ordre de se borner à conserver une attitude purement défensive, de manière à ménager à l'armée le temps de se déployer [2].

Le soir de ce même jour, une patrouille de la 4° division de cavalerie aperçut deux escadrons de chasseurs français, près d'Ancerville (5 kil. à l'est de Saint-Dizier). Le 18 au matin, ayant repris son exploration, elle reçut à Chevillon des coups de fusil, envoyés par une troupe d'infanterie qui se dirigeait vers Vitry-le-François, en marchant à l'est de la voie ferrée [3]. Cet incident éclairait d'un jour inattendu la situation jusqu'alors fort

---

1. *La Guerre franco-allemande*, page 896.
2. *Ibid.*
3. C'étaient des troupes appartenant à la division Goze (5° corps). On se souvient que cette division, appuyée par un fort détachement de cavalerie, avait été laissée à Saint-Dizier, pour couvrir l'embarquement des derniers corps ralliant le camp de Châlons (voir livre II, chap. III).

obscure, et donnait une notion certaine sur la direction suivie par l'armée d'Alsace, ainsi que sur la concentration de forces importantes à Châlons. Le contact, perdu depuis Frœschwiller, était enfin repris. Toutefois, dès le lendemain, les cavaliers prussiens constatèrent avec regret qu'il leur échappait encore, les derniers détachements français chargés de couvrir le mouvement du 5ᵉ corps ayant disparu, et la voie ferrée ayant été coupée au-dessus de Saint-Dizier.

Le 19, les corps de première ligne débouchaient sur la Meuse. Le IIᵉ corps bavarois laissa devant Toul, pour l'investir, la 7ᵉ brigade, un régiment de chevau-légers et deux batteries ; puis, le lendemain, on se porta de la Meuse sur l'Ornain. Voici donc quelle était, le 20, la position des différents corps de la IIIᵉ armée :

4ᵉ division de cavalerie, sur la Saulx; un escadron à Blesme, pour garder la bifurcation du chemin de fer. Ses patrouilles allaient jusqu'à Saint-Dizier et à 12 kilomètres au nord, sur le flanc droit [1].

IIᵉ corps bavarois, avant-garde à Ligny-en-Barrois (sur l'Ornain), gros à 20 kilomètres en arrière (Mesnil-la-Horgne).

Vᵉ corps, avant-garde à Hévillers, gros à Tréveray, sur l'Ornain.

Division wurtembergeoise, à Houdelaincourt, sur l'Ornain.

XIᵉ corps, avant-garde à Mandres, gros à Gondrecourt.

Les corps de deuxième ligne étaient : le *Iᵉʳ corps bavarois* à Void, tout près de la rive gauche de la Meuse, le *VIᵉ corps* à Pagny-la-Blanche-Côte, sur la Meuse.

Enfin, la 2ᵉ *division de cavalerie*, chargée de protéger le flanc gauche, stationnait à Saint-Élophe (5 kil. nord-est de Neufchâteau, qu'elle occupait par un détachement), et envoyait des patrouilles jusqu'à Épinal.

C'est-à-dire que l'armée, répartie sur un front de 33 kilomètres, occupait une profondeur de 30 kilomètres environ et était couverte par un service d'exploration qui dépassait 65 kilomètres d'une aile à l'autre. Ces dispositions sont remarquables, parce que les forces étaient assez concentrées pour parer à une attaque im-

---

1. Nous voyons ici combien les Allemands poussaient au loin leur service d'exploration. Blesme est à 34 kilomètres de la Saulx, qui est elle-même à 12 kilomètres de l'Ornain, où se trouvaient les têtes de colonne de l'armée. Saint-Dizier est à 32 kilomètres de l'Ornain.

prévue, et possédaient d'autre part assez d'élasticité pour changer de direction, le cas échéant, sans se gêner mutuellement. Il est juste d'ajouter que le premier inventeur d'une semblable tactique n'était pas le prince royal de Prusse, mais bien Napoléon Ier, qui avait employé la pareille pendant l'immortelle campagne d'Iéna.

Ce jour-là, 20 août, le Prince royal transporta son quartier général de Nancy à Vaucouleurs. En y arrivant, il reçut l'ordre expédié par M. de Moltke, le 19 au matin, ordre que nous avons cité plus haut, et qui prescrivait à la IIIe armée de faire halte sur la Meuse, jusqu'à ce que la IVe soit arrivée à sa hauteur. Il se borna donc à faire continuer par la cavalerie son service de renseignements et d'exploration, mais prescrivit un séjour dans les cantonnements pour les 21 et 22. Les escadrons se portèrent en avant dès l'aube ; un peloton de dragons, détaché de la 4e division, se lança jusqu'à Vitry-le-François (à 38 kilomètres du gros de la division) et fit quelques prisonniers appartenant à la division Goze (21 août). Puis il essaya de prendre pied dans Vitry, petite place insignifiante et qu'on disait sans garnison. Mais des hommes « à demi vêtus d'uniformes » firent feu sur lui des faubourgs, et le contraignirent à se retirer. Ce même jour, le reste du régiment de dragons ayant fait sommer la place de capituler, son parlementaire était reçu à coups de fusil et obligé de battre en retraite rapidement.

Cependant, le lendemain 22, des renseignements assez sérieux arrivaient du XIe corps. Une pointe de cavalerie, envoyée par lui sur Joinville, avait découvert le secret de tous les mouvements du 5e corps français, et s'empressait de les communiquer en ces termes : « C'est le 16 août que les premières troupes françaises sont arrivées de Chaumont à Joinville pour y protéger le passage du 5e corps, fort d'une vingtaine de mille hommes. Celui-ci a fait son mouvement en partie à pied, en partie par voie ferrée. *D'après les indications du livre de dépêches trouvé à la gare*, le chemin de fer aurait expédié sur Saint-Dizier et Vitry, dans les journées du 18 et du 19, un total de vingt trains militaires, composés d'infanterie des divisions Goze et l'Abadie, tandis que la division de cavalerie Brahaut continuait sur Châlons par les voies de terre. La gare de Joinville aurait été ensuite évacuée, dans la nuit du 19 au 20. »

C'en était assez pour fixer toutes les indécisions, et lever les dernières incertitudes sur l'arrivée du 5ᵉ corps au camp de Châlons.

Mouvements de l'armée de la Meuse jusqu'au 22 août. — Pendant ce temps, l'armée de la Meuse opérait son déploiement à l'ouest de Metz, face à son objectif. Le IVᵉ corps, parti le premier, était arrivé le 20 à Commercy, où il s'arrêta les 21 et 22, formant liaison avec la IIIᵉ armée. Du 20 au 22, les autres corps précédés par la cavalerie, se portèrent au delà de l'Orne et de l'Yron, et occupèrent, à cette dernière date, les positions suivantes :

Garde, à Woel et Hannonville-sous-les-Côtes.
XIIᵉ corps, à Jeandelize.
5ᵉ division de cavalerie, à Étain.
6ᵉ division de cavalerie, à Fresnes-en-Woivre.
Division de cavalerie saxonne, à Hennemont.
Division de cavalerie de la Garde, à Saint-Maurice-sous-les-Côtes.

} Poussant leur exploration jusqu'à la Meuse.

En résumé, dans la soirée du 22, tous les corps allemands destinés à marcher vers Paris s'étendaient à peu près à la même hauteur, sur un front de plus de 75 kilomètres.

La droite de cette ligne était formée par les corps de l'armée de la Meuse venant des environs de Metz et couverts à courte distance par leurs divisions de cavalerie. Au centre était le IVᵉ corps, sur les deux rives de la Meuse, auprès de Commercy, et les fractions de la cavalerie de la Garde jetées en avant vers l'ouest. L'aile gauche, sur la Meuse supérieure, se composait du Iᵉʳ corps bavarois, du VIᵉ corps et de la 2ᵉ division de cavalerie, tandis que la masse principale de la IIIᵉ armée formait un échelon en saillie sur l'Ornain. Au loin, en avant du front de cette dernière armée, les éclaireurs de la 4ᵉ division de cavalerie battaient déjà le pays jusqu'à la vallée de la Marne[1]. »

Sachant que telle serait, le lendemain **soir**, la situa-

---

1. *La Guerre franco-allemande*, page 903.

tion générale de ses forces, M. de Moltke rédigea, dès le 21, à onze heures du matin, les ordres nécessaires à la reprise du mouvement en avant. Ils étaient datés de Pont-à-Mousson, où s'était transporté le grand quartier général, et établissaient en principe que l'aile gauche, c'est-à-dire la IIIᵉ armée, « devait, en général, conserver toujours une avance d'une marche, de manière à ménager la faculté, dans le cas où l'ennemi ferait mine de tenir, de l'attaquer à la fois de front et dans son flanc droit, afin de le couper de la capitale en le refoulant dans la direction du nord [1] ». L'ordre portait que les mouvements commenceraient le 23 août, et, le 26, les avant-gardes de la IIIᵉ armée devaient atteindre la ligne Vitry-Saint-Mard ; celles de l'armée de la Meuse, la ligne Givry-en-Argonne-Sainte-Menehould [2]. « Cette dernière armée était invitée à tenter un coup de main sur Verdun ou à passer au sud de cette place [3]. »

On remarquera que ces prescriptions ne dépassent pas la date du 26, c'est-à-dire quatre jours ; cela tient à ce que le chef d'état-major allemand ne donne jamais pour objectif à ses armées une position fixe, mais toujours la masse des forces ennemies. Le but étant essentiellement mobile, M. de Moltke se réserve la possibilité de modifier les mouvements commencés, si ce but vient à se déplacer. On peut aussi constater que, pour la première fois, les lignes assignées à chacune des armées ne sont pas constituées par un cours d'eau, une série de hauteurs, en un mot une ligne défensive sur laquelle on puisse résister en cas de besoin. L'éloignement de l'armée française permettait cette infraction aux prudentes habitudes de l'état-major allemand.

Journée du 23 août. — *Bombardement de Toul.* — Le 23 août, le grand quartier général se transporta de Pont-à-Mousson à Commercy. Deux corps de l'armée

---

1. Nous retrouvons encore une fois ici ce dispositif en équerre, sur lequel M. de Moltke semble avoir basé la majeure partie de ses combinaisons.
2. Saint-Mard et Givry se trouvent sur la route de Vitry à Sainte-Menehould, entre Bar-le-Duc et Reims.
3. *La Guerre franco-allemande*, page 914.

du prince de Saxe (Garde et IV⁰) atteignirent la Meuse[1]; le XII⁰ corps était encore à quelques kilomètres à l'ouest[2] et devait se diriger le lendemain sur Verdun. La cavalerie de cette armée explorait à 24 kilomètres en avant, de Sivry-sur-Meuse à quelques kilomètres au nord de Bar-le-Duc.

Dans la III⁰ armée, la 4⁰ division de cavalerie atteignit Saint-Dizier et poussa des détachements sur la route de Vitry-le-François. Dès la veille, deux escadrons de découverte, précédant d'une cinquantaine de kilomètres leur avant-garde, avaient atteint cette ville; le 23, ils se portèrent à Châlons, où ils apprirent le départ de l'armée du maréchal, départ déjà connu d'ailleurs par M. de Moltke. Celui-ci écrivit aussitôt au général de Blumenthal, chef d'état-major de la III⁰ armée, pour l'inviter à chercher tous les renseignements possibles sur la direction prise par nous, et, le jour même, on fit franchir la Marne à la 4⁰ division de cavalerie, qui marcha par la rive gauche sur Châlons, Vertus et Epernay, tandis que la cavalerie wurtembergeoise était chargée de patrouiller sur la rive droite, et que la 2⁰ division de cavalerie se portait par Vassy sur Arcis-sur-Aube pour couper la voie ferrée entre Troyes et Méry-sur-Seine.

Pendant ce temps, le premier échelon de la III⁰ armée atteignait la ligne de la Saulx; seul, le II⁰ corps bavarois était un peu en arrière, au nord-ouest de Ligny-en-Barrois. Quant à la deuxième ligne, elle cantonnait à Gondrecourt (VI⁰ corps) et Saint-Aubin (I⁰ʳ bavarois).

Ce même jour, le détachement envoyé à Toul par le II⁰ corps bavarois tentait un nouveau coup de main contre la place. On espérait encore, malgré l'échec essuyé le 16 par le IV⁰ corps, en venir à bout avec des pièces de campagne, et comme on était pressé, on ne crut pas devoir attendre l'arrivée de pièces de gros calibre pour l'attaquer. Le Prince royal envoya donc

---

1. Le IV⁰ était déjà à Commercy. La Garde arrivait à Saint-Mihiel.
2. A Eix et Haudiomont.

l'artillerie de corps du VI⁰ corps, soutenue par trois bataillons, bombarder la place de la rive droite de la Moselle, tandis que les Bavarois l'investiraient de l'autre côté. Le général-lieutenant de Gordon, commandant la 11⁰ division (VI⁰ corps), était chargé de diriger l'opération.

Parti le 22, dès l'aube, de Pagny-sur-Meuse, cet officier général arriva dans la soirée devant Toul et fit, pendant la nuit, construire des épaulements de batteries sur les hauteurs situées au nord-est de Chaudeney[1]. Puis, le 23, à huit heures trois quarts du matin, après avoir fait inutilement sommer la garnison de se rendre, il ordonna de commencer le feu. Bientôt un incendie se déclara dans la ville, et, vers midi, le général de Gordon envoya un second parlementaire. « Après quatre heures de négociations, ce dernier revient à son tour, porteur d'un refus. Les Français avaient habilement profité de ce répit pour réparer leurs ouvrages, et quand les batteries allemandes reprennent leur feu, ils leur répondent aussi vigoureusement que dans la matinée[2]. » Le général de Gordon comprenant que tous ses efforts pour réduire la courageuse petite garnison n'aboutiraient qu'à une perte de temps et d'hommes, donna, à six heures et demie du soir, l'ordre de cesser le feu. Le lendemain, toutes les troupes jusque-là employées devant Toul se mettaient en route pour rejoindre leurs corps respectifs, en ne laissant devant la place qu'un régiment d'infanterie, un escadron et une batterie, tous bavarois. Cette petite force devait attendre l'arrivée de trois bataillons de landwehr et de 35 pièces de place françaises, *capturées à Marsal*, avec lesquelles on comptait reprendre le bombardement de la ville.

Journée du 24 août. — Bombardement de Verdun. — Le mouvement vers l'ouest continua le 24. La III⁰ armée atteignit la ligne Vassy, Saint-Dizier, Robert-Espagne, Bar-le-Duc. L'armée de la Meuse arriva sur

---

1. A 3 kilomètres sud-est de Toul.
2. *La Guerre franco-allemande*, page 917. Les pertes des Allemands étaient de 2 tués et 6 blessés ; celles de la garnison, 2 tués et 16 blessés.

l'Aire avec la Garde, tandis que le IV° corps poussait ses avant-gardes jusqu'à la Meuse, vers Génicourt, et que le XII° essayait de s'emparer de Verdun.

Depuis le 18, en effet, les patrouilles de la cavalerie saxonne s'étaient montrées aux environs de la place ; dans la journée du 23, le prince Georges de Saxe vint en personne en reconnaître les abords, et choisir le point le plus favorable à l'établissement des batteries de bombardement. Le 24, à dix heures du matin, l'avant-garde de la 23° division (saxonne) débouchait à l'ouest du bois situé entre Eix et Verdun, et un bataillon s'avançait jusqu'au faubourg Pavé sans rencontrer personne, tandis que les hauteurs de Belrupt se couvraient d'artillerie. Le faubourg Pavé était environné de vergers séparés par des murs, de jardins et de vignes qui s'avançaient presque jusqu'au glacis. Ces nombreux abris, pourtant compris dans la zone de la défense de la place, n'avaient pas été détruits, ainsi que le prescrivent les règlements militaires, en sorte que l'ennemi n'éprouva aucune difficulté pour gagner, à leur faveur, le pied des remparts. Mais là il se heurta à des murailles entourées d'eau et à une citadelle imposante, et fut accueilli par une fusillade qui l'obligea à s'arrêter, et même à utiliser sans tarder, pour se couvrir, la protection des maisons.

Le commandant de place, général Guérin, avait, aussitôt l'ennemi signalé, fait tirer deux coups de canon d'alarme, et la garnison tout entière s'était portée sur les remparts. Elle comprenait 2,000 gardes mobiles, 1,000 hommes environ provenant des dépôts des 57° et 80° de ligne, 200 cavaliers, 20 sapeurs du génie, 55 gendarmes et 50 artilleurs, enfin 1,400 gardes nationaux. La place contenait 137 pièces, dont 46 rayées. Le feu de mousqueterie, engagé instantanément, durait à peine depuis quelques minutes, quand une grêle d'obus s'abattit sur les murailles et dans les rues de la cité ; l'artillerie de la 24° division avait ouvert le feu, des hauteurs de Belrupt où elle était postée avec l'artillerie du corps ; les batteries de la 23° division, plus rapprochées de la place, tiraient des hauteurs d'Haudainville, à 1,500 mètres de distance environ. Tout d'abord, les pièces des remparts ripostèrent très faiblement, car il fallut un temps assez long pour trouver les clefs des magasins à projectiles [1], mais quand enfin elles purent faire feu, ce fut avec des résultats appréciables. Un caisson ennemi sauta à Chamois, et les troupes de soutien, disposées dans les ravins de Belrupt et d'Haudainville, furent assez sérieusement éprouvées. Au bout de deux heures, le prince de Saxe, essayant de l'intimidation, envoya un parlementaire sommer la ville de capituler; mais celui-ci, d'abord accueilli à coups de fusil [2], ne parvint qu'avec peine à pénétrer dans la place. Conduit au général Guérin, il essuya un refus formel. A peine était-il hors de vue que le feu reprenait; pas pour longtemps cependant, car le prince de Saxe, convaincu, d'après le bon état des ouvrages et l'attitude du commandant, de l'inutilité de ses efforts, se décidait, comme on l'avait fait à Toul, à abandonner l'entreprise et donnait l'ordre de reprendre la marche vers l'ouest. Les troupes saxonnes se mirent donc en retraite, vers midi, « sous le feu extrêmement vif des défenseurs [3]. » Elles se portèrent sur la rive gauche, à Charny, en traversant la rivière sur un pont de bateaux, et ne laissèrent devant Verdun qu'une brigade avec quatre escadrons et une batterie. Ces troupes furent elles-mêmes relevées, quelques jours plus tard, par des détachements de landwehr. La perte des Saxons se montait à 1 officier, 19 hommes et 5 chevaux; la garnison française comptait 7 tués (dont 5 gardes nationaux) et 12 blessés.

C'est dans cette journée du 24 que, pour la première fois, l'état-major allemand eut l'intuition de notre mouvement vers Metz. La cavalerie de la IIIe armée, qui

---

1. *Journal du blocus et du bombardement de Verdun*, par l'abbé GABRIEL, page 42.
2. Le trompette, dont on n'avait point entendu la sonnerie, fut tué raide d'une balle.
3. *La Guerre franco-allemande*, page 922. — Quelques jours plus tard, une centaine de soldats et de gardes nationaux s'emparaient, dans une sortie, de 85 chevaux, 50 voitures de vivres, et 50 prisonniers. (*Journal de l'abbé Gabriel.*)

marchait toujours loin en avant des colonnes[1], avait lancé ses éclaireurs jusqu'à Châlons et appris d'une façon certaine que l'armée française avait pris la direction du nord. Déjà, depuis le 23, le grand quartier général, installé à Commercy, était informé que l'empereur Napoléon se trouvait dans Reims, avec une armée. D'autre part, le prince Frédéric-Charles venait de communiquer à M. de Moltke une lettre interceptée, dans laquelle un officier général de l'armée de Metz exprimait son ferme espoir d'être bientôt secouru par l'armée de Châlons. Le chef de l'état-major général s'était empressé de communiquer ces renseignements au prince royal de Saxe, en lui recommandant d'exercer la plus active surveillance, non seulement dans la direction de Reims, mais encore sur la voie ferrée de Reims, Longuyon, Thionville, et de couper cette ligne sur plusieurs points. En même temps, il invitait le Prince royal à rapprocher son IIe corps, placé à l'extrême gauche de la ligne occupée par les deux armées.

Le 24, comme le grand quartier général se transportait de Commercy à Bar-le-Duc, le roi et M. de Moltke tinrent, chemin faisant, une conférence, à Ligny-en-Barrois, avec le commandant en chef de la IIIe armée, et le général de Podbielski, quartier-maître général[2]; celui-ci émit alors l'avis que l'armée de Châlons pouvait bien se préparer à marcher au secours de Bazaine. « Cette tentative, pensait-il, si elle était difficilement admissible en raison des objections qu'elle soulevait au

---

1. L'exploration de la cavalerie ne se faisait pas sans difficulté ni dangers, s'il faut en croire cette page, instructive à plusieurs égards, de la *Relation allemande* : « La population des contrées traversées par la IIIe armée, y est-il dit, et notamment celle du département de la Haute-Marne, se montrait généralement animée des dispositions les plus hostiles à l'égard des troupes allemandes. Une distribution de fusils Minié, faite aux habitants sur l'ordre du *gouvernement français*, avait eu précisément pour effet de les pousser à une résistance ouverte ; en maints endroits, il fallait recourir à la force pour obtenir la remise de ces armes, souvent cachées. Cette situation ne pouvait aboutir qu'à accroître l'animosité réciproque et à faire peser plus lourdement sur les pays envahis les maux inséparables de la guerre, sans jamais parvenir à entraver d'une façon quelconque le cours régulier des opérations. » (Page 924.)

2. Sous-chef d'état-major général.

point de vue militaire, pouvait cependant s'expliquer par des considérations politiques. Par suite, ajoutait-il, il serait bon de resserrer les forces allemandes sur leur droite, à toute éventualité. » Mais M. de Moltke ne semblait pas partager cette manière de voir, tant elle lui paraissait peu conforme aux idées qu'il se faisait des conditions normales de la guerre. Persistant au contraire à croire que l'intention du maréchal était toujours de couvrir la capitale, « soit directement, soit en prenant une position latérale, à peu près vers Reims, » il refusa de modifier les instructions données précédemment. Seulement, comme Reims, devenu pour le moment l'objectif des forces allemandes, se trouvait plus loin que Châlons de celles-ci, on décida que l'armée du Prince royal serait portée, dès le lendemain 25, sur la ligne qu'elle n'aurait dû, en vertu des ordres reçus, atteindre que le 26.

Somme toute, si l'on savait maintenant de source sûre que le camp de Châlons était abandonné, on ignorait encore quel dessein nourrissait l'armée française ; seule, la lettre interceptée à Metz pouvait servir d'indication à cet égard, mais ce n'était pas là un document assez précis pour qu'on pût baser sur elle des combinaisons nouvelles. La seule chose absolument certaine, c'est que l'objectif s'était déplacé ; il fallait donc, à partir du 25, diriger les forces allemandes sur la nouvelle position, et c'est dans ce but que le 24 au soir, après son arrivée à Bar-le-Duc, M. de Moltke rédigea de nouvelles instructions d'après lesquelles on devait atteindre, le 28, la ligne Suippes-Châlons-Coole, pour de là obliquer sur Reims, ou poursuivre sur Paris, suivant le cas. La cavalerie de l'armée de la Meuse était chargée, pendant l'exécution de ce mouvement, de surveiller au nord, vers la voie ferrée des Ardennes, la frontière belge, ainsi que les environs de Rethel et de Reims.

Mais sur ces entrefaites arrivèrent, à onze heures du soir, de nouveaux renseignements extrêmement intéressants. C'était d'abord un journal de Paris (*La Liberté*), pris à Châlons la veille par les éclaireurs de la

4e division de cavalerie, et annonçant que l'armée du maréchal de Mac-Mahon, forte de 150,000 hommes, avait pris position à Reims. C'était ensuite un télégramme *envoyé de Paris* le 23 au soir, par la voie de Londres, et contenant ces mots : « L'armée de Mac-Mahon se concentre à Reims. L'empereur Napoléon et le prince sont avec elle. *Mac-Mahon cherche à faire sa jonction avec Bazaine.* »

Impossible d'être plus affirmatif. M. de Moltke, devenu assez perplexe, déchira les ordres qu'il venait de dicter, mais il n'en rédigea point d'autres ce jour-là. Il se refusait encore à admettre que l'accomplissement du projet qu'on prêtait aux Français fût possible, et se demandait comment même il avait pu être formé, le chemin direct de Reims à Metz étant interdit à leur armée, et un détour par le nord, le long de la frontière belge inviolable, lui paraissant le comble de la témérité. Mais si, d'autre part, la nouvelle était vraie, la continuation du mouvement entamé vers Paris devenait inutile, au moins momentanément. Il allait falloir au contraire chercher à joindre les forces françaises, et pour cela « franchir par des chemins de traverse les vastes forêts de l'Argonne, et s'engager dans une région où rien n'avait été préparé encore pour assurer la subsistance des troupes; il faudrait également assigner une nouvelle direction aux ravitaillements de toute nature dont le transport était déjà réglé vers l'ouest[1]... » En un mot, tout était à changer, le front d'opérations et la ligne de communications, et, en présence des énormes difficultés qu'il prévoyait, le chef d'état-major, comme il est facile de le comprendre, demeurait hésitant. Il jugea prudent, en tout cas, de garder l'expectative jusqu'à plus ample informé, et de se borner, pour l'instant, à faire appuyer tout son monde un peu plus au nord-ouest, c'est-à-dire vers Reims, tandis que la cavalerie redoublerait d'activité dans la recherche de renseignements dont l'urgence se faisait de plus en plus énergiquement sentir.

1. *La Guerre franco-allemande*, page 925.

' Le 25 août, à onze heures du matin, il lança ses ordres en conséquence :

Tous les renseignements recueillis, disait-il, s'accordent à constater que l'ennemi a évacué Châlons et s'est replié sur Reims. Conformément aux ordres de Sa Majesté le Roi, la III⁰ armée et l'armée du prince royal de Saxe continueront demain (26 août) dans la direction du nord-ouest, pour suivre le mouvement de l'adversaire. Les corps du prince royal de Saxe viendront : le XII⁰ à Vienne (avant-garde à Autry et Servon); la Garde à Sainte-Menehould (avant-garde à Vienne-la-Ville et vers Berzieux) ; le IV⁰ à Villers-en-Argonne (avant-garde vers Dommartin). La cavalerie se portera au loin, pour éclairer sur le front et sur la droite, et s'attachera surtout à atteindre Vouziers et Buzancy.

La III⁰ armée gagnera avec ses têtes de colonnes la ligne Givry-en-Argonne-Changy, au nord-est de Vitry, qu'elle aura à faire observer.

A moins d'exigences toutes particulières, les troupes auront repos le 27.

Dans ce cas, la journée sera mise à profit pour faire serrer les convois et pour aligner les vivres, afin d'être en mesure, à la reprise du mouvement, de traverser sans difficulté les parties stériles de la Champagne.

Le quartier général de Sa Majesté se transportera demain à Sainte-Menehould. Jusqu'à onze heures du matin, les rapports devront être adressés à Bar-le-Duc. »

Mais si, en présence des difficultés qu'il prévoyait, M. de Moltke hésitait encore à prendre le parti que semblaient imposer les graves nouvelles parvenues au quartier général, au moins jusqu'à ce que celles-ci aient reçu confirmation, il n'en préparait pas moins, *in petto*, certaines dispositions prévoyantes destinées à parer à toute éventualité. C'est ainsi que, dans l'après-midi du 25, il étudiait, *pour lui seul*, un projet de conversion partielle des forces allemandes, qui devait amener le 28, dans le voisinage de Damvillers, les trois corps de l'armée de la Meuse, deux corps (bavarois) de la III⁰ armée et deux corps (les III⁰ et IX⁰) de l'armée de blocus de Metz. Il comptait ainsi, si l'armée française, partie le 23 de Reims, arrivait le 27 sur la Meuse, occuper une position centrale entre elle et l'armée de Bazaine avec 150,000 hommes, et l'arrêter, soit qu'elle acceptât la bataille, soit qu'elle cherchât à se prolonger vers Longuyon[1]. Les événements rendirent cette prévoyance inutile, mais elle est à noter cependant, ne fût-ce que pour montrer combien peu M. de Moltke s'abandonnait au hasard.

Massacre de Passavant. — Cependant, la cavalerie des deux armées allemandes avait continué son exploration à grandes distances. La 5ᵉ division envoyait à Lamouilly[2] un de ses régiments, qui incendiait, dans la nuit du 25 au 26, le pont de bois sur lequel la voie ferrée traverse la Chiers. Les autres régiments poussaient jusqu'à Sainte-Menehould et Valmy ; la division saxonne arrivait à Clermont-en-Argonne et Varennes. La 6ᵉ division vint cantonner, vers midi, à Vieil-Dampierre. Elle était en train de s'y installer quand l'escadron d'avant-garde signala, vers Epense, un bataillon de mobiles en marche sur Sainte-Menehould[3]. Aussitôt toute la division se mobilisa. La batterie à cheval vint prendre position entre Épense et Vieil-Dampierre, et ouvrit le feu, tandis que les deux brigades chargeaient les malheureux mobiles l'une par devant, l'autre par derrière. Désorienté par cette brusque attaque, sachant à peine se servir de ses armes et manœuvrer, le bataillon essaya de se former en carré, mais en vain ; il perdit 4 officiers, 18 hommes ; et tout ce qui restait debout, 27 officiers et 1,000 hommes, fut fait prisonnier. Les Prussiens, qui n'avaient que 3 tués[4] et 3 blessés, emmenèrent à Vieil-Dampierre cette cohue d'hommes affolés, puis les mirent en route vers l'arrière sous la surveillance d'une escorte prise dans le 15ᵉ uhlans et le 16ᵉ hussards. Mais voici qui est plus grave. « En traversant le village de Passavant, un mobile quitta les rangs pour aller boire au ruisseau. Un Prussien tira sur lui, croyant qu'il se sauvait. Ce coup de feu, donnant partout l'alarme, amena une terrible confusion et fut le

---

1. *La Guerre franco-allemande*, page 931.
2. A quelques kilomètres à l'ouest de Montmédy.
3. C'était le 4ᵉ bataillon de la Haute-Marne, destiné primitivement à la garnison de Vitry-le-François. Le capitaine Hamen, commandant de place, jugeant la résistance impossible, l'avait dirigé sur Sainte-Menehould, pour l'embarquer de là à destination de Paris.
4. Dont le major commandant le 15ᵉ uhlans.

signal d'un honteux massacre. *Trente-deux de ces malheureux furent tués sur place, quatre-vingt-douze mutilés*[1]. » Ce fait si douloureux montre bien avec quelle brutalité nos ennemis entendaient faire la guerre, et combien peu leur répugnait une sauvagerie si éloignée cependant de la civilisation dont ils ne cessent de se targuer.

Le 25 au soir, les différents corps allemands occupaient les positions suivantes :

ARMÉE DE LA MEUSE

5ᵉ et 6ᵉ divisions de cavalerie, aux points que nous venons de voir.
Cavalerie de la Garde, en arrière de la 6ᵉ division.
XIIᵉ corps, entre Verdun et Clermont-en-Argonne.
Garde, à Triaucourt.
IVᵉ corps, à Laheycourt.

IIIᵉ ARMÉE

4ᵉ division de cavalerie, à Pogny, poussant des détachements jusqu'au camp de Châlons, et à 4 kilomètres de Reims[2].
Brigade de cavalerie wurtembergeoise, aux environs est de Châlons.
Brigade de uhlans bavarois, au Fresne.
IIᵉ corps bavarois, à Charmont. ⎫
Vᵉ corps, à Heiltz et environs.   ⎬ Corps de première ligne.
XIᵉ corps à Farémont et environs. ⎭
Division wurtembergoise, à Sermaize. ⎫
Iᵉʳ corps bavarois, à Bar-le-Duc.   ⎬ Corps de deuxième ligne.
VIᵉ corps, à Vassy et Montierender. ⎭
2ᵉ division de cavalerie, à Chavanges.

Mais, dans le courant de cette journée, se produisirent certains incidents, qui, en éclairant complètement l'état-major allemand sur nos intentions, exercèrent sur les événements ultérieurs une influence décisive. Vers le soir, le quartier général eut communication de journaux de Paris qui montraient la presse, l'opinion

---

1. A. Duquet, *Frœschwiller, Châlons, Sedan*, page 264.
2. Dans sa marche, la 4ᵉ division somma en passant la place de Vitry-le-François, qui n'avait plus comme garnison, après le départ des mobiles, que 300 gardes nationaux. Menacé d'un bombardement, le capitaine Hamen capitula, après avoir encloué ses *deux canons*. Toutefois, 400 fusils tombèrent aux mains de l'ennemi.

publique et le Corps législatif exigeant que l'armée de Châlons se portât au secours de Bazaine ; ils déclaraient que ce serait une honte de laisser une armée française aux prises avec l'ennemi sans lui porter secours. Quelques instants après, on remettait à M. de Moltke un télégramme, encore daté de Londres, où se trouvait reproduit un article paru, le 23, dans le journal *le Temps*. Il y était dit que « Mac-Mahon s'était subitement décidé à courir à l'aide de Bazaine, bien qu'en découvrant la route de Paris, il compromît la sécurité de la France. Toute l'armée de Châlons avait déjà quitté les environs de Reims ; cependant les nouvelles reçues de Montmédy ne faisaient pas encore mention de l'arrivée des troupes françaises dans ces parages [1]. »

Cette fois, le doute n'était plus permis, et il fallut bien admettre que « les exigences politiques l'avaient emporté sur toute considération militaire [2] ». Le roi fut immédiatement informé de ce qui se passait, et, séance tenante, on décida que l'armée de la Meuse et les Bavarois opéreraient sans tarder un mouvement de conversion vers le nord, pour se lancer contre le flanc droit de l'armée française ; dans la nuit même, les dispositions étaient prises pour que le mouvement pût commencer dès le lendemain ; toutefois, on attendait encore, pour les rendre exécutoires, que la cavalerie jetée sur Vouziers et Buzancy ait confirmé la marche du maréchal de Mac-Mahon vers Metz.

Voici la teneur de l'ordre expédié dans la nuit du 25 au 26 :

Quartier général de Bar-le-Duc, 25 août, 11 heures soir. — « D'après une nouvelle parvenue à l'instant, il ne serait pas impossible que le maréchal de Mac-Mahon ait résolu de faire une tentative pour dégager le gros de l'armée ennemie, bloquée sous Metz. S'il en était ainsi, il aurait quitté Reims depuis le 23 août. Ses têtes de colonnes pourraient donc se trouver aujourd'hui à Vouziers. Il y aurait lieu, dans ce cas, de resserrer vers l'aile droite l'armée de S. A. le prince royal de Saxe, en dirigeant le XIIe corps sur Varennes et en rapprochant la Garde et le IVe corps de la route de Verdun-Varennes.

---

1. *La Guerre franco-allemande*, page 934.
2. *Ibid.*

Le Ier et le IIe corps bavarois suivraient aussi dans cette direction, le cas échéant.

Toutefois, l'exécution de ce mouvement demeurera subordonnée aux renseignements que S. A. le prince royal de Saxe doit posséder déjà, et dont il serait trop long d'attendre l'arrivée au quartier général.

La Garde et le IVe corps ont été avisés de surseoir au mouvement qui leur avait été prescrit aujourd'hui pour la matinée de demain, de manger de bonne heure et d'attendre de nouveaux ordres avant de se mettre en marche. »

En même temps qu'on envoyait copie de cet ordre au commandant en chef de la IIIe armée, on l'invitait à faire exécuter à ses corps (sauf les deux bavarois) les mouvements déjà prescrits pour la matinée du lendemain, sauf à les faire appuyer ensuite, si cela était nécessaire, sur Sainte-Menehould.

Telles étaient les déplorables conséquences des indiscrétions commises par la presse. Jusque-là, M. de Moltke, malgré les efforts d'une cavalerie très hardiment lancée de l'avant, tâtonnait; tout ce qu'il avait pu savoir, c'est que le maréchal de Mac-Mahon venait d'abandonner le camp de Châlons pour se porter à Reims. A dater du 25, les projets du général français n'eurent plus de secrets pour lui ; grâce aux intelligences qu'il avait conservées dans Paris, grâce aussi aux nouvelles si inconsidérément données par les journaux, il savait maintenant ce qu'il lui importait tant de connaître, et pouvait, aussitôt que sa cavalerie, dirigée dorénavant à peu près à coup sûr, lui aurait confirmé le fait, faire exécuter à ses forces la grande conversion vers le nord qui devait anéantir l'armée de Châlons. L'opération était ardue, et M. de Moltke ne s'en dissimulait certainement pas les difficultés ; mais la grandeur du but à atteindre apparaissait si haute, et les résultats de cette combinaison si féconds, que le chef d'état-major allemand ne pouvait plus hésiter à en affronter les dangers. D'ailleurs il allait, comme toujours, apporter un soin jaloux à ce que rien ne manquât pour le faire réussir.

Il est inutile, assurément, d'insister plus longuement sur le rôle fatal de la presse en cette affaire. Les auteurs de cette grave intempérance de plume eussent été certainement les premiers à la maudire, s'ils en avaient pu soupçonner toute la gravité. Mais il faut que la leçon porte ses fruits ; la presse fait preuve, dans les questions où la patrie seule est en jeu, d'assez de désintéressement pour sacrifier au salut suprême son désir naturel de paraître bien informée. Son devoir, en temps de guerre, est d'être muette, et pas une ligne concernant les opérations ne peut, sans crime, être publiée avant d'avoir été soumise au visa du commandement. La presse, il faut le croire, saura s'imposer d'elle-même cette loi sacrée du silence, et abdiquer, devant les raisons de salut public, le privilège de sa liberté.

CHAPITRE II

LA MARCHE VERS L'EST

I. — Marches de l'armée française du 23 au 26 août

Le 23 août au matin, il faisait un temps affreux : la pluie tombait par torrents et achevait de défoncer les chemins déjà détériorés par une série de mauvaises journées. L'armée française partit de Reims sur quatre colonnes formées chacune d'un corps d'armée et occupant un front de marche qui s'étendait de Domtrien à Hentrégéville, sur une largeur de 17 kilomètres. Elle avait à droite le 7e corps, puis successivement jusqu'à la gauche les 1er, 5e et 12e corps. La division Margueritte (1re de réserve) éclairait la marche en occupant Monthois, pour, de là, surveiller les défilés de l'Argonne. La division Bonnemain (2e de réserve) était chargée de couvrir le flanc droit, en occupant Auberive-sur-Suippes ; mais elle ne se trouvait pas ainsi à plus de 4 kilomètres, distance absolument insuffisante pour assurer la sécurité de l'armée.

La sortie de Reims, exécutée par cette masse énorme d'hommes, de chevaux et de voitures, ne se fit pas sans encombre ni désordre. Vers dix heures du matin seulement, il fut possible de déboucher, et cette première étape, qui devait compter 24 kilomètres en moyenne, fut assez pénible. Elle ne se termina qu'assez tard dans la soirée ; les corps bivouaquèrent sur la Suippes, le 7e à Domtrien, le 1er à Bétheniville, le 5e à Pont-Faverger, le 12ᵉ à Hentrégéville. Mais cette journée fut signalée par un acte grave d'indiscipline, qui montrait quels éléments détestables coudoyaient, dans les rangs de l'armée de Châlons, ceux qui étaient résolus à faire jusqu'à la fin leur devoir. Vers six heures du soir, une bande de traînards, restés en arrière après le départ des troupes, se porta sur la gare en hurlant, et pilla deux trains de vivres et d'effets qui étaient garés sur une voie latérale. Au nombre de 400 environ, ils défoncèrent les caisses, éventrèrent les sacs, se gorgèrent de vin et d'eau-de-vie, puis finirent par vendre tout ce qui leur tombait sous la main à une populace ignoble, accourue elle aussi à la curée, et qui achetait à vil prix les denrées et même des effets d'officiers. Cette scène dégoûtante se prolongea près de trois heures. Enfin, un détachement d'hommes armés, qu'on avait pu réunir à grand'peine, vint y mettre fin. On arrêta une cinquantaine de ces bandits, mais les événements, dans leur succession si rapide et si terrible, entravèrent la répression rigoureuse qui aurait dû suivre une telle faute, et servir d'exemple à ceux qui pouvaient être tentés de l'imiter.

L'armée se porta le lendemain sur les collines de la rive gauche de l'Aisne, et campa entre Vouziers et Rethel. C'était là une première modification au plan de marche, dont l'objectif était toujours Montmédy. Le maréchal se vit contraint de l'effectuer par suite des difficultés de ravitaillement, qui exigeaient qu'il se rapprochât d'une voie ferrée (celle de Reims à Mézières). Dans toute cette série d'ordres et de contre-ordres, dans cette hésitation si troublée des premiers jours, il avait été impossible, en effet, à l'intendance, d'assurer les vivres suivant un projet ferme d'opérations, puisque celui-ci n'existait pas. De là des erreurs dans la direction des convois, des distributions irrégulières et insuffisantes, et enfin ce résultat, fâcheux à tous égards, de jeter l'armée entière hors de sa ligne de marche; en l'obligeant à un détour qui diminuait d'une journée le temps si parcimonieusement mesuré dont elle disposait pour arriver à destination.

Dans la soirée, les différents corps, après une marche assez courte et exécutée sans fatigues [1], se trouvaient : le 7° à Semide et Contreuve, le 1ᵉʳ à Juniville, les 5° et 12° à Rethel avec le quartier général. Mais la cavalerie reçut, ce jour-là, des destinations qu'il est assez difficile de s'expliquer. Car si on comprend, à la rigueur, que la division Margueritte ait été laissée à Monthois, on ne découvre pas les motifs qui ont pu déterminer l'appel à Rethel de la division de Bonnemain. Le flanc gauche de l'armée n'était menacé par rien, tandis que le flanc droit se trouvait directement exposé aux premiers coups de l'ennemi; c'est donc de ce côté que la majeure partie de la cavalerie aurait dû être lancée. Monthois était déjà trop rapproché des bivouacs du 7° corps pour que la division Margueritte pût assurer à celui-ci, le cas échéant, sa liberté de manœuvre, ou seulement le renseigner à temps sur les dangers qu'il pouvait courir. Quant à la position de Rethel, affectée à la division de Bonnemain, elle ne répondait à aucune idée tactique, et la cavalerie qui s'y trouvait ne servait absolument à rien.

Le 25, le maréchal dut songer à ravitailler ses troupes, dont les vivres de sac étaient épuisés. Par suite, le chemin parcouru dans cette journée fut excessivement court. Le 5° corps se porta à Amagne (à 10 kilomètres de Rhethel), le 1ᵉʳ corps à Attigny (à 17 kilomètres de Juniville) et le 7° corps à Vouziers (à 8 kilomètres de Contreuve). Le 12° corps et la division de Bonnemain restèrent à Rethel avec le quartier général. La division Margueritte alla de Monthois au Chesne et se trouva ainsi portée à 11 kilomètres en avant de la ligne des bivouacs. Mais son mouvement eut pour résultat de découvrir complètement le flanc droit de l'armée, d'abandonner les passages de l'Argonne où elle avait jusqu'alors ses avant-postes, et d'obliger le 7° corps, qui ne disposait que d'une brigade de cavalerie [2], à pour-

---

1. Les troupes purent ce jour-là, en raison de l'état et de la nature du terrain, marcher en dehors des routes, en colonnes de pelotons. L'artillerie, seule, tenait les chaussées.
2. La division de cavalerie Ameil (du 7° corps) ne comptait que la

voir tout seul à sa propre sécurité. Le général Douay se hâta de diriger vers Grandpré le 4ᵉ régiment de hussards ; c'était, à la vérité, bien peu pour lutter avec avantage contre les nuées de cavaliers qui inondaient le pays, éclairant et protégeant les masses ennemies prêtes à commencer leur grand mouvement de conversion vers le nord.

Ainsi, deux faits saillants dans cette marche de trois jours. Un retard considérable, dû à une lenteur dont les causes sont multiples et proviennent autant du défaut absolu de préparation que du malaise de l'armée, dont l'état moral commençait à se ressentir de toute cette indécision. Puis un emploi vicieux, on pourrait même dire une inutilisation complète de la cavalerie, et, par suite, une ignorance radicale des mouvements de l'ennemi. On s'avance à tâtons et à l'aveugle, sans savoir si l'on est près ou loin de l'adversaire, si on est ou non exposé à ses attaques, et, pendant ce temps, les escadrons encombrent les colonnes, ou bien se portent groupés comme dans une marche militaire, sur des points où ils n'ont rien à faire. Telle est la caractéristique de ce mouvement entrepris à regret par le maréchal, exécuté dans les conditions les plus mauvaises, accompli avec mollesse par une armée que toutes ces hésitations troublent et déconcertent, et insuffisamment protégé par une cavalerie dont il semble qu'on ait complètement perdu de vue le rôle et la mission. Si, dans de pareilles conditions, il avait réussi, c'eût été un véritable prodige... et le temps des prodiges est passé.

II. — Marche des armées allemandes et françaises sur Sedan.

Journée du 26 août. — L'intention du maréchal était de reprendre, ce jour-là, la marche sur Stenay ; ordre fut donné au 5ᵉ corps de se porter d'Amagne au Chesne,

---

brigade Cambriel (4ᵉ hussards, 4ᵉ et 1ᵉʳ lanciers), l'autre brigade (Jolif-Ducoulombier) étant restée à Lyon. Elle disposait de 13 escadrons, dont 4 étaient forcément distraits pour le service des divisions et du quartier général.

au 12ᵉ d'aller de Rhetel à Tourteron, et au 1ᵉʳ de franchir tout simplement l'Aisne à Voncq. On voit combien l'étape était courte. Le 7ᵉ corps ne reçut point d'instructions. Quant à la cavalerie, elle fut portée, la division Margueritte aux Petites-Armoises, la division de Bonnemain à Attigny, *derrière le front des troupes,* en réserve.

Le général Douay, pensant que son corps d'armée serait moins exposé sur la rive droite de l'Aisne, lui fit franchir le pont de Vouziers, en ne laissant, sur ce point, qu'une brigade de la division Liébert, chargée de surveiller la route de Monthois. Le 4ᵉ hussards, à Grandpré, avait mission de se procurer, par tous les moyens possibles, des renseignements sur l'ennemi, et il était soutenu par la brigade Bordas (de la division Dumont), qui, d'après les ordres donnés par le maréchal d'occuper Grandpré et Buzancy, avait dirigé le 52ᵉ au premier de ces points et le 72ᵉ au second. Cette brigade avait avec elle deux batteries d'artillerie.

Vers trois heures de l'après-midi, le général Douay fut informé qu'elle était aux prises avec des troupes allemandes et que sa retraite paraissait aventurée. En effet, en arrivant à Grandpré, le colonel Lavigerie, du 4ᵉ hussards, avait envoyé des reconnaissances vers le sud, le long des deux rives de l'Aire, et celles-ci s'étaient heurtées, à hauteur d'Apremont et de Senne, à des partis de cavalerie ennemie qu'on disait suivis d'infanterie et d'artillerie. Ces partis poursuivirent nos patrouilles jusqu'à Grandpré; mais là, apercevant le 52ᵉ, de la colonne Bordas, qui y arrivait de son côté, ils avaient disparu vers le sud. Le général Bordas aurait pu en avoir facilement raison ou, tout au moins, les faire tâter pour connaître leur force; il craignit, au contraire, en les voyant à Senne, d'être coupé de Vouziers, et, dans son premier mouvement d'anxiété, eut la pensée de rallier immédiatement à Buzancy le 72ᵉ. Il écrivit donc au général Douay : « J'ai devant moi des forces supérieures, je suis forcé de me retirer sur Buzancy[1]. »

1. *Belfort, Reims, Sedan,* par le prince G. Bibesco, attaché à l'état-major du général Douay, page 53.

Mais, sur ces entrefaites, il était informé que Grandpré n'était pas encore occupé ; il s'y porta aussitôt et y plaça le 52e. « A ce moment y arrivait également une patrouille du 11e régiment de hussards prussiens... Croyant le bourg déjà occupé par les leurs, les hussards y pénètrent donc lorsque, tout à coup, ils sont assaillis de tous côtés par une vive fusillade ; la plus grande partie du détachement est prise et quelques cavaliers seulement parviennent à regagner Varennes [1]. »

Cependant, au reçu de la dépêche du général Bordas, le général Douay avait été saisi d'une vive inquiétude. Si la brigade Bordas se portait tout entière à Buzancy, pensait-il, la route de Vouziers allait être découverte et la brigade risquait d'être enveloppée.

Il fallait, à tout prix, empêcher un pareil mouvement... Faire partir immédiatement pour Grandpré deux escadrons de lanciers qui devront rapporter des nouvelles du général Bordas et du 4e hussards, envoyer en même temps, par deux voies différentes, au colonel du 72e, à Buzancy, l'ordre de rallier Vouziers par la Croix-aux-Bois, enfin prévenir le maréchal de ce qui se passe, telles sont les dispositions qui sont prises.

L'orage montait ; nous le sentions venir, et, nous trouvant en première ligne, il fallait nous mettre en état de lui tenir tête assez longtemps pour permettre au reste de l'armée de venir nous appuyer. En cas d'attaque, notre grand convoi de vivres, la colonne de bagages et le parc du génie ne devant être qu'un gros embarras, on leur fit prendre la direction de Ternon. Dès lors, toute l'attention du commandant en chef se tourna vers le camp.

Au dire des paysans, les Prussiens se concentraient à Sainte-Menehould, au nombre de 60,000 environ, et ils auraient poussé des éclaireurs jusqu'à Monthois et Liry. Le 4e hussards, qui rentra de Grandpré vers quatre heures du soir, vint confirmer une partie de ces renseignements. L'approche de l'ennemi, aussi bien que la distance a laquelle le 7e corps se trouvait du reste de l'armée, nous commandait de prendre, avant la nuit, des positions de combat, de façon à recevoir l'assaillant, soit qu'il vînt du côté de Sainte-Menehould, soit du côté de Grandpré, soit des deux côtés à la fois. Il était près de sept heures du soir quand un cavalier, envoyé par le général Bordas, accourut annoncer que le général était resté à

---

1. *La Guerre franco-allemande*, page 941. — En quittant Grandpré, un peu plus tard, le général Bordas y laissa les Prussiens prisonniers, en sorte que ceux-ci purent, sans difficulté, rejoindre leur régiment.

Grandpré, ne jugeant pas pouvoir revenir en arrière. Il croyait toujours la route de Vouziers coupée par l'ennemi. Elle ne l'était pas, mais le commandant du 7ᵉ corps, craignant d'y voir les Prussiens d'un moment à l'autre, envoya le général Dumont avec la brigade qui lui restait sous la main pour rejoindre et ramener la colonne Bordas.

Pendant que ces ordres s'exécutaient, la nuit était venue. Chacun était à son poste ; notre général et son état-major au milieu de ses troupes, attendant impatiemment, dans un champ tout près de la route, autour d'un feu de bivouac, le retour du général Dumont. Les émotions et les travaux de la journée avaient quelque peu brisé le général et sa suite ; cependant ils passèrent la nuit l'oreille au guet, courant vers le chemin au moindre bruit, le pas d'un homme ou le sabot d'un cheval. Enfin, entre une heure et deux heures du matin, un billet du général Dumont les tira d'inquiétude. Le général avait rejoint la brigade Bordas et rentrait avec toute sa division. A trois heures du matin, il arrivait à Vouziers, ramenant quatre uhlans faits prisonniers la veille et rapportant des renseignements conformes en tous points à ceux qui étaient parvenus jusqu'alors au quartier général du 7ᵉ corps[1]. »

Ainsi, sur la foi d'un renseignement inexact, le 7ᵉ corps avait passé la nuit, sous une pluie battante, déployé et en positions de combat[2]. Mais comme si ce n'eût pas été assez de ce facheux résultat d'une reconnaissance mal faite, l'armée tout entière avait failli se porter au secours du 7ᵉ corps. En effet, le général Douay crut devoir informer le maréchal de ce qui se passait, par le billet suivant, expédié dans la soirée :

Le général Bordas me fait savoir de Grandpré qu'il est en présence de forces très supérieures ; en conséquence, il va se replier vers Buzancy où il a le second régiment de sa brigade. Je me porte à Longwé pour soutenir ce mouvement.

Le maréchal répondit aussitôt (à 3 heures du matin) que l'armée allait suspendre sa marche et se porter vers Vouziers, pour soutenir le 7ᵉ corps. Quand cette nouvelle parvint au général Douay, celui-ci n'avait déjà plus, sur le sort du général Bordas, aucune inquiétude. Il s'empressa donc d'éclairer, à cet égard, le comman-

---

1. Prince G. Bibesco, *loc. cit.*, pages 53 et suivantes.
2. Le 7ᵉ corps était déployé sur les hauteurs de Chestres et de Longwé, qui bordent la rive droite de l'Aisne, à l'est de Vouziers ; l'artillerie derrière des épaulements construits pendant la nuit.

dant en chef et lui envoya le commandant Seigland, son aide de camp. Mais il lui fit rendre compte, en même temps, que les têtes de colonnes de la III° armée occupaient déjà Sainte-Menehould, où venait d'arriver le prince royal de Prusse, tandis qu'une autre armée allemande s'avançait par Varennes. Justement inquiet de ces graves nouvelles, le maréchal, qui s'était transporté au Chesne, estima que la situation lui interdisait plus que jamais de poursuivre sa marche vers l'est, et qu'il fallait parer sans délai au danger qui apparaissait menaçant sur la droite. En conséquence, le 27, à neuf heures du matin, il renvoya au général Douay le commandant Seigland, avec mission de le prévenir : 1° que la division Bonnemain était mise à sa disposition; 2° que le 1er corps se portait sur Terron; 3° que le 5e corps était envoyé à Buzancy. Il l'invitait, en outre, à chercher par tous les moyens possibles, à se procurer de nouvelles informations. En somme, ce n'était là qu'une confirmation détaillée des communications faites dans la nuit; mais cet arrêt subit de toute l'armée prouve que déjà l'armée de Châlons n'avait plus sa liberté d'action.

Ainsi que l'a fait ressortir, en effet, d'une façon si magistrale, M. le colonel Maillard, dans ses *Eléments de la Guerre*[1], les deux facteurs primordiaux de cette liberté sont le *temps* et l'*espace*. Le *temps*, qui permet de prendre les dispositions commandées par les circonstances; l'*espace*, qui donne la faculté de manœuvrer. Or, l'armée de Châlons, engagée dans un mouvement que devait fatalement compromettre le moindre retard, et insuffisamment couverte par une cavalerie toujours collée aux troupes de marche, ne possédait ni l'un ni l'autre. Elle était donc obligée de subordonner ses actions à celles de l'adversaire, c'est-à-dire qu'elle était condamnée à subir la volonté de celui-ci. Elle n'avait pas eu encore avec l'ennemi de rencontre sérieuse que déjà elle se trouvait dans l'impossibilité d'agir, et les décisions du commandant en chef étaient dictées,

---

1. Pages 183 et suivantes.

non par l'action de son libre arbitre, mais par la situation spéciale imposée par les événements. Or ces événements n'étaient nullement le résultat du hasard ; ils découlaient, au contraire, d'un plan d'opérations poursuivi par l'ennemi dans un but précis, mais aussi dans des conditions de temps et d'espace qui permettaient son développement régulier. Et s'il est vrai, comme l'a écrit le maréchal Bugeaud, que le secret de la victoire réside le plus souvent dans la possibilité de se battre *où l'on veut et quand on veut*, on peut déjà, à cette date du 27, prédire la défaite à cette malheureuse armée de Châlons, qui, privée de toute liberté de manœuvre, s'en va de position en position jusqu'à l'abîme où l'entraîne sa destinée fatale. Les responsabilités auxquelles il faut faire remonter un pareil état de choses sont, assurément, d'ordres divers ; mais une bonne part en incombe à ceux qui, obéissant à des considérations politiques, ont cru pouvoir engager l'opération dans des conditions matérielles et morales presque exclusives, son exécution tactique mise à part, de toute chance de succès.

Ajoutons, toutefois, que dans le cas particulier que nous venons de relater, on ne pouvait s'en prendre de l'émoi soulevé par l'aventure de la brigade Bordas qu'à l'emploi vicieux de la cavalerie française. L'envoi de cette brigade en flanc-garde vers Grandpré n'était, en effet, nullement contraire aux principes, mais constituait plutôt une sage précaution, dont même c'était là le premier exemple depuis le début des hostilités. Seulement il eût fallu laisser cette brigade groupée, et surtout la faire éclairer, au loin, par une force de cavalerie autrement sérieuse qu'un régiment de hussards. Toute la cavalerie de l'armée aurait dû, à l'exception d'une division explorant vers la Meuse, être lancée sur le flanc droit qu'on savait seul menacé pour le moment. Peut-être alors qu'une exploration bien dirigée eût deviné ce qui se passait derrière le rideau assez faible de cavalerie qui couvrait les masses allemandes, et, en signalant le danger à temps, permis au commandant de l'armée de Châlons de se dérober à l'étreinte qui le menaçait à son insu. C'était là le seul moyen de recouvrer une liberté d'action d'autant plus indispensable que le péril était plus grand. Il ne fut pas employé parce que, ainsi que nous avons eu trop de fois l'occasion de le constater, on avait oublié, en France, que le rôle principal de la cavalerie est, non pas de renverser des lignes qui ne la craignent plus, mais de *voir* et surtout de *renseigner*.

Examinons donc les mouvements qui, du côté allemand, s'étaient opérés dans cette journée du 26, amenant presque sur nos positions les escadrons de découverte et les avant-gardes des colonnes de l'ennemi. Nous avons vu plus haut (chapitre Ier) quelles dispositions avait dictées à M. de Moltke la connaissance, acquise d'une manière si regrettable, de notre mouvement vers l'est. C'est en exécution des ordres qui en étaient la conséquence, que le 26, dès le matin, les deux armées allemandes commencèrent leur conversion. Les points atteints par les différents corps furent les suivants :

ARMÉE DE LA MEUSE.

Le XIIe corps se porta de Dombasle sur Varennes.
La Garde, de Triaucourt sur Dombasle.
Le IVe corps, de Leheycourt à Fleury.

IIIe ARMÉE.

Le IIe corps bavarois remplaça la Garde à Triaucourt.
Le Ier corps bavarois se porta de Bar-le-Duc à Erize-la-Petite.
Le Ve corps gagna Charmont.
Le XIe corps se porta à Vavray.
La division wurtembergeoise se porta à Révigny.
Le VIe corps se porta à Thiéblemont.

C'est-à-dire que les deux corps bavarois étaient rapprochés de l'armée de la Meuse, pour l'appuyer au besoin. Les autres corps suivaient d'assez près. Quant au VIe corps, il était laissé un peu en arrière, probablement pour protéger les derrières des deux armées. Les divisions de cavalerie furent chargées de couvrir le mouvement, au nord (trois divisions) et à l'ouest (deux divisions); dans l'armée de la Meuse, la division saxonne devait reconnaître la route de Varennes à Dun; la division de la Garde poussait vers Dombasle; la 5ᵉ division marchait sur Grandpré; enfin la 6ᵉ était dirigée vers la Suippes. Dans la IIIᵉ armée, la 4ᵉ division était lancée dans la direction de Reims et de Vouziers.

Etant donné que la ligne de marche primitive de la IIIᵉ armée sur Paris était constituée par la direction de Bar-le-Duc-Vitry-le-François, on voit que, dès le 26 août au soir, quatre corps sur les cinq que comptait cette armée avaient déjà abandonné cette ligne et se trouvaient sensiblement plus au nord. La cavalerie patrouillait sur un front de 80 kilomètres, de la Vesle à la Meuse, et l'on pouvait prévoir que les incertitudes de M. de Moltke sur le plus ou moins bien fondé des nouvelles si importantes venues de Paris ne seraient pas de longue durée. On sait, en effet, que ces premiers mouvements, exécutés le 26, n'étaient qu'une amorce et que le chef d'état-major entendait n'achever sa grande conversion des forces allemandes qu'autant que la cavalerie lui en confirmerait la nécessité. Or, c'est ce jour-là même qu'eut lieu la rencontre d'une patrouille appartenant à la cavalerie saxonne (18ᵉ uhlans) avec la brigade Bordas, et l'arrivée à Senne d'un régiment de dragons de la 5ᵉ division, lequel avait immédiatement informé de ce qu'il voyait sa division, bivouaquée au nord d'Autry, et annoncé la présence d'un camp français à l'est de Vouziers. On possédait donc de ce double fait un premier élément d'appréciation.

Mais on reçut bientôt, d'autre part, une série de renseignements plus importants encore. La 6ᵉ division avait en effet envoyé des reconnaissances d'officiers sur Vouziers, Châlons et Reims (certaines avaient poussé jusqu'à 45 kilomètres). L'une d'elles parvint, à cinq heures et demie du soir, sur les hauteurs qui bordent l'Aire au sud de Vouziers et permit au commandant de la division d'envoyer à Clermont, où venait d'arriver le grand quartier général, le rapport circonstancié que voici :

Des troupes ennemies de toutes armes campent sur les hauteurs à l'est de Vouziers, entre Chestres et Falaise. Un ou deux régiments d'infanterie sont sur la route de Longwé, couverts par une batterie et un bataillon de chasseurs. A Chestres, des colonnes débouchent précisément du bois et se disposent à camper. Un escadron de lanciers se tient en avant de Vouziers. Il ne paraît pas se trouver d'infanterie dans la ville même. Les habitants disent qu'il y aurait environ au moins 140,000 hommes dans les environs, que Mac-Mahon serait à Attigny et qu'on l'attendrait dans deux jours.

Les patrouilles envoyées vers Châlons et Reims n'avaient rencontré personne; mais elles avaient entendu dire que les forces françaises signalées précédemment en ces points s'étaient dirigées vers le nord[1].

Les derniers doutes de M. de Moltke étaient donc définitivement levés. Il savait maintenant, d'une façon absolument sûre, que l'armée de Châlons, si hasardeux que cela fût, marchait vers Metz, et qu'elle n'avait pas encore atteint la Meuse. Ce dernier point était d'une importance capitale, puisque les forces allemandes pouvaient, désormais, espérer nous devancer aux passages de la rivière. Le 26, donc, à onze heures du soir, il donna l'ordre d'achever le mouvement de conversion. L'armée de la Meuse devait, le lendemain, continuer son mouvement sur Damvillers, occuper les ponts de Dun et de Stenay, et pousser sa cavalerie sur le flanc droit de notre armée. Les deux corps bavarois recevaient l'ordre de suivre l'armée de la Meuse sur Nixéville et Dombasle, tandis que les autres corps de la IIIe armée marcheraient vers Sainte-Menehould. Quant au prince Frédéric-Charles, il était invité à envoyer, pour le 28 août, deux corps de l'armée d'investissement de Metz, sur Damvillers, quitte à débloquer momentanément la place sur la rive droite de la Moselle, mais en s'arrangeant pour que tout mouvement de l'armée de Bazaine, sur la rive gauche, soit arrêté à tout prix.

Ainsi fut décidée la vaste opération qui devait consommer la ruine de l'armée de Châlons. En l'étudiant

---

1. Toutefois, la 6e division annonçait que Reims était occupé par 4 ou 5,000 hommes. C'étaient des troupes du 13e corps (général Vinoy) récemment formé et qui, ainsi qu'on le verra plus tard, allaient rejoindre le maréchal.

avec détails, on est frappé tout ensemble et de la remarquable souplesse d'articulation de toutes ces masses énormes qui peuvent ainsi, sans s'entre-croiser ni s'entre-choquer, exécuter une manœuvre aussi délicate et aussi compliquée, et de la sûreté de vues qu'apportent, dans leur rôle tactique, les généraux allemands. Assurément, M. de Moltke a montré dans cette conception une ampleur de jugement, une justesse de coup d'œil et une rapidité de décision qui n'appartiennent qu'aux véritables hommes de guerre. Mais il lui fallait, pour réussir, le concours absolu d'un état-major rompu à la pratique de son métier et de commandants de corps d'armée habitués à vouloir et à obtenir. A ce point de vue, la manœuvre dont il est question est un grand exemple, parce qu'elle démontre que les difficultés les plus ardues peuvent toujours, à la guerre, être surmontées avec de la volonté et du savoir, et que, lorsqu'on a su conserver les avantages du temps et de l'espace, il est peu de combinaisons qu'on ne puisse aborder.

Mais il faut aussi rendre hommage à la façon dont la cavalerie allemande a compris et exécuté son rôle. Elle s'est montrée, dans toute cette affaire, hardie, intelligente, vigoureuse, admirablement instruite, et c'est elle qui certainement a le plus aidé le généralissime à exploiter, en toute connaissance de cause, la situation. Nous sommes loin de la mollesse des débuts, et plus loin encore, hélas! de l'oubli dans lequel, chaque jour davantage, nos escadrons, pourtant si braves, semblaient tenir leur véritable mission.

Journée du 27 août. — Affaire de Buzancy. — En exécution des ordres du maréchal, l'armée se mit en mouvement, le 27, dès la pointe du jour, pour obliquer tout entière vers le sud. Le 1ᵉʳ corps se dirigea sur Vouziers, et le 5ᵉ sur Buzancy, suivi par le 12ᵉ. Mais, sur ces entrefaites, l'alarme causée par l'affaire de la brigade Bordas s'était calmée, et le commandant en chef croyait aussitôt pouvoir reprendre le mouvement vers la Meuse. Il envoya donc de nouveaux ordres destinés à remettre les différents corps sur leurs lignes de marche, et, par suite, ceux-ci revinrent immédiatement sur leurs pas. Dans la soirée, le 1ᵉʳ corps retournait à Voncq, le 12ᵉ au Chesne et le 5ᵉ à Brieulles, après une marche pénible qui ne se termina que fort tard.

Cependant le général Douay avait appris, par les prisonniers et les paysans, que deux masses ennemies s'avançaient l'une par l'Aisne, l'autre par l'Aire. Il expédia sur-le-champ au maréchal le commandant Loizillon, qui arriva au Chesne à trois heures et demie et exposa la situation dans tous ses détails. Le maréchal écoutait, attentif et soucieux, quand on vint l'avertir que l'Empereur le demandait. Le souverain venait d'être prévenu que le prince royal de Prusse, suspendant sa marche vers Paris, dirigeait son armée vers le nord, et il en paraissait fort inquiet. L'entretien dura longtemps; quand le commandant en chef revint, il congédia tous les officiers présents, à l'exception des généraux Faure et Lebrun, et arrêta des dispositions nouvelles en vertu desquelles la marche au secours de l'armée de Metz était définitivement abandonnée. « On ne peut plus rien, dit-il pour Bazaine, qu'on a déjà trop attendu dans l'Argonne[1]. » Le commandant Loizillon fut chargé de transmettre au général Douay l'ordre de retraite, en vertu duquel l'armée devait, le lendemain 28, remonter vers le nord, derrière le canal des Ardennes, et se porter : les 1ᵉʳ et 12ᵉ corps, sur Venderesse; le 5ᵉ corps sur Poix; le 7ᵉ sur Chagny, par le Chesne. La division Margueritte restait à Stonne pour couvrir le mouvement. L'intention du maréchal était de reprendre ensuite la route de Paris.

Dans l'intervalle s'était produit un incident qui avait contribué en partie à cette détermination nouvelle : c'était la rencontre de cavalerie survenue vers onze heures du matin, à Buzancy. Le 5ᵉ corps, dirigé sur cette ville par suite des ordres donnés le 26, dans la nuit, avait marché jusqu'à Bar, où il s'était arrêté. De là, le général de Failly avait envoyé le 12ᵉ chasseurs et

---

[1]. Prince BIBESCO, *loc. cit.*, page 60.

le 5ᵉ lanciers (division Brahaut)[1] reconnaître en avant. Ces deux régiments se formèrent en masse, tout contre Buzancy, et le 4ᵉ escadron du 12ᵉ chasseurs, dépassant la ville, se porta sur une hauteur, au sud-est de Buzancy, avec des patrouilles dans les deux directions de Sivry et de Bayonville.

Mais, vers dix heures du matin, le général de Bernis, trouvant cet escadron trop en l'air, lui envoya l'ordre de se rapprocher, et dirigea de son côté un autre escadron (le 3ᵉ) comme soutien. Tout à coup, comme le 4ᵉ escadron recevait l'estafette du général de Bernis, un peloton ennemi apparut au sud, suivi par un escadron tout entier. C'était le 18ᵉ uhlans, avant-garde de la 24ᵉ brigade (saxonne), laquelle exécutait une reconnaissance vers Buzancy. Les Saxons fondirent sur nos pelotons d'avant-postes, les bousculèrent et les rejetèrent sur Buzancy. Mais à ce moment apparaissait, au nord de la ville, le 3ᵉ escadron ; sous la protection de deux pelotons du 4ᵉ qui faisaient feu, au bord de la route, celui-ci se lança à la charge, aborda l'ennemi et le rejeta jusqu'en haut de la côte de Sivry. Là, nos cavaliers se heurtèrent aux trois autres escadrons du 18ᵉ uhlans, qui les refoulèrent à leur tour. Ils revinrent donc, assez en désordre, jusqu'à Buzancy où ils trouvèrent le 5ᵉ escadron de leur régiment ; grâce à ce renfort, ils repartirent à la charge, ramenant vigoureusement les uhlans saxons. Il était assez difficile de prévoir qui des deux adversaires aurait définitivement le dessus, quand la 24ᵉ brigade de cavalerie saxonne, arrivée à Sivry, se déploya brusquement, et démasqua une batterie à cheval, dont les obus forcèrent nos escadrons à la retraite. Nous avions perdu une dizaine d'hommes, et laissé aux mains de l'ennemi 12 hommes avec le lieutenant-colonel de Laporte, couvert de blessures. Quant aux Saxons, ils comptaient 32 hommes

---

1. La brigade Lapasset ayant emmené avec elle, à Metz, le 3ᵉ lanciers, il ne restait à la division Brahaut que 3 régiments (5ᵉ hussards, 12ᵉ chasseurs et 5ᵉ lanciers). Comme d'autre part, ce dernier régiment avait été affecté au service des divisions d'infanterie, le général Brahaut ne disposait, à Buzancy, que de 2 régiments.

hors de combat (dont deux capitaines blessés et un enseigne porte-épée tué), 27 chevaux tués et 10 prisonniers.

Le général Brahaut, ayant reçu avis, sur ces entrefaites, du contre-ordre concernant le 5ᵉ corps, replia les deux régiments, par échelons, jusqu'à Authe, pendant que le corps d'armée se retirait, sans être inquiété autrement, sur Châtillon et Brieulles.

Cet engagement, sans importance par lui-même, prouvait, avec les escarmouches de la veille, que l'ennemi n'était plus loin. Il confirmait donc les nouvelles parvenues au quartier général, et indiquait l'urgence de se dérober. Nous avons vu que, quelques heures plus tard, le maréchal prenait ce dernier parti ; dans l'après-midi il informait de sa détermination le ministre de la guerre et le maréchal Bazaine par les deux dépêches que voici :

I. Au maréchal Bazaine.

Le Chesne, 27 août 1870, 3 heures 25 soir. — Maréchal Mac-Mahon prévient maréchal Bazaine que l'arrivée du Prince royal à Châlons le force à opérer le 28 sa retraite sur Mézières, et de là à l'ouest, s'il n'apprend pas que le mouvement de retraite du maréchal Bazaine soit commencé.

II. Maréchal Mac-Mahon, a Guerre, Paris.

Le Chesne, 27 août 1870, 8 heures 30 soir. — Les Iʳᵉ et IIᵉ armées, plus de 200,000 hommes, bloquent Metz, principalement sur la rive gauche ; une force évaluée à 50,000 hommes serait établie sur la rive droite de la Meuse, pour gêner ma marche sur Metz. Des renseignements annoncent que l'armée du Prince royal de Prusse se dirige aujourd'hui sur les Ardennes avec 50,000 hommes ; elle serait déjà à Ardeuil. Je suis au Chesne avec un peu plus de 100,000 hommes. Depuis le 19, je n'ai aucune nouvelle de Bazaine[1] ; si je me porte à sa rencontre, je serai attaqué de front par une partie des Iʳᵉ et IIᵉ armées qui, à la faveur des bois, peuvent dérober une force supérieure à la mienne ; en même temps, attaqué par l'armée du Prince royal de Prusse me coupant toute ligne de retraite. Je me rapproche demain de Mézières, d'où je continuerai ma retraite, selon les événements, vers l'ouest.

---

1. Cette phrase prouve que le maréchal n'avait pas reçu la fameuse dépêche du 20 août, apportée de Longwy par les agents Rabasse et Miès.

A l'heure où partait cette dernière dépêche, l'armée française avait ses différents corps sur les points suivants : 1ᵉʳ corps, à Voncq ; — 5ᵉ, à Brieulles ; — 7ᵉ, à Vouziers ; — 12ᵉ au Chesne ; — division Bonnemain, à Stonne ; — division Margueritte, à Beaumont.

Cependant les troupes allemandes avaient continué leur marche vers le nord. Déjà l'armée du prince de Saxe atteignait la Meuse et nous devançait sur les passages du fleuve placés sur notre ligne de marche directe pour aller à Montmédy. Quant à sa cavalerie, elle touchait presque notre flanc droit.

La division saxonne était à Nouart, tenant la route de Vouziers à Stenay.

La 5ᵉ division occupait Grandpré et Buzancy.

La 6ᵉ division était tout près de Vouziers, à Monthois.

La division de la Garde, tout près de Bayonville [1].

L'armée de la Meuse avait le XIIᵉ corps à Dun et à Stenay ; cette dernière ville était mise en état de défense et on détruisait le pont de Sassey, situé en aval. La Garde arrivée à Montfaucon, jetait un pont au-dessus de Dun, à Dannevoux [2]. Le IVᵉ corps, à l'ouest de Verdun, tenait les points de passage de Charny.

Dans la IIIᵉ armée, trois corps (le Iᵉʳ bavarois, le IIᵉ bavarois, le Vᵉ) formaient une première ligne à Nixéville, Dombasle, Sainte-Menehould. En arrière, le XIᵉ corps, la division wurtembergeoise et le VIᵉ corps étaient échelonnés en profondeur de Vieil-Dampierre à Charmant. Cette armée n'était donc pas encore en état de soutenir l'armée de la Meuse, si celle-ci avait eu

---

1. Le 27, dans la matinée, une patrouille saxonne qui battait l'estrade dans la direction de Beaumont se heurta à des cavaliers de la division Margueritte et fut poursuivie par eux jusqu'au sud de Buzancy. Ce fait indiquait que nous avions du monde à 12 kilomètres à peine de Stenay, sur lequel se dirigeait à ce moment le XIIᵉ corps. Aussitôt la division de cavalerie saxonne fut lancée sur Nouart et la 13ᵉ brigade de cavalerie se porta à Buzancy pour surveiller les troupes du 5ᵉ corps français, qui évacuaient ce point. Enfin, la division de cavalerie de la Garde fut envoyée à Rémonville et Bayonville pour remplacer la cavalerie saxonne ainsi lancée en avant. C'est ainsi que la cavalerie allemande occupa, le 27 au soir, les positions que nous donnons ci-dessus.

2. Pour donner la main aux deux corps de l'armée de blocus de Metz, appelés à Damvillers.

affaire à trop forte partie, et c'est pour parer à une pareille éventualité que M. de Moltke avait fait, depuis la veille, diriger deux corps de l'armée de blocus de Metz sur Damvillers. Ces corps (II[e 1] et IIIe) couchèrent le 27 à Etain et Briey. La IIIe armée était couverte à l'ouest, vers la Suippes et la Vesle, par la brigade de uhlans bavarois, la 4e division de cavalerie et la cavalerie wurtembergeoise.

Nos positions, à nous, n'étaient couvertes par rien ; il en résultait au profit des escadrons allemands une facilité vraiment surprenante pour surveiller tous nos mouvements, éventer nos desseins, et fournir à M. de Moltke des renseignements scrupuleusement exacts, sur lesquels il pouvait, en toute connaissance de cause, baser ses combinaisons. C'est ainsi que dans la soirée du 27, le grand quartier général savait, à n'en pas douter, que l'armée de Châlons s'avançait, partie par Buzancy, partie par Beaumont ; qu'elle n'avait pas atteint la Meuse, et que, le 27, son mouvement avait, pour une cause inconnue, subi un temps d'arrêt. Cette situation permettait donc d'espérer qu'on pourrait l'atteindre avec des forces supérieures (armée de la Meuse et au moins les deux corps bavarois) sur la rive gauche du fleuve, dont les ponts de Dun et Stenay étaient déjà tenus par le XIIe corps. C'est-à-dire qu'on pouvait se passer du concours de l'armée de blocus de Metz [2].

Le chef d'état-major général n'hésita pas à contremander les ordres concernant celle-ci, et s'occupa, séance tenante, de grouper les cinq corps de première ligne, pour le 29, entre Grandpré et Nouart. L'itinéraire suivant leur était assigné :

	28 août.	*29 août.*
Ier bavarois...	Varennes.........	Grandpré.
IIe — ...	Vienne-le-Château.	—
Garde........	Banthéville.......	Buzancy.
IVe corps.....	Montfaucon	Banthéville.
XIIe corps....	Dun.............	Nouart.

---

1. Le IIe corps remplaçait le IXe primitivement désigné.
2. *La Guerre franco-allemande*, page 953.

Les autres corps de la III° armée devaient arriver, le 29, entre Sommepy et Séchault ; les 5° et 6° divisions de cavalerie étaient, jusqu'à nouvel ordre, mises à la disposition du prince royal de Prusse.

Malgré l'excellence de ces dispositions, peu s'en fallut qu'elles n'aboutissent à aucun résultat. A l'heure même ou M. de Moltke les expédiait à ses commandants d'armée, le maréchal de Mac-Mahon venait en effet de prendre une décision qui rendait vaines toutes les précautions du chef d'état-major allemand, et pouvait seule sauver l'armée de Châlons de l'étreinte menaçante des masses ennemies. L'abandon de la marche vers Metz, la retraite de l'armée française sur Mézières, et de là sur Paris, devait sauver celle-ci d'un désastre prévu, et épargner à la patrie la honte d'une catastrophe sans précédent dans son histoire. A l'heure présente, cette retraite pouvait encore s'exécuter sans trop de difficultés, car en constituant de fortes arrière-gardes, les corps avaient la possibilité de se dérober, par une marche de nuit, au besoin. Ajoutons qu'elle s'imposait ; car déjà la route de Vouziers à Montmédy était interceptée, et la ligne de communication directe avec Paris fortement menacée. La détermination prise sous la pression des événements par le maréchal, dans la soirée du 27, et communiquée au gouvernement, était donc la seule logique. Elle seule répondait à la situation actuelle de l'armée de Châlons. Depuis cinq jours, cette armée n'avait gagné que 60 kilomètres vers l'est ; les indécisions du début, les nécessités du ravitaillement, l'encombrement et le mauvais état des routes, l'absence de toute tactique de marche, enfin la démoralisation produite dans certains corps par des souffrances de toute sorte, un piétinement perpétuel et des à-coups constants, avaient produit ce maigre résultat. Or il était plus qu'improbable que cette rapidité, indispensable à la réussite de l'opération, et qu'on n'avait pas pu atteindre au début, s'obtînt maintenant que l'ennemi venait harceler nos colonnes. Il ne restait donc plus qu'une chose à faire : renoncer à la marche vers l'est, et se replier sur Paris, par le nord. C'était là le sentiment de toute l'armée, j'entends de ceux qui par leur situation personnelle pouvaient se rendre compte de l'état des choses. C'était celui du maréchal. C'était aussi celui de l'Empereur. Comment donc n'a-t-on pas obéi à cette voix unanime? Comment a-t-on repris, le 28, cette marche fatale, sûrement condamnée maintenant à finir par un désastre? C'est ici qu'on voit à quel point peut être funeste l'immixtion du gouvernement dans la conduite des armées, et avec quelle énergie un commandant en chef doit toujours, sous sa propre responsabilité, poursuivre la ligne de conduite que lui inspire la situation militaire. C'est lui seul qui la connaît complètement, lui seul par conséquent qui peut être juge des décisions qu'elle commande. En tous cas, assurer le salut de son armée constitue un devoir exclusif et supérieur à toutes les considérations dynastiques ou politiques qui pourraient lui être suggérées. C'est pour avoir perdu de vue ce principe absolu et sans limites que le ministère du général de Palikao a assumé dans la catastrophe de Sedan une part si grande de responsabilité, et rendu inévitable un dénouement tragique dont les conséquences pèsent encore sur nous d'un poids si lourd.

JOURNÉE DU 28 AOUT. — Le matin du 28 août, sous une pluie battante et par des chemins détestables, l'armée de Châlons commença la retraite que le maréchal de Mac-Mahon, d'accord avec l'Empereur, venait de prescrire. Officiers et troupes avaient accueilli avec une sorte de soulagement la nouvelle que le mouvement vers l'est était abandonné, et qu'on allait en finir avec toutes ces marches et ces contremarches qui n'aboutissaient à rien.

Une seule et même pensée nous animait tous, a écrit M. le prince Bibesco, attaché à l'état-major du général Douay : sortir à tout prix de ce *statu quo* plein de périls ; prendre sans plus tarder un parti. Les soldats, réunis par groupes, interrogeaient du regard leurs officiers ; les généraux entouraient leur commandant en chef; tous attendaient... Aussi avec quelle promptitude les ordres furent-ils exécutés! Dès neuf heures du soir (le 27), les bagages et le lourd convoi d'administration s'ébranlaient pour gagner Chagny, sous la direction du lieutenant-colonel Davenet, sous-chef de l'état-major général. Il nous importait d'avoir évacué la position à l'est de Vouziers, dès la première heure du jour, et d'avoir atteint la tête du défilé qui s'étend de Vouziers au Chesne-Populeux, avant d'être attaqués. Débarrassés de nos *impedimenta*, nous pouvions librement manœuvrer ou combattre.

La cavalerie partit à deux heures et demie du matin, avec la mission de s'arrêter à Ballay et à Quatre-Champs pour observer les débouchés de Boult-aux-Bois et de la Croix-aux-Bois. L'infanterie et l'artillerie suivirent : leur mouvement s'opéra, le 28 au point du jour, dans le plus grand silence... Chacun marchait d'un pas plus ferme ; on semblait avoir oublié le froid, la pluie, l'anxiété des jours précédents. On sentait dans l'air comme des bouffées d'espoir, car la pensée de reprendre bientôt une revanche sous Paris venait tout à coup d'éclairer notre horizon. Sans doute l'ennemi se lancerait à notre poursuite, mais, outre que son attention était actuellement concentrée vers la Meuse, dont il voulait nous barrer le passage, les efforts qu'il tentait pour nous atteindre depuis le moment où il avait retrouvé notre trace, devaient l'avoir fatigué ; la retraite sur Paris, bien que tardive, semblait donc encore possible[1].

Ces sensations, si exactement dépeintes par un témoin oculaire, toute l'armée les ressentait. On juge donc quels furent sa stupeur et son désappointement quand, vers six heures du matin, on vit des officiers de l'état-major général courir au-devant des têtes de colonnes pour les arrêter, et annoncer qu'on allait reprendre la direction de Montmédy. Que s'était-il donc passé ? « Avait-on appris quelque victoire de l'armée de Metz ? Pouvait-on compter sur une très prochaine jonction avec elle[2] ? » Hélas ! non. Mais le ministre de la guerre venait d'expédier à l'Empereur une dépêche, dont les termes pressants avaient amené le retrait de la seule combinaison qui pût encore sauver l'armée.

Voici cette dépêche. On verra sur quels faux renseignements s'appuyait le général de Palikao, et quel jugement erroné il portait sur une situation dont son éloignement lui faisait ignorer la gravité redoutable.

GUERRE À EMPEREUR. QUARTIER IMPÉRIAL.

Paris, 27 août, 11 heures soir. — Si vous abandonnez Bazaine, la révolution est dans Paris et vous serez attaqué vous-

---

1. Prince BIBESCO, *loc. cit.*, page 70.
2. *Ibid.*, page 71.

même par toutes les forces de l'ennemi. Contre le dehors, Paris se gardera. Les fortifications sont terminées. Il me paraît urgent que vous puissiez parvenir rapidement jusqu'à Bazaine. Ce n'est pas le prince royal de Prusse qui est à Châlons, mais un des princes, frère du roi de Prusse[1], avec une avant-garde et des forces considérables de cavalerie. Je vous ai télégraphié ce matin deux renseignements qui indiquent que le prince de Prusse, sentant le danger auquel votre marche tournante expose et son armée et l'armée qui bloque Bazaine, aurait changé de direction et marcherait vers le nord. *Vous avez au moins trente-six heures d'avance sur lui, peut-être quarante-huit heures. Vous n'avez devant vous qu'une partie des forces qui bloquent Metz et qui, vous voyant vous retirer de Châlons à Reims, s'étaient étendues vers l'Argonne.* Votre mouvement sur Reims les avait trompées, comme le prince royal de Prusse. Ici tout le monde a senti la nécessité de dégager Bazaine, et l'anxiété avec laquelle on vous suit est extrême.

Certes, par le seul fait qu'elle ne semblait pas considérer une collision comme imminente, cette dépêche, malgré son ton affirmatif, montrait que les renseignements du ministre étaient fort incomplets, et cela aurait dû suffire à maintenir la conviction du maréchal sur l'impossibilité de toute jonction avec l'armée de Metz[2]. Mais il faut convenir que la situation de celui-ci était singulièrement embarrassante, et qu'un refus de se rendre aux désirs si instamment exprimés par le gouvernement devait lui coûter d'autant plus qu'il aurait semblé alors agir dans un but égoïste. Bien que son caractère si élevé et si loyal eût dû le mettre fort au-dessus d'une imputation semblable, le duc de Magenta ne crut pas pouvoir l'encourir; il résista aux observations respectueuses mais instantes de son chef d'état-major, le général Faure, qui le suppliait de maintenir les ordres de retraite, et accomplit, la mort dans l'âme, ce qu'il croyait être son devoir de soldat. « On veut que

---

1. Le prince Albrecht père, commandant la 4ᵉ division de cavalerie.
2. « Quand le ministre écrivait, à la date du 27 au soir : — *Vous avez au moins 36 heures d'avance sur l'ennemi*, — il ignorait très certainement qu'à cette date les têtes de colonnes de la IVᵉ armée nous avaient précédés à Dun et à Buzancy. Quant aux troupes du prince royal de Prusse, le gros de ses forces n'était pas à plus de 12 heures de marche de nous, et son avant-garde allait nous remplacer à Vouziers dès le 28 au matin. » (Prince Bibesco, *loc. cit.*, page 74.)

nous allions nous faire tuer, dit-il avec une résignation généreuse : il faut obéir. »

Le sort en était jeté. L'armée de Châlons perdait sa dernière chance de salut. « Ici, comme à Châlons, la crainte d'une révolution à Paris faisait sacrifier une armée de 100,000 hommes[1]. » Immédiatement, de nouveaux ordres furent envoyés dans toutes les directions et le mouvement sur Mézières interrompu. Quelques heures après, le maréchal recevait du ministre une nouvelle dépêche, encore plus pressante dans son laconisme que celle qui avait été adressée à l'Empereur. Elle était inutile, puisque déjà le sacrifice était consommé[2].

GUERRE AU MARÉCHAL MAC-MAHON, AU QUARTIER GÉNÉRAL.

(*Urgent, faire suivre.*)

Paris, 28 août 1870, 1 heure 30 soir. — Au nom du conseil des ministres et du conseil privé, je vous demande de porter secours à Bazaine, en profitant des 30 heures d'avance que vous avez sur le prince royal de Prusse. Je fais porter le corps Vinoy sur Reims.

Le 28 donc, avant le jour, le maréchal fit prévenir ses corps qu'ils se porteraient, sans aucun délai :

Le 1er corps, sur le Chesne, au lieu de Venderesse ;

Le 5e corps, sur Beauclair, au lieu de Poix ;

Le 7e corps, sur Nouart, au lieu de Chagny ;

Le 12e, sur la Besace, au lieu de Venderesse.

La division Bonnemain devait atteindre les Grandes-Armoises ; la division Margueritte était envoyée à Mouzon.

Mais ce changement d'objectif, exécuté brusquement sans préparation d'aucune sorte, et en pleine marche, ne se fit pas sans de nouvelles fatigues, de nouveaux à-coups et de nouvelles atteintes portées au moral de cette armée qu'on ballottait en tous sens depuis cinq

---

1. Prince BIBESCO, *loc. cit.*, page 73.
2. D'après le colonel STOFFEL, l'Empereur envoya au maréchal successivement deux de ses officiers pour lui dire que les télégrammes du ministre ne constituaient pas des ordres et ne devaient pas l'empêcher d'agir suivant son libre arbitre. (*La Dépêche du 20 août*, page 86.) — Le maréchal crut devoir persister dans sa résolution. (*Déposition du maréchal devant la Commission d'enquête sur les actes du gouvernement de la Défense nationale.*)

jours. La confusion était à son comble dans les colonnes et les convois ; les hommes, découragés, se répandaient en plaintes et en récriminations que les officiers, désarmés, étaient obligés de ne pas entendre. Tant d'irrésolution détruisait le prestige du commandement et portait le plus rude coup à la discipline. « De là aux propos injurieux contre les chefs, il n'y a qu'un pas ; et le jour est proche où quelques malheureux qui n'ont pas brûlé une cartouche ou qui ont jeté leurs fusils crieront à la trahison [1] ! »

Le 1ᵉʳ corps, qui n'avait que 6 kilomètres à faire pour se porter de Voncq au Chesne, opéra sa marche sans trop d'encombre. Mais il n'en fut pas de même pour les autres. Ainsi le 7ᵉ, parti de Vouziers pendant la nuit, reçut à quatre heures et demie du matin, à Quatre-Champs, le contre-ordre qui l'envoyait à Nouart. Il dut s'arrêter pour attendre son convoi qui, parti d'avance, était déjà à Chagny, et *rester sur place pendant 12 heures !* Reparti à quatre heures du soir, il ne put pas atteindre Nouart, et bivouaqua à Boult-aux-Bois. Le 12ᵉ avait quitté le Chesne à deux heures du matin, dans la direction de Venderesse. Ce fut avec de grandes difficultés qu'il changea de route, et réussit à gagner la Besace. De là, le général Lebrun envoya la division de cavalerie Lichtlin à Beaumont pour se couvrir.

Quant au 5ᵉ corps, il passa par des péripéties qui devaient avoir sur son moral une influence fâcheuse. Arrivé le 27, comme on l'a vu, à Châtillon et à Brieulles, il avait reçu dans la nuit, par suite de la reprise de la marche vers Montmédy, l'ordre de se reporter immédiatement sur Buzancy, et de là sur Nouart. Il se remit donc en route aux premières lueurs du jour, par un temps affreux et dans un désordre assez grand ; mais, comme ses têtes de colonnes allaient dépasser Boult-aux-Bois, il apprit que des forces ennemies se montraient autour de Buzancy. Le général de Failly crut prudent de faire occuper par la division l'Abadie d'Aydren les hauteurs qui, au sud de Boult-aux-Bois,

---

1. Prince BIBESCO, *loc. cit.*, page 75.

dominent la route, et poursuivit son chemin. Presque aussitôt lui arriva une dépêche du maréchal enjoignant de pousser jusqu'à Stenay ; cette dépêche était conçue en ces termes :

Le Chesne, 28 août. — Il est de la plus haute importance que nous traversions la Meuse le plus tôt possible ; poussez donc ce soir, dans la direction de Stenay, aussi loin que vous le pourrez. Le général Douay, qui vous suit, a été invité à suivre votre dernière colonne ; il campera au delà de Bar. Si l'ennemi vous force à quitter momentanément la grand'route, faites-le connaître au général Douay pour que sa tête de colonne prenne la même direction. Nous marchons sur Montmédy pour délivrer le maréchal Bazaine. Attendez-vous à rencontrer une vigoureuse résistance pour enlever Stenay. Faites interroger tous les gens qui viennent de ce côté pour savoir si l'ennemi n'a pas fait sauter les ponts. Dans le cas où il les aurait fait sauter, faites-le moi connaître.

Une autre dépêche, arrivée quelques instants plus tard, informait le général de Failly que le 7ᵉ corps était placé, au besoin, à sa disposition, et l'engageait à se mettre en relation avec le général Douay[1]. A ce moment, des cavaliers ennemis étant signalés en vue des colonnes, la division Goze se déploie à son tour, et il ne reste sur la route que la seule division Guyot de Lespart ! Affolement déplorable, qui provient de ce que la cavalerie ne veillait pas plus au service de sûreté qu'au service d'exploration. L'apparition de quelques cavaliers ennemis suffisait à jeter l'émoi dans ce corps d'armée fort de deux divisions et demie, tout simplement parce que ce corps d'armée n'avait devant lui aucun rideau protecteur, et perdait ainsi toute liberté de manœuvre.

Cependant, le général de Failly avait expédié au commandant du 7ᵉ corps un officier chargé de s'entendre avec lui. Celui-ci trouva les troupes du général Douay dans la situation que nous connaissons, et revint annoncer qu'elles ne pouvaient pas dépasser ce jour-là Boult-aux-Bois ; c'est-à-dire qu'il ne fallait pas compter sur elles. Dans ces conditions, le général de Failly ne se crut pas en mesure, avec ses seules forces, de tenir tête aux Allemands dont il ignorait le nombre, et, au lieu de

---

1. Général DE FAILLY, *loc. cit.*, page 39.

marcher sur Stenay par Nouart, il préféra remonter au nord et passer par Bois-des-Dames et Beaufort. Il espérait trouver là « une bonne position militaire, *tourner les corps allemands qui se dirigeaient de Buzancy sur Nouart,* et arriver avant eux à Stenay, ou les arrêter dans leur marche [1] ». Etrange combinaison, qui n'avait d'ailleurs pas plus de chance de succès que l'autre, si l'on songe que déjà depuis la veille Stenay était occupé par le XIIe corps.

La marche du corps d'armée sur Bois-des-Dames fut lente et difficile. Il fallut donner au général de l'Abadie le temps de rejoindre, et par suite on ne se remit en route qu'à trois heures. « Ce mouvement tardif se trouva encore ralenti et par le mauvais état des routes, qu'une pluie incessante rendait presque impraticables, et par une côte rapide que les troupes eurent à gravir avant d'atteindre Bois-des-Dames. La division Guyot de Lespart ne parvint à son campement sur le plateau qu'à huit heures du soir, le reste du corps d'armée campa dans la plaine de Belval [2]. »

La brigade Nicolas (de la division Goze) avait été laissée en arrière, avec le 4e bataillon de chasseurs et deux batteries, pour couvrir le mouvement. Elle rejoignit Belval à minuit. Quant à la division Guyot de Lespart, elle rencontra en entrant dans Bois-des-Dames un détachement ennemi envoyé en réquisition, le refoula, et lui reprit une partie de son butin [3] ; preuve que nos soldats, malgré leur fatigue et leur découragement, savaient encore se retrouver quand il s'agissait de combattre. Ajoutons que le maréchal, prévenu de la décision prise par le général de Failly, envoya à Bois-des-Dames un officier chargé de faire connaître qu'il l'approuvait.

Les positions occupées par l'armée de Châlons, le 28 au soir, étaient donc les suivantes :

Quartier général, à Stonne.

---

1. Général DE FAILLY, *loc. cit.*, page 41.
2. *Ibid.*
3. Colonel BORBSTÆDT. *Opérations des armées allemandes,* page 595.

1er corps, au Chesne ; — 12e corps, à la Besace ; — 7e corps, à Boult-aux-Bois ; 5e corps, à Bois-des-Dames et Belval.

Division Bonnemain, à Stonne ; — division Margueritte à Mouzon.

Pendant ce temps, les corps allemands avaient marché conformément aux instructions données la veille par M. de Moltke, et les plus avancés d'entre eux tenaient déjà la ligne Stenay-Grandpré[1]. La cavalerie d'exploration, redoublant d'activité, harcelait sans relâche nos colonnes que pas un escadron ne protégeait, de sorte qu'après une série d'escarmouches, on finissait, du côté de l'ennemi, par lire ouvertement dans nos projets. Près de Vouziers, les patrouilles du 15e uhlans (6e division de cavalerie) se heurtaient contre l'arrière-garde du 7e corps, qui d'ailleurs se bornait à les contenir. Le régiment pénétra dans la ville, à la suite de nos troupes, et poussa des reconnaissances jusqu'à Attigny, c'est-à-dire sur notre ligne même de communications, qu'aucun poste ne gardait. De même, près de Buzancy, les patrouilles du 3e uhlans de la Garde avaient produit dans le 5e corps l'émoi que nous avons relaté. Partout, à une distance insignifiante des colonnes françaises, la cavalerie allemande apparaissait, et telle était la facilité qui lui était laissée de pénétrer le secret de nos mouvements et de nos forces, qu'elle pouvait envoyer à M. de Moltke des rapports qu'on aurait dit copiés dans nos ordres de mouvement. Ces rapports ont été donnés intégralement par la *Relation allemande* (supplément XXXV) et nous y renvoyons le lecteur. Il y verra quel secours précieux apporte au commandement une exploration ainsi faite, et combien il est regrettable qu'on n'ait pas employé nos escadrons, sinon à en faire autant, du moins à rendre impossible une surveillance aussi exacte.

Au fur et à mesure que ces renseignements arrivaient au grand quartier général de Clermont, M. de Moltke

---

1. La garde et le IVe corps, avant de se porter aux points qui leur étaient assignés pour le 28 (voir plus haut), avaient replié les ponts jetés sur la Meuse et devenus inutiles puisque le mouvement des IIe et IIIe corps sur Damvillers était contremandé.

se rendait compte de nos hésitations, de nos changements d'objectif, et de la direction définitivement reprise par le maréchal. Tout d'abord, voyant que l'armée se repliait sur le nord, le chef d'état-major général avait envoyé, à sept heures du soir, l'ordre de nous poursuivre le lendemain dans cette direction. Mais deux heures plus tard, quand lui parvinrent les résultats des reconnaissances opérées dans la matinée, il comprit que la marche vers la Meuse était reprise; il se hâta en conséquence de prescrire des dispositions nouvelles, et lança, à onze heures du soir, le télégramme suivant :

L'apparition de l'ennemi à Buzancy dénote le projet de secourir Metz. Il est à supposer qu'à cet effet un ou deux corps suivent la route de Buzancy à Stenay, tandis que le reste de l'armée défile plus au nord par Beaumont. Afin de ne pas provoquer l'offensive des Français avant une concentration suffisante de nos propres forces, le Prince royal de Saxe appréciera s'il convient de réunir tout d'abord ses trois corps dans une position défensive, à peu près entre Aincreville et Landres. La 47ᵉ brigade, détachée à Stenay, continuera à être chargée de surveiller la Meuse, entre cette ville et Dun. — Les corps bavarois rompront à 5 heures du matin, le Iᵉʳ par Fléville sur Sommerance, où il devra arriver à 10 heures du matin; le IIᵉ par Binarville et Cornay sur Saint-Juvin; le Vᵉ corps viendra par Montchentin sur Grandpré. Quant aux autres corps de la IIIᵉ armée, le commandant en chef réglera leur marche *de telle sorte que, pour le 30, ils soient en mesure de concourir, s'il le faut, au dénouement.* On s'abstiendra jusqu'à nouvel ordre de continuer le mouvement offensif vers la route Vouziers-Buzancy-Stenay, *mais il demeure entendu que l'armée de la Meuse l'occuperait promptement, si elle n'avait devant elle que des forces insignifiantes.* — S. M. le Roi se rendra, vers 9 heures du matin, à Varennes.

Ainsi, M. de Moltke s'attendait à une affaire décisive pour le 30, et il prenait ses dispositions pour y faire participer toutes ses forces. Quant à nous, nous allions poursuivre malgré tout une opération condamnée d'avance à l'insuccès, et compliquée par ce fait extrêmement grave que déjà nos communications directes avec Paris étaient à peu près interceptées.

Journée du 29. Combat de Nouart. — Le 28 août fut une mauvaise journée pour l'armée de Châlons. « L'armée n'a point livré de combat, pas éprouvé de pertes, et cependant un grand malaise plane sur elle; chacun a le cœur serré, l'âme remplie d'appréhensions. On a comme le pressentiment que l'ennemi aura mis à profit nos incertitudes et tout le temps perdu[1]. » Hélas! cette malheureuse armée n'était encore qu'au début de son martyre.

En apprenant que les têtes de colonnes allemandes se montraient déjà sur la route de Buzancy à Stenay, et que, d'autre part, ce dernier point était occupé par l'ennemi, le maréchal se vit forcé de changer encore une fois de direction. Mais persistant cependant dans son projet d'atteindre Montmédy, il résolut de franchir la Meuse plus au nord, à Mouzon et Rémilly, pour se porter ensuite sur Carignan, et de là vers le sud. Les ordres qu'il expédia le 28 au soir portaient donc que : le 1er corps atteindrait le lendemain Raucourt, le 5e Beaumont, le 7e la Besace où il prendrait position, enfin le 12e Mouzon, où se trouvait déjà la division Margueritte. Quant à la division Bonnemain, elle était envoyée sur Raucourt, toujours à l'aile gauche. Le maréchal espérait ainsi pouvoir effectuer, le 30 le passage de la Meuse.

Le mouvement commença de grand matin. Les 1er et 12e corps et la division Bonnemain, couverts par le reste de l'armée, accomplirent leur étape sans trop de peine. Il y eût bien à la sortie du Chesne quelque désordre, dû aux encombrements des voitures et des convois; mais, malgré l'énervement des troupes et les symptômes d'indiscipline qui en étaient la conséquence, les deux corps de gauche arrivèrent dans l'après-midi aux positions qui leur étaient fixées. Pendant toute la marche, la division de Lartigue, arrière-garde du 1er corps, avait été harcelée par les coureurs ennemis[2].

Quant aux 5e et 7e corps, les plus menacés, ils ne purent, sans de nombreux incidents, effectuer le mouvement qui avait pour but, dans la pensée du com-

---

1. Prince BIBESCO, *loc. cit.*, page 80.
2. Le 12e corps franchit dans la soirée la Meuse à Mouzon, et s'établit sur la rive droite, à cheval sur la route de Carignan.

mandant en chef, de les soustraire à la pression de l'ennemi. La cavalerie, qui aurait dû leur procurer l'espace dont ils avaient besoin, n'ayant pas été employée, il leur était désormais impossible de se dérober à l'étreinte d'un adversaire qu'on avait laissé s'avancer jusqu'au milieu de leur zone de marche. Cet oubli des principes fondamentaux de la guerre devait avoir les conséquences les plus désastreuses pour nous.

Le général Douay n'avait quitté Boult-aux-Bois qu'à dix heures du matin, le rassemblement de son corps d'armée, un peu disséminé par suite des aventures de la veille, ayant été fort long. Il marcha très lentement, sur l'avis que les Allemands tenaient déjà Buzancy et la forêt de Dieulet; d'ailleurs des reconnaissances envoyées à l'aube dans la direction du sud s'étaient sabrées avec des patrouilles prussiennes, à une petite distance de Boult-aux-Bois, et l'on voyait distinctement les vedettes ennemies, postées sur les hauteurs, suivre avec attention la marche de nos colonnes [1]. Bientôt une masse de cavalerie apparut sur nos derrières et obligea, en l'absence de tout service de protection, la division Liébert, qui formait l'arrière-garde, à prendre position. Ce n'était qu'une alerte, car les Allemands ne voulaient nullement attaquer, mais seulement voir, et Dieu sait si nos escadrons, qui marchaient au milieu des troupes au lieu de les couvrir, leur en laissaient le loisir! Un peu plus loin, ce fut un escadron prussien qui déboucha sur l'avant-garde et qu'il fallut chasser à coups de fusil. Bref, le mauvais état de la route aidant, c'est à sept heures du soir seulement que le 7º corps atteignit Oches, où le rejoignirent son convoi et sa 1ʳᵉ division, détachée depuis la veille. Il fallait, pour gagner la Besace, où l'on devait coucher, traverser un long défilé; les hommes étaient harassés et démoralisés, les attelages hors d'haleine. Le général Douay ne crut pas pouvoir poursuivre sa route sans danger, à cette heure avancée, et fit bivouaquer ses troupes sur place, mais en prenant

---

[1]. Prince BIBESCO, *loc. cit.*, page 82.

les dispositions défensives que la situation semblait imposer.

Pendant ce temps, le 5ᵉ corps était soumis à des épreuves encore plus cruelles, qui achevaient l'œuvre déprimante des jours précédents et semblaient devoir briser le dernier ressort des âmes. Le maréchal avait expédié les ordres concernant les 5ᵉ et 7ᵉ corps par le même officier, le capitaine d'état-major de Grouchy. Celui-ci, sa mission remplie auprès du général Douay, se trouva fort embarrassé pour joindre le général de Failly, dont il ignorait la position exacte, et, sur l'indication qu'on avait vu, le soir, des feux de bivouacs à Bar, reprit la route de Boult-aux-Bois à Buzancy. Il était trois heures du matin. Arrivé à Germont, à 2,500 mètres à peine, l'escorte qui l'accompagnait fut aperçue d'une patrouille de uhlans (3ᵉ de la Garde), qui, demandant aussitôt l'appui de l'escadron d'avant-postes, se jeta sur nos cavaliers, les bouscula et s'empara de la personne et des papiers du capitaine de Grouchy. C'était la fatalité qui s'en mêlait cette fois pour achever la ruine de nos malheureuses troupes !

Le général de Failly, n'ayant donc pas d'instructions pour la journée du 29, s'en référa à celles qu'il avait reçues la veille, et se mit le matin en marche vers Stenay, par Beaufort et Beauclair, au lieu de remonter sur Beaumont. Comme ses troupes, elles aussi, étaient harassées, il ne leva son camp de Bois-des-Dames qu'à dix heures, et se forma sur deux colonnes : celle de droite (division Guyot de Lespart), précédée de la cavalerie et d'une batterie à cheval, se dirigeait sur Beauclair ; celle de gauche (divisions Goze et l'Abadie, réserve d'artillerie) marchait sur Beaufort.

Mais à peine le général de Lespart avait-il quitté Bois-des-Dames, que sur les hauteurs de Nouart éclatait une forte canonnade qui l'obligeait à prendre position. C'était la 24ᵉ division (saxonne) qui entamait le combat. Le prince royal de Saxe avait, en effet, à la réception des ordres cités plus haut, prescrit à tout le XIIᵉ corps de se concentrer, le 29, à Nouart. Or, dès le matin, la cavalerie, poussée en avant, signalait la pré-

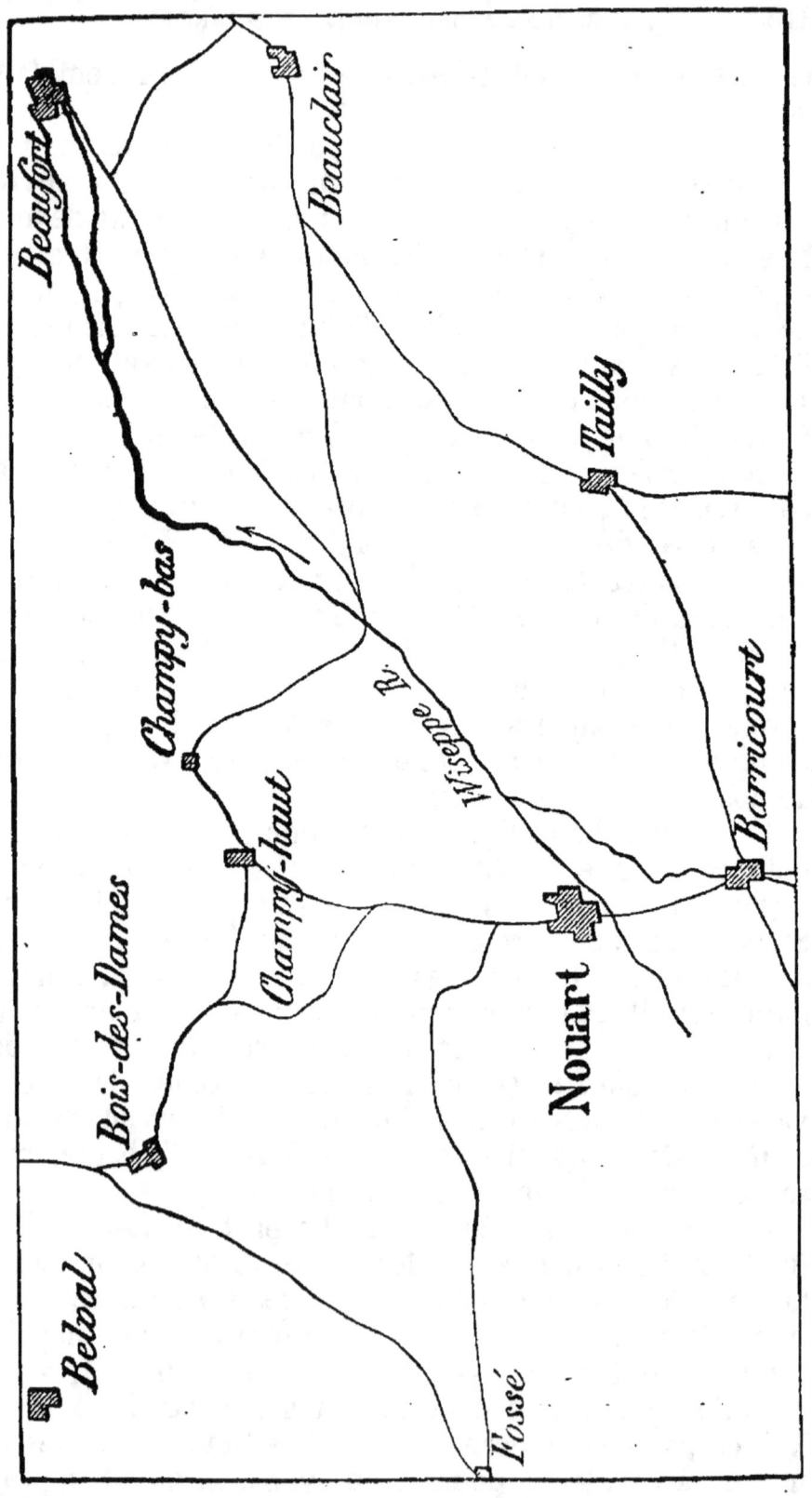

sence de nos troupes à Bois-des-Dames. Aussitôt que l'avant-garde du XII⁰ corps (48⁰ brigade, un régiment de cavalerie, deux batteries) eut atteint Barricourt, elle lança sur Nouart un bataillon, avec deux batteries, qui firent feu sur la brigade de Bernis (5⁰ hussards et 12⁰ chasseurs), déjà sur la rive droite de la Wiseppe, au sud de Champy.

La division de Lespart déploya alors son infanterie entre Champy et Bois-des-Dames, tandis que l'artillerie se mettait en batterie au nord du premier de ces villages. Ces troupes recueillirent la brigade de Bernis, obligée de rétrograder, puis le combat se continua, assez indécis de part et d'autre, et sans grande vigueur. Les Saxons, en effet, pour se conformer aux prescriptions du généralissime, évitaient de s'engager à fond ; un moment, ils semblèrent vouloir dessiner une offensive sur Champy, mais une simple démonstration de la brigade Abbatucci les arrêta. On arriva ainsi jusqu'à trois heures, en entretenant tout simplement le feu ; à ce moment, la 48⁰ brigade cessa de tirer et se retira sur les hauteurs de Nouart et de Tailly, où se trouvait le reste du corps d'armée. Une heure après, le combat prenait fin complètement, sur l'ordre du prince Georges de Saxe[1].

Le général de Failly établit son corps d'armée sur le plateau de Bois-des-Dames. Il espérait pouvoir lui donner un peu de repos, quand arriva au galop le lieutenant-colonel Broye, aide de camp du maréchal, porteur d'une copie de l'ordre primitivement confié au capitaine de Grouchy. Les instructions du maréchal étaient pressantes, et il n'y avait pas une minute à perdre pour s'y conformer. Le commandant du 5⁰ corps se vit donc forcé de demander à ses soldats un effort nouveau et immédiat. Laissant en arrière, pour protéger sa retraite, la brigade de Maussion, le 5⁰ corps prit la route de Beaumont, et n'y arriva qu'à une heure du matin, dans un état de fatigue physique et de dépression mo-

---

1. Les pertes au combat de Nouart ont été : pour les Saxons, 363 hommes, dont 74 tués ; pour le 5⁰ corps, 290 hommes environ.

rale qui dépasse toute imagination. Il faut, pour s'en faire une faible idée, rappeler que les hommes n'avaient reçu aucune distribution depuis ces trois jours, passés tout entiers en marches, contremarches, escarmouches et combats. Quant à la brigade de Maussion, après avoir repoussé plusieurs tentatives opérées par l'ennemi pour nous tourner par Fossé et la Côte-Jean, elle se mit en retraite à son tour, vers dix heures du soir, et ne put rallier son corps d'armée que le lendemain, 30 août, à cinq heures du matin.

Cependant les corps allemands avaient employé cette journée du 29 à se rapprocher encore davantage, suivant les ordres envoyés la veille par le chef d'état-major général. Voici quelles étaient leurs positions respectives, au moment où le 5ᵉ corps français arrivait à Beaumont :

Armée de la Meuse

XIIᵉ corps, à Nouart et Tailly.
Garde, à Buzancy et Bar.
IVᵉ corps, à Rémonville (près de Bayonville).
12ᵉ division de cavalerie, aux Tuileries (au sud-est de Tailly).
Cavalerie de la Garde, au nord-ouest de Buzancy.

Cette armée était donc concentrée avec 2 corps en première ligne, sur un front de 9 kilomètres, et un en deuxième ligne, à 4 kilomètres en arrière.

IIIᵉ Armée

Iᵉʳ corps bavarois, à Saint-Juvin.
IIᵉ corps bavarois, à Sommerance.
Vᵉ corps et division wurtembergeoise, à Grandpré.
XIᵉ — — à Monthois.
VIᵉ — — à Vienne-le-Château.
5ᵉ division de cavalerie, à Attigny, éclairant au nord.
6ᵉ — à Vouziers, suivant de près les 1ᵉʳ et 7ᵉ corps français.
4ᵉ — à Vouziers.
2ᵉ — près de Séchault, couvrant la gauche.

Le Prince royal n'avait plus qu'une journée de retard sur l'armée de la Meuse, et au train dont nous marchions, il ne devait pas tarder à la rattraper.

Les renseignements fournis, dans la journée du 29, par la cavalerie au grand quartier général, présentèrent le même caractère de précision que ceux de la veille[1]. Tous nos mouvements furent éventés, suivis, surveillés, avec tant de minutie, que rien de ce qui se passait dans l'armée française n'échappa à l'œil inquisiteur des patrouilles allemandes. En outre, par suite du fatal accident survenu au capitaine de Grouchy, M. de Moltke se trouva en possession de dépêches importantes qui contenaient l'avis « *des dispositions du commandant en chef des forces françaises pour la journée du 29 août*, et divers renseignements sur les mouvements effectués les jours précédents par l'armée de Châlons[2] ». Le chef d'état-major général n'eut donc pas beaucoup de peine à conclure que l'armée française marchait vers la Meuse, suivant une direction nord-est, et que son gros se trouvait, pour l'instant, entre le Chesne et Beaumont, avec de fortes arrière-gardes plus au sud. Il se détermina, par suite, à pousser le lendemain, vers cette ligne, les deux armées allemandes, afin d'attaquer l'armée de Châlons avant qu'elle eût franchi la Meuse. Cette décision fut communiquée aux généraux en chef, à onze heures du soir. L'ordre contenait en substance :

1° Que l'armée de la Meuse marcherait, le 30, sur Beaumont, et franchirait, à dix heures du matin, la ligne Fossé-Beauclair, la Garde formant réserve ;

2° Que la IIIe armée appuierait, avec deux corps, le mouvement du prince de Saxe. L'aile droite de cette armée se dirigerait donc, de bonne heure, sur Buzancy et Beaumont, l'aile gauche sur le Chesne[3].

Ces dispositions amenèrent la triste bataille de Beaumont, préface d'une journée plus douloureuse encore, celle de Sedan.

1. Voir *La Guerre franco-allemande*, supplément XXXVI.
2. *Ibid.*, page 968.
3. Le grand quartier général devait se transporter, le 30, à dix heures du matin, de Grandpré à Buzancy.

CHAPITRE III

BATAILLE DE BEAUMONT

Dans l'état de crise aiguë où se trouvait réduite l'armée française, un seul but était à poursuivre désormais, se dérober. Mais une semblable manœuvre, encore relativement facile le 27, devenait fort délicate le 29, car les masses allemandes nous serreraient de trop près pour qu'il nous restât une suffisante liberté de mouvement. Le maréchal pensa pouvoir parer au danger le plus immédiat en mettant la Meuse entre lui et ses adversaires, et fit tous ses efforts pour activer le passage du fleuve. L'expédient était dangereux, puisqu'il jetait ainsi l'armée contre la frontière belge, qui lui était obstinément fermée; mais peut-être le duc de Magenta avait-il cette dernière lueur d'espoir que Bazaine ne resterait pas immobile et que, grâce à une diversion de sa part, les forces allemandes seraient forcées de se disjoindre. C'était mal connaître l'apathie raisonnée du commandant en chef de l'armée du Rhin.

Passage de la Meuse par les 1ᵉʳ, 7ᵉ, 12ᵉ corps et les deux divisions de cavalerie. — Quoi qu'il en soit, ainsi qu'il a été dit plus haut, le 12ᵉ corps et la division Margueritte franchirent, dès le 29 au soir, la rivière à Mouzon, où se trouve un pont en pierre, et prirent position sur la rive droite. Le 1ᵉʳ corps, qui était à Raucourt, leva son camp à sept heures du matin, et se dirigea sur Rémilly, point désigné pour le passage.

Vers dix heures, celui-ci commença ; il n'était pas terminé qu'un bruit de canonnade, venant de la direction de Mouzon, produisait dans les rangs une émotion qui se devine. Il se continua néanmoins ; au fur et à mesure de leur arrivée sur la rive droite, les divisions Wolff et L'Hériller se dirigèrent sur Douzy ; les divisions Pellé (ancienne division Douay) et de Lartigue prirent la direction de Tétaigne ; *elles devaient être suivies* par la division de Bonnemain. L'écho de la canonnade se faisait de plus en plus violent. « Le général Ducrot, qui marche avec la colonne de droite, fait alors masser ses troupes à Tétaigne, avant de traverser la Chiers, et envoie un de ses aides de camp auprès du maréchal de Mac-Mahon à l'effet de prendre ses ordres et de lui rapporter les renseignements nécessaires. Au bout d'une demi-heure, le général reçoit de son aide de camp un billet lui annonçant qu'il vient de rencontrer l'Empereur *et que tout va bien*[1]. » Le 1ᵉʳ corps ne bougea pas.

Les 5ᵉ et 7ᵉ corps, encore sur la rive gauche, se trouvaient donc ainsi séparés par une large rivière du reste de l'armée, et exposés à subir, sans espoir de secours, le choc des forces allemandes. C'est, en effet, ce qui arriva ; encore l'un des deux fut-il impuissant, par suite des circonstances, à prêter son concours à l'autre, si terriblement compromis.

Le 7ᵉ corps avait pris les armes dès trois heures et demie du matin. A quatre heures, son convoi s'engageait sur la route de Stonne, sous l'escorte de la 2ᵉ brigade de la division Conseil-Dumesnil, la 1ʳᵉ brigade formant avant-garde. Mais bientôt il fallut, pour monter une côte glissante, doubler les attelages des voitures de réquisition ; on perdit ainsi pas mal de temps, en sorte que la 2ᵉ division (Liébert) ne put quitter Oches qu'à huit heures, la 3ᵉ n'ayant pas encore bougé. A ce moment, arriva le maréchal, très préoccupé de ce retard. « *Il faut passer la Meuse aujourd'hui, coûte que coûte,* dit-il au général Douay,

---

[1]. Général Ducrot, *La Journée de Sedan*, page 95.

ARMÉE ALLEMANDE. — Hussards de la mort.

et vous débarrasser en y arrivant du convoi qui vous alourdit. » Et il indiqua trois points de passage : 1° le pont de Mouzon, également destiné au 5ᵉ corps; 2° un pont de bateaux que le génie était en train de jeter un peu en aval de Mouzon, à Villers; 3° le pont de Rémilly où étaient déjà passés le 1ᵉʳ corps et la division de Bonnemain. Après discussion, le général Douay se décida à utiliser les deux ponts de Mouzon et de Villers. La tête du convoi devait en effet, à ce moment, être déjà engagée sur le chemin de la Besace, et, par suite, la 1ʳᵉ division qui l'accompagnait, pouvait continuer droit sur Mouzon; les deux autres avec l'artillerie de corps, marcheraient sur Villers, par Raucourt. On évitait ainsi un nouveau retard, et l'on pouvait admettre que le convoi et la 1ᵉʳ division seraient suffisamment protégés par le 5ᵉ corps, encore à Beaumont.

Laissons maintenant la parole au prince Bibesco, qui a tracé de cette marche mouvementée un tableau à la fois si vivant et si dramatique :

Ces dispositions arrêtées, dit-il, le maréchal nous quitta, insistant, de nouveau, sur la nécessité qu'il y avait de se hâter de passer la Meuse *coûte que coûte*, le soir même. Il fallait avertir, en toute hâte, le général Conseil et activer sa marche sur Mouzon. On lui dépêcha, à cet effet, le lieutenant-colonel Davenet et le capitaine Danès. Ces officiers devaient guider le convoi par le chemin convenu et surveiller son passage à Mouzon.

« *Vous aurez 60,000 hommes sur les bras, ce soir, si vous n'êtes pas au delà de la Meuse* », nous avait dit le maréchal. Il nous avait quittés depuis peu de temps, que le canon retentissait derrière nous. C'était l'ennemi qui avait établi plusieurs pièces sur la crête séparant Oches de Saint-Pierremont, et qui, malgré la grande distance, tirait sur notre arrière-garde[1]. Déjà le général Dumont avait mis en batterie et ripostait, quand le général Douay survint, fit cesser le feu et reprendre la marche. En effet, répondre c'était perdre un temps précieux, c'était se prêter aux manœuvres de l'ennemi dont le but était de retarder notre marche à tout prix, tandis que notre intérêt était d'avancer quand même. L'arrière-garde se remit donc en marche, tout en surveillant l'ennemi. Jusqu'à l'entrée du défilé de Stonne, où notre

---

1. C'étaient deux escadrons de uhlans de la Garde, qui suivaient le 7ᵉ corps depuis la veille, et qui venaient de se joindre à la brigade de cuirassiers bavarois, lancée en avant du Iᵉʳ corps bavarois.

cavalerie nous avait précédés dès le matin, aucun incident nouveau ne survint; mais là, nous entendîmes le grondement sourd du canon qui s'accentua à mesure que nous approchâmes de Stonne; la canonnade avait lieu du côté de Beaumont.

Ce bruit nous avait remués jusqu'au fond du cœur. Il faut être soldat, s'être trouvé au milieu des angoisses d'une pareille situation, pour comprendre tout ce qu'il y a de poignant à entendre l'écho d'une lutte dans laquelle le drapeau est engagé, sans qu'on puisse lui porter secours ! Au premier moment, il n'y eut, au 7e corps, qu'une même pensée : marcher au canon ! Mais dès que nous fûmes montés sur un mamelon, situé près de la route de Stonne, nous pûmes constater, au moyen d'une longue-vue, que cela était impossible. Au loin, à droite, se dessinait une ligne de feux demi-circulaire avançant dans la direction de Beaumont : là était l'ennemi; à gauche, on voyait la fumée des coups de canon tirés à intervalles par des troupes en retraite sur Mouzon; ces troupes étaient celles du 5e corps. Pour nous porter au secours du 5e corps, il aurait fallu faire halte, réunir en toute hâte les troupes, forcément très espacées dans ce défilé, se frayer, avec une peine extrême, un chemin à travers la colonne Conseil-Dumesnil qui encombrait encore la route de Beaumont, franchir en bon ordre les dix kilomètres qui nous séparaient de cette ville, et arriver compactes sur le lieu de la lutte ! Cette manœuvre, très périlleuse en face de l'ennemi qui nous suivait dans le défilé en nous canonnant, et cherchait à nous prendre en défaut, n'eût pas exigé moins de trois à quatre heures. Or, comme il était midi, et que déjà les troupes du général de Failly étaient en retraite[1], il était évident que nous étions menacés de n'arriver sur le champ de bataille que pour constater un désastre, et offrir aux Prussiens l'occasion d'écraser en détail nos deux divisions. Voilà quant aux chances de réussite.

« Restait le devoir de ne pas compromettre le but stratégique du maréchal : *le passage de la Meuse, le soir même,* par un mouvement qui était en dehors de ses ordres formels. D'ailleurs le maréchal venait de nous quitter, et il n'était pas si loin qu'il ne pût envoyer ses instructions au 7e corps, dans le cas où il combinerait une attaque avec les 12e et 1er corps qu'il avait sous la main. Il n'ignorait pas que le corps de Failly était exténué par les marches, les contremarches, les combats et les privations des trois jours précédents; il avait donc certainement pris les mesures nécessaires pour assurer le passage de ces troupes à Mouzon et tenir tête à une attaque, sinon certaine, du moins vraisemblable. S'il ne faisait rien dire, c'est que la Meuse étai

---

1. Ici, M. le prince Bibesco commet très certainement une erreur. La bataille de Beaumont n'a commencé qu'à midi et demi, et la retraite qu'à une heure et demie, ainsi qu'on le verra plus loin. L'arrivée d'une partie du 7e corps aurait donc été d'un grand secours, même si elle ne s'était produite que pour soutenir cette retraite.

et vous débarrasser en y arrivant du convoi qui vous alourdit. » Et il indiqua trois points de passage : 1° le pont de Mouzon, également destiné au 5° corps ; 2° un pont de bateaux que le génie était en train de jeter un peu en aval de Mouzon, à Villers ; 3° le pont de Rémilly où étaient déjà passés le 1ᵉʳ corps et la division de Bonnemain. Après discussion, le général Douay se décida à utiliser les deux ponts de Mouzon et de Villers. La tête du convoi devait en effet, à ce moment, être déjà engagée sur le chemin de la Besace, et, par suite, la 1ʳᵉ division qui l'accompagnait, pouvait continuer droit sur Mouzon ; les deux autres avec l'artillerie de corps, marcheraient sur Villers, par Raucourt. On évitait ainsi un nouveau retard, et l'on pouvait admettre que le convoi et la 1ᵉʳ division seraient suffisamment protégés par le 5° corps, encore à Beaumont.

Laissons maintenant la parole au prince Bibesco, qui a tracé de cette marche mouvementée un tableau à la fois si vivant et si dramatique :

Ces dispositions arrêtées, dit-il, le maréchal nous quitta, insistant, de nouveau, sur la nécessité qu'il y avait de se hâter de passer la Meuse *coûte que coûte*, le soir même. Il fallait avertir, en toute hâte, le général Conseil et activer sa marche sur Mouzon. On lui dépêcha, à cet effet, le lieutenant-colonel Davenet et le capitaine Danès. Ces officiers devaient guider le convoi par le chemin convenu et surveiller son passage à Mouzon.

« *Vous aurez 60,000 hommes sur les bras, ce soir, si vous n'êtes pas au delà de la Meuse* », nous avait dit le maréchal. Il nous avait quittés depuis peu de temps, que le canon retentissait derrière nous. C'était l'ennemi qui avait établi plusieurs pièces sur la crête séparant Oches de Saint-Pierremont, et qui, malgré la grande distance, tirait sur notre arrière-garde[1]. Déjà le général Dumont avait mis en batterie et ripostait, quand le général Douay survint, fit cesser le feu et reprendre la marche. En effet, répondre c'était perdre un temps précieux, c'était se prêter aux manœuvres de l'ennemi dont le but était de retarder notre marche à tout prix, tandis que notre intérêt était d'avancer quand même. L'arrière-garde se remit donc en marche, tout en surveillant l'ennemi. Jusqu'à l'entrée du défilé de Stonne, où notre

---

1. C'étaient deux escadrons de uhlans de la Garde, qui suivaient le 7ᵉ corps depuis la veille, et qui venaient de se joindre à la brigade de cuirassiers bavarois, lancée en avant du Iᵉʳ corps bavarois.

cavalerie nous avait précédés dès le matin, aucun incident nouveau ne survint; mais là, nous entendîmes le grondement sourd du canon qui s'accentua à mesure que nous approchâmes de Stonne; la canonnade avait lieu du côté de Beaumont.

Ce bruit nous avait remués jusqu'au fond du cœur. Il faut être soldat, s'être trouvé au milieu des angoisses d'une pareille situation, pour comprendre tout ce qu'il y a de poignant à entendre l'écho d'une lutte dans laquelle le drapeau est engagé, sans qu'on puisse lui porter secours! Au premier moment, il n'y eut, au 7ᵉ corps, qu'une même pensée: marcher au canon! Mais dès que nous fûmes montés sur un mamelon, situé près de la route de Stonne, nous pûmes constater, au moyen d'une longue-vue, que cela était impossible. Au loin, à droite, se dessinait une ligne de feux demi-circulaire avançant dans la direction de Beaumont : là était l'ennemi; à gauche, on voyait la fumée des coups de canon tirés à intervalles par des troupes en retraite sur Mouzon; ces troupes étaient celles du 5ᵉ corps. Pour nous porter au secours du 5ᵉ corps, il aurait fallu faire halte, réunir en toute hâte les troupes, forcément très espacées dans ce défilé, se frayer, avec une peine extrême, un chemin à travers la colonne Conseil-Dumesnil qui encombrait encore la route de Beaumont, franchir en bon ordre les dix kilomètres qui nous séparaient de cette ville, et arriver compactes sur le lieu de la lutte! Cette manœuvre, très périlleuse en face de l'ennemi qui nous suivait dans le défilé en nous canonnant, et cherchait à nous prendre en défaut, n'eût pas exigé moins de trois à quatre heures. Or, comme il était midi, et que déjà les troupes du général de Failly étaient en retraite[1], il était évident que nous étions menacés de n'arriver sur le champ de bataille que pour constater un désastre, et offrir aux Prussiens l'occasion d'écraser en détail nos deux divisions. Voilà quant aux chances de réussite.

« Restait le devoir de ne pas compromettre le but stratégique du maréchal: *le passage de la Meuse, le soir même,* par un mouvement qui était en dehors de ses ordres formels. D'ailleurs le maréchal venait de nous quitter, et il n'était pas si loin qu'il ne pût envoyer ses instructions au 7ᵉ corps, dans le cas où il combinerait une attaque avec les 12ᵉ et 1ᵉʳ corps qu'il avait sous la main. Il n'ignorait pas que le corps de Failly était exténué par les marches, les contremarches, les combats et les privations des trois jours précédents; il avait donc certainement pris les mesures nécessaires pour assurer le passage de ces troupes à Mouzon et tenir tête à une attaque, sinon certaine, du moins vraisemblable. S'il ne faisait rien dire, c'est que la Meuse était

---

1. Ici, M. le prince Bibesco commet très certainement une erreur. La bataille de Beaumont n'a commencé qu'à midi et demi, et la retraite qu'à une heure et demie, ainsi qu'on le verra plus loin. L'arrivée d'une partie du 7ᵉ corps aurait donc été d'un grand secours, même si elle ne s'était produite que pour soutenir cette retraite.

toujours l'objectif important. Nous n'avions qu'à nous conformer à ses ordres ; — marcher, nous hâter vers la Meuse[1]. »

Telles sont les explications données par M. le prince Bibesco pour justifier la décision prise de ne pas se porter au secours du 5° corps. Certaines d'entre elles ont une valeur incontestable, et l'absence d'ordres contradictoires, par exemple, peut très bien expliquer que le général Douay n'ait pas cru pouvoir passer outre à ceux qu'il avait reçus. Il n'en est pas moins fort regrettable que le général Douay n'ait pas suivi sa première impression ; car, en poursuivant sa marche vers Rémilly, non seulement il laissait le 5° corps livré à lui-même, mais encore il abandonnait aux hasards des événements sa 1ʳᵉ division, engagée avec les convois sur la route de Villers. Nous verrons bientôt quelles furent, pour cette division, les conséquences de son isolement.

Le 7° corps, après quelques instants d'hésitation, reprit donc sa marche vers Raucourt, harcelé par la brigade de uhlans de la Garde et l'avant-garde du V° corps prussien, que la brigade Bittard des Portes avait toutes les peines du monde à contenir. Nous allons le quitter un instant, pour revenir aux événements si graves qui se passaient sur sa droite, et dont il subit, malgré lui, la fatale influence, au point de ne pouvoir franchir la Meuse que dans la plus complète désorganisation.

Arrivée du 5° corps à Beaumont. — A son arrivée à Beaumont, dans la nuit du 29 au 30 août, le 5° corps s'était établi en hâte sur des positions déterminées sans étude préalable du terrain par le chef d'état-major, général Besson. Il était dans un état d'abattement physique et moral dont le tableau suivant, tracé dans l'*Historique* par le général Clémeur, ne donne qu'une idée affaiblie. — « Les troupes, harassées de fatigue et difficilement dirigées par leurs officiers dans l'obscurité, s'entassent les unes sur les autres, la 3° division à droite et la 1ʳᵉ à gauche de la route avec l'artil-

---

1. Prince Bibesco, *loc. cit.*, pages 96 et suivantes.

lerie de réserve à l'entrée de la ville. Elles dressent leurs tentes, et se préoccupent beaucoup plus de prendre le repos qui leur est si nécessaire que d'assurer d'une manière efficace le service de surveillance qui doit les protéger. La brigade (Maussion) de la division l'Abadie formant l'arrière-garde n'arrive qu'à cinq heures du matin; elle traverse Beaumont et va camper au delà sur un petit plateau au nord-ouest, à gauche de la route de Mouzon[1]. Les ambulances restent à Beaumont.

« La plupart des officiers et des hommes étaient à jeun et n'avaient pu se procurer de quoi manger ce jour-là. Les forces de tout le monde étaient à bout; après avoir combattu la plus grande partie de la journée et marché toute la nuit, le soldat, épuisé, s'endormait là où il s'arrêtait, et l'officier, dès lors, parvenait à grand'peine à se faire obéir. Un état d'engourdissement général s'est emparé du corps d'armée. L'homme a donné tout ce qu'il avait de forces; inutile de lui en demander davantage. Malgré toutes ces difficultés, les généraux et chefs de corps parviennent néanmoins à faire établir des grand'gardes. Mais l'obscurité ne permet pas de les placer convenablement; elles sont trop rapprochées du camp, et leur surveillance ne peut pas s'exercer sur les débouchés qu'il était important de garder. Les chevaux de la cavalerie, qui ont combattu en éclairant le corps pendant toute la journée du 29, et qui n'ont pas mangé non plus, ont perdu toute leur vigueur. Les reconnaissances du matin se ressentent de cet état de choses[2]...

« Après l'arrivée de l'arrière-garde, vers cinq heures, le silence le plus profond règne dans tous les camps. Hommes et chevaux, épuisés de fatigue, se livrent au repos pendant quelques heures. » Ajoutons qu'en dehors de ses pertes de la veille, le 5ᵉ corps avait

---

1. Devant a ferme de la Harnoterie.
2. Ce n'était malheureusement pas là un fait inhérent à la situation présente. Celle-ci contribuait cependant à rendre plus illusoire encore un service de sûreté qui, pas une fois, depuis le début de la guerre, n'avait été convenablement assuré.

laissé en arrière un nombre considérable de traînards, vaincus par la fatigue, et tombés ou près de tomber aux mains de l'ennemi.

Telle était sa situation lamentable. Plus d'énergie, plus de forces, et pas de pain. Le général de Failly, arrivé à une heure du matin, se fit conduire chez le maire; il était agité, nerveux, mais ne semblait pas se douter de la mauvaise situation où se trouvaient ses troupes au point de vue de leur sécurité. Vers sept heures, le maréchal traverse Beaumont, et est frappé de voir le commandant du 5° corps exempt de préoccupations[1]; il lui donne l'ordre de marcher le plus tôt possible sur Mouzon pour y franchir la Meuse sous la protection du 12° corps, mais le général de Failly fait observer que ses troupes sont épuisées, et qu'il n'y a pas deux heures que les derniers détachements ont rejoint. Depuis trois jours, le 5° corps n'a pas eu de distribution régulière et il est impossible de le remettre en route sans lui avoir donné un peu de repos et des vivres. Or le convoi, laissé au Chesne le 27, va arriver; on fera des distributions, et on partira après pour Mouzon. Le maréchal s'incline devant ces raisons, et se porte à la rencontre du général Douay, dont le retard l'inquiète; mais son dernier mot est la recommandation itérative de franchir la Meuse aussitôt qu'on le pourra.

A neuf heures, le général de Failly convoquait autour de lui les généraux de division et les différents chefs de service. Il examinait avec eux les rapports des grand'gardes et de la cavalerie, lesquels, naturellement, ne signalaient aucun indice de la présence de l'ennemi, car à la distance où se trouvaient du camp les unités chargées de veiller à sa sécurité, il leur eût été difficile de voir quelque chose ou de gêner l'adversaire en quoi que ce soit. Par suite, le conseil de guerre n'éprouvait, pour le moment, aucune appréhension; la seule préoccupation immédiate des généraux présents était de res-

---

1. *Déposition du maréchal de Mac-Mahon, devant la Commission d'enquête sur le 4 septembre*, page 36.

serrer les liens tactiques un peu relâchés dans leurs troupes, de ravitailler celles-ci, de faire nettoyer les armes, passablement détériorées par le rude régime auquel elles venaient d'être soumises, et surtout de prendre des moyens pour rétablir la discipline, à laquelle la maraude, les fatigues, la démoralisation et l'absence de distributions régulières menaçaient de porter bientôt une atteinte irrémédiable. Quant aux positions si hâtivement prises par les troupes, on ne jugeait pas à propos de les rectifier, le départ étant imminent.

Description du champ de bataille. — Or, ces positions étaient les plus périlleuses que jamais troupe constituée ait occupées, et, pour en juger, il suffira de jeter sur elles un coup d'œil rapide.

Le bourg de Beaumont, auquel la journée du 30 août a donné une célébrité si douloureuse, est situé au fond d'une sorte de cuvette, bordée vers le sud par les épaisses forêts qui courent de la Wiseppe aux sources du ruisseau de la Bièvre, entre Stenay et Stonne. Une zone très légèrement mamelonnée, mais entièrement découverte, s'étend, sur une longueur de 2,500 mètres environ, des dernières maisons de la ville à la lisière nord des fourrés, et renferme quelques fermes, placées beaucoup plus près des seconds que la première. A l'est et tout près de Beaumont, se dresse un plateau dominant, les *Gloriettes,* qui commande le bourg ainsi que tout l'espace en avant; il se prolonge plus au nord par la hauteur un peu moindre de Sainte-Hélène, et surplombe la Meuse qu'il force à s'infléchir.

Par suite de ces dispositions topographiques, le 5ᵉ corps, campé à Beaumont, ne pouvait avoir de sécurité que s'il tenait par des arrière-gardes les débouchés des bois. Il se savait serré de près par l'ennemi, puisqu'il avait eu un engagement la veille. Il avait donc un intérêt majeur à être prévenu de l'approche de celui-ci, afin d'éviter une surprise qui ne pouvait être que désastreuse, et, pour cela, il lui fallait laisser sa cavalerie de l'autre côté des bois, vers Belval, Bois-des-Dames, Beaufort. Les avant-postes d'infanterie auraient alors occupé les fermes situées en deçà, et, ainsi protégé **et** verti, le 5ᵉ corps aurait eu toute liberté pour se dérober au danger.

Mais là, avec des troupes confusément massées à bonne portée de positions dominantes auxquelles l'ennemi pouvait accéder par les couverts à l'abri de nos vues et de nos coups ; avec ses grand'gardes à peine éloignées de quelques centaines de mètres et un service de renseignements nul ; avec ses positions quelconques qui n'étaient même pas susceptibles de défense, puisque ni les Gloriettes, ni Sainte-Hélène n'étaient occupées, il est bien évident qu'une attaque brusque devait avoir pour premier résultat de paralyser dans nos rangs toute liberté d'action et de manœuvre. La faculté de refuser le combat ne devait même pas nous être laissée ; et nous étions forcés de subir la volonté de l'ennemi. Telles furent, en effet, les conséquences fatales de cet oubli complet des règles de la guerre et des précautions auxquelles elle oblige impérieusement. Un corps d'armée presque entièrement désorganisé, un énorme matériel perdu, enfin une tache au drapeau que la bravoure des soldats a été impuissante à effacer complètement, voilà les tristes résultats d'une surprise, qu'il eût été non seulement possible, mais facile d'éviter.

Ordres donnés pour le départ. — En conséquence des dispositions arrêtées dans le conseil de guerre, le général de Failly rédigea des instructions de départ qu'il crut devoir faire précéder des considérations suivantes, parfaitement étrangères du reste à la question du moment.

« Le maréchal de Mac-Mahon, commandant en chef de l'armée, a donné la certitude que les vivres étaient assurés pour quatre jours sur la rive droite de la Meuse, sur le chemin de Mouzon à Vaux, pays non dévasté encore. Sur la rive gauche, impossible de trouver des vivres ; le pays a été épuisé soit par les Français, soit par les Prussiens. Il y a donc urgence d'aller aux vivres, outre la nécessité militaire de rejoindre promptement le maréchal Bazaine et d'éviter, sur ses [1] derrières, des combats qui arrêteraient la marche sans grands résultats militaires. *Les officiers et les soldats comprendront la nécessité de partir aujourd'hui même.* »

1. Pour *nos* derrières probablement.

L'heure fixée pour le départ de l'avant-garde était *vers une heure*. Quant aux autres groupes, ils devaient *faire connaître par un planton l'heure du départ*, qui n'aurait lieu qu'après la soupe mangée. Tout cela était, on le voit, fort vague, et bien peu conforme à l'idée qu'on doit se faire d'un ordre de mouvement.

Sur ces entrefaites, le convoi étant arrivé du Chesne, une distribution fut immédiatement faite. Les hommes mangèrent la soupe, nettoyèrent leurs armes, puis, comme le beau temps était revenu, ils firent sécher leur linge, leurs effets, et partirent même à la recherche de provisions. L'artillerie conduisit *tous* ses chevaux à l'abreuvoir. On eût dit la garnison d'un camp d'instruction un jour de repos, tant l'insouciance était partout complète[1].

Cependant de graves nouvelles commençaient à circuler. Les paysans, fuyant devant les forces allemandes, accouraient de Stenay, de Belval, de Bois-des-Dames, et annonçaient, tout émus, que des colonnes ennemies s'avançaient à travers les fourrés. Une femme héroïque, Mme Bellavoine, directrice d'un orphelinat qu'elle a fondé en 1863 à Beauséjour et qu'elle n'entretient que grâce au concours de la charité privée, n'hésita pas à courir, au risque d'être fusillée, auprès du général de Failly pour le prévenir des dangers qui menaçaient le camp de Beaumont. Elle ne put le joindre qu'avec toute sorte de difficultés et fut à peine écoutée. Pleinement rassuré par les renseignements sans valeur qu'il tenait de reconnaissances insuffisantes et d'avant-postes mal placés, le commandant du 5ᵉ corps demeurait convaincu que les Allemands avaient renoncé à le poursuivre et continué leur mouvement vers Stenay.

Tout à coup, à midi et demi, une détonation, immé

---

[1]. Un épisode qui montre combien il faut peu de chose pour relever le moral du soldat français, même au milieu des plus cruelles épreuves, est celui-ci. En arrivant, ce jour-là à Rémilly, le 1ᵉʳ corps, qui depuis moins d'un mois avait subi Wissembourg, Frœschwiller, la retraite et la marche déprimante de Châlons à la Meuse, improvisa, dans les prairies situées en face de Bazeilles, un bal qui fut offert aux femmes et aux filles des villages voisins. (*L'Armée de Mac-Mahon*, par l'abbé Defourny, curé de Beaumont, page 134.)

diatement suivie de plusieurs autres, retentit du côté de la forêt de Dieulet ; les projectiles tombèrent à travers les tentes et vinrent atteindre des soldats désœuvrés, au milieu de leurs camarades confondus de stupeur. La surprise était complète, et le canon ennemi se chargeait de tirer brusquement de leur étonnante quiétude le général de Failly et son état-major.

Mouvements des armées allemandes. — Examinons donc la série des mouvements qui venaient d'amener ainsi les troupes allemandes aussi près de nos positions.

Le prince de Saxe avait reçu, vers une heure du matin, l'ordre expédié de Grandpré deux heures avant par M. de Moltke. Aussitôt il prescrivit au IV° corps de se porter sur Fossé et Nouart, pendant que le XII° se concentrerait, par division, à Beauclair et à l'ouest du bois de Nouart. Ces troupes devaient se trouver aux points indiqués à dix heures du matin, et y faire halte. Cependant, vers six heures, arrivèrent des renseignements fournis par la cavalerie, d'après lesquels on sut que Beaumont était encore occupé, mais qu'une partie des corps français avait franchi la Meuse. Le prince de Saxe en conclut qu'il fallait se hâter, et décida de porter immédiatement ses deux corps sur Beaumont. Il leur donna en conséquence l'ordre de se mettre en marche sur quatre colonnes, dans les conditions que voici :

La division de droite du XII° corps, ainsi que la division de cavalerie saxonne, iraient rejoindre, par Laneuville, la grande route de Stenay à Beaumont ; la division de gauche (23°) se dirigerait sur la ferme Belle-Tour, par la forêt de Dieulet.

La 7° division (IV° corps) se porterait également sur cette ferme, par Champy et le bois de Belval ; enfin la 1re division gagnerait Beaumont par Belval et le bois du Petit-Dieulet.

Quant à la Garde, elle avait ordre de dégager la route de Buzancy à Beaumont, afin de la laisser à la disposition de la III° armée, et de venir prendre à dix heures du matin, une position de *garde-à-vous*[1] à l'ouest de Nouart.

L'intention formelle du prince de Saxe, communiquée verbalement à huit heures du matin aux commandants de corps d'armée, était que « chaque division d'infanterie, après avoir atteint la lisière opposée de la forêt, attendît que les colonnes latérales eussent débouché à leur tour, et n'engageât provisoirement l'action que par son artillerie[2] ». Il voulait ainsi éviter les actions partielles, d'autant plus que l'état des chemins faisait craindre que l'une ou l'autre des colonnes fût retardée assez longtemps

De son côté, le commandant en chef de la IIIe armée avait désigné les deux corps bavarois pour soutenir l'attaque projetée sur Beaumont.

Le Ier devait se diriger, dès six heures du matin, sur Buzancy et Bar, pour gagner de là, par Sommauthe, la grande route de Beaumont; le IIe, rompant une heure plus tard, viendrait se masser, en réserve, à deux kilomètres au sud de Sommauthe.

Le Ve corps avait ordre de venir à Oches (par Briquenay et Authe), pour s'engager ensuite, soit sur la droite, soit sur la gauche, suivant le cas.

La division wurtembergeoise et le XIe corps étaient dirigés sur le Chesne : la première par Longwé, Boult-aux-Bois et Châtillon ; le second par Vouziers et Quatre-Champs, avec une colonne latérale passant par Terron.

Enfin, le VIe corps était envoyé à Vouziers pour y cantonner, dans le moins d'espace possible, sur la rive gauche de l'Aisne.

Pendant ce temps, la cavalerie recevait une série de missions spéciales ; les 5e et 6e divisions étaient chargées d'inquiéter les communications de l'armée française sur ses derrières, vers Tourteron et au nord de Voncq. La 2e était envoyée par Senuc jusqu'au nord de Buzancy. Seule la 4e, laissée derrière le XIe corps, constituait une réserve prête à tout événement.

---

1. *La Guerre franco-allemande*, page 986. — C'est ce que nous appelons maintenant une position de rassemblement.
2. *Ibid.*

Pour compléter cette série de dispositions nettement offensives, l'état-major allemand avait décidé que les troupes ne se feraient suivre que de leur train de combat. Le reste des impédimenta demeurait loin, en arrière.

Ainsi cinq corps d'armée se portaient à l'attaque de celles de nos troupes qui n'avaient point encore franchi la Meuse. Les Allemands avaient donc d'ores et déjà une supériorité numérique assurée; cependant, comme si ce n'était pas encore assez, ils avaient soin de rapprocher le plus possible *toutes leurs forces disponibles*, et de faire en même temps menacer notre ligne de communication avec Paris. C'était une terrible épreuve qui se préparait là pour le malheureux 5ᵉ corps, déjà si ébranlé moralement, et si épuisé par les secousses des jours précédents.

I. — Attaque de Beaumont.

Les ordres donnés par le prince de Saxe avaient été exécutés ponctuellement. Vers midi, l'avant-garde de la 8ᵉ division prussienne débouchait de la lisière nord du bois du Pont-Gérache et faisait occuper la ferme de la Petite-Forêt par une compagnie de chasseurs. « De la hauteur voisine, on distinguait à six cents pas un camp français au sud de Beaumont, puis un second au nord-ouest[1]. » En même temps, une reconnaissance d'officier saxon rendait compte qu'on *n'apercevait pas de poste avancé sur le front des campements*, et qu'au dire d'un paysan, les troupes françaises se reposaient en toute confiance. Dans ces conditions, et malgré les ordres du prince de Saxe, le commandant de la 8ᵉ division, lieutenant-général de Schœler[2], se décida à ne pas laisser échapper l'occasion qui s'offrait à lui de tomber

---

[1]. *La Guerre franco-allemande*, page 998. Le second camp était celui de la brigade Maussion, à la Harnoterie.
[2]. C'était une pratique constante, dans les armées allemandes, qu'à proximité de l'ennemi, le commandant de la colonne marchait avec son avant-garde. Elle donnait d'excellents résultats, en ce sens que le commandant pouvait juger par lui-même de la situation et agir en conséquence.

sur un adversaire aussi peu sur ses gardes, et donna l'ordre d'attaquer. Le bataillon de chasseurs rejoignit silencieusement sa compagnie déjà postée à la Petite-Forêt, point derrière lequel devait venir se déployer la 16ᵉ brigade aussitôt qu'elle déboucherait des bois. Les batteries d'avant-garde prirent position à l'est de Beauséjour, avec l'ordre d'ouvrir le feu dès que la 16ᵉ brigade serait déployée. Enfin le régiment de hussards qui marchait avec l'avant-garde fut masqué sous le couvert.

Tout cela s'exécuta sans que le 5ᵉ corps en ait perçu le moindre soupçon. Mais voilà qu'au milieu de ses mouvements l'ennemi crut voir dans nos camps une vive agitation et comme les premiers indices d'une prise d'armes[1]. Supposant que sa présence était découverte, le général d'Alvensleben Iᵉʳ, commandant du IVᵉ corps, accouru là aussi, à son avant-garde, pensa qu'il ne devait même pas attendre que la 16ᵉ brigade ait terminé son déploiement. A midi et demi sonnant, il ordonnait à l'artillerie d'entamer l'action, et consommait ainsi cette surprise funeste qui devait avoir de si graves conséquences pour nous.

Au premier coup de canon, les soldats du 5ᵉ corps avaient couru aux armes. Le désordre était à son comble, dans cette masse d'hommes se précipitant aux faisceaux, de chevaux conduits en main jusqu'aux pièces, de conducteurs courant en tous sens avec leurs attelages. La population de Beaumont, effarée et saisie, s'enfuyait pêle-mêle, en poussant des cris d'épouvante, et personne n'était là pour remettre un peu de calme dans cette foule égarée, qui se sauvait à travers les tentes et les parcs. Cependant, les régiments campés au sud de la ville parviennent assez vite à se ressaisir. Les 11ᵉ et 46ᵉ de ligne (brigade Saurin) se forment en bataille à côté de la brigade Fontanges (50ᵉ et 68ᵉ); le 4ᵉ bataillon de chasseurs se jette en avant, et malgré l'émoi provoqué par une attaque

---

1. En exécution des ordres du général de Failly, la brigade Maussion, chargée de former l'avant-garde, levait son camp à ce moment, et se préparait à partir.

aussi brusque, la défense s'organise « prompte et vigoureuse[1] », avec une énergie qui montre quelle était la valeur de nos soldats, même dans d'aussi tristes moments. Les avant-gardes prussiennes se creusent de trouées sanglantes. « Quelques instants suffisent pour faire éprouver aux chasseurs prussiens et aux batteries d'avant-garde des pertes si considérables que ces dernières *ne disposent plus que de deux ou trois hommes par pièce*; les obus portent également jusque sur les troupes encore en marche sous bois[2] ». Notre artillerie avait réussi, en effet, malgré des difficultés sans nom, à atteler ses pièces. Les batteries de la division Goze, celles de la réserve avaient pris position sur les collines au nord-ouest de Beaumont, et ouvert un feu violent sur la lisière du bois. Les lignes d'infanterie, complètement formées maintenant, essayent alors de se porter de l'avant. Sous la vigoureuse direction du colonel de Béhagle, du 11e, elles se lancent sur la ferme où sont les chasseurs prussiens, qui sont obligés d'appeler à leur aide tous les renforts disponibles, et de s'organiser défensivement dans la Petite-Forêt.

A ce moment commençaient à arriver en ligne les batteries de l'artillerie de corps et aussi les têtes de colonnes de la 7e division prussienne. Cette dernière avait débouché sur la ferme Belle-Tour, et aperçu sur la hauteur de la Harnoterie la brigade Maussion qui commençait son mouvement de retraite. Son chef, le général de Schwartzhoff, se conformant aux ordres du prince de Saxe, et ignorant, par suite de la configuration du sol et de la présence des bois, ce qui se passait sur le front de la 8e division non moins que l'existence du camp français au sud de Beaumont, déploya ses troupes. Il comptait attendre l'arrivée des colonnes latérales; mais, entendant tout à coup le canon retentir à sa gauche, il s'engagea aussitôt à son tour. Un régiment se porta en avant, à la droite de la Petite-Forêt, avec une batterie; puis, un instant après, un autre

---

1. *La Guerre franco-allemande*, page 1002.
2. *Ibid.*, page 994.

régiment accompagné des trois dernières batteries divisionnaires accourut renforcer cette première ligne, et apporter son concours à la 8ᵉ division. L'arrivée de ces troupes fraîches donna au feu des Allemands une intensité nouvelle. Les pertes que nous subissions étaient nombreuses et cruelles. Le colonel de Béhagle, frappé d'une balle qui lui avait traversé le foie et les reins, gisait à terre, mortellement atteint. Le colonel Berthe, du 86ᵉ, son lieutenant-colonel, le commandant de Lacvivier, du 46ᵉ, étaient grièvement blessés. Le 68ᵉ avait déjà perdu son chef, le lieutenant-colonel Pallier, ses trois chefs de bataillon, 26 officiers et 750 hommes[1]. Nous avions en face de nous, à cette heure de la journée, six bataillons et demi, c'est-à-dire 6,000 hommes appuyés par 48 pièces, et si les deux brigades Saurin et Fontanges représentaient une force à peu près égale, elles avaient contre elles le désavantage de la position et l'émotion de la surprise. Les Allemands eurent donc assez facilement raison de leur mouvement offensif et purent, après l'avoir repoussé, couronner la hauteur de la Petite-Forêt, où venait bientôt s'établir toute l'artillerie de corps. Tandis que tout le reste du IVᵉ corps s'approchait du théâtre de la lutte, le général d'Alvensleben faisait demander aux Saxons et au Iᵉʳ corps bavarois de prendre leurs dispositions pour entrer en ligne.

Cependant, le général de Failly s'était porté sur le plateau de la Harnoterie, où la brigade Maussion était postée avec 5 batteries de la réserve qui ripostaient énergiquement à l'ennemi. Apercevant de là des colonnes profondes qui s'avançaient sur les deux ailes du IVᵉ corps déjà en position, il craignit d'être bientôt débordé, ou jeté à la Meuse, et jugea prudent de replier sa première ligne. Malheureusement ce mouvement décida l'ennemi à une offensive générale. Les 7ᵉ et 8ᵉ divisions prussiennes, les premières troupes saxonnes

---

[1]. Ce brave régiment s'était lancé sur la gauche de la Petite-Forêt, avait poussé jusqu'à 50 pas des pièces prussiennes, refoulé le 66ᵉ prussien, et ne s'était replié que devant des forces supérieures amenées de tous les points de la lisière des bois.

qui débouchaient par la route de Stenay, tout ce qui se trouvait disponible fondit sur notre camp, pendant que l'artillerie en position redoublait la violence de son tir. Sous cette avalanche de projectiles, la confusion se mit dans nos troupes, dont l'état moral et physique était si déprimé ; le désordre gagna les brigades Abbatucci et Nicolas, placées en seconde ligne devant Beaumont, et la retraite sembla un instant devoir tourner à la déroute, à travers les rues encombrées du bourg où les soldats se ruaient, pêle-mêle avec une population affolée de terreur. Tout ce qui restait dans le camp devient la proie de l'ennemi ; tentes, bagages, vivres, munitions, pièces et mitrailleuses, avec les blessés qu'on ne peut secourir. Le tableau est épouvantable et la leçon terrible. Puisse celle-ci nous garder à jamais de la honte des surprises, et nous montrer que de toutes les négligences, la plus coupable est celle qui livre ainsi à la merci de l'adversaire les forces vives d'un pays.

Quelques groupes de braves gens cependant avaient su résister à la panique, et continué à diriger sur l'assaillant un feu destructeur. Ils ne purent empêcher la 8e division de pénétrer dans la ville, mais, au moins, ils firent payer cher son succès au vainqueur. « Cette attaque, dit la *Relation allemande*, avait coûté de lourds sacrifices, qui, pour certains bataillons, *s'élevaient à plus du quart de l'effectif*... Un grand nombre d'officiers étaient hors de combat[1] ».

A deux heures, l'ennemi était maître de la ville et du camp. Nos troupes, harcelées sans répit, cherchèrent alors une nouvelle position défensive sur les hauteurs situées au nord de Beaumont, hauteurs qui auraient dû être occupées dès le début. La brigade Maussion s'y trouvait déjà, appuyant sa gauche à Sainte-Hélène ; à côté d'elle vinrent s'établir les débris des divisions Goze et Guyot de Lespart. Ce qui restait de la brigade de Fontanges occupa la Harnoterie avec le 27e de ligne. L'artillerie se posta sur le « dos de terrain qui monte

---

1. *La Guerre franco-allemande*, page 299.

en pente douce de Beaumont vers Mouzon[1] ». Mais les batteries prussiennes étaient maintenant de beaucoup les plus fortes[2]. Au nombre de 14, elles avaient suivi le mouvement offensif de leur infanterie, et, postées depuis un instant sur les collines au sud de la ville, elle canonnaient à la fois et nos pièces et le camp de la brigade Maussion, et les troupes débandées qui fuyaient vers le nord.

Pendant ce temps, le combat d'infanterie subissait une accalmie forcée, sauf cependant du côté de Létanne, d'où le 66ᵉ prussien, poussant droit devant lui, réussissait à chasser les groupes français qui s'y étaient embusqués. Mais cet arrêt n'était que momentané; l'entrée en ligne des Saxons et du Iᵉʳ corps bavarois allait en effet, presque aussitôt, ranimer la lutte et donner à l'action une tournure décisive.

Entrée en ligne du XIIᵉ corps et du Iᵉʳ corps bavarois. — Malgré les ordres précis du prince de Saxe, les têtes de colonnes du XIIᵉ corps n'avaient pu s'ébranler que fort tard. La route de Nouart à Beauclair, encombrée par les troupes du IVᵉ corps, n'ayant été dégagée qu'à onze heures, c'est à ce moment seulement que la 24ᵉ division put se mettre en mouvement[3]. Elle s'engagea dans le chemin de Belle-Tour complètement impraticable, et dut changer de route; après des difficultés de toute sorte, qui nécessitèrent la construction d'un pont improvisé, et le passage de la Wamme à gué, avec de l'eau jusqu'à mi-corps, elle put arriver, vers une heure et demie, derrière la droite du IVᵉ corps. Presque en même temps, la 23ᵉ division arrivait par la route de Stenay et se portait sur la ferme de Beaulieu.

Nous avions encore, à ce moment, quelques tirail-

---

1. A. Duquet, *Frœschwiller, Châlons, Sedan*, page 311,
2. Néanmoins, les pertes de ces batteries qui se trouvaient en action depuis le début étaient considérables. Une seule d'entre elles avait perdu 3 officiers, 26 hommes et 34 chevaux.
3. La *Relation allemande* (page 1003) parle, sans détails d'ailleurs, d'*ordres ultérieurs*, qui, en faisant prendre à l'artillerie son rang dans les colonnes, retardèrent encore le départ. Il semble donc, d'après le peu de renseignements donnés par l'ouvrage officiel, que ce mouvement ne fut p̃ ǰ réglé avec la précision coutumière à l'état-major allemand.

leurs du 68ᵉ embusqués dans le bouquet de bois situé au nord-est de la route; ils furent aisément refoulés et six batteries purent alors prendre position, à cheval sur cette même route. Puis, quelques instants après, tout ce qui restait de l'artillerie saxonne, répondant à l'appel que venait de faire aux troupes voisines le général d'Alvensleben, se déployait sur la crête des Gloriettes, entraînant avec elle les pièces déjà en batterie. Aussitôt deux régiments saxons (100ᵉ et 108ᵉ) marchèrent sur Létanne, tandis que le reste de l'infanterie se déployait à l'ouest du ruisseau de la Wamme. C'était le moment où l'accalmie que nous avons signalée se produisait sur le front du IVᵉ corps.

Quant au Iᵉʳ corps bavarois, il avait quitté ses cantonnements dès l'aube. Vers midi, l'avant-garde de la 2ᵉ division, venue par Imécourt, atteignait Sommauthe; la 1ʳᵉ division, retardée, elle aussi, par des convois cheminant sur sa route, n'atteignit cette ville qu'à deux heures et demie[1], amenant avec elle, en tête de colonne, toute l'artillerie du corps. La cavalerie avait signalé l'existence du camp de Beaumont, ainsi que l'arrivée, vers la lisière du bois de Pont-Gérache, des têtes de colonnes du IVᵉ corps. Vers midi et demi, le général von der Tann, entendant le canon, donna l'ordre à sa 2ᵉ division de marcher sur Beaumont, à la gauche des Prussiens, et lança en avant les deux batteries d'avant-garde qui, postées, une heure après, à l'ouest de la route de Sommauthe à Beaumont, criblèrent aussitôt de projectiles nos troupes en retraite. Au même moment, arrivait à leur hauteur le général Schumacker, commandant la 2ᵉ division, lequel, sur l'invitation du chef d'état-major du IVᵉ corps, décida de porter son infanterie sur la Thibaudine, combinant ainsi une attaque de flanc avec celle que le IVᵉ corps exécutait sur notre front.

Engagement de la division Conseil-Dumesnil près de Warniforêt. — Mais comme cette infanterie allait déboucher de la lisière nord du bois des Murets et

---

[1]. Elle avait pris par Thénorgues et Bar.

aborder la ferme, elle aperçut tout à coup sur sa gauche une masse de troupes qui s'avançaient par la grande route de Stonne à Beaumont. C'était la division Conseil-Dumesnil, du 7ᵉ corps, qui, par suite de circonstances déplorables, se trouvait, seule de son corps d'armée, englobée dans la lutte où se débattait, depuis près de deux heures, le 5ᵉ corps.

Nous avons dit que le convoi et les bagages du 7ᵉ corps, sous la garde de cette division, avaient été dirigés dès le matin sur la Besace; qu'après le départ du maréchal de Mac-Mahon, le lieutenant-colonel Davenet avait été envoyé au général Conseil-Dumesnil, pour lui transmettre l'ordre d'accélérer le mouvement de sa colonne, de la diriger sur Yoncq, et de là sur Mouzon. Or, le général Conseil, rencontré par le maréchal qui allait à Beaumont, avait déjà reçu de lui cet ordre. N'ayant pas encore pris, à ce moment, le chemin de la Besace, il avait préféré laisser ce village sur sa gauche et poursuivre sa marche sur la route de Beaumont jusqu'à Warniforêt. Là, il avait tourné à gauche et s'était engagé avec sa 2ᵉ brigade et une partie de son convoi sur la route de Yoncq à Villers.

Par fatalité, le jalonneur, laissé par la 2ᵉ brigade au changement de direction, ayant disparu, la tête de colonne de la 1ʳᵉ brigade continua sur Beaumont. Elle avait dépassé Warniforêt de quelques centaines de mètres, lorsque le colonel Davenet arriva. S'apercevant de l'erreur, il courut à la tête de colonne pour l'arrêter. Il venait de l'atteindre, quand éclata sur sa droite une terrible fusillade. C'était la 1ʳᵉ division du Iᵉʳ bavarois[1] qui débouchait des bois sur la route de Warniforêt à Beaumont.

Surpris pendant cette marche de flanc, le 3ᵉ et le 21ᵉ de ligne avaient fait tête à l'attaque pour donner à la queue du convoi le temps d'échapper; mais nos régiments, trop faibles en face d'un ennemi supérieur, à découvert contre un ennemi abrité par les bois, furent refoulés et finirent par se débander, malgré la mâle énergie des généraux de Bretteville et Morand[2], tous deux blessés, ce dernier mortellement.

Sur la demande instante du lieutenant-colonel Davenet, une batterie d'artillerie (batterie Léon) avait été envoyée pour soutenir

---

1. Non pas la 1ʳᵉ division, mais la 2ᵉ, comme on l'a vu plus haut.
2. Fils de l'illustre général Morand, un des trois glorieux divisionnaires du maréchal Davout, et l'auteur célèbre de *l'Armée selon la Charte*.

notre 1ʳᵉ brigade; elle s'était battue avec une grande bravoure, mais, arrivée trop tard, elle avait été accablée et avait perdu deux pièces; un grand nombre de nos soldats furent faits prisonniers; ceux qui avaient échappés accouraient en ce moment sur la route de Yoncq à Raucourt. Parmi ceux-ci comme parmi ceux-là, quelques-uns s'étaient mal battus ou ne s'étaient pas battus : c'étaient les soldats des bataillons de marche, versés dans nos régiments avant notre départ de Reims. Quant au général Conseil-Dumesnil, il avait continué son mouvement sur Villers et avait pu y franchir la Meuse, vers deux heures et demie, sans être inquiété[1].

Toutefois, à hauteur de Yoncq, une ligne de bataille parvint à se reformer, et à arrêter par ses feux les progrès des Bavarois. Les débris de la malheureuse brigade Morand purent alors se dérober et gagner Raucourt; mais la route de Stonne à Beaumont était occupée par l'ennemi, et la Thibaudine tombait ainsi entre leurs mains.

II. — Continuation de la bataille au nord de Beaumont.

Cependant l'artillerie allemande, qui s'était avancée par échelons, couronnait maintenant *les Gloriettes* et la série de hauteurs qui s'étend au sud de Beaumont. Il y avait là 25 batteries, dont le feu ininterrompu avait presque éteint celui de nos pièces[2]. Sous leur puissante protection, et grâce au point d'appui de la Thibaudine, la 2ᵉ division bavaroise se porta sur la Harnoterie, occupée, nous l'avons vu, par les débris de la brigade de Fontanges, tandis que la 1ʳᵉ division, enfin arrivée, marchait par la forêt de Sommauthe sur la Besace qu'elle atteignait vers quatre heures. Le prince royal de Saxe, investi de la direction de la bataille, s'était transporté, à trois heures trois quarts, avec son état-major à Beaumont.

A ce moment, le IVᵉ corps, ayant dépassé la ville, gravissait les hauteurs du nord pour s'y déployer; le XIIᵉ débouchait de Létanne, dans un terrain où il se

---

1. Prince Bibesco, *loc. cit.*, pages 106 et suivantes.
2. Nous n'avions que 18 pièces et 12 mitrailleuses, qui réussirent par une grande mobilité à empêcher longtemps le tir de l'ennemi de se régler d'une façon trop précise.

trouvait assez gêné par la Meuse; les Bavarois débordaient presque l'aile droite du 5ᵉ corps français. Le prince de Saxe se demanda alors s'il ne serait pas possible de couper celui-ci de la Meuse; mais comme on apercevait de fortes masses entre Mouzon et Carignan (c'était le 12ᵉ corps), il envoya au préalable l'ordre à la 12ᵉ division de cavalerie de battre l'estrade de ce côté, tandis qu'un officier de son état-major partait en reconnaissance pour voir ce qu'il était possible de tenter.

La position de nos troupes commençait à devenir intenable. Les batteries de mitrailleuses se retirèrent les premières, en très piteux état; puis l'infanterie alla se poster entre Yoncq et la Sartelle, avec les batteries encore en état de tirer, et l'artillerie de réserve[1]. Là, nos troupes tinrent bon pendant une grande heure, et ripostèrent avec beaucoup d'énergie au feu violent des pièces allemandes. Une batterie de mitrailleuses de la division de Lespart, placée au-dessus d'Yoncq, réussit même à jeter du flottement dans les têtes de colonnes du IVᵉ corps qui débouchaient de Beaumont. Mais nous n'avions plus assez de monde pour empêcher l'ennemi de reprendre une offensive à laquelle il était décidé. Bientôt on vit la 7ᵉ division prussienne se déployer sur deux lignes, au nord de Beaumont; en tête marchaient deux bataillons, déployés en lignes de colonnes de compagnie et suivis d'un troisième; en queue suivaient deux bataillons et demi. Cette troupe d'attaque, formée par la 13ᵉ brigade, appuyait sa gauche à la route de Mouzon; elle était elle-même suivie par la 14ᵉ brigade, également sur deux lignes. La 8ᵉ division était massée au sud de la Harnoterie, qu'un de ses régiments venait d'occuper.

Le général de Failly ne crut pas pouvoir subir cet assaut, combiné d'ailleurs avec le mouvement des troupes saxonnes et bavaroises qui cheminaient à droite et à gauche, et il fit reprendre la marche en retraite sur

---

[1]. Une pièce, dont l'avant-train avait sauté, dut être abandonnée au sud du bois du Fays, et fut capturée par l'ennemi.

Mouzon. Laissant au 88°, commandé par le lieutenant-colonel Demange, le soin de couvrir son mouvement en défendant énergiquement le bois Givodeau, il partagea son corps d'armée en deux colonnes qui cheminèrent à droite et à gauche de ce bois, et se replièrent vers le nord, sous la protection des batteries de la réserve.

Alors se produisit un fait assez bizarre. Quand ces batteries, le mouvement terminé, se mirent en devoir de disparaître à leur tour, les Prussiens, gênés par la configuration du terrain ainsi que par les taillis du bois Givodeau, perdirent complètement de vue nos colonnes. Sur la gauche, le canon du Ier corps bavarois, qui venait de se lancer dans la direction de Raucourt pour talonner les arrière-gardes du 7° corps, semblait indiquer que l'action reprenait de ce côté. Devant soi, on n'avait plus rien, et on ne savait si les troupes du général de Failly s'étaient dérobées vers le nord ou vers l'ouest. Le commandant du IV° corps prussien comprit qu'il était de toute nécessité de reprendre le contact, si inopinément perdu, et donna l'ordre aux régiments de cavalerie massés à l'ouest de Beaumont de se porter vers les coteaux d'Yoncq ; en même temps, la 7° division était dirigée en hâte sur la ferme de la Sartelle, tandis que la 8°, passant entre la route de Mouzon et la Harnoterie, marchait vers le nord-ouest.

Mais à peine avaient-ils entamé leur mouvement, que les régiments de cavalerie allemande (12° hussards, 7° dragons et un escadron saxon) se trouvaient exposés au feu de trois batteries de la réserve qui étaient encore sur les hauteurs à l'est d'Yoncq (cote 295) avec quelques détachements d'infanterie. Ils durent s'arrêter, ainsi que l'infanterie qui les suivait, et sur laquelle pleuvaient à la fois les obus et les balles partant de la lisière sud du bois Givaudeau. Cette ferme attitude de l'arrière-garde permit au général de Failly de remettre un peu d'ordre dans les troupes débandées, et de leur faire prendre une troisième position entre le mont de Brune et les collines au nord de Villemontry. A ce moment d'ailleurs, un secours inattendu lui arrivait. **Le général**

Lebrun, dont le corps d'armée avait, on s'en souvient, franchi la Meuse dès la veille et occupait les abords est de Mouzon, avait entendu le fracas de la canonnade et jugé immédiatement de la gravité des choses. En conséquence, il prit sur lui de diriger la division Grandchamp, accompagnée de toute la cavalerie du général de Salignac-Fénelon, sur la rive gauche, et donna l'ordre à l'infanterie de prendre position sur les hauteurs situées au sud de Mouzon, entre le ruisseau d'Yoncq et la route de Beaumont [1]. En même temps, la division Lacretelle venait, avec deux batteries, se poster sur la lisière ouest des bois des Flaviers et de l'Alma, d'où elle dirigeait sur la 13ᵉ brigade, en marche entre la Meuse et la route de Mouzon, « un tir de flanc très efficace [2] ». La situation du 5ᵉ corps était donc un peu moins mauvaise, et l'on pouvait espérer encore contenir l'ennemi jusqu'à la nuit.

Cinq heures venaient de sonner. Après une résistance opiniâtre, le 11ᵉ avait dû abandonner le bois Givodeau et se replier sur la ferme du même nom, formant ainsi la droite du 5ᵉ corps, établi maintenant sur les hauteurs au nord de Villemontry. La brigade de Villeneuve (du 12ᵉ corps) occupait le mont de Brune, et la brigade de cuirassiers de Béville était massée en arrière, contre le faubourg de Mouzon. Mais notre infanterie, poursuivie de position en position depuis près de cinq heures, n'avait presque plus de cohésion ; notre artillerie, aux trois quarts démontée, commençait à manquer de pièces et de munitions. Cette situation précaire n'échappa point à l'ennemi, qui avait pu reprendre le contact, et elle le décida à mettre en action des forces trop supérieures pour que nous pussions leur résister longtemps.

La 13ᵉ brigade prussienne, s'élançant contre le bois

---

1. Malheureusement le maréchal, préoccupé surtout de hâter le passage de la Meuse et se méprenant sur l'importance de l'affaire de Beaumont, arriva au pont au moment où la brigade Cambriels allait le franchir, et lui donna l'ordre de rétrograder. En sorte que, seules, la brigade de Villeneuve et la brigade Béville marchèrent, avec 8 batteries pour recueillir le 5ᵉ corps. Ce n'était pas assez.

2. *La Guerre franco-allemande*, page 1019.

Givodeau, refoule les quelques défenseurs que nous y avons encore, s'empare de la Sartelle et pénètre dans les taillis ; mais elle est obligée de s'égrener dans les tourrés très épais, et, quand elle veut déboucher, ses efforts décousus échouent devant le feu nourri qui part des hauteurs dominantes, ainsi que de la rive droite de la Meuse. Elle est repoussée avec de grosses pertes [1], et doit se borner pour le moment à conserver les bois. En même temps, la 14ᵉ brigade se dirigeait sur le mamelon 295, et la 8ᵉ division, ayant dépassé la Harnoterie, s'avançait en arrière, en soutien. Nous verrons tout à l'heure le résultat de ces mouvements ; occupons-nous maintenant du corps saxon, qui joignait depuis quelque temps déjà ses efforts à ceux du IVᵉ corps.

La 45ᵉ brigade (saxonne) avait été chargée de prolonger, le long de la Meuse, le mouvement de la 13ᵉ, et la 46ᵉ la suivait, ayant encore derrière elle la 24ᵉ division. L'espace dont disposait le prince Georges de Saxe était tellement restreint qu'il ne pouvait parvenir à déployer son monde ; ses troupes massées ne prenaient donc pour ainsi dire point part à l'action qui se prolongeait au nord de Beaumont. Cependant, vers quatre heures et demie, le général d'Alvensleben fit demander aux Saxons un concours plus actif, tandis que le commandant en chef de l'armée de la Meuse leur ordonnait de couper de Mouzon, si c'était possible, les débris du 5ᵉ corps français. La 45ᵉ brigade essaya donc de se glisser dans la vallée, et de longer le fleuve pour déborder notre gauche ; mais sa longue colonne, prise en tête par les feux des hauteurs de Villemontry, en flanc par ceux de la division Lacretelle, n'avançait qu'au prix de grosses difficultés et très lentement. Il fallut amener sept batteries, qui couronnèrent le mamelon de Sainte-Hélène, et, grâce à leur protection, les régiments saxons purent arriver à hauteur des troupes prussiennes blotties sur la lisière nord du bois Givodeau. Manquant toujours autant d'espace pour se déployer, ils se mélan-

---

1. Le colonel du 66ᵉ prussien, blessé déjà à l'attaque de Beaumont, venait d'être tué,

gèrent en une indescriptible cohue, et demeurèrent impuissants à provoquer la reprise qu'on espérait du mouvement offensif. « Le commandant de la 23ᵉ division, général-major de Montbé, et le chef de la 13ᵉ brigade, qui étaient tous deux à la Sartelle, ne se dissimulaient pas qu'en présence des fortes positions occupées par l'adversaire et des obstacles apportés au déploiement par la configuration du terrain, une plus grande accumulation de troupes dans la forêt, loin d'amener une solution favorable, ne pourrait au contraire qu'accroître encore le désordre; ils décidaient donc, d'un commun accord, de se borner à l'occupation du bois, et de rallier aux abords de la Sartelle tous les groupes disséminés sous le couvert [1]. » Le mouvement des Saxons était, en conséquence, suspendu.

Là ne se borna pas cependant la part prise par eux à cette douloureuse journée. Le prince Georges de Saxe avait eu, en effet, quelques instants auparavant, l'intention de jeter sur la rive droite de la Meuse toute la 24ᵉ division, qu'il ne savait comment utiliser, pour l'employer contre les troupes françaises dont la présence lui était signalée aux environs d'Autréville. L'heure avancée et l'éloignement du pont de Pouilly lui firent renoncer à ce projet; mais il donna l'ordre, vers trois heures, à la 12ᵉ division de cavalerie, massée au nord-est de la forêt de Dieulet, d'envoyer le 18ᵉ uhlans en reconnaissance sur la rive droite. Puis, dès que celui-ci eut signalé les positions du 12ᵉ corps, il le fit renforcer par le 2ᵉ régiment de cavalerie, et bientôt, sur l'ordre du prince royal de Saxe que nous avons relaté plus haut (voir page 244), par le reste de la 12ᵉ division de cavalerie, avec sa batterie à cheval. Celle-ci essaya de canonner nos positions d'Autreville, sans grand succès, et vers sept heures et demie du soir, la cavalerie saxonne, qui avait esquissé un mouvement offensif, vint se masser tout entière à Pouilly, d'où elle lança quelques patrouilles sur la route de Carignan. Cet incident n'exerça d'ailleurs aucune influence sur les péripéties

---

1. *La Guerre franco-allemande*, page 1026.

de la lutte engagée sur la rive gauche de la Meuse. A l'heure où il avait lieu, les efforts des troupes allemandes contre notre gauche étaient complètement paralysés, et le prince royal de Saxe était obligé de renoncer à son projet de nous couper de Mouzon. Malheureusement la situation n'était pas la même du côté du mont de Brune, et là, l'ennemi remportait des avantages qui devaient décider du sort de la journée.

Nous avons vu plus haut que la 14e brigade prussienne s'était dirigée sur le mamelon 295. Bientôt rejointe par la 8e division, elle avait formé avec celle-ci une ligne épaisse, scindée en deux colonnes, l'une, celle de gauche, forte de sept bataillons, l'autre, celle de droite, en comptant quatre; entre ces deux colonnes marchait l'artillerie; derrière suivaient un détachement de la 2e division bavaroise, fort de 4 bataillons, 2 escadrons et 2 batteries [1]. Les corps de tête se portèrent à l'assaut du mamelon 295, où se trouvaient encore quelques pièces avec un soutien d'infanterie, et l'enlevèrent sans grande peine ; « deux pièces, qui avaient continué à tirer jusqu'au dernier moment, furent capturées, malgré les efforts de l'infanterie de soutien [2]. » Une fois maîtres de cette position, les Prussiens lancèrent à la poursuite des nôtres le 93e régiment (d'Anhalt-Dessau); 10 bouches à feu françaises (6 canons et 4 mitrailleuses) tombèrent encore aux mains de l'ennemi, les unes renversées et abandonnées, les autres défendues jusqu'à la mort par leurs servants, et des feux de salves meurtriers accompagnèrent jusqu'au mont de Brune les survivants de cette lutte désespérée. En même temps, un autre régiment prussien se précipitait sur la fonderie de Grésil, en chassait les rares défenseurs, et s'emparait encore d'un canon. Nous n'avions plus là en effet, le gros du 5e corps s'étant retiré plus au nord,

---

1. Sur l'instante demande du commandant du IVe corps, le général von der Tann, qui dirigeait tout son corps d'armée vers la Besace et Raucourt, avait cependant envoyé vers Yoncq un détachement composé comme il est dit ci-dessus, avec ordre de se mettre à la disposition du général d'Alvensleben.

2. *La Guerre franco-allemande*, page 1029.

que de faibles soutiens d'artillerie, trop peu nombreux pour résister aux mouvements enveloppants que dessinaient successivement les énormes masses allemandes accumulées de ce côté.

Débarrassés de notre artillerie, les Prussiens se hâtèrent de faire avancer la leur ; le mamelon 295 fut bientôt garni de 5 batteries qui prirent pour objectif nos malheureux fantassins reculant en désordre, et nos pièces établies sur le mont de Brune. Puis ils se mirent en devoir d'attaquer celui-ci. Dirigeant le 27⁰ régiment par la route de Mouzon et le 93⁰ droit sur la face sud-est de notre position, le général de Zychlinski lança ses troupes à l'assaut, sous la protection d'une batterie qui s'était avancée à l'est de Grésil. Le mont de Brune était, on le sait, occupé par la brigade de Villeneuve, gênée dans son déploiement par l'exiguïté du terrain, par le tir des pièces allemandes postées sur le mamelon 295, et par les tentatives faites par la 13⁰ brigade prussienne pour déboucher du bois Givodeau. Une de nos batteries, postée sur la crête sud du plateau, essaye de mitrailler les assaillants ; elle est enlevée brusquement tout entière, avant que ses soutiens aient pu la secourir, et malgré le dévouement d'un escadron de la division Brahaut, que le feu de l'infanterie ennemie fait reculer presque aussitôt. Quatre autres pièces (dont 2 mitrailleuses) qui enfilaient la voie romaine sont capturées, tout attelées, un moment après, et les défenseurs du mont de Brune, assaillis de toutes parts, refluent en désordre sur la voie romaine, en proie à une sorte de panique qui montre bien à quel point était déprimé le moral de cette malheureuse armée.

Cependant, le général Lebrun, voyant la position absolument désespérée du 5⁰ corps, avait fait repasser sur la rive gauche de la Meuse la brigade Cambriels, déjà renvoyée une première fois par le maréchal. Cette brigade s'avançait à la rencontre des masses prussiennes, qui s'étaient postées à cheval sur la voie romaine, à l'est du mont de Brune, et qui venaient d'ouvrir sur elle un feu nourri, quand tout à coup celles-ci virent apparaître sur leur gauche des escadrons de cuirassiers, qui semblaient se préparer à charger.

Charge du 5ᵉ cuirassiers. — On se rappelle en effet, que la brigade de Béville était restée massée devant le faubourg de Mouzon, attendant l'occasion d'intervenir. Voyant son aile droite presque enfoncée, le général de Failly demanda à cette brigade de charger pour sauver l'infanterie, et adressa d'abord sa requête au colonel du 6ᵉ cuirassiers, qui était le plus rapproché de la route. Mais cet officier supérieur répondit qu'il ne s'engagerait que sur un ordre de son chef direct, lequel n'était pas là en ce moment. Immédiatement, et sans nouvelle injonction, le colonel de Contenson, du 5ᵉ cuirassiers, se mit à la tête de ses escadrons, et les jeta à toute bride, avec une audace magnifique, sur le flanc gauche de l'ennemi, formé par le 27ᵉ prussien.

Les escadrons français arrivent jusque sur l'infanterie ; mais un feu à volonté, éclatant alors à bout portant, cause dans leurs rangs d'effroyables ravages. Le colonel de Contenson et son cheval tombent mortellement frappés à quinze pas de la ligne de tirailleurs ; plusieurs autres officiers sont également tués ou blessés. Ceux de ces braves cavaliers qui sont encore debout poursuivent cependant la charge, mais les fusiliers qui les attendent de pied ferme en ont facilement raison. Un sous-officier français s'était jeté sur le capitaine Helmuth et luttait avec lui en combat singulier jusqu'à ce qu'il tombât enfin sous les balles et les baïonnettes [1].

La charge héroïque du 5ᵉ cuirassiers coûtait 4 officiers tués : (le colonel, le lieutenant-colonel, un chef d'escadrons [2] et un lieutenant) ; 7 officiers blessés ; 11 sous-officiers et 90 hommes hors de combat. Les débris des escadrons refoulés vers la Meuse essayèrent de gagner les ponts et les gués ; ceux-ci étaient déjà encombrés par le 5ᵉ corps. Les cavaliers se jetèrent à la nage, mais le courant, qui était très fort, les entraîna, en sorte que beaucoup d'hommes et de chevaux furent noyés, sans qu'il ait été possible de leur porter secours. Quant aux Prussiens, ils ne comptaient que quelques hommes

---

1. *La Guerre franco-allemande*, page 1035.
2. Colonel de Contenson, lieutenant-colonel Assant, commandant Brincourt.

légèrement contusionnés, par ceux des chevaux qui étaient arrivés jusque sur les rangs.

III. — Attaque de Mouzon et fin de la bataille.

Les débris du 5ᵉ corps se précipitaient maintenant en désordre vers le pont de Mouzon, sous la protection de la brigade de Villeneuve, qui continuait à lutter. Mais déjà le reste de la 8ᵉ division prussienne, renforcé de deux bataillons du régiment d'Anhalt et du détachement bavarois, était arrivé à hauteur du mont de Brune. Débordant cette hauteur par l'ouest, toutes ces forces descendirent la vallée de l'Yoncq, firent ouvrir le feu par les deux batteries bavaroises sur des fractions de nos troupes qui essayaient de gagner par Autrecourt le pont jeté au sud de Villers, rendirent celui-ci inabordable, et coupèrent en deux tronçons cette bande désorganisée. Une partie poursuivit sur Villers sa route affolée, l'autre rétrograda sur Mouzon et se blottit derrière des voitures parquées sur la route de Rouffy, entre le moulin et le faubourg.

Un peu après six heures, toute l'infanterie allemande de l'aile gauche reprit l'offensive, que quinze batteries, arrivées successivement en ligne, appuyaient de leur feu. Gagnant du terrain vers le nord, grâce au nombre de bataillons qu'elle pouvait mettre en ligne, cette infanterie atteignit presque aussitôt par sa gauche Rouffy, captura un convoi abandonné dont une partie avait été précipitée dans la Meuse, et une caisse de l'armée contenant 18,000 francs. Cependant nos bataillons décimés, acculés à la Meuse sans possibilité de la franchir, trouvaient dans leur situation désespérée un regain d'énergie. Des abords du moulin Ponçay, du parc de voitures, partait une fusillade meurtrière, qui creusait dans les rangs allemands d'énormes vides, encore élargis par les obus lancés de la rive droite. Il fallut près d'une heure de lutte acharnée pour que l'ennemi se rendît maître de ces deux points, et réussît à atteindre la Meuse. Sur la rive, encombrée d'hommes qui cherchaient le salut dans le fleuve et y trouvèrent presque tous la mort, il capturait encore trois canons abandonnés...

Pendant ce temps, les troupes prussiennes marchant sur la voie romaine avaient abordé le faubourg de Mouzon. Là se trouvaient, dans les maisons qui bordent la route, deux bataillons du 30° de ligne [1] (commandants Lamy et de Lamarcodie), ainsi que quelques groupes du 22° [2]. Derrière, dans la grande rue qui aboutit à la Meuse, ce n'était que désordre, confusion et déroute. La brigade de Villeneuve, les cuirassiers de la brigade de Béville, l'artillerie de réserve du 12° corps, les débris du 5° se heurtaient, se bousculaient, s'écrasaient, et dans la masse confuse s'abattaient en sifflant les projectiles allemands... Des chevaux éventrés encombraient la route, et il fallait abandonner les pièces privées d'attelages. Les cadavres s'entassaient dans la boue sanglante, et la nuit qui tombait ajoutait son horreur à l'horreur du tableau...

Les braves gens qui tenaient le faubourg comprirent la portée de leur dévouement et de leur sacrifice. Encouragés par l'exemple des généraux de Failly, l'Abadie d'Aydren, Abbatucci, qui payaient de leur personne en simples soldats, ils tinrent tête jusqu'à complet épuisement au flot sans cesse grossissant de l'ennemi. Le général de Failly venait d'avoir son cheval tué sous lui; le maréchal des logis Largentier, du 5° hussards, lui donna le sien. On réunit les quelques pièces encore en état de tirer, tandis que, sur la rive droite, le maréchal en personne faisait mettre en batterie ce qui restait de l'artillerie de réserve, et on tint bon, pour permettre l'écoulement, par le pont, de la masse humaine qui s'agitait confusément dans la grande rue. Les batteries, qui n'avaient plus de munitions, essayèrent les premières de franchir la rivière au moyen du gué; elles y heurtèrent les débris du 5° cuirassiers, perdirent six pièces et presque un tiers de leurs chevaux. Le capitaine d'artillerie de Tessières, **resté avec une seule**

---

[1]. De la brigade de Fontanges.
[2]. De la brigade Cambriels.

pièce, sans hommes ni chevaux, servit cette pièce tout seul, et tira à mitraille tant qu'il eut une gargousse. A sept heures du soir, malgré tant d'héroïsme, les assaillants, débouchant de deux directions, s'emparèrent de l'église et du cimetière. Presque au même instant, un détachement jeté vers le sud, à travers les jardins du faubourg, s'emparait, après avoir enlevé maison sur maison, du pont lui-même, sur lequel passaient en ce moment les derniers retardataires, protégés par une batterie de mitrailleuses qui en défendait l'entrée. Les Allemands étaient maîtres de toute la rive gauche, mais quand ils voulurent lancer à leur tour quelques troupes dans la ville même, une violente fusillade les obligea à rétrograder.

Tandis que ces événements désastreux se produisaient à l'ouest de Mouzon, les fractions isolées qui tenaient encore au nord de Villemontry avaient été obligées de se replier aussi vers le faubourg de Mouzon. On se souvient que, de ce côté, la 13° brigade prussienne et les Saxons avaient longtemps été tenus en échec à la lisière nord du bois Givaudeau. Mais, une fois le mont de Brune tombé au pouvoir de l'aile gauche du IV° corps, les derniers défenseurs des hauteurs de Villemontry, assaillis à la fois de front et de flanc, durent abandonner leurs positions. La ferme Givaudeau, dernier point d'appui de la résistance, fut abandonnée, et tandis que les bataillons éparpillés se précipitaient en désordre vers le pont de Mouzon, l'ennemi victorieux s'arrêtait aux abords de la ferme, sûr de n'avoir plus maintenant de nouvelle lutte à soutenir.

Il était sept heures passées. La bataille, engagée si malheureusement pour nous, finissait par un désastre. Le 5° corps était entièrement désorganisé; le 7°, fortement ébranlé, errait encore dans l'angoisse et le désordre. L'armée de Châlons, entamée et déjà en proie aux affres de la défaite, s'éparpillait sur les deux rives du fleuve qu'elle n'avait pas pu mettre assez tôt entre elle et son redoutable ennemi. Cependant un dernier épisode allait servir d'épilogue à cette journée fatale, et montrer que, dans nos rangs, restait encore assez de gens de cœur pour laver la souillure que tant de négligence venait d'infliger au drapeau.

Passage de vive force du pont de Mouzon par des débris du 88ᵉ de ligne. — Le 88ᵉ de ligne, de la brigade Maussion, avait été engagé depuis la prise de Beaumont. Après avoir vu son chef, le colonel Courty, tomber mortellement blessé, il s'était porté à la ferme Givaudeau, sous les ordres du lieutenant-colonel Demange, dans un ordre parfait et un silence qui témoignaient de la valeur de ses soldats. Longtemps il défendit cette ferme avec le plus grand courage; mais, le soir, il fut, lui aussi, obligé de reculer sous la poussée de forces supérieures, et se dirigea, à la nuit close, sur le pont de Mouzon. Une partie seulement de ses survivants put franchir la rivière; le reste, 223 officiers sous-officiers et soldats, auxquels s'étaient ralliés quelques hommes égarés des 27ᵉ, 97ᵉ et 4ᵉ bataillon de chasseurs, avec le lieutenant-colonel Demange, arriva trop tard, et se trouva coupé du reste de l'armée. Demange ramena alors tout son monde à la ferme, que les Prussiens n'occupaient pas, et décida que plutôt que de se rendre, on tenterait de s'ouvrir un passage les armes à la main.

A minuit, il quittait la ferme et s'approchait du pont pour la seconde fois; puis, s'étant assuré que Mouzon était toujours occupé par nous, il donnait ses instructions et fractionnait sa petite troupe, de façon à agir sur plusieurs points à la fois. Une heure avant le jour, il se mettait à la tête du détachement, ayant à côté de lui le commandant Escarfail, le capitaine adjudant-major Lordon et le lieutenant Kelberger, et se dirigeait vers le faubourg.

La compagnie prussienne de grand'garde est surprise, refoulée, et le bataillon[1] auquel elle appartient doit entrer tout entier en ligne. Déjà l'héroïque Demange est tombé grièvement blessé. Il se fait placer sur le bord de la route. — « En avant! s'écrie-t-il, « ne vous occupez pas de moi! » (*Historique du 88ᵉ de ligne.*) L'impétueuse colonne continue sa course sous la fusillade, et, suivie de près, arrive au pont qui est barricadé[2]. On escalade

---

1. Du 27ᵉ (2ᵉ régiment d'infanterie de Magdebourg).
2. Colonel CANONGE, *loc. cit.*, page 201.

comme on peut cet obstacle, et l'on se trouve enfin au milieu des Français!!!... On se compte alors, et l'on vérifie que 90 seulement ont pu passer; le reste est tué, blessé, noyé ou prisonnier[1].

Le lieutenant-colonel Demange, amputé de la cuisse, mourut le 12 septembre à l'hôpital de Mouzon. Son corps fut transporté à Bar-le-Duc et inhumé avec tout le respect que méritait sa valeur. Le lieutenant Kelberger avait été tué à l'entrée du faubourg. Quant aux deux autres officiers, ils avaient pu réussir à passer.

IV. — LA SOIREE DU 30 AOUT.

Retraite de l'armée française sur Sedan. — Telle fut cette funeste bataille, véritable prologue du drame plus sanglant encore qui se préparait. Il nous reste, pour en terminer le récit douloureux, à suivre nos corps dans leur retraite, dont la confusion et les péripéties lamentables ne pouvaient déjà laisser subsister aucun doute sur le sort réservé à la tentative que, dans la trop grande loyauté d'une âme chevaleresque, le maréchal de Mac-Mahon avait cru pouvoir poursuivre jusqu'au bout.

1er corps et division Margueritte. — Après avoir installé ses divisions comme il a été dit plus haut, le général Ducrot avait gagné Carignan, où il devait coucher. A peine arrivait-il que le capitaine Bossan, de l'état-major général, venait de la part du maréchal lui apporter l'ordre de couvrir la retraite, qui s'opérerait soit par Douzy, soit par Carignan. « Je ne peux savoir encore ce que je ferai, disait le commandant en chef. *Dans tous les cas, que l'Empereur parte au plus vite pour Sedan.* »

Mais lorsque le général communiqua au souverain ce vœu si impérativement formulé, il se heurta à une résistance marquée. L'Empereur, qui ne connaissait des positions de l'armée que celles du 1er corps, et les trouvait superbes, ne voulait pas ajouter foi au désastre

---

1. *Historique du 88e de ligne.*

dont on lui communiquait la nouvelle[1]; sa douleur était telle qu'il ne pouvait prendre aucune détermination, et que son unique pensée pour le moment était de ne pas abandonner l'armée. Dans la soirée cependant, il comprit que sa présence pouvait être une gêne et entraver le libre arbitre du général Ducrot. Il monta en chemin de fer, et arriva à Sedan à onze heures. De la gare, il gagna immédiatement la sous-préfecture où rien n'était préparé pour le recevoir, et assista, l'œil morne et les traits ravagés par la souffrance, fantôme vivant d'une splendeur évanouie, aux préparatifs hâtifs de son installation.

On proposa alors à Sa Majesté de continuer sa route jusqu'à Mézières, où sa personne eût été hors des atteintes de l'ennemi, et d'où, à la tête du 13º corps aux ordres du général Vinoy, il pouvait rétrograder sur Paris. Mais il s'y refusa; il n'avait pas voulu gêner les plans des généraux en chef; il ne voulut pas non plus porter le découragement dans l'armée par son départ à l'heure suprême de la lutte; il entendait partager les dangers et le sort de l'armée[2].

Après son entrevue avec l'Empereur, le général Ducrot attendit de nouveaux ordres; mais estimant, non sans raison, que la seule chance de salut était la retraite sur Mézières, et pensant recevoir bientôt des instructions dans ce sens, il fit au préalable filer ses convois vers Givonne et Illy.

Sur ces entrefaites, le maréchal était parti de Mouzon, dans la soirée, avec le 12º corps et ce qui restait du 5º. Rencontrant près du pont de Douzy les deux divisions Wolff et L'Hériller, laissées là par le général Ducrot, il leur donna directement l'ordre de se porter sur Sedan; en sorte que, de toute l'armée, les deux divisions Pellé et de Lartigue restèrent seules, pendant la nuit du 30 au 31, campées près de la Chiers, à Carignan.

La division Margueritte avait été, on se le rappelle,

---

1. A cinq heures trente, au moment même où le 5º corps refluait en désordre sur Mouzon, il télégraphiait à l'impératrice. « *Il y a encore eu un petit engagement aujourd'hui, sans grande importance, et je suis resté à cheval assez longtemps.* »
2. Général PAJOL, aide de camp de l'Empereur, *Relation de la bataille de Sedan.*

dirigée dans la journée sur Autreville, pour observer les mouvements de la cavalerie saxonne, jetée sur la rive droite par le commandant de l'armée de la Meuse. Le soir venu, elle se replia sur Blagny[1], pour y bivouaquer. Mais là, le général Margueritte reçut un pli du maréchal qui lui recommandait de couvrir la retraite de l'armée, en « laissant à son expérience l'exécution de cette opération délicate ». Le général allait donc prendre ses dispositions en conséquence, quand le commandant du 1er corps, le trouvant *trop en l'air*, « lui écrivit en lui conseillant de repasser sur la rive droite de la Chiers, et de venir de l'autre côté de Carignan, pour marcher le lendemain sur Sedan, parallèlement à lui. Ainsi fit le général Margueritte[2]. » Cette division de cavalerie, ainsi que les troupes des généraux Pellé et de Lartigue, ne rejoignirent Sedan que dans la journée du 31.

5e et 12e corps. — Les débris du 5e corps, sauf quelques égarés restés sur la rive gauche et qui gagnèrent Sedan par Villers et Rémilly, avaient franchi la Meuse pêle-mêle avec les fractions du 12e corps envoyées à leur secours. Le désordre était indescriptible; cette cohue d'hommes brisés de fatigues, d'émotions et de faim, se ruait au hasard, sans direction comme sans discipline, sur la route qui conduit de Mouzon à Douzy. Le général de Wimpfen, arrivé de Paris le jour même pour prendre le commandement du 5e corps, venait d'atteindre Amblimont, quand il vit arriver cette foule affolée, roulant au milieu des voitures, des équipages et des convois. Il s'efforça de l'arrêter, et avec l'aide du général Conseil-Dumesnil, qui venait avec sa division de franchir la Meuse à Villers, il put grouper autour de lui une force assez sérieuse, à laquelle il fit d'abord distribuer quelques caisses de biscuit prises dans les voitures qui passaient[3]. Puis,

---

1. A 2 kilomètres au sud de Carignan, sur la Chiers.
2. Prince BIBESCO, *loc. cit.*, page 121.
3. Un officier d'administration, nommé Luciani, avait réussi à grouper quelques centaines d'hommes, et les amena à peu près en ordre au général de Wimpfen.

sur l'ordre du maréchal, il prit la direction de Sedan, au milieu d'un encombrement dont il est difficile de se faire une idée[1]. A une heure du matin, il pénétrait dans la ville, où le suivaient, par groupes épars, les restes des deux corps d'armée privés de toute cohésion et de tout vestige d'organisation. Le 5ᵉ corps fut dirigé sur le *Vieux-Camp*; le 12ᵉ n'atteignit Bazeilles qu'aux premières lueurs de l'aube, le 31.

7ᵉ corps et division de Bonnemain. — Ici nous allons nous borner à transcrire textuellement l'émouvant récit d'un témoin oculaire, le prince Bibesco. Nous nous ferions scrupule d'altérer en quoi que ce soit ce tableau si vivant et si douloureux, tracé par la plume d'un ami de la France qui est resté fidèle à ses affections jusque dans le malheur.

Le général Douay, poursuivant vers Villers la marche dont il a été question ci-dessus, venait d'arriver à Raucourt, quand il vit apparaître, sur le chemin de Yoncq, des bandes de blessés et de fuyards appartenant à la division Conseil-Dumesnil. C'était après que cette division se fut heurtée, près de Warniforêt, contre les têtes de colonnes du Iᵉʳ corps bavarois.

Navrant spectacle que celui de ce pêle-mêle d'hommes, de chevaux, de voitures, courant à travers champs, comme affolés! A la vue de la débandade de ces régiments, le général Douay a un moment d'hésitation; ira-t-il, comme il en a reçu l'ordre, passer la Meuse au pont de Villers-devant-Mouzon? Le pont ne sera-t-il pas envahi et le passage obstrué, avant l'arrivée du 7ᵉ corps, par les troupes du 5ᵉ qui n'auront pas pu passer à Mouzon? Il y a encore huit kilomètres jusqu'à Villers, et il est déjà quatre heures et demie! L'ennemi victorieux n'y aura-t-il pas précédé, en forces, ses deux divisions harassées? Ne fera-t-il pas nuit quand elles y arriveront? Et alors, dans l'une comme dans l'autre de ces hypothèses, n'est-ce pas courir au-devant d'un désastre que de continuer sur Villers?...

Notre cavalerie est déjà engagée sur la route de Villers, quand elle reçoit l'ordre de revenir sur ses pas et de marcher vers Rémilly. C'est à ce dernier parti que le général vient de s'arrêter; et son inspiration est heureuse, car, à quatre heures du soir, le

---

1. Le 17ᵉ de ligne, de la brigade Abbatucci, avait réussi, au moment où les troupes se retiraient de Villemontry sur Mouzon, à trouver un gué et à gagner Mouzon par la rive droite.

pont de Villers était détruit. Encore deux heures, et la rive gauche de la Meuse va être au pouvoir de l'ennemi.

Le 7ᵉ corps continue donc sa marche à travers l'étroit défilé d'Haraucourt. Mais quelle animation subite parmi nos troupes ! Nos fantassins paraissent ne plus sentir le poids de leur sac, tant ils ont le jarret tendu, et les chevaux eux-mêmes, gagnés par l'impatience de leurs cavaliers, relèvent la tête, dressent l'oreille et allongent l'allure. A voir cette colonne dont l'aspect est tout autre qu'il y a une heure, nul ne pourrait croire qu'elle est éprouvée par plusieurs jours de fatigue et de privations, et qu'elle marche depuis douze heures sans s'être arrêtée. C'est qu'à ce moment, un sentiment domine tous les autres; il engourdit la fatigue, il réveille les forces épuisées, il donne, comme on dit, *des jambes* à ceux qui n'en ont plus; c'est le sentiment du danger auquel nous sommes exposés au cas d'une attaque pendant le passage de ce long et étroit défilé, sur un terrain où tout déploiement de troupes est impossible, dans un moment où la moindre perte de temps peut être fatale. C'est à ce sentiment que nos soldats obéissent ! Mais l'ennemi a le même intérêt à nous atteindre que nous avons à lui échapper; il connait notre marche, il en a pesé toutes les difficultés, et la preuve, la voici : on entend de nouveau son canon, et les obus viennent tomber au milieu de notre arrière-garde.

Il se produisait en même temps, en tête de colonne, un arrêt qui, en se propageant jusqu'à l'arrière-garde, pouvait, dans la situation d'esprit et de corps où se trouvaient nos troupes, avoir les plus terribles conséquences. Dix minutes, qui parurent des heures, s'écoulèrent à marquer le pas et à subir la canonnade ennemie. Une impatience fébrile courait déjà les rangs et gagnait jusqu'à certains officiers. Un officier supérieur d'artillerie de l'arrière-garde, après avoir envoyé, deux fois, un de ses officiers, pour expliquer la situation et demander pourquoi on ne marchait pas, arriva au galop de son cheval, pressant chacun de se porter en avant. Nous n'avons jamais mieux compris qu'en ce moment combien il devait falloir peu de chose pour déterminer une panique. Une attitude moins ferme chez nos officiers, un cri de défaillance échappant tout à coup à un homme égaré par une terreur subite, et nous avions un désastre ! Enfin, le temps d'arrêt cessa, et la colonne se hâta vers Rémilly. Bientôt l'arrière-garde arriva à un coude où le défilé longe les bois, et elle se trouva à l'abri des projectiles ennemis. Ceux-ci continuèrent, pendant quelque temps encore, à sillonner l'espace et à fouiller les bois dans la direction nouvelle, puis tout rentra dans le silence [1].

Notre tête de colonne était arrivée à un kilomètre environ du village de Rémilly, lorsqu'elle fut contrainte de s'arrêter; elle avait trouvé la route encombrée par la division de cuirassiers de Bonne-

---

1. Ces obus étaient tirés par l'artillerie du 1ᵉʳ corps bavarois, lancée à la poursuite du 7ᵉ corps, et qui s'était avancée, comme il a été dit plus haut, jusqu'à Raucourt.

main. C'est là ce qui avait occasionné l'à-coup qui s'était propagé jusqu'à la queue de la colonne, et auquel un prompt remède avait été apporté par l'ordre de faire dégager sur l'heure la sortie du défilé, et de masser les troupes, à mesure qu'elles arrivaient, dans les champs qui bordent la route de chaque côté. Ces dispositions prises, on s'était porté au pont de Rémilly. Là, nouvelle déception ; outre que le village était rempli de troupes, le pont et ses abords étaient encombrés ; la division L'Hériller, du 1ᵉʳ corps, n'avait pas entièrement effectué son passage, et derrière elle se pressaient toute une colonne de bagages et la division de cuirassiers ! Que faire ? se résigner et attendre, quoiqu'il en coûtât de voir échouer au port les efforts de cette pénible journée.

Il est sept heures un quart, voici la nuit; il faut compter au moins sur deux heures d'immobilité forcée. Les troupes du 7ᵉ corps reçoivent l'ordre de former les faisceaux sur l'emplacement même qu'elles occupent, et d'attendre. Des grand'gardes sont établies sur les faces ouest, sud et sud-est, et l'artillerie de réserve, réunie sur un vaste emplacement situé à la droite de la route, fait face en arrière en bataille, pour voir et battre au besoin le débouché du défilé.

Cependant, en dépit de la fatigue, nos soldats ne sont pas aussi pressés que de coutume de se livrer au repos ; ils s'arrêtent à regret, l'air inquiet et le regard tourné vers Haraucourt, comme s'ils redoutaient une nouvelle attaque. — C'est en hésitant que les cavaliers et les conducteurs descendent de cheval, et les fantassins, débouclant lentement leur sac, ne se séparent de leur fusil qu'après s'être assurés que la cartouche est bien à sa place. Les plus prévoyants trouvent encore, au fond de leur sac, un morceau de biscuit, mais la grande majorité a épuisé ses provisions. Point de vivres ce soir-là, point de tapage ; l'aspect général du camp est grave ; il est le reflet de la situation. Au bout d'une heure, la fatigue l'ayant emporté sur les préoccupations, le camp se trouva plongé dans le silence du sommeil. Nos grand'gardes veillent. Un homme veille aussi, au milieu de ces ombres endormies ; c'est le général Douay. Il songe, avec anxiété, au temps qui s'écoule ; il compte le nombre d'heures qui le séparent de l'aube ; car il ne se dissimule pas qu'avec le jour les Prussiens arriveront à la Meuse, et il sent qu'il faut, à trois heures du matin, n'avoir plus un homme en deçà du fleuve.

Ses inquiétudes ne sont que trop fondées. Dès le matin, le génie avait établi, à l'aide de quelques bateaux, sur la Meuse, près de Rémilly, une passerelle en bois, étroit passage réservé à l'infanterie, et où deux hommes seulement pouvaient s'engager de front ; à côté de la passerelle, il avait également construit un pont destiné à l'artillerie et à la cavalerie. Ce dernier n'avait guère plus de deux mètres de large. Or, sous le poids des voitures, les terres avaient fini par céder, les bacs qui supportaient le tablier du pont avaient été en partie submergés, le pont s'était affaissé, et il se trouvait à quatre ou cinq centimètres au-dessous du niveau des eaux. Ce qui avait encore contribué à cet état de choses, c'est la fermeture du barrage destiné à inonder les abords de Sedan, laquelle avait amené une crue subite de la Meuse. Le passage d'un fleuve, sur un pont jeté, est toujours une opération délicate ; quand il faut l'exécuter dans de pareilles conditions, et au milieu d'une obscurité qui fait du moindre émoi une cause de désordre, toute difficulté devient danger.

De quart d'heure en quart d'heure, les officiers laissés au pont de Rémilly viennent rendre compte de la situation. Elle s'est peu modifiée ; l'encombrement est considérable ; le passage est toujours lent. Il est neuf heures et demie. Impatient de juger de la situation par lui-même, et de voir sur place s'il est impossible de donner à ces masses d'hommes, de chevaux et d'artillerie, un écoulement plus rapide, le commandant du 7º corps monte à cheval avec son état-major pour se rendre au pont de Rémilly. Le pont n'est qu'à un kilomètre du village ; mais quel travail de se frayer un passage au milieu de cet enchevêtrement d'hommes, de canons, de voitures et de chevaux ! Au bout d'une demi-heure, pendant laquelle vingt fois nous sommes sur le point de renoncer à avancer, nous atteignons enfin le pont.

Il est dix heures. La division de cavalerie de Bonnemain est engagée sur le pont. Les chevaux, effrayés de ne pouvoir distinguer ce plancher mouvant caché sous les eaux et qui se dérobe sous leurs pieds à chacun de leurs pas, n'avancent qu'avec répugnance, le cou tendu, les oreilles dressées. Droits sur leurs étriers, enveloppés dans leurs grands manteaux blancs, les cuirassiers passent silencieux ; ils semblent portés par les eaux. Deux feux allumés sur chacune des rives, aux deux extrémités du pont, éclairent seuls, de leur lumière blafarde, hommes et chevaux ; leurs flammes se reflètent, d'une façon étrange, dans les casques brillants des cavaliers, et donnent à ce spectacle quelque chose de fantastique.

A dix heures un quart, le 7º corps commence son mouvement ; notre artillerie divisionnaire s'avance sur le pont. Les chevaux hésitent ; ils se cabrent sous l'éperon des conducteurs. Ici, c'est un caisson qui se renverse et qu'il faut précipiter dans la Meuse ; là, c'est un cheval qui se prend la jambe entre deux madriers, tombe, cherche en vain à se relever, et qu'on laisse aller au courant, pour déblayer la voie. Cependant, on s'engage, on se presse, on passe ; on finit, après mille efforts et mille déboires, sous l'étreinte d'une angoisse indicible, par atteindre la rive opposée.

A une heure et demie de la nuit, le général Douay retourne à Rémilly ; il s'assure que chacun est à son poste et que les officiers ont leurs hommes sous la main ; puis il revient au pont pour hâter encore le passage, car le temps presse ; il est déjà deux heures du matin, et nous n'avons encore pu jeter que deux régiments et trois batteries sur la rive droite de la Meuse ! C'est à ce moment que le commandant de Bastard, attaché à l'état-major du maréchal de Mac-Mahon, nous apprend que l'armée entière se porte sur Sedan.

A cette nouvelle, le commandant du 7º corps, qui a sous la

main les adjudants-majors, fait transmettre par ceux-ci, aux chefs de corps, l'ordre de se porter immédiatement sur Sedan, chacun pour leur compte et par la manœuvre la plus rapide. S'adressant ensuite au général du génie Doutrelaine, il lui confie le soin de veiller à ce que toutes les troupes, en train d'effectuer leur mouvement, l'aient terminé avant le jour, et il lui recommande de ne se remettre en marche qu'après avoir fait détruire le pont. Puis, avec son état-major, sa 2ᵉ division d'infanterie (Liébert) et son artillerie de réserve, il se dirige sur Sedan, en suivant la rive gauche de la Meuse. A cinq heures, nous arrivons à Sedan, suivis de près par les troupes qui avaient marché le long de la rive droite, et par la division Conseil-Dumesnil qui, la veille, avait effectué son passage à Villers. Le commandant de la place de Sedan, sommé d'ouvrir ses portes, laissa pénétrer dans la ville les troupes du 7ᵉ corps. Hommes et chevaux étaient brisés par la fatigue, la faim, le froid, et les émotions qu'ils subissaient sans relâche depuis vingt-quatre heures. Les chevaux faisaient pitié ; ils se traînaient plutôt qu'ils ne marchaient. Quant aux hommes, la lassitude était arrivée à ce point, qu'à peine assis, les plus énergiques succombaient au sommeil[1]... »

Voilà dans quel état de délabrement, de désorganisation et d'abattement la malheureuse armée de Châlons atteignit Sedan, où devait, deux jours après, s'achever son martyre. Voilà jusqu'à quel degré d'affaissement l'avait conduite cette série de marches à l'aventure, de retraites désordonnées, de mouvements incohérents auxquels présidait bien plus l'influence d'une politique aux abois qu'une pensée militaire quelconque. Voilà enfin quelles étaient les conséquences immédiates de la surprise, toujours si dangereuse, et toujours inexcusable, parce qu'elle inflige à l'honneur des armes une tache que nulle bravoure ne saurait effacer.

La bataille de Beaumont nous coûtait 1,800 hommes tués ou blessés, 3,000 disparus dont plus de 2,000 prisonniers sans blessures, 42 pièces de canon et mitrailleuses et un immense matériel abandonné dans les camps. Parmi les morts, nous comptions : le général *Morand*, les colonels *de Béhagle*, du 11ᵉ de ligne, *Courty*, du 88ᵉ, *de Contenson*, du 5ᵉ cuirassiers, *Jamin du Fresnay*, du 8ᵉ chasseurs. Certains régiments, qui,

---

[1]. Prince BIBESCO, *loc. cit.*, pages 108 et suivantes.

au milieu de l'effarement du début, avaient su se ressaisir et soutenir l'honneur du drapeau, étaient particulièrement éprouvés ; le 11ᵉ de ligne comptait 35 officiers et 600 hommes, le 68ᵉ, 26 officiers et 779 hommes hors de combat !

Quant aux Allemands, leurs pertes se montaient à 3,529 hommes, dont 847 tués. Le IVᵉ corps, le plus complètement engagé, avait, à lui tout seul, 126 officiers et 2,878 hommes hors de combat.

Si maintenant nous jetons un coup d'œil sur le chiffre des forces mises en présence, nous voyons combien l'ennemi nous était supérieur. Le 5ᵉ corps, en effet, dont les effectifs depuis le départ de Reims s'étaient réduits d'environ 10 hommes par compagnie, comptait à peine 17,000 hommes en tout. En y ajoutant 4,000 hommes de la brigade de Villeneuve et du 5ᵉ cuirassiers, nous arrivons à l'effectif, très largement compté, de 21,000 hommes. Or, le IVᵉ, le XIIᵉ et le Iᵉʳ corps bavarois s'élevaient ensemble à 77,000 hommes, ce qui, avec la cavalerie, faisait plus de 80,000 hommes engagés. Dans ces conditions, et tout en déplorant amèrement l'oubli où l'on a tenu, dans le 5ᵉ corps, les précautions les plus élémentaires, il est juste de rendre hommage à ces soldats harassés, épuisés, et mourant de faim, qui, pendant les huit mortelles heures de cette journée funeste, ont combattu un contre quatre, et infligé à l'ennemi des pertes supérieures aux leurs.

Position des forces allemandes le 30 au soir. — Pendant que l'armée de Châlons, dispersée et inquiète, effectuait, dans la direction de Sedan, la retraite décousue que nous venons de voir, les troupes allemandes de l'armée de la Meuse victorieuse s'établissaient au bivouac sur les positions conquises, le IVᵉ corps de la ferme de la Sartelle à Pourron, le XIIᵉ au nord de Létanne, la Garde au sud de Beaumont.

Les avant-postes, fournis par la 14ᵉ brigade, s'étendaient, pour le IVᵉ corps, du pont de Villers au cimetière de Mouzon, en passant par le moulin de Ponçay ; le XIIᵉ corps gardait la rivière et occupait Pouilly, avec lequel il communiquait au moyen d'un pont de bateaux jeté la nuit à Létanne par la Garde. Enfin la cavalerie patrouillait sur la rive droite jusqu'à la Chiers.

III° armée. — Seul des troupes du prince royal de Prusse, le Ier corps bavarois avait pris part à l'affaire de Beaumont ; les autres corps convergeaient pendant ce temps dans la direction de Stonne, précédés par deux divisions de cavalerie.

Le V° corps, parti de Grandpré le matin, avait fait attaquer par son avant-garde, vers midi et demi, les colonnes en retraite du corps Douay, et nous savons quelles inquiétudes il y avait provoquées. A trois heures, il arrivait à Oches, et s'y installait, laissant à quelques pièces le soin de canonner les arrière-gardes du 7° corps.

Le XI° corps atteignait Brieulles à deux heures et demie, suivi par la division wurtembergeoise.

Quant au II° corps bavarois, arrêté par des croisements de colonnes, il était resté assez loin en arrière.

Dans la cavalerie, les 5° et 6° divisions s'étaient, suivant l'ordre reçu, portées sur nos lignes de communications, et occupaient Tourteron, Attigny (5°), Semuy et le Chesne (6°). — La 4° tenait Verrières [1]. — La 2° avait accompagné, vers trois heures de l'après-midi, le prince royal de Prusse, arrivé de sa personne à Saint-Pierremont [2].

Lorsqu'on avait appris, dans la III° armée, que la surprise exécutée par l'armée de la Meuse venait de complètement réussir et de déterminer la retraite de nos troupes, le Prince royal avait poussé en avant tous ses corps, en sorte que dans la soirée ceux-ci bivouaquèrent sur les positions que voici :

Ier corps bavarois, à Raucourt et Pourron.
IIe corps bavarois, à Sommauthe
Ve corps et 4e division de cavalerie, à la Besace.
XIe corps, à Stonne et la Berlière.
Division wurtembergeoise, à Verrières.

---

1. A 3 kilomètres N.-E. de Brieulles.
2. A 3 kilomètres S.-O. de Sommauthe.

VIᵉ corps, à Vouziers.
2ᵉ division de cavalerie, à Oches.

C'est-à-dire que les routes du nord, conduisant à Mézières, restaient libres. Si donc on eût constitué une forte arrière-garde avec les troupes les moins éprouvées, celles du 1ᵉʳ et du 12ᵉ corps, fait sauter tous les ponts en arrière et filé, dès le lendemain, de Sedan sur Mézières, l'armée de Châlons eût peut-être échappé aux étreintes de l'ennemi et, en tout cas, certainement évité le désastre qui l'attendait. Le maréchal en eut l'idée, dit-on ; mais comme il ne croyait pas les forces allemandes si proches, il pensa pouvoir disposer d'un jour ou deux. Ce fut là une fatale erreur.

Remarquons que de toutes les forces de la IIIᵉ armée, le Vᵉ corps arrivé à Oches vers trois heures, s'était seul trouvé en état de prendre part, le cas échéant, à la bataille du 30. Les autres corps, encore trop éloignés du champ de bataille, se trouvaient dans l'impossibilité d'y paraître avant la nuit, et la Garde, qui de tous se trouvait la plus rapprochée, ne l'atteignit qu'à sept heures du soir. De notre côté, au contraire, les 12ᵉ et 7ᵉ corps pouvaient se déployer, à deux heures au plus tard, aux côtés du 5ᵉ. Qui sait si la vigoureuse résistance qui aurait pu être faite alors avec leur appui n'eût pas donné de meilleurs résultats que ce passage de la Meuse effectué dans les circonstances défavorables que nous avons relatées plus haut ? N'eût-il pas mieux valu tenir tête à l'offensive ennemie et peut-être la briser, plutôt que de chercher à tout prix à mettre la Meuse entre nous et l'adversaire, sans pour cela améliorer sensiblement la situation vraiment critique dans laquelle on se débattait ? Continuer la marche sur Metz, ou même sur Montmédy, devenait impossible[1], et personne, à l'heure présente, n'en doutait plus. Franchir la Meuse, c'était donc risquer de se faire acculer à la frontière belge, c'est-à-dire se retirer toute faculté de manœuvrer. L'état-major allemand le comprit bien vite,

---

1. Dans la nuit du 30 au 31, un escadron de la Garde saxonne allait couper la voie ferrée entre Carignan et Montmédy, à Lamouilly.

et, dès l'après-midi du 30, M. de Bismarck adressait un télégramme au ministre de la Confédération de l'Allemagne du Nord près la cour de Bruxelles, pour lui exprimer l'espoir que les troupes françaises qui, selon toute vraisemblance, allaient bientôt tenter de pénétrer sur le territoire belge, y seraient désarmées sur-le-champ.

Pendant le cours de la lutte, le roi de Prusse s'était tenu de sa personne sur la colline de Vaux-en-Dieulet, au sud de Sommauthe. Suivant de là, tout à son aise, les progrès de la bataille, il avait pu constater *de visu* combien notre situation était précaire, et engagé le Prince royal à imprimer à son armée cette attitude plus pressante que nous avons constatée ci-dessus. Le soir, il revint à Buzancy, ignorant, ainsi que M. de Moltke, les points exacts où s'étaient arrêtés les différents corps allemands. L'un et l'autre cependant en savaient assez pour n'éprouver aucune hésitation « sur l'opportunité de la continuation immédiate d'une offensive concentrique contre un adversaire qui pliait sur toute la ligne [2] ». Ils décidèrent donc que celle-ci serait reprise immédiatement, et adressèrent, à onze heures du soir, les instructions suivantes aux deux princes royaux :

Demain, dès l'aube, l'armée reprendra sa marche en avant ; on abordera vigoureusement l'adversaire, partout où il pourrait tenir encore sur la rive gauche de la Meuse, afin de le resserrer le plus étroitement possible entre cette rivière et la frontière belge. — L'armée de la Meuse aura pour mission d'empêcher l'aile gauche française de se dérober dans la direction de l'est. A cet effet, elle fera en sorte de jeter deux corps sur la rive droite de la Meuse, de manière à prendre en flanc et à dos les positions que l'ennemi pourrait occuper auprès de Mouzon. — La IIIe armée opérera contre le front et la droite de l'adversaire ; elle aura à déterminer en outre, sur les hauteurs de la rive gauche, de bons emplacements desquels son artillerie puisse inquiéter les colonnes ennemies en marche ou campées dans cette partie de la vallée. — *Dans le cas où l'adversaire passerait sur le territoire belge sans y être désarmé aussitôt, on l'y suivrait sans attendre de nouveaux ordres.* — Le Roi a l'intention de se rendre, à huit heures du matin, de Buzancy à Sommauthe ; Sa Majesté compte avoir reçu, pour ce moment, les rapports des deux commandants

---

1. *La Guerre franco-allemande*, page 1056.

d'armée relativement aux dispositions qu'ils auront cru devoir prendre.

Considérations générales sur la marche de l'armée de Châlons. — Ces ordres, comme on le voit tendaient uniquement à acculer les forces françaises à la frontière belge. Des circonstances que l'ennemi ne prévoyait pas encore, jointes à la situation extrêmement dangereuse où vint se placer l'armée de Châlons, transformèrent le but poursuivi, et amenèrent l'enveloppement complet de celle-ci. Ainsi allait se terminer, par une catastrophe sans précédent, la périlleuse tentative imaginée par le comte de Palikao, et condamnée presque d'avance, on peut le dire, tant étaient aléatoires les conditions où on l'avait entreprise.

Pour que la marche vers Metz réussît, il fallait, en effet, deux choses : le secret et la célérité. Or le secret était impossible à garder, dans l'état de surexcitation des esprits, dont une presse agitée se faisait la trop fidèle interprète. Quant à la célérité, pouvait-on vraiment espérer l'obtenir avec cette armée composée d'éléments disparates, où les soldats les plus médiocres et les moins faits aux exigences de la vie de campagne coudoyaient les héroïques débris de Wissembourg et de Frœschwiller, où trois corps sur quatre étaient démoralisés, où enfin ni le chef, ni les officiers, ni les hommes n'avaient foi dans le succès d'une entreprise qu'on leur imposait ? Une marche de flanc comme celle-là, exécutée à deux journées à peine de masses ennemies considérables, et longeant sur une partie de sa durée la frontière d'un pays neutre, ne pouvait être tentée qu'avec des troupes absolument sûres, compactes, homogènes, complètement en main, et rompues à la guerre. L'armée de Châlons, on peut le dire sans faire injure à sa bravoure ni insulter à ses malheurs, ne réunissait pas à un degré suffisant ces qualités indispensables.

Les difficultés et les incertitudes du départ, dues à cet état particulier aussi bien qu'aux influences politiques, ont pesé jusqu'à la fin d'un poids très lourd sur la bonne exécution de son mouvement. Des fautes graves ont été commises dans l'emploi de la cavalerie, tenue partout excepté sur le flanc menacé, dans le placement des convois, laissés au milieu des colonnes, dans l'utilisation des renseignements parvenus au quartier général, enfin dans l'exécution des reconnaissances. Témoin la panique causée par l'affaire de Grandpré, le 26, où la brigade Bordas, ayant rencontré quelques patrouilles de cavalerie, qu'elle prit pour les têtes de colonnes elles-mêmes de l'adversaire, faillit entraîner hors de leur ligne de marche tous les corps de l'armée de Châlons. Si l'on n'avait pas complètement ignoré alors dans nos rangs que la cavalerie d'exploration précède toujours au loin les forces qu'elle est chargée d'éclairer, on aurait compris que ces coureurs ne pouvaient avoir aucune consistance, et un incroyable émoi, que rien ne justifiait d'ailleurs, n'eût pas gagné jusqu'aux chefs les plus élevés de notre armée. Quant à l'exécution du service d'état-major, elle fut, là, plus défectueuse que jamais ; les croisements de colonnes, les encombrements de routes, le manque de liaison des corps, toutes ces conséquences si regrettables d'ordres mal donnés ou mal transmis étaient courantes. Heureux encore quand ces ordres arrivaient à temps, ou n'étaient pas interceptés par l'ennemi, parce que, comme cela se produisit le 29 août, on avait confié à *un seul officier*, dans les circonstances les plus difficiles, des instructions de la dernière importance. Si l'on ajoute à tout cela un état moral de plus en plus déprimé par les souffrances, les angoisses, les perpétuelles inquiétudes et le manque de distributions régulières, on s'explique comment a pu se produire un fait aussi anormal dans les annales de la guerre que cette fatale surprise de Beaumont, que la moindre précaution pouvait éviter ? Et l'on maudit cette déplorable intervention de la raison d'Etat, qui a par deux fois empêché le maréchal de Mac-Mahon de suivre son impression personnelle, la seule logique, et causé toutes ces hésitations, tous ces flottements, toutes ces indécisions, **dont la dernière devait être si funeste à notre pays. On a cru pouvoir réparer tout cela en** mettant la Meuse entre les deux armées ; ce n'était là qu'une illusion, car des troupes en retraite, harcelées de près par un ennemi résolu, ne peuvent espérer se dérober sans combat, même en traversant un fleuve. D'ailleurs un pareil expédient avait, dans le cas particulier de l'armée de Châlons, le grave inconvénient de laisser subsister pour celle-ci la menace toujours entière d'être acculée à la frontière belge. En se plaçant donc au seul point de vue de la logique de la guerre, et sans aucune intention de récriminer contre des événements accomplis dans les circonstances les plus douloureuses qui soient, il semble que la seule manière de sortir, le 30 août, de l'impasse où l'on se trouvait, eût été de chercher à contenir jusqu'à la nuit l'offensive prussienne avec les 6°, 7° et 12° corps, puis de se dérober ensuite dans la direction de Mézières, en protégeant cette retraite par de fortes et solides arrière-gardes. On le pouvait encore, et peut-être l'eût-on fait, si la surprise infligée aux troupes du corps de Failly, par suite d'une impardonnable négligence, n'avait pas agi tout de suite d'une façon déprimante sur le moral de tous.

Nous avons déjà vu, par contre, avec quelle netteté et quelle précision s'était accompli le grand mouvement stratégique entamé par les Allemands, après que des indiscrétions à jamais regrettables leur eurent appris et la situation de l'armée de Châlons et le but poursuivi par son chef. C'est que, ici, nulle autre considération n'avait cours que celle de faire la guerre, et de vaincre. « Cherchez l'ennemi, et attaquez-le partout où vous le rencontrerez », avait dit, au début de la guerre, le chef d'état-major général des armées allemandes, et c'était là le seul principe qui guidât princes, généraux et officiers, la véritable pensée dirigeante, l'inflexible but de tous les efforts. Ici, nous constatons que chacun est mu par la préoccupation constante de manœuvrer conformément aux grands principes dont Napoléon a été le vulgarisateur et l'armée prussienne l'héritière La cavalerie explore, renseigne et protège ; les masses convergent vers l'objectif dans un ordre qui leur permet de s'appuyer mutuellement; enfin le front de marche se rétrécit progressivement jusqu'à ce que le contact existe et il se réduit, à ce moment, à un front de bataille. C'est ainsi que l'armée de la Meuse, qui, le 26 août, s'étend sur un front de 24 kilomètres, n'en occupe plus que 8 le 30; de même pour la III° armée. Certes, là aussi, il se produit des à-coups, des accidents de marche, des croisements de colonnes et de convois, pour ainsi dire inévitables dans des mouvements d'aussi grande envergure, et nous avons vu que particulièrement le 30, dans la matinée, ces embarras ont été plus fréquents que de raison. Cependant, si complète était dans cette armée la connaissance de la guerre, si puissant l'esprit de solidarité qui animait chacun, telle était surtout la confiance acquise par des succès inespérés, que ces légers accidents furent réparés bien vite, et n'influèrent en aucune façon sur le succès définitif de la vaste opération qui devait prendre fin ce jour-là.

De tout cela se dégage ce double enseignement que, d'abord, l'action du commandement ne peut, sans danger, être entravée par des considérations étrangères à l'exécution de la guerre; qu'ensuite il n'est pas de bravoure qui puisse racheter l'oubli des leçons imprescriptibles de l'expérience et le mépris des principes basés sur l'histoire, la logique et le bon sens. Nous avons payé assez cher notre imprévoyance pour ne plus oublier jamais que ces grandes leçons, nous les avons, les premiers, données à l'Europe, et que c'est dans nos anciennes victoires même que nos redoutables adversaires de 1870-71 ont puisé le secret des leurs.

Chapitre IV

LE 31 AOUT

I. — Mouvements des Armées Allemandes.

Armée de la Meuse. — Le prince royal de Saxe, commandant en chef de l'armée de la Meuse, était déjà informé de la retraite générale exécutée par l'armée française vers le nord-ouest, quand il reçut, à six heures du matin, le 31, les instructions du grand quartier général. Il les traduisit, pour son armée, de la façon suivante :

La division de cavalerie de la Garde et celle du XIIe corps recevaient l'ordre de franchir la Meuse à Pouilly et à Létanne, à huit heures du matin, et de marcher ensuite, tout en se maintenant reliées, la première sur Carignan, la seconde le long des hauteurs de la rive droite. A partir de neuf heures, l'infanterie de la Garde devait suivre ce mouvement par Pouilly ; l'infanterie saxonne en ferait autant par Létanne, à partir de dix heures ; puis l'une et l'autre marcheraient sur les traces de leurs divisions de cavalerie respectives. — Il était recommandé à la Garde de se former autant que possible en deux colonnes qui se dirigeraient l'une par Autréville, sur Vaux, l'autre, prenant plus à droite, par Malandry sur Sailly[1]. — Le IVe corps devait se trouver établi, *en position de garde-à-vous*, à partir de onze heures, à l'ouest de Mouzon, et y attendre de nouveaux ordres du prince royal de Saxe, qui avait l'intention de marcher de sa personne avec le XIIe corps.

Mais déjà, et sans attendre d'ordres, la cavalerie

---

1. Vaux et Sailly se trouvent à quelques kilomètres au sud de la route de Mouzon à Carignan.

saxonne avait poussé, au point du jour, une reconnaissance sur la rive droite. Un escadron, conduit par le général commandant la 24ᵉ brigade lui-même, s'était approché de Mouzon, par Moulins, et avait pu, grâce au brouillard, se glisser sans être vu jusqu'aux premières maisons, puis jusqu'au faubourg, et capturer une centaine de traînards avec 60 voitures chargées. Naturellement, son rapport signalait notre retraite sur Carignan et Sedan.

Aussitôt que leur parvint l'ordre du commandant en chef, les deux divisions de cavalerie se mirent en marche, et purent constater bientôt que toute la région comprise entre Meuse et Chiers était évacuée par le gros de nos forces. Toutefois, des arrière-gardes se montraient encore, et les incursions de la cavalerie allemande donnaient lieu à quelques escarmouches, assez intéressantes par les déductions qu'elles permettaient de faire. C'est ainsi qu'en arrivant à Vaux, la division saxonne put canonner les divisions Pellé et de Lartigue, en retraite sur Carignan, et incendier un train de chemin de fer, arrêté près de cette ville. Au même moment, la brigade de uhlans de la Garde recevait, à Sailly, des coups de fusils partis de la rive droite de la Chiers, et ne réussissait à pénétrer dans Carignan qu'avec quelque peine. Un peu plus tard, la 23ᵉ brigade de cavalerie saxonne ayant poussé sur Douzy, fut accueillie par des coups de feu ; grâce au concours de sa batterie à cheval, elle traversa le village et voulut s'emparer d'un convoi qui s'apprêtait à partir, sous l'escorte de 300 hommes d'infanterie. Mais elle fut refoulée et ne réussit qu'à dételer quelques voitures, au prix d'une perte de trois officiers, 6 hommes et 18 chevaux. Un de ses escadrons, envoyé devant Lamécourt, était également repoussé par la fusillade ; un autre se heurtait, entre Pourru-aux-Bois et Pourru-Saint-Rémy, à la division Margueritte et se trouvait forcé de rétrograder. Enfin, devant Pourru-Saint-Rémy, le régiment de reîtres de la Garde saxonne recevait des coups de feu qui l'obligeaient à s'arrêter pour attendre l'infanterie.

Mais, dans toutes ces petites rencontres, l'ennemi

faisait un certain nombre de prisonniers dont il tirait des renseignements précieux sur la direction suivie par les corps. En tous cas, il savait maintenant que, sur la rive gauche de la Chiers, toute résistance avait pris fin. Le prince royal de Saxe résolut donc de pousser une partie de ses forces sur la rive droite de cette rivière, et donna l'ordre à la Garde de la franchir à Tétaigne et à Carignan, pour venir s'établir aux environs de Sachy et d'Escombres, avec des avant-gardes à Pourru-aux-Bois et Pourru-Saint-Rémy ; pendant ce temps, le XII° corps occuperait, entre Chiers et Meuse, la ligne Tétaigne-Douzy, avec des avant-postes poussés vers le nord jusque vers Francheval. Enfin, le IV° corps restait à Mouzon, où il cantonnait¹, ainsi que le quartier général du prince de Saxe.

Ces divers mouvements s'effectuaient dans la journée même, et amenaient encore la capture de nombreux traînards. Quand ils furent terminés, l'armée de la Meuse tenait par deux corps et deux divisions de cavalerie, avec un troisième corps en réserve, l'étroit espace de 13 kilomètres compris entre la Chiers et la frontière belge ; elle interdisait donc à l'armée de Châlons tout débouché du côté de l'est, c'est-à-dire vers Montmédy, et celle-ci ne pouvait pas ignorer cette situation, dont les nombreuses affaires d'arrière-garde de la journée n'indiquaient que trop la gravité.

III° armée. — Aussitôt arrivé à Saint-Pierremont, le 30 au soir, le prince royal de Prusse avait eu pour premier soin de lancer à la poursuite de nos corps en retraite la 4° division de cavalerie. Puis, à trois heures du matin, quand il fut en possession des instructions du grand quartier général, il rédigea ses ordres pour le 31, avec le préambule explicatif que voici :

Aujourd'hui, dès l'aube, l'armée se remettra en marche pour poursuivre jusqu'à la Meuse les troupes ennemies battues hier, les attaquer vigoureusement partout où elle les trouvera, et les

---

1. En déblayant le champ de bataille de la veille, le 27° prussien trouva, aux abords du gué de la Meuse, 3 canons, 6 mitrailleuses, 33 caissons, 43 voitures et une caisse contenant 150.000 francs.

resserrer le plus étroitement possible entre cette rivière et la frontière belge.

En conséquence, « le Iᵉʳ corps bavarois, le XIᵉ corps et la division wurtembergeoise, marchant en première ligne, avaient ordre de rompre à six heures du matin pour se porter respectivement, par Raucourt, Chémery et Vendresse, sur Rémilly, Donchery et Boutancourt. Ces troupes devaient prendre position sur la Meuse, aux endroits indiqués ci-dessus, établir leur artillerie de manière à battre la vallée ainsi que les communications de l'adversaire sur la rive opposée, et préparer l'établissement de ponts en des points convenablement choisis. En arrière de cette première ligne, le IIᵉ corps bavarois et le Vᵉ corps, suivis de la 2ᵉ division de cavalerie, se mettraient en marche à huit heures du matin, pour gagner, l'un Raucourt, l'autre Chémery, où le dernier attendrait de nouvelles instructions pour continuer son mouvement. Le VIᵉ corps était invité à venir dans la journée, de Vouziers jusqu'au canal des Ardennes et à se cantonner aux environs de Semuy et d'Attigny. Des deux divisions de cavalerie de l'extrême gauche, la 6ᵉ devait s'avancer par Bouvellemont, dans la direction de Mézières, la 5ᵉ conserver en général ses positions et envoyer un détachement sur Reims. Ces instructions se terminaient en faisant connaître qu'à partir de neuf heures du matin, le Prince royal se trouverait, soit à Chémery, soit sur le chemin de ce village à Donchery[1]. »

Ici, comme pour l'armée de la Meuse, des incidents devaient se produire pendant l'exécution de ces divers mouvements. L'extrême rapprochement des deux adversaires en plein contact les rendait d'ailleurs inévitables ; mais certains d'entre eux eurent une importance beaucoup plus considérable que ceux qui ont été relatés plus haut, et amenèrent des résultats d'une gravité exceptionnelle.

Tout d'abord, la 4ᵉ division de cavalerie, après avoir

---

1. *La Guerre franco-allemande*, page 1067.

ramassé de nombreux prisonniers, atteignit la Meuse de grand matin, par un épais brouillard. Une fois celui-ci dissipé, elle se porta sur Frénois, qu'elle occupa, malgré les coups de canon tirés des remparts de la place, et lança quelques obus sur les trains qu'elle voyait circuler sur la ligne de Mézières. De là, elle se porta sur Villers-sur-Bar, où elle s'arrêta. Nous verrons bientôt ce qui résulta de cette agression.

Engagement, à Bazeilles, du Ier *corps bavarois et du 12*^{e} *corps.* — Le Ier corps bavarois, au reçu de l'ordre cité plus haut, s'était mis en marche, vers huit heures du matin, sur Rémilly. Comme sa pointe d'avant-garde atteignait ce village, elle recevait des coups de feu, partis de la rive droite, et bientôt même des coups de canon. Le 2e bataillon de chasseurs bavarois se jeta aussitôt dans Rémilly, tandis que deux pièces, suivies bientôt de huit batteries devançant la colonne, venaient se poster sur les hauteurs qui dominent la Meuse, de chaque côté de la route de Raucourt à Rémilly, et ouvraient leur feu contre les troupes du 12e corps français, postées sur le viaduc de la voie ferrée, au sud de Bazeilles.

Bientôt entra en ligne à son tour le gros du corps d'armée ; les quelques tirailleurs français qui avaient franchi la rivière furent alors rejetés sur la rive droite, et se replièrent dans la direction de Bazeilles. Mais, sur ces entrefaites, l'ennemi avait cru s'apercevoir que, de notre côté, on apportait des barils de poudre pour faire sauter le viaduc. Le 4e bataillon de chasseurs bavarois se porta vivement en avant, dispersa les travailleurs et vida les barils de poudre dans la Meuse. Cette opération ne s'était pas exécutée sans que le tir de notre infanterie ait infligé des pertes sensibles aux chasseurs bavarois ; aussi envoya-t-on, pour appuyer ceux-ci, deux pièces de canon qui descendirent dans la vallée et accoururent les protéger, tandis qu'ils se blottissaient derrière le talus de la voie ferrée.

Cependant, le général von der Tann, voyant qu'il avait devant lui tout un corps d'armée, jugea prudent de ne pas trop s'aventurer. Il fit défendre à ses troupes de pousser plus avant. Mais il était trop tard ; les chasseurs, déjà postés sur la rive droite, occupaient une position trop précaire pour demeurer sur place, et ils étaient forcés, ou de battre en retraite ou de reprendre l'offensive. Leur chef se décida à ce dernier parti et, aidé du 2ᵉ bataillon, accouru de Rémilly par le bac, marcha sur Bazeilles qu'il occupa sans résistance. Ce que voyant, l'artillerie ennemie redoubla la violence de son feu.

Cette situation amena le général Lebrun à lancer contre les Allemands la brigade Martin des Pallières, appuyée par l'artillerie du 12ᵉ corps et trois batteries du 1ᵉʳ. Ces troupes refoulèrent les Bavarois jusqu'à la Meuse, que certaines fractions ennemies traversèrent en bac, et reprirent possession de la voie ferrée. C'est alors que les batteries en position au-dessus de Rémilly, voulant venger l'échec de leur infanterie, eurent la barbarie de prendre pour objectif le village de Bazeilles et d'y incendier 37 maisons. En vain notre artillerie essaya-t-elle d'éteindre leur feu ; inférieure en nombre, en position et en matériel, elle fut bientôt réduite au silence et condamnée à laisser commettre une atrocité que réprouve l'humanité autant que le droit des gens, mais qui devait d'ailleurs se reproduire le lendemain dans des circonstances plus atroces encore.

Tandis que ces événements se passaient, l'équipage de pont bavarois, protégé par six batteries postées sur les hauteurs d'Aillecourt, avait commencé, vers deux heures et demi, à jeter des ponts sur la Meuse, en face de ce village. Le viaduc était barricadé et confié à la garde d'un bataillon, auquel se joignaient les deux pièces précédemment amenées dans la vallée, et montées maintenant sur le remblai. Quand, le soir, les Bavarois s'installèrent au bivouac, ils disposaient donc de tous les moyens nécessaires pour franchir la rivière aisément. Les points de passage étaient protégés par 84 pièces, formées en batteries sur les hauteurs d'Aillecourt, et tout le corps d'armée bivouaquait autour de Rémilly, ou d'Angecourt, où était le général von der Tann. Il avait perdu dans cette journée 9 officiers et

133 hommes, appartenant presque tous aux 4ᵉ et 9ᵉ bataillons de chasseurs[1].

Cependant, les autres corps de la IIIᵉ armée gagnaient, avec des incidents divers, les points qui leur étaient assignés.

Le général de Gersdorff, commandant du XIᵉ corps, avait envoyé d'avance des officiers d'état-major déterminer les points de passage de la Meuse, ainsi que les positions de batteries à choisir sur la rive gauche. Tandis que ces officiers exécutaient leur reconnaissance, les cavaliers de leur escorte coupaient la voie ferrée et le télégraphe aux abords de la station de Donchery. Le pont de ce bourg avait été trouvé intact; aussitôt que l'avant-garde y fut arrivée, le général de Gersdorff en faisait jeter un autre, près de l'auberge de Condé, par une compagnie de pionniers, tandis qu'une autre compagnie achevait la destruction de la voie et faisait sauter le viaduc, à l'est du village. L'avant-garde de la 23ᵉ division, forte de trois bataillons et demi, un escadron et une batterie, s'établissait à Donchery, envoyant du monde à Vrigne-Meuse, et à l'est, vers la rivière; quant au corps d'armée, il bivouaquait à Chevenges, et plaçait un poste à Frénois, pour surveiller Sedan. Grâce à ces précautions, les points de passage étaient assurés pour le lendemain.

Pendant ce temps, le Vᵉ corps était venu s'établir derrière le XIᵉ, à Omicourt, Connange et Bulson, avec son avant-garde à Chéhéry. La 2ᵉ division de cavalerie bivouaquait un peu en arrière, aux environs de Chémery. Ces mouvements n'avaient donné lieu à aucun incident; mais il n'en était pas de même de ceux exécutés par la division wurtembergeoise et la 6ᵉ division de cavalerie. La première avait en effet rencontré, en arrivant à Flize, un bataillon du 35ᵉ de ligne, du 13ᵉ corps[2], occupé à détruire le pont; ce bataillon dut

---

1. Un fait qui montre à quel degré de démoralisation était tombée la malheureuse armée de Châlons est celui-ci : une compagnie bavaroise envoyée dans la journée en reconnaissance vers le faubourg de Torcy rentra, le soir, *ayant fait 130 prisonniers*.

2. Voir plus loin les mouvements du 13ᵉ corps (général Vinoy) jusqu'à la journée de Sedan.

rétrograder, sous la protection de quelques troupes qui sortirent de Mézières avec de l'artillerie. Quant aux Wurtembergeois, ils bivouaquèrent dans la soirée, à Flize, Boutancourt et Etrépigny, avec des avant-postes poussés jusqu'en face de Mézières. De son côté, la 6ᵉ division de cavalerie se heurta à un bataillon du 42ᵉ (même corps), envoyé en reconnaissance sur Poix avec un demi-escadron de hussards, et fut obligée de s'arrêter à Yvernaumont, tandis que, dans la soirée, les Français rentraient à Mézières à travers bois.

Les autres corps de la IIIᵉ armée, gagnèrent sans aucune difficulté les points qui leur avaient été assignés. Par suite, le 31 au soir, la IIIᵉ armée allemande disposait de quatre corps et d'une division de cavalerie prêts à franchir le fleuve, sur quatre ponts, et à intercepter la retraite sur Mézières, si les forces françaises tentaient, le lendemain, de l'effectuer.

Dispositions des Allemands pour le 1ᵉʳ septembre. — Le roi de Prusse, accompagné du grand quartier général, quitta Buzancy de bon matin, et se transporta à Vendresse, où il devait passer la nuit. Chemin faisant, il rencontra à Chémery le général de Blumenthal, chef d'état-major du Prince royal. Là se tint, entre cet officier général, M. de Moltke et le général de Podbielski, une courte conférence, où furent discutées les mesures à prendre pour consommer la ruine de la malheureuse armée française, dont la situation désespérée n'était plus un mystère, et qui semblait n'avoir déjà plus d'autre ressource qu'une retraite désastreuse, si elle ne voulait pas être bientôt acculée à la frontière belge.

En face de la position où les Français s'entassaient, dit la *Relation allemande*, le dos à la frontière, une puissante armée allemande, constamment victorieuse et numériquement supérieure, se déployait jusqu'au loin. A l'est et au sud-est, le prince royal de Saxe fermait l'étroit espace compris entre la Meuse et la frontière belge.. Au sud, le prince royal de Prusse... se tenait prêt, soit à repousser tout effort des Français, soit à franchir la Meuse sur les quatre ponts dont il disposait, et à tomber avec sa gauche dans le flanc de l'adversaire, si celui-ci tentait de s'échapper vers l'ouest... En dehors de la ligne de bataille principale des forces allemandes, à une certaine distance en arrière de l'extrême gauche de la IIIᵉ armée, se trouvait encore la 5ᵉ division de cavalerie à

Tourteron et le VIe corps à Attigny. De ces points, ces deux groupes tactiques étaient à la fois en mesure de s'opposer en temps voulu à toute entreprise de l'adversaire sur les derrières de la IIIe armée, ou de couper aux troupes françaises de Mézières la retraite sur Reims et Paris[1].

En présence d'une situation semblable, quel parti pouvaient prendre les Français? Allaient-ils livrer bataille, malgré le désavantage évident de la situation? Ou bien chercheraient-ils à se soustraire à l'enveloppement dont la menace n'était que trop claire, soit en sacrifiant une partie de leurs forces pour regagner Mézières avec le reste, soit en essayant de faire une trouée vers Carignan, soit enfin en gagnant la frontière belge, où le désarmement les attendait? Autant de questions qu'en présence d'indices contradictoires, les généraux prussiens avaient quelque peine à résoudre immédiatement. Ils supposaient cependant que nous prendrions, selon toute vraisemblance, le parti de la retraite sur Mézières, et s'arrêtèrent, par suite, aux dispositions qui paraissaient pouvoir l'empêcher. Dans la soirée même, le prince royal de Prusse expédia à ses différents corps un ordre de mouvement en vertu duquel son aile gauche devait le lendemain franchir la Meuse en aval de Sedan, pour venir se porter sur les communications de cette place avec Mézières. Il était prescrit aux XIe et Ve corps de prendre les armes dès l'aube, et de se porter sur Vrigne-aux-Bois; à la division wurtembergeoise, de jeter un pont à Dom-le-Mesnil, et de prendre ensuite position de façon à servir de réserve aux deux corps ci-dessous, ou au besoin à agir dans la direction de Mézières. Pendant ce temps, le IIe corps bavarois établirait une division avec la réserve d'artillerie[2] sur les hauteurs de la rive gauche, face à Donchery, l'autre division entre Frénois et Wadelincourt, pour s'opposer à toute tentative vers le sud. Le Ier bavarois était chargé, devant Rémilly, d'appuyer l'action de l'armée de la

---

1. *La Guerre franco-allemande*, page 1079.
2. La dénomination de *réserve d'artillerie* persistait en Bavière et en Wurtemberg, tandis qu'elle avait été remplacée dans l'armée fédérale par celle plus logique d'*artillerie de corps*.

Meuse. Les 2°, 4° et 6° divisions de cavalerie devaient rester disponibles, l'une à Boutancourt, l'autre au sud de Frénois, la troisième à Flize. Enfin le VI° corps et la 5° division formaient réserve dans leurs positions actuelles, derrière l'extrême gauche de la III° armée.

De son côté, le commandant en chef de l'armée de la Meuse, jugeant que les instructions données le 30, à Buzancy, par M. de Moltke, se trouvaient remplies en ce qui le concernait, attendait, pour donner de nouveaux ordres, que la III° armée eût pris l'initiative des mouvements. Mais, sur ces entrefaites, un officier du grand état-major avait cru s'apercevoir, des environs de Rémilly, que l'armée française, sacrifiant ses bagages, commençait à se replier précipitamment vers le nord. Il n'en était rien malheureusement, et les mouvements du corps Ducrot, dont il sera question plus loin, avaient seuls donné lieu à une supposition complètement en désaccord avec l'immobilité persistante des autres troupes. Cependant M. de Moltke pensa que la possibilité de semblables intentions de la part du maréchal de Mac-Mahon n'avait rien d'invraisemblable, et qu'il fallait les prévenir au plus vite en faisant franchir la Meuse, *pendant la nuit même*, au XI° corps et à la division wurtembergeoise, de manière à se trouver, dès le point du jour, à cheval sur la route de Mézières à Sedan. Il envoya aussitôt une communication dans ce sens au général de Blumenthal, et comme au moment où celui-ci arrivait au quartier général de Chémery, les ordres exposés ci-dessus n'étaient pas encore partis, le prince royal de Prusse se hâta de les compléter; il prit soin surtout de charger le Ier corps bavarois, à Rémilly, d'immobiliser les fractions de l'armée ennemie qui lui faisaient face, « *avec toute latitude de s'engager sans attendre que l'armée de la Meuse soit entrée en ligne.* »

A une heure du matin, le prince royal de Saxe, toujours à Mouzon, était informé de ces dispositions nouvelles. Il en saisit bien vite toute l'importance et pensa même qu'il lui était possible, par une combinaison d'efforts, non seulement de nous interdire la retraite vers Mézières, mais même de nous empêcher de gagner la frontière belge. Il suffisait, pour cela, de prendre pied immédiatement dans la Moncelle et Villers-Cernay avant qu'une résistance sérieuse ait pu y être organisée, et de s'interposer ainsi, à l'est, entre Sedan et cette frontière, comme la III° armée allait s'interposer, à l'ouest, entre Sedan et Mézières. La supériorité si considérable de leurs forces, désormais intimement liées, permettait aux Allemands de tout tenter, et nous ne disposions plus d'assez de temps ni d'assez d'espace pour avoir la faculté de nous opposer, avec quelque chance de succès, à leurs combinaisons même les plus audacieuses. Le commandant en chef de l'armée de la Meuse donna donc, sans tarder d'une minute, l'ordre à ses troupes de première ligne, de prendre instantanément les armes par alerte, et de se mettre en mouvement comme suit :

1° *Garde*. — Une division marchant sur Villers-Cernay ; l'autre division, avec l'artillerie de corps, sur Francheval.

2° *XII° corps*. — Rassemblement au sud de Douzy, pour agir par Lamécourt contre La Moncelle.

Les avant-gardes devaient se mettre en marche à cinq heures du matin, suivies de très près, et aussi vite que possible, par le gros des colonnes.

3° *IV° corps*. — Une division, avec l'artillerie de corps, marchant sur Rémilly pour soutenir le Ier bavarois ; l'autre division formant réserve générale à Mairy, dans l'angle formé par la Meuse et la Chiers.

Telles furent les dispositions prises par l'état-major allemand pour l'attaque des positions de Sedan. Elles se résumaient en ceci : une ligne de 30 kilomètres environ, sur laquelle : 1° trois corps marchaient de l'est et du sud-est contre les hauteurs de Givonne, afin d'y immobiliser celles de nos forces qui s'y trouvaient ; 2° un corps, au sud, faisait face à Sedan ; 3° trois corps gagnaient, à l'ouest, la route de Sedan à Mézières, « afin de prendre en flanc les forces françaises que l'on croyait en retraite dans cette direction[1]. » Trois divisions d'infanterie et six de cavalerie, placées en arrière, restaient disponibles pour parer à toute éventualité.

1. *La Guerre franco-allemande*, page 1084.

II. — Mouvements de l'armée de Chalons.

Description du champ de bataille de Sedan. — Tandis que l'ennemi se livrait à ces préparatifs redoutables, les forces françaises, en partie démoralisées, épuisées de fatigue et de souffrances, désorganisées même dans certains corps, venaient s'engouffrer aux abords de la petite place de Sedan, depuis longtemps illustrée par le souvenir d'un de nos plus glorieux capitaines, mais vouée désormais à la plus douloureuse des célébrités.

Le terrain sur lequel furent établis les bivouacs et qui devait, le lendemain, s'arroser de tant de sang, est formé par une série de plateaux bordant la vallée de la Meuse ou celle de la Givonne, et se terminant, au sud, par des prairies basses et marécageuses, qui s'étendent de Sedan à Bazeilles, entre la Meuse et la grande route de Carignan. Au pied de ces plateaux, et dominée de toutes parts par des coteaux boisés, la place étendait ses vieilles murailles, appuyées à une petite citadelle, d'un modèle absolument suranné. Les fortifications, arrêtées au nord juste au pied des pentes, se prolongeaient du côté de Givonne par un ancien camp retranché, sans valeur aucune, le *Vieux-Camp;* sur la rive gauche de la Meuse, par la tête de pont de Torcy, qui englobait le faubourg de ce nom. Somme toute, au point de vue défensif, la place ne présentait pas la moindre force de résistance; en outre, elle n'était approvisionnée ni en vivres ni en munitions, et ses pièces ne possédaient même pas les armements nécessaires pour être utilisées[1]. Au sud, dans la vallée même et sur la grande route, se trouve le faubourg de Balan, dont les dernières maisons se joignent aux premières constructions du village de Bazeilles, bâti entre la route et la Meuse. Ces points sont entièrement dominés par les hauteurs de Rémilly et de Wadelincourt. A l'est de la route, le terrain, fortement accidenté, se relève pour former un plateau, allongé du nord au sud, et terminé par des pentes très raides sur la vallée de la Givonne. Ce pla-

---

[1]. Général Ducrot, *La Journée de Sedan*, page 45.

teau se ramifie, au nord de la route de Sedan à Bouillon, aux hauteurs boisées de la Garenne, de Fleigneux, d'Illy et de Saint-Menges, hauteurs profondément tourmentées, ravinées, creusées de dépressions profondes, qui se perdent au nord dans les bois, et descendent à l'ouest, en des pentes semées de ressauts brusques, jusqu'à la boucle de la Meuse, entre Saint-Menges et Cazal. La vallée de la Meuse est extrêmement étroite; seule, la partie qui s'étend sur la rive droite, entre la voie ferrée et Sedan, a une largeur moyenne de 1,500 mètres; encore avait-elle été inondée le 30 août et demeurait-elle impraticable à nos soldats. Le triangle formé par la Meuse, la Givonne et le ruisseau de Floing, où se trouvait massée l'armée de Châlons tout entière, était donc à peu près exclusif de toute facilité de manœuvre et condamnait nos troupes à défendre sur place leurs positions. C'est là, en effet, la caractéristique de la bataille du 1er septembre, et une des causes qui ont facilité l'exécution de l'enveloppement tactique que les Allemands n'espéraient certes pas si complètement réussir.

Comment une position aussi défectueuse avait-elle donc été choisie, et par quelle suite de circonstances cet entonnoir véritable allait-il servir de théâtre à la lutte décisive où devait se dénouer la sombre destinée de la dernière armée française? En la désignant, le 30, comme objectif à ses troupes épuisées, le maréchal de Mac-Mahon n'envisageait assurément pas comme imminente la perspective d'une bataille, et son intention n'était nullement de prendre autour de Sedan une position tactique. Il pensait vraisemblablement n'y demeurer que le temps nécessaire pour refaire les forces de ses soldats et procéder aux distributions dont le besoin s'imposait. Comprenant que la route de Montmédy était barrée, il n'évaluait cependant qu'à 60 ou 70,000 hommes le chiffre des troupes ennemies massées sur la rive gauche de la Meuse, et par suite était sans inquiétude pour ses derrières, c'est-à-dire pour ses communications par la rive droite. Cet état d'esprit ressort clairement de ses conversations avec le général Lebrun, le 28, avec le général Douay, le 31 ; enfin avec le capitaine de Sesmaisons, aide de camp du général Vinoy[1]. L'erreur était grave, et d'autant plus regrettable que, par suite de circonstances fatales, le ravitaillement de l'armée, cause première de la concentration à Sedan, ne put même pas s'effectuer. On avait, en effet, dirigé sur la place un million de rations, dont 800,000 se trouvaient encore chargées sur roues, dans la gare; les obus bavarois étant venus, le 31, tomber sur la voie, le chef de gare crut devoir faire immédiatement rétrograder le convoi sur Mézières, en sorte qu'au lieu d'un million, il ne resta à Sedan que 200,000 rations[2].

Quoi qu'il en soit, la détermination de se concentrer autour de Sedan fut prise aussitôt après la bataille de Beaumont, et le maréchal en informa, le 31, à une heure 15 du matin, le ministre de la guerre, par cette courte dépêche :

Mac-Mahon fait savoir au ministre de la guerre qu'il est forcé de se porter sur Sedan.

Nous avons vu comment elle fut communiquée aux corps d'armée ; examinons maintenant dans quelles conditions ceux-ci l'exécutèrent.

1ᵉʳ Corps. — Seul des commandants de corps d'armée, le général Ducrot n'avait pas reçu d'ordre concernant la retraite. Il ne doutait pas cependant que Mézières fût l'objectif de celle-ci, et, pour dégager sa marche, il avait déjà dirigé, le 30 au soir, ses convois sur Givonne et Illy, où l'intendance avait mission de préparer des vivres. Le 31, dès le matin, il écrivit au maréchal :

Il est huit heures du matin; je ne vois rien paraître sur la route de Mouzon à Carignan. J'en conclus que Votre Excellence a effectué sa retraite par Douzy. Je vais donc commencer mon mouvement, et, comme la grande route de la vallée me paraît peu sûre, je vais prendre le chemin de la montagne par Osnes, Mézincourt, Pourru-aux-Bois, Francheval, Villers-Cernay, Givonne et Illy. C'est là que je compte établir mon bivouac.

---

1. Voir la *Journée de Sedan*, par le général Lebrun; *Sedan*, par le général de Wimpffen, page 142; enfin le *Siège de Paris*, par le général Vinoy, page 36.
2. Déposition du maréchal de Mac-Mahon devant la commission d'enquête du 4 septembre.

Puis il fit prévenir les deux divisions Wolff et l'Hérillier, restées à Douzy, de se porter sur Francheval, pour le rejoindre. Nous avons vu que le maréchal avait lui-même, à son passage à Douzy, dirigé ces deux divisions sur Sedan. Malheureusement, elles avaient négligé de détruire le pont de la Chiers, en sorte que les coureurs ennemis, franchissant la rivière, vinrent inquiéter les deux autres divisions, que conduisait le général Ducrot, et les obligèrent à ralentir leur marche pour prendre des dispositions défensives. On arriva cependant à Villers-Cernay vers cinq heures. Là, le lieutenant-colonel Broye apporta la lettre suivante du commandant en chef :

> Mon cher général, je vous avais fait donner l'ordre de vous rendre de Carignan à Sedan, et nullement à Mézières où je n'avais pas l'intention d'aller. Ayant vu ce matin le général Wolff, je vous croyais à Sedan. A la réception de la présente, je vous prie de prendre vos dispositions pour vous rabattre dans la soirée sur Sedan, dans la partie est. Vous viendrez vous placer à la gauche du 12e corps, près de Bazeilles, entre Balan et Bazeilles. Envoyez-moi d'avance votre chef d'état-major pour reconnaître cette position.

Le général Ducrot fit partir aussitôt son chef d'état-major, le général Robert, qui arriva auprès du maréchal pendant que celui-ci tenait une conférence avec les généraux de Wimpffen, Lebrun, et le commandant Seigland, aide de camp du général Douay. Il reçut l'ordre de faire établir le 1er corps, non pas entre Balan et Bazeilles, comme l'indiquait la lettre ci-dessus, mais sur les hauteurs de Givonne et de Daigny, où se trouvaient déjà les divisions Wolff et l'Hérillier. Dès le retour de son chef d'état-major, le général Ducrot prit cette direction ; mais il ne put atteindre ses bivouacs qu'à la nuit close. Des batteries de sa réserve avaient dû, entre temps, déboîter, pour soutenir le 12e corps, aux prises à Bazeilles avec les Bavarois. Il était plus de onze heures du soir quand les derniers bataillons dressèrent leurs tentes, et le troupeau s'étant égaré dans l'obscurité, les troupes se couchèrent sans qu'il ait été possible de leur faire une distribution.

5e Corps. — Pendant ce temps, les régiments débandés du corps d'armée si malheureusement surpris à Beaumont avaient gagné le *Vieux-Camp,* sorte de camp retranché situé à l'est de la place. Le général de Failly, relevé de son commandement par ordre du ministre[1], était remplacé depuis le matin par le général de Wimpffen, qui s'efforça pendant toute la journée de réorganiser les unités si durement éprouvées la veille. Le 5⁰ corps, encore trop impressionné par son récent désastre pour être employé en première ligne, était destiné à former la réserve de l'armée de Châlons.

7ᵉ Corps. — Le corps du général Douay avait été dirigé par le maréchal sur le plateau de l'*Algérie,* qui s'étend au nord de Sedan, du bois de la Garenne au village de Floing. Dans la matinée, le général rencontrait dans les rues de la ville le commandant en chef, en proie à une fatigue visible, et celui-ci lui parlait de la situation, mais sans paraître croire à l'imminence d'une attaque[2]. Le général se rendit ensuite auprès de ses troupes et parcourut leurs positions. Dans le cours de son inspection rapide, il fut frappé par cette remarque, que deux points particulièrement menaçants les dominaient; c'étaient, à l'ouest, le mamelon boisé du parc de la Toie ou parc Labosse; au nord, le calvaire d'Illy. L'occupation de ces deux points s'imposait; mais son effectif lui interdisant de s'étendre jusque-là, il rentra à Sedan pour faire part au maréchal de ses appréhensions. Le commandant en chef ne parut pas les partager complètement. — « Je ne veux pas m'enfermer dans des lignes, répondit-il; je veux être libre de manœuvrer. — Monsieur le maréchal, riposta le général Douay, demain l'ennemi ne vous en laissera pas le temps[3]. »

1. La disgrâce du général de Failly était uniquement causée par son attitude plus ou moins justement critiquée, le jour de Frœschwiller. La bataille de Beaumont y était complètement étrangère, puisque la désignation de son successeur était antérieure à cette triste journée. D'ailleurs, le ministre ignorait encore le 31 le désastre du 30, puisqu'il télégraphiait au maréchal, en réponse au télégramme annonçant la retraite sur Sedan, cette phrase significative : « Vous avez donc éprouvé un revers? »
2. Prince Bibesco, *loc. cit.*, page 123.
3. *Ibid.*, page 124.

Hélas! il ne disait que trop vrai. Malheureusement, le maréchal, obsédé d'espérances chimériques, semblait non seulement croire qu'il avait encore une journée à lui, mais encore qu'il pouvait attendre l'ennemi à Sedan et même y accepter la bataille au besoin[1]. Et cependant de graves rumeurs commençaient à circuler. A cinq heures et demie, dans le cours de la conférence dont il a été question plus haut, le commandant Seigland prit la parole.

Il donna quelques détails signalés par le général Douay au maréchal, dans un billet apporté, peu auparavant, par le capitaine de Fayet. Vers quatre heures, un ancien militaire, habitant du pays, était venu informer le général Douay que l'ennemi se préparait à passer la Meuse à Donchery, et *qu'il y avait là toute une armée*. Nous avions, en effet, distingué au loin, sur la rive gauche de la Meuse, les colonnes prussiennes se dirigeant sur ce point. Alors le général s'était décidé à faire lever son camp établi sur le plateau de l'*Algérie*, pour le transporter en face de Floing et d'Illy, sur des positions qu'il pressentait devoir être attaquées le lendemain, et il se hâtait de prévenir le maréchal de ses nouvelles dispositions. Toutefois, il faisait observer au commandant en chef de l'armée que sa 1re division était fort réduite (par suite de la participation qu'elle avait eue à la journée du 30, et de la fausse direction suivie, depuis, par deux de ses bataillons); le 7e corps allait avoir à occuper une bien grande étendue de terrain pour se relier au reste de l'armée.

Le maréchal répondit qu'il ne pouvait pas envoyer de troupes au 7e corps et que le général Douay devait prendre des mesures pour occuper tout le plateau, y compris les bois situés au nord-est. Au surplus, il laissait au général toute liberté de se retrancher dans ses positions. — « Telle est l'intention du général, dit l'aide de camp, et s'il n'a pas fait commencer plus tôt les travaux nécessaires, c'est que ses troupes sont arrivées le matin, exténuées par les marches incessantes des jours précédents et de cette nuit. »

Le maréchal réfléchit alors pendant un instant; puis, s'adressant au général de Wimpffen dont le corps devait être tenu en réserve sous les murs de Sedan, il lui demanda s'il ne pouvait pas disposer de quelques troupes. Sur la réponse affirmative du général, il fut décidé que la 1re brigade de la division l'Abadie serait envoyée le lendemain matin, pour relier solidement la droite du 7e corps à la gauche du 1er.

On levait la séance quand arriva un colonel d'infanterie de marine; son régiment occupait Bazeilles, et il venait demander s'il fallait faire sauter le pont. — « Certainement! et tout de suite! » s'écria le maréchal. Alors fut soulevée la question de savoir si les

---

1. Général VINOY, *Le Siège de Paris*, page 37.

Les ruines de Bazeilles.

fourneaux de mine avaient ou non été chargés. Le colonel crut pouvoir affirmer qu'ils ne l'étaient pas. Le maréchal dit qu'il en avait donné l'ordre formel et qu'on lui avait rendu compte que tout était prêt. Le général Lebrun affirma qu'on lui avait rapporté le contraire. Bref, le maréchal congédia le colonel en lui répétant qu'il fallait absolument faire sauter le pont[1]...

Nous avons vu par suite de quelles circonstances ce pont, dont l'ennemi devait tirer un si grand profit, ne fut pas détruit.

12ᵉ Corps. — Il était neuf heures et demie du matin environ, quand les divisions Grandchamp et de Vassoigne, du 12ᵉ corps, atteignirent Bazeilles. C'était le moment précis où les deux pièces d'avant-garde du Iᵉʳ corps bavarois ouvraient leur feu, des hauteurs de Wadelincourt, sur les troupes de la division Lacretelle (2ᵉ division du 12ᵉ corps) qui débouchaient de Douzy. Immédiatement, le général Lebrun fit dire à cette dernière de quitter la route et de se porter par Lamécourt sur Daigny, pour y passer la Givonne. Puis il ordonna au général de Vassoigne d'occuper Bazeilles, et au général Grandchamp de l'appuyer en se portant à sa gauche[2]. Tandis que ces dispositions étaient prises, les chasseurs bavarois se portaient sur le village; la brigade Cambriels, puis bientôt la brigade Martin des Pallières refoulèrent l'ennemi, ainsi que nous l'avons vu précédemment, mais sans lui reprendre le pont[3]. Le combat s'éteignit bientôt de lui-même, et les troupes du 12ᵉ corps s'installèrent au bivouac; le village de Bazeilles, dont une partie brûlait, fut organisé défensivement.

13ᵉ corps. — Il nous reste maintenant à parler du 13ᵉ corps, destiné, lui aussi, à prendre part à la lutte suprême, mais que des circonstances spéciales ont soustrait à l'anéantissement et à la honte de la capitula-

---

1. Prince Bibesco, *loc. cit.*, pages 126 et suivantes.
2. La division Grandchamp était réduite à la brigade Cambriels. L'autre brigade (de Villeneuve) avait été dirigée, par ordre du maréchal, directement sur Sedan, aussitôt après l'affaire de Beaumont. Elle prit position près du 5ᵉ corps, au *Vieux-Camp*.
3. Le général Martin des Pallières avait été blessé dans cette affaire.

tion de Sedan. Ce corps d'armée, confié au général Vinoy, l'un des plus glorieux vétérans de Crimée et d'Italie[1], avait été hâtivement formé à Paris avec deux régiments réguliers, 35e et 42e, provenant du corps d'occupation de Rome, et de quatrièmes bataillons pris un peu partout. Il était loin d'être complet, le 31 août, et cependant le ministre de la guerre venait de l'expédier sur Mézières, avec mission d'inquiéter le flanc gauche de l'armée du prince royal de Prusse. Déjà, le 25, sa 1re division, commandée par le général d'Exéa, avait été dirigée sur Reims, d'où elle expédiait sur Rethel un bataillon chargé de protéger les communications de l'armée de Châlons. Quant à sa 3e division (Blanchard), elle avait atteint Mézières, avec le général Vinoy, dans la nuit du 30 au 31. La 2e division, encore trop incomplète, était restée à Paris[2].

Dans le principe, le 13e corps avait reçu Reims comme objectif. Si l'ennemi se dirigeait de ce côté, il devait faire sauter le pont de Suippes, puis se retirer sur Laon ou Soissons, suivant les circonstances. Mais, le 28 août, cette destination était changée, et le ministre l'envoyait à Mézières par voies ferrées. Là, le général Vinoy, ayant eu vent de l'affaire de Beaumont, mais n'en connaissant ni les détails ni la portée, voulut se mettre en rapport avec le maréchal de Mac-Mahon, et lui adressa, le 31, son aide de camp, le capitaine de Sesmaisons. Le train qui emportait cet officier conduisait également à Sedan un détachement de 359 hommes, destinés au 3e zouaves; c'est lui qui fut canonné, entre Donchery et Sedan, par la batterie à cheval de la 4e division de cavalerie allemande (voir page 276). L'émotion produite sur les réservistes par cette agression inopinée fut telle qu'ils se précipitèrent sur les marchepieds et se mirent à tirailler dans tous les sens jusqu'à l'entrée en gare de Sedan !

1. Le général Vinoy, atteint par la limite d'âge, était au cadre de réserve quand éclata la guerre de 1870. Les services qu'il a rendus pendant toute la campagne et la Commune ont montré que la vieill.. n'avait éteint chez lui ni la valeur, ni l'énergie.

2. Voir pièce n° 5.

Le capitaine de Sesmaisons, en arrivant à Sedan, fut reçu par l'Empereur, qu'il renseigna sur les causes de la canonnade entendue à Donchery et sur certains mouvements d'une colonne allemande composée de toutes armes, distinctement aperçue, vers neuf heures et demie, tandis qu'elle marchait dans la direction de Donchery. Le capitaine rendit compte au souverain de l'arrivée du général Vinoy à Mézières, de l'envoi de détachements sur Poix, Rimogne, Flize[1]; mais il insista sur les dangers qui semblaient menacer ces troupes trop en l'air. Napoléon III, partageant ses craintes, télégraphia immédiatement au général Vinoy : — « Dix heures du matin. — *Les Prussiens s'avancent en forces ; concentrez toutes vos troupes dans Mézières*[2]. » Puis, comme la voie ferrée paraissait impraticable désormais, l'Empereur fit donner au capitaine un des chevaux de l'état-major général, et indiqua lui-même, en la traçant sur la carte, la route qu'il allait pouvoir suivre pour repartir.

C'était un chemin de *grande communication*, tout récemment livré à la circulation, qui passait par Saint-Menges, Saint-Albert et Vrigne-aux-Bois. Comme il ne figurait pas encore sur la carte, l'Empereur était convaincu que l'ennemi en ignorait l'existence, et que, par suite, la retraite sur Mézières pourrait, le lendemain, s'effectuer, grâce à lui, d'autant plus facilement que les Allemands ne seraient pas en mesure, étant donné leur effectif qu'on supposait de 70,000 hommes à peine, de jeter sur la rive droite de la Meuse des forces suffisantes pour l'empêcher. Or, telle était la minutie avec laquelle les Allemands, depuis quelques années, exerçaient leur surveillance rigoureuse sur tout ce qui, en France, pouvait intéresser une guerre considérée comme imminente, que ce chemin, qui ne figurait

---

1. On se rappelle que le pont de cette localité fut détruit par un détachement du 42e.
2. En envoyant ce télégramme, l'Empereur fit observer que les dispositions qu'il prescrivait devaient être ratifiées par le maréchal, seul commandant en chef. Lui n'intervenait là qu'en raison de l'urgence et de la difficulté qu'éprouverait peut-être de Sesmaisons à rencontrer le maréchal.

pas sur nos cartes, était au contraire déjà porté sur les leurs !

Cependant le capitaine de Sesmaisons parvint à rencontrer le maréchal de Mac-Mahon au moment où il visitait la citadelle. Le maréchal approuva les dispositions prescrites par l'Empereur ; il voulut bien ensuite faire connaître à l'aide de camp du général Vinoy ses vues et ses impressions personnelles... La résolution du maréchal semblait définitivement arrêtée pour une marche de l'armée sur Mézières ; il ne redoutait pas un mouvement des Prussiens sur ses derrières, persuadé qu'il était que, dans le cas où ce mouvement serait tenté, ses troupes pourraient écraser à temps le corps ennemi forcément peu nombreux qui chercherait à s'opposer à sa marche. Il pensait donc que les communications resteraient libres par la rive droite de la Meuse. Vers onze heures, le général Douay vint trouver le maréchal... C'est à ce moment que le maréchal *parut songer à une détermination différente ; renonçant provisoirement à l'opinion qui avait d'abord prévalu dans son esprit et dans ses conseils, d'une retraite, alors encore possible sur Mézières, il sembla préférer attendre l'ennemi et accepter la bataille.* Le maréchal, après avoir demandé au capitaine à quel moment le 13º corps serait prêt à agir et lui avoir promis d'envoyer, au moment voulu, des ordres nouveaux, partit pour aller passer l'inspection de ses divers corps de troupes. Il était alors près de midi[1].

Le capitaine de Sesmaisons, sorti de Sedan vers une heure, rejoignit Mézières à deux heures et demie, et rendit compte de sa mission. Nous verrons, par la suite de ce récit, quelles furent les destinées du 13º corps.

Si maintenant nous résumons les positions occupées, le 31 au soir, par l'armée française, nous voyons qu'elles formaient une double équerre, faisant face à la fois au sud, à l'est et au nord. Rien ne ressemblait moins à une ligne de bataille, et, en réalité, aucun plan de défense n'avait été arrêté. « Les instructions se bornaient à ce texte : défendre le mieux possible les positions sur lesquelles on se trouvait. La ligne de retraite, en prévision d'un insuccès, n'était pas indiquée. Il paraît évident que le maréchal voulait, avant de prendre un parti, voir se dessiner les mouvements de l'ennemi[2]. » Il fallait que l'énorme supériorité numérique de celui-ci

---

1. Général Vinoy, *loc. cit.*, pages 36 et suivantes.
2. Prince Bibesco, *loc. cit.*, page 132.

fût bien mal connue, pour qu'on laissât ainsi une armée déjà si profondément ébranlée, exposée à ses attaques dans une position pareille. Car les combats d'arrière-garde soutenus par le 1ᵉʳ corps, la canonnade de Bazeilles, l'apparition des colonnes allemandes à Donchery, tout cela démontrait clairement que nos deux ailes étaient menacées à la fois; il était donc facile de prévoir que si par malheur la route de Mézières nous était enlevée, il ne resterait d'autre ressource à l'armée de Châlons que de mettre bas les armes, ici ou en Belgique. De fait, l'armée de la Meuse nous fermait les débouchés sur Carignan ; la IIIᵉ armée menaçait déjà fortement les communications avec Mézières. Dans ces conditions, il fallait, sous peine de périr, se dérober au plus vite, et abandonner dans la nuit même, sous la protection du 13ᵉ corps, le point si dangereux de Sedan. L'ordre n'en ayant pas été donné, nos différents corps attendirent l'attaque dans les positions qu'ils occupaient le 31, et dont voici le détail :

12ᵉ CORPS. — 3ᵉ *division* (de Vassoigne), avec une brigade (des Pallières) à Bazeilles, l'autre (Reboul) au sud-est de Balan.

2ᵉ *division* (Lacretelle), sur les hauteurs de la rive droite de la Givonne, du château de Monvillers à Daigny.

1ʳᵉ *division* (Grandchamp), réduite à la brigade Cambriels, au *fond de Givonne*.

1ᵉʳ CORPS. — 4ᵉ *division* (de Lartigue), de Daigny à Haybes.

1ʳᵉ *division* (Wolff), de Haybes à Givonne.

3ᵉ *division* (L'Hérillier), derrière la 4ᵉ, en seconde ligne.

2ᵉ *division* (Pellé), derrière la 1ʳᵉ, également en seconde ligne.

7ᵉ CORPS. — 3ᵉ *division* (Dumont), sur le plateau situé entre le bois de la Garenne et Floing, sa droite appuyée au bois.

2ᵉ *division* (Liébert), à gauche de la 3ᵉ[1], avec la brigade Guiomar en crochet défensif, face à

---

1. La 2ᵉ division du 7ᵉ corps ayant jeté deux bataillons dans Saint-Menges.

l'ouest, pour surveiller la vallée de la Meuse et les débouchés de Floing.

1re *division* (Conseil-Dumesnil), en seconde ligne, derrière les deux premières.

5e Corps, au Vieux-Camp, sauf les deux brigades Maussion et de Fontanges, dont l'une était près de Cazal, derrière la gauche du 7e corps, l'autre au sud du bois de la Garenne, reliant le 1er corps au 7e.

Les divisions de cavalerie des corps d'armée bivouaquaient derrière le centre de leurs corps respectifs. *Les divisions Margueritte et de Bonnemain* étaient massées au sud du village de Floing.

Pour qui connaît le caractère chevaleresque du maréchal de Mac-Mahon, il semble évident qu'il s'est fait scrupule de renoncer à une mission acceptée par lui, sans livrer une bataille avec toutes ses forces. Mais, dans ce cas, il eût été préférable, comme l'a jugé le général Ducrot, de prendre position sur les hauteurs d'Illy et de Saint-Menges et d'y attendre l'attaque, parce que là on ne pouvait être pris à revers ; tandis que rester à Sedan, « c'était s'enfermer au centre de la circonférence que l'ennemi devait décrire, sans espoir possible d'en sortir, si on la laissait se fermer entièrement ». Nous le répétons : le maréchal n'évaluait qu'à 70,000 hommes les forces de ses adversaires, et il ne comptait pas être attaqué le lendemain.

La fatalité, qui nous poursuivait sans répit depuis le début de cette malheureuse guerre, vint aussi rendre vaines une partie de ses précautions. Nous avons déjà vu par suite de quel fâcheux incident le pont de Bazeilles ne fut pas détruit. Celui de Donchery, grâce à une inconcevable maladresse, ne le fut pas davantage, malgré les ordres formels du commandant en chef. Une compagnie du génie avait été envoyée en effet, par chemin de fer, de Sedan à Donchery, pour opérer cette destruction ; à peine les hommes étaient-ils descendus du train, que celui-ci repartait à toute vitesse, emportant dans la direction de Mézières la poudre et les outils ! Or ce fut à dix heures du soir seulement que le maréchal fut informé de cet incident ; il renvoya sur-le-champ d'autres troupes, avec le nécessaire. Mais quand elles arrivèrent à Donchery, le pont était déjà occupé par l'avant-garde du XI⁰ corps ; elles furent refoulées, et ce point de passage si important resta au pouvoir de l'ennemi.

Cependant, les généraux français, témoins du fâcheux état des troupes, que serraient de près les avant-postes allemands, et jugeant d'autre part sur place les inconvénients de la situation tactique, éprouvaient de vives inquiétudes au sujet du sort réservé à l'armée. « Nous sommes perdus ! » disait le général Doutrelaine. Et le général Douay, à qui il s'adressait, lui répondait par ces mots résignés : « C'est mon opinion, et il ne nous reste plus, mon cher Doutrelaine, qu'à faire de notre mieux avant de succomber... ! » De son côté, le général Ducrot demandait instamment qu'on ne restât pas à Sedan et n'envisageait la situation qu'avec « un véritable désespoir ». Seul, le maréchal ne croyait pas au danger.

Et c'est ainsi que cette armée, la dernière de la France, allait périr, parce qu'un gouvernement aux abois avait violé le principe sacré de l'indépendance du commandement. Sans les fatales dépêches expédiées par le général de Palikao dans la nuit du 27 au 28, la marche sur Montmédy était abandonnée à cette dernière date ; l'armée de Châlons se retirait derrière le canal des Ardennes, vers les places du Nord ; elle restait disponible pour entreprendre, après un peu de répit, des opérations nouvelles ; enfin elle échappait aux désastreuses journées de Beaumont et de Sedan, les plus poignantes, les plus douloureuses qu'enregistre l'histoire de notre noble pays ! On a pu dire que les pressantes invitations du ministre de la guerre ne constituaient pas des ordres, et que toute liberté restait au maréchal d'y déférer ou non[1]. C'est vrai. Napoléon lui-même l'a écrit : « Un général en chef n'est pas couvert de ses fautes, à la guerre, par un ordre de son souverain ou du ministre, *quand celui qui le donne est éloigné du champ d'opérations.* » Mais ici, devant ce trône chancelant dont on

---

1. Le maréchal, raconte le colonel Stoffel, « tout en se rendant aux instances venues de la capitale », eut la précaution de faire prendre quatre copies de la dépêche adressée à l'Empereur, afin que la trace ne se perdît jamais. (*La dépêche du 20 août*, page 86.)

semblait par avance imputer la chute à l'abandon de la marche sur Metz, la situation était-elle normale? Et la responsabilité du commandant en chef ne devenait-elle pas infiniment plus lourde que celle dont est chargé un général d'armée dans les conditions ordinaires? En mettant la loyauté du maréchal à cette terrible épreuve, le cabinet du 9 août fut le principal auteur du désastre; il obéissait à des préoccupations dynastiques, et il a entraîné ainsi dans la ruine de leur dernière armée, et la dynastie qu'il entendait protéger, et le pays auquel seul il aurait dû songer.

Tandis que se déroulaient ces événements visiblement précurseurs de la catastrophe, l'empereur Napoléon III, torturé par la souffrance et miné de chagrins, errait dans la ville, attendant le dénouement du drame qu'il était impuissant à conjurer, mais qu'il devinait sans doute. La vue de ce souverain, naguère encore le premier de l'Europe, et traînant maintenant au hasard des événements les restes d'une grandeur déchue, évoquait, par la saisissante brutalité des contrastes, la pensée d'un héros de tragédie antique, achevant sa destinée au milieu d'un sombre cortège d'angoisses et de douleurs. Quand passait, l'œil morne et les traits pâlis, le César jadis tant acclamé, qui semblait aujourd'hui conduire vivant ses propres funérailles, nul cri ne signalait plus sa présence, et les soldats qui allaient mourir ne le saluaient même pas! Lui, du moins, voulut leur parler une dernière fois; mais sa voix défaillante ne connaissait plus d'autres accents que ceux de la tristesse et de l'amertume, et sa proclamation retentit dans les camps comme le glas funèbre d'un grand règne et d'un grand nom.

Soldats!

Le début de la campagne n'ayant pas été heureux, j'ai voulu, mettant de côté toute considération personnelle, confier le commandement des armées à ceux des maréchaux que l'opinion publique désignait particulièrement. Jusqu'alors le succès n'a pas couronné leurs efforts; j'apprends cependant que l'armée du maréchal Bazaine s'est reformée sous les murs de Metz et que celle du maréchal de Mac-Mahon n'a que peu souffert dans la journée d'hier. Vous n'avez donc aucun motif de découragement.

Nous avons empêché l'ennemi de pousser jusqu'à la capitale, et la France entière se lève pour chasser l'envahisseur.

Dans ces difficiles circonstances, confiant dans l'Impératrice qui me remplace dignement à Paris, j'ai préféré le rôle de soldat à celui de souverain. Aucun sacrifice ne me semblera trop lourd pour sauver notre patrie. La France, Dieu merci, compte encore des hommes de courage, *et s'il devait s'y trouver des lâches, les lois militaires et l'opinion publique sauraient en faire justice.*

Soldats ! Soyez dignes de votre antique réputation ! Que chacun fasse son devoir et Dieu n'abandonnera pas notre pays !

Napoléon.

Sedan, le 31 août 1870.

Les soldats français n'étaient pas habitués à entendre un pareil langage, véritable cri de détresse qu'il eût mieux valu taire. Tandis qu'ils le commentaient avec tristesse et étonnement, la nuit tombait sur leurs bivouacs, cette nuit qui devait être la dernière de l'armée de Châlons.

CHAPITRE V

BATAILLE DE SEDAN

I. — Déploiement de l'armée de la Meuse.

Attaque de Bazeilles par le Ier corps bavarois. — Le 1er septembre 1870, date dont le souvenir est à jamais couvert d'un voile de deuil, la fusillade éclata à Bazeilles avant le jour. Il faisait un brouillard épais, qui montait des prairies de la Meuse, et jetait sur la campagne comme un tapis de gaze blanche, dont les plis cachaient les mouvements de l'ennemi. La fraîcheur de l'aube était pénétrante, et les soldats du 12e corps, engourdis par une nuit passée au bivouac sans feu ni pain, battaient la semelle devant leurs misérables petites tentes pour ranimer un peu leurs membres endoloris, quand vers quatre heures et demie, trois bataillons ennemis surgirent tout à coup dans la grande rue de Bazeilles[1]. Le général von der Tann, suivant à la lettre les instructions du Prince royal qui lui prescrivaient de contenir l'adversaire, avait voulu en effet profiter de l'obscurité pour jeter sur la rive droite le plus de monde possible, et donné l'ordre à sa première division de se porter en silence sur Bazeilles jusqu'à la

---

1. Inquiet de ne pas entendre le bruit de l'explosion du viaduc, que le maréchal avait ordonné devant lui de faire sauter, et ignorant ce qui s'était passé la veille de ce côté, le général Lebrun avait eu la précaution de faire sonner le réveil à quatre heures, une heure avant le moment fixé.

lisière nord du bourg. Les troupes devaient s'avancer, autant qu'elles le pourraient, sans tirer, et s'emparer par surprise du village, qu'on croyait faiblement gardé.

A quatre heures du matin, les troupes les plus avancées de la première division bavaroise franchirent donc la rivière, celles appartenant à la 2ᵉ brigade au viaduc du Pont-Maugy, celles de la 1ʳᵉ sur les ponts de bateaux jetés la veille à Aillicourt. Fort peu de temps après, la colonne de gauche[1] atteignait Bazeilles sans rencontrer d'avant-postes ; mais elle se heurtait bientôt, dans la grande rue du village, aux barricades établies par l'infanterie de marine, et était rejetée dans les rues latérales, barricadées également. Au même moment, le général Reboul accourait de Balan pour remplacer le général Martin des Pallières, blessé, et, suivi bientôt de sa brigade, organisait vivement la résistance.

Le village de Bazeilles avait été assez fortement aménagé et offrait à la défense des points d'appui sérieux. La villa Beurmann en particulier, située à l'intersection de la grande route et du chemin de Daigny, était crénelée et enfilait toute la longueur de la rue ; de même, des constructions massives, existant sur la face nord, étaient garnies de défenseurs. Les Bavarois furent obligés, pour avancer, d'enlever maison par maison ; ils parvinrent bien à gagner la villa Beurmann, mais là tous leurs efforts échouèrent, et après de lourdes pertes, ils durent s'arrêter.

L'obscurité, le retentissement de la fusillade dans les rues, rendaient fort difficile de diriger l'action ; les liens tactiques se relâchaient de plus en plus au milieu de ces engagements confus dont chaque maison était le théâtre ; chasseurs et fantassins combattaient pêle-mêle[2].

A ce moment arrivait à Bazeilles la colonne de droite, venue des ponts d'Aillicourt. Le général von der Tann, avisé que le prince royal de Saxe allait jeter ses forces

---

1. Cette colonne avait, en tête, un bataillon de chasseurs, déployé en tirailleurs, et, derrière, deux bataillons, formés en lignes de colonnes de compagnie.

2. *La Guerre franco-allemande*, page 1091.

du côté de La Moncelle et qu'une division du IVᵉ corps s'approchait de Rémilly pour servir de réserve, jugea qu'il pouvait maintenant s'engager à fond. Il lança aussitôt sur Bazeilles le reste de la 2ᵉ brigade, suivie bientôt de la 3ᵉ, et ne conserva de disponible que la 4ᵉ, pour garder les ponts. Il était alors cinq heures et demie. Une offensive générale de tout ce que le Iᵉʳ corps bavarois pouvait mettre en ce moment en ligne se produisit, de Bazeilles à Monvillers ; elle échoua, et aussitôt après, la gauche de la ligne d'attaque, vivement pressée par nos soldats, dut battre en retraite précipitamment. Un groupe de chasseurs bavarois cerné dans une maison, avec un chef de bataillon, fut forcé de mettre bas les armes, et il ne resta alors au pouvoir de l'ennemi que deux constructions en pierre, situées à l'angle de la grande rue au point où elle rejoint la route de Douzy, tandis que nous occupions les deux rangées de maisons jusqu'au delà de la route en question[1]. Voyant le danger qui les menaçait, les Bavarois firent avancer des renforts, avec deux pièces qui, à une distance de 60 mètres, canonnèrent les bâtiments que nous occupions ; nous ne pouvions donc plus avancer, mais nous tenions bon dans la villa Beurmann. En vain les deux pièces sont-elles amenées à bras face à cette petite forteresse ; privées bientôt de presque tous leurs servants, elles ne peuvent se retirer que grâce au concours de fantassins qui les traînent à l'abri.

La lutte continua alors, acharnée et brutale, sans amener de résultats appréciables. De notre côté, la brigade Carteret-Trécourt, envoyée par le général Ducrot sur la demande du commandant du 12ᵉ corps, s'approchait de Balan, avec quelques régiments du 5ᵉ corps, mais n'était pas encore entrée en ligne. Du côté de l'ennemi, un bataillon avait gagné la place de l'église, mais n'avait pu pousser au delà ; à peu près toute la partie nord du village était occupée par nous, et les efforts exaspérés des Bavarois se heurtaient à

---

1. *La Guerre franco-allemande*, page 1093.

une résistance à laquelle un certain nombre d'habitants de Bazeilles participaient en gens de cœur. Cette circonstance poussa à son paroxysme la rage impuissante de l'ennemi, et alors on vit commencer une série d'horreurs qui se prolongèrent malheureusement trop pour que l'excitation de la lutte puisse leur servir d'excuse. L'incendie fut allumé, non plus par le canon, mais avec des torches flambantes, et soigneusement entretenu même après que la bataille eut pris fin. Des soldats, ivres de sang et de fureur, se ruaient à travers les ruines fumantes du village, fusillaient des blessés, s'emparaient des habitants et massacraient impitoyablement tout ce qui leur tombait sous la main, sans égards ni pour les femmes, ni pour les enfants, ni pour les vieillards. Il s'est commis là des actes de barbarie sauvage, qui ont déshonoré à jamais le nom bavarois, et dont la Relation allemande donne une idée suffisante par son récit volontairement réservé :

> La population de Bazeilles, dit-elle, prenait une part très active à la lutte, soit en opposant une résistance ouverte, soit en faisant feu des caves de maisons déjà enlevées. Des brancardiers, des blessés même n'avaient pas été épargnés, *et les Bavarois se voyaient enfin dans la nécessité d'user de rigueur à l'égard des habitants trouvés les armes à la main.* Ces circonstances portaient à son comble l'exaspération des deux partis qui, depuis si longtemps, se disputaient avec acharnement la possession du village *déjà en flammes sur plusieurs points.*

La vérité tout entière est que ces flammes avaient été allumées de parti pris, et que, parmi les habitants fusillés, une minime partie seule fut prise les armes à la main. Voici d'ailleurs des chiffres, dont la douloureuse éloquence n'a nul besoin d'être commentée. Sur 423 maisons que comptait le bourg, 37 seulement furent brûlées par les obus, tandis que *363 furent incendiées volontairement.* 43 habitants *des deux sexes* ont été massacrés sur place[1]; enfin les pertes matérielles se montèrent à la somme énorme de *cinq millions de francs !*

Les auteurs de ces cruautés sans nom, soldats vrai-

---

1. D'après le relevé fait par le maire de Bazeilles.

ment indignes de porter l'uniforme, étaient les fils de ceux qui, après avoir reçu de Napoléon Ier des bienfaits de toute sorte et couvert le maître d'adulations serviles pendant ses succès, abandonnèrent lâchement l'armée française au moment des revers, et tournant contre elle leurs armes mercenaires, l'obligèrent à leur passer sur le ventre à Hanau ! Ils étaient ceux-là même que les Prussiens avaient si facilement battus en 1866, et qui allaient pousser la bassesse jusqu'à offrir les premiers à leur vainqueur d'hier une couronne impériale qui leur enlevait et leur indépendance et presque leur autonomie ! Le souvenir des horreurs de Bazeilles couvre leur nom d'une honte ineffaçable et suffit à déshonorer leur succès[1].

Tandis que l'incendie accomplissait son œuvre destructive, le brouillard s'éclaircissait peu à peu. L'artillerie bavaroise, qui jusqu'alors n'avait pu prendre part à la lutte, ouvrit son feu vers six heures, et couvrit

---

1. Le récit de ces faits souleva dans l'Europe entière une violente explosion d'indignation. Les journaux étrangers dénoncèrent au monde civilisé des procédés qui reportaient la guerre à quatorze siècles en arrière, et l'horreur en fut telle que le général von der Tann dut plaider les circonstances atténuantes. Par une lettre adressée le 20 juin 1871 à l'*Allgemeine Zeitung*, il prétendit que le feu avait été mis à Bazeilles autant par nos obus que par les canons bavarois ; que les citoyens morts pendant la lutte avaient tous été *tués accidentellement* et que leur nombre ne dépassait pas 39 ; enfin que tout cela était un malheur regrettable, mais un de ces événements fréquents à la guerre et impossible à empêcher.
Malheureusement pour le général bavarois, le démenti ne se fit pas attendre. Il avait eu, dans sa lettre, l'audace d'en appeler au témoignage de M. Bellomet, maire de Bazeilles. Cet honorable magistrat protesta avec la dernière énergie contre ces insinuations (numéro de l'*Écho de Givet* du 5 août 1871), et ses affirmations irrécusables furent encore corroborées par la parole du vénérable abbé Baudelot, alors desservant à Bazeilles, et depuis curé de Carignan. Au surplus, il existe une pièce authentique, conservée aux archives de la ville de Sedan, et dont les termes suffisent à fixer ce point d'histoire. C'est une communication officielle adressée par le commandant allemand de la place de Sedan, le 29 septembre 1871, au commissaire civil, et interdisant les souscriptions ouvertes, en faveur des pauvres de Bazeilles, par les Anglais venus pour visiter le champ de bataille. « Je vois dans ce fait, y est-il dit, un blâme et une fausse interprétation de la *sentence exécutée contre ce village.* » Voilà qui prouve suffisamment que si les obus, voire la fatalité, sont pour quelque chose dans la destruction de Bazeilles, ils ont été puissamment aidés dans leur œuvre destructive par des instructions venues de haut.

d'obus « les masses d'infanterie et les **batteries** ennemies *en position au nord de Bazeilles* [1]. » Elle était postée sur les hauteurs entre Pont-Maugy et Aillicourt. Une seule batterie était venue se mettre au sud-est de La Moncelle, et là, de concert avec une batterie saxonne qui avait précédé l'avant-garde du XIIe corps en marche sur ce point, elle tirait sur les troupes du géné-Lacretelle.

Avec l'appui de cette artillerie, le général von der Tann jugea alors opportun de prendre pied dans le parc de Monvillers que nous occupions toujours. Justement sa 2e division débouchant à ce moment, il la lança contre le château; un bataillon de chasseurs, puis un régiment pénétrèrent dans le parc et nous refoulèrent. Bientôt la lutte entre Bazeilles et La Moncelle devint d'une extrême violence, et les Bavarois voulurent profiter de leur supériorité numérique pour aborder à la fois de front et de flanc l'imprenable villa Beurmann. Mais, bien qu'appuyés par une artillerie contre laquelle, en raison de la distance, les batteries de réserve du 12e corps français ne pouvaient rien, ils ne réussirent pas encore à triompher de l'énergique résistance que leur opposait l'infanterie de marine. La villa Beurmann nous resta.

Quant aux Bavarois, ils avaient perdu un monde énorme, et leurs trois premières brigades se trouvaient presque tout entières dispersées en tirailleurs, sans autre soutien que quelques compagnies restées groupées jusque-là. La 4e brigade arrivait de la Meuse. Il était environ huit heures et demie. Tout le Ier corps bavarois était engagé devant Bazeilles, sans réussir à s'en emparer. Son artillerie de réserve, voyant qu'elle produisait en somme assez peu d'effet, franchit la rivière à son tour, et s'approcha du théâtre de l'action. Quant au général von der Tann, posté à l'angle sud du village, il fit alors demander à la division du IVe corps, envoyée

---

1. *La Guerre franco-allemande*, page 1095. On voit que l'objectif des batteries bavaroises n'était même pas le village, et que, par suite l'incendie qui dévorait celui-ci avait une autre cause que le tir de l'artillerie.

à Rémilly, de s'avancer aussi pour le soutenir.

*Attaque de La Moncelle et de Daigny par le XII*e *corps.*
— Sur ces entrefaites, le XII*e* corps s'était engagé depuis quelque temps déjà contre nos troupes en position sur les hauteurs de la Givonne. Nous avons vu que déjà depuis six heures du matin, une batterie saxonne était venue se poster entre Daigny et La Moncelle, d'où, appuyée successivement par une, puis par deux batteries bavaroises, elle avait canonné les troupes de la division Lacretelle. Vers six heures et demie, l'avant-garde saxonne, formée par la 24*e* division, débouchait à son tour[1], s'emparait de La Moncelle, très faiblement défendue, ainsi que de la Platinerie, prenait pied sur la pente ouest du ravin, dans deux maisons en bordure de la route de Bazeilles à Daigny, et donnait la main aux Bavarois établis dans le château de Monvillers.

Le prince Georges de Saxe, commandant le XII*e* corps, croyait encore qu'il ne s'agissait pour lui que d'immobiliser un ennemi déjà en retraite. Quand il s'aperçut, à son arrivée à La Moncelle, que nous opposions à Bazeilles une résistance opiniâtre et que, devant lui, les hauteurs de la Givonne se garnissaient de troupes, il comprit que c'était une vraie bataille qui commençait, et qu'il fallait hâter l'entrée en ligne de ses forces. Il envoya donc l'ordre à l'artillerie du corps d'accourir, et à la 23*e* division, qui marchait en arrière, de la suivre le plus rapidement possible. Dès sept heures, les batteries de la 24*e* division entraient en action ; elles furent presque immédiatement suivies par les batteries de corps, de sorte que bientôt 72 pièces[2] se déployèrent derrière La Moncelle, à cheval sur la route de Lamécourt, et écrasèrent de projectiles notre artillerie, trop faible pour les contre-battre efficacement.

Le maréchal de Mac-Mahon est blessé. — *Double changement de commandement.* — A ce moment se

---

1. « A trois heures et demie du matin, conformément à l'ordre du commandant en chef de l'armée de la Meuse, le prince Georges de Saxe avait prescrit au XII*e* corps de se rassembler sur-le-champ à Douzy, et de porter, à cinq heures, une brigade de la 24*e* division sur La Moncelle. » (*La Guerre franco-allemande,* page 1099.)

2. 12 batteries dont 10 saxonnes et 2 bavaroises.

produisit un événement d'une exceptionnelle importance. Dès les premières heures du jour, le maréchal de Mac-Mahon, tourmenté par les graves nouvelles que lui avait données, la veille au soir, le général Douay, envoyait en reconnaissance, du côté de Donchery, deux officiers de son état-major. Il craignait que les Allemands ne se fussent portés en force de ce côté pendant la nuit[1], et qu'il en résultât une sérieuse menace pour la route de Mézières. Comme il attendait le retour de ces officiers, il reçut, vers cinq heures et demie du matin, une dépêche du général Lebrun lui annonçant l'attaque des Bavarois, et lui rendant compte de la chaude affaire de Bazeilles. Montant à cheval aussitôt, il se porta au galop vers la division de Vassoigne, dont la vigoureuse attitude lui parut rassurante, et chercha alors à joindre le commandant du 12e corps. Celui-ci était en ce moment à la gauche de ses troupes, devant La Moncelle où débouchaient les têtes d'avant-gardes saxonnes. Le maréchal tourna à gauche vivement, prit le chemin qui conduit de Balan à La Moncelle, et, arrivé sur la crête, s'arrêta un moment pour observer les mouvements de l'ennemi. Tout à coup un obus, parti des batteries saxonnes, vint éclater devant lui, brisa une jambe de son cheval et l'atteignit lui-même à la hanche d'un de ses éclats. Le maréchal pâlit. — « Monsieur le maréchal, vous êtes blessé; voulez-vous mettre pied à terre? lui cria son aide de camp, le colonel d'Abzac. — Non, ce n'est rien! » répondit le maréchal. Quelques instants après cependant, il perdait connaissance et on devait l'emporter. Il était alors six heures un quart environ[2].

Il fallait pourvoir sans tarder au commandement que le duc de Magenta se trouvait dans la nécessité d'abandonner. Or, de tous les commandants de corps d'armée, le général Ducrot était celui qui paraissait le mieux au

---

1. *Déposition du maréchal devant la Commission d'enquête sur le 4 septembre.*
2. L'emplacement exact où le maréchal est tombé, près de l'intersection du chemin de Balan à La Moncelle avec celui de La Moncelle à Bazeilles, est marqué par une petite croix en pierre, sur laquelle n'existe d'ailleurs aucune inscription.

courant de la situation ; aussi, bien qu'il ne fût pas l
plus ancien, le maréchal n'hésita pas à lui confier la
direction suprême de la bataille, et lui envoya, pour le
prévenir du redoutable honneur qui lui incombait, un
de ses officiers d'état-major, le commandant de Bastard.

Tandis que celui-ci galopait à la recherche du général
Ducrot, à travers le champ de bataille, un éclat d'obus,
reçu en pleine figure, le jeta presque inanimé sur le
sol. Il fallut donc déférer sa mission à un autre officier,
et ce fut le commandant Riff qui, après des difficultés
nombreuses, parvint enfin à la remplir. Il était à ce
moment huit heures environ.

Contrairement à ce que croyait le maréchal, le commandant du 1er corps était, comme tous ses collègues,
dans la plus complète ignorance de la situation. Lui-
même a écrit que, privé d'instructions quelconques, il
ne connaissait rien des intentions du général en chef,
et ne savait même pas si la bataille engagée était offensive ou défensive. Il connaissait seulement l'apparition
de forces ennemies sur les deux ailes de l'armée, mais
tout en appréciant la gravité de cette menace, il ne
croyait pas la route de Mézières compromise. Et, de
fait, ainsi qu'on en jugera par la suite des faits, elle ne
l'était pas encore complètement. Cependant il n'y avait
pas un instant à perdre, car déjà la IIIe armée venait
d'entamer la manœuvre qui devait nous l'interdire absolument. Le général Ducrot prit aussitôt son parti.
Revenant à son projet de la veille, il se décida à rompre
le combat et à reporter l'armée tout entière sur le plateau d'Illy, face au sud. Une fois là, il aurait avisé aux
moyens de se retirer sur Mézières, en sacrifiant au
besoin une arrière-garde, investie de la mission glorieuse de se dévouer au salut commun.

Les ordres sont envoyés sans plus tarder. La retraite
va s'opérer par échelons, en commençant par les troupes
postées sur la rive droite de la Givonne (divisions
Grandchamp, Pellé et L'Hérillier). La division Wolff,
du 1er corps, partira la dernière, en défendant le terrain
pied à pied. Le général de Vassoigne retirera ses troupes
par échelons de brigade, à la faveur d'un retour offensif

exécuté comme diversion par la division Lacretelle contre La Moncelle. Enfin, la division de Lartigue, déjà engagée, ainsi qu'on le verra tout à l'heure, sur la rive gauche de la Givonne, y restera jusqu'à nouvel ordre, pour garder le pont de Daigny, à la conservation duquel le général Ducrot attache une importance extrême.

Ces différents mouvements étaient à peine commencés que le général Ducrot recevait le billet suivant :

> L'ennemi est en retraite sur notre droite. J'envoie à Lebrun la division Grandchamp. Je pense qu'il ne doit pas être question en ce moment de mouvement de retraite. *J'ai une lettre de commandement de l'armée du ministre de la guerre, mais nous en parlerons après la bataille.* Vous êtes plus près de l'ennemi que moi. Usez de toute votre énergie et de tout votre savoir pour remporter la victoire sur un ennemi dans des conditions désavantageuses. En conséquence, soutenez vigoureusement Lebrun, tout en surveillant la ligne que vous étiez chargé de garder.
>
> De Wimpffen.

Le nouveau commandant du 5ᵉ corps venait en effet de produire une lettre de commandement à lui donnée, avant son départ de Paris, par le général de Palikao, et de revendiquer sur-le-champ l'exercice des droits qu'elle lui conférait. Depuis près de deux heures déjà, il connaissait la blessure du maréchal, et s'il n'avait pas encore réclamé le commandement suprême, c'est, a-t-il écrit, qu'il considérait d'abord le général Ducrot comme le continuateur de la pensée du maréchal. Quand il vit que le 12ᵉ corps tenait bon à Bazeilles, il espéra pouvoir bientôt passer à l'offensive. Arrivé de la veille à l'armée, il n'était au courant ni de son état déplorable, ni de la série de graves indices qui faisaient entrevoir à d'autres généraux, mieux renseignés que lui sur la réalité des choses, la menace d'un prochain enveloppement. Pénétré, d'autre part, des idées qu'avant son départ de Paris, le général de Palikao lui avait exposées avec chaleur, il ne voulait pas encore renoncer à opérer une jonction, désormais chimérique, avec l'armée de Metz, et n'admettait pas d'autre solution possible qu'une percée dans la direction de Carignan. Les ordres donnés par le général Ducrot dans un sens diamétralement contraire le décidèrent à assumer la lourde responsabilité qu'il ne tenait qu'à lui de ne pas encourir, et il n'hésita pas à se faire reconnaître formellement en qualité de commandant en chef.

Ainsi, il n'était pas neuf heures, que déjà l'armée française avait passé par trois directions différentes. Au début, il semblait qu'on dût se défendre sur place ; le général Ducrot avait ordonné la retraite ; le général de Wimpffen commandait, lui, de reprendre l'offensive. En vain son prédécesseur lui fit-il remarquer combien était dangereuse et aléatoire son inspiration. En vain essaya-t-il de lui signaler « la question de vie ou de mort qui s'agitait[1] » Le général de Wimpffen demeura inébranlable dans son obstination. — « Ce n'est pas une retraite qu'il nous faut, dit-il ; c'est une victoire ! » De victoire, hélas ! il ne pouvait déjà plus être question pour nous, et à l'heure où le nouveau général en chef croyait pouvoir y compter encore, les progrès de l'ennemi sur nos deux ailes détruisaient les dernières chances qui nous restassent, non pas de l'obtenir, mais même de nous sauver. Au surplus, quelque opinion qu'on puisse avoir sur la valeur de l'une ou l'autre des combinaisons indiquées, dont l'antagonisme a donné lieu à des polémiques sans fin et à un procès retentissant[2], il est incontestable qu'un double changement aussi radical dans la tactique adoptée, à si peu d'intervalle et dans un pareil moment, ne pouvait qu'être funeste. Les événements, en se précipitant, se chargèrent d'eux-mêmes, et avec une précision terrible, de le prouver.

En exécution des ordres du général de Wimpffen, les 1er et 12e corps furent donc ramenés sur leurs anciennes positions, avec mission de prendre une offensive vigoureuse. Le commandant en chef espérait, a-t-il écrit depuis, « pouvoir écraser la gauche de l'ennemi

---

1. Colonel CANONGE, loc. cit., page 212.
2. *Procès de Wimpffen-Cassagnac* devant la Cour d'assises de la Seine, 1875.

formée des deux corps bavarois, puis les ayant battus et jetés à la Meuse, revenir avec le 12ᵉ et le 1ᵉʳ corps pour combattre, avec toute l'armée réunie, l'aile droite des Allemands. » Il ne faisait entrer en ligne de compte ni les Saxons, déployés déjà sur la rive gauche de la Givonne, ni la Garde, dont les têtes de colonne venaient prolonger au nord de Daigny l'aile droite du XIIᵉ corps, ni surtout la IIIᵉ armée, qui s'avançait au nord de Donchery et allait bientôt écraser le 7ᵉ corps. Dans tous les cas, il s'agissait là d'une tentative que la masse des troupes ennemies rendait singulièrement hasardeuse. « En thèse générale, dit à ce sujet très justement M. le colonel Canonge, un pareil jeu est à la rigueur possible lorsque, de part et d'autre, les forces sont à peu près égales ; on n'a pas le droit même de songer à le tenter, lorsque l'on a devant soi une armée jusqu'alors victorieuse, bien conduite, et dont la supériorité numérique s'affirme par plus de 100,000 hommes. D'ailleurs, dans le cas particulier qui nous occupe, le danger véritable venait du nord (aile gauche ennemie) et le 7ᵉ corps, malgré la vigueur de sa résistance, ne pouvait qu'être impuissant à le conjurer, d'autant mieux que les débris du 5ᵉ corps comptaient à peine comme appui. Le résultat le plus net de la décision prise par le général de Wimpffen, à un moment où les minutes valaient des heures, fut une perte de temps qui assura la ruine de l'armée en lui enlevant toute chance de salut[1]. »

Admettons même un instant que la manœuvre ait réussi. Nous percions dans la direction de Carignan. Et après ? Croit-on que cette armée, épuisée de privations et de fatigues, réduite dans des proportions considérables par les pertes des deux batailles de Beaumont et de Sedan, n'ayant à compter sur aucun approvisionnement ni aucun renfort, aurait pu aller bien loin ? Croit-on qu'avec les forces énormes dont ils disposaient, les Allemands l'auraient laissée continuer sa marche et qu'il se serait écoulé longtemps avant qu'ils ne l'eussent acculée contre la frontière belge, ou étouffée entre leurs

---

1. Colonel Canonge, *loc. cit.*, page 212.

troupes mobiles et les corps prélevés sur le **blocus de Metz** ? Non ! l'idée de la percée sur Carignan pouvait se terminer peut-être en héroïque folie ; elle n'eût abouti à aucun résultat. Certes, la retraite sur Mézières n'était guère autre chose qu'un expédient, mais un expédient qui pouvait conserver pour des luttes futures une bonne partie des forces françaises, et qui leur eût certainement épargné la honte de mettre bas les armes devant un ennemi sans générosité.

Prise de Daigny et entrée en ligne de toute l'armée de la Meuse. — Tandis que la blessure du maréchal imprimait de notre côté à la bataille ce fatal caractère d'incertitude, la lutte avait continué sur les deux rives de la Givonne. Dès sept heures du matin, les Saxons s'étaient étendus à droite, vers Daigny, et les généraux Ducrot et Lebrun avaient vainement cherché à arrêter leur mouvement. La brigade de cavalerie Michel, puis la brigade Fraboulet de Kerléadec, et un bataillon du 3ᵉ tirailleurs algériens, de la division Lartigue, franchirent le ruisseau, vers sept heures, et tentèrent de prendre le XII° corps en flanc. Marchant en ligne déployée, le 56ᵉ à droite, et le 3ᵉ zouaves à gauche, sous la protection des batteries divisionnaires, la brigade de Kerléadec se porta résolument contre le 105ᵉ saxon, qui était déployé un peu en avant de la lisière ouest du bois Chevalier, et l'obligea à reculer. L'artillerie ennemie, postée au nord-est de La Moncelle, est elle-même menacée par nos tirailleurs qui s'en approchent à moins de 500 mètres, et bientôt la situation des contingents saxons devient tout à fait critique. Mais alors se présentent des renforts importants. La ligne allemande s'épaissit et s'allonge ; le gros de la 24ᵉ division apporte son concours aux défenseurs du bois Chevalier, si gravement compromis ; des fractions des régiments bavarois, se glissant le long de la rivière, arrivent jusqu'à la Ripaille, et en un instant notre vaillante troupe, débordée sur ses deux ailes, est refoulée sur Daigny, laissant sur le terrain, avec un grand nombre de morts et de blessés, deux canons et deux mitrailleuses. Immédiatement les **Saxons**, profitant de leur énorme supériorité numérique[1], passent à l'offensive; Daigny est enlevé; la Ripaille et le pont de la Givonne sont occupés, et malgré une résistance acharnée opposée jusqu'à la fin par les tirailleurs algériens principalement, la brigade de Kerléadec est repoussée jusque sur les hauteurs de la rive droite. Il était alors près de dix heures, et c'était précisément l'instant où se produisaient dans la ligne de bataille les fluctuations produites par le double changement de commandement. Malgré la mauvaise impression qui en résulta, la division de Lartigue, revenue sur ses premières positions, maintint par son feu les Saxons sur la rive gauche, et les empêcha de pousser plus loin leurs succès. Mais, à ce moment, l'arrivée de la Garde prussienne menaçait déjà la gauche du 1er corps ; tandis que sur sa droite, le 12e corps, accablé de tous côtés à la fois, était sur le point de succomber.

Prise de Bazeilles. — Forts de l'appoint des troupes fraîches qui, au fur et à mesure de l'arrivée sur le terrain des différents éléments des colonnes bavaroises et saxonnes, venaient grossir leurs effectifs, les Allemands jugèrent, vers dix heures, qu'il était temps pour eux de passer à l'offensive à La Moncelle et à Bazeilles. De ce côté, en effet, leurs progrès ne s'étaient guère accentués depuis le matin. Le retour offensif de la division Lacretelle, exécuté, comme on l'a vu, sur l'ordre du général de Wimpffen, avait même eu pour effet de forcer les batteries établies au nord du château de Monvillers à se replier en arrière, et il en résultait, pour les contingents qui tenaient la ligne de la basse Givonne, une situation assez précaire qui ne pouvait se prolonger sans danger. Fort heureusement pour eux, la 23e division (saxonne) venait de déboucher, à neuf heures, amenant avec elle quatre nouvelles batteries. Un peu plus tard, la tête de la 4e brigade bavaroise atteignait Monvillers. Ces renforts avaient permis aux Allemands

---

1. La 24e division était en ce moment tout entière en ligne. La 23e n'avait pas encore atteint le champ de bataille. Quand elle y arriva, toute la ligne de la Givonne était au pouvoir de l'ennemi, et elle fut, comme on le verra plus tard, dirigée vers Illy.

de tenir bon sur le terrain qu'ils occupaient et de garder le point d'appui de Monvillers. Mais jusqu'à présent, quelques-uns de leurs tirailleurs seulement avaient réussi à franchir la Givonne sur des passerelles improvisées.

D'autre part, dans Bazeilles même, la situation n'était pas beaucoup meilleure pour eux. Le général de Vassoigne venait de refouler les Bavarois jusqu'à la place de l'église ; ceux-ci avaient peine à se maintenir dans la partie est du village, dont la possession leur était indispensable pour donner la main aux défenseurs de Monvillers, et il n'avait fallu rien moins que l'arrivée de la 8e division (du IVe corps) à la gare de Bazeilles, pour que leur conquête de la matinée ne leur échappât point complètement.

Cependant, deux compagnies saxonnes, entrées depuis sept heures du matin dans les deux maisons situées au croisement du chemin de Balan à La Moncelle avec la route de Bazeilles à Daigny, n'en avaient pas encore été chassées. Elles commençaient à manquer de cartouches et le besoin urgent qu'elles avaient d'être secourues amena successivement de leur côté des contingents bavarois et saxons qui, bientôt soutenus eux-mêmes, entraînèrent dans un mouvement d'offensive générale une partie des forces ennemies. Bientôt, en dépit d'une vive résistance et de très lourdes pertes, la masse des bataillons allemands, poussée par de nombreux soutiens, gravit les hauteurs de la rive droite, à l'ouest de La Moncelle, et parvint à faire rétrograder sur Balan la division de Lacretelle, fatiguée de cette longue lutte, et privée des renforts que ses adversaires recevaient si abondamment. Le plateau compris entre les deux routes de Bazeilles à Balan et à Daigny était tout entier au pouvoir des Saxons.

Pendant ce temps, les Bavarois avaient enfin conquis Bazeilles en ruines. Les vaillants défenseurs de la villa Beurmann, attaqués de front par la grande rue, pris à revers par des compagnies bavaroises qui avaient réussi, en s'ouvrant avec des serpes un passage à travers les haies, à déboucher du parc de Monvillers, venaient d'évacuer la petite citadelle si bravement et si longuement défendue. Les Bavarois envahirent alors le village de toutes parts, livrant des combats isolés avec des soldats et des habitants qui ne voulaient pas se rendre, incendiant ce qui restait de constructions intactes, et poursuivant le cours de leurs abominables violences. La division de Vassoigne se replia sur Balan, où arrivait en même temps la division Lacretelle ; toutes deux s'y postèrent pour tenir tête encore au flot des assaillants. *Une heure après*, « Bazeilles presque tout entier était en flammes [1] ».

La dernière cartouche. — C'est ici que se place l'épisode immortalisé par le pinceau de notre grand peintre Alphonse de Neuville, et connu de tous sous le nom de *la Dernière cartouche*.

Au nord de Bazeilles, dans une maison isolée qui touche au faubourg de Balan et qui s'appelle la maison Bourgerie, une poignée d'hommes s'était barricadée et, prolongeant la résistance avec une incroyable audace, tenait en échec pour ainsi dire un corps d'armée tout entier. Le 15ᵉ régiment bavarois cernait la maison, fusillait les fenêtres, mais n'osait cependant tenter un assaut. Les défenseurs, dirigés par trois officiers d'infanterie de marine, le commandant Lambert, les capitaines Ortus et Aubert, avaient transformé les ouvertures de la maison en meurtrières par lesquelles ils décimaient les assaillants. Vainement ceux-ci amènent-ils renfort sur renfort ; vainement leurs projectiles réduisent-ils en miettes les matelas dont sont barricadées les fenêtres, labourent-ils les boiseries et les portes ! Des deux chambres du premier étage, où se tiennent ces intrépides soldats, part un feu de mousqueterie continu, dont les résultats sont sanglants pour l'ennemi. Bientôt, cependant, la petite troupe diminue ; les blessés gisent pêle-mêle avec les morts, sur le lit, sur le sol taché de larges plaques rouges... les chambres sont remplies d'une fumée âcre et épaisse qui asphyxie, les plafonds se trouent et les murs s'éventrent, jetant par-

---

1. *La Guerre franco-allemande*, page 1734.

tout des débris qui sont autant de projectiles... **Le général bavarois**, impatienté de cette résistance prolongée, la fait maintenant réduire par le canon. Mais voici, pour comble d'infortune, que les munitions s'épuisent; on vide les cartouchières des blessés et des morts... Encore trois coups à tirer... encore deux... encore un ! Celui-là, c'est le capitaine Aubert qui le tire lui-même, tandis que le commandant Lambert, sa cuisse blessée enveloppée d'un mouchoir, regarde, appuyé sur l'entablement du bahut placé près de la fenêtre, et que les soldats, les poings crispés et la figure contractée, attendent, la rage au cœur de leur impuissance, que la mort vienne les chercher !

Enfin, le terme de cette lutte héroïque est arrivé. Le commandant Lambert descend, fait ouvrir la porte, et s'offrant en holocauste à l'exaspération des Bavarois, présente sa poitrine. Une vingtaine d'hommes l'entourent, en poussant des cris de haine et de fureur. Les baïonnettes le menacent de toutes parts... Il va être massacré, quand un capitaine bavarois se précipite entre lui et ses soldats, le couvre de son corps et lui sauve la vie... Le nom de cet ennemi généreux ne doit pas être passé sous silence. Il s'appelait Lessignold. Quant aux survivants de la défaite, ils étaient quarante à peine, presque tous blessés. On les fit prisonniers. Le soir, on conduisit les trois officiers au prince royal de Prusse. — « Messieurs, leur dit-il, je n'admets pas qu'on désarme d'aussi braves soldats que vous. Gardez votre épée[1] ! »

---

1. La maison Bourgerie a été depuis convertie en musée historique où sont conservées pieusement les reliques de cette admirable défense. Le plafond crevé, l'armoire mouchetée de balles, l'alcôve maculée et hachée sont restés tels quels. Dans un coin, une vieille horloge, frappée par un projectile et arrêtée au milieu de la lutte, marque éternellement l'heure du glorieux fait d'armes, onze heures trente-cinq minutes. Et le voyageur qui, visitant le douloureux champ de bataille, arrive à cette maison délabrée, et gravit l'escalier de cette chambre, se découvre respectueusement devant ces lieux témoins de tant d'héroïsme, et envoie un souvenir ému aux braves, morts ou vivants, qui y ont soutenu si dignement l'honneur du nom français.
D'ailleurs, toute cette défense de Bazeilles est absolument glorieuse. La division de Vassoigne a perdu là 32 officiers tués, 70 blessés, et 2,555 hommes hors de combat; les Bavarois, avec la 8ᵉ division (du

Les débris du 12ᵉ corps, auxquels le général Lebrun communiquait son ardeur infatigable, se maintinrent, après ce glorieux épisode, aux alentours du faubourg de Balan, et purent contenir les progrès des Saxons et des Bavarois. L'artillerie, qui avait fait des prodiges pour couvrir la retraite de nos troupes, dut se replier, à son tour, fortement éprouvée, sur les hauteurs situées entre Balan et le *fond de Givonne*. Deux batteries saxonnes venaient en effet de franchir la Givonne à La Moncelle, et de prendre pied sur les hauteurs de la rive droite, d'où elles tiraient à petite distance sur nos pièces, tandis que les autres batteries, en position sur la rive gauche, continuaient leur feu à longue portée. Une certaine accalmie ne tarda pas cependant à se produire de ce côté. Les Allemands avaient grand besoin de remettre un peu d'ordre dans leurs unités absolument confondues, et, de notre côté, il était nécessaire de laisser aux soldats harassés un instant de répit. L'ennemi s'établit donc sur les positions conquises, et la lutte ne fut plus entretenue que par quelques coups de canon et une vague fusillade, jusqu'à l'effort suprême dont il sera question plus loin.

Engagement entre la Garde prussienne et le 1ᵉʳ corps. — Le général Ducrot, après avoir, conformément aux ordres du général de Wimpffen, ramené sur leurs positions premières les deux divisions Pellé et L'Hérillier, en retraite vers Illy, s'était porté de sa personne au bois de la Garenne, qu'il savait déjà menacé. Depuis les premières lueurs du jour, en effet, il avait distingué des masses épaisses se dirigeant du sud au nord, en avant du front de ses troupes, et il savait, d'autre part, par le dire d'un paysan, que des troupes de toutes armes avaient atteint déjà Francheval et Villers-Cernay. C'étaient là, assurément, de graves indices, qui le confirmaient dans sa pensée primitive, et lui montraient l'urgence de plus en plus instante d'une occupation solide du plateau d'Illy.

IVᵉ corps), y ont laissé 2,500 hommes environ. *Trois officiers français, pris dans une maison qu'ils défendirent à outrance, ont été passés par les armes*, au mépris du droit des gens et du droit militaire.

Les troupes dont l'approche lui était ainsi signalée, menaçant de la façon la plus grave notre aile gauche, et indiquant chez l'ennemi le projet arrêté de nous tourner par le nord, appartenaient au corps de la Garde, que le prince de Wurtemberg avait mis en route, dès quatre heures et demie du matin. A huit heures seulement, la 1re division, retardée par de mauvais chemins, était arrivée à Villers-Cernay ; l'autre suivait encore en arrière. Apprenant alors la situation des affaires à La Moncelle et à Bazeilles, le prince de Wurtemberg prescrivit à la 1re division de marcher sur Givonne, avec l'artillerie de corps et la division de cavalerie, chargée de couvrir sa droite ; à la 2e division de se déployer provisoirement devant Villers-Cernay.

Mais déjà l'avant-garde, sur l'ordre spontané du général de Pape, avait gagné les hauteurs à l'ouest de Villers-Cernay, afin d'y devancer les Français, qu'on croyait vouloir se dérober par la route de Bouillon. Son mouvement offensif, coïncidant exactement avec la retraite de la brigade de Kerléadec, refoulée sur la rive droite, ainsi qu'on l'a vu, par les Saxons, s'effectua très aisément, et il suffit aux têtes de colonne de la 1re division de la Garde de repousser, dans des escarmouches de détail, les tirailleurs avancés du 1er corps, pour gagner la ligne de la Givonne, et occuper même le village de ce nom qui n'était point gardé par des forces suffisantes [1]. Protégée ainsi par l'avant-garde solidement postée dans des points d'appui situés de front sur la rivière, et de flanc à la lisière nord du bois de Villers-Cernay, l'artillerie de la Garde put se mettre en batterie, en avant du bois, et entamer la lutte avec les batteries françaises déployées de l'autre côté de la vallée, entre Haybes et Givonne. Dès neuf heures, six batteries avaient déjà ouvert le feu ; d'autres arrivaient succes-

---

[1]. Sauf Bazeilles, aucun des villages situés devant le front de l'armée n'avait été sérieusement occupé. Il en résulta que malgré les efforts des défenseurs postés sur les hauteurs, les Allemands s'en emparèrent successivement, sans grande peine, et s'assurèrent ainsi la possession des débouchés de la Givonne, qui leur furent si utiles plus tard.

sivement et prenaient pour objectif les pièces de la division de Lartigue. Enfin, de l'infanterie française s'étant montrée dans les bois, au nord de la route de Liège, on envoyait aussi de ce côté quelques obus. Le résultat de cette violente canonnade, que notre artillerie était trop faible pour éteindre, fut immédiat. La division Wolff, écrasée de projectiles, la division de cavalerie Michel (ancienne division Duhesme), fortement éprouvée aussi, durent se replier, la première sur la lisière du bois de la Garenne, la seconde vers le nord. Une partie de nos pièces se retirèrent ; un grand nombre furent mises hors d'usage. Cependant, de ce côté, l'infanterie allemande ne se montrait pas encore.

Il était tout près de neuf heures ; le prince Georges de Saxe, aux prises devant La Moncelle avec la division Lacretelle, avait déjà demandé à plusieurs reprises au prince de Wurtemberg de venir l'appuyer, quand celui-ci reçut, du prince royal de Saxe, l'ordre de diriger la Garde sur Fleigneux, aussitôt qu'elle serait maîtresse des positions de la Givonne. Le commandant en chef de l'armée de la Meuse, pensait, en effet, que le but à atteindre pour lui était « d'arriver le plus promptement possible à se relier par la droite à la III⁰ armée, de manière à lui venir en aide, le cas échéant, et à empêcher l'ennemi de se dérober derrière la frontière [1] ». D'autre part, le prince de Wurtemberg, posté à côté de l'artillerie de corps de la Garde, sur la croupe du bois de Villers-Cernay, apercevait distinctement déjà les premiers efforts de la III⁰ armée, dont les têtes de colonnes entamaient l'action du côté de Saint-Menges. Il ne crut donc pas devoir entièrement déférer aux instances du prince Georges de Saxe ; mais il lui envoya cependant, pour le soutenir, une partie de ses forces, tandis que l'autre était dirigée, par Givonne, vers le plateau d'Illy. Ce dernier mouvement, en opérant la jonction des deux armées allemandes et la soudure du cercle d'investissement, allait montrer combien le général Ducrot voyait juste, quand il considérait la possession de ce plateau

---

1. *La Guerre franco-allemande*, page 1127.

et des hauteurs de Saint-Menges comme une question de vie ou de mort.

En vertu des ordres donnés par le prince de Wurtemberg, la 2ᵉ division de la Garde, arrivée déjà de Villers-Cernay près du bois Chevalier, se rapprocha donc de Daigny pour y appuyer le XII° corps. Toute l'artillerie du corps de la Garde fut déployée sur les hauteurs de Haybes, afin de préparer l'attaque de la 1ʳᵉ division contre Givonne et le bois de la Garenne. Enfin, la division de cavalerie remonta vers Illy, pour donner la main à la III° armée.

De La Moncelle à Givonne, sur les crêtes qui dominent la rive droite du ruisseau, il y avait maintenant une formidable ligne de batteries, bavaroises, saxonnes et prussiennes, qui criblaient de projectiles les troupes du 1ᵉʳ corps, et auxquelles les nôtres ne pouvaient riposter que faiblement. Sous leur protection, l'infanterie occupait fortement les villages du fond de la vallée, et, à droite, la 1ʳᵉ division de la Garde débordait même Givonne et prenait pied sur la berge occidentale. En vain, dans plusieurs retours offensifs, les soldats du 1ᵉʳ corps essayent-ils de refouler les assaillants ; en vain des nuées de tirailleurs, appartenant aux divisions Wolff et L'Hérillier, se lancent-ils sur Givonne. La puissance d'un feu meurtrier d'artillerie brise leurs efforts. Dix pièces françaises, dans un élan fougueux et irréfléchi, se précipitent alors vers la portion sud du village, que l'ennemi n'occupe pas encore, traversent le pont, et essayent de se mettre en batterie pour prendre d'écharpe la ligne allemande ; leur tentative trop téméraire n'aboutit qu'à un désastre, car presque instantanément enveloppées de fantassins qui se jettent sur les servants et les chevaux, elles sont capturées, sans même avoir pu décrocher les avant-trains. 7 canons, 3 mitrailleuses, 10 officiers, 263 hommes, 142 chevaux et 6 mulets tombent ainsi, par suite de cette héroïque folie, entre les mains des fusiliers de la Garde prussienne !

En même temps, la cavalerie de la Garde chassait de la Chapelle le bataillon des *Francs-tireurs de Paris* (de la division L'Hérillier)[1], exposé d'autre part au feu dirigé sur lui par l'extrême droite de la ligne d'artillerie allemande. Un escadron traversait la forêt, et venait le premier, près du moulin d'Olly, donner la main aux troupes de la III° armée. Ainsi, vers midi, tout le cours de la Givonne, y compris Bazeilles, était au pouvoir de l'armée de la Meuse, prête à en déboucher. Le 12° corps avait été refoulé sur Balan, et le 1er, écrasé par le feu de 14 batteries de la Garde, voyait sa force de résistance soumise à une trop rude épreuve pour qu'elle pût encore se prolonger longtemps. Mais déjà au nord de Sedan se produisaient des événements qui devaient précipiter la crise, et dont la marche inquiétante ne laissait plus guère d'illusion sur la tragique issue de cette journée lamentable.

II. — Déploiement de la III° armée.

La manœuvre qui allait enserrer l'armée française dans un cercle de fer ne fut pas un résultat immédiat des conceptions allemandes. Nous avons vu, en effet, au précédent chapitre, que les dispositions étaient prises par l'état-major ennemi pour nous intercepter à la fois les routes de l'est et du nord-ouest, mais qu'il ignorait absolument, le 31 au soir, de quel côté il faudrait porter le principal effort. En tout cas, il ne songeait pas encore à nous cerner aussi complètement.

Dès les premières lueurs du jour, le grand état-major et le roi lui-même vinrent se poster sur la hauteur au sud de Frénois et au nord du bois de la Marfée, tandis que le prince royal de Prusse s'installait de son côté à la Croix-Piaux. Tous deux devaient passer en ces postes d'observation la durée entière de la bataille, et il faut convenir qu'ils n'auraient pu en choisir de meilleur pour embrasser d'un seul coup d'œil, et sans courir aucun risque, le saisissant spectacle de la lutte qui se déroulait sous leurs pieds. Toutefois, quand ils y arrivèrent, l'épais brouillard qui couvrait la vallée jetait

---

1. Voir la pièce n° 3.

sur les premiers mouvements des troupes un voile impénétrable, et le bruit seul de la fusillade intense de Bazeilles pouvait leur servir d'indication. Vers sept heures cependant, le soleil commença à percer la buée, surtout vers le nord, et le Prince royal put alors distinguer nos camps de la Givonne et de l'Algérie ; là, rien ne se produisait encore ; mais, comme du côté de Bazeilles, la canonnade redoublait d'intensité, le Prince jugea utile de faire soutenir les Bavarois du général von der Tann, d'autant plus qu'il ignorait si la lutte engagée là n'indiquait pas une vigoureuse poussée tentée par nous pour rouvrir la route de Carignan.

Derrière lui arrivait le IIe corps bavarois, destiné, on s'en souvient, à s'opposer, entre Donchery et Wadelincourt, à toute tentative des Français vers le sud. Ordre fut envoyé aussitôt à ce corps de remplir cette mission avec une seule de ses divisions, et de diriger l'autre sur Bazeilles. A ce moment, la Meuse avait déjà été franchie par l'aile gauche de la IIIe armée, et dans la plaine qui s'étend au nord de Donchery, des colonnes profondes et épaisses, appartenant aux Ve et XIe corps, se dirigeaient vers la route de Sedan à Mézières. Ces corps avaient en effet reçu, à minuit, l'ordre du Prince royal leur prescrivant de passer la rivière en aval de Sedan ; ils avaient à leur disposition pour cela : 1° le Ve corps, un pont jeté à l'ouest de Donchery ; 2° le XIe, le pont du bourg et un autre construit la veille par les pionniers [1].

Dès deux heures et demie, le Ve corps quitta ses bivouacs de Connage et de Bulson ; à quatre heures, son avant-garde débouchait sur la Meuse, et après le passage de celle-ci, il prenait la direction de Vivier-au-Court. Le XIe corps, parti à trois heures de Chevenges, se trouvait, à cinq heures un quart, formé en entier

---

1. Toutefois, dit la *Relation allemande*, comme il était possible que des à-coups se produisissent au cours de cette marche de nuit à travers une région assez boisée, et que les fractions du XIe corps les plus éloignées n'atteignissent peut-être la Meuse que postérieurement au Ve, il était convenu entre les deux généraux de Kirchbach et de Gersdorff que le Ve corps pourrait faire usage du pont de Donchery.

au nord de Donchery, et se dirigeait, en trois colonnes[1], vers Vrigne-aux-Bois, tenant la droite du V*e*. Enfin, la division wurtembergeoise, qui avait jeté, à cinq heures et demie, un pont à Dom-le-Mesnil, passait la rivière à six heures et allait s'établir à Vivier-au-Court, face à Mézières, avec la 2*e* division de cavalerie.

La marche de ces troupes ne fut inquiétée par aucun parti français, et elles ne rencontrèrent même pas une patrouille. D'autre part, la cavalerie qui s'était portée sur la route de Mézières, avait fait connaître au Prince royal que nous ne tenions pas celle-ci. C'était donc, ou que nous restions à Sedan, ou que nous voulions marcher vers l'est, et dans les deux cas il s'agissait pour les Allemands de la III*e* armée, non plus seulement de chercher à nous intercepter une route dont nous paraissions ne pas nous soucier, mais de se joindre au plus tôt à l'armée de la Meuse, afin de nous cerner. Le Prince royal n'hésita pas ; à sept heures et demie, au moment où les têtes de colonnes des V*e* et XI*e* corps atteignaient la route de Mézières, il leur envoya l'ordre de se rabattre vers l'est, en contournant la boucle de la Meuse, pour prendre l'armée française à dos. Tel fut le principe du mouvement enveloppant que la fausse manœuvre du général de Wimpffen devait faire si complètement réussir.

*Entrée en ligne du II*e *corps bavarois.* — Pendant que ces mouvements s'exécutaient, le II*e* corps bavarois était entré en action sur les hauteurs du sud Tout d'abord son artillerie de réserve, postée sur le mamelon à l'est de Frénois, se mit à canonner à grande distance tout ce qu'elle voyait de nos troupes, et à tirer contre les remparts, où quelques pièces avaient ouvert le feu. Deux batteries gagnèrent même la longue croupe qui descend de Frénois vers Vilette, et, se plaçant au nord

---

[1]. Colonne de droite : 41*e* brigade, environ 2,720 hommes.
Colonne du centre : 42*e* brigade, artillerie de corps, 44*e* brigade, au total 9,900 hommes environ.
Colonne de gauche : 43*e* brigade, plus une petite fraction qui s'était trouvée arrêtée par le V*e* corps, au pont de Donchery, 8,660 hommes environ.

du parc de Bellevue, envoyèrent, malgré la distance, des obus dans le dos des troupes françaises, déployées entre Floing et Illy.

En même temps, obéissant aux ordres du Prince royal, la 4ᵉ division occupait Wadelincourt (7ᵉ brigade) et Frénois (8ᵉ) ; les deux villages étaient mis en état de défense, et des tirailleurs se répandaient aux alentours, entretenant avec les nôtres, isolés ou égarés, une fusillade sans importance. Des patrouilles s'avancèrent même par la grande route jusqu'au faubourg de Torcy, et envoyèrent des coups de feu aux servants des pièces du rempart. Quant à la 3ᵉ division, elle avait atteint Bazeilles vers onze heures. La 5ᵉ brigade, contournant le village à l'ouest, marcha sur Balan, sous un feu violent qui lui infligea de lourdes pertes, traversa le village, déjà évacué par le 12ᵉ corps, mais vint se heurter à une vive résistance devant les murs du château, qui font saillie au nord-est. Elle dut, pour enlever ce point d'appui, se déployer tout entière et le prendre à revers. Alors nos soldats se replièrent sur la hauteur 215[1], d'où les Bavarois, malgré les renforts apportés par l'arrivée de leur 6ᵉ brigade et de toute la 8ᵉ division prussienne (du IVᵉ corps), furent impuissants à les déloger.

Essayant de moyens habituellement décisifs, les Allemands firent avancer les quatre batteries de cette dernière division jusqu'aux pentes qui dominent Balan à l'est et les y installèrent sans que notre infanterie réussît à les disloquer. Les batteries bavaroises disponibles, se rapprochant aussitôt, accoururent à leur tour, et bientôt 60 bouches à feu, qui formaient sur les hauteurs de la rive droite de la Givonne un « angle à peu près droit, et étendaient leur gauche jusqu'aux abords de Balan[2] », vomirent une pluie de fer sur les quelques batteries françaises qui tenaient encore, à l'est du *fond de Givonne*.

Déjà, de ce côté, la lutte prenait le caractère d'une hideuse boucherie. Mais, quelle que fût sa violence, ce

---

1. De la carte d'état-major.
2. *La Guerre franco-allemande*, page 1145.

n'était pas là que le dénouement devait se produire.

Entrée en ligne des Ve et XIe corps. — Au reçu de l'ordre envoyé par le prince royal de Prusse, les deux commandants des Ve et XIe corps avaient immédiatement fait converser à droite leurs têtes de colonnes. L'avant-garde du Ve fut dirigée sur Fleigneux[1], par Vrigne-aux-Bois; les trois colonnes du XIe reçurent l'ordre de passer successivement le défilé existant entre la Meuse et le bois de la Falizette, pour marcher de là sur Saint-Menges. Mais, par suite d'erreurs de direction et de l'encombrement des routes, ces mouvements ne s'exécutèrent qu'avec certaines difficultés, en sorte qu'ils prirent beaucoup plus de temps qu'on ne l'avait cru tout d'abord.

Jusque-là, cependant, les Allemands n'avaient rencontré aucune force française; c'est à Saint-Albert seulement, et vers neuf heures du matin, que la cavalerie qui marchait en tête du XIe corps se heurta à des patrouilles de la division Margueritte. Celles-ci s'étant repliées sur Saint-Menges, le général de Gersdorff lança un bataillon sur ce village, qui fut occupé presque aussitôt. Deux autres bataillons s'établirent alors à l'est, face à Illy, et firent occuper par une compagnie le parc Labrosse, tandis que deux compagnies s'établissaient dans les deux premières maisons du village de Floing. En même temps, trois batteries prussiennes, accourues au trot, prenaient position au nord-est du parc Labrosse, et engageaient aussitôt la lutte avec l'artillerie française déployée entre Floing et le Calvaire d'Illy. En somme, à neuf heures du matin, le 7e corps n'avait encore devant lui qu'un régiment (le 87e), trois batteries et quatre escadrons, massés devant Saint-Menges.

Voyons donc quelle était sa situation exacte. Établi, comme il a déjà été dit, entre les pentes du Calvaire d'Illy, il avait deux divisions (Dumont et Liébert) en première ligne, et une division (Conseil-Dumesnil) en seconde ligne, au nord des bouquets de bois qui entourent le faubourg de Cazal. Des épaulements avaient été

---

[1]. Elle était à Vivier-au-Court.

construits pour les batteries, et des tranchées-abris pour l'infanterie. Quand, vers huit heures du matin, lui arriva la brigade Maussion (du 5ᵉ corps), envoyée, on s'en souvient, à la suite des craintes exprimées la veille au maréchal par le général Douay, celui-ci la plaça sur le plateau qui domine directement Cazal et la ville, afin qu'elle puisse, suivant le cas, porter secours au 7ᵉ ou au 12ᵉ corps. Ajoutons enfin que, le 31 au soir, deux bataillons avaient été envoyés au parc Labrosse, où ils passèrent la nuit ; mais que le matin du 1ᵉʳ septembre, le général Douay, les jugeant trop en l'air, les avait fait rentrer.

Les premiers coups de canon tirés par l'ennemi ne causèrent dans les rangs du 7ᵉ corps aucune surprise, et notre artillerie riposta aussitôt avec une vigueur dont les trois batteries prussiennes eurent beaucoup à souffrir. Mais, dès dix heures, on vit apparaître sur la croupe où elles se trouvaient sept nouvelles batteries, puis quatre autres. Toute l'artillerie du XIᵉ corps était maintenant déployée, et nos pièces ne luttaient plus qu'avec une peine infinie. Seules, quelques mitrailleuses, tirant à couvert, infligeaient des pertes sensibles aux canonniers de l'aile droite, mais sans pour cela ralentir la violence du feu. « Nos projectiles (à fusées fusantes) éclataient en l'air, pour la plupart, avant d'atteindre le but, tandis que les obus prussiens (percutants), tirés avec une justesse extrême, n'éclataient qu'en rencontrant l'obstacle[1] ». On ne peut nier cependant que cette artillerie, couverte seulement par un régiment et quatre escadrons, ne fût singulièrement aventurée, et il est difficile de s'expliquer pourquoi ni l'infanterie, ni la cavalerie du 7ᵉ corps n'ont rien tenté pour la désemparer.

La canonnade se prolongeait depuis une heure, causant dans nos rangs des ravages sanglants. Déjà le général Douay avait été avisé par un billet du général de Wimpffen du second changement de commandement et de l'abandon du plan du général Ducrot, quand il vit

---

1. Prince BIBESCO, *loc. cit.*, page 145.

venir à lui, vers onze heures, le nouveau commandant en chef. Celui-ci parcourut le champ de bataille, se convainquit, d'accord avec le général Douay, de l'extrême importance que présentait l'occupation du Calvaire l'Illy, et s'éloigna vers le *fond de Givonne*, en disant au commandant du 7ᵉ corps : « Je veillerai à ce que le 1ᵉʳ corps se porte en force au Calvaire; *il y aura tout à l'heure, sur le plateau, plus de monde qu'il n'en faudra.* Allons ! bon courage ! Il nous faut une victoire[1] ! » Mais une inspection rapide de la situation sur le front des 1ᵉʳ et 12ᵉ corps le fit bientôt changer d'avis. Il vit les progrès de la Garde prussienne devant Givonne et le succès des Bavarois à Bazeilles, et se rendit compte que l'état des affaires était, de ce côté, beaucoup moins satisfaisant qu'il ne l'avait cru tout d'abord; à midi, il écrivait au général Douay : « *La gauche du 12ᵉ corps est fort engagée. Portez-y toutes les troupes de renfort dont vous pouvez disposer.* » Il ne s'agissait déjà plus, on le voit, de mettre sur le plateau d'Illy *plus de monde qu'il n'en fallait!*.

Sur ces entrefaites, le général Ducrot avait, d'après les ordres du général en chef, étendu sa gauche autant que possible vers le Calvaire. Voyant là des zouaves et des tirailleurs algériens[2], le général Douay en conclut que le 1ᵉʳ corps se chargeait d'occuper cette position si importante et pensa alors qu'il pouvait, sans inconvénient grave, satisfaire à la demande du commandant en chef. Il dirigea donc du côté de Balan les brigades Maussion et Bittard des Portes. Puis, comme peu de temps après lui arrivaient de nouvelles demandes de secours, il envoyait encore la brigade Bordas[3], qu'il faisait remplacer en première ligne par la division Conseil-Dumesnil. Il se privait ainsi, a-t-il dit lui-même dans son rapport, « de toutes les forces dont il pouvait disposer (bien que le combat continuât avec violence sur le front de ses positions), à cause de l'importance capitale qu'il

---

1. Prince Bibesco, *loc. cit.*, page 146.
2. Le 1ᵉʳ corps se composait des troupes d'Afrique.
3. C'est-à-dire que toute la division Dumont était distraite du 7ᵉ corps.

y avait, pour toute l'armée, à rester en possession du bois de la Garenne et du plateau d'Illy. »

Premières charges de cavalerie. — Cependant la situation du 7ᵉ corps commençait à devenir elle-même inquiétante. Au fur et à mesure que les troupes du XIᵉ corps débouchaient de Saint-Albert, elles s'étendaient entre Saint-Menges et Floing, gagnaient du terrain vers Fleigneux, et descendaient les vallons successifs qui séparent le plateau au nord de Saint-Menges de celui d'Illy. Postée primitivement aux abords de Floing, la division de cavalerie Brahaut (du 5ᵉ corps) fut obligée de rétrograder vers le Calvaire, où venait d'arriver aussi la division Margueritte. A ce moment, deux compagnies prussiennes (du 87ᵉ), venant du nord, atteignaient déjà le chemin d'Illy à Floing. La brigade de Bernis (5ᵉ hussards et 12ᵉ chasseurs) essaye de les atteindre; mais les tirailleurs ennemis, laissant nos cavaliers approcher à 60 mètres, les fusillent et les dispersent[1]. Les régiments refluent en désordre dans le bois du Petit-Terme; le général Brahaut, tombant avec quelques hommes au milieu d'escadrons allemands en reconnaissance, est fait prisonnier. Quant au général de Bernis, accompagné des débris épars de sa brigade, il s'égare et entre en Belgique, où il est désarmé.

Ce fut au tour de la brigade Gallifet de se lancer à l'ennemi. Formant sur trois lignes ses régiments (1ᵉʳ et 3ᵉ chasseurs d'Afrique), auxquels se joignirent le 4ᵉ, de la brigade Tilliard et deux escadrons de lanciers de la division Ameil, elle chercha, sous la protection de quelques bouches à feu, à déborder les deux ailes de la chaîne des tirailleurs prussiens; elle fut écrasée par les feux des soutiens postés en arrière, par les projectiles de l'artillerie ennemie, et dut se replier, après avoir subi de lourdes pertes, derrière le bois de la Garenne[2]. Le feu de notre infanterie parvint enfin à avoir raison

---

1. La *Relation allemande* est muette sur cette première charge. L'erreur de l'état-major prussien provient de ce qu'il a cru la division Brahaut passée en Belgique dès le soir de l'affaire de Beaumont.
2. C'est là que le général Tilliard, commandant la 1ʳᵉ brigade de la division Margueritte, fut coupé en deux par un obus.

de ces deux compagnies et à les refouler sur Fleigneux.

Les progrès du XI° corps continuèrent alors vers le nord-est. L'infanterie prussienne de la 22° division, débordant Fleigneux, captura des convois du 1ᵉʳ corps qui cherchaient à se dérober vers le nord, puis se jeta sur les débris de la brigade Bernis et, près d'Illy, prit huit pièces, qui avaient vainement envoyé deux volées de mitraille. C'est à ce moment que la cavalerie d'avant-garde du V° corps s'emparait non seulement, comme on l'a vu plus haut, du général Brahaut et de son état-major, mais encore d'un grand nombre de voitures et de chevaux débandés, en pleine forêt des Ardennes.

Jonction des deux armées allemandes au nord d'Illy. — Cependant le V° corps commençait à paraître. Arrivé avec l'avant-garde au Champ de la Grange à neuf heures et demie, le général de Kirchbach avait aussitôt envoyé l'ordre aux batteries de la 10° division et à deux batteries de corps d'accourir prolonger la ligne d'artillerie du XI° corps. A dix heures, les premières pièces ouvraient le feu : à onze heures, 10 batteries, réunies aux 14 déjà en position, tirèrent sur le malheureux 7° corps. Il y avait, du parc Labrosse à la forêt des Ardennes, une immense ligne de batteries, qui, croisant ses feux avec l'artillerie de la Garde, déployée à l'est de la Givonne. vomissait un ouragan de fer sur les plateaux du nord et de l'est. On peut dire qu'à ce moment les hauteurs circulaires qui s'étendent de Saint-Menges à Frénois par l'est, étaient hérissées de bouches à feu, et qu'autour de l'armée française il existait, au sens propre du mot, une véritable ceinture de fer. L'arc compris entre Saint-Menges et la forêt des Ardennes était protégé, à son aile droite, par l'infanterie du XI° corps ; à son aile gauche, par 10 escadrons de cavalerie, massés au nord-est de Fleigneux. Quant aux compagnies d'infanterie que nous avons vues tout à l'heure s'emparer de huit pièces françaises à Olly, elles donnaient la main, en ce point même, au régiment des hussards de la Garde, venu de Villers-Cernay et de la Chapelle. La jonction était donc faite entre les deux armées.

Voyant notre artillerie progressivement réduite au

silence, l'infanterie du XI° corps descend vers onze heures de Saint-Menges sur Floing. Le cimetière[1] est occupé, puis, plus haut, le moulin du Maltourné. La brigade Guiomar essaye de refouler ces troupes, qui menacent son flanc gauche; elle ne réussit pas à reprendre le cimetière, et peut seulement regagner dans le village un peu de terrain perdu. Mais de puissants renforts arrivés de Saint-Menges à l'ennemi la refoulent définitivement vers midi et demi. A ce moment, le général de Gersdorff, commandant du XI° corps, s'étant porté au parc Labrousse pour juger de l'ensemble de la situation, était mortellement atteint d'une balle en pleine poitrine et succombait sur-le-champ[2]. A ce moment aussi, la 10° division (du V° corps) se déployait dans le vallon situé au sud de Fleigneux, tandis que la 9° arrivait au Champ de la Grange. Quant à l'artillerie ennemie, elle continuait son feu épouvantable, auquel bientôt il allait falloir céder. Un moment elle avait été renforcée encore par les batteries à cheval de la 4° division de cavalerie, venue à la suite des V° et XI° corps, de Frénois à Montimont; mais, depuis midi, celles-ci avaient dû cesser leur tir, pour ne pas gêner l'infanterie prusienne entrée à Floing.

Pour en terminer avec les mouvements de la III° armée, disons que la division wurtembergeoise, déployée primitivement près de Vivier-au-Court, avait fait couper le chemin de fer de Givet. Elle reçut, à dix heures, l'ordre de se replier sur Donchery pour y former réserve; après quelques engagements sans importance avec des troupes du 13° corps, sorties de Mézières pour menacer les ponts jetés par les Allemands sur la Meuse, elle atteignit le point qui lui avait été assigné, et là, de concert avec les 2° et 4° divisions de cavalerie, elle se constitua en réserve générale.

Prise du plateau d'Illy. — Tandis que l'infanterie de la III° armée achevait son déploiement, deux nou-

---

[1]. Situé à la sortie sud du village.
[2]. C'était le deuxième chef que perdait le XI° corps depuis le début des hostilités. Le premier, général de Bose, avait été si grièvement blessé à Frœschwiller qu'il ne fut rétabli qu'à la fin de la guerre.

velles batteries, appartenant à la 9ᵉ division, étaient encore venues augmenter l'intensité du feu dont le 7ᵉ corps avait tant à souffrir. Les 156 pièces (26 batteries) dont les obus pleuvaient sur nos soldats produisaient maintenant dans leurs rangs d'effroyables ravages. Les batteries françaises, qui avaient jusqu'ici soutenu cette lutte inégale avec un admirable courage, étaient broyées ; les caissons, en sautant de toutes parts, éventraient servants et chevaux[1]...

Il était un peu plus de midi. Le général Ducrot, de plus en plus inquiet pour la possession du Calvaire, venait de prescrire de porter sur le plateau qui fait face à Floing et à Fleigneux tout ce qui restait d'artillerie disponible, et de faire remonter pour la seconde fois vers Illy les divisions Pellé et L'Hérillier. Puis il s'était dirigé, avec la division Margueritte, sur la croupe qui s'étend du Calvaire à Floing. A ce moment, tout le plateau, balayé par les feux croisés des batteries des XIᵉ, Vᵉ corps et de la Garde, devenait absolument intenable. Les troupes du 1ᵉʳ corps français, en y débouchant, furent assaillies par une telle grêle de projectiles qu'elles refluèrent en désordre vers le sud du bois de la Garenne, où elles se croisèrent avec la brigade Bordas, envoyée, on s'en souvient, au secours du 12ᵉ corps. La cohue devient indescriptible ; pêle-mêle avec les fantassins, des cavaliers débandés, des attelages affolés se ruent vers les pentes qui descendent à Sedan, et s'engouffrent dans les chemins creux qui traversent le bois de la Garenne. Le général Douay, qui se trouvait alors au milieu de la division Liébert, accourt au galop vers le Calvaire. Il cherche à arrêter ce torrent d'hommes et de chevaux, forme au hasard une colonne de tout ce qui lui tombe sous la main, brigade Bordas, division Conseil-Dumesnil, brigade de Fontanges, qui arrive du Vieux-Camp, et la porte, sous une grêle d'obus, jusqu'au Calvaire.

Pendant quelque temps nos hommes tiennent bon ; ils luttent visiblement contre l'effet produit par l'artillerie ennemie qui bat

---

1. Quarante coffres d'artillerie sautèrent sur le front du 7ᵉ corps. (*Rapport du général Douay.*)

le plateau de face, de flanc et à revers. Mais la position est dure à tenir : peu à peu l'émotion gagne notre infanterie... tout à coup sa confiance s'évanouit... la panique éclate !... Impossible d'arrêter les fuyards. Toutefois, on peut espérer de les rallier ; et c'est vers ce but que, au milieu d'un effroyable désordre, tendent tous les efforts du commandement. Il faut absolument et sans tarder, réoccuper la position d'Illy. Notre salut en dépend. Aussi les généraux Ranson[1], Doutrelaine[2], Liégeard[3] et Dumont, le commandant Chandezon du 72e de ligne, l'état-major du 7e corps se multiplient autour du général Douay. Celui-ci parcourt les groupes, fait appel à l'honneur du drapeau, au souvenir de la patrie, finit par reformer une colonne de deux ou trois bataillons, la fait appuyer par la brigade de la division L'Abadie (5e corps), et entraîne de nouveau ces troupes vers Illy... Nous gravissons le plateau. Nous voilà de nouveau sur la crête ! Le général Douay confie au général Doutrelaine le soin de tenir la position. Cet officier général domine de la tête la plupart de nos soldats ; il se place à droite de la ligne, et, debout, au milieu de la mitraille, il sert de jalonneur par sa taille, d'exemple par son admirable sang-froid. Les fantassins, couchés le long et en arrière de la crête, attendent fiévreusement l'arrivée de notre artillerie. La voici qui débouche au galop. Nos artilleurs sont superbes d'animation ; on dirait, à les voir passer, qu'ils vont à une revue. S'arrêter sur une position dominante, située en arrière et à gauche de la ligne occupée par notre infanterie, mettre en batterie, charger et faire feu ; recharger et tirer de nouveau, c'est là pour nos servants l'affaire de quelques instants. Ils rechargent encore... mais c'est le dernier effort ! Non moins prompt à suivre nos mouvements, à deviner nos intentions, à profiter de notre infériorité, l'ennemi a fait converger son feu sur l'espace restreint que nos pièces occupent, et il le laboure de ses projectiles...[4]

Les deux batteries de la réserve que le général Douay a amenées avec lui sont entièrement désemparées ; quelques pièces, auxquelles il reste à peine assez d'hommes pour les servir, tirent encore ; les autres sont broyées ou ramenées à grand'peine en arrière !...

Cependant la division Liébert tient toujours ; cramponnée à ses tranchées, électrisée par l'exemple de son vaillant chef, qui se prodigue avec une énergie surhumaine, elle tient tête bravement au flot d'assaillants qui cherche à la déborder de toutes parts[5]. Déjà le Cal-

1. Chef d'état-major du 7e corps.
2. Commandant le génie du 7e corps.
3. Commandant l'artillerie du 7e corps.
4. Prince Bibesco, *loc. cit.*, page 151.
5. « Les avantages exceptionnels de la position occupée par cette

vaire d'Illy est au pouvoir des troupes allemandes (deux heures de l'après-midi). « Des masses éperdues se précipitent vers la place, balayées avec furie par la mitraille ennemie. C'est la déroute ! Rien ne saurait l'arrêter, mais tout l'excuse; oui, tout, car on ne peut demander à des soldats de demeurer pendant plusieurs heures immobiles et calmes sous le feu écrasant d'un adversaire invisible[1]. » Seule, la division Liébert tient encore la partie ouest du plateau.

A ce moment, 426 pièces allemandes (71 batteries)[2] prenaient de front, de flanc et à revers cette position infernale, que le fer et le plomb labouraient dans tous les sens. La 22ᵉ division prussienne (XIᵉ corps), ayant débouché de Saint-Albert, descendit vers Floing, en longeant la Meuse; ses têtes de colonne, formées par la 43ᵉ brigade, franchirent le ruisseau et s'étendirent jusqu'au faubourg de Cazal, renforçant ainsi avec vigueur les fractions de la 21ᵉ division qui, depuis le matin, essayaient sans succès de déboucher de Floing. Vers une heure, toutes ces troupes, se sentant en forces, commencent à escalader les escarpements de la pente qui monte de Floing sur le plateau. La brigade Guiomar, qui leur fait face, résiste énergiquement, et réussit à les contenir quelque temps.

Le feu très violent de l'ennemi, dit à ce sujet la *Relation allemande*, joint à d'autres circonstances défavorables[3], empêchait ce mouvement offensif de s'exécuter avec ensemble sur toute la ligne; quelques compagnies, pliant devant le retour des Fran-

---

division sur les hauteurs au nord de Cazal, et la difficulté de ses abords, surtout à l'aile gauche, avaient mis momentanément un terme aux progrès des Prussiens en avant de Floing. » (*La Guerre franco-allemande*, page 1174.

1. Prince Bibesco, *loc. cit.*, page 154.
2. Au nord, 14 batteries du XIᵉ corps et 12 du Vᵉ, soit 26 batteries.
A l'est, 15 batteries de la Garde, 7 saxonnes et 2 du Iᵉʳ bavarois, soit 24 batteries.
A l'est, 6 batteries du Iᵉʳ bavarois et 4 du IVᵉ corps, soit 10 batteries, entre La Moncelle et Balan.
Au sud, 11 batteries du IIᵉ bavarois, postées sur les hauteurs entre Wadelincourt et Vilette.
Au total : 71 batteries.
3. La configuration du terrain, formé de gradins à pic, très rapprochés les uns des autres.

çais, sont momentanément rejetées jusqu'au pied de la pente. Au milieu des fluctuations de cette lutte indécise, les unités tactiques se désagrégeaient de nouveau; des fractions de compagnies et même de régiments divers se groupaient confusément autour des officiers encore valides et s'efforçaient, dans une série d'actions partielles qui échappent à toute analyse, de gagner de leur mieux du terrain [1].

Mais la courageuse défense de la brigade Guiomar n'avait guère de chance de se prolonger longtemps, car déjà le général de Kirchbach venait de diriger sur le front de la division Liébert, c'est-à-dire sur le flanc droit de la brigade Guiomar [2], quatre bataillons de la 19º brigade, « qui fermaient ainsi la trouée entre les troupes allemandes engagées à Floing et à Illy [3] ».

Il était deux heures. Le Calvaire d'Illy, clef de la position et suprême espoir de la défense, était abandonné par nous, sans chance de retour. Des masses considérables, sans cesse renforcées, s'allongeaient depuis Saint-Menges jusqu'à Gaulier. La division Liébert, soumise au feu d'artillerie le plus épouvantable qui ait jamais foudroyé un champ de bataille, commençait à se désagréger, et déjà on voyait poindre dans ses rangs décimés des symptômes non équivoques de lassitude et d'épuisement. De plus en plus se resserrait autour d'elle le cercle menaçant des lignes ennemies, et pas une réserve n'existait pour briser leur étreinte [4]. Le général Ducrot, accouru sur le plateau, juge la situation désespérée ; il faut que la cavalerie se sacrifie, pour essayer de retarder, sinon d'empêcher, l'inévitable et fatal dénouement.

Charges héroïques de la division Margueritte. — Il se tourne vers le général Margueritte, qui l'a suivi, et lui montre la direction de Floing : — « Je vous demande

---

1. *La Guerre franco-allemande*, page 1173.
2. Cette brigade était, on s'en souvient, formée en potence, face à l'ouest.
3. *La Guerre franco-allemande*, page 1173.
4. La brigade Maussion, primitivement désignée pour ce rôle, n'était plus là. D'ailleurs le général de Wimpffen, toujours en proie à ses illusions fatales, continuait à se tenir de sa personne auprès du 12º corps, sans s'inquiéter autrement de la crise suprême où se débattaient le 7º et le 1ᵉʳ.

de charger, lui dit-il. Balayez d'abord tout ce qui est là devant nous; après vous vous rabattrez à droite et vous chercherez à prendre en flanc la ligne ennemie. »

Margueritte salue et s'incline ; puis, avec son officier d'ordonnance, il va reconnaître lui-même le terrain sur lequel doit combattre sa division, Mais, presque au même moment, le brave et déjà illustre général reçoit dans la figure une balle qui, traversant ses deux joues, lui brise la mâchoire et lui coupe la langue. Il s'affaisse et on doit le remettre à cheval. Le lieutenant Révérony, son officier d'ordonnance, le soutient sous le bras droit, pendant que son ordonnance le soutient sous le bras gauche, et le triste cortège revient au pas vers la division. Le général est dans l'impossibilité de parler; sa langue pend hors de sa bouche, et de son affreuse blessure coule un long filet de sang qui descend sur sa tunique... Il lui reste cependant la force de faire un geste, et de montrer à ses cavaliers la direction de l'ennemi...

Exaspérés et impatients de venger un chef qu'ils aimaient, ceux-ci se précipitent, sans même attendre de commandement. Le 1er chasseurs d'Afrique, suivi à courte distance par les 3e et 4e régiments de même arme, prolongé sur sa gauche par la brigade Beauffremont (1er hussards et 6e chasseurs de France), se rue sur les fantassins prussiens, tandis que les pièces françaises, auxquelles il reste quelques gargousses, ouvrent un feu désespéré. Le terrain est déplorable; des ressauts de plus d'un mètre, des dépressions brusques et profondes rompent la cohésion des escadrons ; la terre est labourée d'obus; la mitraille rugit, les balles sifflent partout et en tous sens. Mais à travers le fer et le plomb la rafale passe, roule, mugit, tourbillonne, et vient se briser avec fracas contre une muraille de baïonnettes, comme un flot furieux sur le rivage hérissé des brisants. Il y a là des chutes effroyables, des culbutes de pelotons entiers, s'effondrant les uns sur les autres, à chaque étage de ce sol qui est comme une nouvelle marche de quelque immense escalier de mort!...

Les tirailleurs allemands se pelotonnent par groupes ;

la 43ᵉ brigade, en ligne sur la crête, entre Floing et Gaulier, est percée sur plusieurs points, et des cavaliers, lancés à toute allure, viennent sabrer des pièces du XIᵉ corps, qui sont arrivées se mettre en batterie à l'est de Floing. Bientôt tout ce qui se trouve d'escadrons à portée veut prendre sa part de cette chevauchée furieuse ; des cuirassiers, appartenant à la division Bonnemain, massée dans un ravin au nord de Cazal, se jettent sur ce bourg et sur Gaulier, où l'ennemi est compact. Les lanciers (1ᵉʳ et 7ᵉ) de la brigade Savaresse quittent l'infanterie à laquelle ils sont attachés pour fondre sur Floing, et se faire presque tous tuer dans la rue accidentée du village... C'est une rage de mourir qui s'est emparée de tous ces vieux soldats, coutumiers de vaincre et désespérés à la pensée de la défaite !... Deux escadrons du 1ᵉʳ cuirassiers traversent, au nord de Gaulier, l'infanterie prussienne, se heurtent à deux escadrons de hussards massés derrière l'aile droite ennemie, et, fusillés par toutes les troupes dispersées dans les prairies de la Meuse, sont rejetés, à moitié détruits, sur Floing. Quelques hommes, remontant jusqu'à Saint-Albert, vont jeter le désordre dans des convois et une ambulance ennemis ; mais les balles les ont bientôt fauchés jusqu'au dernier.

Et pendant ce temps, le flot terrible des Allemands grossit toujours. Le général de Gallifet, auquel revient le commandement de ces héroïques débris, voit venir à lui le général Ducrot, pâle, crispé, les traits décomposés :

— Encore un effort ! dit celui-ci, l'honneur des armes l'exige !

— Tant qu'il en restera un, répond Gallifet.

Et les restes épars de nos escadrons, rassemblés en hâte sur le plateau, sont lancés une dernière fois dans la direction de Floing. C'est en vain ; la fusillade qui part du nord, de l'ouest et du sud a facilement raison de leur bravoure. Les lignes de tirailleurs enfoncées çà et là démasquent des réserves abritées, dont les ailes sont formées en carrés qui ouvrent un feu meurtrier ; ce qui reste de ces malheureux est définitivement dispersé, et s'en va, au milieu de monceaux de morts, de mourants, de chevaux éventrés et de voitures brisées, chercher un abri précaire derrière les taillis du bois de la Garenne...

Il y avait là-bas, de l'autre côté de la Meuse, sur les hauteurs de la Croix-Piaux et de la Marfée, deux groupes d'hommes qui suivaient avec une émotion silencieuse les péripéties de ce drame poignant. Le premier était composé du prince royal de Prusse, du général de Blumenthal et de six princes allemands. Le second, où se trouvaient, entourés d'un nombreux état-major, le roi Guillaume, le général de Moltke et le comte de Bismarck, semblait oublier la bataille pour ne regarder que ce coin de terre où des Français donnaient à leur vainqueur l'inoubliable spectacle d'un courage devant lequel ne pouvait rester insensible aucune fibre de soldat. Tout à coup le vieux roi laissa tomber la main qui soutenait sa jumelle. Il se tourna vers les deux hommes auxquels il était redevable de ses succès inespérés, et s'écria, en désignant du geste le tourbillon sublime : « Oh ! les braves gens ! » Ainsi, un autre Guillaume[1], près de deux cents ans auparavant, s'était écrié aussi, devant l'indomptable ténacité de nos pères : « Oh ! l'insolente nation ! »

Mais ce n'était pas assez de cette exclamation arrachée au souverain lui-même — en un moment d'émotion — pour rendre à ces braves l'hommage entier qu'ils ont mérité. L'histoire, elle aussi, leur devait son tribut d'admiration respectueuse, et, comme pour en doubler le prix, c'est par la plume de l'ennemi qu'elle le leur a rendu.

Bien que le succès n'ait pas répondu aux efforts de ces braves escadrons, dit la *Relation allemande*, bien que leur héroïque tentative ait été impuissante à conjurer la catastrophe à laquelle l'armée française était irrésistiblement vouée, celle-ci n'en est pas moins en droit de jeter un regard de légitime orgueil vers les champs de Floing et de Cazal sur lesquels, dans cette mémorable journée de Sedan, sa cavalerie succomba glorieusement sous les coups d'un adversaire victorieux.

1. Guillaume d'Orange, roi d'Angleterre, à la bataille de Nerwinden, gagnée, le 29 juillet 1693, par le maréchal de Luxembourg.

Succomba ! on peut le dire sans être taxé d'exagération, car la seule division Margueritte comptait près de 80 officiers et plus de 800 hommes hors de combat. Les escadrons avaient perdu presque le tiers de leur effectif ; au 1ᵉʳ hussards, il y avait 22 officiers hors de combat, dont 8 tués ! Outre le général Margueritte, dont la perte était si profondément regrettable[1], nous avions à enregistrer la mort du colonel Clicquot, du 1ᵉʳ chasseurs d'Afrique, des lieutenants-colonels de Gantés, du 1ᵉʳ hussards, et de Liniers, du 3ᵉ chasseurs d'Afrique. Le général de Salignac-Fénelon était grièvement blessé ; enfin le colonel de Beauffremont avait eu deux chevaux tués sous lui.

Continuation de l'offensive prussienne. Abandon des positions au nord de Sedan. — Tant de bravoure et de dévouement avaient malheureusement été dépensés en pure perte. L'offensive allemande, interrompue à peine un moment, reprit avec une énergie nouvelle, que provoquait l'approche du succès décisif. La 43ᵉ brigade s'étendit vers Cazal, tandis que les quatre bataillons de la 19ᵉ atteignaient la route de Floing à Illy. La malheureuse division Liébert, restée seule sous cette avalanche, se trouvait ainsi abordée de front, de flanc, et presque de dos. Elle résiste encore

---

[1]. Après un pansement sommaire sur le champ de bataille, le général fut transporté à la sous-préfecture de Sedan. L'Empereur qui s'y trouvait vint le voir : « J'espère, général, lui dit-il, que votre blessure sera sans gravité, et que votre haute valeur ne sera pas perdue pour la patrie. »
Margueritte se fit apporter du papier et un crayon : « Sire, je vous remercie, écrivit-il d'une main mal assurée, moi, ce n'est rien ; mais que va devenir l'armée, que va devenir la France ? » L'Empereur leva tristement les yeux.

« Répondant ensuite à des questions qui lui étaient respectueusement posées par son entourage pour avoir sa dernière pensée, le général écrivit le billet suivant : « Nous ne pouvions guère aller en Belgique sans violer la neutralité. — Notre épreuve est grande, mais notre gloire, à nous chasseurs d'Afrique, reste intacte, et c'est quelque chose. — Ayez beaucoup de sollicitude pour vos hommes ; ils le méritent à tous égards, et supportons la mauvaise fortune en gens de cœur. » (Colonel CANONGE, *loc. cit.*, page 222, *en note*.)

Le 6 septembre, le général mourait en Belgique, au château de Beauraing, où, sur la demande de la duchesse d'Ossuna, il avait été transporté.

cependant, et le mouvement en avant de l'ennemi « est salué par une grêle de balles d'une telle violence que quelques groupes seulement, ralliés par les officiers autour des drapeaux, parviennent à s'élever péniblement d'assise en assise [1] ». Des retours offensifs exécutés contre Floing, Cazal, et, plus à l'est, contre les assaillants qui débordent le Calvaire, interrompent pour quelques instants la marche victorieuse d'un adversaire qui grossit sans cesse. Les régiments français, utilisant leurs tranchées bouleversées, opposent une fermeté sans exemple, et s'acharnent à disputer le terrain pied à pied. Mais c'est en vain ! Ils ont affaire à trop forte partie, et quand leur courageuse résistance est enfin vaincue, c'est qu'ils sont presque complètement anéantis !

Le général Douay, qui voyait les Ve et XIe corps prussiens entièrement déployés devant lui, de Saint-Menges au bois de la Garenne, et comprenait que tout était maintenant perdu, s'était porté auprès de la division Liébert, pour chercher à assurer sa retraite. Là, il reçut du général de Wimpffen le billet que voici, daté de Balan à une heure de l'après-midi :

Je me décide à percer l'ennemi pour aller à Carignan prendre la direction de Montmédy. Je vous charge de couvrir la retraite. Ralliez à vous les troupes qui sont dans les bois.

Le commandant en chef avait l'illusion tenace ! S'il ne s'était pas obstinément tenu sur la route de Bazeilles, avec le chimérique espoir de reprendre un mouvement qui déjà, depuis plusieurs jours, était devenu matériellement impossible ; s'il eût assisté, des hauteurs de la Garenne, à la déroute des 1er et 7e corps ; s'il eût vu cette ceinture formidable de bouches à feu, déployées en demi-cercle de la Meuse à la forêt des Ardennes, dont la mitraille furieuse renversait tout sous ses coups, et compté les bataillons épais qui, sous la protection de cette épouvantable canonnade, couvraient le sol de leurs rangs multipliés, il se fût épargné une

---

1. *La Guerre franco-allemande*, page 1179.

inutile intervention qui, de sa part et en un pareil moment, pouvait paraître tout au moins singulière.

C'était l'instant même où les dernières troupes du Calvaire d'Illy, pressées par le flot montant des colonnes ennemies, évacuaient leur position en désordre. Harcelés par la fusillade, labourés par les obus, leurs débris roulaient vers les fossés de la place, sans qu'il fût maintenant possible de les retenir !

Le flot de la déroute entraine avec lui des fractions de tous corps et de toutes armes ; les obus arrivent de tous les points de l'horizon et prennent ces masses affolées de face, de flanc et à revers... aux cris d'épouvante se mêlent les gémissements des blessés... à notre droite, une ambulance prend feu et s'écroule ; tout autour de nous, les caissons d'artillerie sautent et augmentent par leurs éclats le nombre des victimes ; de toutes parts on voit errer, isolés ou par pelotons, des chevaux sans cavaliers, épaves sanglantes de l'héroïque charge de cavalerie qui vient d'être exécutée du côté de Floing ! Le soleil était dans toute sa puissance. Jamais lumière plus éclatante n'éclaira pour les uns plus de joie et d'orgueil, plus de douleurs et d'humiliations pour les autres ! Nous assistions impuissants, le cœur gonflé de rage et de larmes, à notre désastre..... Rien n'a arrêté l'ennemi ; il s'avance de toutes parts, il achève de nous enlacer. Ce n'est pas avec les troupes épuisées de la division Liébert qu'on peut songer à arrêter cette avalanche d'hommes et de bronze qui nous refoule vers la place ni à couvrir la retraite de Wimpffen.

Le général Douay répond donc au commandant en chef que, réduit à trois brigades, sans artillerie et sans munitions, tout ce qu'il peut faire est de se retirer du champ de bataille sans trop de désordre. Puis, se tournant vers le général Liébert, il lui donne l'ordre de se replier. — Il n'y a pas un moment à perdre. Tant que le Calvaire d'Illy, clef de notre position, est resté en notre pouvoir, la division Liébert a réussi, — non sans déployer une grande vigueur, — à se maintenir ; elle n'avait du moins pas à craindre d'être tournée. Mais la perte du Calvaire changeait sa situation, et l'ennemi, maître de déboucher par le bois de la Garenne, pouvait lui couper toute retraite.

Le mouvement commença donc sans retard par les 37e et 39e de ligne, et la division se replia lentement sous la protection du 6e bataillon de chasseurs à pied, des 53e et 5e régiments. Vainement le commandant du 7e corps chercha-t-il, pendant ce temps, quelques positions sur lesquelles il pût prolonger la résistance, — elles étaient toutes aux mains de l'ennemi, qui nous dominait de toutes parts. Il dut se résigner à faire retirer la 2e division sous les murs de la place[1].

---

1. Prince Bibesco, *loc. cit.*, page 155.

Les Allemands n'avaient plus personne devant eux ; leurs tirailleurs s'avancèrent jusqu'aux crêtes qui dominent au nord les murailles de Sedan. Reçus à coups de fusil, ils s'arrêtèrent, et comme l'action s'éteignait, faute de combattants, les officiers en profitèrent pour remettre un peu d'ordre dans leurs unités confondues. De ce côté la bataille prenait fin, vers trois heures et demie, et on n'avait plus à y enregistrer que les efforts épars de quelques braves gens qui aimaient mieux mourir que de s'avouer vaincus !

La trouée de Cazal. — Une heure avant, s'était produit du côté de Cazal un fait d'armes, dont il est juste de consacrer le souvenir. La division de Bonnemain, laissée en réserve au nord de Cazal, cherchait en ce moment à se rapprocher de la place à l'abri des ravins, quand un escadron (le 2ᵉ) du 1ᵉʳ cuirassiers fut brusquement coupé d'elle par un flot de soldats qui battaient en retraite. Le chef d'escadron d'Alincourt proposa alors à cette petite troupe de s'ouvrir un passage, et non seulement l'escadron tout entier y consentit, mais encore quelques volontaires, égarés de ce côté par les hasards de la bataille, se joignirent à lui.

Le commandant se mit alors en tête de la colonne, ayant à sa gauche M. La Fuente, lieutenant d'état-major ; puis, derrière, et placés sur trois rangs, MM. Haas, capitaine commandant ; Blanc, capitaine en second ; Théribout, lieutenant en premier ; de la Lande, capitaine d'état-major ; Garnier, lieutenant en second ; de Montenon, sous-lieutenant ; Anyac, sous-lieutenant [1] ; Seligmann-Lévy, sous-intendant militaire ; Strohl, capitaine, et Diehl, sous-lieutenant [2]. Le groupe s'avança d'abord au pas, puis, arrivé au faubourg de Cazal, se lança à la charge, sabrant et culbutant les premiers soldats qu'il rencontra et que la surprise rendait incapables de se défendre. Mais bientôt les Allemands revenus de leur stupeur, barricadent la rue à l'aide de voitures, fusillent les cuirassiers, tuent le com-

---

1 Ces officiers (sauf M. de la Lande) appartenaient au 2ᵉ escadron du 1ᵉʳ cuirassiers.

2. Ces deux ~~~~ officiers étaient du 3ᵉ cuirassiers.

mandant d'Alincourt, MM. de la Lande et Théribout, blessent deux autres officiers[1], et mettent hors de combat plus de la moitié des héroïques cavaliers. Ce généreux effort avait avorté, comme cela était malheureusement à prévoir ; les survivants furent tous pris, et il ne resta de leur admirable folie qu'un souvenir, perpétué par une plaque fixée sur le mur d'une petite chapelle, et la noble émotion soulevée par leur courage dans les rangs décimés de leurs frères d'armes vaincus.

Retours offensifs vers le sud et le sud-est. — Cependant, au sud de Sedan, le général de Wimpffen avait essayé de reprendre l'offensive, et de *jeter les Bavarois à la Meuse,* comme il le disait, à onze heures et demie du matin, à l'Empereur. Nous savons déjà quelle tournure avaient imprimée de ce côté, à la bataille, la prise de Bazeilles, les succès remportés par les Saxons à Daigny, enfin l'entrée en ligne du II° corps bavarois et de la 8° division prussienne. L'ennemi, maître de la rive droite de la Givonne, y avait installé aussitôt une formidable ligne de batteries, qui écrasaient de leurs feux les troupes décimées du général Lebrun, et celles-ci, après des reculs successifs, étaient venues s'adosser presque aux murs de la place, dans les jardins clôturés du *fond de Givonne.* Les divisions Wolff et de Lartigue, du 1ᵉʳ corps, déployées le long de la berge ouest du ravin, avaient dû reculer, devant les assauts de la Garde, jusque dans le bois de la Garenne, et leur gauche était absolument découverte, par suite de l'abandon par le 7° corps et les divisions Pellé et L'Hérillier, des plateaux du nord. Nous étions donc très fortement pressés au sud et déjà hors de cause au nord, quand le général de Wimpffen revint, pour la seconde fois, à son idée de percée. C'est dire combien celle-ci présentait peu de chances de succès.

Les ordres du commandant en chef se résumaient en ceci : *les 1ᵉʳ et 12° corps, soutenus par la brigade Abbatucci, du 5°, vont se reporter en avant, dans la direction de Bazeilles et de Balan ; le 7° protégera ce*

---

1. MM. Haas et Strohl, capitaines.

mouvement contre *les forces allemandes qui arrivent par Saint-Menges et Fleigneux*. Or, nous venons de voir quelle était la situation de ce dernier corps quand lui arrivèrent les ordres susdits ; le général Ducrot n'en eut connaissance, lui, qu'à trois heures, c'est-à-dire quand la majeure partie de ses forces désorganisées se pressaient déjà dans les fossés et les rues de Sedan. Enfin, le général Lebrun affirme ne les avoir jamais reçus [1]. Par suite, le suprême effort, qui, dans la pensée du général en chef, devait avoir raison des Bavarois exténués, fut dépourvu de ce caractère d'unité et de vigueur qui, seules, pouvaient l'empêcher d'avorter pitoyablement aussitôt qu'esquissé. Du reste, pour donner à sa tentative désespérée la solennité des derniers sacrifices, le général de Wimpffen avait demandé au souverain de venir la diriger en personne. Voici la lettre qu'il lui adressa, à une heure un quart :

Sire, je me décide à forcer la ligne qui se trouve devant le général Lebrun et le général Ducrot, plutôt que d'être prisonnier dans la place de Sedan.

Que Votre Majesté vienne se mettre au milieu de ses troupes, elles tiendront à honneur de lui ouvrir le passage.

De Wimpffen.

Mais l'Empereur ne se faisait plus, à ce moment, d'illusion sur l'immensité de la catastrophe. Le matin, vers sept heures, il s'était porté, avec son état-major, tout près de l'endroit où le maréchal venait d'être blessé. Il était pâle, abattu, et les terribles souffrances physiques et morales qu'il endurait donnaient à ses traits ravagés une expression d'indicible angoisse. Après être resté là longtemps, pensif, indifférent à la pluie de fer qui tombait tout autour, et semblant chercher une mort qui ne voulait pas de lui, il partit, toujours sans mot dire. Le capitaine Lesergeant d'Hende-

---

1. Le général de Wimpffen s'est plaint amèrement, dans son ouvrage, d'avoir manqué d'officiers pour porter ses ordres, l'état-major du maréchal étant, paraît-il, rentré avec lui dans Sedan. Ce fait est l'une des conséquences les plus fâcheuses de l'organisation du temps, et des idées qu'on se faisait alors sur les relations des officiers d'état-major avec les chefs auxquels ils étaient attachés.

court, l'un de ses officiers d'ordonnance, avait été coupé en deux par un obus à ses côtés[1] ; il salua son cadavre et prit tristement la direction de Givonne, où il s'arrêta un moment pour parler au général Ducrot et, un peu plus tard, au général de Wimpffen. Le général de Courson et le capitaine de Trécesson avaient été blessés grièvement à ses côtés.

En se retirant, les troupes d'infanterie l'obligèrent à rétrograder, et il se trouva pour ainsi dire acculé aux murs de la place. Lorsque, à onze heures et demie, il les franchit, il y avait déjà plus de 30,000 hommes entassés dans les rues, pêle-mêle, sans ordre ; les obus tombaient au milieu d'eux, comme sur le champ de bataille, et y faisaient les mêmes ravages. — Sur le pont, un obus éclata à deux pas de l'Empereur et tua deux chevaux à côté de lui ; il est extraordinaire qu'il n'ait pas été tué là[2] !

Croyant que tout était fini, le souverain voulut arrêter l'effusion du sang et fit arborer sur la citadelle le drapeau parlementaire. Mais, par ordre du général Faure, chef d'état-major du maréchal de Mac-Mahon, qui voyait la lutte se prolonger vers le sud, ce drapeau fut abattu instantanément. Il était un peu plus de midi.

On comprend que dans la disposition d'esprit où il se trouvait et en présence d'une désorganisation qui s'accusait à chaque minute davantage, l'Empereur n'ait fondé aucun espoir sur la suprême tentative du général de Wimpffen. Il répondit qu'il jugeait « impraticable la trouée sur Carignan » et ne se rendit point à l'appel du commandant en chef. Celui-ci voyant, à deux heures, que le souverain n'arrivait pas, réunit ce qu'il put de troupes en état de combattre, l'infanterie de marine, des zouaves, le 47ᵉ, et, se mettant à leur tête, lança cette colonne, forte de 4 à 5,000 hommes, contre le faubourg de Balan.

Déjà un premier retour offensif avait obligé la 5ᵉ brigade bavaroise, qui occupait ce faubourg, à appeler à

---

1. Le tombeau du capitaine d'Hendecourt est placé sur le bord nord du chemin de Balan à La Moncelle, presque en face de la croix commémorative de la blessure du maréchal.

2. Général PAJOL, aide de camp de l'Empereur, *Lettre sur la bataille de Sedan*.

son secours la 6°, jusque-là maintenue au nord-ouest de Bazeilles, et la fusillade continuait avec une violence extrême, quand, tout à coup, la colonne du général de Wimpffen se jeta d'un bond dans la partie nord-ouest de Balan. Des soldats français, séparés de leurs corps dans les précédents engagements et cachés dans les maisons, se joignirent aux assaillants, et les troupes ennemies furent immédiatement bousculées. Le général von der Tann leur envoya pour les soutenir tout ce qu'il avait sous la main, fractions de la 5° brigade qu'on avait retirées du combat parce qu'elles n'avaient plus de munitions, fractions de la 1re, et artillerie disponible. La 4° brigade fut même chargée de défendre Bazeilles à outrance, le cas échéant. A ce moment, en effet, la situation des défenseurs de Balan pouvait paraître menacée ; attaqués à la fois de front et sur leur flanc gauche, pris d'enfilade par la mitraille d'une pièce qui balayait la grande rue dans toute sa longueur, « ils se rabattaient à la débandade, par les deux rues longitudinales, vers les débouchés sud-est dont ils fermaient ainsi l'accès aux renforts qui arrivaient précisément[1]. » Une seule compagnie, du 1er régiment, réussit à se maintenir dans les maisons situées à la jonction du chemin de Daigny et à s'y organiser défensivement.

Sur ces entrefaites, le général de Wimpffen, satisfait du succès obtenu et croyant y voir l'augure d'un résultat plus complet encore, avait organisé un autre mouvement offensif, dont il va être parlé, contre Daigny et Haybes, puis s'était reporté vers le *Vieux-Camp*, afin d'y chercher de nouveaux renforts. Il se trouvait tout près de la ville, à la porte qui s'ouvre sur la route de Bazeilles, quand il reçut un message de l'Empereur l'invitant à entrer en pourparlers avec l'ennemi. Or lui, le partisan déterminé de la trouée sur Carignan, maintenant en droit de fonder quelque espoir sur des progrès tangibles, était en cet instant moins que jamais disposé à subir une extrémité semblable. Il refusa de se rendre à l'ordre du souverain, et réunissant autour de lui un nouveau groupe de 2,500 hommes environ, grossis bientôt de quelques bataillons de la division Liébert et appuyés par deux bouches à feu, il reprit avec eux, et les généraux Lebrun et Gresley, la direction de Balan.

Sous ce nouveau choc, les Bavarois plièrent sur toute la ligne et rétrogradèrent jusqu'auprès de Bazeilles, où ils cherchèrent à se reconstituer hors de la zone battue par les feux de la place. Balan tomba complètement en notre pouvoir. Mais aussitôt toute l'artillerie allemande se mit à tirer avec fureur. Les batteries précédemment retirées de la lutte, parce qu'elles ne trouvaient plus à s'employer, revinrent y prendre part. Des hauteurs de la rive droite de la Givonne, des environs de Bazeilles, des coteaux d'Aillicourt où était postée l'artillerie de IV° corps, partit une grêle de projectiles qui s'abattaient sur Balan et ses alentours. Profitant de la protection donnée par cette masse de batteries, trois bataillons bavarois quittèrent Bazeilles et se reportèrent en avant ; malgré le désordre momentané que causa dans leurs rangs la rencontre des troupes chassées de Balan, ils réussirent à arriver jusqu'à l'entrée du village, et à s'établir entre la grande route et l'angle sud ; en même temps, deux autres bataillons, traversant les fuyards de la 6° brigade, atteignaient la face sud-est. Ces masses, dont la fusillade se combinait avec les effets meurtriers de l'artillerie, refoulèrent nos soldats dans l'intérieur, sans pourtant nous poursuivre, arrêtées qu'elles étaient par le tir de leurs propres canons.

Cependant, le général von der Tann n'était pas absolument rassuré. Malgré l'énorme supériorité numérique des forces saxonnes, bavaroises et prussiennes accumulées à l'est et au sud de Bazeilles, il ne songeait pas sans une certaine inquiétude à la reprise d'une vigoureuse offensive vers le sud-est, et il crut prudent, vers cinq heures de prendre ses précautions. Il fit traverser Bazeilles à sa 2° brigade, pendant que la 3° se massait à La Moncelle ; 5 régiments de cavalerie (trois de cuirassiers et deux de chevau-légers), renforcés de deux escadrons du 1ᵉʳ uhlans de la Garde prussienne[1], se rassemblèrent sur les pentes à l'ouest de La Moncelle, entre Bazeilles et Balan. Enfin, la 16ᵉ brigade (IVᵉ corps) fut portée derrière les batteries bavaroises, au nord de Bazeilles, tandis que le XIIᵉ corps appuyait à gauche pour venir former réserve aux abords de La Moncelle[2].

Ces dispositions étaient faites pour tranquilliser le général bavarois sur toute espèce de tentative de notre part. Avant même qu'elles fussent achevées, l'élan des troupes françaises engagées à Balan était déjà brisé. Ecrasées sous une pluie de fer, décimées et épuisées, elles ne soutenaient plus depuis un instant qu'une fusillade défaillante, et il était facile de voir qu'elles arrivaient à bout de forces. Le général von der Tann donna l'ordre à son artillerie d'interrompre son tir, et lança l'infanterie sur le village qui fut, cette fois, définitivement conquis. Les Bavarois, poursuivant nos débris en retraite, s'avancèrent jusqu'au pied des glacis, où le feu des remparts les contint...

De l'église de Balan, le général en chef avait vu fondre peu à peu autour de lui toutes les unités qui l'avaient suivi dans sa suprême tentative. D'autre part, le général Lebrun était venu lui apporter, de la part de l'Empereur, une nouvelle invitation de traiter avec les Allemands. Reconnaissant enfin l'inanité de ses efforts, et la ruine définitive de ses espérances, il rentra, à cinq heures, dans Sedan.

Engagements sur le front est de l'armée française (d'une heure à cinq heures). — Tandis que ces douloureux événements se déroulaient au sud, les divisions Wolff et de Lartigue ainsi que les débris du 5ᵉ corps avaient, dans le bois de la Garenne et le *fond de Givonne*, continué leur lutte inégale contre le corps de la Garde et la droite du corps saxon. Déjà, vers midi et demi, le commandant du XIIᵉ corps, voyant l'infanterie allemande maîtresse des hauteurs de la rive droite,

---

[1]. Ces escadrons avaient, dans les journées des 29 et 30 août, poursuivi notre 7ᵉ corps en retraite de concert avec le Iᵉʳ bavarois, et étaient restés avec ce dernier.
[2]. *La Guerre franco-allemande*, page 1210.

prescrivait à la 23ᵉ division, en marche vers Balan, de remonter au nord et de pousser sur Illy, aussitôt que le Iᵉʳ corps bavarois, alors fortement engagé, aurait reçu les renforts qu'il attendait[1]. A ce moment, la Garde était depuis longtemps maîtresse de la haute Givonne, et s'étendait vers le nord. Un de ses régiments, le 2ᵉ grenadiers (Empereur François) fut joint à la 23ᵉ division pour appuyer son mouvement.

Comme ces troupes, fractionnées en colonnes de compagnies ou de demi-bataillons, abordaient les pentes situées entre Daigny et la route de Liège, elles se trouvèrent tout à coup en face de troupes françaises compactes, accompagnées d'artillerie. C'étaient des fractions de la division Lartigue, qui n'avaient pas suivi la retraite du 1ᵉʳ corps dans le bois de la Garenne, et la division Goze, du 5ᵉ corps, accourue du Vieux-Camp. Celle-ci était déployée à l'est du fond de Givonne, avec huit pièces, et avait derrière elle, sur sa gauche, à hauteur de Haybes, la division Grandchamp, du 12ᵉ corps, qui venait de Balan. Deux mitrailleuses étaient en batterie derrière un petit retranchement construit à l'est de Haybes.

Après une lutte violente, mais que la supériorité de l'artillerie allemande ne tarda pas à faire tourner au profit de nos adversaires[2], la ligne française, débordée par le nord, se rompit ; nos soldats plièrent sur le *fond de Givonne* et l'infanterie ennemie put prendre pied sur les hauteurs. Cependant, le bois de la Garenne, défendu par les deux divisions du 1ᵉʳ corps, n'était pas pris encore et, par suite, les Saxons ne pouvaient pas poursuivre leur mouvement sur Illy. D'ailleurs ils devaient se rendre compte, à ce moment déjà, que l'enveloppement de l'armée française était à peu près consommé, et par suite ils ne jugeaient pas indispen-

---

1. Voir page 311.
2. Il y avait à ce moment 24 batteries sur les crêtes entre Bazeilles et les hauteurs au nord-est du fond de Givonne ; l'artillerie de corps saxonne (7 batteries) et celle de la 3ᵉ division (4 batteries) venaient en effet de prolonger la ligne déjà formée par les pièces bavaroises (6 batteries) et prussiennes (4 batteries) de la 8ᵉ division (IVᵉ corps).

sable de s'exposer à de nouvelles pertes en s'aventurant, à l'ouest, plus près de la place. Ils s'arrêtèrent donc là où ils se trouvaient, envoyant seulement quelques troupes vers le bois de la Garenne, pour rester liés avec la Garde et la soutenir au besoin. Il était quatre heures ; le XII° corps, cessant toute lutte, s'installa sur les positions que voici : 45° brigade, 11 batteries et 1 régiment de cavalerie, sur les crêtes à l'ouest de la Givonne, entre Daigny et Haybes ; 46° brigade à Givonne et un peu au nord ; 24° division avec son artillerie près de Daigny[1].

Cependant la Garde continuait à contourner les taillis de la Garenne, qu'elle rendait intenables, et venait d'incendier une ferme qui se trouve dans une clairière du bois. A deux heures et demie, le prince de Wurtemberg, jugeant l'attaque suffisamment préparée, donna l'ordre à l'infanterie d'assaillir celui-ci[2]. Les défenseurs qui s'y trouvaient encore, à cette heure où déjà la majeure partie de l'armée française était désorganisée et où des masses confuses de soldats débandés s'entassaient dans les rues et dans les fossés de Sedan, appartenaient en majorité aux 1er et 5° corps (brigades de Fontanges et de Maussion). Mais ils avaient aussi avec eux des contingents des divisions Dumont et Conseil-Dumesnil, épaves errantes du 7° corps complètement désorganisé, des débris des divisions Pellé et L'Hérillier, deux fois ramenées vers le nord dans le cours de la bataille, enfin les malheureux restes de la division Margueritte, qui étaient venus chercher là un abri bien précaire contre l'artillerie allemande menaçant de les anéantir jusqu'au dernier. Toutes ces troupes débandées, harassées, sans cohésion ni liens tactiques, se battaient bien plutôt par un instinct machinal qu'en exécution d'une résistance organisée, et les Allemands comprenaient qu'avec l'aide de leurs canons, ils n'auraient pas grand'peine à briser cette défense incohérente ; instruits cependant par une expé-

---

1. La division de cavalerie était restée à Douzy.
2. La leçon de Saint-Privat avait servi, et, cette fois, la Garde ne se hasarda pas à un assaut prématuré.

rience durement achetée, ils prirent, avant d'entamer leur attaque, des mesures de prudence que ne semblait certes pas commander la situation. Le général de Pape, commandant la 1re division de la Garde, forma ses colonnes de façon à assaillir le bois de front et à le déborder par le nord; puis, après « une dernière et formidable salve tirée sur le bois par toute la ligne des batteries de la Garde[1] », il lança ses troupes sur les hauteurs qui dominent Givonne à l'ouest.

Il est impossible de relater ou même d'esquisser, avec quelque précision, la série d'engagements confus dont le bois de la Garenne devint le théâtre à partir de ce moment. Les groupes épars, livrés à eux-mêmes, se défendaient au hasard, sans ordre, sans logique, sans aucun procédé tactique. Capturés les uns après les autres par les masses qui les entouraient, ils reprenaient leurs armes aussitôt qu'ils apercevaient une troupe amie encore compacte, et beaucoup, tous même, malgré leur épuisement, se défendaient avec l'énergie du désespoir. Des canons sans attelages, des caissons abandonnés, un drapeau dont le porteur se faisait glorieusement tuer, des centaines d'hommes et de chevaux tombaient au pouvoir de l'ennemi. Des troupes du XIe corps, débouchant d'Illy, vinrent alors se mettre de la partie; le bois fut assailli à la fois par le nord, par l'est et même par l'ouest. *Une seule pièce française tirait encore !* Elle fut prise après avoir perdu tous ses servants. Puis ce fut au tour du Ve corps d'apporter l'appoint de ses forces victorieuses ! Une nuée d'ennemis, surgissant de toutes parts, enveloppa ce petit bois, et tout ce qui s'y trouvait encore fut tué ou pris. Ce n'était plus une lutte; c'était une véritable chasse à l'homme, où des milliers de rabatteurs venant de Fleigneux, de Floing, de Cazal, refoulaient sur les bataillons de la Garde les troupeaux affolés de nos infortunés soldats !

A cinq heures, cette lugubre agonie finissait. Les Allemands, couronnant les hauteurs, dominaient les

---

1. *La Guerre franco-allemande*, page 1195.

remparts mêmes de la place, où s'étaient engouffrés tout ce qui restait d'hommes vivants. Des patrouilles de cavalerie harcelaient, le long de la frontière belge, les quelques soldats qui avaient espéré y trouver le salut ; quant à ceux qui réussissaient à la franchir, ils se voyaient immédiatement désarmés par les troupes du roi Léopold, postées en surveillance le long de son parcours. La bataille était décidément finie, et il ne devait plus se produire que des tentatives isolées, condamnées d'avance à l'avortement, telle que celle du commandant d'Alincourt, et l'effort entrepris par une poignée de braves dans la direction de Haybes et de Daigny.

Là, une petite colonne, accompagnée de quelques pièces, avait essayé de déboucher sur la route de Liège. Accueillie par le feu des batteries à cheval de la Garde, qui venaient juste à ce moment de traverser la Givonne, et celui de l'artillerie de corps saxonne, elle ne tarda pas à être refoulée en désordre vers les murailles de Sedan, où ses débris vinrent rejoindre les masses qui se ruaient aux portes et s'entassaient pêle-mêle dans les fossés. Le seul fait saillant auquel donna lieu cette héroïque folie, fut la mort du colonel anglais Pemberton, qui fut frappé d'une balle aux côtés du prince Georges de Saxe, auprès duquel il était accrédité en qualité de correspondant militaire d'un journal.

III. — La Capitulation.

Bombarbement de Sedan par l'artillerie allemande. — De la hauteur où il s'était tenu tout le jour, le roi Guillaume avait assisté à l'enveloppement complet de l'armée française. Des officiers du grand état-major, envoyés sur les différentes parties du champ de bataille, venaient de lui rendre compte que toute percée était désormais impossible, et que les forces allemandes se renforçaient en arrière d'une ligne de réserves prêtes à s'opposer partout à nos mouvements. La capitulation n'était donc plus qu'une question d heures ; et, pour en hâter la conclusion, le roi ordonna à toute l'artillerie de faire converger ses feux sur la ville. Les batteries wurtembergeoises, accourues de Donchery à Frénois et Bellevue, vinrent souder le cercle et, dès quatre heures du soir, un ouragan de mitraille se déchaîna de toutes les hauteurs à la fois.

Hors des remparts, nous n'avions plus personne; et c'est à peine si une centaine d'hommes, avec le général Lebrun, essayaient encore, aux portes mêmes, du côté de Balan, de contenir les Bavarois arrivés jusqu'à 150 mètres de l'avancée [1]. Refoulées de toutes parts, les troupes françaises, débandées, se précipitaient sur les glacis, dans les rues de la ville, dans les fossés, où gisaient des voitures brisées, des caissons éventrés, des canons désemparés. A travers cette foule, d'où partaient des cris confus de douleur et de désespoir, passaient au galop des chevaux affolés et sanglants, et les obus, qui s'abattaient en sifflant dans la masse éperdue, y achevaient l'œuvre de destruction et de mort. Le spectacle était effroyable, de cet entassement indescriptible, de ce flot qui roulait en tous sens au travers des issues encombrées, et se creusait tout à coup de larges trouées de pourpre. Les hurlements de l'épouvante se mêlaient au fracas de la tempête déchaînée par plus de 500 pièces de canon, qui tiraient sans répit ni relâche, aux crépitements des flammes, aux plaintes des mourants. La Meuse charriait des cadavres. Les généraux Guyot de Lespart et Girard, entraînés par le torrent, venaient d'être mortellement frappés, le premier sur la place Turenne, l'autre dans une rue adjacente... Jamais plus hideux cortège de larmes et d'horreurs n'entoura la défaite, défaite irrémédiable, et dont le souvenir ne peut s'effacer!

Nos généraux étaient dans les fossés, pêle-mêle avec les hommes.

— « Nous ne pouvons cependant pas nous laisser prendre ainsi! s'écria le général Ducrot.

---

[1]. De l'autre côté, au faubourg de Torcy, une compagnie de chasseurs bavarois allait franchir la palissade de la porte, quand on apprit que des négociations étaient entamées.

— Pour ma part, répondit le général Douay, je ne vois absolument rien à faire, à moins d'aller nous battre en tirailleurs. Si vous avez à me proposer quelque chose de mieux, je suis prêt à vous suivre. »

Il était à ce moment trois heures, et la lutte, du côté de Balan, n'avait pas encore cessé! On décida de se rendre auprès de l'Empereur, malgré les difficultés que présentait la traversée des portes et des rues. — « Je sais le désastre, dit le souverain; je rends justice à l'armée; elle s'est sacrifiée, et c'est à mon tour de m'immoler. Je suis résolu à demander un armistice[1]! » Mais voici qu'à ce moment, on vint annoncer que le bruit courait de l'arrivée de Bazaine. Il y eut, parmi ces hauts personnages, une vague lueur d'espoir... elle ne pouvait pas durer. A quatre heures, l'Empereur chargeait le général Lebrun d'aller trouver le général de Wimpffen pour l'inviter à demander un armistice. On sait comment fut accueillie cette ouverture et de quel stérile effort elle fut suivie. Une heure après, l'agonie commençait, car il n'y avait plus à espérer aucun secours, ni à compter sur un appui quelconque, dans cette mauvaise petite place sans approvisionnements, sans munitions, sans vivres, et que l'ennemi commandait de tous côtés. L'Empereur, ne voyant pas revenir le général Lebrun, fit, pour la seconde fois, hisser le drapeau blanc sur la citadelle.

Sur ces entrefaites, deux officiers prussiens s'étaient présentés à la sous-préfecture, et avaient été admis en présence de l'Empereur, dont, pas plus que le grand état-major allemand, ils ne connaissaient auparavant la présence à Sedan. C'étaient le lieutenant-colonel Bronsart de Schellendorff[2] et le capitaine de Winterfeld, de l'état-major général, qui venaient sommer l'armée et la place de capituler. L'Empereur leur dit que le général de Wimpffen était le seul commandant de l'armée, et que, pour son compte personnel, il allait adresser une communication au roi de Prusse. Les deux officiers

---

1. Déposition du général Douay dans le procès *Wimpffen-Cassagnac*.
2. Depuis ministre de la guerre de Prusse; aujourd'hui commandant du X° corps d'armée.

s'en retournèrent. Quelques instants après, le général Reille, aide de camp de l'Empereur, sortait de la place, gagnait la hauteur de Frénois où le roi Guillaume venait d'être rejoint par son fils, et lui remettait le billet suivant, tout entier de la main de Napoléon III :

> Monsieur mon Frère,
>
> N'ayant pas pu mourir au milieu de mes troupes, il ne me reste qu'à remettre mon épée entre les mains de Votre Majesté.
> Je suis, de Votre Majesté, le bon frère,
>
> Napoléon.

Le roi demanda au général Reille si l'épée rendue ainsi par l'Empereur était celle de la France. Il lui fut répondu que non et que Napoléon III ne traitait que pour lui seul. Aussitôt il écrivit la réponse que voici :

> Monsieur mon Frère,
>
> En regrettant les circonstances dans lesquelles nous nous rencontrons, j'accepte l'épée de Votre Majesté et je la prie de vouloir bien nommer un de vos officiers muni de vos pleins pouvoirs pour traiter de la capitulation de l'armée, qui s'est si bravement battue sous vos ordres. De mon côté, j'ai désigné le général de Moltke à cet effet.
> Je suis, de Votre Majesté, le bon frère,
>
> Guillaume.

Immédiatement, la nouvelle de ces graves événements se répandit dans les troupes allemandes comme une traînée de poudre, soulevant partout un enthousiasme qui s'explique. « Bien des cœurs se laissaient aller au ferme espoir d'une paix immédiate et glorieuse, promptement suivie d'un retour dans la patrie[1]. » Heureusement pour l'honneur de la France, la conquête de deux de nos provinces devait être plus chèrement payée par l'ennemi !

Toutefois la joie de la première heure n'excluait pas, chez le chef d'état-major allemand, la poursuite du but tactique. A sept heures un quart, il adressait à l'armée l'ordre de bivouaquer sur place, et de repousser tout effort nouveau que tenteraient les Français. « Si les pourparlers devaient ne pas aboutir, les hostilités re-

---

1. *La Guerre franco-allemande*, page 1218.

Sortie de Metz.

commenceraient; mais il y aurait lieu d'attendre pour cela le signal, qui serait marqué par la reprise du feu des batteries établies sur les hauteurs à l'est de Frénois. » Après quoi, les princes allemands regagnèrent leurs quartiers généraux respectifs, le roi à Vendresse, le prince royal de Prusse à Chémery, le prince royal de Saxe à Mouzon.

Pendant ce temps, on cherchait vainement de notre côté un plénipotentiaire, car les généraux les plus en vue déclinaient successivement une responsabilité à laquelle semblait vouloir se dérober celui à qui elle incombait de droit. Le général de Wimpffen, rentré à Sedan à cinq heures du soir, avait envoyé, en effet, la lettre suivante à l'Empereur :

> Sire,
>
> Je n'oublierai jamais les marques de bienveillance que vous m'avez accordées, et j'aurais été heureux, pour la France et pour vous, d'avoir pu terminer la journée par un glorieux succès. Je n'ai pu arriver à ce résultat, et je crois bien faire en laissant à d'autres le soin de conduire nos armées.
>
> Je crois, en cette circonstance, devoir donner ma démission de commandant en chef et réclamer ma mise à la retraite.
>
> Je suis, avec respect, Sire, votre très dévoué serviteur.
>
> DE WIMPFFEN.

Cette détermination aurait pu s'admettre de la part d'un commandant en chef investi, par la force des choses, de la direction de la bataille, et héritier d'une situation qu'il n'aurait pas contribué à créer; après les revendications formelles de la matinée, elle devenait inacceptable. L'Empereur cependant parut au premier moment l'accueillir, puisqu'il offrit d'abord au général Ducrot, puis au général Douay, le plus ancien après le général de Wimpffen, le commandement que ceux-ci, l'un après l'autre, déclinèrent formellement. Mais bientôt, devant l'impossibilité d'une solution, il prit le parti de refuser la démission du général de Wimpffen et l'en informa en ces termes :

> Général,
>
> Vous ne pouvez pas donner votre démission lorsqu'il s'agit encore de sauver l'armée par une honorable capitulation. Je n'ac-

cepte donc pas votre démission. Vous avez fait votre devoir toute la journée, faites-le encore. C'est un service que vous rendrez au pays.

Le roi de Prusse a accepté l'armistice et j'attends ses propositions.

Croyez à mon amitié.

NAPOLÉON.

Devant cette mise en demeure catégorique, le général dut s'incliner. Il se rendit vers huit heures auprès de l'Empereur, qui lui remit les pleins pouvoirs nécessaires pour traiter[1], et de là au château de Bellevue, où venaient de s'installer M. de Moltke, M. de Bismarck et le général de Podbielski. Le général Castelnau, représentant la personne de l'Empereur, l'accompagnait.

Les négociations. — De neuf heures à minuit, le général de Wimpffen, avec une énergie à laquelle il faut rendre hommage, disputa pied à pied au vainqueur implacable, les douloureuses conditions d'une reddition que M. de Moltke voulait complète et sans réserve. Vainement chercha-t-il à faire vibrer dans le cœur insensible d'un adversaire sans générosité ces sentiments de confraternité militaire devant lesquels tant de fois a fléchi la rigueur de la raison d'Etat. « *L'armée française déposera ses armes et sera prisonnière de guerre* », telle fut la seule réponse qu'il put obtenir[2]. M. de Moltke entendait, au surplus, qu'on fît vite. Il déclara que si ces conditions n'étaient pas acceptées, il saurait les obtenir par les armes, et, pour que le général de Wimpffen ne conservât aucune illusion sur l'inutilité de la résistance, il lui offrit de le faire conduire sur les positions que l'armée allemande occupait autour de Sedan.

Le général ne crut pas devoir accepter; mais il de-

---

1. Ils étaient ainsi conçus : « *L'Empereur Napoléon III ayant donné le commandement en chef au général de Wimpffen, à cause de la blessure du maréchal de Mac-Mahon, qui l'empêchait de remplir son commandement, le général de Wimpffen a tous les pouvoirs pour traiter des conditions à faire à l'armée, que le roi reconnaît avoir vaillamment combattu.* — NAPOLÉON. »

2. De son côté, le général Castelnau fit observer que l'Empereur Napoléon ne s'était rendu au roi que dans l'espoir d'obtenir des conditions moins rigoureuses pour son armée.

manda alors un armistice de vingt-quatre heures, pour prendre l'avis des autres généraux français. M. de Moltke refusa ce délai comme le reste. « Je vous donne jusqu'à neuf heures du matin, dit-il; à ce moment le feu reprendra, si tout n'est pas terminé. » On se sépara à une heure du matin. L'état-major allemand connaissait tellement bien notre situation désespérée et la nécessité où nous étions d'en passer par où il voulait, que, dans la nuit même, il rédigea le texte de la capitulation [1].

Cependant, dès sept heures du matin, le 2, le général de Wimpffen réunit les commandants de corps d'armée et les généraux de division. Il leur exposa la rigueur des exigences prussiennes, et leur demanda s'ils croyaient possible de s'y soustraire. Certains l'affirmèrent ; mais, mis en demeure de faire connaître leurs moyens de salut, ils durent avouer qu'ils n'en trouvaient pas. Il fallait donc se soumettre, si l'on ne voulait pas subir des conditions plus douloureuses encore. Le général de Wimpffen repartit pour Bellevue, et y arriva vers dix heures; déjà un officier d'état-major était venu le prévenir que les pièces allemandes étaient en batterie, toutes chargées, et n'attendaient qu'un signal pour faire feu.

Sur ces entrefaites, l'Empereur avait, lui aussi, quitté Sedan. Arrivé tout près de Donchery, vers huit heures, il rencontra sur la route le comte de Bismarck, son ancien solliciteur de Biarritz, devenu maintenant le maître de ses destinées. Tous deux entrèrent dans une mauvaise auberge de la route, la maison de la veuve Fournaise, et là le chancelier fédéral demanda au souverain déjà presque déchu s'il était disposé à entamer des négociations de paix. Napoléon III répondit que seul le gouvernement de Paris avait qualité pour traiter cette question et que c'était à lui qu'il fallait s'adresser. M. de Bismarck aurait vraisemblablement souhaité une réponse moins évasive; voyant que son interlocuteur ne voulait pas s'engager, il se fit alors remplacer au

---

1. *La Guerre franco-allemande*, page 1221.

près de lui par le général de Moltke, qui refusa net d'accorder à l'Empereur l'autorisation pour l'armée française de passer sur le territoire belge, et se retira bientôt pour se porter à la rencontre du roi, qui arrivait de Venderesse. L'Empereur, resté dans l'auberge avec quelques officiers de son état-major particulier, y attendit la venue de son « bon frère »; mais celui-ci déclara qu'il ne consentirait à une entrevue qu'après la signature de la capitulation. Ni le malheur ni le courage n'ayant pu fléchir nos implacables ennemis, il fallut se résigner, et le général de Wimpffen n'eut plus qu'à apposer, la mort dans l'âme, son nom au bas de la capitulation fatale qui anéantissait son armée.

La capitulation. — Elle contenait les principales dispositions suivantes :

L'armée française était prisonnière de guerre. — En raison de la valeureuse défense de cette armée, les officiers conservaient leurs armes et les objets leur appartenant en propre; ils étaient même libres de rentrer en France, *sous la condition de s'engager, sur l'honneur et par écrit, à ne pas porter les armes contre l'Allemagne, et à n'agir d'aucune manière contre ses intérêts, jusqu'à la fin de la guerre*[1]. — L'armée tout entière, sauf les officiers consentant aux conditions précédentes, devait être réunie, le 3, dans la presqu'île d'Iges. — Tout le matériel, y compris les fonds, était livré immédiatement. — La place de Sedan devait être rendue, au plus tard dans la soirée du 2. — Les médecins n'étaient pas compris dans la capitulation.

Tel fut cet acte à jamais déplorable, qui constitue la page la plus douloureuse de notre histoire nationale. Il consommait la catastrophe dont la menace planait de-

---

1. Une pareille clause, dont on trouve ici le premier exemple, est à la fois immorale et grosse de conséquences fâcheuses. Il est probable que, dans le trouble de cette heure fatale, le plénipotentiaire français n'en a pas soupçonné toute la gravité, et n'y a vu qu'un hommage rendu à la bravoure de ses soldats; sans quoi il se fût refusé à séparer le sort des officiers de celui de leur troupe et à créer un précédent que l'honneur et la solidarité militaires réprouvent au même degré. De leur côté, certains officiers, se fiant un peu trop facilement à un texte qui semblait les couvrir, se sont crus autorisés à profiter d'avantages qu'on leur offrait comme témoignage d'estime, et il en est résulté des équivoques dont le retentissement plus tard a été regrettable. Un enseignement doit cependant être tiré de tout cela, c'est que, dans une négociation de ce genre, il ne peut être stipulé ni faveur, ni exception d'aucune sorte.

puis plusieurs jours déjà sur notre malheureuse armée, mais que personne certainement ne prévoyait aussi complète ni aussi épouvantable. Il anéantissait les dernières espérances de succès, et achevait la ruine des ressources suprêmes que la France avait mises sur pied. Son souvenir est, après plus de vingt années, toujours aussi poignant qu'au lendemain du désastre, et la plaie saignante qu'il a causée ne séchera que le jour où la Patrie aura enfin été vengée[1].

Parmi tant de circonstances déplorables auxquelles il faut faire remonter ses causes, il en est deux surtout qui ont exercé sur les destinées de l'armée de Châlons une influence prépondérante : le choix du champ de bataille et le changement de commandement. Evidemment, depuis l'affaire du 30, nos corps ne possédaient plus une cohésion suffisante pour résister à la pression des masses ennemies. La retraite s'imposait donc, comme unique ressource, et il eût fallu s'y résoudre à tout prix, dès le 31, quitte à sacrifier un corps ou deux. Le général Ducrot l'avait bien compris, et il est infiniment regrettable que ses avis n'aient point été suivis. Malheureusement, le maréchal qui, nous l'avons vu, n'évaluait qu'à 70,000 hommes les forces ennemies, espérait en outre, en se concentrant autour de Sedan, pouvoir donner à ses troupes un peu de ce repos dont elles avaient un si grand besoin et les ravitailler en vivres. N'ayant reçu de sa cavalerie, dont l'emploi fut constamment vicieux, aucun renseignement sur les mouvements de l'adversaire, il pensa qu'il aurait le temps de prendre son parti d'après ce que celui-ci semblerait vouloir faire. Cette tactique avait le grave inconvénient de laisser aux Allemands l'initiative des attaques, et la faculté, toujours si précieuse, d'entamer l'action où et

---

[1]. Aussitôt la capitulation signée, le général de Wimpffen en avisa le général comte de Palikao par l'intermédiaire de l'état-major allemand. Quant à l'Empereur, il eut avec le roi Guillaume, au château de Bellevue, une entrevue forcément sans intérêt général, et partit immédiatement après pour le château de Wilhelmshöhe, ancien palais de l'Electeur de Hesse-Cassel, détrôné en 1866. C'est là qu'il accomplit sa captivité.

quand ils le voudraient ; elle nous privait au surplus du concours du 13⁰ corps, auquel on ne pouvait envoyer d'ordres que quand il ne serait plus temps. La blessure du maréchal ne lui permit pas de prendre la décision qu'il comptait se voir dicter par les événements eux-mêmes, et quand son successeur, effrayé de l'imminence du danger, essaya d'y soustraire au moins une partie de l'armée, il n'était plus temps. L'examen minutieux des positions occupées par les différents corps, tant français qu'allemands, au moment où le général Ducrot donna l'ordre de battre en retraite sur le calvaire d'Illy, montre que l'armée française était déjà serrée de trop près pour avoir des chances de se dérober en entier. Sa défaite était irrémédiable ; mais au moins le général Ducrot nous sauvait-il de la honte d'une capitulation !

Tout autre eût été probablement la situation si, après Beaumont, la marche sur Mézières avait été formellement décidée ; alors on aurait pu constituer de fortes arrière-gardes, couvrir le flanc gauche et opérer sous cette protection une marche rétrograde, difficile sans doute, mais point du tout inexécutable, à la condition toutefois de détruire les ponts de la Meuse derrière soi. En aucun cas, l'attaque ne devait être attendue dans des positions aussi mauvaises que celles occupées par l'armée autour de Sedan ; au moins aurait-il fallu, comme l'indiquait encore le général Ducrot, faire front sur les hauteurs d'Illy. Un vain espoir de reprendre le projet du ministre de la guerre, une ignorance absolue des mouvements et des procédés de guerre de l'ennemi, enfin une série de circonstances fatales ont amené d'aussi graves erreurs.

Quant au double changement de direction et de personnes qui s'opéra, à si peu d'intervalle, dans le commandement supérieur, il fut absolument désastreux. Réoccuper, à dix heures, des positions abandonnées par ordre deux heures avant, était de toute impossibilité. Le seul résultat de cette manœuvre a été d'imprimer à la lutte un caractère de désordre qui favorisa singulièrement le mouvement de l'ennemi. Triste fruit d'un conflit de pouvoirs dont le ministre de la guerre d'alors, trop oublieux des leçons de l'histoire, doit porter la plus grande part de responsabilité[1].

Enfin, si l'accumulation de nos fautes a été pour beaucoup dans l'éclatant succès des Allemands, il faut aussi attribuer une bonne part de celui-ci à leur énorme supériorité numérique, à l'exacte utilisation des renseignements fournis par la cavalerie et à un système d'investigations qui ne négligeait aucun moyen d'être complet, ni les imprudences de la presse française, ni un espionnage admirablement perfectionné. Sur le champ de bataille même, la tactique de nos ennemis a été particulièrement audacieuse, et l'exposé suivant, de la *Relation allemande*, offre une synthèse très nette des procédés qu'instruits par l'expérience des batailles antérieures, ils ont jugé à propos d'employer :

Dans la formation des colonnes de marche, on avait eu le soin de placer les batteries de façon à leur permettre de s'engager de bonne heure, et elles débouchaient sur le champ de bataille avec les premières têtes de colonne de l'infanterie. Les batteries du XIe et du Ve corps, qui avaient à franchir le défilé de la Falizette, n'attendaient pas qu'elles fussent soutenues, et, confiantes le plus souvent dans leur propre force, elles venaient former une longue ligne entre la frontière belge qu'elles avaient à dos et les masses de cavalerie française qui les menaçaient de front. *En général, l'infanterie différait son attaque jusqu'à ce que l'artillerie eût produit tout son effet.* C'est le canon presque seul qui délogea l'adversaire du calvaire d'Illy, et il suffit ensuite de quelques compagnies pour occuper, sans combat, cette importante position. La grêle d'obus sous laquelle l'artillerie écrasa le bois de la Garenne prépara l'attaque des bataillons de la Garde et *épargna* les pertes énormes au prix desquelles on avait dû acheter les précédentes victoires[2]. »

---

1. Il est incontestable qu'en principe, le commandement en chef d'une armée revient de droit, après la mise hors de combat du titulaire, au plus ancien de ses lieutenants, dans le grade le plus élevé, *et que le général de Wimpffen était celui-ci*. Mais, dans les circonstances spéciales où l'on était, cet officier général, arrivé l'avant-veille, et complètement étranger à la connaissance des événements antérieurs, aussi bien qu'aux desseins du maréchal de Mac-Mahon, n'était certainement pas à même d'assumer à brûle-pourpoint, la lourde charge qu'il revendiquait. Peut-être que si, dès son arrivée, il avait communiqué ses lettres de service, le maréchal l'eût mis au courant de la situation ; mais ces lettres devaient, par ordre ministériel, être tenues secrètes, et c'est en cela que leur exhibition tardive a produit les fâcheux résultats que l'on sait.

2. *La Guerre franco-allemande*, page 1235.

Pertes. — Ces pertes cependant étaient encore considérables ; elles s'élevaient, pour les deux armées allemandes, au chiffre de 465 officiers et 8,459 hommes se décomposant comme suit :

Officiers : 187 tués, 276 blessés, 2 disparus.
Troupes : 2,132 — 5,627 — 700 —

Les deux corps bavarois, les plus éprouvés, comptaient, le Ier, 2,108 hommes, le IIe, 1,981 hommes hors de combat.

Mais les nôtres étaient bien plus terribles ; elles se montaient aux chiffres suivants : 3,000 tués, 14,000 blessés, 21,000 prisonniers pendant la bataille ; 83,000 prisonniers par capitulation, 3,000 désarmés en Belgique. Cinq généraux étaient tués, *Margueritte* et *Guyot de Lespart*, généraux de division ; *Girard*, *Liédot* et *Tilliard*, généraux de brigade ; 18, non compris le maréchal, étaient blessés. Une quantité énorme d'officiers de toutes armes gisaient sur le champ de bataille... Enfin l'ennemi s'emparait d'un butin prodigieux, dont l'énumération ne peut être rappelée sans un poignant serrement de cœur... 3 drapeaux, 449 pièces de campagne, 139 pièces de siège et de place, 1,072 voitures, 66,000 fusils et 6,000 chevaux en bon état ! Evocation lugubre d'une journée d'ineffaçable deuil !

Effectifs. — Pour obtenir ces résultats formidables, l'ennemi avait mis en mouvement des masses à peu près doubles de celles que nous pouvions lui opposer.

L'armée de la Meuse comptait 92,000 hommes et 270 pièces de canon. La IIIe armée avait engagé 137,000 hommes et 414 pièces de canon. Les 4 divisions de cavalerie étaient fortes de 13,000 chevaux et 42 pièces. C'était donc un total de 242,000 hommes et 726 bouches à feu qui avaient enveloppé Sedan.

Quant à l'armée de Châlons, déjà réduite par les fatigues, les marches et les combats, elle ne comptait que 124,000 hommes (dont il faut défalquer 14,000 non combattants) et 360 bouches à feu.

Le lendemain de cette journée fatale, nos pauvres soldats, strictement gardés par des détachements allemands, étaient entassés dans la presqu'île d'Iges et traités par leurs vainqueurs avec une barbarie qui révolte et que l'histoire a déjà flétrie[1]. Ils devaient rester là plusieurs jours, mourant de faim et de froid, sans abri ni couvertures, et parqués comme des bestiaux dans une boue pestilentielle. Ils étaient, dans le *Camp de la Misère,* **83,000**; nul ne saura jamais combien ont succombé plus tard aux suites des cruelles souffrances qu'ils y ont endurées! Le 6 commencèrent les convois pour l'Allemagne, et, le 15, les derniers soldats français quittaient le sol où ils s'étaient pour la plupart si vaillamment battus, pour entamer les étapes douloureuses d'une captivité de cinq mois!

Ainsi prit fin la douloureuse odyssée de l'armée formée à Châlons le 20 août. La seule force française qui tînt encore la campagne était détruite; le pays était complètement ouvert et la capitale découverte. Certes, nos ennemis pouvaient croire avec quelque apparence de raison la guerre terminée, et la France écrasée pour longtemps!

Ils comptaient sans le patriotisme français qui, après avoir lutté pour la vie, allait maintenant, pendant quatre mois encore, lutter courageusement pour l'honneur!

---

1. Les Allemands accordèrent à nos soldats la faculté de ne pas rendre leurs armes en personne. Elles furent laissées dans la ville, en tas.

LIVRE CINQUIÈME

LE BLOCUS DE METZ

CHAPITRE PREMIER

L'INVESTISSEMENT

Il nous faut maintenant suivre jusqu'à la fin de sa douloureuse agonie cette vaillante armée de Metz, conduite peu à peu par son chef à la plus lamentable des catastrophes. Nous allons voir 150,000 hommes solides, aguerris, braves et dévoués, végéter misérablement pendant deux longs mois dans une inaction démoralisante, s'user dans les souffrances des bivouacs boueux, s'étioler lentement sous l'étreinte de la misère, des privations et d'une rage impuissante, pour achever dans la honte d'une capitulation ignominieuse, une destinée qui eût pu être brillante et glorieuse. Dénouement déplorable et fatal d'une série de combinaisons tortueuses, dont le véritable mobile restera probablement toujours un mystère, mais qui s'inspirèrent malheureusement beaucoup plus de considérations personnelles que des lois imprescriptibles de l'honneur et du devoir.

Dès le lendemain de la bataille de Saint-Privat, quand les différents corps de l'armée du Rhin eurent tous gagné les emplacements que leur fixaient les ordres du maréchal Bazaine, on s'occupa de remettre de l'ordre dans les unités si durement éprouvées par les trois sanglantes batailles des 14, 15 et 16 août; on distribua du campement aux régiments qui n'en avaient plus, et on réapprovisionna tout le monde en munitions. Moins de deux jours après, l'armée semblait prête à affronter de nouveau la lutte.

Le maréchal avait, dès le 19, quitté Plappeville pour établir son quartier général au Ban-Saint-Martin, petit village de la banlieue de Metz. C'est de là qu'il dicta, dans la journée même, l'ordre de stationnement que voici :

> Toute la Garde sera ramenée en arrière au pied des pentes est du fort Saint-Quentin, sa droite au chemin de la Ronde. — Le 4ᵉ corps retirera sa gauche jusqu'à Tignomont, où il se reliera au 3ᵉ, qui se placera en arrière des forts Saint-Quentin et Plappeville. On établira une forte batterie sur les crêtes du Coupillon, et des épaulements partout où cela pourra être utile. Le 3ᵉ corps, de Tignomont, passera au-dessus du village de Plappeville jusqu'au col de Lessy, et redescendra sur la pente est du fort Saint-Quentin jusqu'à la colline de Charles-Quint, où il joindra la droite du 2ᵉ corps. — S'établir fortement au col de Lessy avec une batterie battant le ravin. — La division de Forton à Chambière.

La communication de cet ordre produisit dans beaucoup d'esprits un profond sentiment de malaise et d'inquiétude. Si la masse des soldats n'en comprenait pas en effet toute la portée, la plupart des officiers ne pouvaient se défendre au contraire de pressentiments pénibles, en voyant que non seulement on ne gardait pas des positions contre lesquelles l'ennemi s'était vainement heurté, mais encore qu'on abandonnait toutes celles qui assuraient à l'armée un reste de liberté de manœuvre. On se rendait compte que, dans ces conditions, le camp retranché de Metz cessait d'être un *point d'appui* pour devenir un *refuge*, et que l'armée allait étouffer bientôt dans l'étroit espace où elle se trouvait enserrée. La menace d'un blocus, avec ses épreuves, ses angoisses, et son issue presque toujours déplorable, planait donc sur les rangs attristés. La note officielle suivante, publiée le jour même dans le *Courrier de la Moselle,* vint encore, par ses allures énigmatiques, augmenter la mauvaise impression que la retraite de la matinée avait provoquée partout.

L'une des armées de la France, *disait ce document*, est aujourhui concentrée sous Metz, sur les emplacements que le maréchal commandant en chef a désignés à la suite de l'affaire du 18 [1]. On peut dire que *l'ensemble du plan de l'ennemi, pour la journée du 18, n'a pas réussi.* En tenant autour de Metz, l'armée du maréchal Bazaine fait face à des nécessités stratégiques *et politiques*.

Le maréchal ne disait pas ce qu'il entendait par *nécessités politiques*, mais sa correspondance et son attitude devaient, à brève échéance, se charger de l'expliquer. Sans parler, en effet, du compte rendu officiel de la bataille de Saint-Privat adressé à l'Empereur le 19, compte rendu dont nous avons précédemment signalé les inexactitudes et les hésitations, il lançait successivement les trois fameuses dépêches confiées par le colonel Turnier aux agents Miès et Rabasse, et destinées, dans sa pensée, à laisser croire que son recul sous les forts de Metz ne serait que momentané. Or, dans le même moment, il prenait des dispositions qui, manifestement, devaient avoir pour conséquence de le rendre définitif. On sait quelle influence la correspondance en question exerça sur les déterminations du commandement de l'armée de Châlons ; on peut donc affirmer que le maréchal Bazaine est en grande partie responsable du désastre qui frappa cette armée et l'anéantit avant qu'elle ait pu servir à quelque chose.

De fait, le commandant en chef de l'armée du Rhin, satisfait d'être enfin à l'abri des hasards de la campagne, semblait pour le moment ne songer qu'à garantir ses positions contre une attaque brusquée, mais point du tout à préparer l'offensive ultérieure qu'il annonçait. Ayant tout fait pour ne pas quitter Metz [2],

---

1. On a vu précédemment que ces positions avaient été reconnues, sinon désignées, dès le 17.

2. « S'il eût voulu quitter Metz en prenant le commandement, a écrit le rapporteur du procès de Trianon, il aurait ordonné, à défaut des ponts provisoires recouverts par la crue de la Moselle, de faire défiler, dès le 13 au matin, l'armée par les ponts de la ville et du chemin de fer ; s'il eût voulu quitter Metz, au lieu d'engouffrer toutes les troupes sur l'unique route de Gravelotte, il aurait utilisé les trois

au point de laisser échapper une victoire assurée, et d'en abandonner une autre à l'ennemi sans la lui disputer, il pensait uniquement à se couvrir suffisamment pour ne pas voir troubler son inaction voulue, et à attendre ainsi, dans une quiétude aussi prolongée qu'il le faudrait, une solution imposée par les événements. L'attraction exercée sur lui par le voisinage de Metz a été irrésistible, et il a tout sacrifié au désir de ne pas s'en écarter. Il est donc intéressant d'étudier avec quelques détails ces lieux si tristement célèbres, et de voir quelle était, en 1870, la valeur du camp retranché où presque toutes les forces mobilisées du pays étaient venues s'engouffrer.

Description du camp retranché de Metz. — Située sur la rive droite de la Moselle, à son confluent avec la Seille, la ville de Metz, antique capitale du royaume d'Austrasie, constituait sur la frontière française de l'Est une place forte de premier ordre, destinée d'après des projets déjà en cours d'exécution au moment où éclata la guerre de 1870, à devenir plus importante encore. Elle était dotée d'une enceinte bastionnée, système Vauban, dont les fossés pouvaient être presque partout inondés, mais qui était dominée à peu près de tous côtés ; on l'avait depuis longtemps déjà protégée par une série d'ouvrages avancés, le fort *Moselle* à l'ouest, le fort *Bellecroix* à l'est, dus tous deux à Cormontaingne, les redoutes de *Rogniat* et d'*Arçon*, la redoute *du Pâté*, enfin le fort *Gisors*. Mais toutes ces fortifications, qui présentaient devant l'artillerie lisse une valeur défensive considérable, étaient devenues insuffisantes contre les canons rayés. Il avait fallu tout d'abord renforcer les ouvrages par des contre-gardes,

autres routes dont l'emploi simultané leur aurait permis d'atteindre rapidement le plateau. S'il eût voulu quitter Metz, il n'aurait pas donné, le 15, l'ordre de licencier le convoi auxiliaire ; mesure qui devait le priver de ses vivres et arrêter sa marche ; s'il eût voulu quitter Metz, après s'être ravitaillé, le 17, de grand matin, il aurait recommencé le combat ou pris le chemin de Briey ; tout au contraire, il ne pense d'abord qu'à établir l'armée entre Vigneulles et Lessy, puis, hésitant devant un mouvement de retraite aussi accentué, il vient occuper le haut des berges du vallon de Monvau, en arrière desquelles il compte porter l'armée, dès la matinée du 19.... »

des abris blindés, des traverses de défilement et des cavaliers ; puis, après Sadowa, on s'était décidé, afin de constituer un point d'appui pour les opérations prévues contre la Prusse, à doter la place de Metz d'une ceinture de forts détachés qui devaient en faire un véritable camp retranché.

Dès 1866, quatre de ces forts avaient été commencés. C'étaient : 1° sur la rive gauche, le fort *Saint-Quentin*, destiné à battre le débouché de la vallée, à Ars, les routes venant de Verdun et les plateaux de la Mance, entre Amanvillers et Rozérieulles ; le fort de *Plappeville*, qui battait les mêmes plateaux, mais donnait en outre des feux sur la plaine de Woippy et les deux routes de Thionville et de Saint-Privat ; 2° sur la rive droite, le fort de *Saint-Julien*, battant la plaine de Malroy, le plateau de Sainte-Barbe et les trois routes qui le traversent, et le fort de *Queuleu*, défendant les deux routes de Strasbourg et de Noményv ainsi que la plaine de la basse Seille, au sud de Metz. Deux autres forts étaient en projet ; le premier, dit de *Saint-Eloi*, devait, au nord, combler le vide existant entre le fort de Plappeville et le fort Saint-Julien ; le second, dit de *Saint-Privat*[1], devait, au sud, remplir le même office entre les forts de Queuleu et de Saint-Quentin. De ces deux forts, celui de Saint-Privat était seul à peine ébauché en 1870.

D'ailleurs, bien que commencée depuis plus de trois années, la construction des quatre premiers forts n'était pas encore à beaucoup près terminée ; certains déboires de construction, des écroulements causés par la nature du sol qui se mouvait sous la charge des maçonneries, enfin des difficultés dues à une terre argileuse et compacte, avaient apporté des retards dans l'achèvement des ouvrages, qu'on eût espéré plus rapide. Deux d'entre eux cependant, les forts de Saint-Quentin et de Plappeville, dont les fossés étaient taillés dans le roc,

---

1. Le hameau de Saint-Privat, qu'il ne faut pas confondre avec le fameux Saint-Privat de la bataille, se trouve au sud de la ville, entre Montigny et le Sablon.

se trouvaient complètement à l'abri d'une attaque de vive force ; on ne pouvait être aussi affirmatif pour les deux autres, du moins au début des hostilités. En tous cas, l'armement en artillerie était, le 1ᵉʳ août, fort peu avancé partout.

Mais, eussent-ils été complètement achevés, ces nouveaux forts étaient placés de telle sorte qu'ils ne pouvaient qu'imparfaitement assurer la sécurité de la place en arrière. Le fort de Queuleu, par exemple, auquel travaillèrent les troupes mêmes de l'armée de Metz, n'était distant que de deux kilomètres du mur d'enceinte, et de plus dominé au sud ; le fort de Plappeville se trouvait commandé par les plateaux de l'ouest, qu'il était destiné à battre ; enfin, le fort Saint-Quentin, bien qu'avantageusement posté sous le rapport des vues, ne protégeait pas la ville contre des coups de canon partis des hauteurs de Frescaty et de Corny.

Tel qu'il était donc, le camp retranché de Metz aurait pu à la rigueur offrir un abri *momentané* à une armée battue et pourchassée ; il ne présentait pas une aire suffisante pour la recueillir, du moins comme l'entendait le maréchal Bazaine ; tout au moins, ne la protégeait-il pas contre la menace d'un investissement rigoureux. Si l'on voulait rendre celui-ci impossible, et assurer à nos troupes la faculté de déboucher quand il le faudrait, il était indispensable de prendre pied sur les hauteurs qui bordent à l'est, au sud et à l'ouest la vallée de la Moselle, et d'y établir des fortifications du moment, comme Totleben l'avait fait à Sébastopol, comme Osman-Pacha devait le faire plus tard à Plewna. Il fallait reculer de six ou sept kilomètres le cercle des ouvrages avancés, et occuper solidement, sur la rive gauche, les plateaux que nous avions conservés le 18 ; sur la rive droite, ceux de Sainte-Barbe et de Colombey qui se prolongent vers le sud jusqu'à la Seille. Le maréchal s'était gardé de rien prescrire de pareil.

Ajoutons, pour terminer ce qui concerne la ville, que trois lignes de chemins de fer, aboutissant à une gare unique, située près d'une des portes de la ville et couverte par une lunette, reliaient Metz à Nancy, à Thionville et à Sarrebrück[1]. Une quatrième ligne, en construction, s'embranchait sur celle de Thionville, et devait se diriger sur Verdun, par Amanvillers. Quant aux ponts, ils étaient au nombre de trois, non compris le viaduc.

Situation de l'armée française. — La réorganisation des différentes unités s'était faite dès le 19, d'une façon presque spontanée et sans intervention apparente de l'état-major général. Mais une fois cette question réglée, il en surgit immédiatement deux autres, dont l'importance devenait plus grande que jamais ; c'étaient celles des vivres et des munitions. Combien de temps allait-on pouvoir subsister avec les ressources existantes ? Possédait-on assez de cartouches et de projectiles pour reprendre la campagne, le cas échéant ? Tels étaient les sujets naturels de la préoccupation générale.

Sur le second point, relatif aux munitions, l'armée ne tarda pas à être pleinement rassurée. Les ressources de l'arsenal de Metz, un des plus considérables de France, quatre millions de cartouches que, par un hasard aussi heureux qu'inattendu, on trouva chargées sur roues à la gare où elles venaient d'arriver, enfin les approvisionnements de la place, permirent de compléter partout le chargement des coffres et des sacs ; en sorte que, dès le 22, le général Soleille, un pessimiste pourtant, put adresser au commandant en chef un rapport duquel il résultait :

1° Que toutes les batteries et les parcs existants étaient entièrement réapprovisionnés. Les pertes en hommes et chevaux étaient réparées ;

2° Que les hommes d'infanterie possédaient 90 cartouches de sac et 50 cartouches dans les caissons ou les parcs. En outre, un parc, formé à la suite de la réserve générale, contenait 1,300,000 cartouches ;

3° Que la défense de la place était assurée par un chiffre de 541 pièces ou mortiers, pourvues d'un approvisionnement en munitions plus que suffisant, et par

---

[1]. La ligne de Nancy franchit la Moselle à Ars ; celle de Thionville à Longeville, pour contourner ensuite la place à l'ouest. C'est de Longeville également que part la ligne, alors non terminée, de Verdun.

61,145 fusils de différents modèles, également approvisionnés très largement.

Quant à la question des vivres, elle apparut tout d'abord sous un jour beaucoup moins rassurant. Le sous-intendant militaire qui, en l'absence des intendants Wolff et de Préval, envoyés les 17 et 18 à l'intérieur pour préparer des vivres en vue d'une marche sur Verdun (que le maréchal savait parfaitement ne pas devoir faire), avait été investi de la lourde charge des subsistances, adressa, le 20 août, un rapport assez inquiétant, d'après lequel on n'avait que douze ou quinze jours de vivres au maximum. Fort heureusement, le sous-intendant se trompait, à la fois sur le chiffre des rationnaires, qu'il exagérait, et sur celui des approvisionnements, qu'il réduisait. Mais la situation n'en menaçait pas moins de devenir grave à courte échéance, et comportait des mesures conservatrices qu'un général en chef avisé eût immédiatement prescrites. Ni le maréchal Bazaine, ni le général Coffinières, commandant de la place de Metz, ne parurent s'en préoccuper. La seule manifestation du commandement fut un ordre, daté du 22 août, qui faisait passer le 3ᵉ corps (maréchal Le Bœuf) sur la rive droite; trois de ses divisions (1ʳᵉ, 3ᵉ et 4ᵉ), allèrent avec la division de cavalerie de Clérembault, s'établir sur le plateau de Borny, entre les forts de Saint-Julien et de Queuleu; la 2ᵉ division resta à Montigny et au Sablon. Par suite, les 2ᵉ et 4ᵉ corps durent s'étendre, le premier vers la droite, le second vers la gauche, pour remplir le vide laissé par le 3ᵉ corps. Le reste de l'armée ne bougea pas.

Mouvements des armées allemandes. — Voyons maintenant ce qui s'était passé du côté des Allemands, après le succès définitif de Saint-Privat. Dès la matinée du 19, ainsi qu'il a été dit précédemment, M. de Moltke, avec une netteté, une précision et une rapidité de conception fort remarquables, avait déjà pris des dispositions pour assurer le blocus de Metz au moyen de six corps d'armée sur la rive gauche, un corps et la 3ᵉ division de réserve sur la rive droite. En même temps, il constituait, pour la porter contre l'armée de Châlons concurremment avec la III⁰ armée, une subdivision d'armée, dite *armée de la Meuse*, qui, forte de trois corps et de deux divisions de cavalerie, était confiée au prince royal de Saxe. Enfin, il prescrivait de retrancher les hauteurs sur lesquelles on allait établir la ligne d'investissement[1].

La nouvelle répartition des troupes se fit très rapidement ; le prince Frédéric-Charles, commandant de l'armée de blocus, donna ses ordres le 19, à une heure de l'après-midi, et le lendemain 20 les différents corps prussiens occupaient les positions que voici :

I⁰ʳ Armée. — *Quartier général à Ars-sur-Moselle.*

3ᵉ Division de réserve, à Failly et Retonfay.
I⁰ʳ Corps d'armée (1ʳᵉ *division*, Jury, Chesny et Frontigny.
(quartier géné- 2ᵉ *division*, Courcelles-sur-Nied et Laquenexy.
ral à Pouilly). *Artillerie de corps*, Mécleuves.
3ᵉ Division de cavalerie, à Coin-lès-Cuvry[2].
VII⁰ Corps d'armée, de Frescaty à Jussy, à cheval sur la Moselle.
VIII⁰ Corps d'armée, de Jussy à la ferme de Moscou[3].
1ʳᵉ Division de cavalerie, à Rezonville.

II⁰ Armée. — *Quartier général à Doncourt.*

II⁰ Corps, de la ferme de Moscou à Saint-Privat.
X⁰ Corps, de Saint-Privat à la Moselle, vers Malroy.

Deux corps restaient en deuxième ligne ; c'étaient le III⁰, à Vernéville, et le IX⁰, à Saint-Ail et Sainte-Marie-aux-Chênes[4].

Tandis que toutes ces forces opéraient leur mouvement, le prince Frédéric-Charles, qui avait convoqué à Vernéville ses principaux lieutenants, leur donnait sur leur mission à chacun des instructions précises, qu'il est utile de rappeler dans leur ensemble, pour se rendre

---

1. Voir livre IV, chapitre I⁰ʳ.
2. La 3ᵉ division de réserve, le I⁰ʳ corps et la 3ᵉ division de cavalerie étaient provisoirement groupés sous le commandement du général de Manteuffel, commandant du I⁰ʳ corps d'armée.
3. C'étaient les emplacements du 2ᵉ corps français pendant la bataille de Saint-Privat.
4. Les équipages de pont de la Garde et du XII⁰ corps étaient affectés à l'armée d'investissement, ainsi que la majeure partie des bataillons de pionniers de ces deux corps.

compte du soin avec lequel étaient prises les dispositions qui devaient enfermer l'armée française dans l'impasse où venait de la conduire son chef.

A. — 1° *Les troupes de la rive droite* devaient tout d'abord former une ligne d'avant-postes composée principalement de cavalerie et se répartir derrière elle, de manière à pouvoir, en cas de sortie, se concentrer à temps dans une position choisie. Elles étaient reliées avec celles de la rive gauche (destinées, si nous tentions de gagner Thionville par la vallée de la Moselle, à agir sur notre flanc gauche) au moyen d'un pont fortifié que le X° corps recevait l'ordre de jeter en aval à peu près à hauteur d'Hauconcourt ;

2° Une position devait être choisie par le Ier corps pour assurer, le cas échéant, la protection de la gare de Remilly, principal magasin des Allemands et gare où aboutissaient les relations par voie ferrée avec l'Allemagne. Cette position devait être telle que les corps voisins pussent y arriver à temps soutenir le Ier corps.

Les troupes de la rive droite avaient ordre de se dérober et d'éviter tout engagement sérieux contre des forces supérieures, si l'armée française réunie tentait, par la rive droite, un mouvement en dehors des directions prévues ci-dessus. C'est-à-dire que leur mission consistait seulement à intercepter rigoureusement toute communication et à défendre certains points plus particulièrement importants [1].

B. — *Les troupes de la rive gauche* avaient à jouer un rôle plus complexe, puisque c'est à travers le terrain gardé par elles que l'armée française semblait devoir chercher à s'échapper. Voici donc les instructions qui leur étaient données :

1° Organiser une forte position qui couvrît le pont jeté par le X° corps et s'opposât à une sortie sur Thionville par la rive gauche. Si cette sortie se produisait, le X° corps devait d'ailleurs être soutenu immédiatement par le II° et par les renforts envoyés de la rive droite ;

2° Constituer sur les plateaux de l'ouest une série de

---

[1] *La Guerre franco-allemande*, page 888.

lignes défensives, hérissées d'abatis, de tranchées et d'ouvrages que défendraient, le cas échéant, les corps de première ligne, soutenus par les deux corps de réserve ;

3° Organiser vers le sud des positions retranchées, placées à cheval sur la Moselle et reliées par un pont couvert, où, dans le cas d'une tentative de sortie dans la direction de Pont-à-Mousson, le VII° corps puisse opposer une résistance suffisante pour permettre aux corps placés à sa droite et à sa gauche de le soutenir.

« Les quatre corps de première ligne, dit la *Relation allemande*, étaient particulièrement invités à tenir des forces sérieuses constamment sur pied dans leurs lignes de défense, et à employer journellement une partie de leur monde aux travaux de terrassements, afin d'arriver à donner le plus promptement possible à l'ensemble du système défensif le tracé et le relief qu'il devait atteindre. Le reste de ces corps se baraquerait à distance convenable, en arrière des avant-postes [1]. »

On voit que le prince Frédéric-Charles entendait établir une ligne d'investissement solide et se garantir au plus vite contre une offensive qui lui semblait ne pouvoir beaucoup tarder. Lui et le général de Steinmetz complétèrent en outre ces prescriptions par des instructions particulières relatives soit aux communications télégraphiques entre les différents quartiers généraux, soit aux zones de réquisition affectées à chaque corps d'armée en arrière de ces lignes. Tout était donc prévu avec un soin méticuleux. Enfin, deux régiments de cavalerie étaient détachés de la Ire armée pour aller, par les deux rives de la Moselle, investir Thionville. Du 20 au 25, diverses modifications de détail furent apportées aux emplacements primitivement indiqués. Elles avaient généralement pour but de

---

1. *La Guerre franco-allemande*, page 889. Les suppléments 27 et 28 de la *Relation allemande* renferment le texte complet des ordres donnés par le général en chef et le général de Steinmetz. Nous n'avons pas cru devoir les reproduire ici, mais nous y renvoyons le lecteur curieux de connaître dans leur détail les procédés de guerre employés par nos ennemis.

resserrer le blocus et de rapprocher de nos lignes celles de l'ennemi. Le 25, les positions occupées autour de nous devinrent à peu près définitives pour toute la durée du siège. Il est donc nécessaire de les indiquer en détail.

Ire ARMÉE. — *Quartier général à Jouy-aux-Arches* (23 août).

3e DIVISION DE RÉSERVE, à Malroy et Charly.

Ier CORPS D'ARMÉE
- 1re *division*, à Vrémy et Sainte-Barbe.
- 2e *division*, à Remilly (pour couvrir les magasins et la voie ferrée).
- *Artillerie de corps*, à Sainte-Barbe.

3e DIVISION DE CAVALERIE, à cheval sur la route de Metz à Nomény.

VIIe CORPS D'ARMÉE
- 27e *brigade*, avec 3 batteries et un régiment de cavalerie, à Jouy-aux-Arches, ayant des postes avancés qui allaient du parc de Frescaty à la Moselle par le Tournebride.
- 26e *brigade*, avec une batterie, à Ars-sur Moselle.
- 25e *brigade*, à Vaux.
- Le reste du corps d'armée échelonné en arrière, à Ancy, Corny et Novéant.

VIIIe CORPS D'ARMÉE
- 15e *division*, Saint-Hubert et Moscou.
- 16e *division*, } Gravelotte et la
- *Artillerie de corps*, } maison de poste.

1re DIVISION DE CAVALERIE, à Saint-Marcel[1].

IIe ARMÉE.

IIe CORPS D'ARMÉE
- 3e *division*, à Saint-Vincent.
- 4e *division*, } à Amanvillers.
- *Artillerie de corps*, }

Xe CORPS D'ARMÉE
- 19e *division*, à Fèves, Sémécourt, Frémécourt.
- 20e *division*, à Maizières et Amelange.
- *Artillerie de corps*, à Frémécourt.

IXe CORPS D'ARMÉE
- 18e *division*, } à Montois.
- *Artillerie de corps*, }
- 25e *division* (hessoise), à Pierrevillers.

---

1. On remarquera la grande étendue de terrain occupée par la Ire armée. Cette ligne si longue ne pouvait certainement être forte partout.

III° Corps d'armée
{ 5° *division*, à Habonville.
3° *division*,
Artillerie de corps, } à Annoux-la-Grange.

Les mouvements qui avaient amené les troupes sur ces positions se terminèrent le 23, et, aussitôt après une reconnaissance générale faite par les officiers du génie, les travaux d'investissement commencèrent, sous la direction des commandants de corps d'armée. Nous ne saurions entrer ici dans le détail de ces travaux, qui serait trop aride et d'un caractère trop spécial. Il nous suffira de dire que le cercle finit par être complètement fermé; que des communications furent établies à l'arrière entre les différents corps; que 50 grosses pièces de 12 furent demandées en Allemagne; que le passage de la Moselle fut assuré par huit ponts en amont, deux ponts et un bac en aval[1]; celui de la Seille par trois ponts et un gué; qu'on installa au travers de la rivière, à Ars et à Hauconcourt, des filets métalliques destinés à intercepter les communications que les assiégés pourraient tenter de se procurer par voie d'eau; qu'enfin on créa des observatoires en des points élevés, afin de ne rien perdre de ce qui se passait dans la place et les camps d'alentour[2].

Toutefois ces travaux, pour la plupart importants et délicats, ne s'exécutèrent pas d'un seul coup; ils ne furent guère achevés que dans le mois de septembre. En tout cas, et ceci n'est point une constatation insignifiante, ils étaient, jusqu'au 25, dans un état trop incomplet pour fermer réellement le blocus. En outre, depuis Noisseville jusqu'à Ars, c'est-à-dire dans toute la partie sud-est du cercle d'investissement, il ne se trouvait que *trois brigades d'infanterie* avec une division de cavalerie et sept batteries de campagne[3]. Il

1. Certains de ces ponts étaient fixes, et nous savons que le maréchal Bazaine ne les avait pas détruits. D'autres furent jetés par les Allemands.
2. Les plus importants se trouvaient à l'ouest de Jussy, sur le Horimont, à Sainte-Barbe, sur la hauteur au sud de Montoy, à Mercy-le-Haut et sur le Saint-Blaise.
3. La 2° division d'infanterie, avec ses 4 batteries à Remilly; la 3° division de cavalerie, avec 1 batterie vers Pouilly; la 27° brigade avec 3 batteries à Jouy-aux-Arches.

était visible ue l'état-major ennemi se préoccupait encore beaucoup plus des mouvements de l'armée Chalons que de l'éventualité d'une sortie de celle de Metz. En tout cas, les forces de la rive droite étaient impuissantes à enrayer un mouvement tant soit peu énergique de notre part. Le maréchal Bazaine, bien qu'il connût cette situation, ne jugea à propos d'en tirer parti.

Du 19 août au 1er septembre, un grand nombre de gens courageux se dévouèrent pour établir entre les deux armées de Metz et de Châlons une liaison d'où pouvait résulter la connexité des efforts. Des gardes forestiers, des ouvriers, des agents subalternes réussirent à franchir, au péril de leur vie, les avant-postes allemands et à apporter à Bazaine des nouvelles du maréchal de Mac-Mahon. Ils ont reçu du président du conseil de guerre de Trianon les éloges que méritait leur conduite, mais c'est un devoir pour nous de rappeler ici leurs noms. *Braidy, Scalabrino, Declue, Fissabre, Guillemin,* gardes forestiers; *Mercier,* peintre en bâtiments, *Marchal,* ouvrier, *Macherez,* tailleur d'habits, *Flahaut,* agent de police, enfin le lieutenant *Mouth* et Mme *Imbert* ont prouvé dans cette circonstance qu'on trouve toujours assez de gens de cœur prêts, quand il le faut, à se dévouer pour la patrie. Il est triste de constater, en revanche, combien ont été médiocres les résultats de leur dévouement, et impuissants leurs exemples à galvaniser un commandement enlisé dans la plus honteuse torpeur[1].

Tentative avortée du 26 août.

Cependant quelques indiscrétions avaient été commises malgré les précautions prises par le maréchal

---

1. Outre ces courageux émissaires, il s'est trouvé pas mal de personnes qui, postérieurement au 19 août, ont pu pénétrer à Metz; notamment le docteur *Félizet,* Mme *Sibeux,* qui, partie de Vaux, a pu entrer le 25 dans la place et donner des renseignements sur les positions des Prussiens; M. *de Viville,* âgé de 74 ans, un ouvrier nommé *Boulanger* qui est venu à la fin d'août pour travailler à l'arsenal, M. *Renou,* homme de lettres, etc. Cela prouve que jusqu'à septembre le blocus n'était pas absolument rigoureux.

pour laisser l'armée et la population dans l'ignorance complète des événements extérieurs, et le bruit commençait à se répandre que Mac-Mahon s'approchait de Metz avec une armée de 100,000 hommes. Quant au commandant en chef, il feignait de ne rien connaître de tout cela[1]. Le 23 cependant, il reçut l'avis officiel de la marche de l'armée de Châlons.

> Vers deux ou trois heures de l'après-midi, a déposé à ce sujet le colonel depuis général Lewal[2], un courrier civil me remit une dépêche roulée en cigarette; je l'apportai immédiatement, comme d'habitude, à M. le maréchal Bazaine... Il l'ouvrit et la lut tout haut; elle indiquait le mouvement sur la Meuse de M. le maréchal de Mac-Mahon. A ce moment, connaissant à peu près la position des armées ennemies, je fus frappé du danger que courait l'armée de Châlons, pouvant être attaquée de flanc par des forces supérieures, et je m'écriai : — *Monsieur le Maréchal, il faut partir de suite.* — Le maréchal répliqua : — *Tout de suite, c'est bien tôt!* — *Je veux dire demain*, ajoutai-je. Le maréchal allégua des difficultés de ravitaillement en vivres et munitions qui devaient prendre assez de temps. J'insistai pour que les opérations fussent menées rapidement, m'efforçant de faire ressortir l'urgence du départ. Je demandai même au maréchal de vouloir bien supprimer d'une manière complète tous les bagages[3].

Mis ainsi catégoriquement en demeure d'agir par un de ses subordonnés auquel il accordait une confiance particulière, au point de donner de l'ombrage au chef d'état-major général, le commandant en chef répondit qu'il allait aviser. Il recommanda au colonel Lewal de ne parler de cette dépêche à personne[4].

Mais l'armée, impatiente et inquiète, semblait se douter de quelque chose. Le maréchal comprit qu'il ne pouvait, sans se trahir trop complètement, rester

---

1. Le commandant Magnan, envoyé par lui à l'Empereur pour rendre compte de la situation et prendre les instructions du souverain, ne rentra pas à Metz, bien que cela lui eût été facile. Le ministère public de Trianon a vu là une manœuvre préméditée, sur la demande du maréchal lui-même, qui *ne voulait pas* recevoir d'instructions.

2. Le colonel Lewal était chef de la 1re section (renseignements) à l'état-major général.

3. *Procès Bazaine*, Rapport et déposition du colonel Lewal.

4. Le maréchal a prétendu avoir reçu cette dépêche le 30 et non le 23. Mais toutes les pièces du procès démontrent qu'il a commis là une erreur, involontaire ou non. (Voir les dépositions du colonel d'Andlau, du commandant Samuel, du maréchal Canrobert, du lieutenant Mouth, etc.)

plus longtemps dans l'inaction, et le jour même, il donna des ordres qui semblaient être la préparation d'une vigoureuse sortie ; tel celui de réduire les bagages en cas de départ. Le lendemain, il faisait prescrire au général Coffinières « de jeter deux ponts sur chacun des bras de la Moselle formant l'île Chambière, en aval de la ville, et avec les ressources locales, afin de ménager les ressources de l'armée. Le 25, la division de cavalerie de réserve du général de Forton et celle de la Garde[1] étaient réunies sous les ordres du général Desvaux pour former un corps de cavalerie, indice certain de grandes opérations de guerre ; en même temps, l'artillerie du 6e corps était réorganisée sur des bases qu'elle aurait dû avoir depuis longtemps, avec un parc et des batteries de réserve. Ces mesures préparatoires avaient surexcité les esprits ; on comprenait qu'on était à la veille de graves événements ; les souvenirs de Borny et de Rezonville donnaient à tous une confiance absolue[2]... » Enfin, le 25 dans la soirée, les commandants de corps d'armée reçurent l'ordre de rassembler leur forces, le lendemain, sur la rive droite de la Moselle, au nord du fort Saint-Julien, comme si l'on devait prendre la route de Thionville.

Mais, en même temps, le maréchal expédiait deux dépêches qui, si elles eussent été connues de l'armée, lui auraient montré le peu de foi qu'elle pouvait avoir à un homme capable d'une duplicité aussi prodigieuse. L'une adressée au maréchal de Mac-Mahon, était ainsi conçue : « *Nos communications sont coupées mais faiblement; nous pourrons percer quand nous voudrons, et nous vous attendons.* » L'autre fut envoyée quelques heures plus tard au ministre de la Guerre ; nous en donnerons plus loin la teneur.

Quoi qu'il en soit, les mouvements de troupes commencèrent le 26, au petit jour. Le général Coffinières, qui, depuis le 15, avait fait relever les ponts jetés sur la Moselle, dut en faire construire de nouveaux. Seul

---

1. Sauf le régiment des guides.
2. *Metz, Campagne et négociations*, page 122.

le 2ᵉ corps devait se servir des ponts de la ville; encore négligea-t-il d'en utiliser un sur deux. En outre, deux des trois ponts jetés à l'île Chambière se trouvèrent mal construits et incapables de supporter les voitures. Il résulta de tout cela des encombrements, des allongements, du désordre, et l'armée qui, une fois la rivière franchie n'avait d'autre débouché que la route grimpant vers Saint-Julien, mit près de douze heures à gagner les plateaux où elle devait se déployer. A trois heures de l'après-midi elle n'y était pas encore tout entière, puisque, dans l'intervalle, le maréchal avait donné contre-ordre à la Garde et à la réserve d'artillerie, qui restèrent sur la rive gauche.

Cependant la fusillade s'engage entre nos tirailleurs et les avant-postes prussiens, fusillade sans importance, et qui bientôt s'éteint. L'ennemi avait évacué le château d'Aubigny, y laissant 10,000 cartouches qui furent immédiatement noyées, et le village de Noisseville. Nulle part on ne faisait mine de prendre l'offensive, et l'armée française restait immobile sur deux lignes, attendant le signal convenu, qui ne venait pas... Tout à coup éclate un orage épouvantable. Des torrents d'eau s'abattent sur nos soldats, au milieu d'éclairs aveuglants et de violents coups de tonnerre... L'armée ne bouge toujours pas, mais les vigies allemandes postées dans leurs observatoires peuvent compter le nombre de nos hommes et de nos canons! Enfin, à quatre heures du soir, les troupes reçoivent l'ordre de regagner leurs anciens campements, sauf le 2ᵉ corps qui doit rester sur la rive droite avec le 3ᵉ. L'opération commence immédiatement et les régiments s'écoulent par des chemins défoncés, sous des averses incessantes qui transforme en marécages les routes foulées par 100,000 soldats!

Que s'était-il donc passé pendant que toute l'armée française accomplissait ces mouvements pénibles et cette manœuvre avortée? Le maréchal, décidé à tenter une sortie, avait-il brusquement changé d'avis, ou bien n'avait-il jamais eu l'intention de livrer bataille, et ses ordres de la veille n'était-il qu'un leurre, destiné à calmer l'impatience qu'il voyait se manifester partout? C'est ce que le récit qui va suivre montrera d'une façon suffisamment précise.

Conférence de Grimont, le 26 août. — Déjà, dans la matinée, et tandis que nos troupes gagnaient le plateau de Saint-Julien, le général Coffinières, gouverneur de Metz, s'était, en compagnie du général Soleille, rendu auprès du maréchal. Il avait montré la situation de la place, insuffisante au point de vue de l'armement, et, tremblant pour sa responsabilité ultérieure, avait demandé que la sortie fût remise *jusqu'après achèvement de cet armement*. A vrai dire, cette pression n'était pas nécessaire pour calmer l'ardeur offensive du commandant en chef, car, partant soi-disant pour faire une trouée définitive, *il avait laissé tous les bagages au quartier général, avec sa garde habituelle*, tout comme s'il devait y rentrer au bout de quelques heures seulement. Cependant elle lui fournit un nouveau prétexte, si bien que, vers deux heures[1], au lieu de donner l'ordre d'attaquer, il fit convoquer au château de Grimont tous les commandants de corps d'armée avec les chefs supérieurs des services, *pour conférer*, leur dit-il, *sur la situation*. Le moment semblait étrangement choisi, et cette conférence, admissible la veille, n'avait plus aucune raison d'être sur le terrain de l'action. Le conseil de guerre se réunit cependant, et comme l'orage venait justement d'éclater, le premier mot du maréchal fut qu'en raison de l'état des chemins il fallait renoncer à la sortie projetée; puis il donna la parole au général Soleille, commandant de l'artillerie de l'armée, dont on connaît déjà l'intervention fâcheuse après la bataille du 16 août. Et voici la théorie singulière que développa celui-ci[2]:

La première chose qui frappe l'esprit dans la situation actuelle de l'armée du Rhin, dit-il, c'est *l'analogie qui existe entre cette*

---

1. Le maréchal n'était arrivé sur le plateau qu'à une heure.
2. Il n'existe de cette conférence aucun procès-verbal officiel. Mais, dans son livre *l'Armée du Rhin*, le maréchal Bazaine en a donné un résumé complet, pris sur place par son aide de camp, le général Boyer. C'est ce résumé que nous reproduisons ici.

situation et celle de l'armée française en 1814. A cette époque, en effet, l'armée alliée avait dépassé Verdun et marchait sur Paris, comme le fait aujourd'hui l'armée allemande. L'empereur Napoléon Ier eut la pensée de réunir les garnisons des places du Nord et de se jeter sur la frontière sur les communications de l'ennemi, pendant que l'armée envahissante irait se heurter contre les travaux de défense qu'il avait ordonné d'exécuter autour de Paris. Mais Paris n'était pas fortifié, le plan de l'Empereur ne put être réalisé.

Aujourd'hui, l'ensemble de ce plan d'opérations est très exécutable. Paris est pourvu d'une double enceinte, de forts détachés et de fronts bastionnés, et la présence de l'armée du Rhin sous les murs de Metz, à la frontière, on peut le dire, précisément à portée des communications de l'armée prussienne, *doit singulièrement inquiéter l'ennemi.*

L'armée du Rhin a un rôle immense à jouer, *et ce rôle militaire peut devenir et deviendra certainement politique.*

Metz est, en effet, non seulement une grande place de guerre, mais aussi et surtout la capitale de la Lorraine. En admettant une série de revers pour nos armes, et l'obligation pour le gouvernement de traiter avec la Prusse, la possession de Metz, la présence de l'armée dans le camp retranché que nous occupons, pèseraient d'un poids immense dans les décisions à intervenir, *et sauvegarderaient probablement à la France la possession de la Lorraine.*

Il ne faut pas se dissimuler, en outre, que *l'armée n'a de munitions d'artillerie que pour une seule bataille, et qu'il est impossible de la réapprovisionner avec les ressources de la place.* Risquer un combat pour percer les lignes ennemies et entreprendre une marche pour rallier Paris ou tout autre point, ce serait s'exposer à user ses munitions, à se trouver désarmés au milieu des armées prussiennes *qui s'acharneraient après nous comme une meute de chiens après un cerf,* et à compromettre le sort de cette armée. En restant, au contraire, dans les lignes que nous occupons, *nous maintenons l'armée intacte avec tous ses moyens d'action,* nous menaçons constamment les communications de l'armée ennemie, qui peut éprouver un échec et se trouver obligée de battre en retraite ou de se replier sur sa ligne d'opérations. Nous pouvons changer en désastre ce mouvement rétrograde des Prussiens, *et nous conservons au pays une garantie puissante dans tous les cas.*

L'armée ne restera pas inactive pour cela ; elle pourra faire de fréquentes pointes sur le périmètre des lignes ennemies, qui n'a pas moins de 50 à 60 kilomètres ; elle frappera des coups sensibles, les inquiétera, et pourra même bouleverser ses travaux, *couper ses convois et intercepter ses communications.* Ces mouvements entretiendront son moral, la tiendront en haleine et seront même favorables à l'état sanitaire.

Telles sont les théories véritablement extraordinaires,

et d'ailleurs basées sur des affirmations inexactes, qu'entendirent les commandants des corps de l'armée du Rhin. Comment pouvait-on comparer avec l'armée de 1814, affaiblie, il est vrai, et réduite à une poignée de braves, mais libre de ses mouvements, tenant la campagne et enflammée par la présence de Napoléon, celle de 1870, entourée par des forces supérieures et déjà privée de sa liberté d'action, puisque, pour rompre le cercle, il lui fallait, avant toute chose, livrer une bataille? Comment pouvait-on parler de menacer les communications de l'ennemi, alors qu'on n'avait, pour manœuvrer, qu'un espace à peine suffisant pour se déployer? Quelle était la valeur de cet argument spécieux, qu'en restant à Metz, *on maintenait l'armée intacte avec ses moyens d'action*, quand on croyait n'avoir des vivres que pour quinze jours? Enfin, comment le commandant de l'artillerie pouvait-il avancer qu'on ne possédait de munitions que pour une seule bataille, alors que le chiffre total des coups de canon à obus se montait à 100,446[1]!

Il faut bien le dire, ce dernier argument influença grandement les officiers généraux. Mais son effet fut encore aggravé par l'avis du général Coffinières[2], lequel déclara que le maintien de l'armée à Metz était nécessaire pour achever les ouvrages de la place. « Ceux-ci, dit-il, ne sont pas dans un état de défense suffisant et *ne pourraient supporter une attaque régulière que pendant un nombre de jours limité.* »

Dans de pareilles conditions, on comprend que les commandants de corps d'armée aient été sensiblement refroidis dans leur désir d'aller de l'avant. Le général Frossard, consulté le premier, se rallia immédiatement

---

1. *Procès Bazaine* (Rapport). Il est à remarquer que l'on consomma à Rezonville 26,000 coups de canon environ. et à Saint-Privat 22,000. Une moyenne de 25,000 coups par journée était donc très large, et c'était alors un approvisionnement pour *quatre* batailles qui restait.
2. Le livre de Bazaine fait opiner le général Coffinières le dernier. Il résulte des dépositions des généraux Frossard et de Ladmirault que cet officier général parla au contraire aussitôt après le général Soleille, aggravant ainsi la mauvaise impression produite par les affirmations de celui-ci.

à l'avis du général Coffinières ; on sait que les *bonnes positions* et les camps retranchés avaient toujours exercé sur lui une fascination particulière... Le maréchal Canrobert jugea qu'il fallait renoncer, au moins momentanément, à se faire jour ; mais il y mit une restriction : « Le moral des troupes ne sera maintenu, dit-il, qu'à la condition de ne pas les laisser inertes. Il faut donc faire de fréquentes actions de guerre, pour fatiguer l'ennemi et le traquer partout. Enfin, si on se décide à sortir, il faudra abandonner tous les *impedimenta.* » Le général de Ladmirault se reconnut obligé de constater que, sans munitions, on ne pouvait songer à sortir. Le maréchal Le Bœuf également ; mais il demanda comment on ferait vivre l'armée, si elle prolongeait son séjour à Metz ? Enfin le général Bourbaki, arrivé le dernier [1], protesta d'abord, aussitôt qu'il connut les opinions précédentes, que son seul avis était « de faire un trou par Château-Salins et de se donner de l'air ». Mais, sur l'affirmation du manque de munitions et de l'impossibilité où était la place de résister, il en vint à reconnaître aussi que c'était impossible, en ajoutant toutefois qu'il ne fallait à aucun prix *rester collé* à la place de Metz.

Le résultat de la délibération était donc conforme au secret désir du maréchal. Mais on a vu comment la discussion avait été conduite. Chose plus grave encore, pas un mot n'avait été dit ni de l'armée de Châlons, ni de sa marche vers l'est, ni des renseignements que possédait le commandant en chef sur sa tentative de jonction par Montmédy ! Certes, le maréchal Bazaine, commandant en chef, n'était nullement obligé, pour prendre une décision, de consulter ses lieutenants. Mais, dès l'instant qu'il leur demandait leur avis sur la situation, il devenait gravement coupable en leur en dissimulant, à dessein, une partie, et non la moins intéressante. Quand, plus tard, les commandants de

---

[1]. Il paraîtrait que ce retard était voulu par le maréchal. Craignant l'impétuosité du général Bourbaki, il l'avait induit en erreur sur le lieu de la réunion. (Alfred Duquet, *Les Derniers jours de l'armée du Rhin*, Paris, Charpentier, 1888, page 32.)

corps d'armée l'ont connue tout entière, ils ont compris qu'ils avaient été joués. — « Si nous avions su que le maréchal de Mac-Mahon venait, a dit le maréchal Canrobert, nous n'aurions pas calculé un instant nos cartouches et nos gargousses..., nous serions partis coûte que coûte. » Et le maréchal Le Bœuf s'écriait de son côté : « Il est évident que si nous avions su que l'armée de Châlons marchât vers l'est, personne n'aurait hésité à marcher vers l'armée de Châlons [1] ! »

On peut donc dire que le maréchal Bazaine n'avait pas hésité à surprendre la religion de ses conseillers, afin de les amener à abonder dans ses vues. Quoi qu'il en soit, il se croyait maintenant couvert par leur opinion frauduleusement obtenue ; aussi s'empressa-t-il de la suivre et de donner aux troupes l'ordre de rentrer dans leurs anciens bivouacs. Puis, de retour lui-même à son quartier général du Ban-Saint-Martin, il adressa au ministre de la Guerre la dépêche que voici, dont les termes contrastent singulièrement avec ceux du télégramme envoyé le matin même au duc de Magenta :

> Toujours sous Metz, avec munitions d'artillerie pour un combat seulement. *Impossible, dans ces conditions, de forcer les positions retranchées de l'ennemi.* Aucune nouvelle de Paris, ni de l'esprit national. Urgence d'en avoir. *Agirai efficacement, si mouvement offensif à l'intérieur force l'ennemi à battre en retraite.*

Retour dans les bivouacs. — Les troupes reprirent le chemin de leurs bivouacs avec une déception visible. Les officiers, confondus, ne répondaient rien aux questions embarrassantes des soldats, mais ils commençaient à être gagnés par l'inquiétude. Quelques régiments, les plus rapprochés, purent, le soir même, quoique fort tard, redresser leurs tentes. La majorité des corps se trouva dissoute de fait. Les mêmes difficultés rencontrées le matin au passage de la Moselle s'étaient reproduites le soir, compliquées encore de l'état des routes, de l'obscurité, de la pluie qui par instants, cinglait avec furie. Partout on entendait des sonneries de

---

1. *Procès Bazaine.*

clairon, cherchant à rallier les épaves égarées des régiments épars ! Plus des deux tiers des officiers et des hommes de l'armée de Metz passèrent cette nuit détestable sur les routes, dans les fossés pleins d'eau, ou couchés sur des tas de cailloux, sans manger, bien entendu, et il est des régiments qui ne se trouvèrent reconstitués complètement que deux jours plus tard seulement ! Nulle part on n'avait vu un seul officier d'état-major conduisant les colonnes ou seulement les empêchant de s'égrener !!

C'est que, quand le commandement supérieur s'effondre, l'effet de son effacement se répercute jusqu'aux derniers rangs de la troupe. Les liens hiérarchiques se distendent, les responsabilités cessent d'être sanctionnées, et personne ne conserve plus comme guide unique le sentiment intégral et étroit de son devoir. Voilà où nous avait conduits cette psychologie malfaisante qui, trop longtemps, railla, au lieu de les admirer, l'abnégation nécessaire et le renoncement qui seul fait les armées capables de ne point fondre aux premiers revers !

Mouvement des troupes d'investissement le 26 août. — Comme bien on pense, les Allemands qui, depuis le matin, avaient pu, grâce à leurs observatoires, éventer tous nos mouvements, les Allemands n'avaient pas manqué de prendre les précautions que commandaient les circonstances. Certes, la lenteur que mettait l'armée française à prendre position, et le peu de soin qu'elle prenait de dissimuler sa manœuvre, montraient bien que le danger était plus apparent que réel. Notre attaque n'était pas assez brusque pour être sérieuse, car ce n'est pas à quatre heures, ni même à deux heures de l'après-midi qu'il convient d'aborder l'ennemi lorsqu'on veut briser sa résistance et percer un cercle d'investissement. Cependant, la prudence voulait qu'on se tînt sur ses gardes, et les généraux allemands n'y avaient pas manqué.

Dès la matinée, les commandants de corps d'armée prirent, sans autre avis, les dispositions qui avaient été prescrites par les ordres généraux du 20 août.

La brigade Lapasset brûlant ses drapeaux.

La 3ᵉ division de réserve se mit sous les armes. Une brigade de la 2ᵉ division fut appelée de Courcelles par le général de Manteuffel, tandis que le Xᵉ corps faisait passer à Argancy, sur la rive gauche, 10 bataillons avec l'artillerie de corps.

La 25ᵉ division (du IXᵉ corps) fut dirigée sur Hauconcourt, et le reste du corps d'armée se concentra à Marange. Enfin, les IIIᵉ et IIᵉ corps furent rassemblés, le premier à Saint-Privat, le second entre Amanvillers et Saulny.

On voit que les précautions étaient prises partout. En outre, le prince Frédéric-Charles avait prescrit, dans le cas où la sortie réussirait, de lancer sur la route de Thionville les corps de la IIᵉ armée, afin de nous devancer devant cette place ; la Iʳᵉ armée serait alors restée seule au blocus de Metz. Mais, lorsque vers quatre heures il vit que bien décidément l'armée française ne bougeait pas, il jugea que la tempête nous avait fait renoncer à nos projets et envoya l'ordre à ses troupes de regagner leurs cantonnements. Seuls, le Iᵉʳ corps et la 3ᵉ division de réserve passèrent la nuit sous les armes, à toute éventualité.

Cette alerte passée, les Allemands reprirent la construction de leurs travaux d'investissement. Pas plus qu'il ne l'avait fait jusque-là, le maréchal n'essaya de les gêner en quoi que ce soit, et nos avant-postes assistèrent, pour ainsi dire l'arme au pied, aux travaux de terrassements que, devant eux, l'ennemi poussait avec une activité fiévreuse. L'état-major allemand en sentait d'autant plus l'urgence qu'il venait de se dessaisir de deux corps (IIᵉ et IIIᵉ) envoyés, sur l'ordre de M. de Moltke, dans la direction de Damvillers, le 27, et que ce détachement l'obligeait à amincir toute sa ligne pour ne pas l'interrompre sur un point. Fort heureusement pour les Allemands, l'absence des IIᵉ et IIIᵉ corps ne dura pas longtemps. Nous avons vu précédemment que leur concours ne fut pas nécessaire pour écraser l'armée de Châlons et que, dès le 28, ils étaient rentrés à leurs postes. En même temps, un renfort important se dirigeait vers l'armée d'investissement. C'était un corps d'armée d'une nouvelle formation, composé de la 17ᵉ division d'infanterie [1] et de la 2ᵉ division de landwehr, et commandé par le grand-duc de Mecklembourg-Schwerin ; il arriva le 30 aux Étangs. Le même jour, débarquaient à Novéant les 50 grosses pièces dont il a été question plus haut.

Ainsi, tandis que cela lui était encore relativement facile, le maréchal Bazaine non seulement n'avait pas voulu arracher son armée aux étreintes de l'ennemi, mais même n'avait rien tenté pour empêcher celui-ci de donner au blocus toute la rigueur nécessaire. Cette attitude passive ne devait pas se démentir jusqu'à la catastrophe, et, sauf la tentative volontairement incomplète qui fait l'objet du chapitre suivant, nous allons voir liberté pleine et entière laissée aux Allemands de nous réduire par la famine, après qu'ils avaient vainement tenté de nous anéantir dans les combats.

---

1. Cette division appartenait régulièrement au IXᵉ corps ; mais, primitivement laissée à la garde des côtes, elle avait été remplacée dans ce corps d'armée par la 25ᵉ (hessoise).
Le corps d'armée du duc de Mecklembourg prit, peu après son arrivée à Metz, le numéro XIII. En attendant son arrivée, le prince Frédéric-Charles, voulant renforcer les troupes de la rive droite, avait déjà envoyé vers Pouilly, où elle se plaçait à cheval sur .. route de Nomény, la 28ᵉ brigade, du VIIᵉ corps.

CHAPITRE II

BATAILLE DE NOISSEVILLE

Les troupes françaises étaient à peine réinstallées dans leurs campements qu'un ordre du maréchal modifiait ceux-ci pour la troisième fois, le 27. Ces perpétuels changements, ne rimant à rien, finissaient par impatienter les soldats, qui ne comprenaient pas pourquoi on déplaçait leurs camps de quelques centaines de mètres, et qui étaient encore, du reste, sous la fâcheuse impression de la triste comédie du 26.

Quoi qu'il en soit, les positions prises le 27 étant restées sensiblement les mêmes jusqu'à la capitulation, nous allons les indiquer ici.

I. — RIVE DROITE (trois corps).

2ᵉ Corps. — *Quartier général à Montigny.*
1ʳᵉ division (Vergé), entre Montigny et la Moselle.
2ᵉ — (Bataille), entre Montigny et le Sablon.
Brigade Lapasset, à gauche de la division Bataille.
Division de cavalerie, à Montigny.

3ᵉ Corps. — *Quartier général à Saint-Julien.*
1ʳᵉ division (Montaudon). Ferme de Belletange.
2ᵉ — (Castagny). Fort de Queuleu.
3ᵉ — (Metman). Village de Saint-Julien.
4ᵉ — (Aymard). Nord-est du fort Saint-Julien.
Division de cavalerie. Les glacis du fort Gisors.

6ᵉ Corps. Dans ses emplacements primitifs.

---

1. La 3ᵉ division (Laveaucoupet) du 2ᵉ corps formait la garnison de Metz.

II. — RIVE GAUCHE (deux corps).

4e Corps. — *Quartier général à Plappeville*

1re *division* (de Cissey), entre Longeville et Plappeville.
2e   —   (Grenier), à Lorry.
3e   —   (Lorencez), sur les pentes du Saint-Quentin.
Division de cavalerie, à Moulins-les-Metz.

Garde. — *Quartier général à La Ronde.*

1re *division* (Deligny), derrière Plappeville.
2e   —   (Picard), à La Ronde
Division de cavalerie, à Devant-les-Ponts.
Réserve de cavalerie, Ile Chambière.
Réserve générale d'artillerie, Devant-les-Ponts et Ban-Saint-Martin.

Aussitôt installés, les corps construisirent, pour la forme, quelques retranchements, barricades, abatis ou batteries[1]. Le temps était constamment détestable et aucun plan d'ensemble ne présidant à la création de cette deuxième enceinte, il se trouva des points où on ne parut pas la prendre au sérieux. En même temps, chaque régiment se constituait une compagnie franche, composée d'officiers et d'hommes choisis, mais sans que nulle part ces compagnies fussent lancées en avant pour bouleverser, la nuit, les travaux des assiégeants. En effet, le maréchal envoyait bien l'ordre de tenter de petites opérations sur la ligne d'investissement, mais il rédigeait ses instructions d'une façon si vague qu'elles n'étaient pas suivies d'exécution. C'est ainsi qu'une lettre envoyée par lui le 27 au général Frossard, au sujet d'une opération à tenter sur la gare de Peltre, était ainsi conçue :

> Elle (cette opération) pourrait être exécutée demain à la pointe du jour. Il ne vous échappera pas, du reste, qu'il ne s'agit, dans ma pensée, que d'un coup de main, auquel il n'y a pas lieu de donner de trop grandes dimensions... N'y aurait-il pas lieu de faire occuper le village de Magny par vos avant-postes ?...

Quatre jours se passèrent donc dans une inaction à peu près complète, mais voici que, le 30 au soir, tous

---

1. Un seul ouvrage à peu près sérieux fut la redoute dite *des Bottes,* construite à l'ouest et aux environs de la ferme Bellecroix.

les commandants de corps d'armée reçurent une nouvelle édition des ordres du 25, et furent avisés de se tenir prêts à recommencer le lendemain l'opération qui avait précédemment échoué. Allait-on cette fois décidément sortir? Existait-il une situation nouvelle qui faisait abandonner l'attitude expectante adoptée après la conférence de Grimont? On ne tarda pas à être fixé sur ces différents points, car la rumeur se répandit bientôt que l'armée du maréchal de Mac-Mahon approchait; c'était pour lui donner la main que le maréchal Bazaine allait tenter, sérieusement cette fois, du moins on le croyait, de percer la ligne ennemie.

Voici, en effet, ce qui s'était passé. Le 25 août, en traversant le village d'Attigny, le général Ducrot, commandant le 1er corps de l'armée de Châlons, avait songé à profiter de la proximité relative de Metz pour faire donner au maréchal Bazaine des nouvelles de la marche de cette armée. S'adressant à un courageux citoyen, dont le nom mérite d'être retenu, M. Lagosse, maire de Montgon, il lui confia une dépêche adressée au colonel Turnier, commandant de la place de Thionville, et ainsi conçue :

> Le maréchal de Mac-Mahon attache le plus grand prix à ce que le maréchal Bazaine sache que nous marchons vers lui. Employez tous les moyens possibles pour lui faire savoir que l'armée de Châlons arrive, que nous serons, le 27 au soir, à Stenay, et qu'il se tienne prêt à marcher au premier coup de canon.

M. Lagosse accomplit heureusement sa mission, malgré les difficultés qu'elle présentait, et le 28, à huit heures du matin, un agent de police nommé Flahaut partait de Thionville pour Metz avec le billet suivant, adressé par le colonel Turnier au maréchal :

> Général Ducrot commande corps Mac-Mahon. Il doit se trouver, aujourd'hui 27, à Stenay, à gauche de l'armée, général Douay à droite, sur la Meuse. Se tenir prêt à marcher au premier coup de canon.

Le 29 au soir, cette dépêche si formelle, malgré sa rédaction par trop écourtée, était entre les mains du commandant en chef.

Ainsi, tandis qu'un maréchal de France, dépositaire des espérances de la patrie, demeurait inactif dans la position dangereuse où il s'était volontairement placé, deux hommes obscurs, un paysan et un fonctionnaire infime, acceptant la mission la plus périlleuse qui soit en temps de guerre, n'hésitaient pas à risquer leur vie pour le salut commun, et rétablissaient entre les deux armées des communications que le commandant supérieur n'avait pas su conserver !

L'appel pressant adressé à l'armée de Metz ne permettait plus à son chef de se dérober. Cependant, continuant toujours son système de tergiversations et de pratiques dilatoires, celui-ci se borna, pour l'instant, à faire prévenir télégraphiquement, le 30 dans la matinée, les commandants de corps d'armée *que l'on exécuterait peut-être un mouvement de midi à une heure.* Il ordonna en outre, à toute échéance, de faire immédiatement distribuer deux jours de biscuit et de lard. Mais sa décision ne semblait point encore ferme, car dès dix heures un nouveau télégramme faisait connaître que l'opération n'aurait pas lieu. Finalement, dans la soirée, des ordres définitifs furent envoyés, annonçant une sortie pour le lendemain. Ils étaient ainsi conçus :

Le 3ᵉ corps laissera une division à Metz ; elle prendra position en avant de Queuleu, vers Grigy. Les trois autres divisions, la cavalerie et l'artillerie iront s'établir en arrière de Noisseville, refusant leur droite qui sera appuyée à la route de Sarrelouis, la gauche sur la hauteur, entre Mey et Nouilly, au bois de Mey.

Le 4ᵉ corps, en avant de Grimont, perpendiculairement à la route de Sainte-Barbe, la droite près du Bois de Mey se reliant au 3ᵉ corps, la gauche à 1,200 mètres de Villiers-l'Orme, sa cavalerie en avant ; il prendra le pont d'amont de Chambière.

Le 6ᵉ corps, en avant du bois de Grimont, la droite à la hauteur de la gauche du 4ᵉ corps, mais refusant sa gauche jusqu'à la cote 217, au delà de la route de Bouzonville, sa cavalerie en avant. Ce corps se servira du pont d'aval.

Le 2ᵉ corps, en 2ᵉ ligne, derrière la 3ᵉ, la droite à la ferme de Bellecroix, la gauche sur les hauteurs de la rive droite du ravin de Vantoux ; il passera par la porte de France, puis par celle des Allemands, puis prendra la route de Sarrelouis.

Les divisions de cavalerie des 3ᵉ et 2ᵉ corps, sur le flanc droit de leur corps, pour l'éclairer. Les réserves d'artillerie et les compagnies du génie suivront leurs corps et se placeront derrière la deuxième ligne de chacun d'eux.

La Garde, la réserve de cavalerie, la réserve générale d'artillerie, entre le fort Saint-Julien et le bois de Grimont, à cheval sur la route de Bouzonville ; la gauche en arrière de Châtillon, la droite vers la gauche du 2ᵉ corps. Ils passeront par les ponts de Chambière après les 4ᵉ et 6ᵉ corps, *vers sept heures et demie du matin probablement.*

Grand quartier général au village de Saint-Julien. Tous les services et les bagages à Chambière.

Les 2ᵉ et 6ᵉ corps laisseront à leurs lignes un régiment d'infanterie et un de cavalerie ; le 4ᵉ, un régiment d'infanterie seulement ; le 3ᵉ corps, un bataillon à Montigny. Ces troupes se feront voir, et la cavalerie exécutera des reconnaissances [1].

Le 3ᵉ corps commencera son mouvement de bonne heure ; sa 3ᵉ division restera à Metz. Le 4ᵉ arrivera à six heures au plus tard sur les bords de la Moselle, et franchira la rivière par les trois ponts à la fois. La 6ᵉ pourra probablement commencer le passage vers sept heures et quart, la Garde à huit heures et demie, la réserve générale d'artillerie à neuf heures et demie, et le corps de réserve de cavalerie à dix heures.

Il y aura un officier de l'état-major général à chaque pont pendant toute la durée du mouvement de l'armée ; un officier de l'état-major de chaque corps et de chaque division surveillera également le passage du corps et de la division auxquels ils appartiennent.

Cet ordre était incontestablement en progrès sur celui qui avait conduit, le 16, l'armée vers le plateau de Gravelotte. Mais le maréchal n'avait pas songé à une chose, c'est que la route de Metz à Saint-Julien, par laquelle tous les corps de la rive gauche devaient gagner le plateau, franchit *sur un pont unique* le ruisseau de Vantoux. La précaution prise, de jeter trois ponts sur la Moselle, devenait donc inutile, puisque l'armée tout entière était forcée de s'engager dans cet unique défilé.

Les officiers du grand état-major signalèrent cette grosse difficulté. Le maréchal n'en tint pas compte et ne modifia en rien les dispositions primitives.

Il arriva donc ce qui était à prévoir. Quant les troupes eurent franchi les ponts, elles se fondirent en une longue colonne dont l'écoulement était singulièrement ralenti par l'étranglement du défilé de Vantoux, de sorte que la queue n'atteignit le plateau qu'à cinq heures du

---

1. Cette première partie de l'ordre était la copie textuelle de celui du 25. Les deux derniers paragraphes furent seuls ajoutés.

soir, le passage de la Moselle ayant commencé à six heures du matin. Il était six heures du soir quand la réserve générale d'artillerie se massa à Saint-Julien. Il en était sept quand la cavalerie de la Garde y arriva, la dernière de toute l'armée. On était loin des évaluations du maréchal.

I. — Journée du 31 août.

Celui-ci avait atteint Saint-Julien vers midi et demi. Une demi-heure plus tard, comme les têtes de colonnes du 6ᵉ corps commençaient à déboucher, il réunit encore une fois les généraux dans une maison de cantonnier située près du fort, leur communiqua les renseignements qu'il avait reçus relativement à la marche de l'armée de Châlons, puis leur donna ensuite ses ordres pour le combat qui allait être livré. Ces ordres se résumaient en ceci :

Le 3ᵉ corps cherchera à aborder la position de Sainte-Barbe par la gauche (château de Chanly) et prendra position à la cote 317 du bois de Chanly et à Avancey. Le 4ᵉ corps abordera la position de Sainte-Barbe par la droite (Villiers-l'Orme, Failly et Vrémy) et fera son possible pour aller prendre position à Sanry-lez-Vigy. Le 6ᵉ corps abordera les positions en avant de Chieulles, Chanly, Malroy, et se portera sur Antilly, où il prendra position, appuyant sa gauche sur Argancy. Le 2ᵉ corps suivra la marche du 3ᵉ, en veillant sur la droite, et sera placé sous les ordres du maréchal Le Bœuf. La Garde en réserve[1].

Les instructions prises par chaque intéressé, ceux-ci retournèrent à leurs corps respectifs. Quant au commandant en chef, il fit lui-même établir un épaulement de batterie au sud de la route de Sainte-Barbe, un peu à l'est du château de Grimont. Cet épaulement fut garni de 6 pièces de 12 appartenant à la réserve du 4ᵉ corps

---

1. Maréchal Bazaine, *L'Armée du Rhin*, page 99. Il existe dans le texte quelques erreurs d'orthographe géographique dues vraisemblablement à ce que l'auteur n'avait pas, en écrivant, la carte sous les yeux. Il est très facile de les rectifier, et c'est ce que nous avons fait, parce qu'il est peu probable qu'elles aient existé dans l'original, collationné par l'état-major général et par les états-majors des corps d'armée.

et de 3 pièces de 24 court descendues du fort Saint-Julien; 6 autres pièces de 12 prolongèrent au sud cette ligne d'artillerie. L'opération était terminée à quatre heures du soir.

Au point de vue purement tactique, l'attaque projetée sur trois directions différentes, sans qu'on sût exactement de quel côté se produirait l'effort décisif, prêtait déjà matière à la critique. Mais, ce qui était sans excuse au point de vue militaire, c'était de n'avoir pris aucune précaution pour cacher à l'ennemi nos forces et nos intentions. Les positions de l'armée française étaient les mêmes exactement que celles où l'ennemi l'avait déjà vu en ordre de bataille le 26. Les Prussiens n'avaient donc point à faire de grands efforts d'imagination pour percer à jour nos projets. Alors qu'il est de toute nécessité, quand on veut que l'opération réussisse, de s'assurer l'avantage de la surprise, et d'attaquer à la pointe du jour en prenant position pendant la nuit, on s'était contenté ici de faire partir les troupes au lever du soleil, de sorte que les vigies allemandes avaient toute facilité pour signaler, minute par minute, et les effectifs et les mouvements. Une opération ainsi conduite devait fatalement avorter, puisque l'adversaire avait largement le temps nécessaire pour faire affluer les renforts sur le point menacé, et il est à croire que le général en chef qui l'engageait de la sorte, n'agissait pas avec la ferme volonté de la faire réussir.

D'ailleurs, les Allemands pouvaient d'autant mieux cette fois-ci s'attendre à une attaque, que dès le matin les avant-postes avaient commencé à tirailler. A sept heures et demie, le général Lapasset, déjà en position, avait occupé Colombey, tandis que le 18e bataillon de chasseurs, de la division Montaudon, prenait pied dans le bois de Borny. Mais, comme l'ordre du maréchal était de ne pas s'engager avant qu'il en donnât le signal, on s'arrêta là. L'heure était cependant propice, car, à ce moment, les troupes d'investissement de la rive droite, disséminées en un immense cordon, n'avaient pas encore reçu de renforts ! Qui sait ce qui serait arrivé, si les 2e et 3e corps, déjà tout postés, s'étaient hardiment jetés sur elles, avec l'intention bien arrêtée de les percer ?...

Quoi qu'il en soit, les régiments arrivaient un à un, se déployaient, puis... formaient les faisceaux ! Ce calme extraordinaire, succédant à un mouvement général, ne laissait pas d'inquiéter officiers et soldats, qui n'avaient pas oublié l'aventure du 26, et commençaient à éprouver de la méfiance. Qe faisait-on ? Pourquoi n'attaquait-on pas ? Attendrait-on la nuit pour se mettre en mouvement, ou bien rentrerait-on encore une fois, penauds et honteux, sans avoir brûlé une amorce ? Les conversations entre officiers allaient leur train, peu enthousiastes en général, assez découragées même ; quant aux soldats, énervés par l'inaction, ils s'étaient mis à faire le café ! Et en arrière, sur le bord du plateau, débouchaient, sans discontinuer, de nouveaux bataillons, qui venaient se coucher à côté des premiers et semblaient tout surpris, eux aussi, de trouver une bucolique là où ils avaient cru voir cent mille hommes s'égorgeant déjà !

Cependant, si nous restions inactifs, l'ennemi n'en agissait pas de même. Mis en alerte, dès le 30 au soir, par le tumulte révélateur qui s'était produit dans les camps, voir même par le bruit des musiques militaires[1], il avait dès l'aube redoublé de vigilance et constaté dans l'armée assiégée une agitation suspecte. Puis, peu après, ses vigies signalaient l'évacuation des campements de la rive gauche et l'arrivée des colonnes sur les emplacements déjà occupés le 26. Le général de Manteuffel, aussitôt informé, fit prendre les armes à sa 1re division dès sept heures, et dirigea ses troupes sur leurs positions de combat. Puis, « comme les troupes françaises continuaient à affluer entre Grimont et Bellecroix, il arrêta, à huit heures un quart, de nouvelles dispositions pour assurer les positions du plateau de Sainte-Barbe, qui, selon toute apparence, allaient se trouver particulièrement menacées¹. » En même temps, il expédiait le télégramme suivant au général de Steinmetz :

> Beaucoup de mouvement du côté de l'ennemi ; de fortes colonnes couvrent la route du côté de Bellecroix. 18 pièces s'aperçoivent derrière Bellecroix ; une dizaine d'escadrons marchent sur Sainte-Barbe, entre Vantoux et la route Metz-Poixe. Les troupes ont pris les armes.

Un peu plus tard, à dix heures, il télégraphiait encore au prince Frédéric-Charles :

> L'ennemi paraît déployer toute son armée entre les **routes** Metz-Sarrelouis et Metz-Poixe. Le Ier corps est en position.

Ainsi nos mouvements étaient aussi distinctement que complètement éventés. L'attaque tardant d'autre part à se produire, les Allemands eurent tout le temps de prendre leurs dispositions pour la contrecarrer. Tout d'abord, le général de Manteuffel prescrivit à la 3e division de réserve de se porter sur la position Malroy-Charly, d'occuper Rupigny et d'envoyer, sur la lisière sud du bois de Failly, deux régiments de cavalerie et une batterie, pour se relier, par Vrémy, avec le Ier corps. En même temps, la 1re division prenait ses positions de combat, et la 2e dirigeait une de ses brigades (la 3e) sur Puche, avec deux batteries, pour appuyer la gauche du Ier corps.

D'autre part, le général de Steinmetz avait donné l'ordre à la 3e division de cavalerie de laisser ses avant-postes et de se porter vers la gauche du Ier corps ; de même, la 28e brigade, laissant également ses avant-postes, s'était mise en marche vers Courcelles, pour y appuyer la 2e division. Enfin, le prince Frédéric-Charles avait, dès huit heures et demie, ordonné au IXe corps de réunir sa 25e division à Pierrevillers, sa 18e et l'artillerie de corps à Roncourt ; au IIe, de se tenir entre Auboué et Briey, prêt à marcher sur Fontoy et sur Saint-Privat ; au IIIe, ainsi qu'à la 1re division de cavalerie, de rompre immédiatement dans cette dernière direction. Pendant ce temps, le Xe corps dirigeait

---

1 *La Guerre franco-allemande*, page 1352.

sur la rive droite de la Moselle toutes les troupes qui n'étaient pas indispensables pour garder la ligne d'investissement. On voit que les précautions étaient prises, soit pour devancer à Thionville l'armée française, si elle perçait le blocus, soit pour envoyer des renforts là où besoin serait. Des hauteurs d'Horimont, au-dessus de Fèves, où il s'était porté, le prince Frédéric-Charles pouvait aisément suivre la marche des événements.

Description du champ de bataille. — Le terrain sur lequel allait se dérouler l'action, est le théâtre même de la bataille de Borny, livrée dix-sept jours auparavant. La *Relation allemande* en a donné une description aussi complète que fidèle, et nous ne saurions mieux faire que de la reproduire intégralement ici :

En quittant Metz pour rayonner dans la direction du nord-est, les routes de Thionville, Sarrelouis et Sarrebrück traversent d'abord un plateau sillonné à diverses reprises par des ravins et des bas-fonds, et dont le point culminant se trouve auprès de Sainte-Barbe. Les deux ruisseaux qui descendent entre Charly et Chieulles divisent la partie occidentale de ce plateau en plusieurs croupes, dont celle du milieu, qui porte le hameau de Rupigny, est encore à portée des feux du fort Saint-Julien. D'après cette considération, la portion principale occupée par la 3e division de réserve pour intercepter la route de Thionville, avait été choisie au nord du premier de ces ruisseaux. Les villages de Charly et de Malroy, construits dans un site dominant, offraient de bons points d'appui pour la défense, dont les flancs se trouvaient d'ailleurs bien couverts par la Moselle et par le bois de Failly, difficilement praticable pour des troupes nombreuses, en raison de l'épaisseur de ses fourrés. D'autre part cependant, cette position ne commandait pas entièrement l'échiquier tactique de l'adversaire, et dans le cas d'un mouvement offensif par Villers-l'Orme et sur Sainte-Barbe, l'artillerie en batterie sur la hauteur de Rupigny devait se trouver seule en mesure d'agir efficacement dans le flanc de l'assaillant.

Le bras nord du ruisseau de Vallières, qui prend naissance aux abords de Sainte-Barbe, coule dans un vallon fortement encaissé entre deux croupes largement arrondies, s'élevant en glacis vers le nord-est, et sur lesquelles la 1re division d'infanterie occupait des positions fermant les débouchés de Metz vers la partie supérieure du plateau. Sur la croupe nord-ouest, la plus haute des deux, l'infanterie de la défense, établie sur la ligne Poixe-Servigny, disposait devant elle d'un champ de tir excellent ; quant à l'artillerie, l'existence de plusieurs ravins obliques au front et par conséquent défilés de ses vues, et la configuration du terrain, qui se relevait vers Metz, l'empêchait de commander au loin les dehors de la position. Les seuls emplacements favorables à l'installation de batteries se trouvaient donc, soit en avant, soit en arrière de cette ligne Poixe-Servigny, et encore, dans ce dernier cas, les villages devaient-ils nuire à l'efficacité du tir dès que l'assaillant se rapprocherait. Malgré ces inconvénients, la position ainsi choisie sur la hauteur de Poixe et de Servigny, à cheval sur la ligne directe d'opérations de Metz à Sainte-Barbe, n'en demeurait pas moins très forte de front. Sur les flancs, les conditions de la défense étaient moins bonnes, car les deux versants de la croupe étaient couverts de vignes, très touffues à cette époque de l'année, qui gênaient les vues et limitaient le champ de tir. Le village de Failly, situé au pied du versant nord, n'avait qu'une médiocre valeur défensive, et, comme nous l'avons mentionné déjà, la 3ᵉ division de réserve, de la position principale qu'elle occupait plus au nord, *ne se trouvait pas en mesure d'agir en flanc d'un mouvement de l'ennemi dans cette direction.*

Sous ce rapport, l'aile gauche, sur la croupe au sud-est du ruisseau de Vallières, était moins bien assurée encore. Dans le principe, on s'était abstenu d'occuper Noisseville et la brasserie, à cause de leur situation un peu en l'air et en raison du lazaret[1] installé dans le village ; depuis le 27 août, ces deux points, il est vrai, avaient été compris dans les positions de la 1ʳᵉ division, mais, à la date du 31, ils ne se trouvaient pas encore dans un état défensif suffisant. A l'angle nord-ouest de Noisseville, le château et son jardin se projettent en forme de bastion en avant de l'enceinte formée, du côté qui fait face à l'ennemi, par une rangée de murs peu élevés ; une tranchée-abri avait été creusée à 300 pas environ en avant de cette face ; mais le village n'était tenable qu'à la condition d'être maître de la brasserie qui le flanquait à gauche, et dont les vastes bâtiments en pierre, construits entièrement à découvert, présentaient aux coups de l'artillerie française un but visible de fort loin. L'adversaire avait d'autant plus de facilité pour attaquer ce point et même la gauche de la position principale de Servigny, que les ravins de Lauvallier et de Nouilly, au fond desquels coulent les deux bras du ruisseau de Vallières, demeuraient complètement dérobés aux vues de la défense et favorisaient d'une façon toute particulière l'approche de l'assaillant.

Dans la région située en avant des ouvrages de la 2ᵉ division d'infanterie, sur le plateau découvert au nord-ouest de Laquenexy, on rencontrait entre Colombey, Ars-Laquenexy et Mercy-le-Haut, quelques bas-fonds boisés et des couverts d'une certaine étendue. *Cette division ne disposant pas de forces suffisantes pour défendre sérieusement la section qu'elle gardait,* on s'était borné à déployer des troupes avancées qui occupaient le village d'Ars-Laquenexy sommairement retranché, et la lisière du bois de Colombey jusqu'à Mercy-le-Haut.

Dans le cas d'une attaque dirigée de Metz contre les positions de ces trois divisions, telles que nous venons de les décrire,

---

[1] Ambulance.

l'assaillant devait se trouver soutenu encore dans une certaine mesure par les ouvrages de la partie Est de la place, dont les grosses pièces balayaient tous les environs et pouvaient même, sur plusieurs points, atteindre jusqu'aux villages défendus par l'armée du blocus[1].

Il est facile de juger, d'après cette description précise, de ce qui aurait pu être fait. Occuper l'ennemi sur son front, devant Servigny et Poixe, et tomber brusquement sur son flanc gauche, à la faveur des ravins de Colombey et de Nouilly. La 2ᵉ division prussienne déployée devant Laquenexy *était trop faible*, de l'aveu même de l'ennemi, pour s'opposer à cette attaque... Voyons au contraire comment s'est développée la lutte.

Premiers combats à Montoy, Colombey et Noisseville. — Le maréchal avait prévenu qu'il donnerait lui-même le signal de l'attaque, en faisant tirer deux coups de canon par la batterie établie à l'est du fort Saint-Julien. Cependant, comme vers quatre heures il paraissait étonné que le 3ᵉ corps restât inactif, le général Jarras, son chef d'état-major, dut lui rappeler ses ordres précédents, et le commandant en chef se décida enfin à donner le signal convenu[2]. Il est permis de dire que c'était juste douze heures trop tard.

Immédiatement la canonnade éclate avec une extraordinaire violence ; 60 pièces ennemies ripostent au feu des nôtres, et l'horizon, tout à l'heure si calme, s'embrase de feux. Le maréchal Le Bœuf, qui depuis longtemps déjà témoignait son impatience, lance son corps d'armée en avant, la 1ʳᵉ division (Montaudon) sur Montoy et Noisseville, la 3ᵉ (Metman) sur Nouilly ; en arrière suivent les divisions Fauvart-Bastoul[3] et Aymard. Des deux côtés du ruisseau de Vallières, l'artillerie du 3ᵉ corps appuie le mouvement. L'attaque se dessine hardie, vigoureuse, et témoigne de l'ardeur de nos soldats à briser le cercle de fer qui les étreint. Mais l'ennemi se tient sur ses gardes et fait le nécessaire

---

1. *La Guerre franco-allemande*, pages 1347 et suivantes.
2. *Souvenirs du général Jarras*, page 180.
3. Ancienne division Bataille, du 2ᵉ corps. On se rappelle que le général Bataille avait été grièvement blessé à Rezonville.

pour la recevoir. Le général de Manteuffel, sur l'avis de son chef d'état-major, avait déjà disposé ses troupes en avant de la position de Sainte-Barbe, et, au moment où la bataille commençait, celles-ci étaient postées comme il suit :

A Failly, un bataillon de grenadiers (régiment Prince-Royal n° 1).

A Poixe, un bataillon du 41º (Prusse orientale) avec une compagnie dans les tranchées-abris au nord du village. Un autre bataillon de ce même régiment était en arrière du débouché *est* de Poixe. Enfin, le 2º bataillon du 1ᵉʳ grenadiers occupait le cimetière avec un peloton et avait une compagnie dans le vallon, à hauteur du débouché ouest du village.

A Servigny, le 3ᵉ bataillon du 41º avait : une compagnie en avant de la face nord ; une compagnie au sud, dans les vignes ; enfin les deux autres au sud-ouest du village, en soutien de batterie.

A Noisseville et à la Brasserie, un bataillon du 1ᵉʳ grenadiers. La Brasserie ne tarda pas à recevoir comme renforts deux pelotons envoyés par la 3ᵉ brigade.

En outre, la 2ᵉ brigade, primitivement postée à Vrémy, était accourue pour soutenir la 1ʳᵉ. Elle envoya aussitôt un bataillon à la sortie est de Servigny, et se massa dans un vallon situé au nord du village. Enfin, la 3ᵉ brigade quitta Puche pour se rapprocher de la ligne de bataille, et vint se poster à l'ouest de Retonfay.

Telles étaient les premières mesures de sécurité prises. Pour les compléter, le prince Frédéric-Charles, qui, des hauteurs d'Horimont, avait pu suivre tout le déplacement de l'armée française, mettait à la disposition du général de Manteuffel la 25ᵉ division, en le faisant prévenir que, le lendemain matin, tout le IXᵉ corps serait à Antilly.

La lutte d'artillerie ne fut pas de longue durée. Rapidement accablées par les batteries allemandes, nos pièces, comme toujours, inférieures en justesse et en portée, durent peu à peu abandonner la lutte. La division Montaudon continua cependant sa marche. Mais la 3ᵉ division allemande ayant envoyé un de ses régiments à Montoy, le général Montaudon jugea qu'il fallait dégager son propre flanc droit en s'emparant de ce village. Il chargea de ce soin sa 1ʳᵉ brigade (colonel

Dauphin)[1], tandis que la 2ᵉ (Clinchant) attaquerait Noisseville, où la 3ᵉ brigade allemande venait également de jeter un nouveau bataillon.

Le colonel Dauphin, enlevant ses hommes, se précipita dans Montoy, en chassa les contingents prussiens et fit occuper le village. Pendant ce temps, la brigade Clinchant venait se masser sur le plateau en arrière du ravin et du village de Lauvallier, et son général désignait, pour s'emparer de Noisseville, le 95ᵉ de ligne (colonel Davout d'Auerstædt), qui, le 26, avait un instant occupé ce village. Le 95ᵉ devait être soutenu en arrière par le 81ᵉ (colonel Colavier d'Albici). On décida que le 1ᵉʳ bataillon se déploierait face à Noisseville pour simuler une attaque de front, tandis que le 2ᵉ bataillon s'emparerait de la Brasserie en faisant mine de menacer par sa droite la retraite de l'ennemi, et que le 3ᵉ se tiendrait en arrière, prêt à parer à tout événement[2]. En conséquence, et pour tromper l'ennemi, le régiment se mit en mouvement par le flanc gauche, descendit ensuite dans le ravin par un mouvement de tête de colonne à droite et, tournant encore une fois à droite, remonta le ravin jusqu'à la route de Sarrelouis, caché toujours aux vues de l'ennemi. « Dans cette position, en présence du maréchal Le Bœuf et du général Changarnier[3] qui, avec tout l'état-major du 3ᵉ corps, s'étaient portés sur ce point, le colonel Davout réunit autour de lui tous les commandants de bataillon et de compagnie et leur expliqua en détail l'opération confiée au régiment, ainsi que le rôle attribué à chacun d'eux, et leur recommanda de se porter rapidement en avant *sans laisser*

---

1. Ancienne brigade Aymard.
2. Les détails relatifs à l'attaque de Noisseville par le 95ᵉ sont empruntés pour la plus grande partie aux *Causeries militaires* du général Thoumas (3ᵉ série, pages 240 et suivantes.) « Une bonne fortune inespérée, a écrit le regretté général, a mis en ma possession pour cette affaire les documents les plus authentiques et les plus intéressants. »
3. Le général Changarnier, mis à l'écart à la suite des événements de décembre 1851, était venu offrir spontanément ses services à l'Empereur, après nos premiers désastres, et suivait en volontaire le 3ᵉ corps, montrant partout, malgré son âge avancé, une résistance physique remarquable et une juvénile ardeur.

tirer un seul coup de fusil. S'adressant ensuite au régiment massé en arrière de la crête par les soins du lieutenant-colonel, il fit sentir à tous, en quelques brèves paroles, le prix de l'honneur qui leur était réservé, d'enlever la principale position de l'ennemi.

Aussitôt le 1er bataillon se déploie ; trois compagnies en tirailleurs sur la crête qui couvre Noisseville, une quatrième dans une ferme à droite, pour soutenir la retraite en cas d'insuccès ; les deux autres en réserve. Le 2e bataillon se forme en trois colonnes de division (de deux compagnies chacune), sur un front de section et avec un intervalle de 150 pas. Enfin, le 3e bataillon, réserve du régiment, se déploie tout entier en ligne.

Pendant ce temps, une batterie de 12 de la réserve du 3e corps, postée à droite de la route, écrasait la Brasserie de ses obus. Le jour s'avançant, le colonel Davout jugea qu'il fallait se hâter et, après avoir demandé à cette batterie de cesser son tir, lança son régiment à l'assaut. Le 2e bataillon se jette en avant par échelons.

La division de droite, vigoureusement enlevée, forme le premier échelon ; la division du centre et celle de gauche suivent le mouvement en marquant les distances comme à la manœuvre et *parcourent au pas gymnastique, sans tirer,* les 1,500 mètres qui les séparent de la Brasserie. La ligne est précédée par les sections tête de colonne des trois divisions déployées en tirailleurs à 200 mètres en avant. Le premier échelon parvient ainsi jusqu'à un petit bouquet de bois qui se trouvait sur le flanc gauche de la position canonnée ; le deuxième échelon pénètre dans le groupe de maisons par la gauche, tandis que le troisième échelon, l'abordant de front, y entrait également ; les Allemands abandonnaient la Brasserie, laissant aux mains des assaillants une cinquantaine de prisonniers[1], et des fusils qu'ils jettent en fuyant[2]. »

Ce succès obtenu, le commandant de Linage, chef du 2e bataillon, s'empresse d'organiser défensivement la position conquise. Mais ses hommes sont soumis à un feu violent partant de Noisseville et de Retonfay (3e brigade). Le colonel Davout, voyant cette situation critique, fait alors avancer son 3e bataillon, déployé, tam-

---

[1]. Dont le capitaine commandant le poste.
[2]. Général Thoumas, *loc. cit.* — *Historique du 25e de ligne.*

bours battant et drapeau flottant. Une moitié s'installe à droite de la Brasserie, l'autre entre dans les maisons et en renforce les défenseurs. Enfin, le général Clinchant fait maintenant attaquer Noisseville de front par le 1ᵉʳ bataillon. Les grenadiers prussiens qui en défendent les abords sont refoulés, d'abord de leurs tranchées, puis des barricades et du cimetière où ils s'étaient successivement repliés, et bientôt leur chef, le lieutenant-colonel Wienskowski, sous la menace d'être complètement débordé, ordonne la retraite. Il était environ six heures du soir et Noisseville nous appartenait tout entier. « Le maréchal Le Bœuf et le général Changarnier accoururent féliciter le régiment, qui, répétèrent-ils plusieurs fois, s'était comporté comme à la manœuvre. »

Son rôle n'était pas encore complètement fini cependant. Quand le 81ᵉ jusque-là en réserve se fut approché et eut occupé la Brasserie et la droite de Noisseville, dont le 1ᵉʳ bataillon du 95ᵉ continuait à tenir la gauche, le colonel Davout se porta en avant avec ses 2ᵉ et 3ᵉ bataillons. « La nuit était venue ; entendant en arrière, sur sa droite et sur sa gauche, une vive fusillade, il arrête la ligne et se porte en avant avec une section commandée par le lieutenant Ouzilleau ; tout à coup, on entend une marche de tambours accompagnés de fifres, et le bruit cadencé des pas d'une troupe qui s'avance à droite. Sur l'ordre du colonel, le lieutenant fait coucher ses hommes ventre à terre, prêts à tirer lorsqu'une partie de la colonne les aura dépassés ; les 2ᵉ et 3ᵉ bataillons prennent leurs dispositions défensives. Le tir de la section ouvert, à bonne portée, sert de signal pour le feu de toute la ligne. Au bout de quelques minutes, les colonnes assaillantes ont disparu. Une d'elles, forte de 300 hommes, est résolument abordée à la baïonnette par la section Ouzilleau et s'enfuit en désordre, abandonnant des blessés et des prisonniers. » C'était toute la 3ᵉ brigade allemande, qui revenait à la charge, mais qui, après cet échec, battit en retraite définitivement.

Nous nous sommes à dessein assez longuement étendu sur ce brillant épisode, pour montrer quelle était la valeur de nos soldats, quand leurs chefs, au lieu de refréner leur ardeur, savaient les conduire et les entraîner. Ce régiment enlevant à la baïonnette un village énergiquement défendu n'était pas d'une composition exceptionnelle, et l'armée de Metz tout entière était parfaitement capable de pareils faits d'armes, si son chef eût été imprégné de cette même volonté de vaincre dont venaient de faire preuve le général Clinchant et le colonel Davout. Mais toujours indécise sur le but poursuivi et sur les moyens à employer pour l'atteindre, elle attendait indéfiniment des ordres... qui, hélas! ne venaient jamais.

Dans cette affaire si remarquablement conduite, le 95e venait de subir des pertes cruelles : 3 officiers tués, 5 blessés, 75 sous-officiers ou soldats tués, 220 blessés avaient payé de leur sang la prise de Noisseville. Il est vrai que l'ennemi n'était pas moins éprouvé ; il comptait 2 officiers tués, 8 blessés, 1 disparu, 46 hommes tués, 218 blessés et 43 disparus[1].

Du côté de Montoy, l'ennemi avait également tenté un retour offensif avec un régiment et trois batteries. Mais la bonne contenance de nos soldats réussit à paralyser ses efforts. Un moment, un bataillon prussien ayant pénétré dans Montoy, fut refoulé par un vigoureux retour offensif du 51e, et devant l'attitude énergique de la brigade Dauphin, appuyée par les batteries de la division Bastoul, les Allemands furent décidément contraints de battre en retraite, partie vers Flanville, partie dans le ravin de Montoy.

Aussitôt la brigade Dauphin chercha à poursuivre son offensive, et son chef l'entraîna vers Retonfay, où s'é-

---

1. « Le sous-lieutenant Jullian qui, sortant de Saint-Cyr, n'était resté aux bataillons actifs que sur ses instances, fit preuve d'un entrain et d'une bravoure remarquables. Blessé d'abord à la cuisse, il n'en reste pas moins devant sa section et la conduit à l'assaut ; blessé de nouveau à la tête, il prend un fusil et crie à ses hommes : « En avant! Suivez-moi! » Il tombe enfin frappé à mort par une troisième balle ; mais l'élan de ses soldats était décuplé...

« Le sergent Archer, de la 1re compagnie du 1er bataillon, eut le bras gauche fracassé par une balle. Le capitaine Herbinger l'engageant à se retirer, il lui adressa cette noble réponse : Pourquoi faire? il me reste encore le droit, et c'est le meilleur. » — (*Historique du 95e de ligne.*)

tait repliée la 3ᵉ brigade allemande ; mais des bords ouest du ravin de Montoy ainsi que de Flanville éclata bientôt une fusillade intense qui prit nos soldats d'écharpe. D'autre part, une forte masse de cavalerie se montrait aussi de ce côté et apparaissait menaçante sur notre flanc ; c'était la 3ᵉ division de cavalerie, accourue de Puche avec sa batterie à cheval. La brigade Dauphin fut obligée de se former face à droite et d'abandonner son premier objectif de Retonfay pour contenir ces diverses forces. Un combat assez violent s'engagea de part et d'autre ; mais la nuit approchait déjà et, quand l'obscurité vint y mettre un terme, il n'avait encore produit aucun résultat décisif.

Tandis que ces événements se produisaient au centre de notre ligne, la brigade Lapasset, avec deux escadrons de dragons à pied, de la division Clérembault, s'emparait de Coincy et du château d'Aubigny. Une colonne allemande, appartenant à la 4ᵉ brigade, avait cherché en effet à gagner Montoy pour secourir la 3ᵉ ; refoulée par nos tirailleurs et abordée par les troupes dont il vient d'être question, elle dut rétrograder jusqu'à Marcilly.

Ainsi, sur toute la partie droite du champ de bataille, nos affaires étaient en bonne voie ; l'attaque française avait partout réussi, et l'ennemi se trouvait rejeté en arrière de ses positions de première ligne. On comprend quelles conséquences cet état de choses aurait pu entraîner, si la bataille, au lieu de débuter au crépuscule, avait commencé avec le jour. Quoi qu'il en soit, la situation ne laissait pas d'inquiéter le général de Manteuffel, tandis que ces premiers succès décuplaient l'ardeur et l'enthousiasme de l'armée française, prête à tous les sacrifices pour se dérober à l'étreinte de l'ennemi.

Combats de Poixe et de Servigny. — Voyons maintenant ce qui s'était passé à gauche. Là, la division Metman, placée à la gauche de la division Montaudon et, plus loin, les 4ᵉ et 6ᵉ corps avaient, sur l'ordre du maréchal[1], attendu la prise de Noisseville pour agir à

---

[1]. La *Relation allemande* (page 1367), dont l'auteur ignore ce fait,

leur tour. Jusqu'à six heures du soir, les troupes restèrent donc immobiles, sous un feu violent d'artillerie, et ne s'ébranlèrent, pour entamer l'action principale, qu'après avoir déjà subi des pertes qui auraient pu et dû être évitées. Quand enfin elles furent mises en mouvement, le 4ᵉ corps prit pour objectif la ligne Poixe-Servigny, et marcha déployé, sur deux lignes, la division de Cissey à droite, la division Grenier à gauche, la division Lorencez en réserve. A la droite du 4ᵉ corps, la division Metman se dirigeait, par le ravin de Nouilly, sur la pointe sud du village de Servigny. Une épaisse ligne de tirailleurs couvrait le mouvement en avant, tandis que la réserve d'artillerie du 3ᵉ corps et les batteries du 4ᵉ, à cheval sur la route entre Mey et Villers-l'Orme, protégeaient cette marche d'approche, exécutée en terrain découvert, sur une étendue de plus de 1,500 mètres.

Quand nos tirailleurs furent suffisamment près des batteries ennemies, ils dirigèrent sur elles un feu de mousqueterie tellement meurtrier qu'elles durent en peu d'instants abandonner leur position et reculer derrière la ligne des villages. Ce mouvement ne passa point inaperçu. Aussitôt, d'un bout à l'autre de nos lignes éclata spontanément la sonnerie de la charge ; les bataillons se portèrent en avant, baïonnette basse, et aux cris répétés de « Vive la France ! » se lancèrent au pas de course sur les positions de l'ennemi. Déjà la brigade Potier, de la division Metman, atteignait au sud les premières maisons du village ; la division de Cissey était prête à l'aborder par l'ouest... *le maréchal Bazaine donna l'ordre de cesser partout la sonnerie de la charge !*

Au moment ou le 4ᵉ corps s'ébranla, a écrit un témoin oculaire,

---

feint de croire que le retard apporté par le 4ᵉ corps à son attaque provient des effets meurtriers de l'artillerie allemande. C'est une erreur. Il nous souvient fort bien que, quoique celle-ci produisît dans nos rangs des pertes assez sérieuses, elle ne parvint pas à rompre l'élan ou à éteindre l'ardeur de nos soldats. C'est par ordre que nous fûmes maintenus en place, comme c'est par ordre que, le 16, nous n'avions pas enfoncé complètement la **gauche allemande à Mars-la-Tour**.

au moment où la charge battait sur toute la ligne, le maréchal s'avança au milieu des bataillons ; il paraissait décidé, nos troupes marchaient avec un tel entrain, une telle régularité, que le succès semblait assuré ; l'ennemi se retirait en désordre ; ses premières tranchées étaient enlevées, il n'y avait qu'à continuer et avec de l'énergie nous pouvions aller prendre pied sur le plateau de Sainte-Barbe. Que les réserves suivent, qu'elles soutiennent les premières troupes et le passage est ouvert... Telles étaient les pensées de tous, quand on vit le maréchal rejoindre la route de Sainte-Barbe, contourner deux fois une mauvaise auberge où l'on venait de se battre, et revenir sur ses pas, sans dire un mot, sans laisser un ordre, reprenant la direction qui conduit à Saint-Julien et à Metz... — « *Ah! nous sommes perdus*, s'écria-t-on de bien des côtés, *ce n'est que trop certain, il ne veut pas sortir... On l'avait bien dit*[1] ! »

Cependant l'élan de nos soldats n'avait pas été brisé par cette intervention si intempestive du commandant en chef. La 1re brigade de la division de Cissey (1er et 6e de ligne) aborde le village, enlève à la baïonnette les barricades et les tranchées revêtues de tonneaux pleins de fumier qui le protégeaient, et se précipite dans les premières maisons. Le 20e bataillon de chasseurs, soutenu par un bataillon du 6e de ligne, s'empare du cimetière. Mais l'ennemi tient encore dans l'intérieur du village ; une fusillade violente éclate, et les deux troupes restent face à face, séparées par quelques mètres, dans les maisons qui commencent à brûler.

Pendant ce temps la 2e brigade (de Golberg), soutenue par la division Grenier, s'est dirigée sur Poixe. Elle lance en avant deux bataillons qui s'avancent contre les tranchées établies au nord-ouest du hameau. Mais ceux-ci sont arrêtés par un feu terrible de mousqueterie et ne peuvent pousser plus avant. Des renforts étant, sur ces entrefaites, arrivés aux défenseurs de Poixe, la lutte se prolonge jusqu'à la nuit close, sans nouveau résultat.

Combat du 6e corps à Failly. — Enfin, à l'extrême gauche, le maréchal Canrobert s'était avancé contre la 3e division de réserve allemande. Le 6e corps avait sa première division (Tixier) à droite, la 3e (Lafont de

---

1. *Metz, Campagne et négociations*, par un officier supérieur de l'armée du Rhin.

Villers) à gauche ; la 4ᵉ (Levassor-Sorval) et la division de cavalerie formaient réserve, face à la direction de Malroy. Ici comme au 4ᵉ corps, le mouvement commença vers six heures du soir et presque immédiatement amena l'occupation de Chieulles et de Vany. Mais à ce moment déjà la division hessoise envoyée sur la rive droite par le prince Frédéric-Charles avait pris position vers Rupigny ; elle était renforcée par une brigade de cavalerie et appuyée par deux batteries de la réserve du IXᵉ corps. La 3ᵉ division de réserve, elle, se mettait en marche dans la direction de Sainte-Barbe, pour y renforcer le Iᵉʳ corps. Le maréchal Canrobert allait pousser sur Rupigny, quand il reçut du commandant en chef l'ordre de se rabattre à droite et de s'emparer de Failly, afin de faire cesser la résistance que la brigade de Golberg rencontrait à Poixe. Il donna en conséquence l'ordre à la division Tixier de marcher sur Failly, tandis que les deux autres divisions s'arrêtaient malheureusement, se bornant à diriger sur Rupigny une canonnade insignifiante.

Failly était défendu par un bataillon allemand qui occupait également les tranchées-abris construites en avant du village. Les premières troupes de la division Tixier le refoulèrent sans grande difficulté dans l'intérieur du village dont elles occupèrent la lisière ouest. Mais elles se heurtèrent alors à une résistance qui les empêcha de poursuivre ce premier succès[1]. En même temps, trois bataillons de landwehr accouraient au secours de Failly, et la nuit étant survenue sur ces entrefaites, le maréchal Canrobert fit arrêter la lutte. La division Tixier resta sur ses positions, et les deux autres s'avancèrent à peu près à sa hauteur.

Prise et perte de Servigny par la division Aymard. — D'ailleurs, sur toute l'étendue du champ de bataille, le combat semblait prendre fin ; l'obscurité était deve-

---

1. On ne peut guère s'expliquer cependant que cette résistance ait été suffisante pour arrêter la division Tixier tout entière, si, comme l'affirme la *Relation allemande* (page 373), « *il ne resta dans Failly, pendant ce moment, que les débris d'une compagnie commandés par un lieutenant.* »

nue complète et les troupes des deux partis n'osaient plus, tant elles étaient rapprochées l'une de l'autre, faire aucun mouvement, quand tout à coup le crépitement de la fusillade, accompagné d'un grand bruit, retentit de nouveau du côté de Servigny. Voici ce qui s'était passé : le maréchal Le Bœuf, voyant la 1re brigade de la division de Cissey arrêtée aux premières maisons du village, et s'apercevant d'autre part que la majeure partie des forces allemandes de ce côté se repliaient sur Sainte-Barbe, avait donné l'ordre à quelques bataillons de la division Aymard d'aller renforcer les 1er et 6e de ligne. Au moment où ils atteignirent le cimetière, il ne restait dans Servigny que quatre bataillons prussiens, dont la fusillade semblait près de s'éteindre. Jugeant l'occasion favorable, les officiers lancèrent brusquement leurs hommes sur les maisons, bousculèrent les Allemands et s'emparèrent du village, qui tomba tout entier entre nos mains, ainsi que 24 canons [1].

Sur ces entrefaites, le maréchal Bazaine, sans donner ni un ordre ni une instruction, avait quitté le champ de bataille avec tout son état-major, pour aller tranquillement souper et se coucher au village de Saint-Julien [2]. Les troupes s'installèrent donc d'elles-mêmes, et sans savoir ce qu'elles auraient à faire ultérieurement, sur le terrain qu'elles occupaient. L'absence de direction supérieure se répercutant du haut en bas de l'échelle, personne ne songea à prendre, pour se garder, les précautions élémentaires que commandait la la situation, et c'est à peine si quelques sentinelles furent placées pour signaler le danger.

Tout à coup, une grande rumeur se produit ; une vive fusillade, éclatant brusquement, réveille nos soldats qui commençaient à s'engourdir, et la 2e brigade allemande, lancée en avant par le général de Manteuffel, qui con-

---

1. La *Relation allemande* nie formellement le fait. Mais de nombreux témoignages, apportés soit au procès de Trianon, soit dans des ouvrages les plus sérieux, semblent le rendre irrécusable. On va voir d'ailleurs que ces canons, nous ne les avons pas gardés longtemps.

2 *L'armée de Metz et le maréchal Bazaine*, par un officier d'état-major. Paris Lacroix-Verboeckoven et Cie, 1871, page 54.

sidère la position de Servigny comme indispensable pour couvrir celle de Sainte-Barbe, se précipite dans le village, qu'elle reprend, avec les 24 canons, à la faveur de la surprise et de l'obscurité. Cette irruption inattendue avait été puissamment aidée par les feux d'une compagnie prussienne qui était restée embusquée dans les vignes, au sud du village, sans que personne s'en doutât! Tel fut le dernier acte de la journée du 31. Sur Noisseville, deux retours successifs de l'ennemi avaient été repoussés par la brigade Clinchant; ce point-là nous restait donc, tandis qu'à Servigny la division Aymard avait reculé vers le sud et bivouaquait à une très petite distance des avant-postes de l'ennemi.

La perte de Servigny, si facile à éviter si l'on eût pris les précautions nécessaires, était extrêmement regrettable, parce qu'elle faisait cesser la menace sous le coup de laquelle se trouvait la position principale de Sainte-Barbe. Néanmoins, nous tenions encore Colombey, Aubigny, Montoy, Noisseville, Vany et Chieulles, c'est-à-dire un certain nombre de points de la ligne d'investissement. Nous débordions presque les deux ailes de la 1re division prussienne, qu'une attaque concentrique résolument entreprise pouvait envelopper le lendemain, et nous avions acquis une position avantageuse qui, si elle était moins décisive qu'on aurait pu le souhaiter, permettait cependant de bien augurer de l'avenir. Le général de Manteuffel ne se faisait guère d'illusion à cet égard, et en prévision d'une reprise de l'offensive française, il avait donné à ses troupes, à dix heures du soir, l'ordre de se trouver de nouveau sous les armes au jour naissant.

De son côté, le prince Frédéric-Charles, qui, des hauteurs d'Horimont, avait suivi attentivement le développement de la lutte, et ne doutait pas non plus que nous ne reprenions l'attaque dès l'aube du lendemain, prescrivait au IXe corps de passer tout entier sur la rive droite, pour venir se mettre aux ordres du général de Manteuffel.

Position des deux armées le 31 au soir. — La nuit était complète et le feu avait cessé partout. Les combattants s'arrêtèrent sur place, et pendant la nuit du 31 au 1ᵉʳ septembre, les différents corps occupèrent les positions que voici :

1° Armée française.

A l'extrême droite, la brigade Lapasset occupait Colombey et Coincy, se reliant par sa gauche au 3ᵉ corps.

La division Fauvart-Bastoul gardait la route de Sarrebrück, appuyée à droite sur Saint-Aignan, à gauche sur Flanville « et tenant ainsi la position de beaucoup la plus avancée à l'est [1] »

La division Vergé était en réserve à la ferme Bellecroix [2], et la division de cavalerie Valabrègue se tenait massée entre Borny et Colombey.

Au 3ᵉ corps, la division Castagny était en avant du fort Queuleu, poussant ses troupes avancées à la Grange-aux-Bois.

La division Montaudon occupait Noisseville et Montoy. Les divisions Metman et Aymard restaient en face de Servigny.

Au 4ᵉ corps, la division de Cissey se tenait également aux abords de Servigny ; la division Grenier était en face de Poixe, et la division Lorencez formait réserve près de Villers-l'Orme.

Le 6ᵉ corps avait la division Tixier devant Failly, les trois autres à la gauche de celle-ci, s'étendant jusqu'à la Moselle.

Enfin, la Garde s'était avancée à l'est du fort de Saint-Julien ; la division de voltigeurs (Deligny) était massée derrière le 4ᵉ corps au nord de Mey, et avait derrière elle la division de cavalerie. La division de grenadiers (Picard) s'était rassemblée en avant du bois de Grimont, ayant derrière elle les réserves générales.

2° Armée allemande.

La 3ᵉ division de réserve tenait Malroy et Charly par sa brigade de ligne ; un bataillon aux avant-postes occupait Rupigny. Elle avait derrière la ligne Malroy-Charly cinq batteries, auprès desquelles, vers Antilly, bivouaquait la 25ᵉ division (hessoise) du IXᵉ corps. Cette dernière division avait fait occuper le bois de Failly, et par ses avant-postes, placés sur la face sud du même bois, se reliait aux troupes prussiennes du Iᵉʳ corps.

Au Iᵉʳ corps, la 1ʳᵉ division occupait sensiblement les mêmes emplacements qu'au début de la bataille, sauf Noisseville, dont elle avait été chassée. En première ligne était la 1ʳᵉ brigade, appuyée en arrière par une partie de la 2ᵉ et de la 3ᵉ division de landwehr [3]. Les troupes étaient fractionnées de la manière suivante : 3 bataillons et demi dans Failly ou aux abords ; 2 batail-

---

1. *La Guerre franco-allemande*, page 1361.
2. Sauf le 32ᵉ de ligne, envoyé à Noisseville pour renforcer la brigade Clinchant.
3. La 3ᵉ division de landwehr faisait partie de la 3ᵉ division de réserve (voir pièce n° 4).

lons dans Poixe ; 1 bataillon et demi et un escadron à l'est et auprès de ce village ; 5 bataillons à Servigny et aux abords ; 3 bataillons sur le versant gauche du ravin de Vallières, au nord-ouest de Noisseville. Le gros de la 1re division, l'artillerie de corps, la 6e brigade de landwehr et les deux régiments de cavalerie de réserve bivouaquaient entre Sainte-Barbe et Vrémy, ce dernier village occupé par deux compagnies de chasseurs.

A gauche de la 1re division, la 3e brigade avec 3 batteries et 3 escadrons tenait la route de Sarrelouis, au Petit-Marais. Elle avait poussé deux compagnies au château de Gras et deux autres en face de Flanville. Plus loin, entre Retonfay et Glatigny, se tenait la 3e division de cavalerie. La 4e brigade d'infanterie occupait Marsilly et Ars-Laquenexy. Enfin, la majeure partie de la 28e brigade (VIIe corps) était auprès de Courcelles-sur-Nied, avec un escadron de hussards et une batterie. Par ses avant-postes laissés au sud de Metz, cette dernière brigade établissait *tant bien que mal*[1] la liaison entre la gauche de la 2e division d'infanterie et les troupes du VIIe corps en position sur la Moselle en amont de Metz.

Mais un renfort important était déjà signalé au général de Manteuffel. Dans la matinée, le grand-duc de Mecklembourg-Schwerin avait annoncé pour le lendemain l'arrivée de ses têtes de colonnes sur le Nied. Le général de Steinmetz lui fit aussitôt demander de se hâter. La situation rendait, en effet, urgente la promesse d'un concours effectif de sa part.

II. — Journée du 1er septembre.

Aux premières lueurs de l'aube, le 1er septembre, les troupes furent sur pied. C'était l'instant précis où les Bavarois du prince royal de Prusse se portaient à l'attaque de Bazeilles, et, ici comme là-bas, un brouillard opaque masquait l'une à l'autre les deux armées ennemies, pourtant si rapprochées. Le maréchal Bazaine était venu de sa personne aux environs de Nouilly et la bataille n'était pas encore commencée qu'il adressait aux commandants de corps d'armée un billet dont les termes singuliers pouvaient donner ample matière à réflexion :

Selon les dispositions que l'ennemi aura pu faire devant nous,

1. *La Guerre franco-allemande*, page 1380.

*nous devons continuer l'opération entreprise hier, qui doit :
1° nous conduire à occuper Sainte-Barbe ; 2° faciliter notre
marche sur Bettlainville.* Dans le cas contraire, il faut tenir dans
nos positions, nous y fortifier, et, ce soir, nous reviendrons alors
sous Saint-Julien et Queuleu. *Faites-moi dire par l'officier qui
vous portera cette note ce qui se passe devant vous.*

La philosophie de cet épisode est tout entière exposée dans le court dialogue suivant, engagé au conseil de guerre de Trianon entre le président et l'un des témoins les plus considérables du procès. — « Quelle impression vous a laissée cet ordre *confidentiel*? » demande M. le duc d'Aumale au maréchal Canrobert. Et celui-ci de répondre : « J'ai bien compris que nous n'irions pas loin ! »

En fait, personne ne se méprit sur la portée véritable d'un avis, dont l'ambiguïté semblait décidément voulue... « En copiant ces lignes, un des officiers chargé de les porter ne put s'empêcher de dire au général Jarras : — Mais c'est impossible ! c'est l'ordre de la retraite qui est donné là ; les commandants de corps ne s'y tromperont pas[1] ! »

Reprise de l'offensive prussienne devant Noisseville. — Malheureusement, autant le général en chef français

---

[1]. *Metz, campagne et négociations*, page 160. — Notre intention étant de nous appuyer plusieurs fois encore sur l'autorité de cet ouvrage, il n'est peut-être pas inutile d'exposer une fois pour toutes notre pensée à son sujet. Le voile de l'anonyme dont l'auteur avait cru devoir s'envelopper n'a pas tardé à être déchiré et on a pu alors, non sans raison, reprocher à cet auteur d'avoir livré à la publicité certaines pièces dont il n'avait eu connaissance que pour le service et en raison de sa situation officielle à l'état-major général de l'armée du Rhin. D'autre part, à la suite d'événements encore trop récents pour qu'il soit besoin d'insister, l'officier général en question a dû quitter l'armée et la France dans des conditions tellement déplorables qu'il a été permis de se demander si sa véracité n'était pas aussi problématique que son honorabilité. Or, la réponse à cette question n'est pas douteuse. Si sévèrement qu'on puisse, au point de vue strictement militaire, apprécier l'opportunité de cette publication et le mobile qui l'a dictée, il n'en est pas moins certain, depuis les grands débats de Trianon, qu'elle ne contient absolument rien qui ne soit rigoureusement exact et contradictoirement prouvé. Elle constitue donc une source précieuse, où l'historien a le droit de puiser à son gré, sans préjudice des réserves à faire sur tout ce qui n'est pas le fait brutal. C'est dans ce sens que nous croyons pouvoir y chercher des documents, qu'il est souvent difficile de trouver ailleurs plus complets et plus probants.

montrait de mollesse et de mauvais vouloir, autant le commandant du Ier corps prussien faisait preuve de volonté et d'énergie. Prévenu, à quatre heures du matin, de l'arrivée à Antilly de tout le IXe corps, qui avait marché depuis huit heures du soir, il donna l'ordre à la 1re division de reprendre Noisseville, tandis que la 18e division formerait réserve au sud d'Antilly et que la division hessoise, accompagnée de son artillerie de corps (IXe) viendrait prendre position près de Sainte-Barbe. Ces dispositions protégeaient les deux directions dangereuses et rendaient au Ier corps la latitude d'agir offensivement sans avoir à se préoccuper de ses derrières.

Aussitôt ces divers mouvements s'exécutèrent à la faveur du brouillard, et vers six heures les troupes allemandes de première ligne se trouvèrent ainsi disposées :

La première brigade d'infanterie toujours à Failly, Poixe et Servigny, ayant derrière sa gauche les fractions de la 2e brigade chargée d'attaquer Noisseville. Cette attaque devait être elle-même soutenue par la 5e brigade de landwehr, postée en arrière de la ligne Failly-Servigny.

Autour de Vrémy et Sainte-Barbe se tenaient la 6e brigade de landwehr, un régiment de cavalerie, l'artillerie de corps du Ier corps et deux bataillons du Ier corps (1 de chasseurs et 1 de pionniers) ; un bataillon de la 3e brigade marchait sur Retonfay ; enfin, la 3e division de cavalerie, moins 7 escadrons laissés derrière l'aile gauche de la 3e brigade, se dirigeait sur Pouilly.

Lorsque, vers six heures du matin, le brouillard se fut un peu dissipé, le général de Manteuffel fit ouvrir sur Noisseville le feu de cinq batteries (4 de la 1re division, 1 de la division de landwehr) qui avaient pris position en avant de Servigny. Au bout de trois quarts d'heure, le village était en flammes ; ce que voyant, le commandant du Ier corps allemand lança sur lui, pour nous déloger, le 43e prussien tout entier, avec deux compagnies du 3e. La brigade Clinchant reçut les assaillants par une fusillade intense, dont le crépitement retentit brusquement jusqu'aux extrémités du champ de bataille. Poussé cependant par ses renforts, l'ennemi réussit, au prix de pertes sanglantes, à atteindre les premières habitations. Là « il se trouve en butte à un feu terrible, et il faut un assaut pour enlever chaque maison [1]. » Tout à coup, les soldats du général Clinchant exécutent à la baïonnette un vigoureux retour offensif ; les Prussiens sont chassés du village et, malgré une nouvelle tentative pour y rentrer, obligés de renoncer à de nouveaux efforts [2]. Ils étaient en effet cruellement éprouvés, et une partie de leurs compagnies, mises en fuite, ne se ralliaient que dans le ravin sud-ouest de Servigny [3].

Pendant ce temps, la 3ᵉ brigade allemande se tenait devant Montoy et Flanville, que canonnaient quatre batteries, pour nous contenir au cas où la division Bastoul aurait repris l'offensive. Voyant l'échec du 43ᵉ à Noisseville, elle se porte contre le village et cherche à l'aborder par le nord-est. Repoussée vigoureusement à son tour, elle est obligée de rétrograder comme la 2ᵉ, et se replie jusqu'à Retonfay.

Ainsi tous les efforts tentés par l'ennemi pour nous déloger des positions conquises la veille avaient échoué. Mais, comme le fait très justement remarquer la *Relation allemande*, « les Prussiens, de leur côté, avaient obtenu un résultat qui n'était pas sans valeur ; car, *en prévenant l'offensive de toute l'aile droite française*, ils l'avaient réduite, pour toute la suite de la bataille, *à se tenir strictement sur la défensive* [4] ». On voit, par cette appréciation motivée, combien nos ennemis possédaient le sentiment offensif, seul fécond à la guerre, seul capable de donner des résultats et de briser la volonté de l'adversaire. Comment ce sentiment aurait-il pu survivre dans nos rangs à la déplorable passivité dont le haut commandement ne cessait de donner

---

1. *La Guerre franco-allemande*, page 1385.
2. *Ibid.*
3. *Ibid.*
4. *Ibid.*, page 1387.

l'exemple, et à l'effet déprimant produit par la peu engageante communication du matin?

Quoi qu'il en soit, des renforts arrivaient maintenant au général de Manteuffel. A huit heures, la 49º brigade (hessoise) avait atteint Sainte-Barbe avec l'artillerie de la 25º division ; à huit heures trois quarts, ce fut au tour de la 25ᵉ brigade de cavalerie, suivie, une demi-heure plus tard, de l'artillerie de corps du IXᵉ corps. Ces troupes constituaient des réserves qui permettaient à la 6ᵉ brigade de landwehr, jusque-là tenue autour de Sainte-Barbe, d'entrer en action près de Noisseville. Le général de Manteuffel donna aussitôt l'ordre de l'engager, mais après toutefois que son attaque aurait été suffisamment préparée par la masse formidable d'artillerie dont il pouvait maintenant disposer.

L'arrivée de ces troupes fraîches n'avait pas échappé au maréchal Bazaine, qui, d'autre part, constatait *de visu* la construction de nouveaux épaulements de batteries entre Poixe et Servigny. Mais, au lieu de chercher à entraver les projets et les mouvements de l'ennemi au moyen des troupes, pour l'instant inoccupées, dont il disposait à son centre et à sa gauche, il donna au contraire l'ordre au 4ᵉ corps de suspendre tout mouvement offensif et « d'attendre la coopération du 3ᵉ corps, *si elle devait se produire*[1] ». Ce n'était pas avec des ordres aussi peu précis et des dispositions aussi vagues qu'il était possible de rétablir nos affaires déjà compromises par une indécision qui se prolongeait depuis trop longtemps ! Opposée au sentiment si net que le général allemand avait de la situation, et à la ferme volonté avec laquelle il poursuivait la réalisation d'un but parfaitement défini, elle nous plaçait fatalement dans une situation d'infériorité manifeste, que ni le nombre ni la bravoure n'étaient capables de compenser.

Vers dix heures, les troupes du 4ᵉ corps français se trouvent tout à coup en butte au feu terrible de 114 pièces de canon, déployées au sud-est de Servigny ; Noisseville est écrasé de projectiles, et nos batteries,

---

1. *Rapport officiel du maréchal Bazaine sur la bataille de Noisseville.*

démontées et détruites, sont successivement réduites au silence. Nos courageux soldats tiennent encore cependant, et, devant leur fière attitude, l'ennemi n'ose pas tout de suite entamer son attaque. Malheureusement pour nous, les événements qui venaient de se produire à l'aile droite allaient rendre celle-ci presque inutile, et décider du succès définitif en faveur des Allemands.

Prise de Flanville et de Coincy par la 28ᵉ brigade. — Le général de Pritzelwitz, commandant de la 2ᵉ division d'infanterie allemande, s'était bien vite rendu compte, d'après la direction primitive des attaques françaises et la tournure des affaires, que le point de Courcelles qu'il était chargé de garder ne courait aucun danger sérieux. Il ne laissa donc là qu'une brigade et, dès six heures du matin, fit filer une colonne composée de 4 bataillons, un escadron et deux batteries, sous les ordres du général de Woyna, commandant la 28ᵉ brigade (VIIᵉ corps), vers Ogy et Puche, pour appuyer la 1ʳᵉ division. Le général de Woyna, apprenant par sa cavalerie que Flanville était fortement occupé, se décida à attaquer ce dernier village, et, déployant ses deux batteries que venaient immédiatement renforcer 4 pièces hessoises[1], il commença par le faire violemment canonner. Bientôt les maisons s'enflammèrent; la brigade Dauphin qui l'occupait fut réduite à l'impossibilité de s'y maintenir. Seule, isolée et sans espoir de secours, elle dut se replier en hâte, et à neuf heures battit en retraite sur Montoy, abandonnant le village que les Prussiens occupèrent aussitôt. Mais ce mouvement découvrait les troupes de la division Fauvart-Bastoul, postées dans le village de Coincy. Attaquées bientôt par les bataillons maîtres de Flanville et de Saint-Agnan, elles reculèrent à leur tour et évacuèrent le village.

Ce double recul avait des conséquences très graves, en ce sens qu'il découvrait complètement la droite du 3ᵉ corps. Le maréchal Le Bœuf s'en inquiéta à juste titre, et, rappelant au général Bastoul que le 2ᵉ corps

---

1. Ces pièces appartenaient à la batterie de la 25ᵉ brigade de cavalerie (hessoise), réduite à quatre bouches à feu depuis Saint-Privat, où deux avaient été mises hors de service.

avait été placé sous ses ordres, il lui prescrivit reprendre immédiatement le village qu'il venait d'abandonner. Avec une vigueur remarquable, la division Bastoul se reporta alors en avant; mais son artillerie, déjà fort endommagée, n'était pas de taille à soutenir la lutte contre les batteries prussiennes. Ecrasée de projectiles, criblée d'obus et de mitraille, cette malheureuse division, qu'auraient si bien pu soutenir les divisions Vergé et Castagny, maintenues immobiles et inutiles près de Bellecroix, ne put gagner que 600 mètres; ce que voyant, le maréchal Le Bœuf lui envoya l'ordre de se replier définitivement. Quant au général de Woyna, il se borna à occuper Saint-Agnan et Flanville, « afin de couvrir la gauche de l'attaque projetée sur Noisseville [1] », et le combat s'éteignit sur cette partie du champ de bataille. Le maréchal Bazaine venait enfin de prescrire au général de Castagny de se porter par Colombey et Aubigny au secours de la division Bastoul. Mais ce général, dont le rôle s'était borné pendant la journée à déloger pour un instant de Mercy-le-Haut les avant-postes prussiens, et qui n'avait rien fait pour arrêter les troupes et les batteries défilant devant lui [2], arriva trop tard pour soutenir son collègue. Quand ses premières troupes débouchèrent d'Aubigny, la division Bastoul était déjà hors de cause et tout entière repliée sur Colombey.

Combat sur le front du 6ᵉ corps. — Tandis que ces graves événements se déroulaient à droite, le maréchal Canrobert avait de nouveau tenté, à gauche, de s'emparer de Failly. Mais il s'était heurté à des troupes appuyées à des ouvrages solides, et grossies en outre par de nouveaux renforts. Dès le matin, en effet, le prince Frédéric-Charles, revenu à son observatoire de Horimont [3], avait envoyé l'ordre au général de Voigts-

---

1. *La Guerre franco-allemande*, page 1391.
2. *Metz, Campagne et nogociations*, page 156.
3. Le prince Frédéric-Charles était à ce moment assez inquiet d'une canonnade lointaine qui retentissait vers l'ouest, et il avait laissé à son quartier général un officier avec mission d'y avoir constamment l'oreille. C'était le bruit de la bataille de Sedan, qu'on entendit à Malancourt jusqu'à neuf heures et demie du matin.

Rhetz, commandant du X⁰ corps, de jeter sur la rive droite tout ce qu'il pouvait de forces, et de s'engager suivant sa propre inspiration. Le général de Voigts-Rhetz dirigea aussitôt sur Antilly sa 20ᵉ division accompagnée de l'artillerie de corps, tandis que la 19ᵉ division se massait près d'Argancy. En même temps, le IIIᵉ corps se rapprochait de la Moselle, et la 3ᵉ division de réserve était invitée à faire appuyer vers Sainte-Barbe ce qui lui restait de monde entre Charly et Vrémy, aussitôt que la tête du Xᵉ corps serait prête à la remplacer. Enfin, pour assurer encore de nouveaux renforts au général de Manteuffel, le prince avait autorisé le général de Zastrow, commandant du VIIᵉ corps, lequel, on s'en souvient, était posté vers Ars-sur-Moselle, à porter la majeure partie de ses troupes à l'est de Metz, en faisant au besoin relever par le VIIIᵉ corps ses postes sur la ligne d'investissement. Aucune précaution n'était donc négligée pour nous refouler sous les murs de la place. La plupart d'entre elles devenaient cependant superflues, étant donné que c'était là ce que le commandant en chef de l'armée du Rhin désirait le plus.

Quoi qu'il en soit, le maréchal Canrobert, que ne dirigeait pas la même arrière-pensée, avait songé à reprendre l'offensive interrompue par la nuit. Mais comme, d'après les ordres reçus, la reprise du mouvement par la division Tixier ne devait se faire qu'après celle du 4ᵉ corps, on attendit, dans l'inaction, jusqu'à neuf heures du matin. A ce moment, les bataillons du général Tixier se jettent contre Failly et Rupigny, défendus par la 18ᵉ division (du IXᵉ corps) qui est venue y renforcer la 25ᵉ. Nous nous emparons un instant de Rupigny, mais nous échouons à Failly, et bientôt, écrasés par une masse de batteries déployées sur la crête entre les deux villages, nous sommes obligés de nous arrêter. En même temps, le maréchal Canrobert est informé que le mouvement du 4ᵉ corps, auquel il doit conformer le sien, est lui-même subordonné à la marche en avant du 3ᵉ. Dans ces conditions, il n'y a plus à reprendre l'attaque, et le commandant du 6ᵉ corps replie ses troupes au sud du ruisseau de

Chieulles, se bornant à prendre une position défensive et à entretenir une lutte sans intérêt comme sans résultat avec les batteries ennemies qui continuent à nous couvrir d'obus.

On peut juger, d'après ces faits, de l'indécision qui préside partout en ce moment à cette lutte décousue. Nulle part nous ne faisons plus de progrès ; nous ne cherchons même pas à en faire. L'inquiétude et le découragement ont succédé dans les rangs à l'entrain passionné qui caractérisait la veille les débuts de la bataille. On comprend que tout effort est désormais superflu et qu'une volonté supérieure aux événements paralyse l'essor des combattants. La tristesse gagne de proche en proche, et c'est sans énergie comme sans espoir que nos bataillons désorientés vont tirer leurs derniers coups de fusil !

Perte de Noisseville et fin de la bataille. — Cependant le général de Manteuffel jugeait que le moment était venu de reprendre l'attaque de Noisseville. Il était dix heures et demie; le village brûlait et dans les maisons croulantes nos soldats ne pouvaient plus tenir. Notre artillerie, presque complètement éteinte, avait disparu du champ de bataille; enfin les troupes ennemies, puissamment renforcées, présentaient des masses qui s'alignaient en colonnes épaisses de Servigny à Retonfay. Partant des deux côtés du ruisseau de Vallières, la 6ᵉ brigade de landwehr débouche sur la crête en avant de Noisseville. Mais les troupes du général Metman, embusquées dans les vignes au nord-est de Nouilly, dirigent aussitôt sur elle une fusillade tellement violente qu'elle est obligée de s'arrêter. Alors des fractions de la 3ᵉ brigade prussienne, établies contre la route de Sarrelouis, arrivent à la rescousse et refoulent nos soldats du côté de Nouilly. Puis, convergeant vers Noisseville, toutes ces forces s'y portent à la fois.

Déjà le général Manèque, chef d'état-major du 3ᵉ corps, est tombé mortellement atteint. Le général Montaudon, blessé bientôt après, a dû se faire transporter hors du champ de bataille. **La droite du 3ᵉ corps,** qui depuis la veille lutte sans désemparer, est complètement découverte par la retraite de la division Bastoul, que le général Frossard n'avait ni soutenue, ni relevée. Enfin, non seulement le commandant en chef ne donne point d'ordres, mais il ne semble même pas se préoccuper de la situation critique où se débat son corps d'armée le plus engagé! Dans ces conditions, le maréchal Le Bœuf crut devoir se reporter aux instructions données dans la matinée par Bazaine, et prescrivit aux généraux Montaudon et Fauvart-Bastoul de se replier sous le canon des forts. Voici dans quels termes il rendit compte de ce mouvement au commandant en chef :

1er septembre, 9 h. 45 matin. — La division Bastoul ayant battu en retraite, il y a une heure, contrairement à mes ordres[1],

---

1. Pour présenter sous son vrai jour cet épisode significatif de la bataille de Noisseville, nous croyons devoir mettre sous les yeux du lecteur la note suivante, ajoutée par le capitaine d'état-major Costa de Serda à sa traduction de la *Guerre franco-allemande*, du grand état-major prussien. Elle montre d'une façon très nette les tiraillements que créait alors dans le commandement l'oubli trop souvent constaté et particulièrement fâcheux des devoirs qu'impose la solidarité militaire. — « *Le général Fauvart-Bastoul ignorait qu'il fût placé sous les ordres du maréchal Le Bœuf.* Conformément aux instructions qui lui avaient été adressées *sur sa demande* par son commandant de corps, général Frossard, le général Fauvart-Bastoul avait pris position dès l'aube sur les emplacements de la nuit, en se gardant surtout sur sa droite. Vers neuf heures un quart, il jugeait nécessaire de replier un peu ses deux brigades pour éviter de se trouver pris à revers. Ce mouvement était en voie d'exécution ; la brigade de deuxième ligne s'était déjà portée en arrière, celle de première ligne, après être restée en place pendant un certain temps pour couvrir le mouvement rétrograde qui se produisait sur sa gauche (probablement la brigade de la division Montaudon portée à Montoy et à Flanville), venait à peine de s'ébranler pour se rapprocher de la deuxième ligne, quand le maréchal Le Bœuf, qui n'apercevait peut-être que cette dernière et qui pouvait supposer que c'était la division tout entière, adressait au général Bastoul, *avec lequel il n'avait eu jusqu'alors aucune communication*, l'avis écrit qu'il était sous ses ordres depuis la soirée précédente et qu'il eût à couvrir la droite du 3e corps. Le général reprenait immédiatement et sans combat ses positions premières (*a*), l'ennemi ne l'ayant pas suivi, et quand, au bout d'un quart d'heure environ, le maréchal lui faisait prescrire de battre en retraite, *il refusait de se retirer sans un ordre écrit*. Ainsi, c'est sur l'injonction du maréchal Le Bœuf que le général Fauvart-Bastoul évacuait ses positions, et ce mouvement n'a donc pu être la cause déterminante de la retraite du 3e corps. » (*La Guerre franco-allemande*, page 1399, en note.) — La conclusion à tirer de tout ceci,

(*a*) On a vu plus haut que ce n'est pas absolument exact.

mon flanc droit est entièrement découvert. Je suis enveloppé de feux et de colonnes d'attaque, de front et de flanc; après avoir tenu jusqu'au dernier moment, je me vois forcé de battre en retraite.

La division Montaudon recula donc par échelons jusque vers Nouilly. Les régiments qui venaient de se battre si courageusement montrèrent là encore une attitude remarquable, et l'ordre parfait avec lequel ils opérèrent leur marche rétrograde, sous un feu violent d'artillerie, réussit à contenir l'offensive de l'ennemi. Celui-ci se borna à réoccuper Noisseville et la Brasserie et fit avancer ses batteries sur la route de Sarrelouis, jusqu'au-dessus et à l'est de Lauvallier.

A ce moment, le maréchal Bazaine, qui jusqu'alors avait plutôt contenu que poussé en avant les corps engagés, et maintenu hors du champ de bataille toutes les réserves ainsi que la majeure partie du 2ᵉ corps, eut l'idée assez étrange de faire reprendre l'offensive par une brigade d'infanterie de la Garde, appuyée par la division de cavalerie Desvaux et la réserve générale. Le moment était singulièrement choisi, ou tout au moins bien tardif, et on ne peut guère s'expliquer qu'après avoir si mal utilisé la matinée du 31, et passivement attendu, le 1ᵉʳ, les attaques de l'ennemi, le commandant en chef ait supposé qu'un retour offensif contre un adversaire puissamment renforcé pouvait présenter, dans les conditions actuelles, la moindre chance de succès. S'il voulait faire donner la Garde, c'était le 31 qu'il fallait l'engager. Son intervention alors n'eût pas été inutile et eût considérablement aidé les efforts des 3ᵉ, 4ᵉ et 6ᵉ corps ; à cette heure, il n'était plus temps. L'armée tout entière, qui comprenait qu'elle avait été jouée, éprouvait un découragement manifeste et bien explicable d'ailleurs. Quant aux Allemands, ils avaient maintenant assez de monde pour s'opposer à une trouée qui, la veille, aurait eu, si on eût réellement voulu la faire, toute chance de réussir.

est que le général Frossard n'avait pas prévenu ses généraux de l'ordre du commandant en chef plaçant son corps d'armée sous les ordres du maréchal Le Bœuf.

Du reste, cette velléité de l'apathique maréchal ne dura qu'un moment. A onze heures, il expédiait l'ordre de retraite générale, et prescrivait aux différents corps de reprendre leurs campements antérieurs « L'opération s'exécuta avec un ordre parfait[1] » et sans être inquiétée autrement que par quelques projectiles d'artillerie. A la nuit, les corps français étaient de retour sur leurs positions de l'avant-veille, et les Allemands retournaient, eux aussi, à leurs postes d'investissement. Mais la leçon leur avait servi, et ils n'allaient pas tarder, comme nous le verrons plus loin, à renforcer leurs troupes de la rive droite, qui auraient pu, avec un autre adversaire que le maréchal Bazaine, courir, le 31 août, un si grave danger.

Ainsi se termina cette triste comédie, et « avec elle, la seule et unique grande tentative que l'armée de Bazaine ait faite pour percer et briser la ligne d'investissement qui l'enfermait[2] ». Elle nous coûtait 3,554 hommes dont 145 officiers. Le général Manèque était tué; les généraux Montaudon, Osmont et Lafaille blessés. Quant aux Allemands, ils avaient perdu 2,976 hommes, dont 126 officiers[3].

Si maintenant on n'envisage que le chiffre net des forces engagées; il semble que nous ayons eu constamment le bénéfice d'une énorme supériorité numérique. Le 31 août, en effet, nous avions en ligne 115,500 hommes environ et 282 bouches à feu, contre

---

1. *La Guerre franco-allemande*, page 1400.
2. Major von Schell, *Opérations de la 1re armée sous le général de Steinmetz*, page 318.
3. DÉTAIL DES PERTES A LA BATAILLE DE NOISSEVILLE :

FRANÇAIS	Tués	Blessés	Disparus	PRUSSIENS	Tués	Blessés	Disparus
Officiers....	29	112	4	Officiers....	32	92	2
Troupe.....	285	2391	733	Troupe.....	646	1961	243
Totaux..	314	2503	737	Totaux..	678	2053	245
	ENSEMBLE : 3554				ENSEMBLE : 2976		

Le 3e corps français, le plus éprouvé, comptait à lui seul 2,34 hommes hors de combat.
Le 1er corps allemand, le plus éprouvé, comptait à lui seul 2,202 hommes hors de combat.
Le total général pour les deux armées, était de 992 tués, 4,556 blessés, 982 disparus, soit 6,530 hommes hors de combat.

55,000 hommes et 96 canons. Le 1ᵉʳ septembre, avec tous leurs renforts, les Allemands ne purent mettre en ligne que 89,000 hommes et 228 pièces. Mais il est nécessaire de remarquer que seules nos têtes de colonnes ont été engagées, et que ni la Garde, ni les divisions Castagny, Vergé, Lafont de Villiers, Levassor-Sorval, ni la cavalerie, ni enfin les réserves générales n'ont pris part à la lutte. L'équilibre des forces est donc par cela même rétabli, et au delà, puisque le 31 nous avons déployé 40,000 hommes à peine, et seulement 18,000 le 1ᵉʳ septembre. De cet étrange procédé qui consiste, dans une opération aussi importante qu'une tentative de sortie, à n'employer que la minime partie de ses forces, et des lenteurs calculées du maréchal, le commissaire du gouvernement près le conseil de guerre de Trianon a pu tirer une conclusion sévère, mais indiscutable, c'est que, dans la pensée de Bazaine, l'affaire du 31 août ne devait être qu'une diversion.

Pas plus que le 26 août, s'est écrié M. le général Pourcet, le maréchal n'eut, le 1ᵉʳ septembre, la pensée bien arrêtée de s'éloigner de Metz pour tendre la main au maréchal de Mac-Mahon. *Ce fut donc principalement dans le but de se mettre à l'abri des légitimes reproches encourus par son inaction* que le maréchal Bazaine livra ce combat inutile et sanglant. Au moment où son armée rentrait frémissante dans les positions qu'elle ne devait plus quitter avant le jour de la capitulation, celle du maréchal de Mac-Mahon, assaillie par des forces trois fois supérieures au milieu desquelles l'avait conduite sa généreuse entreprise, était écrasée à Sedan.

Nous avons vu que c'étaient les renseignements inexacts, les réticences calculées du maréchal Bazaine qui avaient déterminé la marche de l'armée de Châlons. Nous savons que, depuis le 23 août, il était informé de ce mouvement. Enfin, le 26, pouvant croire qu'en raison de sa dépêche du 20, le maréchal de Mac-Mahon se serait arrêté, attendant un nouvel avis, il lui avait écrit pour l'inviter à pousser en avant et lui assurer son concours. D'autre part, nous avons constaté qu'après avoir déterminé cette opération hasardeuse, qui ne pouvait réussir qu'à la condition d'une action combinée, prompte et énergique, le commandant en chef était demeuré dans l'inaction, recourant au subterfuge pour obtenir l'assentiment de ses lieutenants, et qu'abandonnant ainsi le maréchal de Mac-Mahon à ses propres forces, il l'avait laissé écraser sans secours [1].

---

1. *Procès Bazaine*, Réquisitoire.

Le but secret du maréchal Bazaine était donc de se réserver pour les événements, et c'est pour cela qu'il avait adopté cette attitude passive qu'il prolongea jusqu'au moment où le manque de vivres l'obligea à rendre à l'ennemi l'armée si belle et si forte qu'il commandait. Dès le 16 août, nous le voyons négliger l'occasion qui s'offre à lui de culbuter une partie des troupes ennemies, et se replier devant des forces inférieures, alors que sa ligne de marche est encore libre. Le 18, il s'accroche au camp retranché de Metz et se laisse envelopper par l'ennemi sans tenter autre chose qu'une résistance inerte sur des positions qu'il n'a même pas l'intention de conserver. Puis, revenu sous le canon des forts, il abandonne aux Allemands la possession des points les plus avantageux du terrain, avec toute latitude d'y établir un réseau d'ouvrages et de batteries qui exigeront, si l'on veut les franchir un jour, autant d'assauts successifs.

En admettant au surplus que la retraite autour de Metz ait été due aux seuls événements et non à un parti pris déplorable, la situation n'eût pas été désespérée, et le devoir du commandant en chef découlait encore de ce principe absolu à la guerre : *attaquer l'ennemi et le battre.* L'armée française, forte de 150,000 hommes, occupait une situation centrale par rapport à des forces ennemies à peine supérieures et réparties sur un périmètre de 60 kilomètres, c'est-à-dire obligées, pour se concentrer en un point donné de ce périmètre, d'exécuter une longue et périlleuse marche de flanc. En outre, l'armée allemande était coupée en deux par une large rivière, et, circonstance capitale que le maréchal n'ignorait pas, l'investissement, pendant la dernière quinzaine d'août, n'était pas complet. La partie sud-est de la place, d'Ars-sur-Moselle à Noisseville, n'était gardée que par des forces insuffisantes, et il était manifeste que les préoccupations du grand état-major allemand, durant cette période, s'éloignaient de Metz pour se concentrer bien davantage sur les coteaux boisés des Ardennes, où devait se produire l'acte décisif. Dans ces conditions, le rôle stratégique de l'armée de Metz paraît avoir été tout tracé, et le maréchal Canrobert l'indiquait nettement dans la conférence de Grimont, quand il demandait de « donner des coups de griffe à droite et à gauche, d'entreprendre de grandes sorties coup sur coup, de harceler sans relâche l'ennemi, de lui enlever tout repos par des attaques nocturnes ou simulées, et de lui infliger enfin de telles fatigues que le maintien du blocus devint impossible [1]. » On pouvait, profitant du groupement de l'armée et des cinq ponts de la Moselle, se jeter brusquement et à l'improviste, tantôt contre un corps allemand, tantôt contre un autre, les écraser successivement et désorganiser petit à petit les forces du prince Frédéric-Charles. Chacune de ces opérations aurait eu pour résultat de faire entrer dans la place des approvisionnements en blés, en fourrage, en bétail, que les environs contenaient en abondance, et qui eussent permis de prolonger la lutte indéfiniment. Elles auraient usé l'énergie de l'adversaire et vaincu sa résistance ; elles l'auraient obligé à distraire ses forces des autres théâtres d'opérations. Ce n'était pas donner la main à l'armée de Châlons, assurément ; mais c'était faire mieux encore. Car, en renonçant tout d'abord à ce projet chimérique et inexécutable, on aurait laissé au maréchal de Mac-Mahon une liberté d'action que lui enlevèrent des communications plus ou moins sincères, et dont la privation le conduisit à une catastrophe sans précédent. Enfin, quand l'armée ennemie, à bout de forces, épuisée et énervée, aurait été impuissante à opposer encore une résistance suffisamment énergique, alors on pouvait, laissant à Metz une simple garnison et tous les bagages ou impedimenta, se jeter tête baissée et à l'improviste contre la partie la plus faible de sa ligne, et opérer une sortie qui avait toute chance de réussir, dans la direction du sud-est. Là, on pouvait détruire ses magasins de Courcelles, marcher sur ses communications et se porter hardiment vers la haute Seille, d'où on se fût dirigé soit vers l'Alsace, soit vers Paris, suivant les événements.

---

1. *Procès Bazaine*, Rapport.

Assurément, cette façon d'agir exigeait de la part du commandant en chef une volonté ferme, une grande activité et des qualités de vigueur et de caractère que le maréchal Bazaine était loin de posséder. Il n'était capable ni de cette audace ni de cette décision, et dès l'instant que la direction supérieure, si aveuglément confiée à l'homme de France qui en était le moins digne, ne passait pas en d'autres mains, il n'y avait aucun espoir à fonder sur la réalisation de conceptions de ce genre. Elles n'en étaient pas moins cependant les seules fécondes et les seules qui fussent venues à l'esprit d'un général décidé à se soustraire à l'opprobre d'une capitulation honteuse. La preuve en est que M. de Moltke n'avait pas un instant douté, au début du blocus, qu'elles ne fussent mises en pratique, et ses instructions à l'armée d'investissement, que nous avons citées plus haut, montrent clairement qu'il ne croyait pas pouvoir s'opposer à la sortie d'une masse qui se serait présentée vers le sud-est avec une véritable supériorité numérique.

Au lieu de cela, que fait le maréchal? Du 19 au 25 août, rien. Le 26, il esquisse un mouvement offensif, mais dans des conditions telles que personne n'a de doute sur son issue... Il réunit ses lieutenants en conseil de guerre, leur cache le côté le plus intéressant de la situation, à savoir la marche de l'armée de Châlons, et leur communique sur l'état des approvisionnements de l'armée des renseignements inexacts, et tels qu'ils sont obligés de considérer la défensive comme seule possible. Puis, le 31, il recommence l'opération, dans des conditions identiques. Les ponts de la Moselle ne sont pas tous utilisés; ceux qu'on a jetés ne sont pas solides; l'armée n'a qu'un seul débouché pour arriver à la position, et les mouvements de troupes, singulièrement ralentis par ces diverses circonstances, s'exécutent en plein jour, au su et au vu d'un ennemi attentif, qui a toute liberté de les suivre et de prendre ses dispositions pour les faire avorter!

Les points les plus importants de terrain, au point de vue tactique, ont été laissés, par nous, au pouvoir de l'ennemi. Les hauteurs de Mercy-le-Haut, de Coincy, de Sainte-Barbe, abandonnées par l'armée française, deviennent pour l'adversaire des positions redoutables, qu'il va falloir aborder en terrain découvert. Malgré cela, le maréchal fait attaquer de front la partie la plus forte de la ligne de défense allemande et préalablement, au lieu de se masser, il s'étend en arc de cercle sur un front démesuré, de Chieulles, au nord, à la Grange-aux-Bois, au sud. Les Allemands ont fait remarquer eux-mêmes tout ce que cette tactique présentait de vicieux. Attaque de front, soit, mais combinée avec une attaque de flanc par la gauche, exécutée, celle-ci, par le plus de monde qu'on pourrait engager ; voilà ce qu'il aurait fallu faire.

Mais la faute de beaucoup la plus grave consistait dans le retard incompréhensible qui fut apporté à l'attaque. C'est à quatre heures du soir seulement, quand il restait tout au plus quatre heures de jour, que le 3ᵉ corps se mit en mouvement ! Comment, dans ces conditions, pouvait-on espérer profiter des succès obtenus, si tant est qu'on dût en obtenir ?... Une fois la bataille entamée, plus de direction d'ensemble, plus de pensée dirigeante, pas d'indications sur le but à poursuivre et les moyens d'y parvenir. Chacun agit droit devant lui, sans savoir exactement ce qu'il doit faire ; il en résulte qu'on néglige les précautions les plus élémentaires, qu'on ne se garde pas, et que l'ennemi reprend, comme il le veut, un village important que nous avons conquis. Enfin, le 1ᵉʳ septembre, non seulement nous ne conservons pas le bénéfice de l'offensive, mais le maréchal fait connaître avant toute chose que son but est de battre en retraite si l'ennemi a reçu des renforts ! Il n'engage ni ses réserves, ni la majeure partie de son artillerie et laisse les batteries allemandes prendre instantanément une supériorité que nous aurions pu, certes, leur contester aisément avec les nombreuses pièces qui reposaient en arrière, sur leurs affûts !

L'ennemi, malheureusement pour nous, avait des procédés tactiques autrement rationnels et précis. Il les a dévoilés après coup, il est vrai, d'une façon fort nette, et nous croyons instructif de montrer, par leur exposé même, ce que peut produire la ferme volonté de vaincre, même contre un adversaire supérieur.

La tactique prussienne dans ses deux journées de lutte, dit la Relation allemande, se caractérise par l'emploi de l'artillerie en grandes masses, et pour l'infanterie, par la défensive combinée avec de fréquents et vigoureux retours offensifs. Ce mode d'emploi de l'artillerie permettait de contenir longtemps à distance les bataillons de l'adversaire et de paralyser leur élan avant même qu'ils eussent réellement prononcé leur effort. La constante tendance des chefs comme de la troupe à reprendre le plus promptement possible toute position perdue empêchait les Français d'obtenir, sur aucun point, des succès décisifs et durables. Le caractère énergique de cette *défense opérée offensivement* apparaît surtout dans la matinée du 1er septembre, quand le général de Manteuffel, *prévoyant une nouvelle attaque des Français, prend le parti de les devancer* en se jetant lui-même sur le village de Noisseville, perdu dans la soirée du 31 août. Afin de se ménager l'avantage de la surprise, on renonçait, en cette occasion, à faire préparer l'attaque par une longue canonnade et à attendre l'arrivée en ligne des renforts venant du nord. Ce mouvement, tenté avec des forces insuffisantes, échouait donc ; *mais il avait pour conséquence d'amener le maréchal Le Bœuf à se maintenir sur la défensive*... La perte de Flanville et le mouvement de recul de la division Fauvart-Bastoul n'étaient assurément pas de nature à motiver impérieusement la retraite de toute l'aile droite de l'armée du Rhin, car la majeure partie de la division Vergé, ainsi que toute la division de cavalerie Valabrègue étaient encore disponibles pour la soutenir, et, au besoin, on pouvait aussi appeler en ligne la division Castagny, postée aux abords de Queuleu... Peut-être les événements de la soirée précédente avaient-ils déjà convaincu le maréchal Bazaine qu'une continuation de la lutte, le 1er septembre, rencontrerait des difficultés plus sérieuses encore. Les ordres qu'il envoyait dans la matinée de ce jour, bien que donnés en vue d'une reprise de l'attaque, pressentaient donc aussi le cas d'un échec, *ce qui n'était certainement point fait pour engager ses lieutenants à agir vigoureusement*[1].

La part faite à des amplifications qu'excuse le succès, il faut convenir qu'on trouve dans cette page toute une exposition de principes tactiques auprès desquels fait triste figure l'incohérence de nos procédés. Mais, cette supériorité admise, il est juste de constater aussi que l'excellence des combinaisons des Allemands n'a pas été, dans cette circonstance, le principal facteur de leurs

---

1. *La Guerre franco-allemande*, page 1409.

succès. Les débats contradictoires du procès de Trianon et une étude attentive des faits ont prouvé que la louche inertie du commandant en chef de l'armée française avait singulièrement facilité leur tâche. Qu'ils aient cherché à attribuer le mérite de leur triomphe autant à des talents supérieurs qu'à la remarquable force de résistance des soldats de la Prusse orientale[1], rien de plus naturel. Quand on voit cependant ce dont étaient capables les bataillons français bien conduits, quand on sait qu'aucun régiment de l'armée de Metz ne le cédait ni en bravoure ni en entrain au 95°, dont la conduite à Noisseville a été si brillante, on est en droit de regretter que nos troupes n'aient pas eu à leur tête un chef plus digne de sa haute mission, un chef qui n'aurait eu d'autre guide que l'accomplissement du devoir militaire, d'autre mobile que de justifier la confiance que le pays avait placée en lui[2].

1. *La Guerre franco-allemande*, page 1411.
2. Voir *le 4° corps de l'Armée de Metz*, par le lieutenant-colonel Rousset, pages 287 et suivantes.

CHAPITRE III

LES PETITES OPÉRATIONS

La déception causée dans les rangs de l'armée par l'issue assez inexplicable de la tentative qu'on venait de faire, se traduisit par des murmures dont la rumeur ne tarda pas à gagner la retraite où continuait à s'isoler le commandant en chef. Certains officiers de son état-major crurent même devoir s'en faire les échos et exprimèrent leur opinion d'une façon si nette que le maréchal, impatienté, s'écria, dit-on : « Eh bien, puisqu'il en est ainsi, nous nous battrons maintenant tous les jours[1] ! » Mais ce n'était là qu'une boutade et, dès le lendemain, l'armée retombait dans sa torpeur. Toutefois, ordre fut donné d'employer les troupes à organiser sur leur front des travaux de défense et à travailler à l'achèvement des ouvrages du camp retranché. Quant à la situation tactique, elle resta la même, c'est-à-dire que, pas plus qu'au début, on ne chercha à élargir le cercle et à prendre pied sur les points dont la possession pouvait servir de base aux opérations à entreprendre ultérieurement.

Dispositions prises par les Allemands pour le blocus de Metz. — Les Allemands, de leur côté, s'étaient parfaitement rendu compte de l'inutilité et des difficultés d'un siège en règle ; ils comprenaient qu'avant de prendre Metz d'assaut, il leur faudrait soutenir une série

---

1. *Metz, Campagne et négociations*, page 177.

de luttes meurtrières et acharnées avec des troupes dont ils avaient appris à connaître la valeur, disputer le terrain pied à pied à leurs adversaires et se résoudre à des sacrifices d'hommes, de temps et d'argent dont l'énormité pouvait à bon droit les effrayer. Un blocus rigoureux, protégé par une série de positions défensives solidement organisées tout autour du camp retranché occupé par nous, leur parut susceptible de produire les mêmes résultats à moins de frais, et c'est à quoi ils se décidèrent quand ils furent, très rapidement d'ailleurs, renseignés sur la pénurie de nos approvisionnements. L'ordre de blocus fut donc donné, le 2 septembre, par le prince Frédéric-Charles. La foudroyante nouvelle du désastre de l'armée de secours à Sedan venait de lui parvenir; elle réduisait sensiblement l'étendue de ses préoccupations, car nous n'avions plus aucun motif pour nous diriger soit au nord, soit à l'ouest, soit même à l'est, et il paraissait évident que si nous cherchions une fois encore à nous faire jour, c'est vers le sud que maintenant nous concentrerions vraisemblablement nos efforts. Aussi les dispositions prises répondirent-elles à ces considérations nouvelles; sur le demi-cercle sud on massa quatre corps et deux divisions de cavalerie; sur le demi-cercle nord on ne mit que trois corps et la division de réserve. Ces forces étaient réparties comme suit :

RIVE DROITE. — *Ier corps et 3e division de réserve*, entre la Moselle (vers Malroy) et la route de Metz à Courcelles-sur-Nied.

VIIe corps, de cette route à la Seille.

VIIIe corps, de la Seille à la Moselle.

1re division de cavalerie à Fay (jusqu'au 15 septembre), puis à Pontoy, à la disposition du VIIe corps.

3e division de cavalerie, à Coin-lès-Cuvry.

RIVE GAUCHE. — *IXe corps*, de la Moselle à Châtel-Saint-Germain.

IIIe corps, de Châtel à Saulny (5e division en première ligne, 6e en deuxième ligne, à Vernéville).

IIe corps, en réserve à Rezonville et Saint-Marcel, avec un détachement à Noveant.

Xe corps, de Saulny à Malroy, par Bellevue et les Grandes-Tappes.

Un détachement, fort de 7 bataillons, 4 escadrons et

une batterie[1], était employé, avec les quatre escadrons précédemment désignés pour ce service, à investir Thionville par les deux rives de la Moselle ; les troupes de la 3ᵉ division de réserve et du IXᵉ corps, envoyées déjà autour de cette place, rentraient dans les lignes du blocus.[2]

L'ensemble des forces que nous venons d'énumérer formait, par suite de la récente arrivée des hommes de remplacement expédiés d'Allemagne, un total de 190,000 soldats, 33,000 chevaux et 658 pièces ; elles étaient donc supérieures d'un bon tiers à l'armée qu'elles étaient chargées de bloquer. Jusqu'au 15 septembre, leur répartition en deux groupes distincts persista ; mais, à cette date, se produisit un événement significatif à plus d'un titre, qui rétablit, dans les troupes allemandes réparties autour de Metz, l'unité du commandement. Le général de Steinmetz, auquel M. de Moltke n'avait pas pardonné son indépendance d'allures du début, ni le roi Guillaume les angoisses de Saint-Privat, fut nommé gouverneur de Posen, en remplacement du général de Lowenfeld, mis à la retraite, et dut abandonner le commandement de la Iʳᵉ armée, fondue dans la IIᵉ. La disgrâce sans précédents dont on frappait ainsi le vainqueur de Spicheren n'était même pas déguisée et dut lui être bien amère. Elle montrait en tous cas aux généraux qui eussent pu être tentés d'en prendre à leur aise, avec quelle rigueur le généralissime et le chef d'état-major entendaient être obéis.

1. Ce détachement était sous les ordres du général-lieutenant de Bothmer. Il comprenait le régiment d'infanterie n° 65, les régiments de landwehr nᵒˢ 28 et 29, le 4ᵉ régiment de hussards de réserve et une batterie de réserve. Il avait été constitué le 25 août, à Sarrebourg.

2. Les dispositions indiquées ci-dessus sont celles qui furent définitivement adoptées le 11 septembre. Entre la bataille de Noisseville et cette date, les troupes allemandes furent obligées à plusieurs déplacements, assez peu importants d'ailleurs, dont le premier eut pour cause l'arrivée tardive (6 septembre) des dernières colonnes du XIIIᵉ corps, alors que, dès le 3, on avait pu craindre, en présence de certains mouvements de notre cavalerie, que nous cherchions à sortir par le sud ; dans la pensée primitive du prince Frédéric-Charles, ce XIIIᵉ corps devait précisément couvrir le chemin de fer de Courcelles à Rémilly et barrer la route de Strasbourg par Solgne. Le second fut motivé par le départ de ce même XIIIᵉ corps, dirigé le 11 sur Toul pour l'investir.

Les instructions données par le prince Frédéric-Charles traçaient nettement, à son habitude, le rôle des troupes d'investissement. « La mission qu'ont à remplir les forces en première ligne consiste à s'implanter plus solidement que jamais dans des positions défensives, à avancer plus audacieusement encore que par le passé leurs patrouilles d'infanterie, de manière *à inquiéter et à fatiguer l'ennemi sur toute la ligne,* à enfermer complètement la place et à intercepter toute espèce de communications, en particulier la fuite des habitants, *qu'au besoin elles repousseront à coups de fusil.* L'automne s'avançant, on insiste sur la nécessité de construire des baraques en bois ou en branchages et d'organiser de bonnes communications. »

Entre temps, les travaux du blocus continuaient; vers la fin de septembre ils se trouvèrent à peu près terminés et constituèrent autour du camp retranché de Metz un réseau serré d'ouvrages de toute sorte, dont il est nécessaire de résumer la physionomie générale. Voici d'ailleurs en quels termes un officier allemand a exposé les principes qui avaient présidé à leur établissement:

La position de chaque corps, dit le capitaine de Gœtze[1], formait un système complet, ce qui n'empêchait pas, du reste, de compter sur l'appui des corps voisins. Ce n'est pas à dire pour cela qu'il restât des points faibles entre deux positions consécutives ; bien au contraire, chacun des corps cherchant à assurer ses ailes le mieux possible, il en résultait ordinairement une accumulation d'ouvrages à leur point de jonction. En général, la première ligne ne consistait qu'en une position d'avant-postes très peu fortifiée, suffisante pour garantir les défenseurs contre les attaques de petits détachements, mais trop faible pour qu'on pût s'y maintenir contre des forces très supérieures. En arrière se trouvait la position de combat, soigneusement préparée pour une défense vigoureuse ; enfin on avait, la plupart du temps, encore une dernière position sur laquelle on pouvait se retirer. On arrivait aux avant-postes par des communications nombreuses et défilées, et l'on préparait des abris pour les grand'gardes et pour leurs réserves immédiates partout où il n'existait pas de couverts naturels. Quand le gros des avant-postes se trouvait en avant de la position de combat, on se protégeait par des ouvrages de fortification sur lesquels les grand'gardes se repliaient pour donner aux troupes le temps de se

---

1. *Opérations du corps du génie allemand,* traduit par MM. Grillon et Fritsch, capitaines du génie. Paris, Dumaine, 1893.

déployer sur la ligne de bataille. Dans la fortification de cette dernière ligne on avait surtout en vue les objets suivants :

1° Battre à bonne portée le terrain en avant, et principalement les routes et les défilés, par des feux de mousqueterie partant de positions couvertes ; développer une nombreuse artillerie placée à couvert, chaque pièce ayant son épaulement séparé de manière à diviser le feu de l'ennemi ; assurer au loin l'effet des feux et pour cela s'attacher tout particulièrement à démasquer les champs de tir. C'est ainsi qu'on en vint à raser successivement des bois d'une étendue notable.

2° Rendre difficile à l'ennemi une attaque corps à corps en organisant des obstacles naturels ou artificiels de toute espèce, et principalement des abatis dont les éléments étaient d'ailleurs fournis en quantité suffisante par le dégagement des champs de tir.

3° Barrer les intervalles existant entre les principaux points d'appui naturels ou artificiels, en terrain découvert par des tranchées-abris flanquées, en terrain couvert et inaccessible par des abatis défensifs. Ces lignes constituaient du reste une communication couverte très avantageuse le long du front de la position.

4° Compléter le système des communications existantes en créant de nombreux chemins de colonnes et jetant des ponts sur les rivières et sur les ruisseaux, ce qui permettait aux troupes des corps d'armée voisins de renforcer soit la position entière, soit une de ses parties.

5° Rendre les mouvements offensifs partout possibles en laissant des intervalles entre les ouvrages et même en ménageant, dans ceux-ci, des passages traversés pour les petites sorties...

On doit mentionner enfin qu'un système très développé de télégraphes de campagne reliait les quartiers généraux de tous les corps et qu'on avait préparé un nombre suffisant de fanaux ou d'autres moyens de prévenir les troupes en cas d'alerte. Les renseignements fournis le jour et la nuit par les différents observatoires permettaient de faire arriver à temps sur la ligne de bataille les troupes cantonnées dans les villages.

Il est facile de se rendre compte, d'après ce court exposé, du soin avec lequel les Allemands avaient constitué leurs lignes ; nous retrouverons d'ailleurs semblable minutie dans les travaux établis plus tard autour de Paris. Quant au service de sûreté, il était réglé par corps d'armée, de façon à concilier les exigences de la situation avec les nécessités du repos à donner aux troupes. Une alternance judicieusement fixée entre les différents éléments appelés à fournir les avant-postes imposait en général à chaque régiment trois jours de service sur la première ligne, trois jours sur la deuxième et six jours sur la troisième. La cavalerie était adjointe, dans une proportion variable, aux troupes de première ligne, mais ne fournissait des vedettes que le jour. Enfin, tandis que les fractions constituant la troisième ligne étaient autorisées à cantonner, celles des deux premières lignes restaient constamment au bivouac[1]. La ligne d'investissement ainsi constituée s'étendait sur un périmètre de 48 kilomètres. Le calcul du nombre d'hommes nécessaires à son occupation, en partant des données généralement admises, donne le chiffre de 130 à 140,000 combattants. Nous avons vu que celui dont disposait le prince Frédéric-Charles était assez sensiblement supérieur.

Situation des forces bloquées. — Revenons maintenant à l'armée française, où on ne déployait malheureusement pas, à beaucoup près, une activité égale à celle de l'ennemi.

A peine rentré au Ban-Saint-Martin, dans l'après-midi du 1er septembre, le maréchal Bazaine avait rédigé la dépêche suivante, destinée à l'Empereur :

> Après une tentative de vive force, laquelle nous a amenés à un combat qui a duré deux jours dans les environs de Sainte-Barbe, nous sommes de nouveau dans le camp retranché de Metz, avec peu de ressources en munitions d'artillerie de campagne, ni viande, ni biscuit, enfin un état sanitaire qui n'est pas parfait, la place étant encombrée de blessés. Malgré les nombreux combats, le moral de l'armée reste bon. Je continue à faire des efforts pour sortir de la situation dans laquelle nous sommes. Le général Decaen est mort. Blessés et malades, environ 18,000.

Satisfait sans doute des excuses qu'il donnait ainsi lui-même à son inaction, le commandant en chef redevint invisible, et laissa son armée se morfondre dans une oisiveté détestable, dont la monotonie, à peine coupée par les fastidieuses corvées du service journalier, ne tarda pas à impressionner défavorablement l'esprit des officiers et des troupes. A cet élément dissolvant, vint bientôt s'ajouter la constatation d'une situation extrêmement grave, dont la révélation n'était

---

1. A rapprocher des prescriptions similaires contenues dans le décret présidentiel du 26 octobre 1883 sur le *Service des armées en campagne*.

que trop faite pour provoquer l'inquiétude et le découragement. Dès le 4 septembre, en présence de la pénurie des subsistances, il fallut commencer à distribuer de la viande de cheval, au lieu et place de bœuf, et à réduire dans des proportions sensibles les autres prestations, en particulier le sel, dont la privation progressive fut le plus vivement ressentie. Le blocus durait depuis vingt jours à peine, que déjà la disette commençait à s'accuser, et que l'armée pouvait se sentir exposée, dans un avenir plus ou moins rapproché, à la menace de mourir de faim.

Un pareil état de choses était-il le résultat d'événements imprévus et dominateurs, contre lesquels toute prévision reste vaine, ou bien provenait-il de la négligence de ceux qui, par leur situation même, étaient chargés de les maîtriser? La réponse n'est malheureusement pas douteuse, car rien n'avait été fait pour parer aux éventualités qui apparaissaient maintenant redoutables et prochaines.

La place de Metz, base de concentration et de ravitaillement de l'armée française du Rhin, se trouvait, au début de la guerre, dans un incroyable état de pénurie. On a vu, dans le chapitre relatif à la mobilisation, les navrantes dépêches échangées à la fin de juillet entre le grand quartier général et le ministère, et signalant la détresse profonde où se trouvait l'administration. Depuis cette époque, et l'armée une fois partie pour se déployer sur la frontière, il avait été possible de réunir à Metz quelques approvisionnements à peine suffisants, malgré les efforts de l'intendance, pour donner à la place les moyens de soutenir un blocus tant soit peu prolongé. A plus forte raison, quand l'armée du Rhin, abandonnant la campagne, était venue se réfugier sous les murs de la place, n'y avait-elle pas trouvé la quantité de denrées nécessaires pour assurer sa subsistance, conjointement avec celle de la population civile, pendant un laps de temps dont on ne pouvait prévoir la durée. Le devoir strict du maréchal Bazaine et du gouverneur de Metz eût donc été de pourvoir sans délai, tandis que l'élasticité du blocus le permettait encore, à la concentration dans le camp retranché de toutes les ressources diverses, bestiaux, fourrages, blés, avoines, etc., qui existaient en abondance aux alentours, et de réquisitionner ce qui n'aurait pas pu être acheté sur place. Inutile de dire que ni l'un ni l'autre ne se préoccupèrent de tout cela. Bien plus, tandis qu'il est de règle autant que d'usage, dans toute place menacée d'un siège, de faire au préalable sortir les bouches inutiles, femmes, vieillards et enfants, le commandement avait laissé, sans même y prendre garde, les populations de la campagne venir chercher dans la ville un refuge contre la pression progressive des forces de l'envahisseur. Ce n'est que le 10 août, alors que l'armée française en retraite était déjà sur la Nied, que le général Coffinières invita le préfet de la Moselle à prendre un arrêté en vertu duquel seraient seuls admis à entrer dans la place ceux qui apporteraient avec eux des vivres pour une durée de quarante jours. Cette mesure, à peine un palliatif, souleva dans son application des difficultés telles que, deux jours après, l'arrêté était rapporté. De fait, 20,000 personnes étaient déjà entrées dans Metz, et la population s'y montait à près de 70,000 âmes. A ce moment, on comptait que la place renfermait un approvisionnement capable de nourrir pendant cinquante jours un tel chiffre de bouches. Quant à l'armée, son existence ne paraissait pas assurée pour plus d'un mois ; encore n'y avait-il des fourrages que pour quinze jours.

A peine les troupes installées dans leurs campements suburbains, on s'aperçut de la rareté inquiétante de certaines denrées essentielles. Il n'y avait presque plus de bestiaux, et plus du tout de sel. L'abatage journalier d'un certain nombre de chevaux (environ 250 par jour) permit bien de suppléer au défaut de viande de boucherie et de reculer un peu l'échéance fatale de la disparition complète des fourrages. Mais le sel, il fallait bien s'en passer ou à peu près [1].

---

1. On avait découvert, près de Bellecroix, une source d'eau salée qu'on songea aussitôt à exploiter ; mais elle ne put fournir que le

Le pain semblait tout d'abord devoir être suffisamment abondant. L'intendance avait pu, en effet, pendant la première période de la campagne, accumuler dans Metz des quantités assez considérables de blé, et concentrer dans les magasins militaires toute la farine éparse dans les moulins de la banlieue. Cependant, le blocus une fois confirmé avec des chances de durée indéterminée, il fallut bien se résigner aussi à rationner le pain, qui jusque-là se distribuait dans les proportions ordinaires. Le 13 septembre, la quantité de pain attribuée chaque jour à chaque homme était baissée de 750 à 500 grammes ; par contre, la ration de viande de cheval était portée de 350 grammes à 400. Le 24, sur la demande des médecins qui constataient les effets fâcheux produits par le manque de légumes frais ou secs [1], cette ration était encore augmentée de 100 grammes. Vers la même date on remplaça, de trois jours l'un, le sucre et le café par une distribution d'eau-de-vie.

L'alimentation des chevaux pour laquelle on n'avait fait aucun approvisionnement, présentait des difficultés bien plus graves encore. Au fourrage qui faisait complètement défaut, on avait, à la fin d'août, substitué un supplément d'avoine. Dès le 5 septembre, il fallut réduire les distributions de celles-ci [2] ; le 7, on la mélangea de seigle ; le 13, on la diminua encore et on y mélangea du blé [3]. Les chevaux, rapidement ruinés par ce régime insuffisant autant qu'échauffant, ne tardèrent pas à succomber dans des proportions effrayantes, et,

---

sel nécessaire à la cuisson du pain et de la soupe. Chaque corps venait à son tour, et sous la surveillance d'un poste, puiser une quantité déterminée d'eau destinée à ce dernier usage. Le sel de table disparut progressivement des ordinaires et des popotes d'officiers, et le peu qui en restait fut réservé, dès le 15 septembre, au service des ambulances et des hôpitaux.

1. Le riz, dont on avait quelque réserve, fut distribué à raison de 30 grammes par ration.

2. 4 kil. 50, grosse cavalerie; 4 kil., cavalerie de ligne; 3 kil. 50, cavalerie légère.

3. 3 kil. 50, grosse cavalerie; 3 kil., cavalerie de ligne; 2 kil. 50, cavalerie légère.

le 21 septembre, les régiments se trouvèrent réduits à deux escadrons montés[1].

Mais un pareil état de choses, si lamentable qu'il fût, ne pouvait même pas se prolonger longtemps. On eut alors recours à des expédients, sarments de vignes, feuilles d'arbres, maigres herbages ou restes de pâtures; les animaux vigoureux, ceux qui appartenaient aux officiers, et pour lesquels leurs propriétaires, espérant toujours s'en servir, faisaient des sacrifices d'argent, résistèrent plus ou moins longtemps. Les autres succombèrent peu à peu à la disette, à la misère, ou furent livrés à la boucherie[2].

Pour comble d'infortune, une série prolongée de pluies torrentielles vint transformer les bivouacs en des océans de boue... Sur les routes gluantes, on vit alors se traîner péniblement des chevaux efflanqués, qui se dévoraient les uns aux autres la crinière et la queue... Quant aux officiers et aux soldats, ils erraient à travers les tentes, les vêtements en loques et souillés de boue, l'air abattu et résigné, de cette résignation douloureuse qui ronge dans leurs intimes replis les âmes les mieux trempées, et use les tempéraments les plus solides plus vite que les fatigues physiques, si dures qu'elles soient. Des magnifiques régiments du début, des guides aux chamarrures éclatantes, des cuirassiers étincelants sous leur armure géante, des grenadiers immenses que naguère on applaudissait aux revues de Longchamps, il ne resta bientôt plus que des ombres, des troupeaux d'hommes accablés sous le double fardeau de la souffrance et du malheur, et privés désormais de l'espoir qui console et de la confiance qui soutient. Metz devenait un tombeau où cette admirable armée était ensevelie vivante, et chaque jour qui passait resserrait plus étroitement sur elle les plis de son linceul.

Arrivée à Metz de la nouvelle du désastre de Sedan. — Cependant de graves nouvelles commençaient à cir-

---

[1]. Le reste des cavaliers, devait, par décision du maréchal, recevoir un fusil et un équipement de fantassin.

[2]. 20 chevaux par jour étaient livrés aux abattoirs de la ville, pour les besoins de la population.

culer dans la ville et dans les camps. Déjà, le 3 septembre, le maréchal avait été informé du désastre de l'armée de Châlons par une communication verbale faite au commandant Samuel, de son état-major, par le chef d'état-major du Ier corps allemand, rencontré dans un échange de prisonniers. Le 6, le prince Frédéric-Charles renvoyait à Metz, contre un nombre égal de prisonniers allemands, 700 soldats de l'armée de Mac-Mahon, qui confirmaient la douloureuse réalité de la catastrophe, et dont les récits navrants plongeaient l'armée tout entière dans la consternation et la stupeur. Puis, « dans le but de pousser le maréchal Bazaine à prendre une détermination[1] », le commandant en chef de l'armée allemande faisait ouvrir, par 19 batteries, le 9, à sept heures du soir, une violente canonnade contre les dehors sud, ouest et nord de la place, et croire un instant qu'il allait tenter une attaque de vive force. Les troupes prirent aussitôt les armes ; les forts ripostèrent ; mais après une heure d'un vacarme assourdissant, tout rentra dans le silence, sans pertes sensibles d'aucun côté.

Cette échauffourée parut une simple diversion ; la majorité des officiers se refusait à ajouter foi aux récits des prisonniers, malgré leur accablante précision, et bien que des observatoires du fort Saint-Quentin et de la cathédrale, on eût pu apercevoir, vers l'ouest, de fortes colonnes qu'on disait formées des malheureux soldats de l'armée de Châlons, personne ne voulait croire encore à l'immensité de la catastrophe dont la rumeur était dans l'air.

Le 10, tous les doutes furent levés. Un officier français, blessé à Forbach, le capitaine Lejoindre, était à son tour échangé, et son témoignage apportait la confirmation douloureuse des sinistres nouvelles données par ses prédécesseurs. Il les complétait, au surplus, par l'annonce des événements survenus à Paris dans la journée du 4 septembre, de la proclamation de la Répu-

---

1. Major VON SCHELL, *Les Opérations de la Ire armée sous les ordres du général de Steinmetz*, page 359.

blique et de la constitution d'un gouvernement nouveau. Introduit auprès du maréchal, il ne lui cacha rien de ce qu'il avait appris de source absolument certaine, mais il fut invité à en garder le secret[1]. Quant au maréchal, qui n'était pas encore convaincu, il envoya, le lendemain 11, le commandant Samuel en parlementaire. Celui-ci revint avec un exemplaire de la *Gazette de la Croix* et des renseignements trop précis pour qu'on pût les récuser. D'ailleurs, le 12, les journaux de Metz annonçaient sans périphrase la chute de l'Empire et la liste des membres du gouvernement qui l'avait remplacé.

Le maréchal comprit enfin qu'il n'avait plus rien à cacher. Convoquant aussitôt à son quartier général les commandants de corps d'armée, les chefs de service et les généraux de division, il leur communiqua la sinistre nouvelle, ajoutant « que ces événements faisaient à l'armée une situation tout à fait difficile, tout à fait nouvelle, qui exigeait des dispositions particulières; qu'en conséquence, il ne *croyait pas sage de risquer son armée pour faire une sortie*, mais qu'on continuerait, par des actions partielles et multipliées, à forcer l'ennemi à entretenir autour de nous le plus de forces possible, afin de donner le temps aux armées de l'intérieur de la France de se former et de se porter en avant. On attendrait ainsi les ordres du gouvernement[2]. » Il est permis de penser que la tactique préconisée ici par le maréchal Bazaine aurait pu avantageusement faire place à une conception plus féconde du rôle qui incombait à la seule armée organisée que la France eût alors sur pied. Mais elle était trop strictement conforme aux secrètes aspirations du commandant en chef pour qu'il y ait lieu de s'étonner de la voir adopter par lui. Quant aux généraux, la stupeur douloureuse où ils étaient plongés leur ôta toute faculté d'opiner dans un sens contraire, et ils se séparèrent en silence, pour aller faire part à leurs troupes respectives de l'épouvantable réalité.

Peu d'instants après, le maréchal envoyait l'ordre de

---

1. *Procès Bazaine*.
2. *Ibid.*, Interrogatoire.

faire compléter partout les travaux défensifs ébauchés devant les positions françaises. Le 2ᵉ corps dut fortifier la voie ferrée au sud de Metz. Le 3ᵉ eut à construire une redoute en avant du village de Saint-Julien et une ligne de tranchées allant du fort de Saint-Julien à celui de Queuleu, par la redoute *des Bottes*. Le 4ᵉ corps fut chargé d'établir des défenses entre Longeville et Woippy par les forts de Saint-Quentin et de Longeville. Enfin le 6ᵉ corps eut à prolonger la ligne ainsi amorcée jusqu'à la Moselle, en aval de Metz. Les travaux de terrassement auxquels furent dès lors soumis les soldats eurent ce résultat excellent de les sauver du désœuvrement. Mais si les défenses qu'ils construisirent pouvaient, à la rigueur, mettre la place de Metz à l'abri d'une surprise, elles restaient sans valeur offensive aucune et ne pouvaient avoir d'influence sur le plus ou moins de durée du blocus.

A cette même date, **12 septembre**, un événement assez singulier se produisit, qui montre avec quelle facilité le maréchal était disposé à accueillir les rumeurs susceptibles de donner une excuse à son inaction. Il y avait au grand quartier général un secrétaire d'ambassade précédemment employé à Berlin, M. Debains, qui suivait les opérations sans utilité pour personne, puisque nos forces n'avaient point pénétré en pays allemand. Jugeant avec raison qu'il pourrait rendre alors des services plus réels, M. Debains essaya, sous un faux nom et avec l'assentiment du maréchal, de franchir les lignes prussiennes. Arrêté à Ars, et gardé par des officiers hessois qui lui parlèrent longuement des événements, en les aggravant même par des nouvelles prématurées, telles que la reddition de Strasbourg, il se vit refuser l'autorisation de continuer sa route et dut revenir le jour même sur ses pas. A son retour, il crut devoir rédiger un rapport résumant les nouvelles qu'il avait recueillies, et le fit suivre de cette conclusion pessimiste :

En résumé, 600,000 Allemands sont sur le territoire français. Plus d'armée régulièrement organisée en France, si ce n'est celle de Metz ; *pas d'enthousiasme vigoureux pour la cause nationale dans les provinces envahies;* union complète des Allemands pour le triomphe de leur cause, toute discussion sur la forme de l'Etat allemand remise après la fin de la guerre; pas de chances d'intervention armée de l'Autriche; l'Autriche et la Russie travaillant à la paix, sans avoir encore signifié à la Prusse les bases à accepter; grand effort de l'armée ennemie sur Paris; *Metz laissé à l'arrière-plan;* siège prochain, *dans six ou huit jours,* quand la grosse artillerie sera arrivée.

Le maréchal aurait pu garder pour lui, ce semble, un document aussi décourageant. Bien au contraire, il ordonna d'en envoyer immédiatement copie aux commandants de corps d'armée, et chargea son chef d'état-major, le général Jarras, de le dicter aux officiers sous ses ordres. Mais comme celui-ci était lui-même occupé en ce moment à d'autres travaux, ce fut le lieutenant-colonel Nugues qui, en son lieu et place, reçut le rapport en question. A peine cet officier supérieur en eut-il pris connaissance, qu'il revint tout effaré auprès du général Jarras, pour lui signaler l'effet démoralisateur qu'une pareille communication devait infailliblement produire et le supplier d'user de son influence pour que le maréchal revînt sur sa décision. Le chef d'état-major général lut alors le document et effrayé, lui aussi, des conséquences que pouvait avoir sa publication, se rendit immédiatement auprès du maréchal Bazaine dont il obtint, non sans difficulté, que la note de M. Debains ne serait point envoyée en copie. Un officier de l'état-major général devait se rendre auprès de chacun des commandants d'armée, et lui donner lecture de l'expédition qui lui avait été destinée sans la laisser entre ses mains. « Sur de nouvelles instances que je crus devoir faire, a écrit le général Jarras, le maréchal consentit, en outre, à ce que les conclusions de la note ne fussent pas lues [1] ».

Cependant de nouveaux renseignements concernant la situation intérieure du pays parvenaient sur ces entrefaites au commandant en chef. Le 14, un caporal du génie, nommé Pennetier, évadé de Sedan, se présenta aux avant-postes. Il venait d'Ars-sur-Moselle, dont le

---

1. *Souvenirs du général Jarras,* page 211.

maire, M. André, lui avait remis, à l'adresse du maréchal, divers journaux contenant la proclamation adressée au peuple français, le 8 septembre, par le gouvernement de la Défense nationale, et la copie d'une circulaire écrite par Jules Favre, où il était dit entre autres choses : « *Paris peut tenir trois mois. Le nouveau gouvernement se prépare à soutenir une guerre à outrance.* » Ces documents furent communiqués à la presse messine par le général Coffinières, et publiés le 16. De son côté, le maréchal, comprenant que son silence prolongé commençait à paraître louche, adressa, ce même jour, à l'armée du Rhin, un ordre général ainsi conçu :

D'après deux journaux français des 7 et 10 septembre, apportés au grand quartier général par un prisonnier français qui a pu franchir les lignes ennemies, l'Empereur Napoléon aurait été interné en Allemagne après la bataille de Sedan, et l'Impératrice, ainsi que le Prince impérial, ayant quitté Paris le 4 septembre, un pouvoir exécutif, sous le titre de : *Gouvernement de la Défense nationale,* s'est constitué à Paris.

(*Suivent les noms des membres du gouvernement nouveau.*)

Généraux, officiers et soldats de l'armée du Rhin !
Nos obligations militaires envers la patrie en danger restent les mêmes. Continuons donc à la servir avec dévouement et la même énergie, en défendant son territoire contre l'étranger, et l'ordre social contre les mauvaises passions. Je suis convaincu que votre moral, ainsi que vous en avez donné tant de preuves, restera à la hauteur de toutes les circonstances et que vous ajouterez de nouveaux titres à la reconnaissance et à l'admiration de la France.

C'était là un langage absolument correct, et dont il n'y aurait eu qu'à s'applaudir si le maréchal avait mis ses actes en concordance avec ses paroles. Il n'en fut rien malheureusement, car tandis qu'il semblait ainsi inviter ses troupes à l'action, il entamait déjà avec l'ennemi ces relations coupables, dont les règlements militaires lui faisaient un devoir absolu de se garder. En outre, la reconnaissance par lui du nouveau pouvoir, que le document cité ci-dessus paraissait promulguer officiellement, n'était pas aussi sincère qu'on pouvait le croire, et certains actes dont il sera question ci-après montrent que, dans sa pensée, elle n'était pas encore effectuée sans restriction.

La veille cependant, il avait adressé au ministre de la Guerre une dépêche, confiée à deux soldats dévoués, les cuirassiers Henry et Marc, et demandé formellement des instructions[1]. Mais ce fut là la seule tentative qu'il fît pour se mettre en communication régulière avec le gouvernement de fait. Il ne chercha même pas à utiliser dans ce sens un moyen de correspondance dû à l'ingéniosité d'un officier de son armée, et montra même à son égard une indifférence systématique qui prouve bien quelles étaient, au fond, ses secrètes aspirations d'indépendance. Nous voulons parler de l'emploi des ballons, dont le premier usage, appelé à prendre pendant

---

1. Voici le texte de cette dépêche : « *Il est urgent pour l'armée de savoir ce qui se passe à Paris et en France. Nous n'avons aucune communication avec l'extérieur, et les bruits les plus étranges sont répandus par des prisonniers que nous a rendus l'ennemi, qui en propage également de nature alarmante. Il est important pour moi de recevoir des instructions et des nouvelles. Nous sommes entourés par des forces considérables que nous avons vainement essayé de percer après deux combats infructueux, le 31 août et le 1ᵉʳ septembre.* »

L'odyssée des deux braves gens chargés de porter cette lettre est particulièrement émouvante ; elle a été racontée très simplement par eux devant le conseil de guerre de Trianon.

« Après avoir traversé la Moselle et franchi les lignes prussiennes à Vaux, a déposé le brigadier Henry (audience du 22 novembre), nous fûmes pris par les Prussiens à Ars. Ils nous attachèrent et nous envoyèrent au prince Frédéric-Charles. Nous lui dîmes que nous étions d'Ars. On nous fouilla de fond en comble, mais on ne trouva rien sur nous, car il nous avait été recommandé, si nous étions pris, *d'avaler la boulette en caoutchouc qui contenait la dépêche*. Nous avons été condamnés à être pendus. Marc dit au prince : « Eh bien !
« vous répondrez devant Dieu de notre mort, si vous nous faites
« pendre sans nous donner un prêtre ! » Le prince répondit : « Vous
« aurez un prêtre demain matin. »

« On nous enferma dans une chambre à four. Mais, pendant la nuit, nous parvînmes à nous sauver par la Moselle. Il y avait un factionnaire prussien qui gardait le pont. Nous nous sommes approchés et nous l'avons jeté dans la Moselle. Ensuite, nous pûmes nous procurer quelques vivres et un peu de linge ; puis nous nous informâmes du chemin de Verdun. Nous essayâmes de passer, mais nous ne pûmes y arriver tout de même. Nous avons été repris aux dernières lignes allemandes du côté de Verdun. Nous fûmes attachés pendant deux jours à une voiture. Le troisième, nous réussîmes à nous échapper encore une fois et gagner enfin Montmédy. »

La dépêche fut portée de Montmédy à Lille par un officier. Mais elle ne parvint pas au gouvernement de Tours. L'un des courageux émissaires, Henry, rentra à Metz le 28 octobre, jour de la capitulation ; il s'évada de nouveau pour aller combattre à l'armée du Nord. Tous deux reçurent la médaille militaire quelques jours après leur comparution devant le conseil de guerre de Trianon.

le siège de Paris un si large développement, fut fait pendant le blocus de Metz.

Le besoin de communiquer avec le dehors, si impérieux dans une place assiégée, rendait en effet les esprits inventifs. Un homme dévoué, M. Jeannel, pharmacien de la Garde impériale, eut l'idée de construire des aérostats pour emporter, où le hasard les conduirait, les dépêches des militaires et des habitants. Naturellement, M. Jeannel ne rencontra d'abord, de la part des autorités supérieures, que défiance et inertie. Il ne s'en mit pas moins courageusement à l'œuvre, sans autres ressources que les siennes propres, et, s'installant dans une salle d'hôpital, il se fit aider par des convalescents, acheta ce qui lui était nécessaire et confectionna à ses frais deux ou trois ballons qui emportaient chacun de 4 à 5,000 lettres particulières. L'autorité finit alors par s'émouvoir et, régularisant ce service, le confia au commandement de la place de Metz. Il fonctionna aussi longtemps que le permit l'état de l'atmosphère. Un de ces ballons tomba près de Toul; un autre arriva le 16 septembre à Neufchâteau, et toutes les dépêches qu'ils contenaient parvinrent à leur destination.

Premières relations avec le quartier général ennemi. — N'est-il pas surprenant, en vérité, que le maréchal n'ait pas cherché à profiter de cette poste aérienne pour aviser le gouvernement de Tours de sa situation périlleuse? Non! il préféra entamer avec l'ennemi des relations suspectes et s'improvisa diplomate au lieu de rester soldat. Il est vrai de dire que le gouvernement, de son côté, ne fit rien pour se mettre en rapport avec le commandant de l'armée du Rhin, ou même pour lui notifier officiellement son existence, et ne sembla pas plus se préoccuper de cette armée que si elle n'existait pas.
« Le général Trochu, a écrit à ce sujet un auteur qui n'est pas suspect de tendresse pour le régime déchu, le général Trochu était occupé à parler, Jules Favre à écrire, Picard à faire des bons mots, Jules Simon à gémir, Jules Ferry à songer à ses futures fonctions municipales : ils n'avaient pas le loisir de penser à la seule armée qui restait à la France. Et puis, n'avaient-ils pas

aussi quelque pudeur à s'adresser à des soldats dont ils avaient préparé la défaite par une coupable opposition à toute dépense militaire ? Aucun d'eux n'a daigné se confesser à cet égard : leurs nombreux livres, plaidoyers *pro domo sua*, ne contiennent pas de renseignements sur ce point, qu'il aurait été pourtant fort intéressant d'éclaircir. Nous ignorons donc leurs mobiles et ne pouvons que constater l'effroyable préjudice que leur indifférence a coûté à la patrie [1] ».

Quoi qu'il en soit, le maréchal Bazaine, voulant ou bien se procurer de nouveaux renseignements, ou bien faire comprendre à son adversaire qu'il n'était pas éloigné d'ouvrir des négociations, envoya, le 16 septembre, son premier aide de camp, le colonel Boyer, au château de Frescaty, où le prince Frédéric-Charles avait transporté son quartier général. Cet officier supérieur était porteur d'une lettre qui demandait au commandant en chef des forces ennemies des renseignements *sur la signification et l'importance des événements survenus à Paris*. Le prince Frédéric-Charles y fit, le soir même, la réponse suivante :

Je regrette de ne pouvoir répondre qu'en ce moment, par suite d'une excursion, à la lettre de Votre Excellence. Les renseignements que vous désirez avoir sur le développement des événements en France, je vous les communique volontiers, ainsi qu'il suit :

Lorsque après la capitulation de l'armée du maréchal de Mac-Mahon près de Sedan, S. M. l'Empereur Napoléon se fut rendu personnellement à Sa Majesté mon Seigneur et Roi, l'Empereur a déclaré ne pouvoir entrer en négociations politiques parce qu'il avait laissé la direction politique au gouvernement de la régence, à Paris. L'Empereur se rendit ensuite, comme prisonnier de guerre, en Prusse, et choisit le château de Wilhelmshohe, près de Cassel, pour son séjour.

Deux jours après la capitulation survint, hélas ! à Paris, un bouleversement qui établit, sans répandre de sang, la République à la place de la régence. Cette République ne prit pas son origine au Corps législatif, *mais à l'Hôtel de Ville, et n'est pas, d'ailleurs, partout reconnue en France*. Les puissances monarchiques ne l'ont pas reconnue non plus.

L'Impératrice et Son Altesse le Prince impérial se sont rendus

---

1. Alfred DUQUET, *Les Derniers jours de l'armée du Rhin*. Paris, Charpentier et Cie, 1888, page 139.

en Angleterre. S. M. le Roi a continué sa marche de Sedan à Paris, sans rencontrer de forces militaires françaises devant elle. Nos armées sont arrivées aujourd'hui devant cette ville [1]. Quant à la composition et aux tendances du nouveau gouvernement établi à Paris, l'extrait d'un journal ci-joint vous en donnera les détails.

Du reste, Votre Excellence me trouvera *prêt et autorisé* à lui faire toutes les communications qu'elle désirera.

Signé : Frédéric-Charles, prince de Prusse.

Cette lettre, adressée à *Monsieur le maréchal de l'Empire Bazaine*, témoignait évidemment d'un extrême bon vouloir et répondait aux avances faites avec un empressement qui eût dû éveiller la méfiance du commandant en chef. Celui-ci l'accueillit au contraire avec satisfaction et en prit acte pour continuer des relations que la simple prudence, à défaut d'autres sentiments, aurait dû lui conseiller de cesser radicalement. Mais, sur ces entrefaites, un fait s'était passé qui semble avoir eu sur son esprit et ses actes une influence capitale.

Le 11 septembre, la déclaration suivante avait été publiée, par ordre du grand quartier général, dans les pays occupés par les troupes allemandes :

Les gouvernements allemands pourraient entrer en négociations avec l'Empereur Napoléon, dont le gouvernement est jusqu'à présent le seul reconnu, ou avec la régence instituée par lui. *Ils pourraient également traiter avec le maréchal Bazaine, qui tient son commandement de l'Empereur.* Mais il est impossible de comprendre de quel droit les gouvernements allemands pourraient négocier avec un pouvoir qui ne représente jusqu'ici qu'une partie de la gauche de l'ancien Corps législatif.

Était-ce un piège tendu à l'ambition du commandant en chef de l'armée du Rhin? Etait-ce l'expression du désir qu'avait M. de Bismarck de restaurer l'Empire pour semer des ferments de guerre civile dans notre pays déjà si éprouvé? Il est assez difficile de se prononcer. Toujours est-il que le maréchal Bazaine, informé du fait, soit, comme il l'a dit, par le lieutenant Valdéjo, ancien officier d'ordonnance du général de Failly, rentré à Metz le 22 septembre, soit plutôt par

---

1. Cette nouvelle était un peu prématurée, comme on le verra plus tard.

un des nombreux parlementaires qui, chaque jour, apportaient les réponses du prince Frédéric-Charles à ses communications, le maréchal Bazaine sembla, dès ce moment, adopter une attitude nouvelle, beaucoup moins nette, au point de vue politique, que ne l'indiquait son ordre du jour du 16 septembre. C'est ainsi qu'après avoir, le 15, fait supprimer sur les titres de nomination dans l'armée ou la Légion d'honneur les armes impériales et les mots rappelant le régime tombé, il donna, le 19, l'ordre de les rétablir [1]. C'est ainsi que, le 23, il consentait à se faire le complice des agissements singulièrement louches d'un personnage, dont le rôle, resté en partie mystérieux, semblait être celui d'un agent politique, mais qui, en réalité, n'était autre qu'un émissaire de M. de Bismarck, chargé à la fois d'espionner l'armée investie et de tendre un traquenard à son chef dévoyé.

L'Incident Régnier. — Ce jour-là, dans la soirée, un parlementaire se présentait devant les lignes du général de Cissey, à Moulins, et était conduit à M. Arnous-Rivière, chargé une fois pour toutes par le maréchal de l'échange des communications avec l'ennemi. M. Arnous-Rivière était un personnage assez équivoque, officier démissionnaire, disait-on, qui portait, avec un uniforme bizarre sur lequel s'étalaient des galons de chef de bataillon, le titre de *commandant des éclaireurs*. Il avait reçu, depuis les premiers jours de septembre, le commandement des avant-postes devant Moulins, seul point où fussent reçus les parlementaires, et était devenu, par suite, l'intermédiaire obligé des relations établies entre les deux généraux en chef. « Quand les parlementaires arrivaient, a dit un des témoins du procès, M. Arnous-Rivière les menait toujours dans sa chambre et ils restaient ensemble assez longtemps. Ensuite ils étaient conduits au quartier général [2]. »

[1]. *Procès Bazaine*, Dépositions de M. Dehau, employé du ministère de la Guerre à l'armée, et de M. Aragon, chef de l'imprimerie de l'armée.

[2]. *Ibid.*, Déposition de M. de Malherbe, propriétaire de la maison occupée à Moulins par M. Arnous-Rivière.

Le 23 donc, un parlementaire vint remettre une dépêche. Il était suivi d'un individu à pied, qu'il déclara ne pas connaître et qui demandait à parler au maréchal. Cet individu, vêtu en bourgeois, se disait *l'envoyé d'Hastings*[1]. Conduit d'abord au général de Cissey, auquel il renouvela sa demande, il fut ensuite dirigé sur le Ban-Saint-Martin, où le capitaine Garcin, aide de camp du général, l'accompagna. Là, il s'enferma avec le maréchal et eut avec lui une longue conférence. Il avait au préalable, pendant le trajet, fait connaître au capitaine qu'il était *un envoyé de M. de Bismarck*, et montré un laissez-passer, daté de Ferrières, signé du chancelier et contresigné par le quartier-maître général de Podbielski.

Les débats du procès Bazaine ont dévoilé le mystère de cette audience, accordée si légèrement à un homme dont l'identité n'était même pas établie et dont l'intervention pouvait à bon droit paraître singulière. Régnier se donna comme arrivant de Ferrières, où il aurait été envoyé par l'Impératrice pour amener M. de Bismarck à traiter. Comme gage de sa mission, il montrait différentes photographies, dont l'une, représentant une vue d'Hastings, portait au dos une inscription sans aucun rapport avec l'affaire[2], et dont les autres, représentant le prince impérial, étaient revêtues de la signature *Louis-Napoléon*. Il faut convenir que c'étaient là des titres d'introduction bien insuffisants ; le maréchal parut cependant s'en contenter.

Régnier alors déclara, soi-disant au nom du gouvernement allemand, que M. de Bismarck était disposé à traiter soit avec Bazaine, soit avec la régente. Répondant immédiatement à ces ouvertures, sans chercher même à savoir si elles ne cachaient pas un piège, le maréchal se déclara prêt à les accepter. « Je répondis à M. Régnier, a-t-il dit, que bien certainement si nous

---

1. Ce mot de passe ne pouvait rien signifier, le général de Cissey aussi bien que le maréchal ignorant encore que l'Impératrice se fût réfugiée à Hastings.
2. « *Mon cher papa, je vous envoie ces vues d'Hastings ; j'espère qu'elles vous plairont.* — Louis-Napoléon. »

pouvions sortir de l'impasse où nous étions avec les honneurs de la guerre, c'est-à-dire avec armes et bagages, en un mot, entièrement constitués, *nous maintiendrions l'ordre dans l'intérieur et ferions respecter les clauses de la convention.* » Puis, avec une légèreté qui tient vraiment de l'inconscience, il mit cet inconnu suspect au courant de la situation de son armée, de la disette sans cesse grandissante, de la pénurie des chevaux et lui avoua « qu'il aurait de sérieuses difficultés à atteindre le 18 octobre ».

Ainsi, il n'est plus question déjà ni des idées exposées à la conférence de Grimont, ni du rôle indiqué dans l'ordre du jour du 16 septembre. Il s'agit maintenant de sortir de Metz « pour maintenir l'ordre ». Quant aux forces du prince Frédéric-Charles, rendues disponibles par cette annulation volontaire, elles pourront augmenter de 200,000 hommes le flot des Allemands déchaîné sur la patrie!!! — « Il n'y a plus de devoirs militaires stricts quand on est en présence d'un gouvernement insurrectionnel »! a dit, pour s'excuser, le maréchal Bazaine. — Il oubliait, et le président du conseil de guerre a dû le lui rappeler, que la France existait toujours!

Non content d'avoir appris lui-même à Régnier combien la situation était critique, le commandant en chef lui donna ensuite communication entière de sa correspondance avec l'ennemi. Il ne le congédia, en lui serrant la main, qu'après avoir à son tour apposé sa signature sur la photographie d'Hastings, et le fit alors conduire à Moulins, où M. Arnous-Rivière lui donna l'hospitalité pour la nuit. Le lendemain, Régnier franchissait nos avant-postes, après avoir annoncé qu'il reviendrait dans la journée[1].

C'était vrai. Dès onze heures du matin, il se présentait de nouveau et était conduit par M. Arnous-Rivière au grand quartier général. Il apportait l'autorisation, délivrée par le prince Frédéric-Charles, de faire sortir

---

1. *Procès Bazaine*, Déposition de M. Arnous-Rivière. (Audience du 19 novembre).

de Metz, pour l'envoyer auprès de l'Impératrice, un maréchal ou un général. Aussitôt Bazaine fit mander le maréchal Canrobert et lui proposa de partir pour l'Angleterre ; celui-ci refusa. Il s'adressa alors au général Bourbaki, qui, sur ses instances, accepta, mais à une double condition, c'est qu'il recevrait un ordre écrit, et que, jusqu'à son retour, la Garde impériale, qu'il commandait, ne serait pas engagée[1]. Le lendemain matin, le général, déguisé[2], Régnier et six médecins luxembourgeois autorisés à sortir de Metz, franchissaient les lignes, et le loyal Bourbaki, indignement joué, quittait l'armée pour n'y plus revenir. Le train spécial qui l'emmenait était commandé et payé par l'état-major allemand.

Tout allait donc pour le mieux au gré de M. de Bismarck et du maréchal. Le premier savait maintenant tout ce qu'il désirait savoir ; le second était débarrassé d'un homme dont il redoutait la fougue bien connue et la loyauté parfaite. Le général Deligny l'a écrit très explicitement : « Le choix qui fut fait du général Bourbaki résultait du désir que l'on pouvait avoir, dans le conseil suprême, d'éloigner une personnalité que l'on jugeait gênante. La grande situation du général dans l'armée, son ardente nature et les révoltes de son tempérament militaire pouvaient faire craindre qu'il ne lançât quelques notes discordantes[3]. » Quant au malheureux général, qui déjà, pendant la route, avait exprimé à Régnier ses regrets d'être parti avec lui, il trouva l'Impératrice complètement ignorante des ma-

---

1. Le maréchal ne se compromettait pas beaucoup, car il savait par son aide de camp, le colonel Boyer, auquel Régnier l'avait dit, que les Allemands ne permettraient point au général Bourbaki de rentrer à Metz. (*Procès Bazaine*, déposition du général Boyer.)

Quant à l'ordre écrit, il reçut, à la dernière minute, cette rédaction ambiguë : « *Metz, le 15 septembre* 1870. — ORDRE : — *S. M. l'Impératrice régente ayant mandé auprès de sa personne M. le général de division Bourbaki, commandant la Garde impériale, cet officier général est autorisé à s'y rendre.* — Le maréchal de France, commandant en chef l'armée du Rhin, signé : Bazaine. »

2. L'idée de ce déguisement en médecin luxembourgeois avait été suggérée à Régnier, du moins c'est lui qui l'a affirmé, par le prince Frédéric-Charles lui-même.

3. *Armée de Metz*, 1870, par le général DELIGNY, page 38.

chinations tramées en son nom, et bien décidée à rester étrangère à toute négociation politique. Ni elle ni son fils n'avaient jamais vu l'aventurier qui s'était donné comme leur émissaire, et à aucune époque ils n'avaient demandé la venue d'un général de l'armée de Metz. Bourbaki, désespéré d'avoir été, sans s'en douter, l'instrument d'une aussi basse intrigue, voulut alors aller rejoindre ses soldats; l'état-major allemand lui refusa formellement les moyens de le faire, et il n'eut plus qu'à aller offrir ses services au gouvernement de Tours, qui les accepta volontiers.

Ainsi se termina ce honteux épisode où la fourberie de M. de Bismarck le dispute à la tortueuse politique de Bazaine. Voilà dans quelles tristes compromissions l'homme qui commandait à plus de 100,000 soldats dépensait son activité. Cet exemple ne justifie-t-il pas complètement la sage précaution des règlements militaires, qui punit du châtiment suprême le chef assez oublieux de ses devoirs pour chercher ailleurs que dans la lutte le succès ou même le salut de l'armée qu'il a l'honneur de commander?

Comme bien on pense, ces négociations ténébreuses n'avaient pas été sans transpirer. D'ailleurs le maréchal et son aide de camp ne cherchaient guère à donner le change sur l'issue fatale de tout ceci. Le 25, un tailleur de Metz, M. Modéré, était mandé au Ban-Saint-Martin, et recevait une commande de vêtements civils pour tous les deux : « Nous ne voulons pas défiler en uniforme devant les Prussiens », lui dit le général Boyer. Et M. Modéré, tout décontenancé, s'écriait : « En sommes-nous donc là, général[1] ! » En tous cas, ce n'était pas les opérations sans importance auxquelles l'armée se livrait depuis quelques jours qui pouvaient briser autour d'elle l'étreinte du blocus.

Combat de Lauvallier. — Il y avait près de trois semaines que les troupes demeuraient immobiles, et que, sauf quelques coups de fusil tirés aux avant-postes,

---

1. *Procès Bazaine*, Déposition de M. Modéré. (Audience du 21 novembre).

aucune action de guerre, si minime qu'elle soit, n'avait été engagée. Les vivres devenaient de plus en plus rares, et le maréchal, dont l'idée maîtresse était de se réserver pour pouvoir dominer plus tard la situation, quand il n'y aurait plus à l'intérieur de résistance possible, commençait à craindre que la disette ne lui permît pas d'aller jusque-là. D'autre part, l'inaction de l'armée, occupée uniquement à construire des retranchements dont on ne semblait pas vouloir se servir, soulevait des récriminations violentes, dont l'écho, venu à la fois de la ville et des camps, arrivait jusqu'au commandant en chef. Il se décida donc, beaucoup trop tard, hélas! à faire enlever de force les denrées disséminées dans la banlieue de Metz, tout en donnant ainsi satisfaction au désir de combattre qui se manifestait dans les rangs. Mais cette fois encore, au lieu de procéder suivant une idée d'ensemble, et de protéger les opérations ainsi exécutées par des diversions faites sur d'autres points, il se borna à *prier* les commandants de corps d'armée d'agir à leur guise, et seulement en avant du front de leurs positions.

Le premier de ces *fourrages* fut opéré le 22 septembre par le 3ᵉ corps sur le village de Lauvallier, où l'on savait que se trouvaient 25 quintaux de blé en gerbes. A une heure de l'après-midi, le fort Saint-Julien se mettait à canonner les avant-postes allemands établis à Noisseville et Servigny. En même temps, la division Aymard se massait au nord du bois de Mey; la division Montaudon marchait contre Lauvallier, tandis que le général de Castagny se dirigeait sur Colombey et la Grange-aux-Bois, et le général Metman sur Nouilly. Les tirailleurs s'étendaient à gauche jusqu'à Villers-l'Orme, à droite jusqu'à Mercy-le-Haut, où venaient tomber les obus du fort Queuleu. Devant ce déploiement de forces, les avant-postes allemands rétrogradèrent, et le fourrage put être chargé sur les voitures amenées par nous. Mais bientôt deux batteries ennemies, suivies par des colonnes d'infanterie assez fortes, vinrent ouvrir le feu sur notre centre; comme, d'autre part, le but de l'opération était rempli, le 3ᵉ corps reçut à quatre heures et demie l'ordre de rentrer dans ses bivouacs. Il avait perdu 3 hommes tués et 32 blessés, dont 4 officiers; les Allemands comptaient 6 tués et 34 blessés, dont 2 officiers.

Combat de Vany. — Mis en goût par ce léger succès, le 3° corps recommença, le 23, une opération similaire sur les villages de Vany et de Chieules. Cette fois il avait été entendu que les 4° et 6° corps feraient des démonstrations sur leur front.

A trois heures du soir, le général Aymard jetait une ligne de tirailleurs contre les points indiqués. Mais les Allemands, restés sur leur garde en raison des événements de la veille, mirent en mouvement la 3° division de réserve et une bonne partie du I°° corps, dont l'artillerie obligea le général Aymard à se replier sans avoir fait le moindre butin. Evidemment, après être resté si longtemps sans rien faire, on agissait maintenant avec trop de précipitation.

De son côté, le 6° corps avait tenté une diversion contre le village des Maxes, tandis que la brigade Lapasset lançait sur Peltre deux bataillons. Ce furent des échauffourées sans conséquence, dont le résultat était à peu près nul. Elles nous coûtèrent en tout 69 hommes hors de combat; les Allemands y perdaient 17 tués et 36 blessés.

Combat de Peltre. — Le 27, à trois heures du matin, la brigade Lapasset prenait les armes, traversait la Seille sur un pont de bateaux, près du fort de Pâté, et venait s'établir près de la Haute-Bévoye. Elle devait, d'après l'ordre du maréchal, tenter un coup de main sur Peltre, afin de protéger l'envoi à Courcelles-sur-Nied d'une machine blindée, montée par M. Dietz, ingénieur de la Compagnie de l'Est, et destinée à accrocher par surprise, pour le ramener à Metz, un train de vivres dont on connaissait l'arrivée en gare. La brigade Lapasset était appuyée par le 90° de ligne, de la division Castagny, qui avait pour mission d'attaquer Mercy-le-Haut.

jusqu'à neuf heures du matin que le fort Queuleu ouvrit le feu sur les avant-postes allemands, et prévînt ainsi l'ennemi qu'il allait être attaqué. Aussitôt les premiers coups de canon, le 90° se jette sur Mercy-le-Haut, enlève le château avec vigueur, et talonne[1] jusque vers Jury et Peltre tout ce qui n'a pas été tué ou pris. En même temps, deux batteries s'établissent à l'ouest du château qui est en flammes, et joignent leurs feux à celui du fort Queuleu. Enfin le général Lapasset marche sur Peltre avec le 14° bataillon de chasseurs et le 97°, tandis que le 84° attaque Crépy.

A la faveur du combat qui s'engage, la machine blindée se lance sur la voie dans la direction de Courcelles; mais, après quelques centaines de mètres, elle doit stopper presque subitement. Un espion, « qui vendait de l'eau-de-vie dans les ateliers du chemin de fer, avait vu les préparatifs qui s'étaient faits, et la nuit même, franchissant nos lignes, il s'était hâté d'aller prévenir l'ennemi, qui prit des mesures immédiates. Le parc de bestiaux, qui se trouvait près de là, fut reporté en arrière, et la voie coupée en avant de Peltre, à hauteur du hameau de Crépy, de manière à arrêter notre convoi sous le feu d'un poste qui venait d'y être placé[2]. »

Voyant la tentative manquée, les chasseurs du 12° bataillon qui montaient le wagon blindé sautèrent alors sur la voie et attaquèrent Peltre par le sud, tandis que le 84° l'assaillait par le nord. Les Allemands, menacés d'être cernés, évacuèrent successivement les maisons; mais une de leurs compagnies (du 53°), enveloppée dans le couvent des sœurs de la Providence par un détachement du 84°, commandé par le sous-lieutenant Conchard-Vermeil, dut mettre bas les armes.

Crépy, Peltre et Mercy-le-Haut étaient donc entre nos mains : les forces ennemies de la Grange-aux-Bois avaient également rétrogradé sur Laquenexy « après

---

1. *La Guerre franco-allemande*, 2ᵉ partie, page 268.
2. *Metz, campagne et négociations*, page 246. — Le traître qui nous avait vendus, un nommé Jacob, marchand de goutte ambulant, qui suivait nos soldats depuis Sarreguemines, fut pris, condamné à mort et fusillé.

avoir préalablement mis le feu aux approvisionnements renfermés dans le hameau [1] ». Malgré tout, le but même de l'opération étant manqué, l'ordre fut donné, vers onze heures du matin, de regagner les bivouacs. On emportait bien quelques vivres, mais on évacuait des positions, telles que Mercy-le-Haut, par exemple, dont la possession au point de vue tactique aurait pu nous être très utile ultérieurement. « C'était pour l'assiégeant un des points vulnérables et pour nous un des plus propices à une sortie [1]. » Mais on sait que Bazaine ne voulait point sortir.

Tandis que ceci se passait au sud de Metz, la division Montaudon, du 3ᵉ corps, avait occupé Colombey et Lauvallier et pris pas mal de provisions. Vers une heure elle rentrait dans ses bivouacs, poursuivie par le feu des batteries prussiennes, qui incendièrent Colombey. De même, en aval de la place, le 6ᵉ corps avait attaqué vers midi les avant-postes prussiens. La 1ʳᵉ brigade (Péchot) de la division Tixier occupa Ladonchamps et les Maxes. La division Levassor-Sorval poussa vers Sainte-Agathe et y captura une certaine quantité de vivres. Mais alors, en l'absence d'instructions, on s'arrêta. Les obus allemands, tirés par dix pièces de gros calibre installées au-dessus de Sémécourt, commençaient à faire dans nos rangs des ravages sérieux. Vers deux heures, on réunit le butin en un long convoi protégé par des tirailleurs et on regagna les campements de Woippy.

Nos pertes dans cette journée, où l'entrain des soldats fut remarquable, mais dont les résultats restaient médiocres par le fait du manque de liaison des attaques et de défaut absolu de plan d'ensemble, se montaient à 383 hommes, tués, blessés ou disparus [3]; celles des Allemands à 345 hommes hors de combat, se décompo-

---

1. *La Guerre franco-allemande*, 2ᵉ partie, page 269.
2. *Histoire de la guerre de* 1870, par V. D..., officier d'état-major. Paris, 1871. page 437.
3. La brigade Lapasset avait 208 hommes hors de combat, dont 18 disparus; les pertes du 3ᵉ corps s'élevaient à une centaine d'hommes, celles du 6ᵉ à 74 soldats.

sant ainsi : 56 tués (dont 4 officiers), 147 blessés (dont 4 officiers), 142 disparus (dont 1 officier).

Cependant le prince Frédéric-Charles était exaspéré de la fréquence de ces petites actions qui obligeaient ses troupes à de continuelles alertes, leur causaient des pertes sensibles et semblaient devenir une habitude de notre part. Preuve que si on les eût commencées plus tôt, et mieux organisées, elles auraient pu amener des résultats importants. Il voulut y mettre un terme, et, dans ce but, il ordonna, le 27 septembre, d'incendier tous les approvisionnements que pouvaient contenir les localités placées sur le périmètre de la ligne d'investissement, ainsi que ces localités elles-mêmes. Deux heures furent données aux habitants pour évacuer leurs maisons, et, dès le soir, nos soldats, la rage au cœur, purent voir flamber devant eux les villages de Peltre, de la Basse-Bévoye, de Magny, au sud, de Mayes, au nord.

Nouvelles précautions des Allemands. — Situation à Metz. — En même temps, préoccupé par les mouvements de la garnison de Thionville[1] et par certains indices de mouvement dans celle de Metz, tels que la construction d'un pont de bateaux à l'ouest du fort Saint-Julien; averti, d'autre part, que des signaux lumineux s'échangeaient avec une fréquence plus grande entre les deux places, le prince Frédéric-Charles prenait ses précautions pour s'opposer à une tentative de sortie par le nord qui lui semblait probable. La zone d'investissement de ce côté fut renforcée; le 30, le X° corps et la 3° division de réserve échangèrent leurs emplacements, et le général de Voigts-Rhetz les réunit sous son commandement; les I", VII° et VIII° corps se resserrèrent sur leur droite et le II° vint s'établir, entre Moselle et Seille, sur l'emplacement laissé libre par le resserrement du VII°; enfin, une brigade de la 1re division de cavalerie, avec sa batterie à cheval, alla renforcer les troupes d'observation de Thionville. Il ne

---

1. Cette garnison avait eu successivement deux affaires heureuses, capturé 50 voitures de vivres à l'ennemi et fait entrer dans la place 80 wagons de subsistances venant de Luxembourg.

restait donc plus, à l'ouest de la place, que les III° et IX° corps.

Différents mouvements exécutés par nos troupes semblaient, en effet, justifier ces mesures. Mais, avant d'en parler, il est nécessaire de résumer la série des faits qui venaient d'influencer d'une façon nouvelle les décisions du commandant en chef.

Le 29 septembre, un parlementaire apporta au maréchal une dépêche envoyée de Ferrières par M. de Bismarck et transmise sans commentaires par le général de Stiehle, chef d'état-major général de l'armée de blocus. Elle était ainsi conçue :

Le maréchal Bazaine acceptera-t-il, pour la reddition de l'armée qui se trouve devant Metz, les conditions que stipulera M. Régnier, restant dans les instructions qu'il tiendra de M. le maréchal?

Celui-ci répondit aussitôt au général de Stiehle :

Monsieur le général,

Je m'empresse de vous faire savoir, en réponse à la lettre que vous m'avez fait l'honneur de m'envoyer ce matin, que je ne saurais répondre d'une manière absolument affirmative à la question qui est posée par S. E. le comte de Bismarck. Je ne connais nullement M. Régnier, qui s'est présenté à moi comme muni d'un laissez-passer de M. de Bismarck et qui s'est dit l'envoyé de S. M. l'Impératrice, sans pouvoirs écrits. M. Régnier m'a fait savoir que j'étais autorisé à envoyer auprès de l'Impératrice, soit S. E. le maréchal Canrobert, soit le général Bourbaki. Il me demandait, en même temps, s'il pouvait exposer des conditions dans lesquelles il me serait possible d'entrer en négociations avec le commandant en chef de l'armée allemande devant Metz pour capituler.

Je lui ai répondu que la seule chose que je pusse faire serait d'accepter une capitulation avec les honneurs de la guerre, mais que je ne pouvais comprendre la place de Metz dans la convention à intervenir. Ce sont, en effet, les seules conditions que l'honneur militaire me permette d'accepter, et ce sont les seules que M. Régnier ait pu exposer.

Dans le cas où S. A. R. le prince Frédéric-Charles désirerait de plus complets renseignements sur ce qui s'est passé, à ce propos, entre moi et M. Régnier, M. le général Boyer, mon premier aide de camp, aura l'honneur de se rendre à son quartier général au jour et à l'heure qu'il lui plaira d'indiquer[1].

---

1. *L'Armée du Rhin*, par le maréchal BAZAINE, page 132.

On voit, d'après cette lettre, que l'idée de capitulation, malgré les réticences dont elle est entourée, a d'ores et déjà fait son trou dans l'esprit du maréchal. C'est qu'il n'était plus maître de certaines inquiétudes, que la tournure des affaires ne justifiait que trop. Il voyait s'écrouler une à une les espérances qu'il avait mises dans la conservation de son armée, et pouvait commencer à entrevoir à ses combinaisons une issue toute différente de celle qu'il s'était cru le maître d'escompter. Ce jour-là, en effet, lui parvenait une lettre chiffrée, envoyée d'Hastings par le général Bourbaki[1], lettre dont les termes sont restés un mystère, mais qui probablement n'était pas faite pour qu'il eût à se féliciter de sa confiance imprudente envers le sieur Régnier.

D'autre part, il n'était question dans les camps et la ville que du départ subreptice du général Bourbaki; les bruits les plus étranges, les plus invraisemblables commençaient à se répandre, et la nomination intérimaire du général Desvaux au commandement de la Garde ainsi que la suppression concomitante de la réserve de cavalerie donnaient lieu partout aux suppositions les plus diverses et quelquefois les plus absurdes. On racontait que les commandants de corps d'armée, initiés au secret de la mission du général Bourbaki, et ayant foi dans sa réussite[2], se refusaient à reconnaître le nouveau gouvernement, et que l'armée, au lieu de continuer à combattre l'ennemi, allait bientôt être appelée à jouer à l'intérieur un tout autre rôle. Il est juste d'ajouter, quelque pénible que cela soit, que l'attitude de certains d'entre eux donnait à ces rumeurs une apparence de fondement; le plus illustre des maréchaux réunissait chez lui, le 29 septembre, les officiers nouvellement promus et leur apprenait « qu'on était à la veille d'une solution, que la régente intervenait auprès du roi de Prusse et que la paix sortirait de ces négociations[3] ». Ce n'était un mystère pour personne

---

1. *Metz, campagne et négociations*, page 250.
2. *Ibid.*, page 249.
3. *Ibid.* — Général AMBERT, *Récits militaires* : l'Invasion, page 259. — *Histoire de la guerre de 1870*, par V. D..., page 407.

que la question politique faisait le principal objet des préoccupations du haut commandement, et de là naissaient un mécontentement et une méfiance générale, dont le maréchal ne fut pas instruit le dernier. Il affecta alors de paraître rassuré sur l'avenir, et fit répandre le bruit que la mission confiée au général Bourbaki n'avait d'autre but que de faire relever l'armée de ses serments, « afin que les consciences une fois dégagées, on pût reconnaître loyalement le nouveau pouvoir[1]. » Comme si l'armée avait à s'occuper du régime politique, et devait avoir d'autre préoccupation, d'autre rôle, en un pareil moment, que de défendre le sol de la patrie et de chercher, par tous les moyens, à en chasser l'envahisseur!

Cependant, beaucoup de généraux pensaient que le devoir de tous était tracé. « La consolidation du gouvernement provisoire, l'énergie dont Paris faisait preuve, sa volonté de se défendre à outrance, et surtout l'honorabilité des généraux qui s'y trouvaient à la tête de l'armée, étaient autant de raisons, disaient-ils, qui avaient modifié leurs idées; il n'y avait plus qu'à se rallier au gouvernement existant et à le soutenir de tout l'appui de nos armes[2]. » Se faisant l'interprète de leurs sentiments, le général Coffinières, gouverneur de Metz, eut la pensée assez étrange, au point de vue hiérarchique, d'adresser au gouvernement de Tours une longue communication qu'il confia à un ballon. Or, celui-ci ayant été capturé par les Prussiens, le prince Frédéric-Charles renvoya au maréchal Bazaine la lettre de son subordonné, après avoir malicieusement marqué au crayon rouge les passages nombreux où le commandant en chef était violemment pris à partie. Et tel était l'effacement de celui-ci en tout ce qui touchait aux choses militaires, qu'il ne donna aucune suite à ce grave oubli des principes élémentaires de la discipline!

Mais, dans tout cela, la situation ne semblait pas s'éclaircir. Si la confiance des troupes paraissait s'éloi-

---

1. *Metz, Campagne et négociations*, page 255.
2. *Ibid.*, page 256.

gner tous les jours d'un commandement trop négligent de ses devoirs, d'autre part, la population messine, si patriote et si française, commençait aussi à s'émouvoir des dangers que lui faisait courir l'inaction de l'armée. Le 30 septembre, M. Maréchal, maire de Metz, vint apporter au maréchal une pétition revêtue de huit cents signatures, où se lisait entre autres choses ceci : « *Metz ne veut pas être la rançon de la paix; après le long passé d'honneur qu'on trouve dans ses annales, elle ne veut pas déchoir.* » Bazaine le congédia avec quelques vagues promesses; mais il comprit qu'il allait dorénavant avoir à compter avec la surexcitation des Messins.

A ce moment, se produisit un événement important qui devait l'obliger à sortir une fois encore de sa réserve. On a vu que le gouvernement de Paris n'avait rien fait pour communiquer avec l'armée de Metz[1]. Il s'occupa cependant de pourvoir à son ravitaillement, car, vers le 25, l'intendant Richard, chargé par lui de cette mission, réussit, « grâce au patriotique concours des agents du chemin de fer et des douanes[2] », à jeter dans les deux places de Thionville et de Longwy un convoi de 2,500,000 rations de vivres de campagne. Le maréchal *haussa les épaules*[3] en apprenant le fait, dont la nouvelle lui fut apportée le lendemain, de la part du colonel Turnier, par un courageux garde mobile, le nommé Risse. Mais il se rendit bien compte que si elle transpirait, et c'était inévitable, un nouveau chef d'accusation en surgirait contre lui. En conséquence, il parla de nouveau de sortie, et « feignit de vouloir s'ouvrir la route de Thionville[4] ». Ce n'était certes pas celle qu'indiquaient le bon sens et la conception des difficultés à vaincre; malgré tout, la nouvelle de ce projet fut accueillie partout avec joie, et

---

1. Il est juste de dire que Gambetta et le général Le Flô ont affirmé au procès avoir envoyé à Metz plusieurs émissaires. Il est à croire que ceux-ci furent mal choisis, car malgré la facilité relative avec laquelle les gens déterminés réussissaient souvent à forcer le blocus, aucun d'eux ne parvint à destination.
2. *Procès Bazaine*, Réquisitoire.
3. *Ibid.*
4. *L'Armée de Metz*, 1870, par le général DELIGNY, page 43.

l'armée s'y prépara de grand cœur. Mais, suivant la tactique détestable qu'il avait déjà suivie à Noisseville et à Peltre, il ordonna au préalable un certain nombre de petites opérations préliminaires, bonnes peut-être en elles-mêmes, mais qui, dans la situation présente, avaient le grave inconvénient de mettre l'ennemi en éveil, et d'enlever à l'attaque le caractère nécessaire de la surprise, sans laquelle on ne pouvait réussir. Dès le 1er octobre, il fit faire des reconnaissances par le 4e corps; la division Lorencez occupa avec un régiment le village de Lessy et le châlet Billaudel, petite construction située près du village. On les mit en état de défense, mais on ne put pousser plus loin ; le bois de Châtel demeura imprenable, et nos troupes, en trop petit nombre, durent renoncer à s'en emparer, malgré une perte de 75 hommes hors de combat. La nuit suivante, deux bataillons du 6e corps (division Levassor-Serval) surprenaient le poste allemand du château de Ladonchamps et prenaient pied dans ce château, ainsi que dans la ferme de Sainte-Agathe. Malgré ses efforts et ses retours offensifs, l'ennemi dut nous abandonner ces deux points, qui furent fortifiés. Le 2, au matin, il ouvrit sur eux une violente fusillade, bientôt suivie d'une canonnade qui dura jusqu'au soir. Grâce à la précaution prise d'enlever des localités toutes les matières inflammables, nos soldats évitèrent l'incendie et se maintinrent dans leur conquête. Ils comptaient 96 des leurs hors de combat.

Ces légers succès avaient relevé les courages et réconforté les cœurs. La nouvelle se répandit bientôt qu'ils n'étaient autre chose que le prélude d'une sortie générale, et elle fut confirmée, à la satisfaction de tous, par une série de mesures qui semblaient lui donner une incontestable autorité. A la suite d'une convocation des commandants de corps d'armée, où le maréchal avait expliqué son projet de sortie par le nord et les deux rives de la Moselle, on reçut, en effet, l'ordre de verser dans les petits dépôts, à Metz, les bagages et les malingres; en même temps, des dispositions étaient prises pour assurer la défense de la place, laissée avec sa seule garnison. Il semblait donc que, cette fois, la décision de rompre le blocus était fermement prise, et qu'il n'y avait plus qu'à se battre bravement. On juge quel put être le désappointement des officiers et des soldats, quand, deux jours après, ils apprirent que les idées de sortie étaient abandonnées, et qu'il n'était déjà plus question de rien.

Que s'était-il donc passé? Rien, hélas! ou du moins pas grand'chose. Le maréchal Le Bœuf avait soulevé des objections à propos des difficultés qu'il aurait à vaincre sur la rive droite. Le général Coffinières s'était récrié sur les dangers que le départ de l'armée faisait courir à la place de Metz où restait cependant une garnison de 25,000 hommes, et en avait appelé « au jugement de la postérité »[1]. Enfin, et ceci était plus sérieux, un journal allemand, trouvé sur un prisonnier, avait informé le maréchal de l'échec des négociations entamées par Jules Favre et d'un succès remporté par les Allemands devant Paris, la prise de la redoute à peine ébauchée de Montretout. Dès lors, la capitale lui semblant sur le point de succomber, Bazaine revint tout naturellement à sa première tactique, qui était de se réserver pour les événements ultérieurs[2]. Mais, comme la pénurie des vivres devenait de plus en plus inquiétante, il ordonna, pour le 7 octobre, un grand fourrage sur le front du 6° corps. Entre temps, le 6, les Allemands avaient violemment canonné tous les points que nous leur avions repris le 1ᵉʳ et le 2. Dans l'après-midi, ils tentèrent même, mais en vain, de nous reprendre Lessy.

Combat de Ladonchamps. — Le 7 octobre donc, dans la matinée, le maréchal Canrobert reçut l'ordre de faire exécuter, dans la journée, un fourrage sur les deux fermes des Grandes et Petites-Tapes ainsi que sur les petits villages de Bellevue et de Saint-Rémy. Le

---

1. *Metz, Campagne et négociations*, page 271.
2. Le 5 octobre, le général Coffinières demandait à la bibliothèque de l'École d'application de Metz les textes relatifs aux capitulations historiques (*Procès Bazaine*, déposition du colonel Humbert, bibliothécaire de l'École, audience du 26 novembre).

6ᵉ corps tout entier devait prendre les armes pour protéger l'opération et être appuyé par la division des voltigeurs de la Garde (général Deligny). Ces troupes, marchant dans la vallée en avant du front de leurs bivouacs, viendraient prendre position le long du ruisseau des Tapes, y resteraient pendant que les denrées seraient chargées sur les voitures[1] et rentreraient alors en les escortant.

L'opération était évidemment périlleuse, étant donné la masse d'artillerie de position que les Allemands avaient établie en avant, sur les deux rives de la Moselle, et la quantité de batteries dont ils pouvaient disposer pour l'entraver. On pensa parer dans une certaine mesure aux difficultés entrevues en faisant agir sur les flancs du 6ᵉ corps, d'une part le 4ᵉ à gauche, d'autre part le 3ᵉ à droite. Celui-ci reçut donc l'ordre de faire occuper par une division les points de Chieulles et de Vany, afin d'attirer de ce côté les forces ennemies massées du côté de Malroy. Quant au 4ᵉ, il fut chargé d'occuper le bois et le village de Vigneulles, le village de Saulny, et de prendre pied sur les hauteurs de Plesnois.

L'attaque générale devait commencer à onze heures, ce qui était déjà tard. Mais, par suite du fonctionnement défectueux du service d'état-major, il se produisit, comme toujours, un retard considérable dans la transmission des ordres, en sorte que les troupes ne franchirent qu'à une heure la ligne des avant-postes. A ce moment, les régiments de la division Levassor-Sorval (6ᵉ corps) s'étendaient de la Moselle au bois de Woippy, à hauteur des Maxes, de Ladonchamps et de Sainte-Agathe. Les voltigeurs de la Garde, accompagnés par les compagnies franches de la division Tixier, se tenaient sur trois lignes distantes de 500 mètres les unes des autres, dans la plaine en arrière. Le 9ᵉ bataillon de chasseurs (division Tixier) bordait la Moselle à la droite et observait les hauteurs de Chieulles et de Malroy. Vers la

---

1. L'Administration avait réuni à ses voitures celles des corps d'armée, ce qui donnait le total de 400.

gauche, le bataillon de chasseurs de la Garde était massé derrière Sainte-Agathe; enfin, la brigade Gibon (25° et 26° de ligne)[1] accompagnée des compagnies de partisans des 3° et 4° divisions du 6° corps, occupait le bois de Woippy.

« Au signal donné, toutes ces troupes s'ébranlent en même temps[2]. « La brigade Brincourt (1re des voltigeurs) enlève brillamment Franclochamps et lance ses tirailleurs jusqu'aux Grandes-Tapes; la brigade Garnier (2°) s'empare de Saint-Rémy en dépit de la vive résistance qu'elle rencontre; enfin le bataillon de chasseurs se jette sur Bellevue. De toutes les hauteurs environnant cette plaine découverte, partait une canonnade violente qui couvrait de mitraille le terrain sur lequel s'avançaient nos soldats; les pertes qu'ils subissent ne brisent point leur élan. Électrisés par l'exemple de leurs généraux et de leurs officiers, les vétérans de la division Deligny enlèvent bientôt les Grandes et les Petites-Tapes[3], tandis que le bataillon de chasseurs, maître de Bellevue[4], que le génie s'occupe à organiser défensivement, vient s'embusquer dans un fossé à 500 mètres en avant. En même temps, la brigade Gibon, précédée des compagnies franches, s'était emparée de Sainte-Anne malgré des pertes cruelles[5] et des difficultés inouïes, car « non seulement elle avait trouvé devant elle le feu des batteries ennemies, celui qui partait des tranchées, mais elle eut encore à faire face à la fusillade dirigée sur sa gauche que ne couvraient pas les troupes du 4° corps[6] ».

Vers trois heures, les positions indiquées dans

---

1. Le général Gibon, ancien colonel du 25° de ligne, avait remplacé, le 20 septembre, le général de Marguenat, tué à Rezonville.
2. *Rapport officiel du maréchal Bazaine.*
3. La plus grande partie des troupes de la landwher allemande, chargée de défendre les Grandes et les Petites Tapes, furent capturées ainsi qu'une caisse de munitions qui y arrivait au moment où nous y entrions. (*La Guerre franco-allemande*, 2° partie, page 279.)
4. Le bataillon de chasseurs s'empara là d'une batterie que, faute d'attelages, il ne put malheureusement pas emmener. (*L'Armée du Rhin*, page 136.)
5. Le général Gibon fut mortellement frappé dans cette attaque.
6. *Rapport officiel du maréchal Bazaine.* On verra plus loin par suite de quelles circonstances.

l'ordre donné par le maréchal se trouvaient toutes occupées par nos troupes. A ce moment, le feu de l'artillerie prussienne redoublant d'intensité, et de fortes masses apparaissant dans le lointain, le commandant en chef fit prendre les armes à la brigade Jeannigros, des grenadiers de la Garde; le régiment de zouaves vint se placer entre le bois de Woippy et Sainte-Agathe; le 1er grenadiers, avec deux batteries du régiment monté, occupa la Maison-Rouge (à l'est de Woippy sur la route de Maizières).

C'est que l'ennemi avait mis en action non seulement les batteries de la 3e division de réserve, mais encore toutes celles du Xe corps, et une du IIIe. Une pluie de projectiles balayait la plaine, rendant impraticable l'exécution du fourrage qu'on avait projeté. Les diversions opérées par les 3e et 4e corps ne donnaient donc pas de résultats? Voyons ce qui s'était passé de leur côté.

Au 3e corps, l'attaque avait été molle. La division Aymard, arrêtée à une tranchée qui joignait la Moselle à Rupigny, n'inquiétait nullement les batteries de Malroy. Au contraire, sa 2e brigade, après avoir chassé de Chieulles et de Vany les avant-postes ennemis, s'était étendue vers la droite jusqu'au delà de Villers-l'Orme; ce que voyant, le général de Manteuffel avait immédiatement opposé à ce mouvement, qui pouvait présager une réédition de l'affaire du 31 août, des troupes nombreuses appuyées d'une forte masse d'artillerie. Cette erreur de direction dans l'action de la division Aymard amena l'intervention de la division Metman, laquelle vint se déployer à sa droite, de Mey à Lauvallier. Mais tous ces mouvements, entravés par un feu violent d'artillerie, n'aboutirent absolument à rien, et prirent fin vers six heures sans avoir prêté aucune aide à l'action du 6e corps.

Quant à l'intervention du 4e corps, elle ne fut pas plus efficace. La brigade Bellecourt (1re de la division Grenier), s'était emparée de Lessy et de Vigneulles; la brigade Pradier, avec le 5e bataillon de chasseurs, avait marché jusque vers Plesnois; mais ces troupes n'avaient pas dessiné une offensive suffisante pour attirer sur elles les coups de l'ennemi, et menacer sérieusement ses flancs. L'ordre donné par le maréchal avait le grave défaut de limiter cette offensive et de fixer une ligne que l'on ne devait pas dépasser ; cette ligne atteinte, personne n'avait poussé plus avant et sur certains points même, on s'était vu forcé de reculer sous le feu des batteries.

D'ailleurs, le général de Voigts-Rhetz ne s'était pas mépris sur la portée de la diversion exécutée par le 3º corps. Voyant celui-ci aux prises avec les troupes du général de Manteuffel, il n'avait pas hésité à envoyer des renforts au général de Kümmer, commandant la 3º division de réserve, lequel tenta à la faveur de leur arrivée, de reprendre les Tapes et Bellevue. Mais si nos soldats, retenus dans leur élan par les conséquences d'une tactique inféconde, cessaient de pousser de l'avant, ils n'étaient pas disposés à se laisser ainsi chasser des positions conquises. La contre-attaque du général de Kümmer échoua et l'action « dégénéra en un combat de pied ferme [1] » qui se prolongea jusqu'au soir.

En présence de l'intensité du feu de l'ennemi qui ne diminuait pas, a écrit le maréchal Bazaine, et de la direction convergente qu'il lui avait donnée sur les points dont nous nous étions emparés, il n'était pas possible de réaliser l'opération de fourrage que j'avais voulu faire ; nos voitures n'auraient pu traverser un terrain sillonné en tous sens par les obus, et force fut de les faire rentrer au camp. Je maintins néanmoins les troupes sur les positions conquises, afin de bien affirmer notre succès et je ne donnai qu'à cinq heures et demie l'ordre de se replier dans l'intérieur de nos lignes. La retraite se fit dans le meilleur ordre, sous la protection de notre artillerie de campagne et de nos batteries de position ; elle ne fut pas inquiétée par l'ennemi autrement que par le feu de ses batteries, quoiqu'il pût disposer alors de forces considérables ; il était d'ailleurs tenu en respect par notre poste avancé de Ladonchamps, où la brigade de Chanaleilles s'était établie dès le début de l'action et s'était solidement maintenue sous une pluie d'obus [2].

Vers six heures et demie du soir, onze compagnies allemandes tentèrent, à la faveur de l'obscurité, de re-

---

1. *La Guerre franco-allemande*, 2º partie, page 283.
2. *Rapport officiel*.

prendre Ladonchamps, que nous occupions depuis la nuit du 1ᵉʳ. Elles furent accueillies par un feu tel et une si opiniâtre résistance [1] qu'elles durent se retirer en désordre. Le combat était terminé partout.

Cette journée, où la Garde et la division Levassor-Sorval déployèrent une vigueur admirable, ne donnait malheureusement de résultats ni au point de vue tactique, ni au point de vue des approvisionnements. Mal combinée, encore plus mal dirigée, puisqu'elle dut s'exécuter sans préparation par l'artillerie dans une plaine exposée de toutes parts à des feux convergents, l'opération ne répondait à aucune idée, offensive ou défensive. En revanche, elle nous coûtait des pertes sensibles, dont l'importance, si elle témoignait de la bravoure de l'infanterie, n'était certainement pas en rapport avec les bénéfices. 3 officiers généraux [2], 61 officiers et 1,208 hommes hors de combat, tel était le bilan de cette affaire manquée, dont la nécessité ne se faisait pas sentir. Quant aux Allemands, ils comptaient 227 tués, 977 blessés et 524 disparus, au total 1,778 hommes hors de combat. Pour venger leurs morts, ils mirent, à leur habitude, le feu aux deux villages des Tapes. Durant toute la nuit, leurs troupes furent maintenues dans leurs positions de combat, et l'artillerie canonna Ladonchamps. Ils ne pouvaient pas supposer en effet que nous n'ayons entrepris une pareille lutte que pour nous en tenir à de petits succès partiels, et ils croyaient bien la voir se rallumer à l'aube. Le prince Frédéric-Charles donna même l'ordre à la 25ᵉ division (hessoise) et à l'artillerie de corps du IXᵉ corps, de se rassembler, dans la matinée du 8, à Gravelotte et à Rezonville. Quand il vit, ce jour-là, que nous ne bougions pas, il fit rentrer tout son monde dans les cantonnements, et ordonna de pousser plus activement que jamais les travaux de défense.

Le combat de Ladonchamps fut le dernier acte ac-

---

1. *La Guerre franco-allemande*, 2ᵉ partie, page 287.
2. Les généraux Gibon, qui mourut des suites de ses blessures, Garnier et de Chanaleilles.

compli par la malheureuse armée de Metz, à laquelle il ne restait plus que quelque temps à vivre. Désormais, les jours vont succéder aux jours, sans que jamais la moindre lueur de joie ou d'espérance vienne illuminer cette douloureuse agonie. Séparés du reste du monde, sans nouvelles de la patrie, mangeant juste de quoi ne pas mourir de faim, nos soldats errent inoccupés dans des océans de boue, et comptent les heures qui les séparent encore d'une catastrophe inévitable. Quel esprit militaire animait cette belle armée, pour qu'elle ait si dignement supporté tant de cruelles épreuves, et soit restée jusqu'à la dernière heure **un modèle inoubliable de patriotisme et d'honneur?**

CHAPITRE IV

NÉGOCIATIONS ET CAPITULATION

En regagnant, le 7 octobre dans la soirée, leurs quartiers généraux respectifs, les commandants de corps d'armée y trouvèrent une nouvelle communication du maréchal, communication d'une gravité exceptionnelle, et dont voici textuellement la teneur :

Le moment approche où l'armée du Rhin se trouvera dans la situation la plus difficile, peut-être, qu'ait jamais dû subir une armée française.

Les graves événements militaires et politiques qui se sont accomplis loin de nous, et dont nous ressentons le douloureux contre-coup, n'ont ébranlé ni notre force morale ni notre valeur comme armée; mais vous n'ignorez pas que des complications d'un autre ordre s'ajoutent journellement à celles que créent pour nous les faits extérieurs. Les vivres commencent à manquer, et, dans un délai qui ne sera que trop court, ils nous feront absolument défaut. L'alimentation de nos chevaux de cavalerie et de trait est devenue un problème, dont chaque jour qui s'écoule rend la solution de plus en plus improbable. Nos ressources sont épuisées, les chevaux vont dépérir et disparaître. Dans ces graves circonstances, je vous ai appelés pour vous exposer la situation et vous faire part de mon sentiment.

Le devoir d'un général en chef est de ne rien laisser ignorer, en pareille occurence, aux commandants de corps sous ses ordres, et de s'éclairer de leurs avis et de leurs conseils. Placés plus immédiatement en contact avec les troupes, vous savez certainement ce que l'on peut attendre d'elles, ce que l'on doit en espérer. Aussi, avant de prendre un parti décisif, ai-je voulu vous adresser cette dépêche pour vous demander de me faire connaître par écrit, après un examen mûri et très approfondi de la situation et après en avoir conféré avec vos généraux de division, votre opinion personnelle et votre appréciation motivée.

Dès que j'aurai pris connaissance de ce document dont l'importance ne vous échappera pas, je vous appellerai de nouveau dans un conseil suprême d'où sortira la solution définitive de la situation de l'armée dont S. M. l'Empereur m'a confié le commandement.

Je vous prie de me faire connaître, *par écrit*, dans les quarante-huit heures, l'opinion que j'ai l'honneur de vous demander, et de m'accuser réception de la présente dépêche.

A cette lettre comminatoire le maréchal en avait joint une autre, écrite par le général Coffinières, et déclarant que l'armée n'avait plus devant elle que cinq jours de pain. Enfin, un mémoire également adressé à chaque commandant de corps d'armée, contenait une énumération détaillée et complaisante des forces ainsi que des travaux d'investissement, et concluait à la nécessité de traiter à des conditions honorables, mais sans toutefois que le mot de capitulation s'y trouvât. « Quelque misérable, en effet, que fût déjà l'état de l'armée dans son ensemble, le découragement n'avait atteint ni les officiers ni les soldats. Ils se seraient sentis indignés au seul mot de capitulation [1] ».

Il y a lieu de remarquer ici, avec le commissaire du Gouvernement du conseil de guerre de Trianon, que tout en appuyant sur le devoir qui incombe à un commandant en chef « de ne rien laisser ignorer à ses lieutenants, » le maréchal ne donnait aux généraux sous ses ordres que « des éléments d'appréciation tronqués et incomplets ». Il ne leur parlait, en effet, ni des négociations déjà entamées par lui, ni de l'incident Régnier, ni des approvisionnements considérables entrés récemment à Thionville et à Longwy. Mais, en revanche, il insistait pour obtenir d'eux un document écrit pouvant, au besoin, être invoqué comme excuse de sa conduite [2].

Quoi qu'il en soit, les commandants de corps d'armée convoquèrent immédiatement pour le lendemain, 8 octobre, leurs généraux de division, et les invitèrent à exprimer, toujours par écrit, leur opinion sur la situa-

---

1. Général DELIGNY, *Armée de Metz*, 1870, page 46.
2. *Procès Bazaine*, Réquisitoire.

tion et ses conséquences. De ces conciliabules divers résulta un ensemble de réponses dont la caractéristique était, comme on pouvait le prévoir, un flottement général entre le sentiment du devoir militaire et la résignation aux conséquences fatales d'une situation que le maréchal avait dépeinte comme étant sans espoir.

A la Garde, il fut demandé qu'on entrât sur l'heure en arrangement, afin de ne point être acculés à la dernière ration de vivres et de pouvoir tenter, en temps opportun, un suprême effort, car on y supposait que le prince Frédéric-Charles avait les pouvoirs nécessaires pour traiter et que l'on saurait de suite à quoi s'en tenir sur le degré des exigences prussiennes. Les généraux préféraient, disaient-ils, mourir les armes à la main, à la tête de leurs troupes, que de souscrire à des conditions humiliantes [1]. »

Dans les 2ᵉ et 6ᵉ corps, on déclara que si les conditions offertes par l'ennemi n'étaient pas acceptables, il faudrait s'ouvrir un passage les armes à la main.

Le maréchal Le Bœuf fit la déclaration suivante, très franche, très nette et très énergique :

Les généraux du 3ᵉ corps et moi sommes d'avis que l'on doit tenter la fortune des armes. Le moral des officiers et celui des soldats sont à la hauteur des circonstances, et l'on peut demander à l'armée un nouvel et grand effort *en lui présentant un objectif bien défini pour cette lutte décisive*. Quel serait cet objectif? Vers quelle direction devraient converger nos efforts ? Ici, nous avons été unanimes à penser qu'*au général en chef, seul, appartenait de le décider*. Il peut être convaincu que nous mettrons tout notre dévouement à réaliser sa pensée. Toutefois, dans l'intérêt même du succès, *nous réclamons une action commune pour les divers corps d'armée qui, dans notre pensée, doivent rester, tous, liés militairement dans la main du commandant en chef, de manière à pouvoir se soutenir mutuellement et concourir à un seul et même but, celui de percer en un même point les lignes prussiennes* [2]. »

Ce document est le premier où, depuis le commencement de la guerre, on trouve trace de principes tactiques. Il étonna certainement le maréchal Bazaine beaucoup plus qu'il ne le séduisit.

Quant au 4ᵉ corps, il se bornait à promettre au com-

1. Général DELIGNY, *Armée de Metz*, 1870, page 48.
2. *L'Armée du Rhin*, par le maréchal BAZAINE, page 161.

mandant en chef le concours du dévouement le plus énergique pour tenter d'accomplir les résolutions suprêmes que celui-ci jugerait convenable d'adopter.

Tous insistaient au surplus sur la nécessité de prendre rapidement une détermination, car sans accorder plus d'importance que de raison aux déclarations pessimistes du général Coffinières, ils se rendaient compte que les ressources diminuaient à vue d'œil. Le blé, dont la consommation n'avait pas été surveillée avec assez de soin alors qu'il en était temps encore, devenait rare au point que, malgré l'abaissement progressif de la ration de pain, on était obligé, à cette date du 9, de supprimer le blutage dans sa fabrication. Les hommes, privés de leur aliment principal et n'ayant à manger que de la viande de cheval sans sel, commençaient à dépérir, et déjà le typhus, ce redoutable fléau des armées, faisait son apparition dans les camps. C'est sous l'impression de ce fâcheux état de choses que se réunit, dans la matinée du 10 octobre, le « conseil suprême », auquel le maréchal avait convoqué tous ses principaux lieutenants, oubliant que ce mode de consultation, s'il n'est pas interdit par les règlements, est absolument contraire à l'idée qu'un général en chef doit avoir de sa mission et de sa responsabilité[1].

Conseil de guerre du 10 octobre. — Tout d'abord, le commandant en chef se mit en devoir d'exposer longuement la situation, telle au moins qu'il entendait la montrer. Toute communication était absolument interceptée, dit-il, avec la capitale et le gouvernement de fait, et nul indice ne subsistait, pouvant faire espérer l'arrivée d'une armée de secours. Quant aux ressources, elles étaient à ce point réduites, au dire de l'intendant en chef Lebrun, qu'on ne pouvait aller au delà du 20 octobre, même en comptant les deux jours de biscuit

---

[1]. « Les conseils de guerre, disait le maréchal de Villars, ne sont bons que quand on veut une excuse pour ne rien faire. C'est pour les mêmes motifs que le grand Frédéric les avait défendus à ses généraux... » — « En tenant des conseils, a dit aussi Napoléon, on finit par prendre le plus mauvais parti, qui presque toujours, à la guerre, est le plus pusillanime. » (*Procès Bazaine*, Réquisitoire, audience du 5 décembre 1873.)

portés dans le sac des hommes, bien qu'il y eût tout lieu de les croire déjà consommés. Les chevaux disparaissaient peu à peu, et, faute de nourriture à leur donner, on devait admettre que dans quelques jours il n'y en aurait plus. Enfin, les ambulances publiques et privées contenaient 19,000 malades auxquels on ne pouvait, par suite du manque de médicaments et de locaux, donner les soins que nécessitait leur état ; si donc une nouvelle tentative de sortie obligeait à augmenter le nombre des blessés en traitement, on se trouverait dans l'impossibilité de leur assurer un abri, et on créerait un nouveau danger pour la santé publique déjà altérée par les épidémies diverses qui s'étaient abattues sur la ville de Metz[1].

Ceci posé, le maréchal donna lecture des déclarations à lui remises par les commandants de corps d'armée et soumit ensuite au conseil quatre questions qui furent résolues ainsi qu'il suit, si l'on s'en rapporte au texte du rapport officiel :

1° *L'armée doit-elle tenir sous les murs de Metz jusqu'à l'entier épuisement de ses ressources alimentaires ?*

Oui, à l'unanimité, parce que sa présence y retient, en l'immobilisant, une armée ennemie de 200,000 hommes, et que, dans les conditions où elle se trouve, le plus grand service que l'armée du Rhin puisse rendre au pays est de gagner du temps et de lui permettre d'organiser la résistance dans l'intérieur.

(Il y a lieu de remarquer en passant combien ces raisons sont spécieuses puisque, d'après les déclarations même du maréchal, l'immobilisation de l'ennemi ne pouvait se prolonger au delà du 20 octobre.)

---

1. Il y avait, dans cet exposé, une exagération voulue. Au point de vue des vivres, la date du 20 octobre était à trop courte échéance, puisque la capitulation n'a été signée que le 27, et que le lendemain on découvrit dans Metz des denrées soigneusement cachées, qui eussent pu être utilisées si on les avait recherchées à temps, comme cela doit être fait dans une place assiégée. Au point de vue des blessés, l'admirable dévouement de la population messine, dont il sera question plus loin, était un sûr garant qu'aucune charge ne lui paraîtrait trop lourde pour assurer aux soldats tombés pour la France les soins dont ils auraient besoin.

2° *Doit-on continuer à faire des opérations autour de la place pour essayer de se procurer des vivres et des fourrages?*

Non, à l'unanimité, en raison du peu de probabilités qu'il y a de trouver des ressources suffisantes pour vivre quelques jours de plus; à cause des pertes que ces opérations occasionneraient et de l'effet dissolvant que leur insuccès pourrait avoir sur le moral de la troupe.

3° *Peut-on entrer en pourparlers avec l'ennemi pour traiter d'une convention militaire?*

Oui, à l'unanimité, à la condition toutefois d'entamer les ouvertures dans un délai qui ne dépassera pas quarante-huit heures, afin de ne pas permettre à l'ennemi de retarder le moment de la conclusion de la convention jusqu'au jour et peut-être au delà du jour de l'épuisement de nos ressources. Tous les membres du conseil de guerre déclarent énergiquement que les clauses de la convention devront être honorables pour nos armes et pour nous-mêmes. (C'était là se faire d'étranges illusions sur la sentimentalité de nos adversaires et montrer une complète ignorance des procédés de guerre dont ils sont coutumiers.)

4° *Doit-on tenter le sort des armes et chercher à percer les lignes ennemies?*

Cette quatrième question en amena une cinquième. Le général Coffinières demanda s'il ne serait pas préférable de tenter le sort des armes avant d'entamer des négociations, le succès de cette tentative pouvant rendre les pourparlers inutiles, ou bien le résultat de nos efforts pouvant peser dans la balance par les pertes que nous aurions fait subir à l'ennemi. Si inattendue que fût ici l'intervention du général Coffinières, qui jusqu'alors s'était montré formellement contraire à l'idée de séparer le sort de l'armée de celui de la place, elle méritait d'être discutée avec quelque attention. Après un court examen, *la majorité* l'écarta, et il fut décidé, *à l'unanimité*, que si les conditions de l'ennemi devaient porter atteinte à l'honneur militaire, on essayerait de se frayer un chemin par la force, avant d'être épuisés par la famine et tandis qu'il restait la possibilité d'atteler encore quelques batteries.

Telles furent, en résumé, les résolutions arrêtées par le conseil de guerre. Dans le procès-verbal complet qu'il a donné de cette séance [1], le maréchal Bazaine affecte de les considérer comme des *décisions*. Elles ne sauraient à aucun titre revêtir ce caractère, car les règlements militaires ne reconnaissent qu'au commandant en chef seul le droit de prendre des décisions, sans d'ailleurs l'obliger en aucune manière à se conformer à l'opinion des conseillers qu'il aura cru devoir consulter. Mais elles concordaient trop complètement avec le désir du maréchal d'entamer de nouvelles négociations, pour que celui-ci tardât à leur donner suite.

Immédiatement après la clôture de la conférence, il adressa au prince Frédéric-Charles une demande tendant à envoyer à Versailles le général Boyer, son premier aide de camp, afin d'y ouvrir des négociations au quartier général du roi. Le prince répondit, le lendemain 11, par une fin de non-recevoir. Mais dès le 12, vers huit heures du matin, comme les commandants de corps d'armée étaient de rechef réunis au Ban-Saint-Martin, un parlementaire s'y présenta, et remit une dépêche où il était dit en substance : « que, sur l'ordre du roi, le général Boyer était autorisé à se rendre a Versailles ; qu'il trouverait à Ars un train express préparé pour lui, et que des ordres avaient été donnés partout pour faciliter son voyage. »

La première réponse était celle du soldat ; la seconde, celle du diplomate, et on y sentait la griffe du comte de Bismarck !

En conséquence, ce même jour à midi, le général Boyer partit d'Ars, sous la conduite d'un officier d'ordonnance du prince Frédéric-Charles, chargé de veiller à ce qu'il ne communiquât avec aucun Français, tant pendant la route qu'à Versailles. Il avait pour instructions « de demander au gouvernement prussien, *sur l'engagement de la neutralité de l'armée du Rhin*

---

1. Maréchal BAZAINE, *L'Armée du Rhin*, pages 170 et suivantes.

contre les forces allemandes, de laisser celle-ci rentrer en France, où elle deviendrait le noyau de l'ordre[1]. »
Il était en outre porteur d'une note où se trouvait cette singulière déclaration : « La question militaire est jugée, et Sa Majesté le roi de Prusse ne saurait attacher un grand prix au stérile triomphe qu'il obtiendrait en dissolvant la seule force qui puisse, aujourd'hui, maîtriser l'anarchie dans notre malheureux pays... L'armée du Rhin peut seule rétablir l'ordre *et donner à la Prusse une garantie des gages qu'elle pourrait avoir à réclamer*[2]. »

Etat des esprits à Metz. Dévouement de la population. — Laissons maintenant le général Boyer à son étrange négociation pour revenir à la ville de Metz, où se passaient en ce moment des événements d'une certaine gravité. Là, dès la soirée du 10, le bruit avait couru que des pourparlers étaient engagés avec l'ennemi, en vue de mettre bas les armes ; le 11, des groupes animés avaient parcouru la ville, sur les places de laquelle se formaient des rassemblements tumultueux, et réclamé à grands cris la sortie de l'armée et l'abandon de la cité à ses propres ressources. Des officiers de la garde nationale, suivant les habitudes traditionnelles de l'institution, s'étaient réunis à l'Hôtel de Ville pour protester contre l'attitude du maréchal et demander que le gouverneur de la place fût rendu indépendant du commandant en chef. Ils formèrent de là une députation, à laquelle se joignit le maire, et se rendirent chez le général Coffinières, pour le sommer de proclamer la République et d'affirmer la résolution de repousser toute idée de capitulation. Entre temps, un autre groupe de gardes nationaux, conduit par ses officiers, envahissait l'Hôtel de Ville, jetait le buste de Napoléon III par la fenêtre, et arrachait l'aigle du drapeau qui flottait à la façade du monument.

Le général Coffinières, malgré ses promesses de lutter jusqu'au bout, ne réussit pas à calmer l'efferves-

---

1. Maréchal BAZAINE, *L'Armée du Rhin*, page 176.
2. *Ibid.*, page 177.

cence qu'entretenaient soigneusement les orateurs de club. Pendant les deux journées du 12 et du 13, l'agitation ne fit que s'accroître, et bientôt on la vit atteindre un degré inquiétant. Dans la soirée du 13, l'Hôtel de Ville fut envahi une seconde fois par une cohue au milieu de laquelle on distinguait encore des officiers de la garde nationale ; une délégation se présenta dans la salle des séances du conseil municipal, qui siégeait à ce moment, exigea la rédaction immédiate d'une déclaration adressée au commandant supérieur, et il fallut que le maire, tête nue, vînt la lire sur le péristyle, à la lueur vacillante des torches que portaient les gardes nationaux.

Cependant le général Coffinières, inquiet de la prolongation du tumulte, s'était rendu sur la place. Il parcourut les groupes, annonçant le prochain départ de l'armée, l'émancipation imminente de la ville, et affirmant sa propre résolution de la défendre jusqu'au bout. Le calme se rétablit alors, du moins en apparence, et les rues se vidèrent progressivement. Le lendemain, le gouverneur, en réponse à l'adresse du conseil municipal, faisait afficher une proclamation où le Gouvernement de la Défense nationale était reconnu officiellement, et où se trouvait réitérée la promesse de défendre la place jusqu'à complet épuisement. Des groupes se formèrent encore, mais ils se bornèrent cette fois à couronner d'immortelles la statue du maréchal de Fabert.

Tandis que quelques énergumènes, plus disposés aux manifestations tapageuses qu'à l'accomplissement des devoirs militaires imposés par les circonstances, se livraient à ces démonstrations aussi fâcheuses que stériles, l'immense majorité de la population messine donnait au contraire l'exemple d'un dévouement admirable, auquel il n'est que juste de rendre un hommage éclatant. Les hôpitaux et établissements publics étant devenus trop exigus pour contenir le chiffre énorme des blessés et des malades [1], chaque maison particulière se

---

1. Dans le conseil de guerre du 10 octobre, le maréchal avait

transforma en lieu d'asile où les soins les plus éclairés et les plus généreux furent prodigués à nos soldats. Les femmes, à quelque condition qu'elles appartinssent, se dévouèrent avec une abnégation et une charité qui ne se démentirent pas un instant. Elles établirent sur l'esplanade une grande ambulance, sous des tentes et dans des wagons, et s'en réservèrent le service exclusif; un comité central, constitué par elles à l'Hôtel de Ville sous la surveillance du maire, le vénérable M. Maréchal, était chargé de recevoir, de confectionner et de livrer aux diverses ambulances les objets nécessaires. Elles ouvrirent une souscription qui produisit une somme de 87,500 francs, sans compter les dons en nature. Puis, après avoir ainsi payé de leur argent, elles payèrent de leurs personnes, et allèrent braver partout les horribles maladies qui s'abattaient, suivant la loi commune, sur la malheureuse ville assiégée, dysenterie, variole, fièvre typhoïde et typhus. Veillant sans relâche au chevet des blessés, elles leur apportaient la consolation de leur présence, ces mille petites attentions délicates que seule la main d'une femme sait donner, se chargeant des lettres, des commissions, des dernières volontés des mourants. Elles savaient garder devant la mort un visage souriant, et adoucir les dernières souffrances des malheureux qui succombaient en les bénissant. Nobles et chères Françaises! Les survivants de l'armée du Rhin n'oublieront jamais qu'ils leur ont dû le seul rayon de soleil qui ait éclairé leurs angoisses!

La mortalité, pendant le siège, a été de 6,500 hommes aux hôpitaux. Quant à la population civile, elle vit périr, pendant l'année 1870, 3,174 personnes, au lieu de 1,200, chiffre moyen des autres années. Les fossoyeurs ordinaires ne pouvaient suffire à leur triste besogne! Un acteur du théâtre, dont nous regrettons de n'avoir pu nous procurer le nom, se dévoua pour les aider, fut atteint du typhus, et faillit payer de sa vie

---

évalué ce nombre à 19,000. Il était exactement, à cette date, de 14,767 hommes, sur lesquels 70 mouraient environ chaque jour.

son admirable sacrifice. En dépit de quelques éléments tapageurs, garde mobile et garde nationale conservèrent en général une attitude parfaite jusqu'au bout, et quand, après la capitulation, beaucoup d'officiers qui n'avaient encore signé aucun engagement d'honneur, cherchèrent à éviter la captivité pour porter à la Défense nationale l'appui de leur épée, les habitants leur fournirent tous les moyens d'évasion dont ils pouvaient disposer. Si, plus tard, l'armée du Nord résista aussi vigoureusement aux Allemands, grâce à la composition exceptionnelle de ses cadres, c'est en grande partie aux Messins que la France le doit.

Les souffrances de cette population vaillante étaient pourtant cruelles. « Les petits enfants mouraient à peu près tous par suite de la privation de lait; celui de leur mère était tari et on ne pouvait leur en donner d'autre. Dans presque toutes les maisons, il y avait des malades et des blessés; malgré cela, on n'a pas entendu, dans les derniers jours, exprimer le désir que cette situation pénible pût finir. Ce que la ville de Metz voulait, c'était durer, durer encore, durer toujours, au prix de tous les sacrifices... On avait accepté de bon cœur que la ville fût détruite pourvu que le drapeau français flottât sur ses décombres [1] !... »

Tel était, dans la noble cité, l'esprit de sacrifice qui régnait partout. L'émouvante déposition de M. de Bouteiller en est un sûr garant, et permet de ne considérer les mouvements regrettables dont nous avons précédemment fait le récit que comme l'exaspération de sentiments généreux.

Malheureusement, loin de calmer cette exaspération, la presse et le maréchal, l'une par ses attaques, l'autre par son attitude suspecte, l'attisaient chaque jour davantage. Les journaux de Metz étaient remplis d'allusions au sort réservé aux généraux qui capitulent. Ils s'élevaient contre la conduite passée du maréchal et les menées politiques auxquelles on le soupçonnait de se

---

[1]. *Procès Bazaine*, Déposition de M. de Bouteiller, ancien député et conseiller municipal de Metz; audience du 12 novembre 1873.

livrer[1]. Une proclamation, faite de mots sonores et de protestations vaines, avait été adressée à l'armée par la garde nationale de Metz et publiée partout. Le commandant en chef rendit le général Coffinières responsable de cette effervescence, lui en fit des observations « assez sèches », et celui-ci répondit par l'offre de sa démission[2], qui ne fut pas acceptée d'ailleurs. Alors Bazaine, qui ne se montrait jamais nulle part, même dans les ambulances, finit par mander à son quartier général, le 15, les commandants de la garde nationale, auxquels il donna l'assurance qu'il n'y avait rien de vrai dans les bruits répandus, et que ses relations avec l'ennemi se bornaient à des échanges de prisonniers. C'était le jour même où le général Boyer quittait Versailles pour revenir à Metz!

Inquiétudes de l'armée. — D'ailleurs l'inquiétude à laquelle la population était en proie avait maintenant gagné l'armée elle-même. Jusqu'alors on s'y était, malgré tout, bercé d'illusions consolantes et on avait espéré que la situation se dénouerait, un jour ou l'autre, par un acte de vigueur. Mais les bruits fâcheux auxquels donnaient lieu les départs successifs du général Bourbaki et du général Boyer commençaient à semer partout l'anxiété et le découragement. « Les journaux, si surveillés qu'ils fussent, traduisaient le mécontentement général. Le maréchal Bazaine n'y était pas ménagé; sa conduite militaire, ses manœuvres politiques étaient vertement blâmées. Ces journaux, répandus dans les camps, servaient à éclairer les plus aveugles sur la véritable situation de l'armée et sur les causes qui l'avaient amenée[3]. » Il devenait évident que cette sortie, possible et presque facile au début, exécutable encore, quoique dans des conditions infiniment moins favorables, jusque vers le milieu d'octobre, on ne la tenterait plus maintenant. La perspective d'une capitulation, à laquelle nul n'avait songé d'abord, était indiquée par plusieurs of-

---

1. *Metz, Campagne et négociations*, page 351.
2. *La Capitulation de Metz*, par le général Coffinières de Nordeck, page 61.
3. *Armée de Metz*, 1870, par le général Deligny, page 57.

ficiers comme l'issue la plus probable de la situation actuelle, et une violente irritation était la conséquence de cette nouvelle et cruelle perspective. Aussitôt, des conciliabules se formèrent, où il fut décidé qu'il fallait à tout prix essayer de se soustraire à l'opprobre d'une reddition. Deux jeunes officiers du génie, les capitaines Rossel[1] et Boyenval, le capitaine Crémer, aide de camp du général Clinchant, des généraux et des colonels se réunirent, pour examiner les moyens de faire une trouée. Mais le maréchal avait été prévenu ; il fit arrêter le capitaine Boyenval et l'interna au fort Saint-Quentin.

Les officiers supérieurs qui faisaient partie du complot, si complot il y a, se résolurent alors à aller chez le commandant en chef, pour lui exprimer, au nom de tous, et par une démarche respectueuse, le désir universel d'échapper par un coup de force à la menace d'une capitulation. Le maréchal les reçut avec affabilité et *leur donna même l'assurance qu'il était décidé à ne pas capituler*[2]. « Le général Boyer, dit-il, essayait en ce moment à Versailles d'obtenir, non une capitulation, mais une *convention militaire* qui permît à l'armée de quitter honorablement la place. Dans quarante-huit heures on serait fixé à cet égard, et on connaîtrait la solution, qu'il espérait favorable. Si toutefois le gouvernement prussien se montrait inflexible, on reprendrait la lutte et on marcherait par les deux rives de la Moselle, dans la direction du sud. »

A l'observation faite qu'il serait peut-être bon de prendre d'ores et déjà des mesures pour être prêt à agir, le cas échéant, aussitôt après le retour du général Boyer, il répondit qu'il s'était déjà préoccupé de cette éventualité et que ses dispositions étaient prises. Il termina en disant « que sa situation à la tête de l'armée était peu agréable, et que si un autre, quel qu'il fût, voulait s'en charger, il était prêt à la lui abandonner, en lui remettant ses pouvoirs[3] ».

---

1. Celui-là même qui devait finir si tristement dans la Commune de Paris.
2. *Metz, Campagne et négociations*, page 312.
3. *Ibid.*, page 313.

Cette réponse, malgré son apparente franchise, ne réussit pas à calmer l'anxiété générale. Les officiers, réunis à nouveau, jugèrent qu'il y avait lieu de prendre au mot le commandant en chef et de lui proposer un officier général qui se mettrait à la tête de l'armée pour tenter d'opérer une trouée. On en désigna successivement plusieurs et on leur offrit le commandement. Aucun ne voulut accepter une pareille responsabilité, dans des conditions frisant d'aussi près l'indiscipline. « Il n'y avait plus qu'à courber la tête et à attendre l'heure du déshonneur qui allait bientôt sonner[1] ! »

Retour du général Boyer. — Cependant le maréchal avait pris différentes mesures qui pouvaient faire espérer de sa part une décision vigoureuse. Le 12 octobre, il ordonna le payement, par avance, de la solde des deux mois d'octobre et de novembre, cette dernière sans les indemnités, *vu l'incertitude des positions que pourraient avoir les officiers à cette époque.* Les équipages du trésor furent renvoyés à Metz et tous les fourgons, pièces ou voitures ne pouvant plus être attelés, versés à l'arsenal. L'artillerie de la Garde compléta ses attelages avec les chevaux du train encore utilisables. L'état-major général fut invité à prendre des renseignements sur l'état du terrain et des travaux exécutés par l'ennemi entre la Moselle et la route de Sarreguemines ; enfin, une situation exacte du nombre des combattants dut être fournie au commandant en chef[2].

Était-ce donc là le sentiment du devoir militaire qui se réveillait enfin dans le cœur du brillant soldat de Sébastopol et de Melegnano ? Une intuition tardive, mais exacte, de l'opprobre dont il allait couvrir son nom venait-elle, en dessillant les yeux du général dévoyé, de le décider à effacer par un acte de suprême énergie les taches imprimées déjà à son honneur ? Certains voulurent encore l'espérer sans y croire. Ils ne devaient pas tarder à être détrompés.

Le 15 dans la soirée, le maréchal reçut du prince

---

1. *Metz, Campagne et négociations*, page 316.
2. Le chiffre fourni s'éleva à 129,000 hommes, non compris la garnison de Metz, qui en comptait 20,000 environ.

Frédéric-Charles communication d'un télégramme annonçant le départ de Versailles du général Boyer. Celui-ci arriva en effet à Metz le 17, après un voyage assez mouvementé. La voie ferrée était coupée au tunnel de Nanteuil, près de Château-Thierry, et à l'aller comme au retour le parcours entre ce point et Versailles avait dû s'effectuer en poste, en contournant Paris[1].

Malgré les soins pris par le commandant en chef pour la cacher, la nouvelle se répandit avec une rapidité extraordinaire ; des officiers de tous grades accoururent au Ban-Saint-Martin pour connaître le résultat du voyage du général. Ils en furent pour leurs frais, car le maréchal et son aide de camp s'enfermèrent et rien ne transpira de leur entretien.

De son côté le prince Frédéric-Charles prenait, à tout hasard, des dispositions que lui dictait la prudence, pour repousser par les armes une tentative désespérée que la vigueur antérieurement montrée par l'armée de Metz lui donnait quelque raison de redouter. Le 16, il adressait à ses généraux les instructions suivantes qui montrent à quel point, sauf dans quelques détails, il était bien renseigné sur la situation matérielle et morale de son adversaire.

Au grand quartier général de Corny, le 16 octobre 1870.

I. — Tout semble indiquer que le moment décisif approche pour l'armée devant Metz. Le commandant de l'armée bloquée *prendra peut-être demain sa résolution* et, s'il veut s'ouvrir le passage, il agira promptement.

Je recommande donc aux commandants de corps d'armée de déployer la plus grande vigilance et d'observer attentivement tout ce qui se passe chez l'ennemi. Mais, comme plus le temps est nébuleux, plus il est difficile de bien observer, il faut que les troupes se trouvent en mesure, dès le matin, de prendre rapidement leurs positions de combat. Si l'ennemi attaque sur un point avec de grandes forces, nos troupes les plus avancées, sans s'exposer à des pertes, se replieront sur la position de combat, en démasquant les batteries dans les directions principales, qu'il importe de repérer dès à présent. Quant aux corps d'armée, ils sont tenus de défendre leurs positions jusqu'au dernier homme.

---

1. Le matériel de poste était envoyé d'Allemagne, et des soldats de la landwehr faisaient l'office de postillons.

Les corps non attaqués observeront, sur les deux ailes, quelles sont les phases du combat, pour se porter au feu avec une division d'infanterie et l'artillerie de corps.

Il serait possible qu'il y eût désunion dans l'armée ennemie, que quelques chefs de corps voulussent essayer de percer de divers côtés pour sauver l'honneur des armes, pendant que le reste de l'armée ne quitterait point Metz. Il est dès lors d'autant plus essentiel d'observer les prescriptions suivantes :

Chaque corps d'armée repoussera énergiquement toute attaque sur son front ; il maintiendra l'investissement répondant à son secteur, jusqu'à ce qu'il ait reçu d'autres ordres de moi.

Comme la faim a déjà causé des émeutes dans la population de la ville[1], on rappellera aux avant-postes l'obligation de repousser, au besoin par la force, les habitants qui voudraient s'échapper.

II. — *Des renseignements récents font supposer que l'ennemi voudrait peut-être séparer le sort de la place de celui de l'armée.* Dès ce soir il ne faudra donc plus recevoir nulle part de transfuges. On repoussera par la force dans la place les bandes, ou même les corps qui se présenteraient sans armes[2]...

Conseil de guerre des 18 et 19 octobre. — Tandis que l'ennemi se précautionnait ainsi contre les surprises d'une attaque qu'il croyait imminente, le maréchal, loin de songer à la tenter, cherchait au contraire à s'abriter derrière une dernière équivoque. Le 18, *à deux heures de l'après-midi*[3], un nouveau conseil de guerre auquel assistait, on ne sait à quel titre, le général Changarnier, fut réuni au Ban-Saint-Martin. Le général Boyer, appelé à y prendre le premier la parole, commença par tracer de la situation générale de la France le tableau le plus sombre et le plus douloureux[4]. Il avait obtenu une audience du roi de Prusse, non pas privée, comme il l'espérait, mais en présence du prince royal, des généraux de Blumenthal et de Moltke, et de

---

1. C'était une allégation inexacte, nous pouvons même dire calomnieuse. On a vu à quoi s'étaient bornées ces prétendues émeutes, et à quel point les souffrances dues au manque de vivres leur étaient étrangères.

2. La précaution était inutile. Jamais, dans les rangs de l'armée de Metz, il ne se produisit de défections de ce genre.

3. « Je regrettai qu'on eût perdu une demi-journée, qui, dans les circonstances présentes, me paraissait précieuse, si l'on avait l'intention d'agir. » (*Souvenirs du général Jarras*, page 267.)

4. Il paraîtrait que, dans ses conversations de la veille avec plusieurs officiers, le général Boyer se serait montré beaucoup moins pessimiste qu'il ne le fut devant le conseil.

M. de Bismarck. N'ayant pu communiquer avec aucun Français, il tenait tous ses renseignements de l'ennemi, et ces renseignements, il faut en convenir, étaient déplorables. « La France tout entière, disaient-ils, se trouvait en proie à la plus épouvantable anarchie. Le gouvernement de la Défense nationale, déchiré par des divisions intestines, avait dû se scinder, et MM. Gambetta et de Kératry, obligés de se soustraire à l'animosité de leurs collègues, s'étaient sauvés en ballon. Lyon et Marseille venaient de proclamer des gouvernements révolutionnaires ; le Midi d'un côté, l'Ouest de l'autre montraient des tendances séparatistes, le premier au nom du radicalisme, le second par un catholicisme outré. Quant au fantôme de pouvoir installé à Tours, les dangers que lui faisaient courir la marche victorieuse des armées allemandes, en même temps que les mouvements insurrectionnels de l'Ouest, allaient l'obliger à se réfugier à Toulouse, on disait même à Pau. Le Nord demandait la paix ; certaines grandes villes, telles que Rouen et le Havre, en proie à la terreur révolutionnaire, réclamaient des garnisons prussiennes qui allaient leur être envoyées. Plus d'armée nulle part. Une force improvisée sur la Loire, et se montant au plus à une quarantaine de mille hommes, venait d'être battue et presque anéantie à Artenay ; c'était là la seule armée qui eût été mise sur pied. Paris cependant tenait encore, avec tous ses forts intacts ; mais les Allemands comptaient sous peu le réduire par la famine. D'autre part, le plus grand calme régnait dans les pays occupés, où les convois de l'ennemi circulaient sans encombre, et où ne se manifestait aucune velléité de résistance. Les Prussiens y avaient d'ailleurs fait savoir que tout acte de violence commis à leur détriment y serait immédiatement châtié par l'incendie des lieux habités, et par des représailles terribles contre les populations. Enfin, il n'y avait à compter sur aucun appui extérieur. Bien plus, l'Italie réclamait impérieusement la restitution de la Savoie et de Nice !... »

Tel fut le tableau lugubre et singulièrement chargé que le général Boyer déroula devant les commandants de corps d'armée atterrés. En ce qui concerne les conditions imposées par le vainqueur, elles se réduisaient en ceci : une capitulation pure et simple, comme à Sedan. Vainement le général Boyer avait-il observé qu'un pareil affront, fait à une armée qui n'était point battue, pouvait la pousser à quelque acte de désespoir ; M. de Moltke, parfaitement renseigné sur la situation, était demeuré inexorable. Toutefois le chancelier de Bismarck, que semblait enchaîner moins étroitement la logique implacable des faits, n'avait pas cru devoir réduire la question à ses seules conséquences militaires. Il avait dit que le gouvernement nouveau lui paraissant incapable de garantir la paix, il jugeait de l'intérêt de l'Allemagne de rétablir l'ancien ; que, par suite (et ç'avait été le but du voyage de Régnier), il se sentait, pour sa part, assez disposé à permettre au maréchal Bazaine de se retirer avec son armée dans le midi de la France, pour y convoquer les Chambres impériales et rendre le pouvoir à la Régence. Cette solution, ajoutait-il, rendait tout comme l'autre liberté d'action à l'armée du prince Frédéric-Charles. La chute de Paris n'en était pas retardée, au contraire, et la paix, que l'on devait asseoir solidement et au plus vite, se trouvait ainsi assurée et garantie par le gouvernement légal restauré.

Après une assez vive discussion, dit en terminant le général Boyer, les chefs de l'armée ennemie avaient adopté un moyen terme et posé l'ultimatum suivant : « On ne traiterait du sort de l'armée de Metz *qu'à la condition de la voir rester fidèle au gouvernement de la Régence,* seul capable de faire la paix. L'Impératrice devait consentir à cet arrangement et *en assurer l'exécution par sa présence au milieu des troupes.* La place de Metz serait remise entre les mains de la Prusse. »

Comment le maréchal ne comprit-il pas que sous la modération apparente de ces conditions se cachait un nouveau piège ? Comment ne vit-il pas l'antagonisme existant entre la proclamation antérieure du roi Guillaume, où celui-ci se défendait de faire la guerre au peuple français, et sa volonté subite de rétablir sur le trône celui-là même auquel il faisait remonter la responsabilité de la lutte ? Il fallait être bien aveugle pour ne pas saisir le but auquel tendaient les combinaisons de notre ennemi implacable : immobiliser l'armée de Metz jusqu'à ce que son épuisement la rendît incapable de tout effort, et en disposer ensuite à volonté, avec l'immense butin qu'elle apporterait ! Au surplus, les règlements militaires sont formels à cet égard : « *Le commandant d'une place de guerre doit rester sourd aux bruits répandus par la malveillance* et aux nouvelles que l'ennemi lui ferait parvenir, résister à toutes les insinuations, *et ne pas souffrir que son courage ni celui de la garnison qu'il commande soient ébranlés par les événements*[1]. » Le devoir du maréchal Bazaine était donc tout tracé et point n'était besoin d'un nouveau conseil de guerre pour le lui indiquer. Aussi bien le général Coffinières fit-il justement observer que les renseignements du général Boyer ne méritaient que la créance due à une source étrangère[2]. Mais une fois entré dans la voie fatale des compromissions, le malheureux commandant en chef de l'armée du Rhin ne pouvait plus revenir en arrière. Il était pris lui-même dans le réseau des machinations tortueuses qu'il avait préférées aux hasards d'une lutte franchement engagée et vigoureusement conduite, en sorte que la simple idée d'une tentative désespérée, mais honorable, ne lui venait même plus.

Les propositions de M. de Bismarck furent donc soumises au conseil et discutées au milieu d'une vive agitation. Le maréchal Le Bœuf, les généraux Coffinières et Desvaux furent d'avis de les rejeter purement et simplement, et de s'en tenir aux décisions prises dans la réunion du 10. Le général Desvaux insista même avec une énergie particulière pour qu'on assurât le salut et l'honneur de l'armée, sans recourir à des démarches trompeuses dont l'insuccès amènerait une

---

1. *Décret du* 13 *octobre* 1863 *sur le service des places de guerre,* article 255, § 2.
2. Général Coffinières, *loc. cit.*, page 63.

terrible catastrophe. Malgré tout, consulté sur la question de savoir « s'il faudrait tenter la fortune des armes, *quelque désastreux que paraisse devoir être le résultat*[1], » le conseil décida, sur l'intervention du général Changarnier[2], et à la majorité de sept voix contre deux, qu'il y avait lieu de s'adresser à l'Impératrice pour la supplier de reprendre la Régence, et traiter à ce titre avec le gouvernement prussien. Le général Boyer était encore chargé de cette nouvelle mission.

Avant de se séparer, le conseil déclara unanimement que « le commandant en chef ne saurait accepter aucune délégation pour signer les bases du traité impliquant des questions étrangères à l'armée, celle-ci devant rester en dehors de toute négociation politique. » Bien que cette manifestation fût d'allure assez méfiante, le maréchal réunit encore, le lendemain 19, ceux qui l'avaient signée. Il y eut ce jour-là une réunion plus orageuse encore que les précédentes, pendant laquelle l'intendant en chef déclara qu'à partir du 22, il n'y aurait plus de pain à distribuer, et les généraux émirent l'avis que le général Boyer devait partir immédiatement. Après quoi ils se rendirent dans leurs quartiers généraux respectifs pour exposer aux généraux et aux chefs de corps sous leurs ordres le résultat de leur réunion. L'effet de leur communication fut désastreux, et le lugubre silence qui l'accueillit partout montra quelle douloureuse émotion soulevait une révélation aussi inattendue. En dépit des précautions oratoires dont le maréchal avait prescrit de l'entourer, elle sema dans tous les cœurs une indignation mêlée de stupeur, et donna lieu bientôt à une agitation dont les tendances ne pouvaient rester douteuses longtemps. Les soldats eux-mêmes se mêlaient au mouvement général ; les protestations les plus chaleureuses s'élevèrent dans les camps, tant en faveur d'une tentative suprême, que contre la souillure dont on se sentait menacé. Sous

---

1. Maréchal BAZAINE, *L'Armée du Rhin*, page 182.
2. *Procès Bazaine*, Déposition du général Boyer, audience du 25 novembre 1873.

l'influence des privations, de la famine et des tortures morales qui venaient en cet instant fatal aggraver si lourdement les souffrances matérielles, on vit sourdre à travers les bivouacs embourbés une effervescence menaçante, que contenait seul le profond sentiment de la discipline à laquelle cette admirable armée ne cessait pas d'obéir. Une sorte de convention tacite, symptôme précurseur du dénouement, avait éteint le feu aux avant-postes, où la surveillance se relâchait partout, et l'on voyait des soldats aller ramasser des pommes de terre jusqu'auprès des sentinelles prussiennes, qui ne disaient rien. Autour des rares musiques qui jouaient encore, officiers et soldats déguenillés erraient en silence, l'œil fixe et l'air abattu, et dans les petits groupes qui se formaient tout autour, on entendait des paroles de colère et de haine. Il semblait alors qu'une dernière lueur d'énergie brillait dans les regards, et qu'une explosion de rage folle allait tout à coup soulever les âmes dans un élan désespéré!

Le maréchal, croyant faire diversion à une surexcitation dont il redoutait les conséquences, se décida à prodiguer une dernière fois « toutes les faveurs qu'il lui était possible d'accorder. Les grades, les croix, les médailles furent distribués, à la hâte, de tous côtés, avec une profusion telle que les propositions furent à peine examinées [1]. » Mais cette satisfaction offerte à quelques appétits peu dignes en un pareil moment ne donna le change à personne sur une liquidation que suivit d'ailleurs de très près celle de la caisse de l'armée. L'inquiétude et l'angoisse n'en furent pas diminuées.

Deux jours après, Bazaine lançait, paraît-il, une note circulaire où il faisait part du voyage du général Boyer, en ajoutant que celui-ci devait ramener l'Impératrice et le Prince impérial, et que lui *serait nommé régent* [2]. Puis, avec une duplicité singulière, il adressait la dépêche suivante au gouvernement de Tours :

---

1. *Metz, Campagne et négociations*, page 344.
2. *Histoire de la guerre de* 1870, par V. D., page 480. — Cette circulaire n'existe pas aux pièces du procès.

Metz, 4 octobre 1870. — A plusieurs reprises, j'ai envoyé des hommes de bonne volonté pour donner des nouvelles de l'armée de Metz. Depuis, notre situation n'a fait qu'empirer et je n'ai jamais reçu la moindre communication de Paris ni de Tours. Il est cependant urgent de savoir ce qui se passe dans l'intérieur du pays et dans la capitale, car, sous peu, la famine me forcera de prendre un parti *dans l'intérêt de la France et de cette armée* [1].

Cette communication parvint à son adresse, mais il était trop tard pour qu'il y fût répondu !

Quant à l'armée, le commandant en chef ne paraissait s'en soucier que pour activer sa dépression morale. Tandis que la famine achevait son œuvre, au point qu'on pouvait voir maintenant des soldat affamés se ruer sur les chevaux tombant d'inanition et les dépecer avant même qu'ils fussent morts, les nouvelles incertaines mais si alarmantes apportées par le général Boyer étaient répandues partout. Bien que des provisions existassent, soigneusement cachées en ville où l'on n'avait pas exercé la moindre réquisition, et dans certains magasins militaires [2], on ne donnait aucun ordre pour les utiliser, et on laissait les soldats végéter dans les camps transformés en cloaques par des pluies ininterrompues, sans autre nourriture que de la viande de cheval agonisant. C'est au point qu'un des généraux les plus en vue de l'armée de Metz a pu formuler cette accusation terrible : « Le régime débilitant, physiquement et moralement, auquel l'armée se trouvait astreinte, semblait avoir été combiné de manière à produire, à point nommé, les hallucinations de la peur et la soumission inerte ; on l'eût dit appliqué méthodiquement, patiemment, avec une incroyable logique [3] ! »

On arriva ainsi au 23 octobre. Ce jour-là, le prince Frédéric-Charles transmit au maréchal une dépêche de M. de Bismarck, où l'astucieuse tactique du chancelier

---

1. *L'Armée du Rhin*, par le maréchal BAZAINE, page 185.
2. *Procès Bazaine, passim.* — « Pendant six mois après le siège, les Prussiens ont vendu des quantités prodigieuses de lard qui étaient enfermées dans les caves immenses de la caserne du génie. » — *Ibid.*, Déposition de M. Champigneulles, audience du 11 novembre 1873.
3. *L'Armée de Metz*, par le général DELIGNY, page 41.

fédéral était révélée sous son vrai jour. Elle était conçue en ces termes :

> Le général Boyer désire que je communique le télégramme suivant : — *L'Impératrice, que j'ai vue, fera les plus grands efforts en faveur de l'armée de Metz, qui est l'objet de sa sollicitude et de ses préoccupations constantes.*
> Je dois cependant vous faire observer, Monsieur le maréchal, que, depuis mon entrevue avec le général Boyer, aucune des garanties que je lui avais désignées comme indispensables avant d'entrer en négociations avec la Régence impériale n'a été réalisée, *et que l'avenir de la cause de l'Empereur n'étant nullement assuré par l'attitude de la nation et de l'armée françaises,* il est impossible au Roi de se prêter à des négociations dont Sa Majesté seule aurait à faire accepter les résultats à la nation française. Les propositions qui nous arrivent de Londres sont, dans la situation actuelle, absolument inacceptables, et je constate, à mon grand regret, que je n'entrevois plus aucune chance d'arriver à un résultat par des négociations politiques. *Signé* : BISMARCK.

Cette dernière phrase était sanglante, et l'on ne pouvait, comme l'a fait remarquer un des historiens de la guerre, rappeler plus cruellement à un maréchal de France qu'il aurait dû combattre[1]. Quant au document tout entier, il démasquait la tactique suivie jusque-là par notre adversaire, et le piège où s'était laissé prendre le maréchal. On l'avait berné de chimères tant qu'on le croyait encore redoutable ; maintenant qu'on le savait réduit aux expédients, on lui déclarait tout net qu'il n'avait d'autre moyen de se tirer d'affaire que le recours aux armes. Quelle leçon et quelle humiliation ! Combien, à ce moment, le commandant en chef de l'armée de Metz dut amèrement regretter d'avoir aussi longtemps méconnu ses devoirs !

Conseil de guerre du 24 octobre. — En définitive, la situation se résumait en ceci : l'Impératrice, avec un désintéressement dont l'histoire doit tenir compte, se refusait à accepter l'appui de l'étranger, et à provoquer la guerre civile en profitant, pour reconquérir le trône de France, de nos divisions et de nos malheurs. Elle donnait ainsi à la fois un noble exemple et une sévère

---

[1] DUSSIEUX, *Histoire générale de la guerre de 1870-71* ; Paris, Lecoffre, 1872, page 131.

leçon. Mais la situation n'en était pas changée pour cela et le moment approchait où il faudrait la subir avec toutes ses conséquences. Le maréchal n'avait plus à se faire d'illusions.

Il convoqua à nouveau les commandants de corps d'armée le 24 octobre, à huit heures du matin, et, après leur avoir donné communication de la lettre de M. de Bismarck, leur demanda brusquement cette fois : « *Que faut-il faire ? Se battre ou capituler ?* »

La discussion qui s'engagea s'égara d'abord sur des considérations d'un ordre secondaire que la situation présente justifiait dans une certaine mesure, mais qui ne pouvaient amener aucune conclusion. Des récriminations plus ou moins voilées surgissaient, et ce n'était qu'à grand'peine qu'on parvenait à ramener les interlocuteurs à la question. C'était d'abord des vivres qu'il s'agissait. Les visites domiciliaires étaient représentées de nouveau comme n'ayant pas été faites avec une rigueur suffisante, et l'on blâmait plus que jamais le gouverneur de la place d'avoir trop ménagé les habitants. Le général Coffinières protestait avec son énergie habituelle, en s'appuyant sur ses devoirs de commandant supérieur d'une place qui allait être assiégée, et dont il devait autant que possible séparer le sort de celui de l'armée[1].

On disserta ensuite sur l'état moral et physique de l'armée, et la discussion menaçant de s'égarer, le maréchal dut la ramener à son vrai point. Il interrogea donc directement les généraux. Celui qui parla le premier, le général Desvaux, opina pour une trouée par les armes. Après lui, le maréchal Le Bœuf et le général Coffinières[2] furent d'un avis semblable. Les autres pensèrent que ce ne serait là qu'une folie héroïque, dont le résultat pourrait devenir désastreux. Les considérations mises en avant à cet égard amenèrent le conseil « à se soumettre à l'impérieuse nécessité d'entrer en pourparlers avec l'ennemi[3] ». Mais comment, et sur quelles bases ? Le maréchal lui-même n'espérait pas obtenir d'autres conditions que celles de Sedan. Qui serait chargé de traiter ? Après une nouvelle et longue

---

1. *Souvenirs du général Jarras*, page 282.
2. Le général Coffinières rappela qu'on avait déjà pris la résolution de sortir les armes à la main, si la mission du général Boyer échouait, et que le moment lui semblait venu de s'y conformer. (*Ibid.*)
3. *Ibid.*, page 287.

discussion, le maréchal Canrobert proposa de confier cette pénible et délicate mission au général Changarnier, « notre maître à tous », dit-il.

« Le général Changarnier accepta sans hésiter et sans fausse modestie[1]. » Par un étrange aveuglement, inexplicable après les échecs antérieurs, il était chargé de demander une convention exclusive de toute capitulation, statuant pour l'armée seule, et non pour la place de Metz, et stipulant que cette armée se rendrait, avec armes et bagages, sur un point quelconque de la France ou en Algérie, sous la seule condition de ne plus combattre les forces allemandes *et de se borner à maintenir l'ordre*. On ne semblait pas se rendre compte que, l'ennemi voulût-il y consentir, c'était là un rôle inadmissible tant que le sol français ne serait pas délivré. Jamais un soldat n'eût consenti à remplir l'office de gendarme tandis que d'autres auraient combattu l'envahisseur, et l'armée se serait certainement débandée plutôt que de souffrir une honte pareille. Mais les généraux étaient à ce point anéantis devant la profondeur de l'abîme où leur chef les avait conduits, qu'ils en perdaient la saine notion des choses. C'est ainsi que quelqu'un ayant rappelé les articles du règlement qui proscrivent d'une manière absolue la capitulation en rase campagne, on lui répondit que l'armée du Rhin, réfugiée dans le camp retranché de Metz, s'y trouvait comme dans une place forte et que, dès lors, l'épuisement des vivres justifiait la capitulation[2].

Le 25 donc, le général Changarnier se rendit au château de Corny. Il y fut reçu avec les plus grands égards, mais on lui opposa une fin de non-recevoir qui n'était pas douteuse, et Frédéric-Charles se borna à lui dire qu'il ferait connaître ce même jour, à cinq heures du soir, les conditions sur lesquelles on pourrait traiter. En effet, le général de Cissey s'étant transporté à ce moment, par ordre du maréchal, au château de Frescaty, y rencontra le général de Stiehle, chef d'état-

---

[1]. *Souvenirs du général Jarras*, page 288.
[2]. *Ibid.*, page 289.

major de la II⁰ armée, lequel lui déclara que : 1° l'armée et la garnison de Metz seraient prisonnières de guerre ; 2° la place serait remise aux mains des Allemands, avec tout le matériel (y compris les drapeaux) et les vivres appartenant à l'armée et à la place.

Conseil de guerre du 26. — Fidèle à son système, et bien qu'il fût seul maître et seul responsable de la solution, le maréchal en référa de nouveau à ses lieutenants. Le 26, à huit heures et demie du matin, il les réunissait pour la quatrième fois à son quartier général, leur donnait connaissance des conditions énoncées ci-dessus et invitait les généraux Changarnier et de Cissey à rendre compte de leur mission. Le résultat n'en était que trop clair, et il n'y avait plus d'illusion à se faire sur l'étendue des concessions à attendre de l'ennemi. Quant aux moyens d'existence, ils en étaient arrivés à leur dernière limite. Fallait-il donc accepter sans commentaires les conditions si dures qui nous étaient imposées ?

Après une discussion assez longue et un avis fortement motivé du général Soleille, il fut reconnu *unanimement* que c'était là la seule solution possible. « Dès lors, la volonté implacable de l'ennemi confondant la place et l'armée dans le même sort, il fut décidé que les approvisionnements de vivres qui avaient été spécialement affectés à la place et réservés pour elle seule, seraient mis en commun avec ceux de l'armée, c'est-à-dire que l'armée prendrait sa part, au prorata des effectifs, des approvisionnements qui avaient été laissés dans les magasins de la place en prévision d'un siège [1]. » C'était bien tard !

Certains généraux cependant ne voulaient pas se résoudre à la réalité navrante. Ils espéraient encore qu'en faisant appel aux sentiments de confraternité militaire, on pourrait peut-être obtenir de l'ennemi quelques concessions. Les généraux de Cissey et Changarnier crurent devoir détruire leurs illusions, et les fixer sur le degré de générosité qu'avaient montrée nos adversaires.

---

1. *Souvenirs du général Jarras*, page 295.

Il n'y avait pas à insister. Alors un des officiers généraux présents demanda qu'au moins on détruisît le matériel et les poudres. Mais aussitôt le général Soleille protesta vivement, disant que l'armée française était engagée, et que c'était pour elle une question de loyauté de laisser les choses en l'état actuel. Le général Soleille semblait, en cette circonstance, complètement oublier les prescriptions réglementaires, et son intervention, fâcheuse à tous égards, témoignait d'une bien étrange conception des devoirs d'un commandant de place. Il rangea néanmoins le conseil à son avis, ce qui n'est pas moins surprenant, et fut cause ainsi que le triomphe de la Prusse se compléta pour elle du gain facile autant qu'inespéré d'un prodigieux butin. Ajoutons, toutefois, que dans la délibération de ce jour, il ne fut pas question des drapeaux.

Restait à désigner le plénipotentiaire. Ce fut le général Jarras auquel, en sa qualité de chef d'état-major général, incomba, malgré ses protestations, le douloureux devoir d'apposer sa signature au bas de l'instrument maudit qui allait priver la France de ses plus vaillants défenseurs. Le maréchal, poursuivant sa pensée égoïste, qui était de partager les responsabilités, lui déclara qu'il était *le fondé de pouvoir de tout le conseil* et que sa mission se bornait d'ailleurs à régler les détails d'une convention, déjà arrêtée en principe, en cherchant toutefois à obtenir les adoucissements dus à une vaillante armée, qui n'avait été vaincue que par la famine[1]. Le général dut s'incliner.

Signature de la capitulation. Les drapeaux. — Le lendemain 27 octobre, au petit jour, le chef d'état-major de l'armée du Rhin, accompagné du lieutenant-colonel Fay et du commandant Samuel, s'acheminait, sous une pluie battante et par une violente tempête, vers le château de Frescaty. Il y arriva vers huit heures du matin.

Mis aussitôt en relation avec le général de Stiehle, il essaya encore une fois d'obtenir qu'au moins un détachement de l'armée, composé de troupes de toutes

---

[1]. *Souvenirs du général Jarras,* page 302.

armes, fût autorisé à rentrer en France ou à se rendre en Algérie, et que tous les officiers pussent conserver leur épée. Le général allemand, se retranchant derrière les ordres du roi, refusa toute discussion sur ce sujet. De même il fut inflexible sur la question de séparer le sort de la place de celui de l'armée. Mais, comme à plusieurs reprises il avait témoigné de sa haute estime pour la valeur de cette armée, qui, somme toute, ne succombait pas à une défaite, le général Jarras ne se tint pas pour battu, et finit par faire introduire, dans la rédaction du protocole, sous la réserve de l'approbation royale, deux clauses comportant, la première le maintien aux officiers de leur épée, la seconde la *concession des honneurs de la guerre*[1]. Puis il rentra dans la soirée au Ban-Saint-Martin, où il rendit compte de sa mission au maréchal. Celui-ci l'approuva, sauf cependant en ce qui concernait les honneurs de la guerre, qu'il refusa formellement sous le prétexte « qu'ils comportaient un défilé dans lequel devaient figurer des commandants de corps d'armée et autres généraux auxquels il répugnait de se donner en spectacle dans cette circonstance[2] ». Il aborda ensuite la question des drapeaux.

Il m'ordonna, a écrit le général Jarras, de prévenir le général de Stiehle, pour qu'il en fît part au prince Frédéric-Charles, qu'il était d'usage en France, après une révolution, de détruire les drapeaux et étendards qui avaient été remis aux troupes par les gouvernements déchus, *et que cet usage avait déjà reçu un commencement d'exécution*. Je crus devoir faire observer à ce sujet qu'il n'était pas sage d'attirer l'attention de l'ennemi sur les drapeaux... Je fis aussi remarquer que le prince Frédéric-Charles ne croirait pas à l'usage sur lequel j'avais ordre de m'appuyer, et qui n'était pas reconnu. Le maréchal me dit alors *qu'il savait que des drapeaux avaient été détruits*, et qu'il ne voulait pas que le prince Frédéric-Charles pût supposer qu'il avait manqué à ses engagements ; qu'en tous cas, c'était ce qu'il me chargeait de dire.

---

1. Les honneurs de la guerre, d'après les anciens usages militaires, consistaient en ceci : l'armée vaincue défilait *en armes* devant son vainqueur et ne se constituait prisonnière de guerre qu'après avoir déposé celles-ci. C'est ce qui s'était passé à Ulm, par exemple, en 1805, et à Huningue en 1815.
2. *Souvenirs du général Jarras*, page 318.

On verra bientôt la suite de cet incident, dont rien alors ne pouvait me faire supposer la portée[1].

Grand fut l'étonnement du général de Stiehle quand, le lendemain 27, il apprit du général Jarras que le maréchal refusait les honneurs militaires pour son armée. Tout naturellement, il s'imaginait que le commandant en chef de l'armée du Rhin aurait accueilli avec satisfaction cette marque de haute estime, et il venait même de féliciter avec courtoisie le général Jarras de ce que le roi de Prusse eût consenti aussi facilement à l'accorder. En présence de la volonté si nettement exprimée par le maréchal, il n'y avait plus qu'à passer outre. Quant aux drapeaux, le plénipotentiaire prussien se borna à déclarer que l'usage invoqué lui était inconnu.

Toute discussion nouvelle étant désormais inutile, le protocole de la capitulation fut rédigé séance tenante, en français et en allemand, sur les bases indiquées plus haut, et signé par les deux officiers généraux[2]. Il était alors dix heures du soir. En se séparant du général Jarras, le chef d'état-major de l'armée allemande lui donna l'assurance que toutes les mesures seraient prises pour assurer le plus de bien-être possible aux officiers et soldats prisonniers. Des distributions de vivres et de paille de couchage seraient faites immédiatement ; les *wagons apportant les denrées étaient à Ars depuis trois jours*[3].

Ainsi le sacrifice était consommé. Une place de guerre de premier ordre, défendue par une armée de 150,000 soldats, et des meilleurs, était livrée à l'ennemi sans avoir été entamée. La famine elle-même, qu'on donnait pour excuse à cette chute ignominieuse, la famine n'était pas la cause déterminante du désastre, du moins du jour où il se produisait. Car, outre les sub-

---

[1]. *Souvenirs du général Jarras,* page 319.
[2]. Voir la pièce justificative n° 6.
[3]. Il y a tout lieu de croire que ce n'est point par seule sympathie pour un adversaire malheureux que les Allemands faisaient montre d'une générosité dont ils ne sont pas coutumiers. Il est à présumer plutôt, et les circonstances sont là d'ailleurs pour le prouver, qu'ils avaient surtout hâte d'en finir, et de courir au secours des Bavarois, que la formation de l'armée de la Loire inquiétait fort.

sistances cachées, il existait encore quatre jours de vivres, que l'intendant en chef de l'armée avait découverts le 26, et joyeusement annoncés, ce même jour, à cinq heures du soir, au maréchal [1]. C'était un sursis devant la mort, sursis qu'il devenait criminel de dédaigner et qui pouvait peut-être changer la face des choses si l'on eût voulu l'utiliser, et si, comme le dit le règlement militaire, « de la reddition d'une place *avancée ou retardée d'un seul jour*, peut dépendre le salut du pays [2] ». Mais le soldat dévoyé qui malheureusement présidait à nos destinées était bien trop apathique pour chercher là un moyen de sauver l'honneur des armes par un acte suprême de noble désespoir! Il préférait à une dernière tentative, folle peut-être, mais glorieuse, la honte de livrer d'un trait de plume 173,000 hommes, dont trois maréchaux de France, plus de 50 généraux et 6,000 officiers, 53 drapeaux, 1,407 pièces de canon, 200,000 fusils, 3 millions de projectiles, 23 millions de cartouches et un immense matériel!

Et cette armée dont il trafiquait ainsi n'avait perdu sur les champs de bataille, où étaient tombés 42,483 des siens, ni un drapeau ni un canon! Elle avait mis hors de combat 46,297 ennemis, conquis 2 canons et pris 1 drapeau les armes à la main! Elle avait été jusqu'à la fin vaillante, disciplinée, soumise. Elle avait toujours montré le dévouement le plus complet et partout prodigué son sang sans compter. Et c'était un homme sorti de ses entrailles, un homme ayant successivement franchi tous les échelons de la hiérarchie militaire, depuis le galon de laine du caporal jusqu'au bâton de maréchal de France, qui lui infligeait ce suprême outrage et ce déshonneur sans nom!... Bien plus, il allait, par un oubli de ses devoirs plus criminel encore, la dépouiller sournoisement de ce qu'elle avait de plus cher, de ses drapeaux, déchirés par la mitraille et tachés du sang le plus généreux, de ces drapeaux,

---

1. *Procès Bazaine*, Déposition du commandant Samuel. — Réquisitoire.
2. *Décret du 13 octobre 1863 sur le service des places de guerre*, art. 255.

pour lesquels, comme l'a dit Napoléon, le soldat français éprouve un sentiment qui tient de la tendresse[1]! C'est bien là, parmi tant de cruels souvenirs qui restent de cette funeste guerre, le plus douloureux qui soit!

Avait-il donc oublié que partout où les trois couleurs flottent au vent dans l'ordre qu'on peut appeler légal, elles représentent la France, et qu'à ce titre on leur rend les honneurs souverains? Ignorait-il l'histoire des survivants du 8° bataillon de chasseurs à pied qui, cernés, le 23 septembre 1845, dans le marabout de Sidi-Brahim par les forces dix fois supérieures d'Abd-el-Kader, et résolus à se défendre jusqu'à la mort, ne trouvèrent d'autre moyen d'affirmer leur entêtement sublime que d'attacher ensemble une ceinture rouge, un mouchoir blanc et une cravate bleue, et de planter cette loque, en laquelle ils voyaient la France, au sommet du marabout où tous devaient périr? Quelle étrange idée se faisait-il donc du symbole de la patrie française, quand il écrivait « que ces lambeaux d'étoffe n'ont de valeur morale que quand ils sont pris sur le champ de bataille, et qu'ils n'en ont aucune lorsqu'ils sont déposés dans un arsenal[2] »? Toujours est-il qu'avant même de communiquer, le 28, le texte de la capitulation aux commandants de corps d'armée, qui l'entendirent les larmes aux yeux[3], il se mit en devoir de faire le nécessaire pour que ces « lambeaux d'étoffe » ne fussent pas soustraits à l'ennemi.

Dès le 27, avant midi, il faisait rédiger par le général Soleille deux lettres. L'une, adressée aux généraux commandant l'artillerie des corps d'armée, ordonnait de transporter dans la journée, à l'arsenal, les drapeaux et étendards. Ils devaient être *enveloppés de leurs étuis* et placés dans un *un chariot de batterie fermé.* L'autre, destinée au colonel de Girels, directeur de l'arsenal, prescrivait à cet officier supérieur de *recevoir* et de *conserver* les drapeaux qui, y était-il dit, « feront partie de l'inventaire du matériel de la place, établi ultérieure-

---

1. 25° *Bulletin de la Grande Armée* (16 novembre 1805).
2. *Rapport sommaire sur les opérations de l'armée du Rhin*, p. 23.
3. *Souvenirs du général Jarras*, page 329.

ment par une commission d'officiers français et prussiens ». *Cette dernière lettre ne parvint à son adresse que le lendemain matin 28.*

La réception de la communication du général Soleille souleva partout une vive émotion. Le maréchal Le Bœuf et le général Frossard répondirent qu'ils ne livreraient leurs aigles que sur l'ordre direct du commandant en chef. Le général Desvaux exigea que les siennes fussent brûlées en présence du général commandant l'artillerie de la Garde, qu'il chargea de les accompagner en personne à l'arsenal. Celles du 1er grenadiers et du régiment de zouaves n'existaient déjà plus. Dès la matinée, le colonel Péan avait réuni son régiment devant sa tente. A un signal donné, le sous-lieutenant porte-aigle en sortit et présenta le drapeau aux grenadiers, tous découverts ainsi que leurs officiers. Le colonel le prit et l'éleva sans mot dire, avec une poignante émotion; un vieux sergent, s'avançant, baisa l'étoffe; puis le colonel, prenant un couteau, coupa la soie en une foule de menus morceaux qu'il distribua aux soldats, tandis que l'armurier brisait l'aigle d'or que les officiers se partagèrent en pleurant. Le colonel Giraud, des zouaves, en fit autant.

Le général Picard, aussitôt prévenu, avait rendu compte au maréchal de ces scènes émouvantes, demandant au surplus dans quel but on faisait réunir les drapeaux à l'arsenal. C'était là une question à la fois indiscrète et inquiétante, car l'exemple de la brigade Jeanningros pouvait devenir contagieux. Le maréchal se hâta donc de répondre que les drapeaux seraient brûlés par les soins de l'artillerie, et chargea même un officier de son état-major, le colonel Nugues, d'envoyer une nouvelle circulaire dans ce sens, alléguant que c'était par suite d'une omission que cette indication ne figurait pas sur la première lettre. Il réitérait l'ordre d'envoyer les drapeaux à l'arsenal, *mais pour le lendemain matin 28, cette fois.*

Le maréchal paraissait sincère; le colonel Nugues lui fit alors observer qu'il serait peut-être nécessaire de donner un ordre direct à l'arsenal si l'on voulait que la prescription de brûler les drapeaux fût observée. Il répondit qu'il s'en chargerait lui-même, quand le moment serait venu. Or, cet ordre, ni le colonel de Girels, ni son chef hiérarchique, le général Coffinières, ni le général Soleille, commandant l'artillerie de l'armée, ne le reçurent jamais.

En outre, ce qui prouve que la prétendue sincérité du maréchal n'était qu'un masque, c'est qu'il indiquait maintenant la date du lendemain pour le transport des drapeaux à l'arsenal. Or, il savait qu'avant cette date, c'est-à-dire le 27 même, la capitulation serait signée et qu'il ne serait plus possible, une fois cette formalité remplie, de détruire les drapeaux sans manquer à la foi jurée. D'ailleurs, il entendait si bien les livrer que, pour se garder des observations que pourrait faire l'ennemi s'il en manquait quelqu'un, il avait chargé, ce même jour, le général Jarras de prévenir le général de Stiehle de la destruction de certains d'entre eux[1]. N'était-ce pas s'engager à donner les autres !

Cependant, en dépit des précautions prises, plusieurs corps refusaient encore de se dessaisir des trophées auxquels ils tenaient tant. Le général de Laveaucoupet, commandant la 3ᵉ division du 2ᵉ corps, ayant appris que l'arsenal n'avait pas reçu l'ordre de brûler les drapeaux, adressa à ses quatre colonels le billet suivant : « Faites sortir votre drapeau de l'étui ou plutôt du corbillard où il est enfermé. Qu'on lui rende pour la dernière fois les honneurs et qu'ensuite il soit brûlé. » Le général Lapasset répondit au général Frossard qui lui transmettait le deuxième ordre du maréchal Bazaine :
— « La brigade mixte ne rend ses drapeaux à personne et ne se repose sur personne de la triste mission de les brûler. Elle l'a fait elle-même ce matin, et j'ai entre les mains les procès-verbaux de cette lugubre opération. »
Le colonel du 17ᵉ d'artillerie fit également incinérer son étendard. Enfin, grâce au retard apporté dans un

---

1. « Le maréchal me dit qu'il savait que des drapeaux avaient été détruits et qu'il ne voulait pas que le prince Frédéric-Charles pût supposer qu'il avait manqué à ses engagements. » (*Souvenirs du général Jarras.*)

autre but il est vrai, à l'envoi de la lettre écrite par le général Soleille au colonel de Girels, cet officier supérieur, put, de son autorité propre, faire brûler ceux de l'artillerie et de la cavalerie, qui avaient été déposés précédemment[1]. De la sorte, sur les quatre-vingt-quatre drapeaux que comptait l'armée de Metz, « on parvint à en soustraire trente et un à l'infâme souillure qu'on leur ménageait[1] ».

Les choses en étaient là, quand, vers une heure de l'après-midi, arriva une lettre assez hautaine[2] et méfiante du général de Stiehle, vraisemblablement provoquée par l'ouverture singulière que le général Jarras avait faite, par ordre, au sujet des drapeaux. Il y était dit que le prince Frédéric-Charles, n'ayant jamais entendu parler de l'usage invoqué pour leur destruction à chaque changement de régime, invitait à suspendre immédiatement toute incinération et désirait connaître le nombre de ceux qui restaient. Il ajoutait que si ce nombre ne lui paraissait pas suffisant, il dénoncerait immédiatement la convention signée la veille.

Le maréchal Bazaine, fort inquiet, manda aussitôt le général Soleille et lui demanda combien il restait de drapeaux à l'arsenal. — « Quarante et un », répondit

---

1. Il se produisit à l'arsenal un fait caractéristique. Au moment où le colonel de Girels venait de recevoir, le 28, l'ordre de *conserver* les drapeaux, un officier d'infanterie, montrant une copie de la circulaire parvenue la veille aux commandans de corps d'armée, demanda que, conformément à ses termes formels, le drapeau de son régiment fût brûlé devant lui. Son émotion était vive, car il commençait à soupçonner l'abominable tromperie dont l'armée était victime; cependant le colonel ne crut pas pouvoir lui donner satisfaction. Sur ces entrefaites, arriva le général Soleille qui, répétant une leçon fidèlement apprise, expliqua alors que le maréchal avait espéré sauver les drapeaux en disant à l'ennemi qu'ils avaient été détruits après le 4 septembre, mais que le prince Frédéric-Charles n'ayant point ajouté foi à cette assertion, il avait bien fallu donner un ordre contraire au premier, « les Prussiens tenant beaucoup à cette clause de la capitulation, dont ils faisaient une condition expresse ».
Or, si piteux que fût le stratagème invoqué ici, il n'avait même pas le mérite de la vraisemblance puisque l'ordre que venait de recevoir le colonel de Girels était antérieur et non postérieur à celui sur lequel s'appuyait l'officier d'infanterie. Le premier avait été écrit le 27 au matin par le général Soleille, le second le 27 au soir seulement par le colonel Nugues.
2. *Metz, Campagne et négociations.*
3. *Souvenir du général Jarras.* page 332.

le général. Rassuré, Bazaine prit ses précautions pour n'avoir plus à passer par de pareilles alarmes, et écrivit lui-même au colonel de Girels l'incroyable lettre que voici :

> D'après la convention militaire signée hier soir, 27 octobre, tout le matériel de guerre, étendards, etc., *doit être déposé et conservé intact jusqu'à la paix; les conditions définitives doivent seules en décider.*
> En conséquence, le maréchal commandant en chef prescrit, de la manière la plus formelle, au colonel de Girels, directeur d'artillerie de Metz, de recevoir et de garder en lieu fermé les drapeaux qui ont été ou seront versés par les corps. *Il ne devra, sous aucun prétexte, rendre les drapeaux déjà déposés, de quelque part que la demande en soit faite.* Le maréchal commandant en chef rend le colonel de Girels responsable de l'exécution de cette disposition *qui intéresse au plus haut degré le maintien des clauses de la convention* honorable *qui a été signée et l'honneur de la parole donnée.* Signé : BAZAINE.

Sûr désormais, grâce à un véritable abus de confiance, que l'ennemi ne serait pas déçu sur l'importance du butin convoité, il se livra tranquillement aux préparatifs de son propre départ. Quant au général Soleille, il se rendit à l'arsenal pour surveiller l'exécution de cet ordre abominable et y fit cette constatation rassurante pour Bazaine, que le nombre de drapeaux ou étendards déposés n'était pas de *quarante et un,* comme on venait de le faire connaître au général de Stiehle, mais bien de *cinquante-trois.* Le lendemain, on livrait donc aux Prussiens *douze* drapeaux de plus qu'ils ne l'espéraient !

Telles sont les manœuvres odieuses par lesquelles les Allemands furent mis en possession de trophées qu'ils n'avaient point conquis. Le prince Frédéric-Charles, qui ne partageait pas à l'égard de ces trophées le dédain si étrangement affecté par le maréchal Bazaine, s'empressa d'en faire décorer son quartier général et, « quelques jours plus tard, nos malheureux compatriotes, conduits en captivité, subissaient, en passant, le douloureux spectacle de cet insultant triomphe[1] ! »

---

1. *Procès Bazaine,* Réquisitoire.

Grâce à Dieu, l'acte inouï que venait de commettre là le commandant en chef de l'armée du Rhin, n'a pas échappé au châtiment de l'histoire. Stigmatisé d'abord dans des débats solennels, il est resté depuis comme le facteur même de l'opprobre qui s'attache au nom du soldat félon, et le sentiment populaire, qui a oublié tant d'actions coupables, a gardé intacte et vivace son exécration pour l'homme qui avait livré nos drapeaux. Quant à ces drapeaux eux-mêmes, ils ont été vengés de l'affront sans précédent qu'on leur avait fait subir par une voix éloquente dont l'accent vibre encore dans nos cœurs désolés :

> Ce drapeau, qu'on a pu livrer sans le ternir (trop d'éclat l'environne!), s'est écrié le général Pourcet, il a été associé aux triomphes de la France et à ses désastres, hélas! à ses joies comme à ses souffrances ; il a flotté sur nos splendeurs et sur nos ruines, toujours honoré, relevant comme une promesse les courages abattus dans les jours de détresse, et jalonnant la route du devoir devant les générations qui se succédaient à son ombre. Ainsi liée à nos destinées, cette grande et sublime image de la patrie, vrai symbole de son impérissable grandeur, nous apparaît si pleine de brûlants souvenirs et d'enivrantes espérances, que l'héroïsme en déborde sur les rangs sans cesse renouvelés de ceux qui se pressent autour d'elle. C'est bien là, messieurs, le drapeau de la France, celui qu'une voix éloquente, chaleureuse, interprète de nos patriotiques élans, appelait naguère, avec une émotion comprise et partagée par toute la France : *le drapeau chéri!* Doublement chéri, en effet: en ce généreux pays que l'infortune attache, il manquait seulement à ce drapeau, pour défier l'inconstance, le tout-puissant prestige d'un malheur immense et immérité. Un général élevé, sous ses auspices, aux plus hautes faveurs de la fortune, lui préparait ce cruel destin [1]!...

Que dire maintenant de cet immense matériel que le maréchal, au lieu de le détruire, allait remettre intact aux mains de l'ennemi, pour être utilisé contre nous? Que dire de cette proclamation mensongère, suprême adieu adressé aux troupes sous ses ordres, où le commandant en chef, pour endormir leur vigilance et se garder des effets de leur juste exaspération, n'hésitait pas à les tromper une dernière fois!

---

1. *Ibid.*, Réquisitoire, audience du 6 décembre 1873.

A L'ARMÉE DU RHIN

Vaincus par la famine, nous sommes contraints de subir les lois de la guerre en nous constituant prisonniers. A diverses époques de notre histoire militaire, *de braves troupes commandées par Masséna, Kléber, Gouvion-Saint-Cyr, ont éprouvé le même sort*, qui n'entache en rien l'honneur militaire, quand, comme vous, on a aussi glorieusement accompli son devoir jusqu'à l'extrême limite humaine.

Tout ce qu'il était loyalement possible de faire pour éviter cette fin a été tenté et n'a pu aboutir

Quant à renouveler un suprême effort pour briser les lignes fortifiées de l'ennemi, malgré votre vaillance et le sacrifice de milliers d'existences qui peuvent encore être utiles à la patrie, il eût été infructueux par suite de l'armement et des forces écrasantes qui gardent et appuient ces lignes ; un désastre en eût été la conséquence.

Soyons dignes dans l'adversité, respectons *les conventions honorables* qui ont été stipulées, *si nous voulons être respectés comme nous le méritons ;* évitons surtout, pour la réputation de cette armée, les actes d'indiscipline, *comme la destruction d'armes et de matériel, puisque, d'après les usages militaires,* PLACE ET ARMEMENT DEVRONT FAIRE RETOUR A LA FRANCE LORSQUE LA PAIX SERA SIGNÉE.

En quittant le commandement, je tiens à exprimer aux généraux, officiers et soldats, toute ma reconnaissance pour leur loyal concours, leur brillante valeur dans les combats, leur résignation dans les privations, et c'est le cœur brisé que je me sépare de vous !

Certes, si jamais éloges furent mérités, c'est bien ceux que le maréchal adressait à son armée dans ce document *in extremis ;* mais il y avait de sa part, et le commissaire du Gouvernement l'a fait remarquer, une véritable impudeur à invoquer, pour se couvrir, les noms de trois glorieux soldats qu'une pareille évocation eût fait rougir, et à affirmer que tout avait été fait pour éviter la catastrophe qui frappait le pays. « Nous n'avons pas même la consolation de penser que sa conduite épargnait, comme il le dit, de nombreuses existences qui pouvaient être encore utiles à la patrie. L'immobilité presque absolue où il avait maintenu ses troupes depuis le 1er septembre, leur fut plus fatale, en effet, que le feu de l'ennemi. On sait que 11,000 hommes de l'armée du Rhin succombèrent misérablement loin de leurs foyers, pendant leur captivité en Allemagne, enlevés par les maladies dont ils avaient contracté le germe dans les boues du camp retranché. C'étaient plus de morts que n'en avaient coûté ensemble à cette armée les batailles livrées par elle, les plus meurtrières de toute la campagne. »

Quant au matériel, les promesses décevantes qu'avait faites le maréchal portèrent leurs fruits, et partout on tint à honneur de livrer en bon état des armes qui devaient, croyait-on, faire retour à la patrie. D'ailleurs lui-même y tenait la main et le général de Berckheim ayant, avant la capitulation, fait mettre hors de service les mitrailleuses du 6ᵉ corps, fut sévèrement blâmé.

Ici, on se trouve en présence d'un incompréhensible mystère. Car si l'on se rend très bien compte des mobiles qui ont décidé le commandant en chef de l'armée du Rhin à se coller désespérément à la place de Metz, il n'en est pas de même de ceux qui l'ont fait agir dans cette dernière circonstance. Bazaine, tous ses actes le prouvent, n'avait qu'un but: séparer les destinées des troupes qu'il commandait de celles de l'Empereur d'abord, de la France ensuite. Il entendait se réserver, à l'abri des murailles d'une place forte, jusqu'au jour où le pays vaincu, désorganisé et en butte aux factions déchaînées, aurait eu un besoin impérieux de ses services ; alors, il serait apparu comme le *Deus ex machinâ*, et, grâce à son armée intacte, aurait été le maître de la situation. Tout dans sa conduite, depuis l'ordre de marche donné pour aborder, le 16 août, le plateau de Gravelotte, jusqu'à son inaction persistante pendant les premiers jours de blocus, prouve surabondamment que telle était la chimère qu'il poursuivait obstinément. Les circonstances, plus fortes que lui, c'est-à-dire la vigueur militaire et la rouerie diplomatique de ses adversaires, ont détruit ses combinaisons et l'ont amené à un dénouement qu'il n'avait certainement pas prévu.

Mais quel intérêt pouvait-il avoir à livrer intacts à l'ennemi, tout ce matériel qu'il lui était si facile de détruire, et une place dont son devoir le plus strict eût été de mettre hors d'état les défenses? Ici, on ne trouve aucune explication plausible, et on reste face à face avec un problème qu'il est douteux de voir jamais résolu.

La reddition. — Cependant des rumeurs sinistres circulaient depuis deux jours déjà dans la ville et dans les camps. Des groupes menaçants se formaient dans les rues de la cité, lacérant les affiches apposées par ordre du gouverneur, tandis que certains régiments signaient des protestations où ils demandaient à combattre. Le capitaine Rossel, toujours aussi exalté, tenait à la chefferie du génie des conciliabules où il n'était question de rien moins que d'aller prendre de force des armes à l'arsenal et de tuer Bazaine. Les ordres du maréchal ne tardèrent pas à avoir raison de cette agitation stérile et, d'autre part, le général Clinchant, sur lequel on comptait pour diriger l'échauffourée, refusa au dernier moment, sur les conseils du général Changarnier, de s'y associer.

Quant à l'effervescence qui se manifestait en ville, elle faillit un instant avoir des conséquences graves. Le 28 octobre au matin, les journaux parurent encadrés de noir ; les gardes nationaux, mêlés à une foule immense et houleuse, se réunirent sur la place d'armes ; les discours les plus violents furent prononcés ; les excitations les plus exagérées se donnèrent carrière, et bientôt l'entrée de la cathédrale fut forcée par quelques exaltés qui mirent en branle la célèbre *Mutte*, énorme cloche dont le son ne s'entendait à Metz que dans les grandes circonstances. En même temps, comme des bataillons entiers traversaient la ville pour aller verser leurs armes et leurs munitions à Chambière, on courut à eux et on leur prit leurs fusils avec leurs cartouches. Il fallut que le maire et la municipalité intervinssent pour éviter des malheurs que le moindre incident pouvait provoquer, et calmer une agitation, excusable sans doute, mais absolument impuissante. Sur leur demande, un régiment de voltigeurs de la Garde fut envoyé dans Metz. La douleur peinte sur la figure de ces vieux soldats était telle que leur vue souleva une émotion profonde et que les Messins, subitement calmés, « fraternisèrent aussitôt avec eux dans des adieux déchirants[1] ».

Mais Bazaine avait hâte de liquider une situation inquiétante. Après avoir encore, les 26 et 27, distribué à profusion des grades et des décorations, il écrivit au prince Frédéric-Charles pour lui demander l'autorisation de partir dès le 29, promettant que les mouvements de la journée du 28 n'auraient aucune suite.

Le prince, avant de répondre, prit toutes ses dispositions pour que la prise de possession de Metz par les troupes allemandes fût au préalable assurée, et fit entrer en ville, dans la soirée du 28, la division Kümmer, destinée à y tenir garnison. Lorsqu'il fut bien sûr que tout se trouvait en ordre, que le butin sur lequel il comptait demeurait intact et que trophées et matériel étaient bien au complet, il écrivit au commandant en chef *en lui exprimant sa satisfaction sur son exactitude à tenir ses engagements.*

Bazaine, dans son impatience, ne voulut pas attendre l'autorisation demandée. Après s'être fait remettre intégralement la solde et les indemnités auxquelles il avait droit et fait à ses familiers de courts adieux, en leur disant : — « Au revoir, dans un mois, à Paris[2]! », il se rendit, le 29, dans la matinée, à Longeville, entre une double haie de grenadiers de la Garde. Là, il trouva une lettre du général de Stiehle, lui signifiant, avec assez de brutalité, qu'il ne pourrait dépasser les lignes qu'à cinq heures du soir ; il se cacha alors dans une maison de Moulins. Quand il en sortit, au crépuscule, il fut hué par les populations et dut être protégé par les gendarmes prussiens[3]. Enfin il atteignit Corny, où il fut obligé d'attendre que le prince, « qui avait été assister, à la tête de son état-major, au défilé de la Garde impériale[4] », revînt à son quartier général.

---

1. *Metz, Campagne et négociations*, page 406.
2. *Armée de Metz*, 1870, page 71.
3. *Metz, Campagne et négociations*, page 441.
4. *La Guerre franco-allemande*, 2ᵉ partie, page 295.

Après une courte entrevue avec son vainqueur, le maréchal partit de là pour Cassel[1].

Ce départ, ou plutôt cette fuite, avait été si rapide qu'aucun ordre ne fut donné pour assurer les derniers besoins des soldats aussi tristement sacrifiés. « La troupe, qui n'avait touché que 250 grammes de pain les 27 et 28, ne reçut rien pour la journée du 29. Or, le procès-verbal d'inventaire fait foi que les magasins militaires contenaient encore plus d'un jour de pain, de riz ou de légumes secs, de sel, de sucre, de café, 100,000 rations de lard, plus encore de vin ou d'eau-de-vie. Toutes ces denrées furent livrées aux Prussiens, tandis que nos soldats, victimes d'une déplorable négligence, mouraient de faim et de misère[2]. »

Pas plus d'ailleurs qu'il n'avait songé à leur nourriture, le maréchal ne pensa à réglementer d'une manière quelconque la funèbre cérémonie de la reddition de ses soldats. Les généraux et les chefs de corps durent y pourvoir d'eux-mêmes !... Jamais tant d'égoïsme ne s'était allié à tant de félonie !!!...

Le 29, à midi, des files interminables d'hommes hâves, sombres et amaigris, dont la figure contractée se baignait de larmes, quittèrent, sous une pluie battante, les hideux marécages qui avaient été leurs bivouacs. Elles arrivèrent, conduites par les officiers, devant les régiments allemands, qui les attendaient l'arme au pied, et défilèrent, « mornes et dignes, devant leurs vainqueurs[3] ». La séparation fut un des plus navrants spectacles auquel il soit donné à l'homme d'assister. Officiers et soldats, au moment où ils sentirent se briser les liens si puissants de la fraternité des armes, encore resserrée par l'infortune, tombèrent dans les bras des uns des autres et mêlèrent leurs larmes dans une étreinte suprême... Les Allemands eux-mêmes, d'ordinaire si durs, ne pouvaient contenir leur émotion... Puis on se dit adieu encore et on se

---

1. Par un singulier rapprochement, le mot d'ordre donné aux troupes pour la journée du 29 était *Dumouriez*.
2. *Procès Bazaine*, Réquisitoire audience du 6 décembre 1873.
3. *La Guerre franco-allemande*, 2ᵉ partie, page 294.

sépara pour cette longue et cruelle captivité qui devait durer cinq mois!... Dans Metz, au pied de la statue de Fabert, voilée de crêpe, un poste prussien avait formé les faisceaux. Tous les magasins étaient fermés, les hommes étaient vêtus de noir et les femmes en longs vêtements de deuil... Metz, la Pucelle, devenait une ville allemande, et les drapeaux de la Confédération du Nord flottaient sur ses murailles, livrées à l'ennemi, mais non conquises par lui [1].

Ainsi finit l'existence de l'armée du Rhin, de cette armée si belle, si vaillante, si héroïque dans les combats, si noble et si digne dans le plus immérité des malheurs. Les soldats de Spicheren, de Borny et de Gravelotte n'étaient plus qu'un bétail humain, traîné dans les prisons meurtrières d'Allemagne et soumis, en dépit des engagements pris, aux plus épouvantables misères; la famine et la mort les attendaient dans les camps où ils furent parqués, cette mort qu'ils n'avaient jamais redoutée, mais qu'ils eussent voulu voir servir à quelque chose et mille fois préférée à la honte dont on les abreuvait. Avec eux tombait un des premiers boulevards de la France, une cité vierge jusque-là de la souillure de l'étranger, que, par une série de machinations ténébreuses et coupables, un chef indigne venait d'associer à leur sort.

« Il faut remonter le cours de dix-neuf siècles, s'est écrié un de nos généraux, il faut remonter jusqu'au resserrement et à la défaite de l'armée gauloise sous Alise, pour trouver un fait historique qui puisse être comparé à ce désastre; mais encore la comparaison est-elle toute à l'avantage de nos aïeux et de leur chef. Ils s'étaient montrés hardis, entreprenants et redoutables jusqu'à la dernière heure, et quand celle-ci sonna, Vercingétorix était à cheval et revêtu de son armure. Il alla trouver César pour implorer sa clémence en faveur de ses compagnons d'armes. Pour lui-même, il ne stipula rien. Il savait le sort qui lui était réservé :

---

1. Sur la place d'armes de Metz, devant la cathédrale, se dresse la statue d'Abraham Fabert, né à Metz en 1599, mort en 1662, le premier roturier qui ait été élevé à la dignité de maréchal de France. Sur le socle, ironie sanglante, sont gravées ces paroles, prononcées par l'illustre soldat : *Si, pour empêcher qu'une place que le roi m'a confiée ne tombât au pouvoir des ennemis, il fallait mettre à une brèche ma personne, ma famille et tout mon bien, je ne balancerais pas un moment à le faire.*

être conduit à Rome pour y suivre le char du vainqueur et mourir[1]. »

Quant aux Allemands, qui, pendant les dix semaines de blocus, avaient été décimés par la maladie et venaient de perdre par le feu des Français 240 officiers et 5,500 hommes[2], ils ne dissimulèrent pas la joie immense que leur causait un événement « si longtemps attendu[3] ». En récompense de succès qui cependant n'étaient pas dus à leurs seules qualités militaires, le roi de Prusse éleva à la dignité de *feld-maréchal-général* son fils, le Prince royal, et son neveu, le prince Frédéric-Charles. Il conférait en même temps le titre de comte au général de Moltke dont, il faut bien le reconnaître, les combinaisons hardies venaient d'être couronnées d'un triomphe éclatant.

Mais *la justice immanente* devait atteindre un jour celui qui, par le complet oubli des devoirs de sa mission sacrée, avait été le véritable auteur de ce triomphe et de notre ruine. Trois ans après la capitulation fatale, le drame de Metz eut son épilogue à Trianon et, le 10 décembre 1873, François-Achille Bazaine, maréchal de France, reconnu, par un conseil de guerre unanime, coupable d'avoir :

1° Capitulé en rase campagne et fait déposer leurs armes aux troupes placées sous ses ordres ;

2° Traité verbalement et par écrit avec l'ennemi avant d'avoir fait tout ce que lui prescrivaient le devoir et l'honneur ;

3° Rendu la place de Metz sans avoir épuisé les moyens de défense dont il disposait et sans avoir fait tout ce que lui prescrivaient le devoir et l'honneur ;

Était, à l'unanimité aussi, condamné à la peine de mort et à la dégradation militaire[4].

1. *Armée de Metz*, 1870, page 69.
2. *La Guerre franco-allemande*, 2ᵉ partie, page 295.
3. *Ibid.*, page 294.
4. Voir pièce justificative n° 7.

FIN DU DEUXIÈME VOLUME

APPENDICE

Pièce n° 1.

PROCLAMATION DE L'IMPÉRATRICE-RÉGENTE

Paris, 7 août 1870.

Français !

Le début de la guerre ne nous est pas favorable ; nous avons subi un échec. Soyons fermes dans ce revers et hâtons-nous de le réparer.

Qu'il n'y ait, parmi nous, qu'un seul parti, celui de la France ; qu'un seul drapeau, celui de l'honneur national.

Je viens au milieu de vous. Fidèle à ma mission et à mon devoir, vous me verrez la première au danger, pour défendre le drapeau de la France.

J'adjure tous les bons citoyens de maintenir l'ordre. Le troubler, serait conspirer avec nos ennemis.

Signé : EUGÉNIE.

Pièce n° 2.

ORDRE DU JOUR DU MARÉCHAL DE MAC-MAHON

Au camp de Châlons, le 17 août 1870.

Soldats !

Dans la journée du 6 août, la fortune a trompé votre courage, mais vous n'avez perdu vos positions qu'après une résistance héroïque qui n'a pas duré moins de neuf heures. Vous étiez 35,000 combattants contre 140,000 et vous avez été accablés par le nombre. Dans ces conditions, une défaite est glorieuse et l'histoire dira qu'à la bataille de Frœschwiller les Français ont déployé la plus grande valeur.

Vous avez éprouvé des pertes sensibles, mais celles de l'ennemi sont plus considérables encore. Si vous n'avez pas été suivis, cherchez-en la cause dans le mal que vous lui avez fait. L'Empereur est content de vous et le pays tout entier vous est reconnaissant d'avoir si dignement soutenu l'honneur du drapeau.

Nous venons d'être soumis à de rudes épreuves qu'il faut oublier. Le 1er corps va se reconstituer et, Dieu aidant, nous reprendrons bientôt une éclatante victoire.

Le maréchal commandant le 1er corps d'armée,
Signé : DE MAC-MAHON.

Pièce n° 3.

ORDRE DE BATAILLE DE L'ARMÉE DE CHALONS

Commandant en chef : Maréchal DE MAC-MAHON, duc de Magenta.
Chef d'État-major général : Général de division FAURE.
Commandant de l'artillerie : Général de division FORGEOT.
Commandant du génie : Général de division DEJEAN.
Intendant général : Intendant général VIGO-ROUSSILLON.

1er CORPS D'ARMÉE

Commandant en chef : Général de division DUCROT.
Chef d'État-major : Colonel ROBERT.

1re Division d'Infanterie : Général de brigade WOLFF.

1re *Brigade* : Gal MORÉNO[1].	2e *Brigade* : Gal DE POSTIS DU HOULBEC.
13e baton de chasseurs : Ct POTIER.	
18e régt d'infie : Col BRÉGER.	45e régt d'infie : Lt-Col GERMAIN.
96e régt d'infie : Col BLUEM.	1er régt de zouaves : Col BARRACHIN.

ARTILLERIE : Deux batteries de 4 et une de mitrailleuses[2]. — Une compagnie de génie.

2e Division d'Infanterie : Général de brigade PELLÉ.

1re *Brigade* : Gal DE MONTMARIE.	2e *Brigade* : Gal GANDIL.
16e baton de chasseurs : Ct D'HUGUES.	78e régt d'infie : Col PELLENC.
50e régt d'infie : Col ARDOIN.	1er régt de tirailleurs algériens : Col DE MORANDY.
74e régt d'infie : Col THEUVEZ.	1er régt de marche : Col LECOMTE[3].

ARTILLERIE : Deux batteries de 4 et une de mitrailleuses. — Une compagnie de génie.

3e Division d'Infanterie : Général de division L'HÉRILLER.

1re *Brigade* : Gal CARTERET-TRÉCOURT.	2e *Brigade* ; Gal LEFEBVRE.
	48e régt d'infie : Col ROGIER.
8e baton de chasseurs : Ct VIÉNOT.	2e régt de tirailleurs algériens : Commt CANALE.
36e régt d'infie : Col BEAUDOIN.	
2e régt de zouaves : Col DÉTRIE.	Baton des francs-tireurs de Paris : Ct ROBIN.

1. Enfermé à Strasbourg, n'a pas rejoint.
2. Une des batteries de 4 (6e du 9e), désorganisée à Præschwiller, n'avait pas été reconstituée.
3. Ce régiment ne rejoignit que le 28 août.

ARTILLERIE : Deux batteries de 4 et une de mitrailleuses. — Une compagnie de génie.

4ᵉ Division d'Infanterie : Général de division de LARTIGUE.

1ʳᵉ *Brigade* : Gᵃˡ FRABOULET DE KERLÉADEC.
1ᵉʳ batᵒⁿ de chasseurs : capitaine BRIATTE¹.
56ᵉ régᵗ d'infⁱᵉ : Lᵗ-Cᵒˡ BILLOT.
3ᵉ régᵗ de zouaves : Cᵒˡ BOCHER².

2ᵉ *Brigade* : Gᵃˡ CARREY DE BELLEMARE.
87ᵉ régᵗ d'infⁱᵉ : Cᵒˡ BLOT³.
3ᵉ régᵗ de tirailleurs algériens : Cᵒˡ BARRUÉ.
2ᵉ régᵗ de marche : Lᵗ-Cᵒˡ DE LENCHEY.
3ᵉ batᵒⁿ du 3ᵉ grenadiers de la Garde : Cᵒˡ DE SOUANCÉ.

ARTILLERIE : Deux batteries de 4 et une de mitrailleuses. — Une compagnie de génie.

Division de Cavalerie : Général de division DUHESME⁴.

1ʳᵉ *Brigade* : Gᵃˡ de SEPTEUIL.
3ᵉ régᵗ de hussards : Cᵒˡ de VIEIL D'ESPEUILLES.
11ᵉ régᵗ de chasseurs : Cᵒˡ D'ASTUGUE.

2ᵉ *Brigade* : Gᵃˡ DE NANSOUTY.
2ᵉ régᵗ de lanciers : Cᵒˡ DE LANDREVILLE.
6ᵉ régᵗ de lanciers : Cᵒˡ TRIPART⁵.
10ᵉ régᵗ de dragons : Cᵒˡ PERROT

3ᵉ *Brigade* : Général MICHEL.
8ᵉ et 9ᵉ cuirassiers fondus : Colonel GUIOT DE LA ROCHÈRE⁶.

Réserve d'artillerie : Colonel GROUVEL.

Même composition qu'au 1ᵉʳ août : mais certaines batteries, très éprouvées à Wœrth, n'avaient plus leur complet de pièces.

5ᵉ CORPS D'ARMÉE

Commandant en chef : Général de division DE FAILLY⁷.
Chef d'État-major : Général de brigade BESSON.

1ʳᵉ Division d'Infanterie : Général de division GOZE.

1ʳᵉ *Brigade* : Gᵃˡ SAURIN.
4ᵉ batᵒⁿ de chasseurs : Cᵗ FONCEGRIVES.
11ᵉ régᵗ d'infⁱᵉ : Cᵒˡ DE BEHAGLE⁸.
46ᵉ régᵗ d'infⁱᵉ : Cᵒˡ PICHON.

2ᵉ *Brigade* : Gᵃˡ baron NICOLAS.
61ᵉ régᵗ d'infⁱᵉ : Cᵒˡ DU MOULIN⁹.
86ᵉ régᵗ d'infⁱᵉ : Cᵒˡ BERTHE¹⁰.

---

1. Deux compagnies de ce bataillon étaient restées à Strasbourg.
2. Le colonel Bocher, promu général le 25 août, fut remplacé par le lieutenant-colonel Méric.
3. Le 87ᵉ était enfermé à Strasbourg.
4. Remplacé pour cause de maladie, le 25 août, par le général Michel.
5. Sur ses cinq escadrons, ce régiment en avait eu deux (1ᵉʳ et 3ᵉ), en partie détruits à Frœschwiller; le 4ᵉ formait l'escorte du maréchal.
6. Le 9ᵉ cuirassiers était tellement éprouvé après Frœschwiller qu'il fut renvoyé sur sa garnison, Versailles. Quelques-uns de ses éléments servirent à compléter le 8ᵉ cuirassiers, qui restait à l'armée.
7. Remplacé, le 31 août, par le général de division de Wimpffen.
8. Tué à Beaumont, et remplacé par le lieutenant-colonel Basserie, qui commandait le régiment à Sedan.
9. Nommé général le 25 août, et remplacé par le lieutenant-colonel Vichery.
10. Le 86ᵉ n'avait que deux bataillons; le dernier était à Bitche.

APPENDICE

Artillerie : Deux batteries de 4 et une de mitrailleuses. — Une compagnie de génie.

2⁰ Division d'Infanterie : Général de division DE L'ABADIE D'AYDREN.

1ʳᵉ *Brigade* : Gᵃˡ LAPASSET (à Metz, moins cinq⁰ compagnies du 14⁰ batᵒⁿ de chasseurs).

2⁰ *Brigade* : Gᵃˡ DE MAUSSION¹.
49⁰ régᵗ d'infⁱᵉ : Cᵒˡ KAMPF.
88⁰ régᵗ d'infⁱᵉ : Cᵒˡ COURTY².

Artillerie : Une batterie de 4 et une de mitrailleuses³. — Une compagnie de génie.

3⁰ Division d'Infanterie : Général de division GUYOT DE LESPART.

1ʳᵉ *Brigade* : Gᵃˡ ABATTUCCI.
19⁰ batᵒⁿ de chasseurs : Cᵗ MARQUÉ.
17⁰ régᵗ d'infⁱᵉ : Cᵒˡ WEISSEMBERGER.
27⁰ régᵗ d'infⁱᵉ : Cᵒˡ DE BAROLET.

2⁰ *Brigade* : Gᵃˡ DE FONTANGES.
30⁰ régᵗ d'infⁱᵉ : Cᵒˡ WIRBEL.
68⁰ régᵗ d'infⁱᵉ : Cᵒˡ PATUREL⁴.

Artillerie : Deux batteries de 4 et une de mitrailleuses. — Une compagnie de génie.

Division de Cavalerie : Général de division BRAHAUT.

1ʳᵉ *Brigade* : Gᵃˡ DE BERNIS.
5⁰ régᵗ de hussards : Cᵒˡ FLOGNY⁵.
12⁰ régᵗ de chasseurs : Cᵒˡ DE TUCÉ.

2⁰ *Brigade* : Gᵃˡ DE LA MORTIÈRE.
3⁰ régᵗ de lanciers : Cᵒˡ THOREL.
5⁰ régᵗ de lanciers : Cᵒˡ DE BOÉRIO.

Réserve d'artillerie : Colonel DE SALIGNAC-FÉNELON.

Même composition qu'au 1ᵉʳ août : Une des batteries montées de 4 a perdu cinq de ses pièces à Beaumont.

7⁰ CORPS D'ARMÉE (Voir pièce justificative n⁰ 2 du tome Iᵉʳ).

12⁰ CORPS D'ARMÉE

Commandant en chef : Général de division LEBRUN.
Chef d'État-major : Général de brigade GRESLEY.

---

1. Nommé général de division au 12⁰ corps, quitte sa brigade le 28 août, et est remplacé par le colonel Kampf.
2. Nommé général, quitte son régiment le 27 août, est remplacé par le lieutenant-colonel Demange, mortellement blessé à Beaumont. Le 88⁰ était commandé, à Sedan, par le chef de bataillon Escarfail.
3. Une des batteries de la division était à Metz avec la brigade Lapasset. La batterie de mitrailleuses perdit cinq de ses pièces à Beaumont.
4. Nommé général le 25 août, et remplacé par le lieutenant-colonel Paillier.
5. Le 2⁰ escadron de ce régiment rentra à l'intérieur la veille de Sedan.

1re Division d'Infanterie : Général de division GRANDCHAMP

1re *Brigade* : Gal CAMBRIELS.
Deux cies de marche de chasseurs : Capne FAYE.
22e régt d'infie : Col DE VILLENEUVE[1].
34e régt d'infie : Col HERVÉ.

2e *Brigade* : Gal de VILLENEUVE.
58e régt d'infie : Col DULYON DE ROCHEFORT.
79e régt d'infie : Col BRESSOLLES.

ARTILLERIE : Deux batteries de 4 et une de mitrailleuses. — Une compagnie de génie.

2e Division d'Infanterie : Général de division LACRETELLE.

1re *Brigade* : Gal MARQUISAN.
Deux cies de marche de chasseurs
3e régt de marche : Lt-Col BERNIER.
4e régt de marche : Lt-Col CHAUCHARD.

2e *Brigade* : Gal LOUVENT.
14e régt d'infie : Col DOUSSOT.
20e régt d'infie : Col DE LA GUIGNERAYE.
31e régt d'infie : Col SAUTEREAU.

ARTILLERIE : Trois batteries de 4 plus une de 12 et une de mitrailleuses provenant du 6e corps. — Une compagnie de génie.

3e Division d'Infanterie : Général de division de VASSOIGNE.

1re *Brigade* : Gal REBOUL.
1er régt de marche d'infie de marine : Col BRIÈRE DE L'ISLE.
4e régt de marche d'infie de marine : Col D'ARBAUD.

2e *Brigade* : Gal MARTIN DES PALLIÈRES.
2e régt de marche d'infie de marine : Col ALLEYRON.
3e régt de marche d'infie de marine : Col LECAMUS.

ARTILLERIE : Trois batteries de 4. — Deux batteries de 4 et une de mitrailleuses du régiment d'artillerie de marine[2]. — Une compagnie de génie.

Division de Cavalerie : Général LICHTLIN.

1re *Brigade* : Gal DE VENDŒUVRE.
7e régt de chasseurs : Col THORNTON.
8e régt de chasseurs : Col JAMIN DU FRESNAY[3].

2e *Brigade* : Gal DE BÉVILLE[4].
5e régt de cuirassiers : Col DE COUTENSON.
6e régt de cuirassiers : Col MARTIN.

Division de Cavalerie du 6e corps : Général de division DE SALIGNAC-FÉNELON.

1re *Brigade* : Gal TILLARD[5].

2e *Brigade* : Gal SAVARESSE.
14e dragons : Col OUDINOT DE REGGIO.
14e chasseurs : Col PERRIER.

---

1. Nommé général (2e brigade) le 25 août, et remplacé par le lieutenant-colonel de Mauroy.
2. Ces batteries, qui ne rejoignirent que le 26 août, furent affectées à la réserve d'artillerie.
3. Mortellement blessé le 30 août et remplacé par le lieutenant-colonel Goulier.
4. Les deux régiments de cette brigade étaient à 4 escadrons. Le colonel de Coutenson, tué le 30 août, fut remplacé par le lieutenant-colonel de Bouyne.
5. Cette brigade passa le 30 à la division Margueritte (Réserve de cavalerie).

Réserve d'artillerie : Général de brigade BERTRAND.

8 batteries de 4 (montées).
2 batteries de 12 (montées).
2 batteries de 4. } du régiment d'artillerie de marine.
1 batterie de mitrailleuses }

3 compagnies de génie.

RÉSERVE DE CAVALERIE

1re Division : Général de division MARGUERITTE.

1re *Brigade* : G^{al} N.
1er rég^t de chasseurs d'Afrique : C^{ol} CLICQUOT.
3e rég^t de chasseurs d'Afrique : C^{ol} DE GALLIFFET [1].

2e *Brigade* : Gal TILLARD.
6e rég^t de chasseurs : C^{ol} BONVOUST.
1er rég^t de hussards : C^{ol} DE BEAUFFREMONT.

ARTILLERIE : Deux batteries à cheval.

2e Division : Général de division DE BONNEMAIN.

1re *Brigade* : Gal GIRARD.
1er rég^t de cuirassiers : C^{ol} DE VANDŒUVRE [2].
4e rég^t de cuirassiers : C^{ol} COURTOIS [3].

2e *Brigade* : G^{al} DE BRAUER.
2e rég^t de cuirassiers : C^{ol} BORÉ-VERRIER [4].
3e rég^t de cuirassiers : C^{ol} DESPETIT DE LASALLE [5].

ARTILLERIE : Une batterie à cheval [6].

AU QUARTIER GÉNÉRAL IMPÉRIAL

Escadron des cent-gardes de l'Empereur.
Escadron des gendarmes d'élite.
3e bataillon du 3e grenadiers de la Garde.
5e escadron du régiment des guides de la Garde.

---

1. Nommé général le 30 août.
2. Nommé, le 25 août, général et commandant la 1re brigade de la division Lichtlin ; le 1er cuirassiers était commandé depuis cette date par le chef d'escadron Picard.
3. En remplacement du colonel Billet, blessé et prisonnier à Frœschwiller.
4. En remplacement du colonel Rossetti, blessé à Frœschwiller.
5. En remplacement du colonel Lafutsun de Lacarre, tué à Frœschwiller.
6. Des deux batteries à cheval primitivement affectées à cette division, l'une avait été tellement maltraitée à Frœschwiller qu'il fallut la dissoudre le 23 août. Ce qui restait de son matériel fut réparti en différentes unités, et les hommes allèrent renforcer la garnison de Sedan. Une batterie de 4 envoyée pour la remplacer fut également conservée dans Sedan.

Pièce n° 4.

ORDRE DE BATAILLE DE LA 3ᵉ DIVISION DE RÉSERVE

Commandant : DE KUMMER, général-lieutenant.
Chef d'État-major : major DE LETTOW-VORBECK, du régiment d'infanterie rhénan n° 70.

Brigade combinée d'infanterie de ligne : DE BLANKENSEE, général-major.

Régiment n° 19 (2ᵉ de Posen), DE GŒBEN, colonel.
— 81 (1ᵉʳ hessois), DE SELL, colonel.

3ᵉ Division de landwher : (Voir pièce n° 3 du tome Iᵉʳ).

3ᵉ Brigade de réserve de cavalerie : DE STRANTZ, général-major.

1ᵉʳ régiment de dragons de réserve : DE KELTSCH, major.
3ᵉ régiment de hussards de réserve : DE GLASENAPP, colonel en disponibilité.
2ᵉ régiment de réserve de grosse cavalerie : DE MUTIUS, lieutᵗ-colonel.
5ᵉ régiment de uhlans de réserve, DE BODE, lieutenant-colonel en disponibilité.

Abtheilung d'artillerie combinée du Vᵉ corps (2 batteries actives, 1 de réserve).
Abtheilung d'artillerie combinée du IXᵉ corps (3 batteries de réserve).
3ᵉ compagnie de pionniers de place du IXᵉ corps.

Pièce n° 5.

ORDRE DE BATAILLE DU 13ᵉ CORPS

Commandant en chef : Général de division VINOY.
Chef d'État-major : Général de brigade HORIX DE VALDAN.

1ʳᵉ Division d'Infanterie : Général de division D'EXÉA.

1ʳᵉ *Brigade* : Gᵃˡ MATTAT.	2ᵉ *Brigade* : Gᵃˡ DAUDEL.
Deux cⁱᵉˢ de marche de chasseurs.	7ᵉ régᵗ de marche : Lᵗ-Cᵒˡ TARAYRE.
5ᵉ régᵗ de marche : Cᵒˡ HANRION.	8ᵉ régᵗ de marche : Lᵗ-Cᵒˡ DROUET.
6ᵉ régᵗ de marche : Lieut.-Cᵒˡ DU GUINY.	

ARTILLERIE : Trois batteries de 4. — Une compagnie de génie.

2ᵉ Division d'Infanterie : Général de division de MAUD'HUY.

1ʳᵉ *Brigade* : Gᵃˡ GUÉRIN.	2ᵉ *Brigade* : Gᵃˡ BLAISE.
9ᵉ régᵗ de marche : Lᵗ-Cᵒˡ MIQUEL DE RIU.	11ᵉ régᵗ de marche : Lᵗ-Cᵒˡ NÉE-DEVAUX.
10ᵉ régᵗ de marche : Lᵗ-Cᵒˡ DAMEDOR DE MOLANS.	12ᵉ régᵗ de marche : Lᵗ-Cᵒˡ DE LABAUME.

ARTILLERIE : Trois batteries de 4. — Une compagnie de génie.

8ᵉ Division d'Infanterie : Général de division BLANCHARD.

1ʳᵉ *Brigade* : Gᵃˡ DE SUSBIELLE.	2ᵉ *Brigade* : Gᵃˡ GUILHEM.
Deux cⁱᵉ de marche de chasseurs.	35ᵉ régᵗ d'infⁱᵉ : Cᵒˡ DE LA MARIOUSE.
13ᵉ régᵗ de marche : Lᵗ-Cᵒˡ MORIN.	42ᵉ régᵗ d'infⁱᵉ : Cᵒˡ AVRIL DE LEN-
14ᵉ régᵗ de marche : Lᵗ-Cᵒˡ VANCHE.	CLOS.

ARTILLERIE : Trois batteries de 4. — Une compagnie de génie.

Réserve d'artillerie : Colonel HENNET.
 Six batteries de 4.

Parc d'artillerie et du génie et réserve du génie.

Pièce nº 6.

PROTOCOLE DE LA CAPITULATION DE METZ

Entre les soussignés, le chef d'état-major général de l'armée française sous Metz et le chef d'état-major de l'armée prussienne devant Metz, tous deux munis des pleins pouvoirs de Son Excellence le maréchal Bazaine, commandant en chef, et du général en chef S. A. R. le prince Frédéric-Charles de Prusse, la présente convention a été conclue :

ARTICLE PREMIER. — L'armée française placée sous les ordres du maréchal Bazaine est prisonnière de guerre.

ART. 2. — La forteresse et la ville de Metz, avec tous les forts, le matériel de guerre, les approvisionnements de toute espèce, et tout ce qui est propriété de l'État, seront rendus à l'armée prussienne dans l'état où tout cela se trouve au moment de la signature de cette convention.

Samedi, 29 octobre, à midi, les forts Saint-Quentin, Plappeville, Saint-Julien, Queuleu et Saint-Privat, ainsi que la porte Mazelle (route de Strasbourg) seront remis aux troupes prussiennes.

A 10 heures du matin de ce même jour, des officiers d'artillerie et du génie, avec quelques sous-officiers, seront admis dans lesdits forts, pour occuper les magasins à poudre et pour éventer les mines.

ART. 3. — Les armes, ainsi que tout le matériel de l'armée, consistant en drapeaux, aigles, canons, mitrailleuses, chevaux, caisses de guerre, équipages de l'armée, munitions, etc., seront laissés à Metz et dans les forts à des commissions militaires instituées par M. le maréchal Bazaine, pour être remis immédiatement à des commissaires prussiens. Les troupes, sans armes, seront conduites, rangées d'après leurs régiments ou corps et en ordre militaire, aux lieux qui sont indiqués pour chaque corps. Les officiers rentreront alors librement dans l'intérieur du camp retranché ou à Metz, sous la condition de s'engager sur l'honneur à ne pas quitter la place sans l'ordre du commandant prussien.

Art. 4. — Tous les généraux et officiers, ainsi que les employés militaires ayant rang d'officiers, qui engageront leur parole d'honneur, par écrit, de ne pas porter les armes contre l'Allemagne et de n'agir d'aucune autre manière contre ses intérêts jusqu'à la fin de la guerre actuelle, ne seront pas faits prisonniers de guerre, les officiers et employés qui accepteront cette condition conserveront leurs armes et les objets qui leur appartiennent personnellement.

Pour reconnaître le courage dont ont fait preuve pendant la durée de la campagne les troupes de l'armée et de la garnison, il est en outre permis aux officiers qui opteront pour la captivité d'emporter avec eux leurs épées ou sabres, ainsi que tout ce qui leur appartient personnellement.

Art. 5. — Les médecins militaires, sans exception, resteront en arrière pour prendre soin des blessés ; ils seront traités d'après la convention de Genève ; il en sera de même du personnel des hôpitaux.

Art. 6. — Des questions de détail, concernant principalement les intérêts de la ville, sont traitées dans un appendice ci-annexé, qui aura la même valeur que le présent protocole.

Art. 7. — Tout article qui pourra présenter des doutes sera toujours interprété en faveur de l'armée française.

Fait au château de Frescaty, le 27 octobre 1870.

Signé : L. Jarras, de Stiehle.

APPENDICE

Article Premier. — Les employés et fonctionnaires civils, attachés à l'armée et à la place, qui se trouvent à Metz, pourront se retirer où ils voudront, en emportant avec eux tout ce qui leur appartient.

Art. 2. — Personne, soit de la garde nationale, soit parmi les habitants de la ville ou réfugiés dans la ville, ne sera inquiété à raison de ses opinions politiques ou religieuses, pour la part qu'il aura prise à la défense, ou les secours qu'il aura fournis à l'armée ou à la garnison.

Art. 3. — Les malades et les blessés laissés dans la place recevront tous les soins que leur état comporte.

Art. 4. — Les familles que les membres de la garnison laissent à Metz ne seront pas inquiétées et pourront également se retirer librement avec tout ce qui leur appartient, comme les employés civils.

Les meubles et les effets que les membres de la garnison sont obligés de laisser à Metz ne seront ni pillés, ni confisqués, mais resteront leur propriété. Ils pourront les faire enlever dans un délai de six mois, à partir du rétablissement de la paix ou de leur mise en liberté.

Art. 5. — Le commandant de l'armée prussienne prend l'engagement d'empêcher que les habitants soient maltraités dans leurs personnes ou dans leurs biens.

On respectera également les biens de toute nature du département, des communes, des sociétés de commerce ou autres, des corporations civiles ou religieuses, des hospices et des établissements de charité.

Il ne sera apporté aucun changement aux droits que les corporations ou sociétés, ainsi que les particuliers, ont à exercer les uns contre les autres, en vertu des lois françaises, au jour de la capitulation.

Art. 6. — A cet effet, il est spécifié en particulier que toutes les administrations locales et les sociétés ou corporations mentionnées ci-dessus conserveront les archives, livres, papiers, collections et documents quelconques qui sont en leur possession.

Les notaires, avoués ou autres agents ministériels conserveront aussi leurs archives et leurs minutes ou dépôts.

Art. 7. — Les archives, livres et papiers appartenant à l'État resteront en général dans la place, et au rétablissement de la paix, tous ceux de ces documents concernant les portions du territoire restituées à la France feront aussi retour à la France.

Les comptes en cours de règlement, nécessaires à la justification des comptables ou pouvant donner lieu à des litiges, à la revendication de la part de tiers, resteront entre les mains des fonctionnaires ou agents qui en ont actuellement la garde par exception aux dispositions du paragraphe précédent.

Art. 8. — Pour la sortie des troupes françaises hors de leurs bivouacs, ainsi qu'il est stipulé dans l'article 3 du protocole, il sera procédé de la manière suivante : Les officiers conduiront leurs troupes aux points et par les directions qui seront indiquées ci-après. En arrivant à destination, ils remettront au commandant de la troupe prussienne la situation d'effectif des troupes qu'ils conduisent; après quoi, ils abandonneront le commandement aux sous-officiers et se retireront.

Le 6ᵉ corps et la division de cavalerie de Forton suivront la route de Thionville jusqu'à Ladonchamps.

Le 4ᵉ corps, sortant entre les forts Saint-Quentin et Plappeville, par la route d'Amanvillers, sera conduit jusqu'aux lignes prussiennes.

La Garde, la réserve générale d'artillerie, la compagnie du génie et le train des équipages du grand quartier général, passant par le chemin de fer, prendront la route de Nancy jusqu'à Tournebride.

Le 2ᵉ corps, avec la division Laveaucoupet et la brigade Lapasset, qui en font partie, sortira par la route qui conduit à Magny-sur-Seille, et s'arrêtera à la ferme de Saint-Thiébault.

La garde nationale mobile de Metz et toutes les autres troupes de la garnison, autres que la division Laveaucoupet, sortiront par la route de Strasbourg jusqu'à Grigy.

Enfin, le 3ᵉ corps sortira par la route de Sarrebrück jusqu'à la ferme de Bellecroix.

Fait au château de Frescaty, le 27 octobre 1870.

Signé : L. JARRAS, DE STIEHLE.

Pièce n° 7.

JUGEMENT DU CONSEIL DE GUERRE DE TRIANON

AU NOM DU PEUPLE FRANÇAIS !

Cejourd'hui, 10 décembre 1873, le 1ᵉʳ conseil de guerre permanent de la 1ʳᵉ division militaire, délibérant à huis clos, conformément à la loi ;

Le président du conseil a posé les questions suivantes :

1° Le maréchal Bazaine (François-Achille), ex-commandant en chef de l'armée du Rhin, est-il coupable d'avoir, le 28 octobre 1870, à la tête d'une armée en rase campagne, signé une capitulation ?

2° Cette capitulation a-t-elle eu pour résultat de faire poser les armes à cette armée ?

3° Le maréchal Bazaine a-t-il violé la loi qui exigeait qu'il fît, avant d'avoir signé la capitulation, tout ce que lui prescrivaient le devoir et l'honneur ?

4° Le maréchal Bazaine est-il coupable d'avoir, le 28 octobre 1870, capitulé avec l'ennemi et rendu la place de Metz, dont il avait le commandement supérieur, sans avoir épuisé tous les moyens de défense dont il disposait et sans avoir fait tout ce que lui prescrivaient le devoir et l'honneur ?

Les voix recueillies séparément, en commençant par le juge le moins ancien en grade, le président ayant émis son opinion le dernier, le conseil déclare :

Sur la 1ʳᵉ question : Oui, à l'unanimité.
Sur la 2ᵉ question : Oui, à l'unanimité.
Sur la 3ᵉ question : Oui, à l'unanimité.
Sur la 4ᵉ question : Oui, à l'unanimité.

Sur quoi, et attendu les conclusions prises par le commissaire spécial du Gouvernement, dans ses réquisitions, le président a lu le texte de la loi et a recueilli de nouveau les voix dans la forme indiquée ci-dessus, pour l'application de la peine ;

En conséquence, le conseil,

Vu les articles 210 et 209 du Code de justice militaire, lesquels sont ainsi conçus :

« ART. 210. — *Tout général, tout commandant d'une troupe armée, qui capitule en rase campagne est puni :*
1° *De la peine de mort avec dégradation militaire si la capitulation a eu pour résultat de faire poser les armes à sa troupe, ou si, avant de traiter verbalement ou par écrit, il n'a pas fait tout ce que lui prescrivaient le devoir et l'honneur ;*
2° *De la destitution dans tous les autres cas.*

« ART. 209. — *Est puni de mort, avec dégradation militaire, tout gouverneur ou commandant qui, mis en jugement après avis du conseil d'enquête, est reconnu coupable d'avoir capitulé avec l'ennemi et rendu la place qui lui était confiée, sans avoir épuisé tous les moyens de défense dont il disposait, et sans avoir fait tout ce que lui prescrivaient le devoir et l'honneur.* »

Condamne à l'unanimité François-Achille Bazaine, maréchal de France, à la peine de mort avec dégradation militaire ;

Et vu l'article 138 du Code de justice militaire, lequel est ainsi conçu :

« ART. 138. — *Si le condamné est membre de l'Ordre national de la Légion d'honneur ou décoré de la médaille militaire, le jugement déclare, dans les cas prévus par les lois, qu'il cesse de faire partie de la Légion d'honneur ou d'être décoré de la médaille militaire.* »

Déclare que François-Achille Bazaine cesse de faire partie de la Légion d'honneur, et d'être décoré de la médaille militaire.

Le condamne en outre aux frais envers l'État, en vertu de l'article 139 du Code de justice militaire.

Enjoint au commissaire spécial du Gouvernement de faire donner immédiatement, en sa présence, lecture du présent jugement au condamné, devant la garde assemblée sous les armes, et de l'avertir que la loi lui donne vingt-quatre heures pour se pourvoir en revision.

TABLE DES MATIÈRES

Première partie. — L'ARMÉE IMPÉRIALE
(Suite)

LIVRE III

Campagne de Lorraine *(Suite)*.

Chapitre IV. — Bataille de Rezonville.	1
Chapitre V. — Les préliminaires de Saint-Privat	51
Mouvements de l'armée française.	51
Mouvements des armées allemandes.	64
Chapitre VI. — Bataille de Saint-Privat.	74
I. — Attaque du IX⁰ corps	85
II. — Attaque de la Iʳᵉ armée	98
III. — Attaque de Saint-Privat.	114
IV. — Prise de Roncourt et de Saint-Privat.	135

LIVRE IV

Campagne des Ardennes.

Chapitre premier. — L'armée de Châlons.	150
Mouvements des armées allemandes du 17 au 25 août	167
Chapitre II. — La marche vers l'Est.	188
I. — Marches de l'armée française du 23 au 26 août.	188
II. — Marche des armées allemandes et française sur Sedan.	191
Chapitre III. — Bataille de Beaumont.	223
I. — Attaque de Beaumont.	235
II. — Continuation de la bataille au nord de Beaumont.	243
III. — Attaque de Mouzon et fin de la bataille.	252
IV. — La soirée du 30 août.	256

CHAPITRE IV. — Le 31 août. 272
    I. — Mouvements des armées allemandes. 272
    II. — Mouvements de l'armée de Châlons. 283
CHAPITRE V. — Bataille de Sedan. 298
    I. — Déploiement de l'armée de la Meuse 298
    II. — Déploiement de la III" armée. 319
    III. — La capitulation 349

LIVRE V

Le blocus de Metz.

CHAPITRE PREMIER. — L'investissement 362
    Tentative avortée du 26 août 375
CHAPITRE II. — Bataille de Noisseville 387
    I. — Journée du 31 août. 392
    II. — Journée du 1ᵉʳ septembre. 411
CHAPITRE III. — Les petites opérations 430
CHAPITRE IV. — Négociations et capitulation. 471

APPENDICE

Pièce n° 1. — Proclamation de l'Impératrice-régente 514
— 2. — Ordre du jour du maréchal de Mac-Mahon. . 514
— 3. — Ordre de bataille de l'armée de Châlons . . . 515
— 4. — Ordre de bataille de la 3ᵉ division de réserve. 520
— 5. — Ordre de bataille du 13ᵉ corps. 520
— 6. — Protocole de la capitulation de Metz. 521
— 7. — Jugement du conseil de guerre de Trianon. . 524

Paris. — Imprimerie LAHURE, 9, rue de Fleurus.

www.ingramcontent.com/pod-product-compliance
Lightning Source LLC
Chambersburg PA
CBHW051354230426
43669CB00011B/1632